인사의 말

안녕하십니까? 고두심입니다.

한 사람의 연기자이기 이전에 두 자녀의 엄마로서 아이들의 교육에 관한 관심은 다른 부모와 크게 다를 바가 없다는 생각이 듭니다. 방송이나 언론에서 나오는 교육과 관련된 정보에 나 자신도 모르게 관심을 가지게 되고 혹, 어린 학생들의 무분별한 행동이 보도가 되면 나 잔신도 모르게 그 내용에 귀 기울여지는 것은 '아, 나 역시 평범한 한 가정의 주부이구나' 라는 단순한 진리에서 벗어나지 못하는 것 같습니다.

학교에서 상장이라도 받아오는 날에는 잘했다고 칭찬도 하고 혹 애가 아프면 방송이나 촬영 중에라도 신경이 많이 쓰이곤 하는 것은 여느 엄마들이 다 겪는 일상의 생활상인 것 같습니다. 특히 큰딸의 상급학교 진로문제, 희망학과 선택 등은 주변의 식구들이 손쉽게 결정할 단순한 일은 아니었으며 이에 여러 사람들의 조언, 충고 등도 나에게는 상당한 도움이 되었습니다.

어린 자녀들이 올바르게 자라서 다소 어려운 시련이 있더라도 이를 극복해나가고 남들에게 피해를 안 주고 자기 앞가림을 충분히 할 줄 아는 훌륭한 지성인으로 성장을 하는 것은 모든 부모가 소망하는 하나의 바램이라고 생각이 듭니다. 아울러 이러한 훌륭한 자녀를 키우기 위한 헌신적인 뒷바라지 역시 응당 하여야 할 부모의 몫이라 생각이 듭니다.

지난 세월 한 엄마로서 내가 우리 애들을 위해 얼마나 많이 남들 부모처럼 신경을 썼었나 하고 생각을 하면 가끔씩 부끄러울 때가 있기도 합니다. 그러나 애들이 크게 모나지 않고 바르게 잘 자라준 점을 생각하면 내 스스로가 고맙기도 하고 우리 자녀를 보살펴 준 주위의 많은 좋은 사람들에게 따뜻한 감사의 마음도 전하고 싶습니다.

어린 자녀들의 해외유학은 사전에 충분한 지식이 없는 경우 많은 어려움이 따르기 마련이며 이에 유학에 관한 전문적인 조언을 얻는다는 것은 하나의 큰 위안이 아닐 수 없습니다. 금번이 책의 발간으로 인해 많은 독자들이 유학에 관한 사전 정보를 조금이라도 얻을 수 있기를 개인적으로 바라마지 않으며 끝으로 우리 애가 아무런 탈 없이 성공적인 유학생활을 할 수 있게 많은 도움을 준 한국 유학 원장에게도 심심한 감사를 표하고 싶습니다.

연기자 고두심

이 책을 출간하며

이 책은 미국의 초·중·고 유학에 관심이 있는 학생 및 학부형들에게 유학과 관련된 정확한 정보를 제공하기 위해 본 한국유학에서 오랜 기간에 걸쳐 준비해 온 작업 중의 하나입니다. 주지하다시피 해마다 많은 학생들이 미국으로의 유학을 희망하며 이에 이들의 학교선정, 입학절차, 비자취득, 출국 및 학교정착에 관한 전반적인 내용을 기술함으로써 이 책을 접하는 독자들에게 다소나마 조기유학에 관한 이해를 돕고자 하는 목적으로 출간을 하였습니다.

특히 내용에 소개된 기숙학교들의 설명은 본 유학원이 입수한 최신의 자료에 본인이 직접 방문을 하여 보고 느낀 점을 일부 언급하였으며, 유학과 관련된 각종 정보, 시험설명 및 기본 영어 사용법, 수학 용어, 비자안내, 학교담당자와의 면접시 예상 질문, 유학 관련 용어 등의 소개를 통해서 유학 당사자인 학생이나 학부형들이 실질적으로 수속에 관한 도움을 얻을 수 있게 하였을 뿐 아니라 유학을 떠난 학생들이 학교 생활에 조금이라도 빨리 적응을 할 수 있게끔 준비하였습니다.

아울러 이미 자녀들을 해외유학에 보내셨거나 보내신 적이 있는 부모님들을 비롯해 앞으로 유학을 계획하고 계신 부모님들께서는 본 유학원에서 제공하는 조기유학 사이트인 'www.boardingschool.co.kr'을 통해서 저희가 마련한 게시판이나 Q&A 등을 통하여 유학과 관련된 글이나 질문을 해 주셔서 여러 부모님들이 좋은 정보를 공유할 수 있게끔 해 주시길 바라마지 않습니다.

끝으로 본 책자가 조기유학에 관심이 있는 여러분들께 조금이나마 유익한 정보가 되기를 진심으로 기원하며 저를 비롯한 본 한국유학 전 직원들은 매사를 새롭게 임하는 자세로 자녀들의 유학에 최선을 다하겠습니다.

한국 유학
김웅식 원장

9

미국 개요

주별 소개

17

69

교육 제도

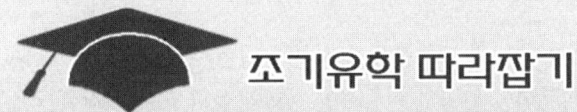

조기유학 따라잡기

미국 개요

개요

흔히 Melting Pot(다원 인종의 의미)이라고 명명되어지는 것과 같이 미국은 약 3억의 인구와 풍부한 자원, 첨단 기술을 가진 나라로서 현재 우리나라의 많은 학생들이 미국을 제1의 유학 대상국으로 꼽고 있으며 현대적 학문, 첨단 지식의 본고장으로서 우리에게 가장 친숙한 유학 대상국이다. 1492년 10월 12일 크리스토퍼 콜럼버스 (Christopher Columbus)에 의해 발견된 신세계(New World)인 미국은 러시아, 캐나다, 중국에 이어 세계에서 4번째 로 큰 나라이며 흔히 U. S.(United States), U. S. A.(United States of America) 또는 America라고도 불리어진다. 수도는 워싱턴 디시(Washington D. C.)이며 면적은 약 9,372,571㎢이다.

인구

미국은 외국으로부터 계속되는 이주자와 그 2세·3세가 주민의 대부분을 차지하고 있는 다민족국가이다. '개 방적이고 명랑하며 활기에 찬 미국인'이라는 이미지도 피부색을 넘어서 미국적인 사회와 문화 위에 정착한 국민 적인 공통성이라 하겠다. 일반적으로 시민생활은 1인당 국민소득이 약 41,400불 이상으로 세계에서 가장 풍요한 수준을 과시하는 대표적인 나라 중의 하나이다. 또, 국민의 77%가 도시에 살고 있으며, 도시 중에서도 인구 100 만 이상의 대도시에 63%의 인구가 집중하여 세계에서도 가장 도시화가 진전된 사회라고 할 수 있다. 대도시 교외의 주택지에서 넓은 잔디밭에 산뜻한 집을 짓고 살며, 주말과 휴가 때에는 야외의 레크리에이션을 즐기는 생활상(生活像)이 시민들의 소망이기도 하다. 도심지에는 초고층 빌딩들이 늘어서 있고 그 곳으로부터 사방으로 뻗은 정비된 고속도로, 그 연변에 펼쳐져 있는 나무가 우거진 주택지의 풍경은 현대 미국의 전형적인 경관이라 하겠다. 그러나, 이와 같은 풍요한 사회상의 이면에는 다인종·다민족의 혼합에서 생기는 심한 인종차별과 독점 자본주의 사회에 필연적으로 뒤따르게 마련인 빈부계층 간의 대립이 늘 미국 국내문제의 근원이 되고 있다. 인종 문제는 현재 전 인구의 약 13%를 차지하는 흑인, 5%를 차지하는 인디언과 아시아인종에 대한 차별이 주요 이슈 이며 그밖에 유대인 등 소수민족이 있다.

인종 분포

콜럼버스가 미대륙을 발견할 당시 원주민인 인디언은 약 150만으로 추정되고 있다. 이 무렵 유럽으로부터의 건너온 이민집단(移民集團)은 로마 가톨릭계의 에스파냐(Espana) 사람들이었다. 에스파냐인은 주로 미국의 남서 부에서 멕시코 이남의 중남미에 걸쳐 거주하였으나, 그들 지역의 일부가 19세기에 미국 영토로 편입되었기 때문 에 지금까지도 미국 남서부에서는 에스파냐계의 영향이 다분히 남아 있다. 그러나 전국적으로 볼 때 가톨릭계의 세력은 미미하였으며 초기의 대량 이민집단은 영국을 중심으로 한 북서유럽의 백인이었다. 동부의 영국계, 미시 시피강 유역의 프랑스계, 서부의 에스파냐계 이민이 각각의 지역을 차지하였으며, 그 가운데 동부의 영국식민지 가 미국독립 이래 오늘날까지 국가발전의 중추적인 역할을 이루어 왔다. 그 동안 남부 농업지대에는 노동력(노 예)으로서 아프리카 흑인이 대량 이입(移入)되고 제1차 세계대전 전후부터는 아시아로부터의 이민도 증가하였다. 따라서 미국은 '인종의 전시장'이라고 할 수 있을 만큼 지구상의 모든 인종, 민족이 뒤섞여 있는 특이한 복수민족 국가를 이루었다. 그러나 미국의 인종구성은 영국, 독일, 아일랜드 등 튜턴족이 36%로 백색인종이 압도적으로 많으며, 그 외의 유색인종은 모두 합쳐도 12%에 불과하다.

▌종교

많은 이민자들로 인해 종교적 특색은 명확하지 않으나 대체로 전 미국인들의 약 60%가 종교단체에 속해 있다. 그들 중 52%가 신교도(Protestant)이며 37%가 로마 카톨릭(Roman Catholic)계이며 4%가 유대교(Jew), 3%가 몰몬(Mormon)교이다. 물론 상대적으로 소수민족의 이민자들 중에는 이슬람(Islam), 불교(Buddhism) 등의 종교를 신봉한다.

▌스포츠

많은 미국인들은 다양한 스포츠로 그들의 여가시간을 할애하고 있는데 가장 인기 있는 종목으로는 자동차 경주, 승마, 야구, 농구, 미식축구 등이 있다. 또한 많은 시민들은 보트, 볼링, 낚시, 골프, 하이킹, 사냥, 조깅, 스키, 수영 또는 테니스를 즐긴다.

▌지형

미국의 지형구분은 비교적 단순하여 크게 3구분할 수 있다. 그 하나는 태평양 연안의 환태평양 조산대에 속하는 새롭고 험준한 습곡산지로 세계에서 화산활동이 가장 활발한 지역이다. 둘째는 대서양 연안에 가까운 애팔래치아 산맥으로 오랫동안 침식이 진전된 고기조산대(古期造山帶)에 속하는 산지이다. 셋째는 그 중간에 펼쳐진 광대한 내륙평야로 대부분의 지역이 미시시피강(江) 유역에 전개되어 있다. 이들 지형은 모두 남북으로 길게 뻗어 있어 미국 중앙부에서의 동서 횡단면은 凹자형을 이룬다.

(1) 해안평야

애팔래치아 동쪽 기슭에 위치하며, 북쪽은 코드곶에서 남쪽은 플로리다 반도를 포함한 멕시코만안 일대에까지 펼쳐진 대규모의 해안평야이다. 오래 된 해성층(海成層)이 바다를 향하여 완경사를 이루며 신기 퇴적물이 두껍게 쌓여 있다. 북부에서는 애팔래치아에서 흘러내리는 하천이 산중턱에서 급류를 이루어 그 수력에 의한 동력으로 공업화 초기에 섬유 공업을 일으켜 이른바 폭포선도시(瀑布線都市)를 형성하였다. 해안은 굴곡이 심한 침강 해안으로, 델라웨어만(灣), 체서피크만 등 삼각강(三角江)이 발달하여 필라델피아, 볼티모어 등의 항구도시를 발달시켰다. 이들 항구는 미국과 유럽을 연결하는 결절점(結節點)으로서 미국의 번영에 공헌하였다. 평야는 남쪽으로 갈수록 넓은 농업지대가 전개되며, 특히 저습한 멕시코만 안에서는 벼농사가 발달하였다. 해안에는 장대한 연안주(沿岸洲)가, 미시시피강 하구에는 특유한 조족상삼각주(鳥足狀三角洲)가 각각 발달하였다.

(2) 애팔래치아 산맥

캐나다의 뉴펀들랜드로부터 뉴잉글랜드를 거쳐 앨라배마주(州) 중부까지 북동쪽에서 남서쪽으로 뻗어내려 전장 2,600km, 최대 너비 500km에 이르는 고생대의 암석으로 이루어진 오랜 습곡산지이다. 남부에 이를수록 고도가 높아지고 너비도 넓어지며, 미첼산(2,037m)이 최고봉이다. 산맥은 띠 모양으로 구분된다. 해안 쪽으로부터 피드몬트 고원·고기(古期) 애팔래치아·신기(新期) 애팔래치아·애팔래치아(앨러게니) 고원이 나란히 네 줄기로 뻗어 있으며, 고기 애팔래치아가 가장 높다. 산지는 노년기 산지이나 옛날부터 동부와 서부의 교통에 장애가 되었으며, 지금도 도로와 철도는 여러 개의 횡곡(橫谷)과 고개를 넘어 불규칙하게 통하고 있다.

(3) 로렌시아 순상지

캐나다의 동반부를 차지하는 지상 최고(最古)의 안정지괴(安定地塊)의 하나로 슈피리어호(湖)의 주변에 펼쳐져 있다. 면적은 작으나 세계 유수의 양질 철광석을 산출하는 메사비 철산(鐵山)으로 유명하다.

(4) 중앙평지

미국의 중앙부를 차지하는 평원으로 농목업의 중심을 이룬다. 동부 저위 대지·오자크 고원·중앙저지·그레이트 플레인스의 4구(區)로 나누어진다. 동부 저위대지는 애팔래치아 산맥에서 중앙저지에 이르는 점이지형(漸移地形)으로, 오하이오 강과 컴벌랜드 강으로 둘러싸인 구릉성 대지(臺地)이며 이 곳에 매머드 동굴 국립공원이 있다. 오자크 고원은 아칸소강과 미주리강 사이에 있는 대지로, 애팔래치아 산맥의 지맥이며 내륙고지라고도 한다. 중앙저지는 고생대의 거의 수평지층으로 형성된 구조평야(構造平野)이며 북쪽으로 기울어진 케스타 지형을 이룬다. 북부는 제3빙기에 대륙빙하로 뒤덮여 있었기 때문에 많은 빙하호와 퇴석구(推石丘)를 볼 수 있는데, 오대호(五大湖)는 케스타의 저부와 빙하퇴적물 사이에 물이 괴어 형성된 빙하호이다. 남부는 광활한 평지림(平地林)과 농경지가 펼쳐진 미국의 곡창지대이다. 그레이트 플레인스는 중앙 저지상에 중생대 층과 제3기층이 쌓여 넓은 대지상의 평원을 이루고 있다.

(5) 로키산계

해발고도 4,000m가 넘는 험준한 신기 습곡산맥으로 매우 다양한 지형을 보인다. 몇 줄기의 산맥이 나란히 뻗어 있는 사이에 많은 종곡(縱谷)과 분지가 형성되어 있다. 와이오밍 분지를 경계로 북부 로키와 남부 로키로 나누어지는데 북부 로키에는 유명한 옐로스톤 국립공원과 캐나다와의 경계에 있는 글레이셔 국립공원 등이 있어서 휴양·관광지로서의 개발이 활발하다.

(6) 산간고지

로키산맥과 해안산맥 사이에 전개된 너비 800km를 넘는 고원지대이다. 콜로라도 고원, 그레이트 베이슨(大盆地), 컬럼비아 고원 등으로 나뉘며, 그랜드 캐년 국립공원, 데스 밸리(Death Valley) 등 건조기후의 특이한 경관을 볼 수 있다.

(7) 태평양 연안 산맥

산간고지 서부의 캐스케이드·시에라네바다 산맥 및 해안산맥의 두 줄기 산맥과 그 사이에 있는 지구(地溝)로 구성되어 있다. 지구는 그레이트 밸리라고 부르며, 그 일부인 캘리포니아 분지는 관개농업 특히 과수재배가 활발하다. 캘리포니아 중앙부 해안산맥의 태평양 연안에는 샌앤드레이어스 대단층(大斷層)이 있어 이따금 지진이 일어난다. 또한 환태평양 화산대에 속하는 레이니어, 샤스타, 라센 등의 아름다운 화산이 있고, 크레이터 레이크 국립공원도 있다.

▌ 기후

툰드라와 타이가 기후가 나타나는 알래스카와 상하(常夏)의 나라로 알려진 하와이를 제외한 미국 본토는 대부분이 온대 또는 냉대에 속한다. 그러나 기후의 특성은 지형의 배치, 바다나 해류의 영향, 바람 등에 따라 혹은 동서의 너비 4,500km에 이르는 육괴 때문에 해안과 내륙에서 큰 차이를 나타내는 등 지역에 따라 다양한 유형을 볼 수 있다. 대체로 로키·애팔레치아 등의 산맥이 해안 가까이 남북으로 장벽을 이루어 바다의 영향이 내륙까지 미치지 못하며, 특히 로키산맥은 높고 험준하여 바닷바람을 막아주기 때문에 내륙 쪽에는 넓은 건조대를 형성하고 있다. 이와는 대조적으로, 대륙 중앙부는 북쪽의 캐나다와 남쪽의 멕시코 만으로부터의 영향을 막아주는 지형적 장애가 없어서 겨울에는 북극기단(北極氣團)이 남하하기 쉽고 오대호 연안에서 대륙 중앙부까지 한랭기단이 흘러든다. 여름에는 멕시코만에서 습기를 포함한 기단이 깊숙한 내륙지역까지 북상하여 강우현상을 나타내고, 때로는 허리케인을 몰아온다. 해안지역에서는 태평양 연안에 한류인 캘리포니아 해류(海流)가 흐르는 데 대하여, 대서양 연안에서는 난류인 멕시코 만류(灣流)와 한류인 래브라도 해류가 체서피크만 근해에서 합류하기 때문에 같은 위도상에 위치하면서도 기온과 강수량의 차이가 나타난다.

(1) 열대사바나기후

플로리다 반도의 남반부는 미국 본토에서 유일한 열대기후지역으로 건계와 우계가 뚜렷한 사바나 기후이다. 특히 겨울에는 피한지로 가장 적합하며, 마이애미와 마이애미 비치는 세계적인 관광지로 알려져 있다.

(2) 몬순기후

대서양 연안 해안평야에서 아칸소·오클라호마주(州)의 내륙에 이르는 넓은 범위는 온난습윤한 몬순기후가 나타난다. 특히 대서양 연안에서는 대륙 동부 특유의 계절풍과 열대성 저기압의 영향을 받아 한국과 비슷한 기후환경을 볼 수 있다.

(3) 서안해양성기후

온난습윤한 기후이나, 대륙 서부의 워싱턴주·오레곤주의 해안지역에는 연중 편서풍의 영향을 받아 냉량한 서안해양성 기후를 볼 수 있다. 기온의 연교차가 작고, 연중 고른 강우현상을 나타내는 이곳은 숲이 울창하며, 사철 아름다운 꽃이 만발한다.

(4) 냉대습윤기후

뉴잉글랜드에서 오대호 연안 및 서쪽의 그레이트 플레인스의 경계선에 이르는 지역은 냉대습윤 기후가 나타난다. 이곳에는 미국의 심장부라고 할 수 있는 공업지대와 곡창지대가 전개되어 있다. 뉴잉글랜드는 한국의 북부지방과 유사한 기후이며, 내륙지역으로 갈수록 기온의 연교차와 일교차가 커지고, 강수량이 적어져서 대륙성기후의 특징을 잘 나타낸다. 대륙 내부에서는 겨울에 한랭한 북풍이 불어와 시카고 부근에서는 −20℃로 기온이 내려가는 것이 보통이다.

(5) 지중해성기후

태평양 연안의 캘리포니아주에서는 대륙 서안의 중위도(中緯度)지방에서 볼 수 있는 특유한 지중해성기후가 나타난다. 여름철은 중위도 고기압대가 북상하여 비가 거의 없으며, 겨울에는 서안해양성기후의 영향을 받아 비가 내린다. 특히 샌프란시스코에서는 캘리포니아 해류의 영향으로 안개가 발생하는데, 그것이 바닷바람에 실려 흘러들어 자욱한 안개의 거리가 이루어진다.

(6) 스텝기후

동경 100°선을 경계로, 서쪽은 거의 비가 없는 스텝기후가 나타난다. 따라서 이곳에는 건조초원이 펼쳐지며, 이를 그레이트 플레인스(Great Plains: 大平原)라고 한다. 카우보이가 소를 치는 상업적 방목지역으로 널리 알려진 곳이다.

(7) 사막기후

로키산맥과 태평양 산계 사이에 끼어 있는 산간고지는 바다에서 멀리 떨어져 있는 내륙인데다가 중위도 고압대(中緯度高壓帶)에 속하기 때문에 사막기후가 나타난다. 솔트 레이크(Salt Lake:鹽湖)와 모하비 사막 등이 전개되어 있다.

(8) 고산기후

로키·캐스케이드 산맥 등의 고지대에는 고산기후가 나타난다. 특히 남부 로키의 최고봉인 앨버트산(4,339m)은 연중 빙설로 덮여 있다.

▌ 국제관계

미국 독립 당시의 유럽은 프랑스혁명 후의 혼란기였기 때문에 미국은 분쟁에 휘말려 들지 않으려고 중립주의를 취하고 오로지 국력의 충실을 기하였다. 이것이 이른바 미국 제5대 대통령의 이름을 딴 먼로주의(the Monroe Doctrine)라고 하는 비개입 고립주의(非介入 孤立主義)로 미국 외교의 기본자세였다. 그러나 19세기 말에 국내의 자본주의 체제가 정돈되고 국내에 프런티어(Frontier)가 형성이 되자 태평양으로 향하여 적극적인 진출 정책을 취하였으며, 1898년 에스파냐와의 전쟁 결과 하와이, 괌, 필리핀, 푸에르토리코 등을 병합하고 이어서 1921년에는 중국시장의 문호개방을 요구하는 워싱턴조약을 체결하였다.

제 1·2차 세계대전에는 먼로주의를 관철하지 못하고 수동적으로 말려들었으나, 개입의 배경에는 유럽에서 초대국(超大國)으로 성장한 독일의 세력이 미국의 번영을 크게 위협할 가능성을 배제하기 위한 목적이 다분히 포함되어 있었다. 제2차 세계대전 후, 전쟁 당시 그 역할이 지대하였던 미국은 유럽의 피폐, 소련을 중심으로 한 공산주의의 대두 등 국제정세에 비추어 외교정책을 적극적인 개입주의로 전환하지 않을 수 없게 되었다.

국제연합에의 참가, 마샬 플랜(Marshall Plan)에 의한 유럽의 부흥 원조, 중국의 공산화, 더욱이 소련과의 냉전 격화 등에 따라 공산주의에 대한 '봉쇄정책에서 반격정책'을 목표로 하는 상호방위 조약의 적극적인 체결 및 신흥 제국에 대한 원조로 미국은 경제적·군사적 원조를 세계적인 규모로 확대하기에 이르렀다. 1959년 흐루시초프 소련 수상의 미국 방문을 계기로 한 미·소간의 해빙(解氷)은 1962년의 쿠바 위기를 거쳐 1963년의 부분적 핵실험 정지조약의 체결을 성립하게 하였고 1970년부터 시작된 SALT(전략무기감축협정)에서는 우발 핵전쟁 방지협정이 1971년 9월에 체결되었다. 5월에는 닉슨 대통령이 소련을 방문함으로써 ABM망(網)의 제한 등 일련의 성과가 있었다.

1980년대에 들어와서 레이건 대통령 때 다소 경화되었던 미·소 관계는 부시 대통령이 1989년 12월 몰타에서 고르바초프 소련 공산당서기장과 정상회담을 가짐으로써 적대관계에서 동반관계로 변화하였다. 양 거두는 베를린 장벽 개방과 동유럽의 혁명적 개혁을 지지하면서 비개입을 다짐, 냉전시대의 종식과 신(新)데탕트시대의 개막을 알렸다. 소련의 붕괴와 함께 러시아와 새로운 협력관계를 추진해온 미국은 1993년 2단계 전략무기 감축 협정 합의, 대 러시아 경제지원 등으로 옐친 정부의 민주화 개혁을 지지하고 있다. 베트남 전쟁의 종결 후 대 중국관계의 개선에 노력하던 중 1979년 1월부터 정상화되었던 미·중 관계는 1980년대에 들어와서 크게 진전되어 왔으나, 중국의 민주화운동 과정에서 일어난 1989년의 톈안먼[天安門] 사건으로 급격히 냉각되었다.

그러나 1990년대에 들어오면서 세계평화와 동북아 지역 안정에 대한 중국의 역할을 고려하여 미국은 대 중국 최혜국 대우를 연장하였으며, 1993년 APEC경제지도자 회의에서 양국 관계 강화와 경제협력을 위한 다각적인 방안이 모색되고 있다. 1979년에 조인된 이스라엘·이집트간의 평화조약, 1980년대의 이라크·이란 전쟁과 호메이니 사망 후의 대 중동 관계는 별다른 진전이 없었으나 1990년 이라크군의 전격적인 쿠웨이트 침공에 대한 다국적군의 반격으로 시작된 걸프전에서 승리함으로써 미국의 국제적인 지위는 한층 견고해졌다. 그 후 이라크, 리비아 등에 대한 강경한 외교노선을 펴는 한편 이스라엘과 PLO 간의 화해를 주도함으로써 중동평화협상에 주력하고 있다. 대 중남미정책으로는 1989년 12월의 미군 파나마 침공으로 큰 변화를 겪고 있으며, 쿠바에 대한 경제 제재를 완화하고 있다.

2001년 9월 11일 미국 뉴욕의 세계무역센터 건물, 워싱턴의 국방부 건물이 동시에 납치된 여객기 4대에 의해 테러공격을 받은 사건이 일어났다. 이 4건의 테러로 죽거나 실종된 사람이 3,076명으로 집계되었다. 사건 직후 미국정부는 사우디아라비아 출신 반미테러지도자 오사마 빈 라덴을 배후로 지목, 그가 이끄는 알 카에다 테러조직과 그들에게 은신처를 제공하던 아프가니스탄의 탈레반 정권에 무력 보복할 것을 선언했다. 2001년 10월 7일 미국은 빈 라덴과 알 카에다 조직, 아프가니스탄 탈레반 정권을 겨냥하여 공습을 시작했다. 아프가니스탄의 반탈레반 북부동맹도 미군과 연합, 공세를 강화하여 같은 해 11월 수도인 카불을 점령했고, 12월 6일에는 탈레반과 알 카에다가 최후 거점 칸다하르를 포기함으로써 항복을 선언한 셈이다. 2003년3월 19일 미국은 국제사회의 반대에도 불구하고 이라크를 침공함으로서 세계정세는 미국주도의 세계 질서에 맞서는 유럽주도의 신세계 질서가 출현될 전망이다.

▌결론

미국 역사 초기에 종교상의 자유를 찾아 대서양을 건너온 초기 이민자들은 강한 극기심과 목적의식(비록 그들의 행위가 식민지 획득의 야망일지라도) 그리고 스스로의 노력의 성과를 적극적으로 자손들에게 전하려는 자세로, 목적 달성을 위해 인디언의 대량학살과 노예의 사용을 거침없이 해냈다. 또 때로는 인디언으로부터 의식주에 대한 것을 배우기도 하였다. 즉, 이민은 극도로 실제적일 수밖에 없었다. 그들은 힘찬 에너지로 독립전쟁이나 남북전쟁 등을 비롯한 많은 전쟁을 거쳐 자본주의를 발전시켜 왔다. 그 결과 그들은 그들이 믿는 자유, 즉 미국적인 민주주의에 바탕을 둔 자유를 구가(謳歌)하고, 그것을 국내외에 펼치는 것을 사명으로 삼고 있다.

미국의 사상과 생활은 이 저류(底流)를 기반으로 늘 다양한 양상을 보이고 있다. 미국의 철학은 처음 반(反)가톨릭의 엄격한 청교도주의인 퓨리터니즘(Puritanism)에서 강한 영향을 받았으나, 점차 자유주의적인 경향이 나타나 에머슨(R. W. Emerson)에 의해서 대표되는 초월주의(超越主義)가 대두하였다. 개인은 그 자체가 모든 것을 포함하기 때문에 개성을 저해할 우려가 있는 산업주의로 기울어지는 것을 반대하고 극단적인 개인주의를 정당화하였다.

따라서 산업혁명을 촉진한 남북전쟁 후 초월주의는 자연 소멸되었다. 이에 대신하여 세력을 얻은 사상은 W. 제임스(W. James) 등에 의해서 제창된 프래그머티즘(Pragmatism)이라고 불리어지는 실용주의이다. 그의 주장에 의하면 진리는 그 실제적 효용, 특히 인간의 행동에 끼친 영향으로 판단된다고 한다. 이 사고방식은 근대 과학, 특히 심리학의 대두와 연결되며 현재에는 사회과학 연구에서 볼 수 있는 심리학적 경향의 원천이 되었다. J. 듀이(John Dewey)는 실용주의를 더욱 발전시켜 사상은 환경을 지배하기 위한 도구이며 인간의 경험이나 진보에 도움이 되는 것일수록 참된 가치가 있는 것이라는 도구주의(道具主義)를 제창하였고 그 후 다양한 사상이 출현하였으나 오늘날 미국 기계문명의 밑바탕에는 지금까지 실용주의가 엄존하고 있다.

미국의 국적을 가진 학자가 자연과학계통의 노벨상을 거의 해마다 받고 있다고 해도 과언이 아니다. 그만큼 기초적인 과학연구, 특히 원자력, 우주관계 등의 기술개발 부문에서 미국은 세계의 첨단을 걷고 있다고 할 수 있다. 그 원인은 설비의 완비, 풍부한 연구비는 물론, 기초연구의 세분화에 따른 전체의 뚜렷한 진보, 외국학자의 영입 등에 의한 발전도 간과할 수 없다. 이것은 러시아연방과의 미사일·인공위성 등의 경쟁에서 특히 두드러지게 나타난 바 있다.

미국의 세계전략에 직접·간접으로 쓸모 있는 연구계획에는 군부를 중심으로 하는 각 기관으로부터 풍부한 자금이 지원되고 있는 데도 원인이 있다. 원래 미국은 과학기술면에서도 유럽으로부터 큰 영향을 받았다. 그러나 고전(古典)에 편중하는 유럽 각 대학에서는 인간의 활동 가운데 사고(思考)가 최고이며, 노동은 최저라고 간주되어 왔으나, '노동의 신성'을 부르짖고 통나무의 오두막에서도 대통령을 배출하는 신대륙에서는 타당하지 않았다.

미국인들은 노동이 성공에의 지름길이라고까지 생각하게 되었으며, 광대한 황야를 개척하려면 여러 가지 기술을 필요로 하게 되었다. 초기에는 영국과 프랑스 등의 도구·기계·기술로 각종 수공업이 비롯되었으나 유럽의 모든 기술이 조국에서는 꽃을 피우지 못하고 미국에서 그 가치를 발휘하게 되었다. 그 이유는 미국의 자본주의가 기술혁신을 받아들이는 조건을 구비하고 있었기 때문이다. 더구나 신대륙에서는 기술혁신이 정체할 줄 모르고 끊임없이 촉진되고 있었다. 미국은 개인의 창의력과 능률을 존중하고 사기업을 바탕으로 발전하였다.

특히 H. 포드(자동차), T. 에디슨(전력), A. G. 벨(전신전화), E. H. 게리 및 J. P. 모건(제철) 등은 합리적인 기업운영으로 이름나 있으며, 이들은 미국 기간산업의 기반을 구축하였다. 최근의 과학기술은 항공기·인공위성에서도 볼 수 있는 것과 같이 서로의 경계선이 희박해져서 양자를 포함하는 '거대한 과학'으로 불리게 되었다. 하나의 목적을 달성하기 위해서는 다수의 연구원을 조직화하고 정부의 거대한 장기적 재정투자를 필요로 한다. 이 면에서도 미국은 당분간 세계의 무대에서 독주할 것이다.

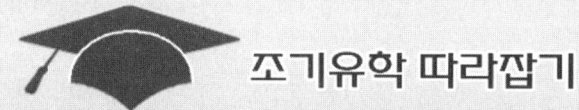

조기유학 따라잡기

주별 소개

앨라배마(Alabama, AL)

① 면적 : 133,915㎢	② 평균기온 : (7월 : 27℃, 1월 : 8℃)
③ 연간 강우량 : 1,420㎜	④ 주도 : Montgomery
⑤ 주요 도시 : Birmingham, Dothan, Huntsville, Mobile, Montgomery, Tuscaloosa	
⑥ 인구 : 약 463만	

주도(州都)는 몽고메리(Montgomery)이며 애팔래치아 산맥(Appalachian Mountains) 남서쪽 기슭 일대를 차지하여, 북부는 구릉·산지가 많고 남부는 대지 또는 낮고 평평한 평야가 많으며, 해안부에는 저습지가 많다. 주요 하천은 앨라배마 강·채터후치 강·테네시강 등이며 여름철에는 고온다습하나 겨울은 제법 춥고 눈도 내린다. 미국 남부에 있는 주로 딕시의 가슴(Heart of Dixie)로 알려져 있다. 딕시(Dixie)는 미국 남부에 있는 주들을 의미하고 또한, 남북전쟁 때 유행한 남부를 찬양한 노래이기도 하다. 주도인 몽고메리(Montgomery)는 남부 연합의 첫 수도로 제퍼슨 데이비스(Jefferson Davis)가 남부 대통령으로 있었던 곳이다.

앨라배마주는 전형적인 목화 주(州)로 알려져 있다. 풍부한 흑인 노동력과 온화한 기후, 광대한 토지를 이용하여 거대한 농원 즉, 플랜테이션(Plantation)으로 재배되어왔다. 텍사스(Texas)·캘리포니아(California)·미시시피(Mississippi)·애리조나(Arizona)·아칸소(Arkansas)·루이지애나(Louisiana)·오클라호마(Oklahoma) 다음으로 목화 생산량이 많다. 또 하나의 주요산업은 제철업이다. 버밍엄(Birmingham) 부근 일대에 방대한 철광석·석탄·석회암이 분포하며 이를 이용하여 버밍엄에서는 남부 최대의 제철공업이 행해지고 있다. 오늘날 로켓시로 알려진 헌스빌(Huntsville)은 새턴(Saturn) 5호 같은 로켓시스템을 만들었던 항공우주 기지의 중심이다.

앨라배마는 그 지역에서 살았던 인디언 부족의 이름에서 유래한다. 인디언들은 그 자신을 '내가 관목 숲을 연다' 라는 의미의 앨리바무(Alibamu)라 칭했다. 주의 별칭은 남북전쟁 당시 앨라배마 부대의 한 중대가 밝은 노란색 옷감조각을 장식한 것에서 유래한 'Yellowhammer'이다.

주요대학

- Alabama State University
- Auburn University
- Jacksonville State University
- Troy State University, Montgomery
- University of Alabama, Birmingham/ Huntsville/ Tuscaloosa

알래스카(Alaska, AK)

① 면적	: 1,530,700㎢	② 평균기온	: (7월 : 13℃, 1월 : -15℃)
③ 연간 강우량	: 1,400㎜	④ 주도	: Juneau
⑤ 주요 도시	: Anchorage, Fairbanks, Juneau, Ketchikan, Kodiak, Sitka		
⑥ 인구	: 약 70만 명		

미국 전역을 통틀어 가장 큰 주이다. 주도(州都)는 주노(Juneau)이다. 남쪽은 태평양에 면하고 서쪽은 베링 해협 (Bering Sea)을 사이에 두고 러시아연방의 시베리아와 마주한다. 서쪽 해안은 해양성 기후로 비교적 살기 편하다 는 장점이 있다. 면적은 미국 주(州) 중에서 최대이며 텍사스(Texas)의 2배 이상이지만, 인구는 최소이다. 그러나 1985년에는 와이오밍(Wyoming) 주의 인구를 넘어섰다. 앵커리지(Anchorage)를 중심으로 하는 상업 항공로의 기지 화(基地化)와 알래스카 간선도로의 완성으로 관광상으로도 중요시되었다. 행정 중심지는 주도인 주노(Juneau)이 지만, 경제·문화의 중심은 앵커리지(Anchorage)이며, 태평양 연안의 싯카(Sitka), 내륙부의 페어뱅크스(Fairbanks), 베링해 연안지방의 놈(Nome), 알류샨 열도(Aleutian Islands)의 더치하버(Dutch Harbour) 등이 중심도시이다.

주도 주노(Juneau)는 8,050 ㎢에 걸쳐 있는 커다란 도시이며 앵커리지(Anchorage)는 인구 면에서 최대 도시이다. 주요산업은 어업·광업·임업·모피생산 등이며 어업이 중심이다.

1959년 미연방에 편입된 이 주는 알래스카(Alaska)의 1/3이 북극에 속하며 최북단에 포인트 바로(Point Barrow) 가 있다. 기온 분포도 다양하여 -62도에서 38도 까지 이다. 러시아로부터 1876년, 1에이커 당 2센트에 해당하는 7백2십만 달러를 주고 산 이 곳은 광물, 목재, 어류, 잠재적 수력이 풍부하여 이런 자원의 가치에서 이미 셀 수도 없는 엄청난 혜택을 물려받았다. 프루드호(Prudhoe)만의 원유는 알래스카(Alaska) 부의 근원이다. 알래스카(Alaska) 의 뜻은 '거대한 땅'이란 말로, 초기 러시아인들에 의한 것이다.

주요대학

- Alaska Pacific University
- University of Alaska, Anchorage
- University of Alaska, Fairbanks

애리조나(Arizona, AZ)

① 면적   : 295,260㎢   ② 평균기온   : (7월 : 27℃, 1월 : 5℃)
③ 연간 강우량 : 330㎜   ④ 주도   : Phoenix
⑤ 주요 도시 : Flagstaff, Glendale, Mesa, Phoenix, Scottsdale, Tempe, Tucson
⑥ 인구   : 약 523만 명

한 때 쓸모없는 황무지로 알려진 애리조나(Arizona)는 계속 발전을 거듭하고 있으며, 대규모 관개 시설이 사막을 옥토로 바꿔 놓았다. 농장, 광물자원이 풍부하며 산업과 인구 면에서 날로 성장하고 있는 주이다. 주도(州都)는 피닉스(Phoenix)이다. 북쪽으로 유타(Utah)주, 북동쪽으로 콜로라도(Colorado) 주, 동쪽으로 뉴멕시코(New Mexico) 주, 서쪽으로 네바다(Nevada) 주·캘리포니아(California) 주에 접하며 남쪽은 멕시코(Mexico)와 국경을 이룬다. 사막의 여름은 뜨거우나, 냉방시설이 잘 된 사무실과 집에서 생활하고 겨울에는 따뜻하고 쾌적하다. 수천 명의 관광객들과 함께 이 곳 주민은 겨울의 추위에서 강렬한 태양을 즐기게 된다.

이곳의 명물인 그랜드캐년(Grand Canyon)과 후버댐(Hoover Dam), 미드호(Lake Mead) 등의 각종 관광자원으로 인해 수십만에 달하는 여행객들의 발길을 끊이지 않게 한다. 정부에 의해 건설된 댐은 아리조나(Arizona)의 넓은 지역에 물을 대며 전력 공급에도 도움을 준다. 애리조나의 주요 도시로는 피닉스(Phoenix) 외에 투손(Tucson) ·플래그스태프(Flagstaff) 등이 손꼽히며 이들은 관광·휴양도시로서의 성격이 짙다. 광업은 구리 생산량이 미국 전체에서 제1위(40% 내외)이며, 그밖에 아연·납·은 등을 산출한다. 이 주를 대표하는 그랜드캐년으로 인해 아리조나(Arizona)를 흔히 그랜드캐년 주(Grand Canyon State)라고도 부른다.

캘리포니아(California), 오클라호마(Oklahoma) 다음으로 인디언이 많이 산다. 역사상 스페인에 의해 오랫동안 지배를 받아 오늘날 멕시코계 미국인이 많이 살고 있어 관습, 음식 습관, 지명에 그 흔적이 많이 나타난다.

주요대학

- Arizona State University
- Embry-Riddle Aeronautical University
- Northern Arizona University
- University of Arizona

 # 아칸소(Arkansas, AR)

① 면적	: 137,754㎢	② 평균기온	: (7월 : 27℃ . 1월 : 4℃)
③ 연간 강우량 : 1,240㎜		④ 주도	: Little Rock
⑤ 주요 도시	: Fayetteville, Fort Smith, Hot Springs, Little Rock, North Little Rock, Pine Bluff		
⑥ 인구	: 약 275만 명		

미국의 중부에 위치한 이 주는 한때 전직 미국 대통령인 클린턴(Clinton)이 주지사를 역임한 바 도 있다. 주도(州都)는 리틀록(Little Rock)이다. 보트와 낚시를 즐기는 사람들이 모이는 유명한 호수들, 병을 낫게 해준다고 믿는 스프링 워터스(Spring Waters), 핫 스프링스(Hot Springs), 다이아몬드 광산 등이 있다. 주의 북서부는 구릉형태의 오자크(Ozark) 대지이나 그 밖의 곳은 미시시피 강(Mississippi River) 하류의 낮은 대평야이며 저습지도 적지 않다. 주의 동쪽 경계에 미시시피강이 흐르고 동쪽에서 서쪽으로 미시시피강의 지류인 아칸소 강(Arkansas River)이 흐른다. 여름은 덥고 겨울은 추운 편이다. 제일의 산업은 농업으로, 특히 미국 목화생산지대의 일부로서 목화의 생산이 많아서 미국 주 전체의 제4위를 차지한다. 그밖에 콩·쌀·건초·옥수수·귀리·사과 등의 과일 생산도 적지 않다. 임산자원도 풍부하고 제재(製材)도 활발하며 석유·천연가스·석탄 등의 채굴도 성하다. 요식업이 주요산업이고, 목재, 펄프 및 이에 관련된 산물들은 광대한 산림에 의해 가능하다. 프랑스, 스페인, 다시 프랑스의 식민지시대를 거쳐, 1803년 미국이 그 영토를 획득하게 된다. 1812까지 루이지애나(Louisiana) 주의 일부분이었고 1819년까지 미주리(Missouri) 주의 일부였으며 1836년에 아칸소(Arkansas) 주가 탄생하게 되었다. 이 주는 기회의 땅(Land of Opportunity)으로도 불려진다.

주요대학

- Arkansas State University
- Arkansas Tech University
- University of Arkansas
- University of Central Arkansas

캘리포니아(California, CA)

① 면적   : 411,049㎢   ② 평균기온   : (7월 : 24℃, 1월 : 7℃)
③ 연간 강우량 : 560㎜   ④ 주도   : Sacramento
⑤ 주요 도시   : Los Angeles, San Diego, San Francisco, San Jose, Sacramento
⑥ 인구   : 약 3,444만 명

캘리포니아 주는 주도(州都)가 새크라멘토(Sacramento)이다. 50주 중 최대의 인구와 생산력을 자랑하는 주이다. 북쪽은 오리건(Oregon) 주, 동쪽은 네바다(Nevada) 주·애리조나(Arizona) 주에 접하고, 남쪽은 멕시코(Mexico)와 국경을 이루며, 서쪽은 태평양에 면한다. 면적은 한국 총 면적의 2배에 가깝고, 미국 내에서는 텍사스(Texas)에 이어 2번째로 넓은 주이다. 가장 많은 주민이 살고 있는 곳으로 따뜻하고 건조한 남 캘리포니아에서는 가벼운 옷과 매년 즐길 수 있는 다양한 레저 활동이 있다. 항공기, 미사일 등이 생산되고 원유, 천연가스가 하루에 수천 배럴이 생산된다. 주의 가장 큰 도시 네 곳은 로스앤젤레스(Los Angeles), 샌디에고(San Diego), 샌프란시스코(San Francisco), 산호세(San Jose)이다. LA는 가장 큰 도시로 태평양과 산맥들 사이의 남쪽에 위치하며, 샌디에고는 멕시코 북쪽의 아름다운 만이 내려다보이는 곳에 자리잡고 있다. 샌프란시스코는 중앙 해안의 샌프란시스코 만(San Francisco Bay) 경계 반도 끝에 있으며 그 곳 아래로 산호세, 그리고 주도인 새크라멘토(Sacramento)라는 도시들이 있다. 연구소, 컴퓨터 회사, 엔지니어링계열의 회사들이 대도시 주변 대학가에 많이 몰려 있어, 과학자, 엔지니어의 우수한 인재(Brain Power)를 대학에서 얻고 있다. 서부지역에서 가장 큰 지역에 걸쳐 있는 캘리포니아는 1849년 골드러시(Gold Rush) 때 이름 붙여진 황금의 주(Golden State)란 이름이 있다. 태평양 연안 앞 바다에는 캘리포니아 한류(寒流)가 흐르기 때문에 해안부는 전반적으로 연중 쾌적한 기후의 혜택을 입고 있으나, 북부에서는 비교적 저온이면서 안개가 많이 끼고, 내륙부의 저지는 전반적으로 몹시 무덥다.

주요대학

- Art Center College of Design
- California Institute of Technology
- California Polytechnic State University: San Luis Obispo
- California State Polytechnic University: Pomona
- California State University Systems (Long Beach, Los Angeles, Hayward 등)
- California College of Art and Craft
- San Diego State University
- San Francisco State University
- San Jose State University
- Stanford University
- University of California, Berkeley/ Davis/ Irvine/ Los Angeles/ Riverside/ Santa Cruz
- University of San Diego
- University of San Francisco
- University of Southern California

 # 콜로라도(Colorado, CO)

① 면적	: 269,595㎢	② 평균기온	: (7월 : 23℃, 1월 : -2℃)
③ 연간 강우량	: 380㎜	④ 주도	: Denver
⑤ 주요 도시	: Arvada Aurora, Boulder, Colorado Springs, Denver, Lakewood, Pueblo		
⑥ 인구	: 약 446만 명		

콜로라도(Colorado) 주는 주도(州都)가 덴버(Denver)이며, 캔사스(Kansas) ·네브래스카(Nebraska) ·와이오밍 (Wyoming) ·유타(Utah) ·뉴멕시코(New Mexico) ·오클라호마(Oklahoma)의 6개 주로 둘러싸여 있다. 관광산업도 매우 발달하였으며 로키산맥 국립공원(Rocky Mountain National Park) ·메사버드 국립공원(Mesa Verde National Park)을 비롯하여 가든오브더로즈(Garden of the Rose) ·파이크 국립수목원(Pike National Forest) ·다이너소르 국정 기념공원(Dinosaur National Monument) 등의 자연공원과 콜로라도 스프링스(Colorado Springs) ·에스테스 파크 (Estes Park) ·센트럴시티(Central City) 등의 관광지 ·스키장을 찾는 관광객이 많다.

여름에는 로키산(Rocky Mountains)계의 시원하고 산뜻한 기후로, 겨울에는 눈덮인 산을 찾는 스키 애호가들로 매년 수백만의 관광객이 아스펜(Aspen), 에스테스 파크(Estes Park), 콜로라도 스프링스(Colorado Springs)를 방문한다. 이 주의 2/5를 차지하는 건조한 평원에서 대다수의 사람들이 생활한다. 이런 지역적 장점으로 많은 기업이 지사를 이곳에 설립하고 있다. 소, 양들이 산과 고원에서 방목되며, 관개화 된 농장에서 곡물류를 지배한다. 광업 또한 이 주의 경제에서 중요한 위치에 있는데 현재는 원유가 중요한 수입원이다.

미 정부가 콜로라도(Colorado) 땅에 1/3 이상을 소유하여 사육, 벌채, 광업을 관리, 운영한다. 미 공군사관학교 (U. S. Air Force Academy)가 콜로라도 스프링스(Colorado Springs)에 위치한다. 콜로라도(Colorado)는 콜로라도 강 (Colorado River)이 붉은 돌이 쌓인 계곡을 흐르는 것을 보고 붙인 '빨갛게 채색된'(Colored Red)이라는 말이다. 별칭인 '백년의 주'(Centennial State)란 의미는 독립선언 100주년을 맞는 해인 1876년 미합중국에 편입이 됨을 일컫는 말이다. 덴버(Denver)는 콜로라도 최대의 도시이다. 미국을 대표하는 유명한 컨츄리 가수였던 존 덴버(John Denver)도 이곳의 아름다움에 매료되어 자신의 이름으로 사용했다는 일화도 있다.

주요대학

- Colorado Technical College
- University of Colorado, Boulder/ Colorado Springs/ Denver
- University of Denver
- University of Southern Colorado
- University of Northern Colorado

코네티컷(Connecticut, CT)

① 면적	: 12,997㎢	② 평균기온	: (7월 : 22℃, 1월 : −3℃)
③ 연간 강우량	: 1,190㎜	④ 주도	: Hartford
⑤ 주요 도시	: Bridgeport, Hartford, New Haven, Samford, Waterbury		
⑥ 인구	: 약 331만 명		

미국에서 세 번째로 작은 주로 크기에선 작지만 산업과 관광에 있어 중요한 곳이다. 동쪽으로 로드아일랜드 (Rhode Island) 주, 서쪽으로 뉴욕(New York) 주, 그리고 북쪽은 매사추세츠(Massachusetts) 주 등으로 둘러싸여 있다. 코네티컷(Connecticut) 주의 지형은 3/4 이 빙하 작용으로 돌이 많고 호수가 많은 구릉지를 이룬다. 주도(州都)인 하트포드(Hartford)는 보험의 도시로 잘 알려져 있는데 약 50개의 보험사의 본사가 이 주에 위치한다. 브릿지포트 (Bridgeport)와 하트포드(Hartford)는 코네티컷(Connecticut) 주의 가장 커다란 두 도시들이다.

기후는 습윤한 대륙성 기후를 이루나 대체로 온화하고 북부는 눈이 많이 내린다. 여름은 쾌적하며 봄·가을 은 자연 경치가 아름답고 뉴욕(New York)에 접하기 때문에 관광객으로 붐빈다.

지형·토양 등이 농업에 적합하지 않아 농업은 발달하지 못했으나 코네티컷 강 유역에는 예로부터 농지가 개발되어 낙농·양계가 활발하고, 잎담배·사과·감자를 재배하는 한편, 수송원예·온실재배도 활발하다. 헬리 콥터, 항공기 엔진, 프로펠러, 잠수함 등을 생산하며, 기계부품 등의 생산에서 높이 랭크되어 있다. 코네티컷 강 (Connecticut River)은 주의 중앙을 가로질러 롱아일랜드 사운드(Long Island Sound)라는 대서양의 입구로 흘러 들어 가며 뉴욕시(New York City)는 주의 남서쪽 경계에 위치하며, 코네티컷에 거주하는 수천 명은 매일 뉴욕시로 출퇴 근한다. 주택가는 공원 주변에 있고, 작은 교회, 미팅 홀 등이 있다. 주법은 미국 헌법의 모델이 되었으며, 이 때문에 '헌법의 주'(Constitution State)라는 별칭을 갖게 되었다. 대량 생산을 최초로 시작했으며, 오늘날 이 휘트니 기법은 빠른 속도로 산업계에 퍼지고 있다.

주요대학

- Central Connecticut State University
- University of Bridgeport
- University of Connecticut
- University of Hartford
- University of New Haven
- Yale University

델라웨어 (Delaware, DE)

① 면적   : 5,295㎢   ② 평균기온   : (7월 : 24℃, 1월 : 2℃)
③ 연간 강우량 : 1,140㎜   ④ 주도   : Dover
⑤ 주요 도시 : Brookside, Claymont, Dover, Edgemoor, Newark, Wilmington
⑥ 인구   : 약 80만 명

주도(州都)는 도버(Dover)이다. 델라웨어(Delaware) 반도의 북동부를 차지하며, 북쪽은 펜실베이니아 (Pennsylvania) 주, 남쪽과 서쪽은 메릴랜드(Maryland) 주에 접하고, 동쪽은 델라웨어 강(Delaware River)과 델라웨어 만(Delaware Bay)을 사이에 두고 뉴저지(New Jersey) 주와 마주보고 있다. 면적에서 로드아일랜드(Rhode Island) 다 음으로 작은 주이며, 인구 면에서는 알래스카(Alaska), 버몬트(Vermont), 와이오밍(Wyoming) 다음으로 작은 주이 다. 7월의 평균기온은 중부에서 25℃를 나타내며, 북부에서 25℃, 1월에는 0℃를 나타내며, 북부에서는 다소 대륙 성기후의 특색을 보인다. 북부에서는 공업, 중남부에서는 농업이 주가 되는데, 온화한 기후와 비옥한 땅, 그리고 대도시에 비교적 가깝기 때문에 농업이 매우 활발하며 축산업이 발달했다.

이 주는 커다란 산업도시와 인접해있으며, 델라웨어 강(Delaware River), 고속도로, 철도 등은 볼티모어 (Baltimore), 뉴욕시(New York City), 필라델피아(Philadelphia), 워싱턴 디시(Washington D. C.)까지 연결되어 있다.

델라웨어(Delaware)는 대서양 해변을 따라 있는데, 대부분의 지역이 낮고 평평한 해안가에 위치한다. 현재 이 주에는 대략 2만여 개의 회사가 있는데, 이는 다른 주보다 회사를 설립하는데 덜 제약을 받기 때문이다. 제일 큰 도시인 윌밍턴(Wilmington) 가까이 화학회사와 연구소가 있다. 델라웨어(Delaware)는 미 헌법상 최초로 인정받 는 주로 '첫 번째 주'(First State)라는 별칭을 갖게 되었다.

주요대학

- Delaware State University
- Goldey-Beacom College
- University of Delaware
- Wilmington College

워싱턴 D.C. (Washington D.C)

① 면적 　: 179 ㎢ 　　② 평균기온 : (7월 : 24℃, 1월 : 7℃)
③ 인구 　: 약 53만 명

　정식 명칭은 컬럼비아 특별구(District of Columbia)라는 국유지에 있다고 해서 "워싱턴 컬럼비아 특별구"라고 하며, 워싱턴 D. C.(Washington D. C.)로 약칭된다. 메릴랜드(Maryland) 주와 버지니아(Virginia) 주 사이에 있는 연방 직할지이며, 어느 주에도 속하지 않는다. 20세기에 들어서면서 급속히 근대화되었으며, 미국의 경제·교육·문화의 중심지일 뿐만 아니라 세계의 정치·외교의 심장부로서 명성을 떨치고 있다.

　인구 증가율도 경이적이어서 1900년부터는 37.8%나 된다. 그러나 이런 반면에 대도시에 공통되는 경향과 정부의 정책에 따라 백인 인구와 각종 연구시설의 교외 분산화가 제2차 세계대전 이후 특히 뚜렷해졌다. 도시 중심부는 차츰 흑인 인구가 차지하여 백인은 현재 약 1/4에 불과하며, 이후 심각한 문제로 부각되고 있다.

　연방도시인 워싱턴의 경제 중심은 관공서 관련 업무이며, 중심부로 향하는 각종 교통기관은 이웃한 메릴랜드(Maryland) 주·버지니아(Virginia) 주에서 오는 통근자들로 활기차다. 또한 계획도시 워싱턴이 아름다운 도시로 각광받게 되면서 관광산업이 크게 발달하였다. 시가는 국회의사당과 역대 대통령의 관저인 백악관(the White House)을 중심으로 넓은 도로들이 방사상으로 뻗어 있으며, 도로 사이에는 도로들이 바둑판 모양으로 교차되어 있다.

　그 밖의 관광명소로는 역사상 중요한 도서를 소장하고 있는 국회도서관, 각종 박물관이 있는 스미스소니언 협회(Smithsonian Institute Castle), 링컨 기념관(Lincoln Memorial), 제퍼슨 기념관(Thomas Jefferson Memorial), 워싱턴 기념탑(Washington Monument), 포토맥(Potomac) 강변의 아름다운 벚나무 가로수 등이 있으며, 알링턴 기념교(Arlington Memorial Bridge)를 건너면 케네디 대통령이 묻힌 알링턴 국립묘지(Arlington National Cemetery) 가 있다.

주요대학

- Catholic University of America
- George Washington University
- Georgetown University
- Howard University
- Southeastern University
- University of the District of Columbia

플로리다 (Florida, FL)

① 면적	: 151,939㎢	② 평균기온	: (7월 : 27℃, 1월 : 15℃)
③ 연간 강우량	: 1,370㎜	④ 주도	: Tallahassee
⑤ 주요 도시	: Fort Lauderdale, Jacksonville, Melbourne, Miami, St. Petersburg, Tampa		
⑥ 인구	: 약 1,628만 명		

주도(州都)는 탤러해시(Tallahassee)이고, 최대 도시는 마이애미(Miami)이다. 주의 반 이상이 플로리다 반도 (Florida Peninsula)로 이루어져 있으며 북서쪽은 멕시코만(灣) 연안의 해안평야이다. 기후는 온난하고 대부분이 습 윤 온대 기후에 속하지만 남쪽 해안 지대는 아열대 내지 열대기후를 나타낸다. 7~8월에는 허리케인(Hurricane)에 시달리는 일이 많은데 남부 지방이 심하다. 야자수가 흔들리고 포근한 바닷바람이 관광객을 끌어들이는 제일의 관광도시로 매년 4백만 정도의 관광객이 다녀간다. 올랜도(Orlando) 근처의 디즈니랜드(Disneyland), 마이애미 해 변(Miami Beach) 등이 가장 유명한 리조트 지역이다. 다른 유명한 곳은 클리어워터(Clearwater), 데이토나 해변 (Daytona Beach), 포트 로더데일(Fort Lauderdale), 키 웨스트(Key West), 팜 비치(Palm Beach), 파나마 시티(Panama City), 사니벨 아일랜드(Sanibel Island) 등이다. 태양이 내리쬐는 날들이 많아 '햇살이 비치는 주'(Sunshine State)라는 별칭도 갖는다.

농·목축업은 플로리다 주의 중요한 산업이다. 특히 오렌지와 포도의 생산량은 각기 미국 내 제2위인 캘리포 니아(California) 주의 몇 배에 이를 정도로 많다. 그밖에 야채·아보카도·수박·라임 열매·사탕수수·땅콩·목 화·잎담배도 많이 산출된다. 양계 및 소의 방목도 중요한 산업이다. 온화한 기후 탓에 퇴직자들은 이곳에서 말 년을 보낸다. 잭슨빌(Jacksonville)은 최대 도시로 꼽힌다. 미 본토 최남단에 위치하며 '반도의 주'(Peninsula State)라 고도 불린다. 인구가 차츰 증가하며, 은행, 서비스, 컴퓨터, 전자 등에 관한 산업이 성장 추세에 있다. 미국 오렌지 주스 생산도 이곳에서 진행된다. 플로리다(Florida)는 스페인어로 꽃의 만발(Full of Flowers)을 뜻하는데, 처음 이 곳에 온 스페인들이 그 곳의 꽃들을 보고 이렇게 이름 붙였다. 미국은 1821년 공식적으로 플로리다를 되찾았고, 1868년 미연방에 편입된다.

주요대학

- Florida Agricultural and Mechanical University
- Florida Atlantic University
- Florida Institute of Technology
- Florida International University
- Florida State University
- University of Florida
- University of Miami
- University of South Florida

 # 조지아 (Georgia, GA)

① 면적 : 152,576㎢   ② 평균기온 : (7월 : 27℃, 1월 : 8℃)
③ 연간 강우량 : 1,270㎜   ④ 주도 : Atlanta
⑤ 주요 도시 : Albany, Atlanta, Columbus, Savannah, Macon, South Augusta
⑥ 인구 : 약 841만명

영국국왕인 조지2세와 관련해서 붙여진 이 주는 지형적으로는 북서부의 애팔래치아(Appalachian) 산지와 피드몬트(Piedmont) 대지와 남동부의 해안평야로 형성되며, 경계의 폭포선(瀑布線)을 따라 오거스타(Augusta)·메이컨(Macon)·콜럼버스(Columbus) 등의 폭포선 도시가 발달하였다. 미시시피강 동쪽 최대의 주로, 넓은 면적과 날로 성장하는 사업의 규모로 인하여 남부의 제국 주(Empire State of the South)라는 별칭이 붙여졌다. 애틀란타(Atlanta)는 조지아(Georgia) 주의 주도(州都)이자 제1의 도시이며 주요 산업 및 수출의 요충지이다. 오랫동안 그 곳 대부분의 사람들은 목화 재배를 생계 수단으로 삼았으나, 1900년대 이후 다른 곡물류도 재배하게 되었다. 오늘날 서비스업은 조지아(Georgia)주의 주된 수입원이고, 도소매업, 섬유가공도 큰 역할을 한다. 피칸, 담배, 복숭아, 땅콩 등을 주로 생산하여 복숭아 주(Peach State) 혹은 땅콩 주(Goober State)라고도 알려져 있다. 농업은 대체로 피드몬트(Piedmont) 대지를 중심으로 활기를 띠며 해안평야에는 임산자원이 풍부하다. 근대공업으로서 원료입지형의 목화방적 등 섬유산업과 면실유·목공·제지·펄프 등이 활발하며, 그밖에 담배·닭 등의 농축산물 가공업도 활발하다.

조지아의 북쪽 산맥은 남쪽으로 이어져 내려오고 대서양으로 향하는 해변은 이 주의 남쪽 절반을 차지한다. 거대한 산림 또한 커다란 부분에 걸쳐 있으며 그 곳의 소나무를 가리키는 말로 'Tall as a Georgia Pine'(조지아의 소나무만큼 큰)이란 표현을 쓰기도 한다. 조지아의 대리석은 워싱턴 디시(Washington D. C.)의 링컨 기념비와 여러 주의 국회 의사당 건설에 사용되었다. 아름다운 경관은 주옥같은 노래와 이야기를 만들게 했으며 스와니강은 포스터(S. Foster)의 대표곡 "Old Folks at Homes"에 의해 잘 알려졌으며, 마가렛 미첼(M. Mitchell)의 "바람과 함께 사라지다"(Gone With the Wind)는 남부를 배경으로 한 베스트셀러 중의 하나이다. 1943년 18세 이상인 자의 투표권을 부여한 최초의 주이다.

주요대학

- Emory University
- Georgia Institute of Technology
- Georgia State University
- Mercer University
- Oglethorpe University
- University of Georgia
- Savannah College of Art and Design

하와이 (Hawaii, HI)

① 면적	: 16,759km²	② 평균기온	: (7월 : 24℃, 1월 : 20℃)
③ 연간 강우량 : 2,790mm		④ 주도	: Honolulu
⑤ 주요 도시	: Aiea, Hilo, Honolulu, Kailua, Kaneohe, Pearl City,		
⑥ 인구	: 약 134만 명		

하와이(Hawaii)는 미 본토에 있지 않은 유일한 주로, 북태평양 중앙의 여러 섬들로 구성되어 있다. 흔히 하와이언 제도(Hawaiian Islands)로 통합해 일컬어지는 이 하와이의 주도(州都)는 호놀룰루(Honolulu)이며 미 본토에서 남서쪽으로 약 3,860km 떨어진 곳에 위치한다. 하와이언 제도는 니하우(Niihau) · 카우아이(Kauai) · 오아후(Oahu) · 몰로카이(Mokokai) · 라나이(Lanai) · 마우이(Maui) · 카호올라웨(Kahoolawe) · 하와이(Hawaii) 등 8개 섬과 100개가 넘는 작은 섬들이 북서쪽에서 남동쪽으로 완만한 호(弧)를 그리면서 600km에 걸쳐 이어져 있다. 호놀룰루(Honolulu)가 있는 섬 오아후(Oahu)는 중앙 멕시코만의 남쪽에 있다(흔히 '하와이' 하면 이 섬을 이야기한다). 1959년 미합중국에 편입된 하와이(Hawaii)는 아름다운 자연 경관, 연중 온화한 기후로 유명하다. 깊고 푸른 바다, 오색찬란한 꽃과 야자수, 거대한 폭포는 미국에서 가장 아름다운 모습을 드러낸다. 기후는 전역이 열대에 속하여 미국에서 가장 열대성이 강한 지역이다.

하와이 원주민은 폴리네시아(Polynesian)인이고 관광객들에 대한 친근감의 표현으로 사랑의 주(Aloha State)라는 별칭으로 부르기도 한다. 'Aloha'는 하와이어로 '사랑'이란 뜻이다. 여행객들이 하와이에 도착하면 화환을 받고, 포크댄스, 퍼레이드 등을 즐기게 되는데 훌라춤(Fula Dance)은 하와이의 상징처럼 되었다. 다국적민, 다인종들로 구성되는 이곳은 폴리네시아인, 본토의 흑인, 백인, 일본인, 필리핀인, 중국인, 한국인 등이며 그들은 다양한 삶에 기여하고 있다. 주요 산업은 군사기지 경제에 기초를 둔 산업과 관광 · 농업을 들 수 있다. 진주만이라고 부르는 펄하버(Pearl Harbour)의 해군기지나 히캄 공군기지(Hickam Air Force Base)를 비롯하여 하와이 여러 곳에 육 · 해 · 공군시설이 있어서 거기서 나오는 수입이 가장 크다. 관광산업도 해마다 활발해지고 있다. 최대의 관광지는 호놀룰루인데, 연중 따뜻한 기후에 와이키키(Waikiki) 해변을 중심으로 부근 일대에 펄하버(Pearl Harbour) · 다이아몬드헤드(Diamond Head) · 비숍 박물관(Bishop Museum) 등 각양각색의 관광자원이 있다. 농업은 예로부터 중요한 산업이다. 생산량으로는 사탕수수가 가장 많은데 비교적 비가 적은 곳에서 대규모로 재배되고 있다. 다음으로 파인애플 생산이 많아 세계 최대의 산지가 되고 있으며 생(生)과일 외에 주스 · 통조림 등 가공품도 중요한 수출품목이 되고 있다. 상업 · 무역 활동은 전적으로 호놀룰루를 중심으로 이루어지고 있으며, 호놀룰루는 북태평양 항공 · 해상 교통의 일대 거점이라 할 수 있다.

주요대학

- Bringham Young University-Hawaii
- Chaminade University of Honolulu
- Hawaii Pacific University
- University of Hawaii, Manoa/ Hilo

아이다호 (Idaho, ID)

① 면적 : 216,432㎢　② 평균기온 : (7월 : 19℃, 1월 : –5℃)
③ 연간 강우량 : 480㎜　④ 주도 : Boise
⑤ 주요 도시 : Boise, Idaho Falls, Lewiston, Nampa, Pocatello, Twin Falls
⑥ 인구 : 약 148만 명

　　아이다호(Idaho) 주는 로키((Rocky)산맥의 주맥(主脈) ·지맥이 주의 대부분을 차지하고 있어 평지는 적다. 아이다호(Idaho)는 뛰어난 절경과 무한정의 자연 자원을 가지고 있는 로키산으로 둘러싸인 주이다. 높이 솟은 산맥, 눈 쌓인 산, 평화로운 호수, 가파른 협곡이 장관을 이룬다. 스네이크 강(Snake River)은 그랜드캐년(Grand Canyon)보다 더 깊은 헬스캐년(Hells Canyon)을 따라 흐르고, 소손폭포(Shoshone Falls)는 나이아가라 폭포(Niagara Falls)보다 더 높은 곳에서 떨어져 내린다. 남서쪽의 보이즈(Boise)는 아이다호의 주도(州都)이자 가장 커다란 도시이다. 주요 산업은 농업 및 목축업으로 소맥·건초·사탕무·감자·사과 등의 재배와 면양·육우(肉牛)·젖소의 사육이 활발하다. 소나무 등 침엽수의 벌채도 각지에서 이루어지며, 납·은·금·인광석·아연·구리의 생산도 풍부하다. 대자연을 이용한 관광개발도 활발하여 스네이크강의 장대한 헬스캐년과, 달 표면과 흡사한 분화구들이 있는 "크레터스 오브 더 문(Craters of the Moon)" 국가지정 기념지가 유명하다. 폭포도 많고, 각지에 인디언 보호지구(Indian Reservation)가 있다. 자연 자원에는 풍요한 땅, 풍부한 광물, 울창한 산림 등이 있다. 매년 수백만 달러의 광물을 생산하는 데 은, 인산, 몰리브덴 생산은 제일로 꼽힌다. 주의 40%가 산림이며, 목재 공장에서는 펄프, 제지, 합판 등의 목재 생산물이 가공된다. 1860년대 부를 꿈꾸던 사람들이 금을 찾기 위해 광산에 몰려들게 된다. 따라서 이 주의 별칭을 '보석의 주'(Gem State)라고 일컫는다. 1890년 정식 주가 되었고 광업, 농업, 제조업 및 서비스업도 날로 성장해 오고 있다.

주요대학

- Boise State University
- Idaho State University
- Lewis & Clark State College
- University of Idaho

 일리노이 (Illinois. IL)

① 면적	: 145,934㎢	② 평균기온	: (7월 : 24℃, 1월 : -3℃)
③ 연간 강우량 : 970㎜		④ 주도	: Springfield
⑤ 주요 도시	: Aurora, Chicago, Decatur, Peoria, Rockford, Springfield		
⑥ 인구	: 약 1,226만 명		

주도(州都)는 스프링필드(Springfield)이고, 최대 도시는 시카고(Chicago)이다. 미시간호(Lake Michigan)의 남서부에 위치하며 위스콘신(Wisconsin)·아이오와(Iowa)·미주리(Missouri)·켄터키(Kentucky)·인디애나(Indiana) 등 여러 주에 둘러싸여 있다. 미 중서부에서 가장 인구가 많은 주로 인구의 반 이상이 시카고와 그 주변에 살고 있다. 습윤한 대륙성 기후로 여름에는 기온이 높아 농작물이 충분히 성장하지만 겨울은 추워서 농경이 불가능하다. 주 전체는 평원이 펼쳐져 있어 '평원의 주'(The Prairie State)란 별칭을 갖는다. 또한 그 곳 사람들은 '링컨의 땅'(The Land of Lincoln) 이라고도 칭하는데 이는 16대 대통령인 링컨이 그 곳에서 생의 대부분을 살았다는 점에서 대단한 자부심을 갖는다. 이 곳 출신자로 유명한 사업가, 문필가, 건축가, 개혁가, 정치 지도자들이 많다. 1942년 시카고 대학(University of Chicago)의 학자들이 원자폭탄 개발에 커다란 진보를 가져왔으며, 오늘날 일리노이는 원자폭탄 연구의 세계적 기지로 손꼽히고 있다. 중서부 콘벨트(Corn Belt-옥수수 지대)의 한 부분으로 주의 부를 축적하는 데 도움을 주고 농업 부문의 선두대열에 들어간다. 그러나 주로 서비스산업 분야에 종사하고 식료품 산업도 주된 생산 품목이다.

1600년대 처음으로 인디언과의 모피 교역으로 카누(Canoe)로 시카고(Chicago) 강 아래 미시간 호수까지 내려가 또 다른 배와 연결되었다. 오늘날 세인트 로렌스 해로(St. Lawrence Seaway)와 그레이트 레이크(Great Lakes)를 거쳐 일리노이(Illinois)의 산물이 전 세계로 수송된다. 바지선은 미시시피강과 멕시코만을 연결시켜 주는 일리노이 수로(Illinois Waterway)에서 수송한다. 최초로 이 지역에 정착한 사람은 프랑스인들이었고 주명은 인디언 자신들을 가리키는 말로 '뛰어난 사람들'(Superior Men)이라는 뜻의 인디언 언어에서 나온 이름이다. 일리노이 주는 대체로 자연미가 풍부하지 못하여 관광의 대상은 주로 시카고가 된다. 철도나 고속도로도 잘 발달되어 있고 주민의 생활 수준도 일반적으로 높은 편이다.

주요대학

- Illinois Institute of Technology
- Illinois State University
- Loyola University of Chicago
- Northeastern Illinois University
- Northwestern University
- University of Illinois at Chicago
- University of Illinois at Urbana-Champaign
- University of Chicago
- School of the Art Institute of Chicago

인디아나 (Indiana, IN)

① 면적   : 93,720㎢   ② 평균기온   : (7월 : 24℃, 1월 : -2℃)
③ 연간 강우량 : 1,020㎜   ④ 주도   : Indianapolis
⑤ 주요 도시   : Evansville, Fort Wayne, Gary, Hammond, Indianapolis, South Bend
⑥ 인구   : 약 621만 명

인디애나(Indiana)주는 주도(州都)가 인디애나폴리스(Indianapolis)이다. 미시간호(Lake Michigan)의 남안(南岸) 지역에 위치하며 미시간(Michigan)·일리노이(Illinois)·켄터키(Kentucky)·오하이오(Ohio) 주에 둘러싸여 있다. 지형은 대체로 평탄하며 구릉은 있으나 산지가 없다. 주의 남쪽 경계에 오하이오강(Ohio River)이 흐르며, 습윤한 대륙성 기후로 여름은 고온 다습하여 농작물재배에 적합하나 겨울은 춥다. 미시간 호안(湖岸)은 비교적 기후가 온화하여 과수·채소의 재배가 대규모로 행하여지며 별장지대를 이룬다.

많은 인구에 비해 중서부에서는 가장 작은 주이다. 인디애나(Indiana) 주는 크기 면에서는 38번째이나 인구 면에서는 12번째이다. 농업, 공업에서 10대 주 중에 하나이다. 인디애나의 별칭은 'Hoosier State'로 그 기원은 정확치 않으나 '여기에 누가 있냐' (Who's Here)이란 방문객에 대한 인디언 인사말에서 유래한다.

끝없이 넓고 풍요한 옥토에선 주로 옥수수를 생산하는데 옥수수는 이 지역 주요 농산물이며 밀, 콩도 마찬가지이다. 또한 북서쪽의 거대한 철강소와 석유 제련소는 인디아나 공업의 상징이다.

인디애나주는 전형적인 옥수수 재배지역으로 옥수수의 생산이 높아 미국에서도 제3위에 해당한다. 콩·밀·귀리·감자 등도 대량으로 생산되고 복숭아·사과·수박 등도 생산된다. 목축업도 성하여 돼지·육우·젖소·닭 등을 사육한다. 광업자원이 풍부하여 석탄을 비롯하여 건축용 석회석(미국 전체 사용량의 80% 이상 공급)·석유등을 생산한다. 공업화가 뚜렷하여 특히 시카고 부근의 게리(Gary)·하몬드(Hammond)·이스트시카고(East Chicago) 등에는 중화학 공업이 집중되어 있고, 제철·시멘트·정유공업이 활발하다. 다양한 자연 환경으로 미시간호를 따라 펼쳐지는 모래사장을 즐기게 된다. 호수와 강에서는 보트, 낚시, 수영을 즐길 수 있다. 브라운 카운티(Brown County)의 언덕은 훌륭한 예술의 자료가 된다. 미국의 중앙에 위치하여 미국의 교차로(The Crossroad of America)라 일컬어진다.

주요대학

- Ball State University
- DePauw University
- Indiana State University
- Indiana University, Bloomington/ South Band
- Indiana University-Purdue University, Indianapolis
- Purdue University
- University of Indianapolis
- University of Notre Dame

아이오와 (Iowa, IA)

① 면적	: 145,753㎢	② 평균기온	: (7월 : 24℃, 1월 : -7℃)
③ 연간 강우량	: 810㎜	④ 주도	: Des Moines
⑤ 주요 도시	: Cedar Rapids, Davenport, Des Moines, Dubuque, Sioux City, Waterloo		
⑥ 인구	: 약 294만 명		

아이오와(Iowa) 주는 주도(州都)가 디모인(Des Moines)으로 북 아메리카 중앙평원의 중앙에 있으며, 산지는 거의 없다. 주의 동쪽은 미시시피 강(Mississippi River)의 본류가 흐르고, 서쪽은 그 지류인 미주리 강(Missouri River)에 접한다. 겨울에는 춥고 여름철은 무더운 대륙성 기후이다. 옥수수 주(Corn State)라고 불리는 아이오와(Iowa)는 가장 많은 옥수수를 생산해 낸다. 기후 조건이 옥수수 재배에 적합하여 전형적인 콘벨트(Corn Belt-옥수수 지대)를 이루어 옥수수 생산량이 미국 전체의 20 %에 달하고 모두가 우량 품종인 '잡종(雜種) 옥수수'이다. 옥수수를 사료로 하는 돼지·소·닭의 사육도 매우 활발하며, 낙농이나 밀·콩 등의 재배도 활발하다. 공업은 농축산물 가공, 농업기계 제작이 주종이지만 다른 주에 비하여 부진하다. 93%이상이 농장이고 아이오와(Iowa) 주민의 약 10%가 농장에 거주하며 미국 식량의 7%를 공급한다. 가장 중요한 공업에는 옥수수 및 돼지고기 가공과 기계류 생산이 있다.

디모인(Des Moines)은 주의 도시로 보험 산업의 센터이다. 문맹률이 거의 0%에 가깝고 우수한 학교제도를 통해 우수한 인재들이 배출된다.

아이오와(Iowa)의 별칭은 '매눈의 주'(Hawkeye State)라고 불리는데 흑매(Black Hawk)가 이끄는 인디언이 백인과의 전쟁에서 패배하여 미시시피강을 따라 현 아이오와(Iowa) 지역을 넘겨주었던 것에서 그 유래를 찾을 수 있다.

주요대학

- Drake University
- Iowa State University
- University of Dubuque
- University of Iowa
- University of Northern Iowa

캔사스 (Kansas, KS)

① 면적	: 213,098㎢	② 평균기온	: (7월 : 23℃, 1월 : -1℃)
③ 연간 강우량	: 690㎜	④ 주도	: Topeka
⑤ 주요 도시	: Kansas City, Lawrence, Overland Park, Salina, Topeka, Wichita		
⑥ 인구	: 약 276만 명		

캔사스(Kansas) 주는 주도(州都)가 토피카(Topeka)이다. 미국 본토의 거의 중앙에 위치하며 네브래스카 (Nebraska) · 미주리(Missouri) · 오클라호마(Oklahoma) · 콜로라도(Colorado) 주와 접한다. 밀 생산에서 미국 제일로, 초여름 광활한 들판의 밀을 보면 마치 금빛 바다를 보는 듯하다.

또한 생산 공장에서 밀가루로 가공하여 전 세계로 수출된다. 따라서 밀 주(Wheat State) 혹은 미국의 빵 바구니 (Breadbasket of America)로 불리어지고 있다. 주요 농산물은 밀이며 전국 총생산의 약 1/5 을 차지한다. 밀은 가을 에 파종하여 건조한 초여름에 거두는 겨울 밀이다. 그밖에 옥수수 · 귀리 · 호밀 · 목초 · 콩을 생산하고 낙농도 활발하다. 지하자원으로는 석유 · 천연가스 · 석회석 · 시멘트를 산출한다. 원유와 가스의 보고이며, 항공기 생산 및 기타 생산, 무역이 경제활동에서 중요하다. 주요 공업은 항공기 공업으로 제2차 세계대전 중에는 위치타 (Wichita)에서 미국 내 제1의 생산을 올렸다. 그밖에 자동차 · 철도차량 등의 수송기계 공업과 농산 가공 · 화학 공업도 발달하였다. 캔사스(Kansas) 주에는 위치타(Wichita) · 캔사스 시티(Kansas City) 등의 중심 도시가 있으나, 상업 활동은 미주리(Missouri)주의 캔사스 시티에 지배된다. 도로망도 잘 정비되어 있다.

이 주의 별칭으로 또한 잘 알려진 이름은 뜨거운 여름의 상징인 해바라기가 무성해서 해바라기 주(Sunflower State)라고도 한다. 지리적으로 미국 중앙부에 위치하며, 북미 지도 제작의 측량 지점이다. 캔사스(Kansas)의 유명 한 도시 중 한 곳은 도지 시티(Dodge City)로 세계 카우보이들의 도시라고 할 만큼 세계에서 가장 큰 우시장을 갖추고 있다. 캔사스(Kansas)의 또 다른 별칭은 재이호커 스테이트(Jayhawker State)로 이는 '자유를 찾으려는 사람 들의 주'란 뜻이다.

👉 주요대학

- Emporia State University
- Fort Hays State University
- Friends University
- Kansas State University
- Pittsburgh State University
- University of Kansas, Kansas City/ Lawrence
- Wichita State University

켄터키 (Kentucky, KY)

① 면적	: 104,660㎢	② 평균기온	: (7월 : 25℃, 1월 : 1℃)
③ 연간 강우량	: 1,190㎜	④ 주도	: Frankfort
⑤ 주요 도시	: Bowling Green, Covington, Frankfort, Lexington, Louisville, Owensboro, Paducah		
⑥ 인구	: 약 409만 명		

주도(州都)는 프랭크퍼트(Frankfort)로 미 남부와 북부 경계에 위치한 주중의 하나로 동쪽으로 애팔래치아 (Appalachian) 산맥을, 서쪽으로 미시시피(Mississippi) 강을, 북쪽으로는 오하이오(Ohio) 강을 두고 있다. 기후는 대륙성으로, 여름은 더우나 겨울은 매우 춥다. 풍부한 담배와 경주마는 켄터키(Kentucky) 주의 오랜 상징이었다. 렉싱턴(Lexington) 주변에서 경주마들이 풀을 뜯는 모습은 '파란잔디의 주'(Bluegrass State)라는 별칭을 갖게 했다. 그러나 켄터키는 말을 기르는 곳 이상으로 담배, 석탄, 위스키 등 농업, 광업에서 중요한 주이다. 주요 산업은 농업으로 각종 농작물이 재배되며 특히 잎담배 생산이 성하다.

옥수수·콩·밀·과일을 산출하는 외에 블루그래스(Blueglass)를 비롯한 잔디 등을 생산하여 세계 각지에 출하한다. 낙농을 비롯하여 소·양·돼지의 사육이 활발하며 특히 경마용 말의 산지로도 알려져 있다. 삼림 개발도 진척되어 단풍나무·떡갈나무·호두나무 등의 경재(硬材)를 애팔래치아 산맥에서 벌목한다. 광산물 중에서는 석탄, 특히 역청탄의 채탄량은 미국에서도 높은 수준이다. 그밖에 석유·천연가스 등이 나온다. 공업은 식품가공·담배·섬유·가구·기계·화학 등의 제조업이 발달하였으며, 금속공업도 활발하다. 컴버랜드(Cumberland)폭포, 매머드(Mammoth)동굴, 내츄럴 브리지(Natural Bridge) 등의 유명한 관광지가 있다. 주 명은 '내일의 땅'(Land of Tomorrow)과 '피로 물든 목초지 땅' (Meadowland Bloody Ground)의 뜻을 지닌 인디언어로 '피에 물든 역사'를 단편적으로 보여주고 있다.

남북전쟁 동안 켄터키 인들은 남부 연합에 참가하여 전투를 벌였으며, 1904년~1909년, 소위 'Black Patch War'라는 담배회사 간의 전쟁도 일어났다. 공식적으로 복지시설을 잘 갖춘 4개 주 즉, 메사추세츠(Massachusetts), 펜실베니아(Pennsylvania), 버지니아(Virginia), 켄터키(Kentucky) 중 하나이다. 주요 관광지는 매머드동굴 국립공원 (Mammoth Cave National Park) 외에는 대부분 역사적인 곳이며, 특히 아브라함 링컨(A. Lincoln)이 태어난 '통나무집'은 사적지로 지정되어 있다.

주요대학

- Kentucky State University
- Murray State University
- Northern Kentucky University
- University of Louisville
- University of Kentucky

루이지애나 (Louisiana, LA)

① 면적 : 123,677㎢ ② 평균기온 : (7월 : 28℃, 1월 : 10℃)
③ 연간 강우량 : 1,450㎜ ④ 주도 : Baton Rouge
⑤ 주요 도시 : Baton Rouge, Lafayette, Lake Charles, Metairie, Monroe, New Orleans, Shreveport
⑥ 인구 : 약 453만 명

주도(州都)는 배턴루지(Baton Rouge)이고, 멕시코만(Gulf of Mexico) 북안(北岸), 미시시피 강(Mississippi River) 유역에 전개된 비옥한 범람원과 삼각주의 저지가 3/5을 차지한다. 지형적으로는 대지·충적평야·초원·연안습지로 구분되며 낮은 파랑상(波浪狀)의 구릉지를 이루는 대지는 해성(海成) 제3기층과 홍적층으로 구성되어 있고, 소나무·떡갈나무 등의 삼림이 널리 펼쳐져 있다. 남부에 위치하는 루이지애나(Louisiana)는 미시시피 강을 따라 멕시코 만(Gulf of Mexico)에 있다. 이러한 지리적 요건으로 상업 및 교역의 요충지가 된다. 오늘날 300m 이상의 바지선을 연결하여 생산물들을 선적하고 있어 가장 큰 도시 뉴올리언스(New Orleans)는 무역거래가 가장 많은 항구이다.

남북 전쟁 이전에 세워진 흰색 맨션(Mansion)은 과거 루이지애나 번영의 상징이다. 원유, 천연가스는 부의 근원이고 광물에 기초한 산업의 성장은 세계대전 이후 현재까지 계속되고 있다. 이곳의 삶은 다 인종으로 인한 문화 및 관습의 다양성으로 인하여 독특하고 다양하다. 초기 프랑스 및 스페인 정착자의 영향이 미 전역에 나타나지만, 특히 이곳에서 그렇다.

수백만의 여행객이 매년 이 곳을 방문하는데, 카니발과 마르디그라스(Mardi Gras) 동안에는 곳곳에서 뉴올리언스로 모여든다. 프랑스 및 스페인 레스토랑에서 그 곳의 음식을 즐기고 뉴올리언스(New Orleans) 스타일의 재즈(Jazz)를 듣는다.

주명은 프랑스 탐험가에 의해 지어졌으며, '펠리컨 주'(Pelican State)란 별칭이 해안가에 무수히 많은 펠리컨 때문에 붙여졌다. 에스파냐와 프랑스 시대의 사적이 많으며, 다수의 프랑스계 주민과 그 문화는 미시시피 강의 경관 및 특산물과 더불어 주의 두드러진 특색이다. 로마가톨릭 교회와 침례교회가 사회·문화를 지배해 왔으며, 음악·미술·문학에서도 다른 주에 많은 영향을 미쳤다. 전형적인 남부의 주이다.

👉 주요대학

- Louisiana State University
- Louisiana Tech University
- Loyola University
- McNeese State University
- Nicholls State University
- Tulane University
- University of New Orleans
- Xavier University of Louisiana

메인 (Maine, ME)

① 면적	: 86,156㎢	② 평균기온	: (7월 : 19℃, 1월 : −9℃)
③ 연간 강우량	: 1,040㎜	④ 주도	: Augusta
⑤ 주요 도시	: Auburn, Augusta, , Bangor, Lewiston, Portland, Portsmouth		
⑥ 인구	: 약 128만 명		

　미국 동부 최북단에 위치한 메인(Maine) 주는 뉴잉글랜드(New England-미국 동부 지역에 위치한 여섯 개의 주를 일컬음) 중 가장 큰 주로 주도(州都)는 오거스타(Augusta)이며, 대서양의 아름다운 해변으로 더욱 유명하다. 대서양(Atlantic Ocean)에 면하고 캐나다(Canada)와 국경을 접한다. 최대 도시는 포틀랜드(Portland)이다. 습윤 대륙성기후로 겨울이 길고 추우며 눈이 많다. 여름은 서늘하고 상쾌하여 관광객이 많이 찾아든다. 바위로 된 해변을 따라 등대, 모래밭, 낚시터, 조그만 섬들, 아카디아 국립 공원(Acadia National Park)이 있다. 바위 절벽, 수천 개의 만은 아름다운 해안선을 형성한다. 주의 90%를 숲이 차지하고 있으며 그 곳에서 나온 목재는 모든 공업의 기본 원료가 된다. 소나무 주(Pine Tree State)라는 이름에서 키 큰 소나무로 가득 찬 숲을 연상하게 된다. 또한 농업, 수산업에서 중요한 역할을 하는데 바다가재, 정어리가 수산업에서 주요 아이템이다. 삼림이 많기 때문에 수력발전이 발달해 있고, 제화·직물·선박·합판·스키용품 등이 주요 공산품이다.

　프리머스(Plymouth)에서 청교도 인이 도착하기 13년 전 1607년 처음으로 메인(Maine) 주에 도착하였고 약 200년 동안 매사추세츠(Massachusetts)의 일부분이었다가 1820년 23번째 주로 탄생하게 되었다. 인구의 대다수가 백인이며, 어느 지역을 가봐도 깨끗하고 조용한 환경을 가지고 있다. 따라서 많은 부유층들이 이 지역에 별장을 소유하고 있다.

주요대학

- Bates College
- Husson College
- Thomas College
- University of Maine, Augusta/ Fort Kent/ Machias/ Orono/ Presque Isle
- University of New England
- University of Southern Maine

 # 매릴랜드(Maryland, MD)

① 면적	: 27,092㎢	② 평균기온	: (7월 : 24℃, 1월 : 1℃)
③ 연간 강우량	: 1,090㎜	④ 주도	: Annapolis
⑤ 주요 도시	: Annapolis, Baltimore, Bethesda, Columbia, Dundalk, Frederick, Silver Spring, Towson		
⑥ 인구	: 약 546만 명		

주도(州都)는 아나폴리스(Annapolis)로 대서양의 안쪽 중부에 있다. 주 최대의 도시는 볼티모어(Baltimore)이다. 기후는 온화한 해안성 기후인데, 평야는 연평균기온 12~13℃로 겨울에도 월 평균기온이 빙점 이하로 내려가지 않는다. 동쪽은 델라웨어(Delaware), 북쪽은 펜실베이니아(Pennsylvania), 서쪽 및 남쪽은 웨스트버지니아(West Virginia) · 버지니아(Virginia) 등의 주와 접한다. 산업과 선박에서 중요한 역할을 하는 매릴랜드(Maryland)는 지형적으로 미국의 동부지역에 위치한다.

체사피크 만(Chesapeake Bay)은 깊이 들어가 있어 항구로서는 최적지이다. 가장 큰 도시인 볼티모어(Baltimore)는 세계에서 손꼽히는 항구 및 교육 도시 중 하나이고, 아나폴리스(Annapolis)는 미 해군 사관학교(U. S. Naval Academy)의 본거지이다. 주(州)의 대부분이 삼림으로 덮여 있어 임업은 성하나, 광업은 석회석 정도이다. 공업은 식품화학을 비롯하여 금속 · 전기 기기 · 고무 · 플라스틱 · 가구 · 인쇄 등 각종 공업이 발달되어 있다. 볼티모어 항(港) 은 무역항으로서 매우 중요하다. 체사피크 만은 매릴랜드를 두 부분으로 나누는데 만의 동쪽은 델라웨어(Delaware)와 버지니아(Virginia)를 접하고 있으며 서쪽은 평원, 언덕, 산들로 되어 있으며 산림은 40%를 차지한다.

서비스업이 경제에서 주요 역할을 하며 전자 장비 및 식품 가공이 주요 생산품이다. 공업지대는 볼티모어 지역과 워싱턴DC 외곽지역이다. 식민지하에 있을 때 볼티모어의 군주가 매릴랜드(Maryland)를 지배했고, 독립 전쟁 기간 중 석 달 간 그 곳에서 대륙회의가 열렸다. 독립 전쟁 중, 사령관 조지 워싱턴(G. Washington)으로부터 치하 받은 "Troops of the Line"이라는 군대이름을 따서 '오래된 줄의 주'(Old Line State)라고도 불려진다.

주요대학

- Bowie State University
- Loyola College in Maryland
- Morgan State University
- Johns Hopkins University
- Towson State University
- University of Baltimore
- University of Maryland, College Park
- University of Notre Dame

메사추세츠(Massachusetts, MA)

① 면적   : 21,456㎢   ② 평균기온   : (7월 : 22℃, 1월 : −4℃)
③ 연간 강우량 : 1,140㎜   ④ 주도   : Boston
⑤ 주요 도시   : Boston, Brockton, Cambridge, New Bedford, Rochester, Springfield
⑥ 인구   : 약 631만 명

　매사추세츠(Massachusetts) 주의 주도(州都)는 보스턴(Boston)으로 동쪽은 대서양에 면하고, 북쪽은 뉴햄프셔(New Hampshire)와 버몬트(Vermont), 서쪽은 뉴욕(New York), 남쪽은 로드아일랜드(Rhode Island)와 코네티컷(Connecticut)의 여러 주와 접한다. 미국에서 여섯 번째로 작은 주로, 여러 분야의 지도자를 배출하고 있다. 습윤한 대륙성기후로 겨울은 추우면서 길고, 서부 산지에는 2,000mm 정도의 강설이 있어 봄에도 녹지 않는다. 그러나 해안지방의 겨울은 온화하며, 보스턴의 연 강수량은 1,000mm로 일 년 내내 평균적으로 내린다. 뉴저지(New Jersey), 로드아일랜드(Rhode Island) 다음으로 인구밀도가 높은 주이다.

　주의 수도인 보스턴(Boston)은 미국 제 1의 교육 도시이면서 중요한 항구이자 금융 및 무역의 중심지이다. 특히 보스턴은 미국 최고의 대학이라고 일컬어지는 하버드 대학(Harvard University), 엠아이티 공대(Massachusetts Institute of Technology), 보스턴 대학(Boston University) 등의 많은 대학이 있으며 문화, 교육, 의학 연구 지역으로써, 또한 역사적 관광지로써 잘 알려져 있다. 크고 작은 언덕과 계곡이 펼쳐져 있으며 대서양 가까이 해수면 높이에서 1,100m까지 다양하다. 유명한 농장이 강가와 해변에 자리하고 보스턴(Boston), 그루스터(Gloucester), 뉴 베드포드(New Bedford)는 중요한 어항이며, 어류의 가공도 그 곳에서 행해진다. 청교도들은 1630년, 보다 나은 경제적 기회와 종교적 신념을 추구하려고 영국을 떠나 신대륙에 정착한다. 영국 식민지하에서 최초의 인쇄, 출판물이 이곳에서 발행되었고 최초의 대학 하버드(Harvard)가 캠브리지(Cambridge)에 1636년 설립되었다. 또한 1635년 최초의 중등학교 보스턴 라틴 스쿨(Boston Latin School)이 설립되었다. 또한 최초의 공립 고등학교가 1821년 설립되었다. 1788년 미합중국에 여섯 번째로 편입되었다. 네 명의 미 대통령을 배출했는데 특히 35번째 대통령 존 에프 케네디(J. F. Kennedy)는 브룩라인(Brookline)에서 태어났고, 41번째 대통령 조지 부시(G. Bush)도 밀튼(Milton)에서 태어났다.

　주명은 거대한 '언덕의 장소'(The Place of the Great Hill)란 뜻으로, 보스턴(Boston)의 남쪽 그레이트 브루 힐(Great Blue Hill)을 가리킨다. 아울러 '만(灣)의 주'(Bay State)라고도 일컫는다. 켄터키(Kentucky), 펜실베니아(Pennsylvania), 버지니아(Virginia)와 함께 훌륭한 복지시설을 갖춘 주로 손꼽힌다.

주요대학

- Berklee College of Music, Boston College, Boston University
- Brandeis University, Harvard University, MIT
- New England Conservatory
- Northeastern University, Tufts University
- Suffolk University, Worcester Institute of Technology
- University of Massachusetts, Amherst/ Boston/ Dartmouth/ Lowell

 **미시간 (Michigan, MI)**

① 면적　　　: 151,586㎢　　② 평균기온　: (7월 : 21℃, 1월 : -7℃)
③ 연간 강우량 : 810㎜　　　　④ 주도　　　: Lansing
⑤ 주요 도시　: Detroit, Flint, Grand Rapids, Lansing, Sterling Height, Warren
⑥ 인구　　　: 약 976만 명

　주도(州都)는 랜싱(Lansing)으로 서쪽은 위스콘신(Wisconsin) 주, 남쪽은 인디애나(Indiana)·오하이오(Ohio) 주에 접하고, 북쪽과 동쪽은 오대호 및 좁은 수로를 사이에 두고 캐나다(Canada)와 접한다. 농, 공, 광업 및 관광에서 앞서가는 주로 미국 오대호 주변에 위치한다. 또한 자동차 생산에서 선두를 달리는데 특히 자동차공업이 유명한데, 디트로이트 일대에는 제너럴모터스(GM)·포드(Ford)·크라이슬러(Chrysler) 등 3대 자동차회사의 본사공장이 집결해 있다. 디트로이트(Detroit)는 '세계적인 자동차 산업의 중심지이자 자동차 도시'(Automobile Capital of the World and the Motor City)라고 불린다.

　기후는 대체로 대륙성이며, 연 강수량은 750~875mm로 적다. 기온은 북부반도에서는 겨울에 -10℃까지 내려가고, 여름에는 15.5~18.3℃로 서늘하나, 남부반도에서는 겨울에도 -4~-3℃, 여름에는 20℃ 이상이 된다. 북부에는 침엽수림이 많고, 남부는 혼합림이다. 오대호 중 네 곳, 이리호(Erie), 휴런호(Huron), 미시간호(Michigan), 슈피어리어(Superior)와 접해 있어 해안선은 5,292㎞로 알래스카(Alaska)를 제외하고 가장 길다. 미시간은 반도의 위쪽과 아래쪽으로 나뉘는데 그 둘은 다리로 연결된다. 대부분의 농업은 반도 아래쪽 남부에서 행해지며 미시간호 근처 지역은 과수재배에 유리하다. 매년 2천 2백만 명의 관광객들이 방문하는데 리조트시설이 잘 갖추어져 있다. 오대호뿐만 아니라 1,100개 이상의 크고 작은 호수들이 있으며 숲이 주의 반 이상을 차지하여 다양한 레저 활동을 즐길 수 있다. 미시간주의 가장 중요한 산업은 공업이다. 그밖에 철강·금속·기계·식품가공·가구제조·제지 등의 공업도 성하다. 가구제조는 그랜드래피스(Grand Rapids), 제지는 잭슨(Jackson)이 유명하다. 북부반도에는 광물자원이 풍부하여 철과 구리 산지가 있다. 프랑스가 거의 150년을 지배했고 그 후, 영국의 지배를 받았으며 독립 전쟁 후, 1787년 미국의 북서쪽 영토에 속하게 됐으며 1837년 26번째 주로 편입되었다. 미시건 호(Lake Michigan)로 불리어지며 '모피의 주'(Wolverine State)란 별칭은 이곳이 과거, 값비싼 모피 무역의 장소임을 가리킨다.

주요대학

- Michigan State University
- Central Michigan University
- Michigan Technological University
- Saginaw Valley State University
- University of Michigan, Ann Arbor/ Dearborn/ Flint
- Wayne State University
- Western Michigan University

미네소타(Minnesota, MN)

① 면적 : 218,601㎢	② 평균기온 : (7월 : 21℃, 1월 : -13℃)
③ 연간 강우량 : 660㎜	④ 주도 : St. Paul
⑤ 주요 도시 : Bloomington, Duluth, Edina, Mankato, Minneapolis, Rochester, St. Paul	
⑥ 인구 : 약 500만 명	

　주도(州都)는 세인트폴(St. Paul)이고 최대 도시는 미네아폴리스(Minneapolis)이다. 미 중서부에서 가장 큰 주로 농, 공업에서 중요한 역할을 한다. 기후는 습윤 대륙성 기후로 여름과 겨울의 차가 심하다. 전체 주 인구의 90% 이상이 고등학교 졸업자 이상의 학력을 소지하고 있을 정도로 교육 수준이 높다. 취업률 또한 약80%를 상회하며 이는 전국의 취업률을 훨씬 웃도는 수준이다. 12,034개의 크고 작은 호수가 그 아름다운 자태를 자랑하고 있는 이 주는 미네아폴리스(Minneapolis)와 세인트폴(St. Paul)의 쌍둥이 도시(Twin Cities)가 중서부의 메트로폴리탄 (Metropolitan)을 형성하고 있다. 약 9천만 마리의 젖소, 소, 돼지를 사육하며 그것은 주된 수입원이나, 공업 또한 더욱 중요하다. 우유, 버터, 치즈 등 유제품과 가공, 밀가루 가공, 육류 포장, 채소류 포장에서 다른 주보다 우위에 선다. 미국 전체 철 매장량의 70%가 이 주에 있으며, 넓은 지역에 걸쳐 울창한 숲이 있다.

　아름다운 경관, 반짝이는 호수, 울창한 소나무 숲이 휴양지로서 최적이다. 또한 모피 교역자들을 중부와 유럽에서 이곳으로 모이게 했으며 울창한 산림은 목재 채취자들을 끌어들이게 됐다. '들쥐의 주'(Gopher State)란 별칭은 1857년 만화에서 철도회사 경영자를 줄무늬 들쥐로 표현한데서 유래하는데, 'Gopher'는 농작물에 피해를 입히는 들쥐로 남부 및 서부 지역에 주로 서식한다.

주요대학

- Concordia University
- Hamline University
- Mankato State University
- Metropolitan State University
- Moorhead State University
- University of Minnesota, Twin Cities
- University of St. Thomas
- Winona State University

미시시피 (Mississippi, MS)

① 면적　　　 : 123,515㎢　　　 ② 평균기온　 : (7월 : 27℃, 1월 : 8℃)
③ 연간 강우량 : 1,420㎜　　　　 ④ 주도　　　 : Jackson
⑤ 주요 도시　 : Biloxi, Greenville, Hattiesburg, Jackson, Meridian, Vicksburg
⑥ 인구　　　 : 약 290만 명

　미시시피(Mississippi) 주는 주도(州都)가 잭슨(Jackson)으로 미시시피강 하류 동쪽 연안에 위치하며, 남부는 멕시코만(Gulf of Mexico)에 면한다. 주의 대부분은 저평한 평야이며, 북동부에 구릉지가 있으나 해발고도는 최고 250m 정도이다. 습윤·온난한 아열대 기후를 이루어, 여름은 몹시 덥다. 계속되는 변화를 통해 성장해 나가는 이곳은 한 때 조용하고 농업을 주업으로 삼는 곳이었으나 1930년대 이후 산업화에 기초를 둔 경제활동에 박차를 가하고 있다.

　이 곳 사람들은 그 주의 역사에 대단한 자부심을 갖는데, 옛 남부의 기억을 되살리게 하는 남북전쟁 이전의 저택, 남부연합국을 기리는 기념비 등이 그것들이다. 오늘날 서비스업, 소매업, 공무, 생산업에 종사하는 사람들이 대부분이다. 미시시피(Mississippi) 주는 아열대성의 기후와 비옥한 평야 등 자연의 혜택으로 농업이 주된 산업이다. 농토와 숲이 대부분을 차지하며 농작물 재배 및 축산업, 천연자원 매장도 중요한 자원이다. 경제적 성장에도 불구하고 낮은 임금을 지불하여 주의 평균 수입이 다른 주에 비해 낮은 편이다.

　지하자원으로는 석유·천연가스가 풍부하다. 공업은 최근에 와서 급격히 발달하여, 제재·가구·제지 등 임업과 직접 관련된 것 외에, 식품가공·의류·화학·자동차·기계류 등 각종 공업이 이루어진다. 서쪽 경계에 위치하는 미시시피강의 이름에서 얻은 이 주 명은 '거대한 물'(Great Water), '물의 아버지'(the Father of Waters)란 뜻이다. 별칭은 '목련의 주'(Magnolia State)로 어딜 가나 볼 수 있는 목련나무에서 온 말이다. 기후는 연중 온난다습하므로 꽃이 항상 피어 있다. 미시시피 해안은 휴양지로 유명하다.

주요대학

　　- Delta State University
　　- Jackson State University
　　- Mississippi State University
　　- University of Mississippi

미주리 (Missouri, MO)

① 면적	: 180,516㎢	② 평균기온	: (7월 : 26℃, 1월 : -1℃)
③ 연간 강우량	: 1,020㎜	④ 주도	: Jefferson City
⑤ 주요 도시	: Columbia, Kansas City, Springfield, St. Louis, St. Joseph		
⑥ 인구	: 약 571만 명		

미주리(Missouri)주의 주도(州都)는 제퍼슨시티(Jefferson City)이며 세인트루이스(St. Louis)는 가장 큰 도시이다. 전체적으로 기복이 매우 완만하지만 남부에는 오자크 산지(Ozarks National Forest)가 있으며, 주의 북서부에서 동부에 걸쳐 미주리 강(Missouri River)이 흐른다. 기후는 습윤 · 온난 기후와 습윤 대륙성 기후의 점이지대(漸移地帶)이며 여름은 길고 덥지만, 겨울은 북부에서는 한랭하고 남단에서는 온화하다.

커다란 미시시피(Mississippi)강이 미주리 동부 경계를 형성하고 미주리 강이 서에서 동으로 가로질러 흐른다. 따라서 이 내륙수로를 통해 모든 생산물들이 운송된다. 캔사스시티(Kansas City)와 세인트루이스(St. Louis)는 주요 항공 및 철도 터미널로 손꼽히며 주요 운송지이다. 15개의 항공사가 운행되며 철도, 고속도로가 이곳을 경유한다.

북쪽과 서쪽은 광대한 금빛 곡물과 풀로 덮여 있다. 오자크(Ozarks)는 중서부의 주요 휴양지 중 하나이다. 주민의 대부분은 정부, 병원, 소매상을 포함하는 서비스업계에서 일하며 주요 공장은 항공기, 자동차 생산 공장이다. 육류포장, 비료생산 같은 생산 활동이 대규모 농장의 생산물과 관련된다. 남북전쟁 후, 세인트루이스(St. Louis)와 캔사스시티(Kansas City)는 산업 및 농업에서 거대하게 성장했다.

톰소여(Tom Sawyer), 허클베리(Huckleberry)를 만들어 낸 마크 트웨인(Mark Twain), 영화사 소유자 월트 디즈니(Walt Disney) 등과 시인, 과학자, 저널리스트, 군인, 화가 등 저명인사가 배출됐다. 미시시피 강에서 유래된 주명은 거대한 '캐누의 도시'(Town of the Large Canoes)란 인디언어에서 비롯되었다.

주요대학

- Central Missouri State University
- Lincoln University
- Northwest Missouri State
- St. Louis University
- University of Missouri, Columbia/ St. Louis/ Kansas City
- Washington University

몬태나 (Montana, MT)

① 면적   : 380,848㎢
② 평균기온   : (7월 : 20℃, 1월 : -8℃)   ③ 연간 강우량 : 380㎜
④ 주도   : Helena
⑤ 주요 도시 : Billings, Bozeman, Butte, Great Falls, Helena, Missoula
⑥ 인구   : 약 100만 명

　몬태나는 주도(州都)가 헬레나(Helena)로 그 기원은 라틴어로 '산악지방'이라는 뜻이다. 동쪽은 노스다코타(North Dakota) 주와 사우스다코타(South Dakota) 주, 남쪽은 와이오밍(Wyoming)·아이다호(Idaho) 주와 접한다. 네 번째로 큰 주로 서쪽으로 크고 험한 산에 구리, 금, 은을 보유하고 있으며 동쪽으로는 광활한 평원에 풀 뜯는 소의 무리, 풀, 밀과 지하의 석유 등이 있다. 동부는 그레이트 플레인스(Great Plains-대평원)가 약 60%의 면적을 차지하며, 서부의 약 40%는 로키(Rocky)산맥이다. 북서부에는 얼음에 덮인 산악과 호수가 아름다운 그레시어 국립공원(Glacier National Park)이 있다. 고산·스텝 기후로 한랭하며, 강수량은 대부분 1,000mm 이하이나 여름에도 비가 내리고 사막을 찾아볼 수 없다. 서부는 로키산맥이 자리잡고, 동부에는 그레이트 플레인스의 구릉과 대지가 이어진다.

　빌링스(Billings)는 제일 큰 도시이다. 주명은 스페인어로 모운타이누스(Mountainous)란 뜻인데 수많은 산에는 금, 은이 있는데 이로 인해, '보물의 주'(Treasure State)란 별칭도 가진다. 그레시어 국립공원(Glacier National Park)은 무척 험준하다. 초기에는 인디언만이 살았으나, 1742년 프랑스인 모피상이 찾아든 후부터 탐험과 개발이 진행되었고, 1862년 금이 발견되어 전국 방방곡곡에서 이 지역으로 몰려들게 되고 이후 무분별하게 광산촌이 우후죽순 생겨나자 많은 문제가 발생하게 된다. 결국 자경단원(Vigilantes)들이 범법자들을 몰아낸 후 다시 평화를 찾게 된다. 다른 한편으로 인디언들이 그들 땅을 찾으려는 전투가 벌어졌다. 현재는 약 3만의 인디언이 보호지구에 살고 있을 뿐이다. 산, 전투지, 금광, 광대한 땅은 여전히 방문객을 끄는 요소이다. 주의 수도인 헬레나(Helena)는 금광이 있던 자리로 요즘도 가끔 지하를 파는 작업을 하면 금 부스러기가 발견되기도 한다. 1864년 준주(準州)가 되었고 1889년 미국의 41번째 주가 되었다.

주요대학

- Montana State University, Bozeman/ Northern
- University of Great Falls
- University of Montana, Missoula

네브래스카 (Nebraska, NE)

① 면적	: 200,350㎢	② 평균기온	: (7월 : 24℃, 1월 : −5℃)
③ 연간 강우량	: 560㎜	④ 주도	: Lincoln
⑤ 주요 도시	: Fremont, Grand Island, Hastings, Lincoln, North Platte, Omaha		
⑥ 인구	: 약 176만 명		

농장이 주 면적의 95%를 차지하는 미국에서 큰 농업주 중의 하나이다. 도(州都)는 링컨(Lincoln)이다. 북쪽으로 사우스다코타(South Dakota) 주, 남쪽으로 캔사스(Kansas) 주, 동쪽으로 아이오와(Iowa) 주, 서쪽으로 와이오밍 (Wyoming) 주에 접한다. 지형은 북서쪽~남동쪽으로 경사진 완만한 대평원을 이룬다. 중앙과 북부에는 수많은 육우들이 자라고 있고 서부에는 끝없이 펼쳐진 밀의 황금 들판을 볼 수 있다. 그러나 농업만이 아니라 금융 보험 식품가공 같은 산업의 중심이다. 가장 큰 도시는 오마하(Omaha) 이다. 기후는 서쪽은 스텝기후를 이루나, 점차 동쪽으로 가면서 강우량이 증가하여 한서의 차가 심한 습윤 대륙성 기후로 변한다. 최대산업은 농·목축업으로, 비옥한 토양과 하천 ·지하수에 의한 관개와 건조 농법을 이용해서 겨울밀·콩·옥수수·수수·사탕무 등을 재배한다. 그밖에 돼지·양·닭 등의 사육이 성하다. 자원으로는 석유와 천연가스가 산출되고, 공업화가 진전됨에 따라 화학비료·식육가공 ·농산물 가공·피혁가공 등 농·목축업에 관련된 부문이 성장되고 있다.

네브래스카는 오토(Otoe) 인디언의 단어인 네브래스카(Nebrathka)에서 그 기원을 찾을 수 있다. 그 뜻은 네브래스카에서 제일 큰 플라테 강(Platte River)의 인디언 식 명칭인 '얕은 수심' 이다. 주의 별칭은 주요 작물인 옥수수와 옥수수 껍질 벗기기 콘테스트에서 유래한 '옥수수 껍질 벗기는 주'(Cornhusker State)이다. 38대 대통령인 제럴드 포드(Gerald Rudolph Ford)는 오마하(Omaha) 출신이다.

주요대학

- Bellevue University
- College of St. Mary
- Creighton University
- University of Nebraska, Kearney/ Lincoln/ Omaha
- Wayne State College

네바다 (Nevada, NV)

① 면적   : 286,352㎢   ② 평균기온   : (7월 : 23℃, 1월 : -7℃)
③ 연간 강우량 : 560㎜   ④ 주도   : Carson City
⑤ 주요 도시   : Carson City, Hawthorne, Las Vegas, Manor, North Las Vegas, Reno, Sparks
⑥ 인구   : 약 207만 명

　미 전역 중에서 가장 적은 인구를 가진 주중의 하나이지만 매년 이 곳을 찾는 관광객들로 보통 다른 주의 인구를 넘어선다. 주도(州都)는 카슨시티(Carson City)인데, 주의 대부분은 대분지(大盆地)에 속하며, 고원과 산지로 이루어진다. 서쪽으로 시에라 네바다(Sierra Nevada)산맥에 이르고, 남동쪽은 콜로라도 강(Colorado River) 유역에 속하며, 콜로라도 강은 애리조나(Arizona) 주와의 경계를 이룬다. 주의 대부분이 험볼트(Humboldt)강 등 내륙수계에 속하며, 대륙횡단 철도와 자동차도로도 발달되었다. 대부분의 지역이 강수량 500mm 이하의 스텝기후이나, 남부는 사막기후로 미국에서 가장 건조한 지역을 이룬다. 그러나 산지에는 삼림도 있고, 겨울에는 눈이 많아 스키가 성행한다. 이곳은 도박을 법적으로 인정하는 유일한 주이며 아름다운 타호 호수(Lake Tahoe)를 비롯해, 라스베가스(Las Vegas), 리노(Reno) 같은 화려한 도박장이 전 세계인들을 유혹한다. 그 중에서 라스베가스(Las Vegas)는 가장 큰 도시이자 주요 관광지이다.

　눈이 쌓인 험준한 산과 숲이 산 전체를 뒤덮고 수정 같은 물이 협곡을 따라 흘러내리는 곳이다. 간헐천과 온천이 나오고 남쪽에선 양떼가 평원에서 풀을 뜯고 반짝이는 태양 하에서 빛나는 곳이다. 회녹색의 쑥 때문에 쑥의 주(Sagebrush State)란 별칭이 있다. 정부는 네바다(Nevada) 사막에 핵무기 테스트 센터를 가지고 있다. 예전 광산에서 풍부한 은이 매장되었기 때문에 은의 주(Silver State)라고도 불리는데 오늘날에도 여전히 금, 은, 원유 등의 광물을 보유한다. 가을엔 비가 가장 적게 와서 농업은 관개에 의존한다. 리노(Reno) 가까이에서 벌어지는 'Newlands Irrigation Project'(신대륙 관개 사업 프로젝트)는 연방정부에 의한 첫 번째 시스템이다. 콜로라도 강의 후버댐(Hoover Dam)은 미드 호(Lake Mead)란 세계에서 가장 큰 인공호수를 만들게 되었다. 댐에서 발전된 전력은 애리조나(Arizona), 네바다(Nevada)로 공급된다.

　감자, 밀 등의 농작물이 재배되며 네바다의 중앙, 동부 지역에서는 소와 양을 방목하는데 농장의 85%이상을 주정부가 소유한다. 주명은 스페인어로 Snow-Clad(눈 쌓인)란 뜻이다. 남북 전쟁 중 1864년 정식 주로 인정되었고, '전쟁으로 태어난 주'(Battle Born State)란 별칭도 거기에서 유래된다.

주요대학

　- University of Nevada, Las Vegas/ Reno

 뉴햄프셔 (New Hampshire, NH)

① 면적	: 24,032㎢	② 평균기온	: (7월 : 20℃, 1월 : -7℃)
③ 연간 강우량	: 1,070㎜	④ 주도	: Concord
⑤ 주요 도시	: Concord, Dover, Manchester, Nashua, Portsmouth, Salem		
⑥ 인구	: 약 128만 명		

뉴햄프셔(New Hampshire) 주는 자연미와 연중 레저 활동으로 유명한 미국의 뉴잉글랜드(New England) 주중의 하나이다. 기후는 습윤한 대륙성 기후로 겨울은 길고 추우나, 쾌청한 날씨와 많은 눈으로 스키장이 성황을 이룬다. 여름 또한 서늘하고 쾌적하여 봄·가을과 함께 자연을 찾아 관광객이 모여든다. 여름에는 관광객들이 이곳으로 와 산, 푸른 호수, 조용한 마을로 몰려든다. 특히 우리나라의 절경인 설악산과 버금가는 하얀 산(White Mountain)은 특히 인기 있는 관광지이다. 옛날부터 낙농이 활발하여 우유 ·버터 등의 유제품과 감자·옥수수·귀리 등을 산출한다. 특히 대서양안에 전개된 해안평야에는 근교농업이 활발하여, 사과·복숭아 등의 과수와 메이플 슈거(Maple Sugar, 단풍당)의 채집이 성하다. 공업도 일찍부터 메리맥(Merrimack)강변에서 발달했으며, 현재는 풍부한 수력발전과 고도로 발달한 기술수준을 이용해 구두 등의 피혁공업을 비롯하여 고급면직·모직물·전자·전기 기기 공업 등이 성행하고 있다.

이 주는 자유를 사랑하는 사람들, 산업의 성장을 이끌어 미국 형성에 도움을 준 사람들의 고향이다. 청교도들이 매사추세츠(Massachusetts)에 정착한 3년 후, 1623년 처음으로 이곳에 정착했다. 뉴햄프셔는 1776년 1월 5일 13개의 식민지 중 처음으로 자체 헌법을 채택했고, 1788년 미 헌법을 인준한 아홉 번째 주가 되었다. 1800년에는 포츠머스(Portsmouth)에서 미 해군의 첫 선박회사가 문을 열었다. 세금의 보조를 받는 공립도서관이 1833년 피터보로(Peterborough)에 최초로 설립되었고 1853년 프랭크린 피어스(Franklin Pierce)가 제14대 미국 대통령이 되었다. 많은 정치가, 우주 비행사, 시인 등이 이 주 출신이다. 별칭은 많은 화강암으로 인해 '화강암 주'(Granite State)라 부른다. 콩코드(Concord)가 주도(州都)이며 맨체스터(Manchester)가 제일 큰 도시이다.

주요대학

- Dartmouth College
- New Hampshire College
- University of New Hampshire, Durham/ Manchester

 # 뉴저지 (New Jersey, NJ)

① 면적 : 20,169㎢	② 평균기온 : (7월 : 24℃, 1월 : −1℃)
③ 연간 강우량 : 1,140㎜	④ 주도 : Trenton
⑤ 주요 도시 : Atlantic City, Elizabeth, Jersey City, Newark, Paterson, Princeton, Trenton, Woodbridge	
⑥ 인구 : 약 839만 명	

뉴저지(New Jersey) 주는 하와이(Hawaii), 코네티컷(Connecticut), 델라웨어(Delaware), 로드아일랜드(Rhode Island) 다음으로 작은 주이나, 인구 면에서 아홉 번째로 인구밀도가 높다. 기후는 온난 다습하며 강수량은 연중 대체로 균등하게 배분되나, 여름에는 허리케인이 자주 내습한다. 이 주에는 분주한 공장지대 뿐 아니라 작고 조용한 소도시도 많다.

뉴욕시(New York City)나 필라델피아(Philadelphia)가 근처에 있기 때문에 그 곳으로 출근하는 사람들이 많은데 네 개의 다리로 필라델피아와 연결되고, 터널과 다리로 뉴욕시와 연결된다. 지리적 요건으로 인하여 경제적 중요성을 띠는데 뉴욕시와 필라델피아 사이에, 허드슨(Hudson)강과 델라웨어(Delaware) 강 사이에 위치하고 있다. 수 마일의 부두가 뻗어 있어 전 세계에서 온 수화물의 연결통로가 된다. 또한 거대한 구매력을 가지며 식품에의 유효 수요를 창출하여 동부도시에서 소모되는 음식물을 이곳에서 공급한다. 화학 및 의약품, 식료품, 인쇄물 등의 생산에서 선두를 달린다.

대서양 해안의 휴양지역은 산업도시와 확연히 구분되는데 애즈버리 공원(Asbury Park), 애틀랜틱시티(Atlantic City)를 포함하는 50여 개의 리조트 도시가 해안가를 따라 쭉 뻗어 있다. 독립 전쟁 기간 중 미국과 영국간의 전투가 여기에서 백여 회 이상 벌어졌는데 이를 계기로 뉴저지를 혁명의 전장(Cockpit of the Revolution)이라 부르기도 한다. 1884년 이곳 출신의 G. 클레버랜드(Grover Cleveland)가 22대 대통령에 당선되었고 1892년 재선되었으며, 윌슨(Woodrow Wilson)도 28대에 당선, 재선되었다.

대서양 연안의 애틀랜틱시티는 세계적인 대규모 관광 휴양지로 알려져 있으며, 독립전쟁 당시의 사적이나 오락 · 휴양용의 삼림 공원도 많다. 토마스 에디슨(T. Edison)이 멘로 공원(Menlo Park)의 실험실에서 전기와 축음기를 발명했고 모스(Morse)는 최초의 전자 전보를 발전시켰다. 아인슈타인(A. Einstein)은 프린스턴(Princeton)에서 수년간 연구생활을 했다. 농장, 과수원, 화초들로 인해 정원의 주(Garden State)란 별칭을 갖는다. 트렌튼(Trenton)은 주도(州都)이고 뉴왁(Newark)이 가장 큰 도시이다.

주요대학

- Fairleigh Dickinson University
- Montclair State University
- New Jersey Institute of Technology
- Princeton University
- Rutgers, the State University of New Jersey

뉴멕시코 (New Mexico, NM)

① 면적 : 314,295㎢	② 평균기온 : (7월 : 23℃, 1월 : 1℃)
③ 연간 강우량 : 330㎜	④ 주도 : Santa Fe
⑤ 주요 도시 : Albuquerque, Farmington, Las Cruces, Santa Fe, Roswell, South Valley	
⑥ 인구 : 약 201만 명	

동쪽은 그레이트 플레인스(Great Plains), 남쪽은 멕시코(Mexico), 북쪽은 로키(Rocky)산맥, 북서쪽은 콜로라도 (Colorado) 고원에 각각 접하며, 사각형 모양을 이루고 있다. 로키산맥 남부가 주의 대부분을 차지하며, 이곳에서 발원하는 리오그란데 강(Rio Grande River)과 페커스 강(Pecos River)이 남쪽으로 흘러내린다. 특히 이 주의 주도(州 都)인 싼타페(Santa Fe)는 아름다운 경치와 역사로 인해 매혹의 땅(Land of Enchantment)이라고 불리우며, 매년 수 천 명의 관광객이 사냥, 낚시, 스키, 관광을 위해 이곳을 찾는다.

기후는 연 강수량 150~650mm로 건조하며 스텝과 사막이 널리 전개되고 있으나, 산지에는 삼림이 무성한 곳 도 있다. 그러나 남부의 사막지대에서 애리조나(Arizona)주와 멕시코(Mexico)에 걸친 지역에는 선인장이 많아 특이 한 경관을 볼 수 있다.

크기 면에서 다섯 번째이고 인구밀도는 아주 낮다. 이곳을 찾는 관광객들은 아름다운 풍경, 스페인 축제, 인디 언 의식 등을 접할 수 있다. 그리고 로켓과 핵에너지 연구의 산실이기도 하며 가솔린, 천연가스가 풍부하다. 은퇴 한 노부부들은 따뜻하고 온화한 기후로 이곳을 찾아오며 농장주들은 광활한 목장에 감탄하게 된다.

최초의 원자폭탄이 발명되었으며, 원자력을 이용한 로켓발사, 전기발전, 방어용 원자무기 개발에 연구를 치중 한다. 광산자원도 풍부하며, 석유의 생산 금액은 농·공산물의 금액보다 많아 수위를 차지한다. 천연가스도 많아 서 송유관으로 주(州) 외의 각지로 수송한다.

주민은 멕시코인(Mexican)이라고 불리는 메스티조(Mestizo)가 많고, 인디언 총수는 3만 여 명으로 애리조나 (Arizona)·오클라호마(Oklahoma)·알래스카(Alaska)에 이어 많이 살고 있다. 이 주의 별칭은 멕시코와의 접경으로 인하며 마지막 국경(Last Frontier)으로 불려진다. 220년 이상 스페인이 이곳을 지배하여 지명, 음식, 관습 등에도 여전히 그들의 흔적이 남아 있다. 유럽인들에 의해 건설된 도로인 'El Camino Real'(the Royal Highway)은 미국에서 가장 오래된 것이다.

주요대학

- College of Santa Fe
- New Mexico State University
- University of New Mexico
- West New Mexico University

 ## 뉴욕 (New York, NY)

① 면적   : 127,189㎢   ② 평균기온   : (7월 : 21℃, 1월 : -6℃)
③ 연간 강우량 : 990㎜   ④ 주도   : Albany
⑤ 주요 도시   : Albany, Buffalo, New York City, Rochester, Syracuse, Yonkers
⑥ 인구   : 약 1,825만 명

　뉴욕(New York) 주의 남동단, 뉴욕만(灣)으로 흘러드는 허드슨(Hudson)강 어귀 일대에 위치한다. 대도시권으로서의 뉴욕은 도시의 밖으로 뻗어나가, 뉴저지(New Jersey) · 코네티컷(Connecticut)의 두 주에도 미치고 있다. 금융, 통신의 중심지이며 그에 걸맞은 '제국의 주'(the Empire State)란 별칭을 얻어 왔다. 대외무역, 도매 거래에선 선두를, 소매와 생산부문에서는 캘리포니아(California) 다음이다. 국제적으로는 대 무역항으로서 대서양 항로의 서단에 위치하는 가장 중요한 항구이며, 1920년대 이후에는 런던(London)을 대신하여 세계 금융의 중심지가 되었다. 뉴욕시가 모든 면을 대표하는데, 미국 제일이며 세계에선 여섯 번째로 큰 도시이다. 또 많은 대학 · 연구소 · 박물관 · 극장 · 영화관 등 미국 문화의 중심지로도 중요한 위치를 차지하고 있다. 인근에 거주하는 사람을 포함하여 1,600만이 넘는 방대한 인구를 수용하는 이 거대 도시는 미국 내에서도 독자적인 세계를 이루는 독특한 도시이다. 모든 무역거래의 중심지이며 극장, 박물관, 공연장은 이곳을 문화의 중심지로 만드는데 큰 역할을 한다. 또한 가장 크고 분주한 항구 중 한 곳이며 이곳에는 세계 모든 이들에게 오랫동안 자유의 상징이었던 자유의 여신상(the Statue of Liberty)이 세워져 있다. UN 본부가 이곳에 있어 세계의 수도라고도 불린다. 의류 생산, 인쇄 및 출판, 전자기계 및 장비 등에 있어 다른 지역을 능가한다. 뉴욕시와 함께 인구 십만이 넘는 도시가 다섯 곳이 있는데 그 중 하나는 알바니(Albany)이고 주의 수도이다. 여기에는 계곡, 높은 산, 호수 등의 절경으로 인해 매년 수백만의 방문객이 몰려들며, 특히 나이아가라 폭포(Niagara Falls)는 자연미의 극치이다. 독립전쟁 중 약 1/3정도의 전투가 이곳에서 벌어졌으며, 뉴욕시는 미 헌법 하에서 첫 수도가 된다. 1800년대 초반 운하와 철도 건설에 큰 전기를 마련하게 된다. 1783년 워싱턴(Washington) 이 뉴욕을 방문했을 때 이곳이 바로 제국의 위치를 차지하게 되리라고 예상했다.

주요대학

- City University of New York(CUNY) Systems
- Columbia University
- Cooper Union, Fashion Institute of Technology
- Fordham University, Juilliard School of Music, Manhattan School of Music, NYU
- Pace University
- Parsons School of Design
- Rensselaer Polytechnic Institute
- Rochester Institute of Technology
- State University of New York(SUNY) Systems (Albany, Binghamton, Buffalo, Stony Brook 등)
- Syracuse University
- University of Rochester

노스캐롤라이나 (North Carolina, NC)

① 면적　　　　: 136,413㎢
③ 연간 강우량 : 1,270㎜
⑤ 주요 도시　: Charlotte, Durham, Greensboro, High Point, Raleigh, Winston-Salem
⑥ 인구　　　　: 약 822만 명
② 평균기온　　: (7월 : 21℃, 1월 : 5℃)
④ 주도　　　　: Raleigh

　　대서양 해안을 따라 위치하는 이 주는 섬, 암초, 사주로 해안이 구성되며, 버지니아(Virginia), 테네시(Tennessee) 그리고 사우스캐롤라이나(South Carolina) 주에 둘러싸여 있다. 늪과 농장지대를 가로질러 해안에서 서쪽으로 쭉 뻗어있고, 담배 밭은 전역에, 높은 산악지대는 서부지역을 커버한다. 담배농장과 가공, 섬유, 가구 생산에서 절대 우위를 차지하는 이 주는 미국 가정에서 사용하는 가구의 대부분을 이곳에서 만든다. 1584년 영국의 탐험가들이 이 곳 해안가를 따라 정착한 결과 로어노크 섬(Roanoke Island)에 1585년과 1587년 식민지를 건설했다. 이후, 이들의 초기 그룹은 영국에 되돌아갔으나, 나중 그룹은 영국의 세금납부와 법 적용에 반대하였다. 미국 독립전쟁의 발발 후, 미국인들은 그들의 대표단을 독립 찬성에 투표하도록 유도했다. 남북전쟁 후, 남부 주들이 철수한 후에도 연방에 계속 남아 있게 되고, 연방을 떠난 후에도 최선을 다해 돕는다. 십여 회의 남북전쟁 중의 전투가 이곳에서 일어났으며 남부연합 전사자의 1/4이상이 이 곳 사람이었다.

　　이 주의 별칭은 아주 흥미로운데, 뒤꿈치 타르 주(Tar Heel State)란 의미의 이 별칭은 이곳 초기의 생산물 타르에서 나오는데 옛 이야기에 의하면, 남부 연합군이 후퇴하면서 이 곳 병사들만 남겨 두고 다음 전투에선 끝까지 싸우도록 하기 위해 다른 남부 연합군 발뒤꿈치에 타르를 묻혀 위협했다고 한다. 랠리(Raleigh)는 이 주의 수도이고 샬럿(Charlotte)은 제일 큰 도시이다.

주요대학

- Appalachian State University
- Campbell University
- Fayetteville State University
- North Carolina State University
- University of North Carolina
- Winston-Salem State University

노스다코타 (North Dakota, ND)

① 면적　　　 : 183,119㎢　　　 ② 평균기온　 : (7월 : 21℃, 1월 : −14℃)
③ 연간 강우량 : 430㎜　　　　　 ④ 주도　　　 : Bismarck
⑤ 주요 도시　 : Bismarck, Dickson, Fargo, Grand Forks, Minot, Jamestown
⑥ 인구　　　 : 약 67만 명

주도(州都)는 비스마르크(Bismarck)이고, 동쪽으로 미네소타(Minnesota) 주, 남쪽으로 사우스다코타(South Dakota) 주, 서쪽으로 몬타나(Montana) 주, 북쪽으로 캐나다(Canada)에 접해 있다. 미국의 전형적인 농업주(農業州)의 하나로, 곳곳에 소규모의 산지가 있을 뿐 대체로 평탄하며, 서쪽에서 동쪽으로 완만한 경사를 이룬다. 북미대륙 중앙에 위치, 농장이 주의 대부분을 차지하고 동쪽의 레드리버계곡(Red River Valley)에서 서쪽의 베드랜드(Badlands)로 뻗어 있다. 기후는 스텝 기후를 이루는 서부에 비해 중부와 동부는 대륙성기후로 기온의 일교차가 크다.

주된 농작물은 밀이고 전체 아마 생산의 반을 재배한다. 해바라기, 보리, 오트밀, 콩 등의 생산에서 제일의 자리를 차지한다. 농업, 광물, 원유 매장은 주 경제에서 중요한 역할을 한다. 1870년까지는 이곳에 정착한 사람이 많지 않았으나 그 후 북태평양 철도가 이곳을 통과하게 되었고 대규모 농업이 시작되었다. 레드리버계곡(Red River Valley)의 수천 에이커에 달하는 대규모의 밀 농장이 건설되고 이의 성공으로, 정착민들이 계속하여 이곳으로 몰려들게 된다. 관광업도 발달되어 캐나다와의 국경에는 국제 평화 가든(International Peace Garden)이 있고, 서쪽에는 루즈벨트 국립기념공원(Theodore Roosevelt National Park)이 있다.

한 때 이 지역에 살았던 인디언이 그들을 가리키는 말로 쓴 이 주 이름은 '친구'라는 뜻이다. 캐나다 매니토바(Manitoba) 주와의 경계에 있는 국제 평화 가든(International Peace Garden) 때문에 '평화 가든의 주'(Peace Garden State)라고도 불린다. 중앙부에 사는 다람쥐들로 인해 '다람쥐 주'(Flickertail State)란 이름도 가져오게 했다.

주요대학

- Minot State University
- North Dakota State University
- University of North Dakota

 오하이오 (Ohio, OH)

① 면적	: 107,044㎢	② 평균기온	: (7월 : 23℃, 1월 : −2℃)
③ 연간 강우량	: 970㎜	④ 주도	: Columbus
⑤ 주요 도시	: Akron, Cincinnati, Cleveland, Columbus, Dayton, Toledo		
⑥ 인구	: 약 1,142만 명		

　주도(州都)는 콜럼버스(Columbus)이고 주의 대부분은 북아메리카 중앙평원에 속하여 평야와 산지로 이어진다. 동부에는 애팔래치아(Appalachian)산맥 기슭의 구릉과 산지들이 있다. 북쪽은 이리(Erie)호, 남쪽은 오하이오(Ohio) 강에 닿는다. 습윤한 대륙성 기후로 겨울은 춥지만 여름에는 매우 덥다. 이 곳 산업은 식품, 철강, 기계부품, 트럭 등이 주 품목이다.

　오하이오(Ohio) 주는 미국의 공업지대로 특히 중화학 공업의 비중이 높다. 애크런(Akron)은 세계 최대의 고무제품 생산 도시이며 타이어가 대량 제조된다. 클리브랜드(Cleveland), 영스타운(Youngstown) 등은 미국 유수의 제철 도시이며, 이리호 서쪽 끝에 있는 토리도(Toledo)의 유리 공업은 세계적으로 알려져 있다. 면적에서 35번째이나, 인구 면에서는 6위이다. 클리브랜드(Cleveland)는 가장 큰 도시이다. 주 명 오하이오는 '위대한 것'을 뜻하는 인디언어로 본래 주의 남동쪽과 남쪽 경계를 형성하는 오하이오(Ohio)강을 가리키는 말로 사용되었다. 한때, 언덕과 평원에 무성하게 자란 나무 때문에 '침엽수 주'(Buckeye State)라고도 불린다. 1803년 북서부 준 주에서 가장 먼저 분리되어 나왔고 이곳을 관통하는 운하, 철도, 도로를 서부지역에 연결시킨 교통의 요충지이다. 그래서 '출입문 주'(Gateway State)란 이름도 얻게 되었다. 풍부한 수자원, 석탄 및 광물, 인접한 시장, 교통의 요지로 많은 산업의 요지가 될 만족할 만한 조건을 가지고 있다. 자동차, 자동차 부품, 기계류, 식품류, 철강에서 우위를 차지한다. 반 이상이 농지이고 옥수수와 콩 등의 종류가 주요 작물이다.

　'대통령의 어머니'(Mother of President)라는 별칭은 버지니아(Virginia)를 제외하고는 가장 많은 7명의 대통령을 배출해냈기에 얻게 된 이름이다. 최초의 달 착륙 우주인 닐 암스트롱(Neil A. Armstrong), 데이톤(Dayton) 근처에서 최초의 동력 비행기 실험을 한 라이트(Wright) 형제들이 모두 이곳 출신이다.

주요대학

- Bowling Green State University
- Case Western Reserve University
- Cleveland State University
- Kent State University
- Miami University
- Ohio State University
- Ohio University
- University of Akron
- University of Cincinnati
- Wright State University

 **오클라호마 (Oklahoma, OK)**

① 면적　　　: 181,186㎢　　　② 평균기온　　: (7월 : 28℃, 1월 : 3℃)
③ 연간 강우량 : 840㎜　　　　　④ 주도　　　　: Oklahoma City
⑤ 주요 도시 : Edmond, Lawton, Norton, Norman, Oklahoma City, Stillwater, Tulsa
⑥ 인구　　　: 약 349만 명

　원유와 천연가스가 곳곳에 매장되어 있고, 수백만의 소 떼가 평원에서 풀을 뜯고, 들판에는 밀이 자란다. 동부와 서부해안의 중간에 위치하여 교통, 통신, 수송의 요충지이다. 우주선 부품, 자동차, 컴퓨터와 전자 부품에서 타이어까지 생산해 낸다. 주의 서반부는 기복이 없는 대지가 계속되는 대평원으로 로키산맥(Rocky Mountains)의 그늘에 해당되기 때문에 적고 키 작은 풀이 자란다. 동부에는 산지·구릉이 많고 강수량도 많아서 삼림지대가 펼쳐져 있다. 1800년대 미 정부가 대부분의 지역을 인디언 보호 거주지(Indian Reservation)로 만들었다. 그 후 체로키(Cherokee)·촉토(Choctaw)·코만치(Comanche) 등 인디언의 거주지가 되었으나 1889년 4월 자영농지법을 적용, 백인의 토지 매입 및 취득이 인정되기에 이르렀고, 그 결과 거주지의 일부가 백인의 토지로 바뀌면서 점차 그 범위가 넓어졌다. 1907년 인디언과 백인의 거주지가 합병하여 미국의 46번째 주가 되었다.

　오클라호마의 뜻은 사람(People)과 빨강(Red)이란 인디언어의 결합니다. 1880년대 후반, 미국 정부는 백인이 이곳에 정착하도록 했고, 정부의 방침 이전에 정착한 이들이 많아서 '미리 선수치는(?) 주'(Sooner State)라고 알려져 있다. 또한 백인이 정착 붐을 일으켜 '붐의 주'(Boomer State)라고도 불린다. 1900년대 초반 농장에서 풍부한 산물은 1930년대 긴 가뭄과 낮은 농산물가로 농부에게 타격을 주게 되고 이 때문에 많은 이들이 이곳을 떠나게 된다. 뮤지컬 오클라호마(Oklahoma)의 주제곡이 주의 노래가 되었다. 미국을 대표하는 소설가인 존 스타인벡(J. Steinbeck)의 "분노의 포도"(The Grapes of Wrath)는 1930년대의 어려움을 묘사한 작품이다. 오늘날 농부들은 현대적 농법의 개발로 그들의 농토를 보호하게 되었고 원유와 가스보유로 인해 그 곳의 값어치 있는 산물을 생산해 내게 되었다. 오클라호마시티(Oklahoma City)는 주의 수도이며 가장 큰 도시 중 한 곳이다.

주요대학

- Oklahoma City University
- Oklahoma State University
- Oral Roberts University
- University of Central Oklahoma
- University of Oklahoma
- University of Tulsa

오리곤 (Oregon, OR)

① 면적 : 251,419㎢	② 평균기온 : (7월 : 19℃, 1월 : 0℃)
③ 연간 강우량 : 710㎜	④ 주도 : Salem
⑤ 주요 도시 : Corvallis, Eugene, Medford, Portland, Salem, Springfield	
⑥ 인구 : 약 361만 명	

오리곤(Oregon) 주는 북쪽으로 워싱턴(Washington) 주, 동쪽으로 아이다호(Idaho) 주, 남쪽으로는 캘리포니아 (California) 주 ·네바다(Nevada) 주와 접하고, 서쪽은 태평양(Pacific Ocean)과 마주한다. 태평양 연안 주이며 상록 수로 가득 찬 숲이 유명하며 미국 전체 나무의 1/10을 가지며 목재생산에서 다른 주보다 뛰어나다. 주 최대의 산업은 벌목·제재·펄프·제지 등과 같이 풍부한 임산자원에 의존한다. 아름다운 자연경관으로 매년 수백만의 관광객이 몰려들고 사냥, 낚시들을 즐기는 사람으로 붐빈다. 자연의 경이감을 맛볼 수 있으므로 태평양의 경이의 땅(Pacific Wonderland)이라 종종 불려진다. 캐스케이드 산맥(Cascade Range)의 그레이더 호수 국립공원(Crater Lake National Park), 콜롬비아 강(Columbia River), 스네이크 강(Snake River)의 헬스 캐년(Hells Canyon), 오리건 동굴 국립 공원(Oregon Caves National Monument)이 이곳의 신비감을 더해 주는 곳이다. 후드산(Mt. Hood), 제퍼슨산(Mt. Jefferson) 등이 캐스케이드 산맥에 웅장하게 솟아있다. 북동쪽의 왈로와 산맥(Wallowa Mountains)도 장관을 이룬 다. 가파른 절벽이 해안을 따라 솟아있고, 모래사장도 펼쳐져 있다. 크레이터호 국립공원을 비롯한 관광·휴양지 가 많으며 관광은 오리건 주의 주요 수입원이다.

캐스케이드 산맥(Cascade Range) 동쪽은 가축 목장과 농장이 있다. 밀은 주로 주의 북쪽 중앙부에서 생산되는데 후드(Hood)와 로그강계곡(Rogue River Valley)에서 나오고 과일은 세계적으로 유명하다. 콜롬비아 강은 오리곤 (Oregon)과 워싱턴(Washington) 주와의 경계를 형성한다. 커다란 댐들은 가정 및 산업용 전력과 관개용수로 큰 역할을 한다. 콜럼비아 강은 한때 허리케인이란 뜻의 '오리곤'(Oregon)이라고 불렸는데 이전에 이곳이 모피 무역 지였을 때, 수천의 모피를 얻을 수 있는 짐승을 공급한 지역이어서 '모피의 주'(Beaver State)라고도 알려져 있다. 1840년대와 50년대, 왜건을 타고 수천의 사람들이 이 길을 따라 윌라메트계곡(Willamette Valley)의 농장지대를 개척하기 위해 이곳에 왔다.

오늘날 윌라메트계곡의 지역은 무역과 산업의 중심지이고 화초, 과일, 우유, 농작물에 있어서도 중요하다. 그 리고 대부분의 대도시, 포틀랜드(Portland), 살렘(Salem) 등이 이곳에 있다. 포틀랜드는 윌라메트 강(Willamette River)의 방파제를 따라 위치한다.

주요대학

- Oregon State University
- Portland State University
- University of Oregon
- University of Portland

펜실베니아 (Pennsylvania, PA)

① 면적   : 117,348㎢   ② 평균기온   : (7월 : 22℃, 1월 : –3℃)
③ 연간 강우량 : 1,040㎜   ④ 주도   : Harrisburg
⑤ 주요 도시   : Allentown, Bathlehem, Erie, Harrisburg, Lancaster, Philadelphia, Pittsburgh, Scranton,
               State College, York
⑥ 인구   : 약 1,228만 명

기후는 습윤(濕潤)한 대륙성 기후로, 여름은 매우 덥고 겨울에는 눈이 많이 온다. 동부와 서부에서는 미국의 모든 석탄(유연탄, 무연탄)을 이곳에서 공급하며 미국 전체 콜라 생산의 1/4정도를 생산해낸다. 남동쪽의 필라델피아(Philadelphia)는 교육, 문화, 경제, 역사의 중심지이며 항구도시이다. 서쪽 오하이오(Ohio)강의 피츠버그(Pittsburgh)는 철강 생산지이며 세계적 초콜릿 생산 공장인 허쉬(Hershey)사가 있는 곳이다. 북서부, 남동부는 낮은 평원이고 가장 낮은 지점은 델라웨어(Delaware) 강을 따라 있는 해수면과 같다. 남부의 데이비스 산(Mt. Davis)은 해발 979m로 가장 높다. 3/5가량이 숲이고 넓은 부분에 걸쳐 농장이 있다. 농작물 재배, 가축, 소 사육과 매일의 남서쪽의 이리(Erie)호를 따라 있는 땅은 과수재배에 유리하다. 펜실베니아에는 독일 이민자의 후손이 많이 살고 있는데 그들의 흔적은 음식, 빌딩 디자인, 데코레이션(Decoration) 등에 나타난다. 1787년 헌법 제정회의를 이곳에서 개최했고, 1790~1800년까지 미국의 수도였다. 1787년 12월 12일, 펜실베니아(Pennsylvania)가 미 헌법을 인준했고 두 번째 주로 탄생했다. 남북전쟁 중 유명한 게티스버그(Gettysburg) 전투는 전쟁의 전환점을 마련해 주었다. 북군이 승리하게 되고, 대통령 애브라함 링컨(A. Lincoln)이 1863년 11월 19일 전장에서 유명한 연설을 하게 된다. 최초의 13개 미국주의 중심이기 때문에 '중추의 주'(Keystone State)란 별칭을 얻었다. 또한 펜시베니아주의 개척자로 알려진 윌리암 펜(W. Penn)과 그의 추종자들이 퀘이커 교도였으므로 '퀘이커 주'(Quaker State)라고도 불린다.

주요대학

- California University of Pennsylvania
- Carnegie Mellon University
- Clarion University of Pennsylvania
- Drexel University
- Duquesne University
- Indiana University of Pennsylvania
- Lehigh University
- Pennsylvania State University
- Philadelphia College of Textiles and Science
- University of Pennsylvania
- University of Pittsburgh
- Villanova University

로드아일랜드 (Rhode Island, RI)

① 면적	: 3,140㎢	② 평균기온	: (7월 : 22℃, 1월 : −2℃)
③ 연간 강우량	: 1,120㎜	④ 주도	: Providence
⑤ 주요 도시	: Cranston, East Providence, Newport, Providence, Warwick, Woonsocket		
⑥ 인구	: 약 101만 명		

　미국에서 가장 작은 주로 델라웨어(Delaware)의 1/2크기이다. 섬유, 보석생산에서 뛰어나고 '대양의 주'(Ocean State) 또는 '작은 로디'(Little Rhody)라는 별칭을 갖고 있다. 프로비던스(Providence)는 주의 수도이며 가장 큰 도시이다.

　기후는 긴 해안선을 끼고 있어 온난·습윤하다. 대서양의 관문 내러건셋(Narragansett) 만이 북쪽으로 40 Km 정도 들어와 있는 이 주는 다수의 작은 만과 로드(Rhode)·커내니컷(Conanicut)·프루던스(Prudence) 등을 비롯한 여러 섬을 끼고 있으며 완만한 구릉을 이루며 멋진 휴양지로 만든다. 매년 수천의 관광객이 보트, 낚시, 수중 스포츠를 즐긴다.

　1636년에 신앙과 정치의 자유를 찾아 메사추세츠(Massachusetts)를 빠져 나온 사람들이 프로비던스(Providence)를 건설함으로써 개발의 기초가 되었으며, 많은 퀘이커(Quaker) 교도와 유대인이 이곳에서 보호를 받았다. 영국 본국의 무역제한에 대한 불만이 커서, 1776년의 독립선언에 앞서 영국에 대하여 독립을 선언하였다.

　이주는 총 36개의 섬으로 구성되며 가장 큰 섬인 애퀴드넥(Aquidneck)이 1644년 로드아일랜드(Rhode Island)라 공식명칭을 얻게 되었으며 본토의 도시는 프로비던스 플랜테이션(Providence Plantation)이라 불려졌다. 그래서 이 주의 공식 명칭은 'State of Rhode Island and Providence Plantation'으로 면적에서 가장 작은 주가 이렇게 긴 이름을 얻게 되었다. 영국인 스래터(S. Slater)는 이곳에 방직공장을 설립했고, 1700년대 후반 수력발전에 의한 면 방직공장을 설립했다. 이 주의 주된 산업은 공업으로, 1790년 이래 섬유공업이 알려졌고, 금속·식품가공업·화학이 발달하고 있으며, 보석과 은식기의 제조도 활발하다. 농업의 주종은 낙농과 양계이며, 감자 재배와 수산업도 활발하다.

주요대학

- Bryant College
- Johnson & Wales University
- Rhode Island University
- Rhode Island School of Design
- University of Rhode Island
- Roger Williams College

 # 사우스 캐롤라이나 (South Carolina, SC)

① 면적	: 80,582㎢	② 평균기온	: (7월 : 27℃, 1월 : 7℃)
③ 연간 강우량	: 1,220㎜	④ 수도	: Columbia
⑤ 주요 도시	: Columbia, Charleston, Greenville, North Charleston, Rock Hill, Spartanburg		
⑥ 인구	: 약 403만 명		

작은 면적에도 불구하고 사우스 캐롤라이나(South Carolina)는 중요한 산업지이다. 노스캐롤라이나(North Carolina) 다음가는 광범위한 섬유 생산지이며 담배, 복숭아 및 농작물의 산지이다. 콜롬비아(Columbia)가 주의 수도이며 가장 큰 도시이다. 남북전쟁 전 세워진 고풍스런 빌딩이 뷰포트(Beaufort), 찰스톤(Charleston)과 여러 도시에 있다. 한 때 남부 경제의 중심이었던 대규모 플랜테이션(Plantation)도 여전히 지속되며, 아름다운 정원이 남북전쟁 전 남부의 생활모습을 드러낸다. 지형은 동쪽의 해안평야, 중부의 산록대지, 서쪽의 애팔래치아(Appalachian) 산지로 이루어진다. 해안 부근에는 저습지(低濕地)·호수·늪이 많으나 서쪽은 토양이 비옥하여 농경지를 이룬다. 기후는 산간지역에서는 대륙성이나, 대체로 온화한 온대동안형(溫帶東岸型)이며 연평균 기온은 15℃ 내외이다. 애팔래치아 산지는 여름에 서늘하여 요양지가 되어 있다. 농업이 발달했으며, 주요 농산물은 잎담배를 비롯하여 목화·옥수수·콩·밀·보리·귀리·땅콩·고구마·복숭아·사과 등이며, 수송원예(輸送園藝)도 성하다. 소·돼지·닭·칠면조 등의 생산량도 많다.

주의 동쪽은 낮은 국가(Low Country), 서쪽은 높은 국가(Up Country)로 불려진다. 주명은 1629년 영국의 찰스(Charles) I 세가 붙인 이름으로 캐롤라이나(Carolina)는 찰스(Charles)의 라틴명이다. 사우스(South)는 남과 북을 구분하게 되면서 1730년 붙여진다. 독립전쟁 중 일어났던 사건 중의 하나로 1776년 야자수 나무로 세워진 작은 요새에서 찰스톤 항구(Charleston Harbor)를 공격하는 영국 군대를 물리쳤고 다음날 불타는 영국 배를 보고 그 연기가 곳곳에서 자라고 있는 Palmetto(야자수)와 같아서 '야자수 주'(Palmetto State)라고도 부른다.

주요대학

- Allen University
- Clemson University
- Columbia College
- Francis Marion University
- South Carolina State University
- University of South Carolina
- Winthrop University

 사우스다코타 (South Dakota, SD)

① 면적	: 199,730㎢	② 평균기온	: (7월 : 23℃, 1월 : −9℃)
③ 연간 강우량	: 460㎜	④ 주도	: Pierre
⑤ 주요 도시	: Aberdeen, Brookings, Rapid City, Sioux Falls, Watertown, Warrenton		
⑥ 인구	: 약 81만 명		

　주도(州都)는 피어(Pierre)이다. 북쪽은 노스다코타(North Dakota), 동쪽은 미네소타(Minnesota)와 아이오와(Iowa), 남쪽은 네브래스카(Nebraska), 서쪽은 와이오밍(Wyoming)과 몬태나(Montana) 등의 각 주에 접한다. 중서부에 위치하며 놀랍고도 아름다운 자연미를 보이는 곳이다. 미주리(Missouri)강이 주의 중앙을 따라 남쪽으로 흐른다. 고대 빙하시대에 형성된 낮은 언덕, 호수, 광활한 대지가 미주리(Missouri)강 동쪽에 뻗어 있다. 서쪽으로는 협곡과 평원이 있다. 블랙힐스(Black Hills)가 남서쪽에 솟아있으며 그 곳 남동쪽에 배드랜드(Badland)가 있다. 특별한 자연경관으로 '무한한 다양성을 가진 땅'이라는 의미의 'Land of Infinite Variety'라고도 불린다. 농작물 재배가 동부에서 이루어지고 목축도 중요한 산업이다. 수백만의 관광객이 매년 이곳을 방문하는데 블랙힐스(Black Hills)는 가장 유명한 관광지이다. 여기에는 민주의 성지(Shrine of Democracy)라고도 불리는 마운트 러쉬모어 국립 기념관(Mount Rushmore National Memorial)이 있다 . 이것은 대통령 제퍼슨(T. Jefferson), 루즈벨트(T. Roosevelt), 링컨(A. Lincoln)의 상이 18m 높이에 새겨져 있는 세계에서 가장 큰 조각품이다. 또한 대부분의 광물은 이곳에 매장되어 있다. 남서부에는 아메리카 인디언 보호지구(Indian Reservation)가 있다. 주의 이름은 이곳에 살던 인디언이 자신들을 부르던 말로 다코타(Dakota)는 '동료', '친구'란 뜻이다. 쾌청한 날씨로 인해 '햇살의 주'(the Sunshine State)란 별칭을 얻게 됐다. 코요테가 널리 퍼져 있으며 '코요테 주'(Coyote State)로도 알려져 있다. 시욱스 폴스(Sioux Falls)가 가장 큰 도시이다.

주요대학

- Dakota State University
- Northern State University
- South Dakota State University
- University of Sioux Falls
- University of South Dakota

테네시 (Tennessee, TN)

① 면적　　　　: 109,152㎢　　　② 평균기온　　: (7월 : 26℃, 1월 : 3℃)
③ 연간 강우량　: 1,320㎜　　　　④ 주도　　　　: Nashville
⑤ 주요 도시　: Chattanooga, Clarksville, Jackson, Knoxville, Memphis, Nashville
⑥ 인구　　　　: 약 596만 명

　　주도(州都)는 내슈빌(Nashville)로 애팔래치아(Appalachian)산맥 일대에 동서방향으로 펼쳐져 있으며 켄터키(Kentucky)·버지니아(Virginia)·노스캐롤라이나(North Carolina)·조지아(Georgia)·앨라배마(Alabama)·미시시피(Mississippi)·아칸소(Arkansas)·미주리(Missouri) 등 8개 주에 둘러싸여 있다. 동쪽에는 산이 많지만 중부에는 구릉성 산지가, 서쪽에는 평야가 펼쳐져 있다. 미국의 남부와 북부를 연결하는 주 중 하나로 남북전쟁 동안 남부와 북부로 분열되었다. 모자를 눌러 쓰고 권총을 찬 외로운 개척자는 과거 테네시(Tennessee) 주의 상징이다. 그러나 현재는 오크리지(Oak Ridge) 연구실에서 일하는 핵 연구가나 자동차 공장의 생산라인의 로봇을 관리하는 기술자가 이곳의 상징이다. 가장 동쪽 주, 노스캐롤라이나(North Carolina)에서 남부 앨라배마, 가장 서쪽 주 아칸소(Arkansas)까지 테네시는 넓게 퍼져있다. 동쪽 경계선으로 블루리지 산맥(Blue Ridge Mounts)이 있고 미시시피(Mississippi) 강둑까지 서쪽으로 낮은 평원이다. 도소매업, 서비스업, 제조업이 주요 산업이고 옥토와 풍부한 광물로 농업, 광업에서도 주권을 놓고 인디언들과 싸움을 벌이기도 했다. 화학·식품가공·섬유·제지·요업·전기 기기·금속·가구 등 각종 공업이 이루어지고 있다. 광업 또한 중요한 산업인데, 특히 아연과 황철광(黃鐵鑛)은 미국 제1위의 산출량을 자랑한다. 밀·옥수수·잎담배 재배 외에 낙농이나 목축업이 이루어지고 임업도 활발하다. 관광개발에도 주력하고 있으며 그레이트 스모키 산맥국립공원(Great Smoki Range National Park) 등은 많은 관광객들로 붐빈다.

　　개척자들은 이 황야를 개척하기 위해 산을 넘어왔고 테네시 역사의 중요 부분이 된 독립심과 용기를 가져다 준 사람들이 바로 그들이다. 북미에 존재하는 어떤 독립정부보다 먼저 자체 정부를 구성했다. 1796년 16번째 주가 되었다. 독립전쟁 전투가 버지니아(Virginia) 다음으로 가장 많이 일어났던 곳이다. 이 주 명은 옛 인디언의 체로키(Cherokee)족 마을 이름인 타나시(Tanasie)에서 온 말이고 테네시 강에서 급경사를 이루게 되어 '큰 경사의 주'(Big Bend State)라는 별칭도 불린다.

　　내쉬빌(Nashville)은 주의 수도이고 록큰롤의 황제 엘비스 프레슬리(Elvis Presely)의 고향 멤피스(Memphis)는 가장 큰 도시이다. 주요 도시로는 멤피스(Memphis)·채터누가(Chattanooga)·녹스빌(Knoxville)·내슈빌(Nashville)·잭슨(Jackson) 등이 있다.

주요대학

　　- East Tennessee State University
　　- Middle Tennessee State University
　　- University of Memphis
　　- Tennessee State University
　　- Vanderbilt University
　　- University of Tennessee, Chattanooga/ Knoxville/ Martin

텍사스 (Texas, TX)

① 면적	: 691,030㎢	② 평균기온	: (7월 : 28℃, 1월 : 8℃)
③ 연간 강우량	: 670㎜	④ 주도	: Austin
⑤ 주요 도시	: Austin, Dallas, El Paso, Fort Worth, Houston, San Antonio		
⑥ 인구	: 약 2,148만 명		

주도(州都)는 오스틴(Austin)이다. 루이지애나(Louisiana)·아칸소(Arkansas)·오클라호마(Oklahoma)·뉴멕시코(New Mexico) 주와 멕시코(Mexico)에 둘러싸여 있다. 미국에서 알래스카(Alaska) 다음으로 큰 주로, 일리노이(Illinois), 인디아나(Indiana), 아이오와(Iowa), 미시간(Michigan), 위스콘신(Wisconsin)을 합한 면적보다 더 크다. 가장 작은 면적인 로드아일랜드(Rhode Island) 주의 220배 이상이고, 알래스카(Alaska) 인구의 30배나 된다. 카우보이는 텍사스(Texas)의 오랜 상징이었고 지금도 소 떼를 몰고 평원을 가로지르는 모습은 여전하다. 카우보이 부츠와 모자 또한 텍사스인들이 즐겨 입는 일상복이다. 그러나 오늘날에는 과학자, 엔지니어, 컴퓨터 운영가, 음악가, 우주선 개발업계 등 선진분야에 종사하는 전문인들이 이를 대신한다. 휴스턴(Houston)에 위치한 존슨 우주기지 센터(Johnson Space Center)는 나사(NASA)의 우주선 프로젝트 본부의 역할을 한다. 전통적으로 농·목축업이 매우 중요한 산업인데, 목화·쌀·옥수수 생산량은 미국 내 제1위이며 과일·채소 등의 생산량도 많다. 무역, 금융, 농업, 광업, 도소매업이 주요 경제활동이고 옥토와 풀밭에서 농업과 목축이 성행한다. 매년 물자와 서비스 면에서 캘리포니아와 뉴욕 다음의 위치를 차지한다.

약 450년 전 스페인 인이 처음 이 곳을 탐험했고 'Teja'(친구)라는 인디언 어를 그들 발음대로 하여 텍사스(Texas)라고 불려졌다. 그들은 현재의 북동쪽에 살았던 인디언 단체를 구성했다. 1821년 그 곳에 정착했을 때, 텍사스(Texas)는 멕시코의 일부분이었다. 1836년 멕시코의 독립을 위해 많은 이들이 전사했고 전쟁 시작 10년 후에야 독립하게 된다. 1845년 주가 된 후, 새로이 정착하는 이가 가족의 안전을 위해 인디언과 싸우게 된다. 주의 국기에 별이 하나만 있어, '외로운 별의 주'(the Lone Star State)라고 불려진다. 오스틴(Austin)이 주의 수도이고 휴스턴(Houston)이 가장 큰 도시이다.

👉 주요대학

- Amber University
- Dallas Baptist University
- Midwestern State University
- Prairie View A&M University
- Rice University
- St. Edward's University
- Texas A&M University
- Texas Tech University
- Texas Women's University
- University of Houston, Downtown/ Clear Lake
- University of Texas, Arlington/ Austin/ Dallas

유타 (Utah, UT)

① 면적	: 219,889㎢	② 평균기온	: (7월 : 23℃, 1월 : -4℃)
③ 연간 강우량	: 300㎜	④ 주도	: Salt Lake City

⑤ 주요 도시 : Ogden, Orem, Provo, Salt Lake City, Sandy City, West Valley City
⑥ 인구 : 약 241만 명

주도(州都)는 솔트레이크시티(Salt Lake City)이다. 이 주는 와이오밍(Wyoming)·콜로라도(Colorado)·애리조나(Arizona)·네바다(Nevada)·아이다호(Idaho) 등의 주에 둘러싸여 있다. 서부지방에는 그레이트베이슨(大盆地), 중부는 와사치산맥(Wasatch Range), 동부는 콜로라도 고원에 속하며 고원과 산지가 많다. 로키산맥에 위치하고 있는 주로, 서부로의 통신과 운송의 주요한 연결 고리이다. 별명인 '벌집의 주'(Beehive States)는 몰몬(Mormon) 교도의 사회적 협력의 상징인 벌집에서 유래된 것이다. 인구의 60%가 몰몬 교도로 정치, 경제, 문화의 중요한 지위를 차지하고 있다. 교도는 수입의 10%를 교회에 헌금할 의무가 있기 때문에 교회는 막대한 부를 소유하고 있어 호텔, 신문사, 제당회사, 은행, 보험회사 등의 사업을 경영하며 유니언 퍼시픽(Union Pacific) 철도의 대주주이기도 하다. 학교와 공중위생시설에서는 전국 제 1위이며, 고등학교 취학률도 90%에 달하고 있다. 그레이트 솔트레이트(Great Salt Lake)의 염분은 바닷물의 4~7배나 되고 호수 물이 증발되어 일대의 염분이 석출되고 있는 낮은 지대로 퍼져 나가고 있다. 주의 대부분이 사막이거나 반사막의 상태로 있다. 유타(Utah)의 매력은 큰 협곡과 다양한 도시들, 그리고 숨을 멎게 할 정도로 멋진 경치를 볼 수 있는 국립공원에서 느낄 수 있다.

산업과 금융업의 중심지인 솔트레이크시티(Salt Lake City)가 주도이면서 가장 큰 도시이다. 브라이스 캐년(Bryce Canyon)·캐년랜즈(Canyonlands)·자이언(Zion) 등 3개의 국립공원을 비롯하여 아름다운 대자연의 혜택으로 오락·스포츠 등 휴양지로서도 중요시된다. 서비스업이 주요 업종이면서 풍부한 지하자원을 가지고 있다. 주 최대의 산업은 공업이며 식품가공을 중심으로 미사일·로켓 엔진·항공기 부품·기계·금속·석유화학 등의 공업이 활발하다. 광업도 성하여 구리를 중심으로 금·은·아스팔트·몰리브덴·마그네슘·납·우라늄·바나듐·칼리염(鹽) 등이 생산된다. 빙엄계곡(Bingham Valley)은 미국 최대의 구리 생산지이며 석유의 매장량도 많다. 석유는 동부지역에서 석탄은 중부지역에서 많이 생산되고 천연가스 또한 많다. 그리고 세계에서 가장 큰 구리 광산 중 하나가 빙엄캐년(Bingham Canyon)에 위치한다. 눈 덮인 산과 아름다운 계곡이 있다. 유타(Utah)는 그 지역에서 살았던 인디언 부족인 우테족에서 명칭이 유래한다.

주요대학

- Southern Utah University
- University of Utah
- Utah State University
- Westminster College of Salt Lake City

버몬트 (Vermont, VT)

① 면적	: 24,900㎢	② 평균기온	: (7월 : 20℃, 1월 : −8℃)
③ 연간 강우량	: 990㎜	④ 주도	: Montpelier
⑤ 주요 도시	: Barre, Bennington, Brattleboro, Burlington, Rutland, South Burlington		
⑥ 인구	: 약 63만 명		

주도(州都)는 몬트필리어(Montpelier)이다. 동쪽은 코네티컷강(Connecticut River)을 사이에 두고 뉴햄프셔(New Hampshire)주와 접하며, 남쪽은 매사추세츠(Massachusetts)주, 서쪽은 뉴욕(New York)주, 북쪽은 캐나다(Canada)의 퀘벡(Quebec) 주와 각각 접한다. 뉴잉글랜드 지방의 유일한 내륙주(內陸州)이다. 몬트필리어(Montpelier)는 주의 수도이고, 버링턴(Burlington)은 가장 큰 도시이다. 제조업, 소매업, 금융 등은 성장일로를 달리며 이런 서비스업계에 인구의 2/3이상이 종사한다. 또한 옛날부터 낙농이 성한 주로 알려져 있으며, 특히 뉴욕(New York)시에 우유 공급지가 되어 있다. 임업도 성하여 제조업이 각지에서 행하여지고 있다. 기후는 습윤한 대륙성기후로 겨울은 춥고 눈이 많으며, 여름은 짧고 시원하다. 주의 여러 도시 중 버링턴(Burlington)과 러트랜드(Rutland)의 인구밀도가 가장 높다. 미시시피(Mississippi) 강 동쪽의 주중에 가장 적은 인구를 가지며, 알래스카(Alaska)와 와이오밍(Wyoming) 다음으로 인구가 적은 주이다. 3/4정도가 숲이고 다양한 광물이 매장되어 있고, 이 천연자원은 목재, 석재 산업에 원료를 제공해 준다. 대리석과 화강암은 빌딩, 기념비등에 사용되며, 슬레이트는 지붕과 다른 목적으로도 사용된다. 공업은 전반적으로 소규모이며, 사무기계·악기·농기구·섬유 등의 공업이 이루어진다. 관광산업도 중요하여 여름에는 피크닉, 겨울에는 스키(스토우 산 등)·스케이트를 즐기는 사람들로 붐비며, 낚시꾼과 사냥꾼도 많이 찾는다. 대서양을 따라 있지 않는 유일한 뉴잉글랜드(New England)주이나, 주의 반 이상이 물로 둘러싸여 있다. 코네티컷(Connecticut)강은 버몬트(Vermont)주의 전체 동쪽 경계를 형성한다. 챔프레인(Champlain) 호수는 서쪽 경계의 북쪽 반을 차지한다. 그린 산(Green Mountain)뿐 아니라 노스이스트 고원(Northeast Highlands)와 티컨데로가(Ticonderoga) 같은 산과 언덕으로 둘러싸여 있다.

독립 전쟁 초기, 'Green Mountain Boys'(그린 마운틴 보이스)가 영국의 티컨데로가 요새(Fort Ticonderoga)를 이겨 그 명성을 얻었다. 그러나 독립 후에도 새로운 미합중국에 편입되지 못하였다가 1791년 4번째로 미연방에 편입되었다. 1850년대부터 1960년대까지 그 곳의 유권자들은 대통령 선거에서 공화당만을 지명했고, 1800년대 중반에서 1900 중반까지 상원 투표에서도 공화당원만을 지명했었다. 이처럼 어떤 주도 버몬트(Vermont) 주만큼 동일한 정당에 오랫동안 지지하지는 않았다. 프랑스어 'Vert Mont' (Green Mountain)라는 말에서 나왔고 별칭은 '녹색 산의 주'(Green Mountain State)이다.

🔖 주요대학

- Lyndon State College
- St. Michael's College
- University of Vermont

 버지니아 (Virginia, VA)

① 면적   : 105,586㎢   ② 평균기온   : (7월 : 24℃, 1월 : 2℃)
③ 연간 강우량 : 1,090㎜   ④ 주도   : Richmond
⑤ 주요 도시   : Arlington, Hampton, Norfolk, Newport News, Richmond, Virginia Beach
⑥ 인구   : 약 732만 명

버지니아(Virginia)는 웨스트버지니아(West Virginia)·메릴랜드(Maryland)·노스캐롤라이나(North Carolina)·테네시(Tennessee)·켄터키(Kentucky) 등 여러 주에 접한다. 미국 역사에서 가장 중요한 사건이 일어났던 곳이다. 독립전쟁과 남북전쟁의 커다란 몇몇의 전투가 이 주에서 일어났고 1781년 조지 워싱턴(G. Washington)이 콘월리스 경(Lord Cornwallis)의 항복을 요크타운(Yorktown)에서 받아냄으로서 독립을 확보했다. 남부연합군이 1865년 어퍼머톡스(Appomattox)에서 남부연합이 항복하여 남북전쟁이 끝을 맺게 된다. 버지니아(Virginia)는 버진 퀸(Virgin Queen)으로 알려졌던 영국의 퀸 엘리자베스 1세(Queen Elizabeth Ⅰ)의 이름에서 유래됐다. 역사가들은 월터 랠리 경(Sir Walter Raleigh)이 1584년 그 이름을 제안했다고 추측한다. 그 해 엘리자베스 랠리(Elizabeth는 Raleigh)에게 버지니아(Virginia) 지역을 다스릴 권리를 부여한다. 이 주는 올드 도미니언(Old Dominion)으로 알려졌고, 찰스 2세(Charles Ⅱ)가 1600년대 중반 이 이름을 주게 된다. 대통령의 어머니(Mother of Presidents) 라는 별칭도 있는데 이는 이 주에서 가장 많은 대통령을 배출해냈기 때문이다. 여행자들은 전쟁터, 오래된 교회, 식민지시대의 집 등의 역사적 유적지를 보려고 미국 전역에서 몰려든다.

버지니아(Virginia)의 두 번째 식민지의 수도 윌리엄버그(Williamburg)는 1700년대 모습 그대로 보존되어 있으며 식민지의 풍속들이 역사적 분위기를 더해 준다. 브루리지(Blue Ridge)의 꼭대기를 따라 스카이라인 드라이브(Skyline Drive) 도로를 달리면서 쉐난도계곡(Shenandoah Valley)의 광대함을 보는 것은 하나의 장관이다. 내츄럴 다리(Natural Bridge), 내츄럴 굴뚝(Natural Chimneys), 내츄럴 터널(Natural Tunnel)과 수많은 거대한 동굴 등은 자연의 경이감을 불러일으켜 준다. 식민지시대 처음으로 담배를 재배한 이래 이 곳 주요 농작물이 되었고 사과, 땅콩 재배, 닭, 칠면조 사육에서 중요한 곳이다. 버지니아(Virginia)는 현대 남부 산업화의 좋은 예이다. 공장에서 화학약품, 식품, 담배, 교통장비를 생산한다. 햄튼(Hampton)의 조선소는 해군함정과 일반 배를 제작한다. 1861년~1861까지 남부연맹의 도시였던 리치몬드(Richmond)가 이 주의 수도이며, 노포크(Norfolk)는 가장 큰 도시이다.

주요대학

- Averett College
- College of William and Mary
- George Mason University,   Old Dominion University
- Radford University,   Shenandoah University
- University of Richmond
- University of Virginia
- Virginia Polytechnic Institute and State University
- Virginia State University

워싱턴 (Washington, WA)

① 면적 : 176,479㎢	② 평균기온 : (7월 : 19℃, 1월 : −1℃)
③ 연간 강우량 : 970㎜	④ 주도 : Olympia
⑤ 주요 도시 : Bellevue, Everett, Lake District, Seattle, Spokane, Tacoma	
⑥ 인구 : 약 625만 명	

주도(州都)는 올림피아(Olympia)이고 최대도시는 시애틀(Seattle)이다. 태평양과 로키산맥 사이에 있는 주로, 오리건(Oregon) 주·아이다호(Idaho) 주 및 캐나다의 브리티시 컬럼비아(British Columbia)주와 접한다. 유일하게 미국 대통령 이름인 조지 워싱턴(George Washington)을 딴 주이며 북서쪽 태평양 연안 가에 자리 잡고 있다. 이곳의 위치는 태평양을 가로질러 알래스카(Alaska)와 아시아(Asia)의 대륙, 해양, 항공 여행의 관문이며, 높은 산이 상록수 숲과 바다 위로 솟아 있다. 기후는 서안 해양성으로, 특히 해안지대는 위도에 비하여 겨울도 따뜻하다. 서쪽의 올림픽 반도(Olympic Peninsula)의 정글 같은 숲은 세계에서 가장 강우량이 많은 곳이다. 그러나 캐스케이드 산맥(Cascade Mountains)의 동쪽에 있는 반사막 지대는 단 한 그루의 나무도 없이 쭉 펼쳐져 있다. 주의 가장 높은 산인 레이니어 산(Mt. Rainier)이 시애틀(Seattle)과 타코마(Tacoma)의 남동쪽 지평선에 떠다니는 것처럼 보인다. 맑은 날엔 시애틀(Seattle)에 사는 사람들은 북쪽으로 베이커 산(Mt. Baker)을 서쪽으론 올림픽 산맥(Olympic Mountains)을 그리고 동쪽으론 캐스케이드(Cascades)를 볼 수 있다. 전 세계의 배가 베링엄(Bellingham), 시애틀(Seattle), 타코마(Tacoma), 푸젯 사운드(Puget Sound)의 항구 등에 정박하며 태평양과 콜롬비아(Columbia) 강에서는 중요한 선적지이고 해산물 특히 연어로 유명하다. 상록수로 유명한 이 주는 '상록의 주'(Evergreen State)란 별칭이 있다. 온화한 기후로 농업과 원예농업에 유리하다. 캐스케이드(Cascades) 동쪽은 목축과 밀 재배가 성하다. 오카노간(Okanogan), 웨나치(Wenatchee), 야키마(Yakima)같은 관개화 된 계곡에서 과일과 채소를 가꾸며 사과 생산이 선두이다. 콜롬비아(Columbia) 강의 댐이 관개와 발전을 위해 이용된다. 가장 큰 댐인 그랜드 쿠리(Grand Coulee)는 수력발전에 지대한 공헌을 하며 관개용수로 인해 콜롬비아 분지(Columbia Basin)를 메마르고 척박한 곳에서 채소 생산지로 탈바꿈시키게 되었다. 리치랜드(Richland) 가까이 미 에너지국(U. S. Department of Energy)이 있는 핵에너지 센터와 함께 핵에너지시대를 여는데 공헌하고 있다. 항공기, 우주선 생산회사 보잉사(Boeing Company)가 시애틀(Seattle)에 본사를, 어번(Auburn), 켄트(Kent), 렌튼(Renton), 에버레트(Everett) 가까이 공장을 두고 있다. 올림피아(Olympia)가 워싱턴(Washington)의 수도이고 시애틀(Seattle)은 가장 큰 도시이다.

주요대학

- Eastern Washington University
- Pacific Lutheran University
- Seattle Pacific University
- University of Washington
- Washington State University
- Western Washington University

웨스트 버지니아 (West Virginia, WV)

① 면적   : 62,759㎢   ② 평균기온   : (7월 : 22C, 1월 : 0℃)
③ 연간 강우량 : 1,120㎜   ④ 주도   : Charleston
⑤ 주요 도시   : Charleston, Huntington, Morgantown, Parkersburg, Weirton, Wheeling
⑥ 인구   : 약 184만 명

주도(州都)는 찰스턴(Charleston)이다. 펜실베이니아(Pennsylvania)·오하이오(Ohio)·켄터키(Kentucky)·버지니아(Virginia)·메릴랜드(Maryland) 등의 주와 접한다. 주의 대부분은 오하이오 강 유역에 속하며 전체 지형이 서쪽으로 기울어져 있다. 기후는 습윤 대륙성기후로 비교적 온화하다. 주산업은 광업으로 특히 역청탄을 비롯한 석탄 생산량은 미국 최고 수준이다.

아팔라치안 고원(Appalachian Highlands)의 웨스트 버지니아(West Virginia)는 미국에서 가장 험하고 큰 강을 따라 계곡이 있는 땅을 제외하고 평지 높이의 지역은 별로 많지 않다. 동부와 중부에 걸쳐 산이 계속되고 가파른 언덕과 좁은 계곡으로 서부가 구성된다. 이로 인해 '산의 주'(Mountain State)라고도 불려진다. 광대한 산림과 광물은 이곳의 큰 자원이다. 켄터키(Kentucky), 와이오밍(Wyoming)의 뒤를 이어 석탄 생산에서 제 3위이다. 그러나 서비스업이 급격히 성장하면서 경제적 기반이 변하고 있다. 윌링(Wheeling), 웨얼튼(Weirton) 기타 북쪽 강에 인접한 도시들에선 철광석을 채취할 수 있다. 화학공장도 오하이오(Ohio)와 카나와(Kanawha) 강 쪽에서 운영된다.

주의 수도인 찰스턴(Charleston) 지역이 화학, 금속생산 기지이고 헌팅턴(Huntington), 파커스버그(Parkersburg) 등의 도시는 유리, 도자기 등의 생산 기지이다. 남북 전쟁 전, 버지니아(Virginia)의 일부였고 1861년 남부연합에 들어갔으나 북서쪽 사람들은 미합중국에 그대로 남아 있었다. 1863년, 버지니아(Virginia)에서 분리된다.

주요대학

- Marshall University
- Potomac State College of West Virginia University
- University of Charleston
- West Virginia University
- Morgantown/ Parkersburg
- West Virginia Wesleyan College

위스콘신 (Wisconsin, WI)

① 면적	: 145,436㎢	② 평균기온	: (7월 : 21℃, 1월 : -10℃)
③ 연간 강우량	: 790㎜	④ 주도	: Madison
⑤ 주요 도시	: Green Bay, Konosha, Madison, Milwaukee, Oshkosh, Racine		
⑥ 인구	: 약 547만 명		

　　오대호 서쪽에 위치하며 미네소타(Minnesota)·아이오와(Iowa)·일리노이(Illinois)·미시간(Michigan) 주에 둘러싸여 있다. 수천의 젖소가 푸른 목장에서 사육되며 우유, 치즈(미국 내 생산의 1/3), 버터(미국 내 생산의 1/4) 생산에서 중요하다. 낙농 제품으로 인해 'America's Dairyland' (미국의 낙농지)라는 이름을 얻게 되었다. 기계류, 식품, 펄프 생산에서 중요하며 남동쪽 도시들은 크레인, 엔진, 기계부품 등을 생산해낸다. 기후는 습윤 대륙성으로 여름에는 비교적 선선하고 겨울은 춥다. 위스콘신주는 '미국의 낙농국'이라고 할 만큼 낙농이 활발하여 한때 사육된 젖소의 수가 미국 최고를 기록하였으며 농지의 대부분이 낙농에 이용된다. 건초·우유·치즈·버터를 비롯하여 옥수수·벌꿀 등의 생산도 많다. 낙농제품 뿐만 아니라 식품류에는 야채, 소시지, 맥주 등이 포함된다. 공립 대학시스템이 가장 크고 밀워키(Milwaukee), 라크로스(La Crosse)에 주요 메디컬센터(Medical Center)가 있다. 미시건 호(Lake Michigan), 슈피리어 호(Lake Superior)를 따라 있는 항구에서는 국내 외 무역 거래가 활발하다. 자연미와 여가활동의 소재들이 매년 수백만의 관광객을 끌어들인다. 15,000여 개의 호수에서 수영, 낚시, 보트를 즐기며, 하이킹과 승마를 즐기는 사람들이 이곳의 울창하고 서늘한 숲을 찾고 겨울에는 스키, 아이스보트를 즐긴다. 진보 혹은 개혁주의라는 "Progressivism"이 교육, 사회, 정치, 경제 개혁 전반에 걸쳐서 1900년대 초반 시작되었다. 예비선거, 공공재와 철로 규제, 교사연금, 최소 임금법, 노동자 보상 등에 대한 기본법이 마련되었다. 가장 먼저 사형제도를 없앤 주이다. 최초의 사범 대학이 설립되었고, 위스콘신 대학(University of Wisconsin)은 통신교육 제도를 제공한 첫 대학이다. 첫 유치원도 이곳에 설립되었고, 주립 도서관도 처음 건립되었다. 이곳의 농업 협동조합과 축산업 협동조합은 발전의 선구 자격이 되었다. 최초의 수력발전소가 설립되었고, 모든 차에 안전벨트를 장착해야 한다는 법을 통과시켰다. 주민은 스위스·스칸디나비아·독일계통이 많고, 특색 있는 문화를 보유하는 지역도 있다. 위스콘신대학을 비롯하여 많은 고등교육기관이 있다.

　　'오소리 주'(Badger State)란 별칭은 1820년대 광부들이 동굴에서 언덕 중턱을 파는 모습이 오소리가 땅을 파는 듯하다 하여 붙여졌다. 메디슨(Madison)은 주의 도시이고 밀워키(Milwaukee)는 가장 큰 도시이다.

주요대학

- Edgewood College
- Marquette University
- University of Wisconsin, Madison/ Milwaukee/ Stout/ Stevens Point

와이오밍(Wyoming, WY)

① 면적   : 253,326㎢
② 평균기온   : (7월 : 19℃, 1월 : −7℃)
③ 연간 강우량 : 330㎜
④ 주도   : Cheyenne
⑤ 주요 도시   : Casper, Cheyenne, Green River, Laramie, Rock Springs, Sheridan,
⑥ 인구   : 약 56만 명

이 주는 몬태나(Montana) · 아이다호(Idaho) · 유타(Utah) · 콜로라도(Colorado) · 네브래스카(Nebraska) · 사우스다 코타(South Dakota) 등 6개 주에 에워싸이고, 동서로 약간 긴 사각형이다. 로키산맥의 주맥 및 지맥이 남북 방향으로 뻗어 있으며, 고원도 많은 편이다. 이 주를 지나는 로키산맥에는 미국 내에서 가장 크고 세계적으로 가장 오래된 국립공원인 옐로우스톤(Yellowstone)이 있다. 또한 기념비 데블스 타워(Devils Tower), 최초의 국립공원 쇼손(Shoshone)이 있다. 그랜드 티튼 국립공원(Grand Teton National Park)에는 서부의 가장 아름다운 산이 포함된다. 수백만의 여행자들이 매년 자연 경관과 역사 유적지를 즐기기 위해 이곳을 찾는다. 생산량으로 볼 때 광업이 가장 중요한 산업이며, 특히 석유와 천연가스를 비롯하여 우라늄 · 석탄 · 점토 등도 많이 생산된다. 농 · 목축업이 성행하여 면양의 수가 텍사스에 이어 미국 2위이다. 산 중간에 넓고 평평한 분지가 있고, 군데군데 울퉁불퉁한 바위가 있다. 땅의 80%가 목축을 위해 쓰여 지고 수천의 유전이 있다. 원유, 천연가스, 석탄, 광물 등이 와이오밍(Wyoming)을 중요한 광산의 주로 만들었다. 연방정부가 이 주의 반을 소유하여, 수백만의 시민이 이곳을 거쳤으나 머문 사람은 상대적으로 적다.

1980년 인구 조사에 의하면 알래스카(Alaska)를 제외하고는 가장 적은 인구를 가지며 1985년 알래스카(Alaska) 도 이곳의 인구를 넘어서게 되었다. 와이오밍(Wyoming)은 "Upon the Great Plain"(위대한 땅으로)란 뜻의 인디언어이다. 주의 수도는 체옌(Cheyenne)이며 여성이 처음 투표권을 갖게 되고 공직을 맡게 되어 '평등의 주'(Equality State)란 별칭을 갖게 되었다. 1924년 최초의 여 주지사 닐리 로스(Nellie T. Ross)를 선출했다.

주요대학

– University of Wyoming

조기유학 따라잡기

교육 제도

▎개요

한 나라의 교육에 관한 전반적인 상황을 주어진 지면에서 설명하기란 그다지 용이하지는 않으나 대체로 유학과 관련된 전반적인 교육제도를 설명함으로써 학생 및 학부형의 이해를 돕는 것에 그 초점을 맞추고자 한다.

우선 미국의 중 고등학교는 크게 공립(Public)과 사립(Private)으로 구분해 볼 수 있다. 아시다시피 공립은 주정부의 지원 하에 그 나라의 학생들을 위한 교육 프로그램들을 제공하는 학교이기 때문에 미 정부에서는 원칙적으로 한국을 비롯해 외국 국적을 가지고 있는 학생이 미국으로의 유학을 원하는 이른바 외국 학생(International Student)들의 입학을 불허한다. 특히나 9·11 테러 이후에는 이러한 규정이 엄격히 적용되기 때문에 절대적으로 이러한 공립학교로의 입학에 관한 수속을 하는 것은 금물이다. 결론적으로, 미국으로의 유학을 희망하는 학생들은 사립학교를 선택하는 것이 바람직하며 이 책에서도 사립학교에 관한 사항을 중점적으로 설명하고자 한다.

사립학교는 다시 기숙사시설을 갖추고 있는 기숙학교(Boarding School)와 통학을 하는 통학학교(Day School)로 나뉘어 진다. 국내에서 미국에 있는 통학학교로 학생을 입학시키기 위해서는 여러 가지 선결 요건이 있으니 이는 유학준비 편을 참조하기 바란다.

그리고 기숙학교는 다시 외국 학생들을 위해 영어 프로그램 즉 ESL(English as a Second Language)을 갖추고 있느냐 혹은 갖추고 있지 않느냐로 구분이 되며 이에 학생이나 학부형은 응시학생의 어학수준에 비추어 이를 잘 검토하여 학교를 선정하는데 차질이 없어야 한다. 물론 영어프로그램을 제공하던, 그리고 제공하지 않던 간에 상당수의 학교에서는 외국 학생이 입학을 고려할 때 학생의 영어를 판단할 수 있는 여러 가지 시험 중에서 한 가지를 택해서 그 결과를 보여주기를 원하며 경우에 따라서는 학생의 수행능력이 충분하다고 인정이 되어지는 경우에는 이러한 시험에서 다소 완화적인 면을 보여주는 경우도 있다. 이에 관한 설명 역시 유학준비 편을 참조하기 바란다.

물론 충분한 영어 실력을 갖추고 있어서 미국에서의 수업을 진행하는데 크게 어려움이 없는 학생은 영어프로그램이 제공되지 않는 학교로의 입학에도 별 무리가 없으나 그렇지 못한 상당수의 학생들은 ESL이 제공되는 학교를 우선적으로 선정할 수밖에 없다. 일반적으로 통학 학교의 경우에 이러한 영어 프로그램을 가지고 있는 학교의 수가 많지 않은 편이며 기숙학교의 경우에는 상대적으로 영어 프로그램을 가지고 있는 학교가 많이 있다.

여기서 중요한 사항은 ESL을 제공하는 여러 학교들 중 기초적인 영어프로그램은 제공하지 않는 학교들이 있다는 점이다. 즉, 통상적으로 기초(Elementary), 중급(Intermediate) 그리고 상급(Advanced) 등으로 분류가 되는 영어프로그램 중에서 기초 과정을 외국 학생들에게 제공하지 않는다는 의미이며 이는 학생들이 학교의 입학을 위해서는 최소한의 기본적인 영어 실력을 갖추고 있어야 한다는 점이다. 결국 유학을 수속하고자 하는 학생이나 학부형은 각 학교의 특성에 맞추어 입학을 고려하여야 할 상황이 야기가 될 수 가 있으며 이에 유학 수속 희망자나 학부형은 유학 수속을 진행하는 절차 중의 하나로 이러한 정보를 사전에 충분히 인지하여 수속에 만전을 기해야 한다. 아울러 우수한 명문 학교로의 진학을 희망하고자 하는 학생의 경우에는 사전에 충분한 시간을 할애하여 영어 습득에 많은 노력을 기울이는 것이 유학을 준비하는데 있어서 필요불가결의 요소라 할 수 있다.

▎미국의 교육제도

이 책의 본문에 나와 있는 학교 소개에서도 알 수 있듯이 초기의 미국 학교는 대다수 개인소유 또는 교회단체에서 운영되어지는 형태였다. 1800년대 초기부터 미국전역으로 자유로운 공립학교의 확산이 이루어지며 주(State) 또는 지방(County)의 운영 하에 학교 경영체계가 이루어지는 학교들이 많이 설립되었다. 현재 미국에는 대략 74,000여 개의 초등학교, 25,000여 개의 중등학교, 6,800여 개의 종합학교(초등학교, 중등학교가 같이 병립), 그리고 3,600여 개의 2년제(2 Year) 및 4년제(4 Year) 대학교가 있다.

미국의 교육제도는 일반적으로 주에 따라 다르나 대부분의 주에서 우리나라와 같이 12년제의 의무교육을 실시한다. 자녀들이 출생해서 3~4세 또는 5세가 되면 통상 아동교육 프로그램인 보육원(Nursery School)이나 유치원(Kindergarten)에 보내진다. 그 후 이들은 약 6세부터 12~14세까지 초등학교(Elementary)수업을 받게 되고 이 후 중등교육(Secondary)과정을 밟게 된다. 의무교육은 초등학교 6~8년, 중학교 4년, 고등학교 2~4년으로 나누어진다. 고등학교 과정에는 대학진학 준비과정·상업과정·교직과정·일반교양 과정의 4개 과정이 있다. 미국의 경우 각 주마다 다소 상이한 점은 있으나 고교과정 까지는 의무교육을 받게 된다. 의무 교육 기간 중에 학생들은 미국 연방 정부나 각 주로부터 무상의 교육을 받게 되며 이러한 교육을 이수한 학생 각자는 자신들의 진로를 스스로 정해 대학이나 사회로의 진출을 하게 된다.

대학은 4년제와 2년제의 초급대학이 있다. 국제적으로 높은 평가를 받고 있는 종합대학으로는 하버드(Harvard)·예일(Yale)·코넬(Cornell)·프린스턴(Princeton)·뉴욕(NYU)·스탠퍼드(Stanford)·UC계열의 대학들이 있고, 공학계로는 매사추세츠공과대학(MIT)·칼텍(Cal Tech) 등이 널리 알려져 있다.

한편, 성인교육은 전국적으로 보급되어 사회인의 지적 향상, 직업재훈련, 이민자들의 미국화에 주력하고 있다. 또 대학의 하기강좌, TV강좌, 통신교육, 야간대학 등이 많이 있다. 중등교육기관의 취학률이 1950년대에서 60년대 사이에 대폭 증가하였고 베이비붐으로 인하여 1970년대에는 절정을 이루었다. 1971년에서 84년까지 전체 초중등 교육기관의 취학률은 취학 아동이 감소하여 낮아졌다가 1985년부터 1990년대 중반부터 다시 높아졌다. 공립 유치원의 등록 인원이 우리나라에 올림픽이 개최된 시기인 1988년에 약 2850만 명에 달했으며 현재에는 약 3400만 명으로 증가하였으며 초중등 교육기관의 재학인원은 약 14000만 명에 달한다. 아울러 외국에서 미국으로 수학을 하고자 하는 학생들의 수는 매년 증가가 되어 현재 약 50만 명의 외국학생들이 유학하고 있고, 그 중 60%가 중국, 인도, 일본, 한국을 비롯한 아시아 지역 출신들로 분포되어 있다.

▌도표로 본 한국과 미국의 학제비교

한국의 학제			
국민학교 (6년)	중학교 (3년)	고등학교 (3년)	초급대학 (2년) 대학 (4년)
미국의 학제			
Elementary School (6년)	Junior High School(3년)	Senior High School(3년)	College (2년)·University (4년)
Lower School (8년)		Upper School (4년)	College (2년) University (4년)
Elementary School (6년)	Middle School (2년)	High School (4년)	College (2년) University (4년)

아동교육(Juvenile Education)

예비 초등학교(Pre-Elementary) 또한 미취학 교육(Pre-School Education)으로도 불려지는 이 아동 교육은 통상적으로 5세 또는 그 이하의 연령층을 위한 교육이다. 이 아동교육의 주된 목표는 어린아이들의 습관, 태도, 그리고 입학 준비를 위한 기초교육을 함양시키는 데 있다. 교육학자들은 일반적으로 자녀의 학교에서의 성공은 미취학 시기의 교육적 경험에 의해 크게 영향을 받는다고 주장해 왔으며 이러한 교육적 경험은 취학 후 학생들의 교육에 많은 도움이 되어 온 것은 엄연한 사실이다.

아동교육은 크게 2 부류로 나뉠 수 있는데 이는 보육원(Nursery School)과 유치원 (Kindergarten)이다. 보육원은 많은 개인 또는 사설기관 그리고 몇몇 학교 기관에서 운영한다. 대부분의 보육원은 3~4세 아이들을 위한 교육에 그 중점을 두고 있으며 대개는 한 선생님에 의해 여러 명의 아이들이 감정표현, 사고정립, 무용, 그림, 오락, 노래 그리고 웅변 등 다양한 교육을 받게 된다.

몇몇 보육원은 이태리의 교육학자인 마리아 몬테소리(Maria Montessori)에 의해 고안한 교육방식을 채택하고 있으며, 이 교육의 주된 목표는 인지, 자신감, 독립심의 교육에 있다. 참고로 각종 다양한 공공 또는 개인, 단체에서는 저소득층의 부모와 양부모가 다같이 직장을 다닐 경우 그들의 자녀들이 다닐 수 있는 보육원을 위해 자금을 지원해 주고 있는데 이러한 경우의 보육원을 흔히 Child-Care 또는 Day-Care라고 불린다.

유치원은 보육원과 마찬가지로 많은 개인, 사설기관 그리고 몇몇 학교 기관에서 운영을 하며 이는 특히 5세 정도의 아이들을 위한 프로그램이다. 유치원은 보육원의 프로그램보다는 더 진보된 교육 내용을 가지고 있으며 초등학교 과정에서 습득해야 하는 여러 경험들을 배우게 한다.

초등교육(Elementary Education)

미국의 초등학교는 Grade School 또는 Grammar School로도 불리며 통상 6세에서 12 내지 14세 사이의 아이들이 다니며 대부분의 초등학교는 유치원도 같이 운영하는 경우가 많다. 일반적인 초등학교의 교육제도는 거의가 6학년제이나 간혹 8학년제로 운영하는 학교도 있다.

통상의 교육방식은 거의 같은 나이의 학생들이 한 학년으로 나뉘어 여러 개의 학급에서 한 선생님이 전적으로 교육을 진행시키는 방법이다. 미국의 초등학교는 대개 하나의 지역공동체(Community)에 한 개 이상의 초등학교를 두고 있으며 이는 지역 내의 여러 기관과 연계하여 서로 유기적인 관계를 이루고 있다.

그리고 이들 많은 초등학교들 중 상당수의 학교들은 통상 연령이 10세부터 12세까지인 학생들의 상급 초등학생들을 위해 중학교(Middle Schools)의 제도를 운영하고 있으며 이들의 학년은 대개가 6~8학년으로 구분된다. 이 중학교의 주된 목적은 이미 교육되어진 과정의 심도 있는 공부 그리고 이로 인한 고등과정(Higher Education)으로의 준비에 그 역점을 두고 있다. 몇몇 지역 체에서는 이를 Junior High School이라고 부르는데 이는 통상 중등과정의 일부분으로 보는 견해가 대부분이다.

중등교육(Secondary Education)

미국의 중등교육은 크게 Junior High School와 Senior High School로 나뉜다. Junior High School은 통상 7~9학년으

로 구성되며 Senior High School은 10~12이다. 참고로 사립학교의 경우 Middle School은 대체로 5(6)~8학년을 그리고 Upper School은 9~12학년을 가지고 있다. 이 중등교육의 주된 목표는 그 지역 사회 구성원의 일원으로서의 책임감과 졸업 후의 취직 그리고 졸업 후 상급교육기관으로의 학문준비에 역점을 두고 있다.

중등교육을 이수한 자는 수료증(Diploma)을 받게 되는데 미국의 경우 통상 초등학교 과정부터 해서 중등과정까지 다 이수하는 학생들의 비율은 약 70%이다. 아울러 많은 지역사회에서는 9~12의 4학년으로 이루어지는 고교과정을 가지고 있으며 이러한 학교에 입학을 하는 학생들은 대개 8학년까지의 초등학교 과정 또는 6년까지의 초등학교 후 2년간의 중학교 과정을 이수한 자가 입학을 한다.

참고로 미국의 많은 사립학교는 이러한 4년제의 고교과정 제도를 가지고 있는 경우가 대부분이고 우리나라의 학생들도 이러한 제도를 가지고 있는 학교로 유학을 희망한다. 마지막으로 대부분의 고등학교는 우리나라의 인문계, 실업계의 의미와 유사한 일반적인(General) 수업 과정과 직업적인(Vocational) 수업 과정의 2부류로 구분되며 이러한 학교를 우리는 종합 고등학교 혹은 포괄적인 고등학교의 의미인 Comprehensive High School이라고 부른다. 고교 과정 후 진학을 원하는 학생은 일반과정의 수업을 택하게 되며 이를 우리는 대학 준비(College Preparatory) 과정이라 부르며 졸업 후 사회로의 진출을 희망하는 학생은 직업과정을 택하게 된다.

▎학제 및 학기

상당수의 미국 중등학교는 9월부터 12월의 1학기, 1월부터 5월의 2학기로 나누어지는 2학기(Semester)제의 운영방식을 채택하고 있으나, 경우에 따라서는 3학기(Trimester)제 또는 4학기(Quarter)제의 수업방식을 고수하는 학교도 있으나 그 숫자는 그다지 많은 편은 아니다. 방학은 따라서 우리나라와 많이 달라서 대체적으로 6~8월의 3개월 사이가 여름방학이며, 1학기말과 2학기 초의 크리스마스를 전후로 하여 약 3주의 방학을 갖는다.

▎학 비

미국의 학비는 학교의 형태, 설립요건, 지역 등에 따라 많은 차이가 나기 때문에 그 정확한 경비를 언급한다는 것은 다소 무리가 따른다고 할 수 있다. 우선 미국 동부 및 일부 서부 지역에 위치하고 있는 기숙학교의 경우 연간 학비(Tuition)는 대체로 $13,000~$30,000정도가 소요되며 기숙사 및 식비(Room & Board)는 $10,000~$20,000 정도가 소요된다. 이 외에 추가의 영어수업을 필요로 하는 학생의 경우에는 위에 언급한 학비 이외에 $2,000~$7,000 정도가 더해진다. 그리고 기타의 의료 보험, 책값, 과외활동비, 세탁비 및 개인 용돈으로 $2,000~$5,000 정도가 예상된다.

동부 지역을 벗어난 미국의 중동부 지역이나 서부 그리고 남부 지역의 경우에는 위에 언급한 경비보다는 다소 저렴한 편이며, 중부지역의 경우는 학비와 기숙 사비를 포함해서 연간 약 $20,000~$30,000 정도가 예상된다. 참고로 종교단체에서 운영을 하는 학교의 경우에는 일반 사립학교의 학비보다는 많이 저렴한 편이나 기숙사시설이 제공되지 않는 학교들이 종종 있으므로 사전에 학교에 관한 충분한 정보를 입수한 뒤 수속에 임해야 한다.

참고로, 학비 및 기숙사비의 분할은 가능하며, Boarding School의 경우 학비하면 대체적으로 기숙사 비를 포함한 총 경비를 의미하는 경우가 많다. 즉, '이 학교의 연간 학비는 $40,000이다'라고 하면 이 금액은 학비와 기숙사비를 포함한 경비를 나타낸다고 이해를 하면 된다.

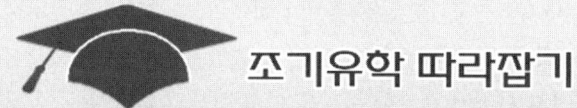

조기유학 따라잡기

유학 절차

┃ 개요

　유학을 준비하는 학생이나 그 학부모들이 반드시 염두에 두어야 할 사항은 과연 '유학을 가기 위해서 어떻게 하여야 할 것인가'라는 것이다. 아시는 바와 같이 입학 수속을 준비하는 학생이 본인에게 적합한 학교를 선정해서 그 학교의 입학 수속을 위한 학교와의 연락에서부터 시작하여 최종적으로 입학 허가서를 받기까지에는 상당히 많은 서류작업(Paper Work)이 요구되며 아울러 학생비자를 신청하기 위해서 준비되어지는 절차 및 부모님의 재정서류를 비롯한 각종 부속서류 준비들 역시 만만한 것은 아니다. 근래에 들어서 미국의 명문 사립학교일수록 입학을 원하는 응시학생들의 수가 절대적으로 많은 편이며 이에 학생들은 치열한 경쟁 속에서 입학허가를 받기 위해 추가로 지원하는 학교의 수를 늘리는 추세이다. 따라서 이러한 체계적이고 순차적인 일의 진행 및 정확한 서류 작업을 위해서는 어린 학생들보다 부모님이 직접 나서서 많은 도움을 주어야 하리라는 결론에 도달하게 된다. 결국 유학을 보내시려는 학부형께서는 사전에 각 학교에 관한 정확한 정보 및 지식을 입수하여 학생이 수속을 하는데 어려움이 없게 하며 아울러 학생비자 신청시 사전에 충분한 준비를 하여 학생의 비자 취득에 별 무리가 없도록 하여야 하겠다.

　통상 부모님들이 학교에 관한 정보를 수집하는 방법은 여러 가지가 있으나 크게 다음의 4가지로 분류해 볼 수 있겠다.

1) 자녀를 유학 보내신 주변의 학부형들이나 미국 현지에 거주하고 있는 연고자
2) 각종 중고생 유학과 관련된 책자
3) 학교에서 제공하는 학교 싸이트
4) 유학업무를 전문적으로 취급하는 유학원

　물론 제일 좋은 방법은 유학을 희망하는 학생이나 그 부모님이 직접 유학을 희망하는 학교를 방문하여 입학담당자와 상의를 하고 또한 학교시설물을 관람하는 것이 상책이나 이에는 경제적 여건을 포함한 여러 가지 제약조건이 따르리라 본다. 따라서 기존에 유학을 보내신 학부형이나 미국 현지에 연고가 있는 경우에는 가급적 그쪽과 연락을 취해서 각종 정보를 구하고 필요한 경우 연고자 분이 직접 학교를 방문하여 좀더 구체적인 정보를 얻는 것이 바람직하다고 하겠다. 아울러 각종 자료를 통해 학교의 정보를 수집하고자 할 경우 우선 믿을 수 있는 기관에서 발급된 책자를 참고로 하여 각종 정보를 입수하여야 할 것이다. 물론 국내에서 발간된 중고생 유학 안내 책자도 있으나 미국에서 발간된 책자를 소개하면 다음과 같은 것들이 있다.

'Peterson's Guide to Private Secondary Schools'
'Boarding School Directory'
'The Vincent/Curtis Education Register'

　최근에는 정보통신의 발달로 인하여 모든 학교마다 자신들의 학교를 알리는 웹 싸이트가 마련이 되어 있어서 학부형께서는 집에서도 충분히 학교에 관한 전반적인 정보를 그다지 어렵지 않게 입수하실 수 가 있다. 조직적이고 체계적인 이러한 싸이트의 제공은 부모님이 학교에 관한 정보를 좀 더 구체적으로 파악할 수 있는 좋은 지침

서로의 역할을 하지 않나 하는 생각이 든다. 마지막으로 유학업무를 전문적으로 취급하는 유학기관을 통해 중고생의 유학 수속을 희망하는 경우인데 최근에 조기 유학을 희망하는 학생들의 수가 예전에 비해 상대적으로 많이 늘어난 추세이며 이에 대다수의 유학원에서는 이러한 조기유학의 수속에 많은 관심을 기울이는 것이 사실이다. 현실적으로 일부 학생들을 제외하고는 아무래도 학생들의 유학에 이러한 유학알선 기관이 직간접적으로 많은 관여가 되어지는 것은 사실이며 이에 학부형께서는 사전에 여러 유학 알선 기관을 통해 유학 수속에 관한 많은 정보를 입수한 뒤 충분히 신뢰할 수 있고 미국 중고등학생의 유학에 많은 정보를 가지고 있는 기관을 선정하여 정확한 상담 및 학교 소개를 받음으로서 학생이 미국에서 공부를 하는데 불편함이 없도록 하여야 할 것이다.

한편 학생이 미국으로의 유학을 희망하는 경우 반드시 염두에 두어야 할 부분이 바로 영어의 습득이다. 당연한 이야기이지만 학생이 미국에 입학을 하면 모든 수업은 영어로 이루어지며 이러한 수업을 강의 받기 위해서는 사전에 충분한 영어 실력을 배양해야 하겠다. 많은 미국 사립학교들은 외국인 학생이 입학을 희망할 경우 입학 절차의 하나로 그 학생의 학업수행 능력을 측정하기를 원한 시험 결과를 요구하며 이러한 시험의 대표적인 것들이 바로 TOEFL, SSAT, ISEE 그리고 SLEP 등이다. 이러한 시험에 관한 전반적인 설명은 '시험설명' 편을 참조하기 바란다.

또한 대다수 미국의 사립학교는 응시생들이 직접 학교를 방문해서 면접 보기를 권장하는데 이는 학생 및 학부모에게 그 자신들의 학교를 정확히 보여줌과 동시에 학생과의 직접 면접을 통해서 학교에서 요구하는 최적의 학생을 입학시키기 위한 이유도 포함되어 있다. 매년 한국을 방문을 하는 각 학교의 입학 담당자나 그 관계자들과의 인터뷰도 좋은 방법 중이 하나이며 혹, 학생이 여건상 직접 인터뷰를 응할 수 없는 경우 학교에서는 그 학교 출신자나 또는 그 학교를 다니고 있는 한국 학생들의 학부모 중 한 분을 선정하여 그 학생과 인터뷰한 결과를 학교에 보내 주기를 희망하는 경우도 있다. 아울러 이러한 세 가지 조건도 여러 형편상 불가능할 경우 학교 측에서는 학생과 전화로 인터뷰하기를 희망하여 이럴 경우 학교는 인터뷰할 시간을 학생 측과 서로 정해 전화상으로 입학을 담당하는 관계자와 면접을 보게 된다.

결론적으로 미국의 명문 사립학교들은 학생들의 입학 허가에 있어서 상당히 신중하고 철저하기 때문에 학생이나 그 부모들은 원서 하나 하나를 작성하는 데 있어서 세심한 배려를 아끼지 말아야 할 것이다. 다음은 학생 및 학부모들이 유학을 준비하는데 있어서 반드시 염두에 두어야 할 사항을 나열한 것이다. 이를 참조로 하여 학생들은 유학을 준비하는 데 만전을 기하기 바란다.

학생 및 학부모들의 유학준비시 유념 사항
① 사전에 충분한 시간을 두고 유학에 관한 각종 정보를 입수한다.
② 각종 유학정보 매개체를 통해 유학에 관한 이해를 돕는다.
③ 학교에서 요구하는 각종 입학시험에 관한 자세한 안내를 수집한다.
④ 현재 유학하고 있는 학생이나 그 부모로부터 실질적인 유학생활 정보를 수집한다.
⑤ 본인이 유학을 희망하는 지역에 관한 전반적인 정보를 입수한다. 예를 들면, 근접 공항, 교통편, 지역 환경, 기후 등
⑥ 본인이 희망하는 학교에 관한 자세한 정보를 구한다. 예를 들면 입학시기, 총 학생 수, 등록금 여부, 기숙사 유무, 외국학생 비율, 영어 프로그램 유무, 입학 난이도 등

⑦ 해당학교의 입학에 필요한 원서 및 안내 책자를 요청한다.

⑧ 최근의 미국 대사관의 학생비자에 관한 여러 정보를 수집한다. 예를 들면 비자 신청시 영사가 중점적으로 관심을 두는 사항, 비자 기간, 비자 접수 후 발급까지의 기간, 비자 구비서류, 면접시 예상되는 질문 등

이러한 사항들이 준비가 되면, 비로소 학생 및 그 부모들은 학생의 입학에 관한 실질적인 절차를 밟아서 그 수속절차에 들어간다.

┃ 유학 수속 절차

실질적으로 학생 및 학부형이 유학에 관한 전반적 자료를 입수한 뒤 최종적으로 실행해야 할 사항이 바로 이 유학수속이다. 유학수속은 결론적으로 말해서 해당학교에 필요한 원서를 구비서류와 함께 작성해서 입학에 관한 실질적인 일을 하는 것이다. 물론 해당학교마다 다소의 차이점은 있으나 통상 학교 측에서 응시 학생들을 위해 입학서류를 접수받을 때 요구되는 서류들은 대동소이하다고 할 수 가 있다. 따라서 본 란 에서는 학생들이 입학을 수속하는 데 있어서 필요한 구비서류부터 먼저 점검하고자 한다. 유학 수속의 절차는 응시하고자 하는 학교에 따라 다소 차이가 있을 수 있으나, 대체적으로 다음과 같은 순서에 의해 준비하는 것이 바람직하다.

1) 수속시기

몇몇 학교를 제외하고는 미국의 사립기숙학교들은 1년에 한번씩 매년 신학기인 9월에 입학할 학생들의 원서를 받아들인다. 이에 따라 유학 수속에 관한 준비는 대개 입학희망 전년도인 9~10월부터 준비함이 바람직하다.

2) 학교정보수집

유학수속에 있어서 가장 중요한 요인 중의 하나가 학생들에게 맞는 학교를 선정하는 것이다. 미국 전지역에 걸쳐 있는 많은 학교들 중에서 학생에게 적합한 학교를 선정하기란 그리 쉬운 일이 아니나 부모들이 신경 써야 할 사항은 대체로 다음과 같다.

㉠ 지역 : 학생의 수준에 맞는 학교가 어느 곳에 많이 위치하고 있는지, 학교 졸업 후 상급학교에 진학할 여러 여건이 잘 갖추어져 있는지 혹은 미국에 연고가 있을 경우 학생을 돌봐줄 수 있는 상황이 용이한지 등의 검토.

㉡ 학과수준 및 규모 : 응시하고자하는 학교가 학생의 수학적 능력 입학 난이도에 충분히 부합이 되는지, 학생의 자질을 개발시킬 수 있는 특정 과목 및 프로그램이 잘 갖추어져 있는지, 그리고 학생의 제반적 여건에 비추어 그 학교의 규모가 학생에게 유리한 결과를 도출해낼 수 있는가의 검토.

㉢ ESL 프로그램 : 국내에서 유학 수속을 하고자 하는 학생의 경우 대다수가 부족한 영어 습득을 보충해줄 수 있는 영어 프로그램이 필요로 되어지며 이러한 외국학생들을 위한 충분한 제2언어로서의 영어(ESL)프로그램이 제공되는가의 검토.

3) 원서요청

위에 언급한 이러한 사항들을 충분히 검토하여 학생에게 맞는 학교를 선정하면 이에 그 학교에 응시하기 위한 응시원서를 요청한다. 원서는 해당학교에 요청시 학교에 관한 일반적인 안내서와 함께 집으로 보내진다. 원서는

잘 아시는 바와 같이 학교마다 그 응시원서의 내용이 서로 달라 어떤 학교는 원서가 단순히 한 장인 경우가 있는 반면 또 다른 학교는 원서가 여러 장인 경우도 있다. 여담이지만 대체로 입학 난이도가 어려운 학교일수록 원서의 양이 많고 작성이 어려운 경우가 많다.

　최근 들어서는 동부를 비롯한 일부 특정 주들의 경우 입학하고자 하는 학생들의 경쟁이 상당히 치열한 관계로 이에 학부모들은 학생의 입학을 위해 여러 학교를 복수 지원하는 것이 바람직하다고 생각이 된다. 따라서 학생의 응시원서를 요청하고자 할 경우 우선 잠정적으로 계획하고 있는 응시 학교 수의 2~3배를 선정하여 그 자료를 요청한 뒤 그 해당 자료를 면밀히 검토하고 최종적으로 응시할 학교들을 선정하는 것이 현명하다고 본다. 예를 들어서 자녀의 입학을 위해 4~5개교를 수속하고자 한다면 우선 학교에 관한 정보를 입수하기 위해 10~15개의 학교에 연락을 취해서 해당 자료를 받아보는 것이 바람직하다는 것이다. 최근에는 학교에서 제공하는 싸이트에서 원서를 다운받아 쓸 수도 있다.

4) 원서작성

　입학 수속에서 가장 핵심적인 사항의 하나가 바로 이 원서 작성이다. 학생의 입학을 결정하는 입학 담당자들이 학생들의 입학을 심사할 때 학생의 학업적인 면뿐 아니라 이에 부수되는 응시학생의 특기, 재능, 수학적 수행능력, 장래 희망, 각종 잠재력 등 제반적인 사항을 평가할 수 있는 가장 중요한 부분이 바로 이 원서를 통해서 이루어지고 명문사립학교의 경우 원서에 기입하여야 할 전문적인 사항이 많이 요구가 되어지므로 부모들은 사전에 충분한 지식을 가지고 원서작성에 임해야 한다. 학교마다 다소 상이한 점이 있으나 다음과 같은 사항들이 원서 작성에 필요로 되어진다.

① 원서(Application for Admission)
* 학생과 관련된 각종 정보 : 나이, 성별, 생년월일, 학력, 관심 있는 과목, 취미 및 과외활동, 가족 및 교우관계, 가족 내에서의 학생의 위치, 사회봉사 관계, 향후 진로 관계 등.
* 부모와 관련된 정보 : 연령, 현재 직업, 연락처, 자녀를 유학시키려는 이유, 본 학교의 선정이유, 학교 입학시 학교에 요구하는 부모의 희망사항 등.

　참고로 미국의 몇몇 명문 사립학교는 본 원서를 보내기 전에 미리 그 학생의 전반적인 사항을 적어서 미리 학교 측에 제출하기를 원하는 학교가 있는데 이러한 원서는 예비원서(Preliminary Application Form)라고 한다. 이는 사전에 미리 그 응시학생이 학교에 입학 할 자격이 되는지를 미리 검토(Screen)하기 위함이다.

② 추천서(Letter of Recommendation / Reference Form)
　응시 원서 중의 한 부분을 차지하는 내용이 바로 이 학생의 학업 적인 수행능력, 교우 관계 등 전반적인 학생의 활동사항들을 평가해 줄 수 있는 선생님들의 추천서(Letter of Recommendation)이다. 학교에서는 영어 선생님, 수학 선생님, 그리고 담임 선생님 등의 추천서를 요구하며 심지어는 교장 선생님의 추천서까지 요구하는 학교도 간혹 있다. 학교마다 서로 상이한 양식의 추천서를 가지고 있으나 그 공통적 내용은 학생의 수학능력, 학업의 장단점, 학급 친구들과의 교우 관계, 교내 활동사항, 그리고 응시 학교에 입학이 되었을 경우 학생의 적응 및 자질 정도 등을 평가하는 내용을 그 골자로 한다. 아울러 추천서의 한 부분으로서 선생님을 제외한 응시학생을 잘 알고 있는 사람의 추천서를 요구하는 경우도 있으며 이 경우에는 학생의 학업적 능력을 평가하기보다는 학생

의 전반적인 성격, 취미활동, 예의범절, 가정생활 등 학업 외적의 요인을 언급해 주길 원한다.

몇몇 학교는 응시학생의 부모님에게 추천서 양식을 작성해 주길 원하는 경우도 있는데 이는 부모로서 자녀를 어떻게 판단하는지 학생이 부모의 곁을 더나 학교생활에 잘 순응을 할 수 있는지 등을 알아보기 위함이고 이에 부모님은 그 자녀에 대해서 보고 느낀 바를 상세히 기록함으로서 학생이 입학한 후에 학교생활을 하는데 많은 참고가 되기 위함이다. 종교학교의 경우에는 학생 또는 그 가족과 관련이 있는 신부님이나 목사님 등 성직자의 추천서를 반드시 요구한다.

3) 학생 개인의 에세이(Essay)

위에 언급한 내용들이 학생을 위한 제3자의 노력이라면, 이 개인이 작성해야 할 에세이는 학생이 하여야 할 중요 의무 사항중의 하나로, 에세이를 작성하기 위한 주제는 각 학교마다 실로 다양하여 일일이 나열할 수 가 없으나 몇 가지 예를 들면 다음과 같다.

- 너의 가족에 대해 써라.
- 학과 과목 이외에 네가 즐겨하는 것을 써라.
- 좋아하는 운동 및 과외 활동을 써라.
- 가장 감명 깊었던 책은 무엇이며 그 책이 너에게 준 교훈은 무엇이냐?
- 너의 삶에 있어서 가장 인상 깊은 위인은 누구이며 그 이유는?

학교 측에서는 학생이 이러한 에세이를 자필로 쓰기를 원하며 이에 학생들은 깨끗한 글씨로 또박또박 작성하는 것이 좋다. 학교 측에서 요구하는 내용은 학생이 이 에세이를 작성해서 제출함으로 인해 그 학생이 가지고 있는 사고의 판단력, 분별력 아울러 영어 문장을 기술하는 능력 등을 판단하는 데 그 초점을 두고 있다. 이 에세이의 분량은 학교마다 다소 상이하나 대체적으로 300~350단어 이내에서 쓰길 원한다. 참고로 대다수의 학교에서는 누구의 도움도 받지 않고 이러한 에세이를 학생 스스로가 쓰기를 원하는데 내 개인적인 솔직한 의견으로는 어느 부모가 응시하고자 하는 학교에서 입학허가를 받기를 원치 않는 경우가 있겠느냐 이며 이에 나는 학부형에게 솔직히 '?' 을 남기고 싶다.

4) 성적표(Transcript)

학생의 입학허가를 결정하는 데 있어서 매우 중요한 요소 중의 하나가 바로 학생의 성적표(Transcript, Academic Record))이다. 성적은 통상 지난 2년의 학업 결과를 보기 원하며 그 성적에 의해 학교 측에서는 학생의 입학 허가 여부 그리고 입학이 되었을 때 학교에서 학생을 수업시키는 데 있어서 참고가 될 만한 교육 방침 등을 선정하는 데 있어서 매우 긴요한 자료로 쓰인다.

최근에는 국내에 있는 몇몇 학교에서 학생들이 성적을 백분율로 환산하여 작성하는 경우가 있으며 이럴 경우 성적을 영어로 번역할 때 그 백분율을 그대로 기입해 주면 된다. 그러나 아직까지는 많은 학교들이 각 과목의 결과를, 수, 우, 미, 양, 가 등으로 기입한다. 이러한 경우는 수는 A로, 우는 B, 미는 C, 양은 D, 그리고 가는 F로 번역을 한다. 물론 현재 재학하고 있는 학교에서 성적을 영문으로 발급 받았을 경우 그 성적표 자체를 학교로 보내주면 된다.

5) 재정 증명서(Financial Verification)

대다수의 미국 사립학교에서는 대학과 달리 학생이 입학을 위한 응시를 할 경우 통상 재정에 관한 사항을 사전에 미리 요구하지는 않는 편이다. 그러나 일부 사립학교는 학생이 학교에 입학이 되어 수업을 하는 동안 학비 및 숙식비를 대주는 부모님 또는 재정보증인이 충분한 재정적인 능력이 되는지를 증명해 주길 원하는 학교가 있다. 이러한 경우 응시 학생의 부모 및 재정보증인은 통상적으로 현재 은행에 얼마의 돈이 잔고로 남아 있는가를 증명해주는 영문 은행잔고 증명서(Certificate of Deposit Balance)를 은행에서 발급 받고 재정증명서 양식과 함께 첨부하여 학교로 보내준다. 참고로 학생의 학비 및 생활비를 부모님 또는 재정보증인이 아닌 어떤 기관이나 단체에서 지원되어질 경우 그 기관에서 재정 증명서(Certificate of Financial Support)를 발급 받아 학교 양식과 함께 학교로 보내주면 된다.

미국 사립학교의 경우 연간 학비는 많은 차이가 있으나 통상 학비 및 숙식비를 포함하여 연간 U$20,000에서 U$50,000 정도가 소요되며 따라서 학교 측에 제출한 은행잔고 증명서를 발급 받을 경우 이러한 경비 이상을 충당할 수 있는 증명서를 학교 측에 제시하여야 한다.

6) 기타

위에 언급한 내용이 학생이 학교에 응시를 하는데 있어서 필요한 서류들이다. 이러한 서류들이 다 갖추어 져서 학교로 발송을 하면 입학 수속에 관한 기본적인 서류의 작성은 다 하였다고 보아도 된다. 학교 측에서는 향후 그 응시 학생의 입학 심사를 입학 담당자들이 결정하여 그 가부를 통보해 준다. 간혹 응시 학생이나 그 학부모들은 입학 결정에 좀 더 유리하게 하기 위해서 평소에 받았던 상장이나 표창장 등 학생의 장점을 나타낼 수 있는 여러 가지 증명서를 학교에 제출하는 경우도 있다. 물론 이러한 증명서들은 입학을 위해 절대적으로 요구되어지는 구비서류는 아니지만 입학을 절실히 원하는 부모님이나 학생의 바람이므로 구태여 이들 서류를 보내지 않을 필요는 없을 것이다. 이왕이면 다른 응시학생보다는 적극적인 입학의지를 학교에 표현함으로서 긍정적인 결과를 도출해 내는 것도 좋은 방법이기 때문이다.

▌원서 제출

모든 학교에 입학하기 위한 구비 서류를 다 갖추었으면 이제 해당 학교에 그 서류를 제출하여야 한다. 미국의 사립학교는 아무 때나 학생들의 원서를 접수받는 것은 아니다. 물로 학교의 입학 난이도에 따라 학생들의 입학원서 검토가 서로 상이하나 이를 대략적으로 구분하면 다음의 3가지 형태이다.

A) 입학의 난이도가 상당히 어려운 학교

소위 말하는 미국의 최고 명문 사립학교들은 학생과 학부모가 입학을 희망할 경우 사전에 예비원서(Preliminary Application Form)를 작성하여 제출하도록 요구하고 있다. 이는 학교에서 미리 학생들의 입학 자격 요건을 검토함으로서 행정적, 경제적 손실을 최소화하자는 데 그 이유가 있다.

아시는 바와 같이 학교 입학에 필요한 안내서와 원서를 보내 달라고 편지로 요청하면 대부분의 학교가 입학원서, 학교홍보를 위한 책자 그리고 심지어는 비디오테이프 내지는 CD 등을 보내주며 이에 필요한 소요 경비는 상당한 금액에 이른다. 그리고 명문 사립학교일수록 안내 책자를 요청하는 문의가 상대적으로 많은 것은 사실이고 이러한 요구를 다 수용한다는 것은 학교로서는 엄청난 행정적, 재정적 손실을 초래하는 것은 당연하다. 이에 학교에서는 예비원서를 제작하여 응시자들에게 미리 보냄으로서 그 학생의 입학 자질을 사전에 검토하는 것이다. 보통 이러한 명문 사립학교는 예비원서를 응시하고자 하는 입학 년도의 한 해 전 12월 15일 또는 12월 31일까지 받는 것이 보통이다. 물론 모든 명문학교가 다 예비원서를 사전에 작성하도록 요구되어지는 것은 아니기 때문에 이 점에 혼동이 없기 바란다.

B) 입학의 난이도가 어려운 학교

미국의 거의 모든 사립학교들은 학생들의 입학서류를 입학하는 당 해년 2월 1일까지 접수하고 그 입학 결정은 3월 10일 또는 그 무렵에 발표한다. 이러한 모든 일률적인 입학 심사는 거의 모든 사립학교가 공통적으로 가지고 있으며 이에 부모들이나 응시 학생들은 주어진 날짜에 정확한 입학가부를 알 수 있는 장점이 있다. 아시는 바와 같이 미국의 학교들은 통상 복수 지원이 가능하기 때문에 학생들은 가급적 여러 학교를 응시하기를 희망한다. 대체적으로 응시 학교 숫자는 학생에 다라 다르나 대략 3~5개 정도를 응시하는 것이 보통이다. 경우에 따라서 특정 지역에 분포되어져 있는 학교에만 입학을 희망하고자 하는 경우 보통 10여 학교 또는 그 이상의 원서를 작성하는 경우도 다반사이기 때문에 이 글을 읽는 학생이나 학부형께서는 이러한 점을 참조하기 바란다.

C) 입학의 난이도가 상대적으로 쉬운 경우

미국의 일부 사립학교들은 학생들을 입학시킬 수 있는 여유가 있는 한 연중 어느 때라도 학생의 입학을 받아들인다. 흔히 수시 입학(Rolling Admission)으로 이해가 되어지는 이들 학교는 입학서류 접수에 특정한 시일을 정하지 않고 학생들의 입학신청을 받아들인 뒤 그 학생이 입학에 적격한 자격만 주어지면 입학 여유가 있는 한 어느 때라도 학생을 받아들인다. 대체로 이해하는 바와 같이 국내에 있는 상당수의 학생들이 미국으로의 유학을 희망할 경우 어학 문제로 인해 입학에 많은 애로점을 느끼는 것은 사실이다. 미국의 사립학교들은 외국 학생이 입학 신청을 했을 경우 그 학생의 영어 실력으로 수학 능력을 가늠할 수 있는 TOEFL, SSAT, ISEE, SLEP 등의 시험 결과를 보기를 원하고 때로는 학생들과 직접 면접 또는 전화 면접을 하여 그 학생에 관한 전반적인 이해도를 측정하기를 원하는데 이러한 시험이나 면접에서 응시 학생들이 학교 측에 흡족할 만한 결과를 나타내 준다는 것이 사실 여러 가지 면에서 애로점이 있다. 따라서 학생들도 먼저 이러한 입학 요구 조건이 까다로운 학교를 피해 입학이 다소 쉬운 학교를 먼저 택해 입학을 해서 학생들이 충분한 영어 실력을 쌓은 뒤 미국 내에서 1~2년 후에 좀 더 상급의 학교로 편입을 하는 경우가 많이 있다.

실제로 미국의 명문 학교는 외국 학생들을 선발할 때 특별한 경우의 응시학생을 제외하곤 한국 등 자국에서 직접 신청을 하는 학생들보다도 미국 내 여타 학교에서 1~2년 간 수학을 한 뒤 전학을 신청하는 학생을 입학 선발에서 그 우선순위로 두는 경우가 많다.

결론적으로 이러한 경우 미국 내에서의 학생의 유동은 여타 명문학교보다는 입학 난이도가 상대적으로 쉬운 이러한 학교에서 많은 편이며 이에 따라 상대적으로 학교 측에서는 입학에 여유가 있는 한 학생들의 신청을 수시로 받아들이는 것이다.

▎ 면접

　학생들의 입학원서가 필요한 구비서류와 함께 학교로 전부 발송이 되어지면 학교 입학 담당자들은 응시 학생의 제반 구비서류를 다 검토한 뒤 부족한 부분이 있거나 보완이 필요한 서류가 있을 경우 즉시 응시학생에게 연락을 취하여 부족한 서류를 보내라고 요청을 한다. 아울러 이러한 모든 서류가 전부 갖추어지면 입학 결정의 한 부분으로 학교 측에서는 학생과의 면접을 희망하게 되는데 이 면접의 경우는 통상 직접 면접 그리고 지리적 여건으로 이러한 면접이 불가능할 경우 전화 면접 및 대리 면접으로 대치하게 된다.

▎ 면접의 종류

1) 직접 면접

　응시 학생의 외모, 태도, 언행 등 직접적인 면을 정확히 측정할 수 있는 요인이 바로 학생과의 직접적인 개별 면접이다. 이 면접의 주된 목적은 학생에게 학교에 관한 정확한 정보를 입수하게 해 주며 아울러 학생의 입학자질을 측정함으로서 학교에서 원하는 가장 적합한 학생을 선발하고자 하는데 그 주된 목적이 있다.

　통상적으로 학생이 학교에 도착하면 입학 책임자는 학교의 각종 시설물을 둘러볼 수 있도록 조치를 취해준다. 경우에 따라서 학교 입학 담당자들이 이러한 일들을 하나 통상은 그 학교에 재학하고 있는 상급 학생들 중에서 한 명을 선정하여 학교시설이나 부속 건물들을 둘러보게 함으로서 학생에게 학교에 관한 정확한 정보를 알게 해준다.

　이러한 학교 투어가 끝나면 학생은 입학 책임자나 그 관계자, 교장 혹은 영어프로그램 책임자 등과 개별 면접을 함으로서 학교에 지원하게 된 동기, 지금까지의 성장 배경, 학업성취능력, 교외 활동 그리고 입학 후 본인의 의지 등 전반적인 내용에 관해 솔직하게 담당자와 인터뷰를 한다.

　이러한 학생과의 면접이 끝난 뒤 이후 학부형이 동반되었을 경우 담당자들은 역시 학부형과 개별적인 면접을 가짐으로서 학교에 대한 전반적인 안내와 향후의 학교 발전계획 등을 설명하고 아울러 학부형들이 궁금해 하는 상황들을 설명해 준다. 면접시간은 대개 30분 내외이며 이 시간 동안 학생과 학부형들은 담당자에게 입학하고자 하는 강한 의지를 표현함으로서 담당자에게 긍정적인 평가를 받도록 노력을 해야 한다.

　그러나 이러한 직접 면접은 아시는 바와 마찬가지로 응시 학생이 여러 학교를 복수 지원하였을 경우 학교가 위치하고 있는 지리적 여건으로 인하여 인터뷰를 위한 노력에 많은 재정적, 시간적인 부담을 초래하는 면이 없지는 않으며 이에 많은 학부모께서는 상당히 신경이 쓰이는 부분으로 여겨지는 부분이다.

2) 간접 면접

① 대리면접

　대리 면접은 지리적, 시간적인 어려움으로 인하여 학생이 직접 응시 학교를 방문하지 못할 경우 행해지는 면접이다. 학교에서는 면접 주최자로 이미 그 학교를 졸업하여 사회에 진출해 있는 사람이나 혹은 그 학교를 현재 다니고 있거나 졸업한 학생의 학부모 중 그 학교를 대표하여 응시생을 지리적으로 쉽게 접할 수 있는 대상자를 선정해 면접을 볼 수 있도록 부탁한다.

　이러한 경우 면접 주최자는 학교 측을 대신하여 학생 또는 학부모와 면접 장소와 시간 등을 서로 정하여 대화를 나누면서 학생에 관한 전반적 사항을 작성하여 학교에 제출한다. 결론적으로 학교의 위임을 받아 면접을 대행받은 사람은 학생에 관한 정확한 정보를 학교에 알릴 의무가 있고 반면에 학생은 학교의 위임을 받은 면접 담당자와 진실 되고 적극적인 면접 태도를 보임으로서 본인의 입학의지를 표현해 주어야 하겠다.

② 전화 인터뷰

미국의 일부 사립학교들이 직접 면접이 불가능한 학생들을 위해 대리 면접을 진행하는 것과는 달리 몇몇 사립학교들은 비록 간접적이나마 그 응시학생과 통신 수단을 이용해 학생의 입학 자질을 직접 결정하려고 하는 경우가 있는데 가장 대표적인 방법이 바로 전화 인터뷰이다.

전화 인터뷰는 구체적인 날짜와 시간을 정해서 학교 측과 학생이 전화상으로 서로 대화를 나눔으로서 학생의 입학을 결정짓는데 많은 도움을 얻기 위함이다. 통상적인 전화 인터뷰의 방법은 우선 학생이 해당 학교에 응시원서를 보내고 학교 입학 담당자는 응시 학생의 입학서류를 검토한 뒤 학생에게 전화 인터뷰를 희망하는 편지나 이메일을 보낸다. 물론 그 내용에는 학교 측에서 제안한 인터뷰 가능 날짜 및 시간 그리고 면접 담당자의 성함 및 직책 등을 언급해서 보낸다. 이에 학생은 본인이 인터뷰 가능한 날짜 및 시간 등을 정확히 정해서 즉시 학교에 연락을 취한 뒤, 그 정해진 날짜 및 시간에 학교와 연락을 해서 면접에 응한다. 때로는 학교 측에서 학생의 집으로 전화를 하는 경우도 있으나 대부분은 학생이 주어진 시간에 전화를 하는 것이 통례이다.

면접 진행은 통상적으로 입학 책임자나 교장 또는 영어 프로그램 책임자(Director of ESL Program)가 주로 담당을 한다. 그 주된 이유는 전화상의 대화를 통해서 응시 학생의 영어 능력을 판단함으로서 전반적인 학생의 영어 실력 측정, 입학 후 학생의 수업 방향 및 그 보완책 등을 결정하기 위함이다. 미국과 한국과의 시차로 인하여 대체적으로 한국시간으로 한밤중에 통화를 하는 경우가 대부분이며 유선을 통한 면접이기 때문에, 주위의 가족들은 학생이 면접에 최선을 다하기 위해 신경을 써주는 것이 좋다.

통상의 면접시간은 보통 10~20분 정도이지만 필요한 경우 그 이상의 통화를 요구하는 경우도 있다. 참고로 한국에서 미국으로 전화를 할 경우 국제전화 접속번호인 001이나 002를 누른 후 미국의 국가 코드번호인 1을 누르고 다음에 3자리의 지역 번호 그리고 전화번호를 누른다.

▌입학 결정

이제 학교에서는 응시생의 서류를 다 접수하고 영어 실력을 증명하는 시험 결과 그리고 면접까지의 제반 입학 절차가 다 마무리되면 최종적으로 학생의 입학결정을 심의한다. 물론 상당수의 지원자 중 제한된 숫자의 학생만을 선별해야 하는 문제점이 있기 때문에 학교 측에서는 학생의 입학을 결정짓는 문제에 있어서 상당히 엄격하고 신중한 판단에 의해 결정을 내린다.

이렇게 해서 선발된 학생들은 우선 학교 측으로부터 입학 통보를 부여받게 된다. 물론 입학 통보가 곧장 학생들에게 입학허가서(Ⅰ-20 Form)로 연결 지어 지는 것은 아니다. 위에 언급했듯이 상당수의 학생들은 한 번에 여러 개의 학교에 응시를 하기 때문에 가급적 그 응시학교의 입학 가부에 관한 결정을 최종적으로 통보 받고 난 뒤 그중 한 학교를 선택하려고 한다. 아울러 학교 측에서도 학생의 입학 허가를 개개인에게 통보함과 동시에 그 학생의 입학 의사 여부를 정확히 알고 싶어한다. 왜냐하면 그 학생이 입학을 원하지 않을 경우 차선으로 대기자 명단(Waiting List)에 올라 있는 학생 중 최우선 순위에 있는 응시생에게 입학 자격을 주어야 하기 때문이다.

학생에게 입학을 통보할 경우 학교 측에서는 부모에게 학생의 등록 의사 여부를 정해진 날짜 즉, 4월 10일까지 결정지어 달라는 내용의 편지와 아울러 등록에 필요한 등록 동의서(Enrollment Agreement)를 보내준다. 이러한 등록 동의서 상에는 학교 등록에 관한 제반절차, 학비내역, 그 납부방법 및 환불 등 입학 그리고 학비에 관한 규정을 언급해 놓고 있다. 학부형과 학교사이에서 주어지는 입학의 계약 단위는 통상 1년이며 매년 학부모와 학교는 등록계약서를 작성해야만 한다. 아울러 학교 측에서는 입학을 희망하는 학생의 등록계약서를 부모가 사인하고 학교 측에 다시 보내주기를 원하며 이 경우 통상적으로 학비 예치금을 같이 보내기를 희망한다.

학비 예치금은 각 학교마다 천차만별이나 대개 U$1,000~U$5,000 정도를 요구하며 심지어 몇몇 학교는 연 학비 및 기숙사비 전액을 보내기를 희망하는 학교도 있다. 여기서 부모님들이 가장 궁금하게 여기는 사항이 바로 예치금의 반환(Refund) 문제이다.

미국의 사립학교들은 부모가 등록계약서에 사인을 하고 학비 예치금과 함께 학교로 발송되어지고 난 뒤 특별한 사유 없이 그 등록을 취소하고자 할 경우 일반적으로 그 예치금의 반환을 거절한다. 그러나 학생이 어느 학교에 입학이 되어져서 등록계약서와 함께 학비 예치금을 발송하고 난 뒤 학교 측에서 입학 허가서를 받아서 미국 비자를 신청했을 경우 그 비자가 불행히도 거절되었을시에는 부모는 그 거절 내용과 미국 대사관 측에서 받은 비자 거절 편지 등을 학교에 제출함으로서 그 학비 예치금을 돌려받는 경우도 있다. 경우에 따라서는 어떤 학교는 학부모가 낸 예치금을 어떠한 경우라도 돌려줄 수 없다는 내용을 등록계약서에 언급을 하는 경우가 있다. 이러한 경우 학부모가 그 예치금을 돌려받는 경우는 사실상 불가능하다. 따라서 부모님은 등록계약서에 사인을 하기 전 충분히 그 계약 내용을 숙지한 뒤 학교에 발송해야 한다.

다음으로 부모님이 중요하게 여겨야 할 부분이 바로 입학과 관련되어서 작성하여야 할 제반 서류(Admission Document)들이다. 이 서류의 내용에는 학생이 입학해서 지켜야 할 규정 및 그 서약, 부모의 동의 사항 및 허가 사항, 도착 안내, 학교 일정 등 전반적인 사항과 아울러 신체검사서(Health Form) 및 예방 접종 기록표(Immunization Form)가 포함된다. 이들 서류는 반드시 학생이 학교에 입학하기 전 부모님의 사인 및 의사에 의한 각종 건강 기록의 작성과 함께 학교로 발송되어야 한다. 이들 서류는 학생이 학교생활을 해 나가는데 있어서 상당히 중요한 서류 중의 하나이므로 학생 및 학부모는 각종 서류를 하나하나 점검해서 서류 작성의 누락, 오기 등 미비한 점이 없도록 하여야 한다.

▌ 학비 송금

학생을 유학 보내는 데 있어서 가장 중요한 관심의 대상 중의 한 부분은 과연 그 학교는 학비가 얼마 정도이고 숙식비는 또 어느 정도인가 하는 점일 것이다. 학비 및 생활비는 학교및 지역에 따라 많은 차이가 있지만 대략적으로 기숙생활을 하는 학교의 경우 학비 및 기숙사비를 합쳐서 년 U$15,000~U$50,000 정도가 소요된다. 기숙사가 없는 경우 학비는 학교에 따라 많은 차이가 있지만 평균 연 U$8,000~U$30,000 정도가 소요된다.

물론 상황에 따라서 외국 학생의 경우에는 학비 이외에 별도의 영어 교육비로 연 U$1,000~U$7,000을 별도로 추가하는 경우가 많다. 이는 미국의 학생과는 달리 외국 학생의 경우에는 정규수업 이외에 별도로 영어(ESL)교육을 제공해 주어야 하기 때문에 학교 측에서 추가로 학생들에게 청구한다. 이러한 영어 프로그램 경비는 학생이 일정한 영어 수준이 되면 따로 교육을 받을 필요가 없기 때문에 교육비에서 제외된다. 학비의 지불 방법은 여러 가지가 있지만 대략 일시불과 분할의 2가지이다.

일시불은 말 그대로 학비 및 기숙사비를 한꺼번에 지불하는 방법이고 분할은 대체로 학비 및 기숙사비를 반반 혹은 60% 내지 40%로 나누어 2번에 걸쳐 지불하는 방법이다. 물론 경우에 따라 몇몇 학교들은 학비 지불을 3번 내지 4번 심지어는 여러 번에 걸쳐서 지불하도록 하는 방식을 취하고 있지만 이러한 경우 학교 측에서는 그 학비 및 기숙사비에 이자를 붙여서 계산한다.

학생이 학비 및 기숙사비 이외에 학교에 지불하는 경비는 여러 가지가 있지만 대체적으로 세탁비(Laundry Service), 스키(Ski), 승마(Horse Riding), 악기(Instrument) 등 학교에서 학생들을 위해 제공하는 부대적인 경비 이외에 운동실습비, 실험비, 교통비 등이 있다. 이러한 내용은 통상적으로 학교측에서 매달 학부모에게 발송하는 학생의 월 내역서(Monthly Statement)에 첨부되어지며 부모님들은 그러한 경비를 수표나 학교 은행 구좌로 적당한 시기에 맞춰 발송해 주면 된다. 중요한 사항은 학부모가 학교 측에 경비를 송금할 경우 반드시 학교에 그러한 내용을 학교 재정 담당자에게 알려 주는 것이 좋다.

왜냐하면 상당수의 학부모들은 학교에 여러 가지 명목으로 자녀를 위하여 돈을 송금하며 이에 학교 측에서는 그러한 경비를 담당하는 재정 담당자가 그 돈의 출처를 정확히 알지 못하면 그 행방을 추적하기란 그다지 쉽지 만은 않기 때문이다.

따라서 학교에 돈을 송금할 경우 반드시 학생이나 학부모의 이름으로 돈을 송금하는 것이 좋고 송금한 뒤 재정 담당자에게 팩스(Fax)나 이 메일(E-mail) 상으로 은행 영수증을 간단한 사유서와 함께 전송해 주는 것이 좋다.

조기유학 따라잡기

학교 소개

 **ADMIRAL FARRAGUT ACADEMY**

Contact	: CDR David Graham, Director of Admissions	Add	: 501 Park Street North, St. Petersburg, FL 33710
Tel	: (727) 384-5500	Fax	: (727) 347-5160
Email	: dgraham@farragut.org	URL	: www.farragut.org

개요

이 학교는 플로리다(Florida)주의 서쪽에 위치하고 있는 세인트 피터스버그(St. Petersburg)시에 자리잡고 있다. 원래 1933년 해군 제독이었던 로빈슨(Admiral S. S. Robinson)에 의해 뉴저지(New Jersey)의 파인 비치(Pine Beach)에 남학생만을 위한 교육의 전당으로 세워졌으나, 1945년 더 이상 학생을 받아들일 수 있는 공간이 부족하자 플로리다(Florida)의 현재 캠퍼스에 새로운 학교를 설립하였다. 1990년에는 이 두개의 학교에서 처음으로 여학생의 입학을 허용하였고 이 후 1994년에는 뉴저지의 캠퍼스를 정리하고 플로리다의 캠퍼스만 운영하게 되었다. 미 해군과 의회에 의해 인정된 해군공학을 개발한 최초의 중등학교이기도 한 이 학교는 정규 학과수업 이외에도 각종 과외 프로그램의 중요성을 강조한다. 에이컨 및 카펫이 깔려있는 기숙사의 모든 방에는 개인 화장실이 완비되어 있으며 플로리다의 분위기에 어울리게 해양 생물학과 해양학 프로그램도 있다. 유치원부터 12학년의 학생이 수업하며 기숙 가능한 학년은 6학년부터이다. 개인적으로 이 학교를 방문하면서 느낀 소감은 학교가 아주 정갈하고 단아하다는 느낌이었고 특히나 탬파(Tampa)에서 세인트 피터스버그(St. Petersburg)를 연결하는 긴 다리가 아주 인상적이다. 연중 따사로운 햇살이 비치는 35에이커의 캠퍼스에는 20개의 빌딩이 있으며, 복합 미디어센터, 400석 규모의 전용극장, 13,000여권의 장서를 소유한 도서관, 3,500평방피트의 레슬링장, 컴퓨터실, 과학관 등이 들어서 있으며 뛰어난 스쿠버 및 비행 프로그램도 있다. 총 63명의 교사 중 16명이 석사 학위 이상의 학력 소지자이고 20명은 교내 기숙사에 거주한다.

학생 수

총 393명의 학생 중 138명이 기숙학생이다. 학급 당 학생 수는 16명이며 교사와 학생의 비율은 1대 15이다. 전체 학생의 약 22%가 외국인 학생이며 이는 브라질, 독일, 멕시코, 사우디아라비아, 스위스, 캐나다, 러시아, 벨기에, 버뮤다 출신의 학생들이다.

대학진학

정기적으로 시험을 치르기 시작하는 8학년 2학기부터 학생들은 대학진학에 대한 상담을 시작하고 자신의 성적을 면밀히 검토하는 등 대학 진학을 준비한다. 본교는 SAT, ACT, PSAT, CAT(California Achievement Test) 등의 테스트를 실시한다. 이와 같은 테스트에서 본교 학생들의 성적은 항상 전국 평균 수준을 웃돈다. 2006년 졸업생의 평균 SAT 언어 영역 점수는 535점, 수학 영역은 550점이고 쓰기 영역은 530점이며, 종합 점수는 1615점이다. SAT에서 600점이 넘는 학생은 언어영역이 22%, 수학영역이 10%, 쓰기영역이 20%이다. 졸업생 전원이 대학에 진학하였으며 그 학교들은 다음과 같다.

Syracuse University, Florida State University, US Naval Academy, University of Florida, University of Southern Florida

ANDREWS OSBORNBE ACADEMY

Contact : Mrs. Donna Miller, Director of Residential Life	Add : 38588 Mentor Avenue, Willoughby, OH 44094
Tel : (440) 942-3600	Fax : (440) 954-5020
Email : admissions@andrews-school.org	URL : www.andrews-school.org

▌개요

미 중부 오하이오(Ohio)주의 대표적인 도시인 클리블랜드(Cleveland)시내에서 북동쪽으로 약 30여분 떨어진 전형적인 주거지역이며 자그마한 도시인 윌로비(Willoughby)에 위치하고 있는 이 남녀공학의 학교는 원래 여자 기숙학교인 앤드류스 스쿨(Andrews School)로 1910년도에 설립이 되었으며 최근 2007년에는 인근에 자리잡고 있는 필립스 오스본 스쿨 (Phillips Osborne School)과의 합병으로 학교의 이름을 앤드류스 오스본 아카데미로 개명하였다. 유아원부터 12학년의 남녀학생이 다니는 전형적인 대학진학 학교로 탈바꿈한 이 학교의 기숙 가능학년은 7학년부터이다. 타인의 도움을 받지 않고 독립적인 한 성인으로 성장하기 위한 교육의 제공이라는 이 학교의 근본 취지는 학생들이 서로를 보살펴주면서 소수규모의 수업 방식, 다양한 클럽, 팀 그리고 과외활동 등을 통해 학생들이 학문을 익히면서 성장할 수 있는 쾌적한 환경을 제공한다. 중급 및 상급의 2단계로 나뉘어진 외국 학생들을 위한 영어(ESL) 프로그램과 학업보충(Academic Support) 과정은 다소 어학이 부족한 외국학생들에게 아주 이상적이다. 새그린 강(Chagrin River)이 바라다 보이는 300에이커의 아름다운 캠퍼스에는 교실, 실험실, 도서관, 기숙사, 체육관, 컴퓨터실 등을 포함한 총 12개동의 건물이 들어서 있으며 학생들을 위한 대표적인 프로그램으로는 째즈, 댄스, 성악, 악기, 미술 등의 예술 및 승마(Equestrian)를 들 수 있다. 총 33명의 교사 중 18명이 석사학위 이상의 학력을 소지하고 있으며 8명은 기숙사에 거주한다.

▌학생 수

총 150명의 학생 중 64명이 기숙학생이다. 학급 당 학생 수는 10명이며 교사와 학생의 비율은 1대 5이다. 전체 학생의 약 15%가 외국인 학생이며 이는 한국, 중국, 대만 등에서 온 학생들이다.

▌대학진학

정기적으로 시험을 치르기 시작하는 8학년 2학기부터 학생들은 대학진학에 대한 상담을 시작하고 자신의 성적을 면밀히 검토하는 등 대학 진학을 준비한다. 본교는 SAT, ACT, PSAT, CAT(California Achievement Test) 등의 테스트를 실시한다. 이와 같은 테스트에서 본교 학생들의 성적은 항상 전국 평균 수준을 웃돈다. 2006년 졸업생의 평균 SAT 언어 영역 점수는 535점, 수학 영역은 550점이고 쓰기 영역은 530점이며, 종합 점수는 1615점이다. SAT에서 600점이 넘는 학생은 언어영역이 22%, 수학영역이 10%, 쓰기영역이 20%이다. 2006년 20명 졸업생 전원이 대학에 진학하였으며 그 학교들은 다음과 같다.

Bowling Green State University, Carnegie Mellon University, Cornell University, Miami University, Savannah College of Art and Design, Smith College, Sweet Briar College, UC-Berkeley

ANNIE WRIGHT SCHOOL

Contact : Ms. Jake Guadnola, Director of Admission.
Tel   : (253) 284-5422
Email   : admission@aw.org

Add   : 827 North Tacoma Avenue, Tacoma, WA 98403
Fax   : (253) 572-3616
URL   : www.aw.org

▎개요

북서 태평양 지역에서 가장 오래된 기숙학교로 1884년 성공회의 찰스 라이트(Charles Wright) 신부와 워싱턴 (Washington) 지역 최초의 신부인 존 패덕(John A. Paddock)에   의해 학업적, 정신적 그리고 육체적 성장의 개발을 통한 수준 높은 교육을 여학생들에게 제공하려는 취지로 설립되었다. 재학하고 있는 젊은 여학생들에게 자신감, 재능, 능력을 제고시켜 향후 미래 사회에 있어서 없어서는 안될 우수한 인재를 배양하는데 교육의 목표를 두고 학생 개개인의 능력 배양에 많은 노력을 경주한다. 이 학교는 또한 학생들이 자기 자신을 깨닫고 자신이 속해있는 지역사회의 여러 사람들과의 긴밀한 유대관계와 그 고마움을 느낄 줄 아는 온건한 인격 형성의 정립에도 그 주안점을 둔다. 워싱턴(Washington)주 시애틀(Seattle)에서 남쪽으로 약 50킬로 떨어진 인구 200,000의 타코마 (Tacoma)시 북쪽 지역에 10에이커의 캠퍼스를 가진 이 학교는 유치원부터 12학년까지의 학생들이 수학을 하는데 기숙의 경우에는 9~12학년의 여학생만이 가능하다. 대도시가 인근에 위치하고 있기 때문에 학생들은 연극, 영화, 콘서트, 페스티발 등을 관람하는 기회를 가지며 기타, 박물관 견학, 쇼핑, 피크닉, 스포츠 게임 등 여유로운 문화생활을 만끽할 수 있는 시간도 갖는다. 총 교사 수는 65명이고 그 중 15명의 교사가 석사학위 이상의 학력을 소지하고 있다. 8명의 교사는 교내 캠퍼스에 거주한다.

▎학생 수

총 464명의 학생 중 상급 학년의 학생 수는 125명이고 이 중 약 60명의 학생이 기숙사에 거주한다. 학급 당 학생 수는 11명이고 교사와 학생의 비율은 1:7이다. 외국 학생은 전체의 약 31%인데 이는 중국, 일본, 한국, 러시아, 대만, 인도, 태국 등에서 온 학생들이다.

▎대학진학

대학진학 상담은 학생들이 Junior(고교 2년 과정에 해당) 2학기가 되면 시작을 하는데, 대학진학과 직업선택 등 향후 진로에 대한 전반적인 계획을 세우는 과정이 졸업 때까지 꾸준하게 이어진다. 모든 Junior 단계의 학생들은 PSAT와 SATⅠ 등의 대학진학 시험을 치르게 되며, Senior(고교 3년 과정에 해당)단계가 되면 학교를 방문하는 전국 각 대학의 입학담당자들을 만나고 자기가 가고자 하는 대학을 직접 방문하는 등 적극적으로 진학하고자 하는 대학을 탐색한다. 2006 졸업생 전원이 대학에 진학하였다. 2006년 졸업생들의 SAT 평균 점수는 언어 영역은 600점, 수학 영역은 620점, 쓰기영역은 510이고 종합 점수는 1830점이다. 2006년 졸업생들이 진학한 대표적인 학교는 다음과 같다

Emory University, Cornell University, George Washington University, University of Washington

THE ASHEVILLE SCHOOL

Contact	: Mr. Andrew Hirt, Director of Admission	Add	: 360 Asheville School Road, Asheville, NC 28806
Tel	: (828)254-6345	Fax	: (828)210-6109
Email	: admission@ashevilleschool.org	URL	: www.ashevilleschool.org

▮ 개요

노스캐롤라이나(North Carolina)주의 샤롯(Charlotte)와 넉스빌(Knoxville)의 중간에 위치하고 있는 역사적인 도시인 애쉬빌(Asheville)에 자리잡고 있는 이 학교는 1900년에 뉴튼 앤더슨(Neweton M. Anderson)과 찰스 밋첼(Charles A. Mitchell)에 의해 미국 전역뿐 만 아니라 전 세계의 젊은 학생들을 위한 교육의 장으로 그 문을 열었다. 9~12학년 그리고 PG 과정을 제공하는 대학준비를 위한 전통의 기숙 및 통학 학교인 이 학교는 우수한 학업 성취, 지적 호기심의 배양, 심도있는 학문 그리고 이 학교가 내세우는 가장 중요한 인성 교육의 배양을 학생들에게 제공한다. 산림으로 뒤덮인 300에이커의 웅장한 캠퍼스에 학생들을 위한 19개 동의 건물이 들어서 있는데 특히 4개의 과학실험실, 3개의 컴퓨터실, 380석의 규모를 갖춘 예술관, 미술관 그리고 16,000여 권의 장서를 소유한 도서관과 우수한 체육시설 등이 돋보인다. 학교의 모든 교실과 기숙사는 인터넷으로 연결되어 있고 학생들은 학교의 컴퓨터나 개인 컴퓨터를 통하여 학업에 필요한 전반적인 자료를 제공받는다. 특히, 이 학교만이 가지고 있는 마운트니어링(Mountaineering) 프로그램은 수업 이외에 학생들에게 제공되어지는 연중의 각종 과외활동을 일컬으며 학생들은 방과 후 이 프로그램을 통하여 개개인의 심신을 단련하는 기회를 갖는다. 개인적으로 여러 번 방문한 이 학교의 전반적인 인상은 아주 좋은 편이고 최근에는 학업적으로 우수한 학생들이 많이 지원을 하는 추세이기에 원서 작성 및 그 준비에 심혈을 기울여야 할 것 같다. 전체 33명의 교사 중 24명의 교사가 석사 학위 소지자이며 25명은 교내 캠퍼스 내에서 학생들과 함께 거주한다.

▮ 학생 수

전체 237명의 학생 중 177명의 학생이 기숙사에서 거주한다. 학급 당 학생 수는 11명이고, 교사와 학생의 비율은 1:10이다. 전 세계 11개국에서 14%의 외국 학생들이 미국 학생들과 같이 생활하며 수업을 하고 있다.

▮ 대학진학

이 학교는 대학진학을 위한 한 명의 전문담당 교사와 보조교사를 두고 있으며, 학생 개개인들은 각자의 면담을 통하여 대학진로에 관한 조언을 듣는다. 고등학교 2학년 여름방학 동안에는 본인이 희망하는 대학을 방문하기를 권장하며, 미국 전역의 여러 대학 담당자들은 매년 학교를 방문하여 그 대학에 관심이 있어 하는 학생들에게 학교에 대한 설명을 해준다. 2002년부터 2006년의 기간 동안 이 학교를 졸업한 학생들 중 평균 50%는 SAT 언어영역에서 600점 이상을 취득했으며 50%는 수학영역에서 600점 이상을 취득했을 정도로 우수하다. 많은 학생들이 미국의 명문대학으로 진학을 하는데 대표적인 대학들은 다음과 같다.

Auburn, Birmingham, Columbia, Cornell, Dartmouth, Davidson, Duke, Indiana, Harvard, Ohio State, Vassar, North Carolina at Chapel Hill, Virginia

ATHENIAN SCHOOL

Contact : Mr. Christopher W. Beeson, Director of Admissions		Add	: 2100 Mt. Diablo Scenic Boulevard, Danville, CA 94506
Tel : (925) 362-7223		Fax	: (925) 362-7228
Email : admission@athenian.org		URL	: www.athenian.org

▌ 개요

이 학교는 캘리포니아(California)주의 샌프란시스코(San Francisco) 지역에서 몇 안 되는 기숙학교 중의 하나이다. 1965년 예일 법대를 졸업하고 포드재단의 부회장을 역임하기도 하였던 다이크 브라운(Dyke Brown)에 의해 샌프 란시스코 동쪽 약 60여 킬로 지역에 위치한 댄빌(Danville)에 설립되었다. 디아블로(Mt. Diablo) 주립공원으로 향하 는 길을 따라 올라가면 좌편에 약 75에이커의 캠퍼스를 가진 학교가 자리잡고 있으며 남, 여 학생들을 위한 기숙 사, 과학관, 실험실, 도서관 등을 포함한 24개 동의 건물이 들어서 있다. 학생 개개인에 대한 이 학교의 교육목적 은 지적 성장, 인간의 가치와 개성의 증진, 미적 감성, 체력 향상 그리고 성인으로서 나아가야 할 시민의식과 리더십 배양에 그 비중을 두고 있다. 그다지 오랜 역사를 가지고 있지는 않지만 이 학교는 짧은 기간에 서부지역 에서 월등하고 뛰어난 대학준비를 위한 교육의 장으로 그 위치를 확고히 하였다. 또한 학생의 지적 발달에만 그 교육의 의미를 두기보다는 국제간의 교환 프로그램, 지역도시와의 친밀한 유대관계, 지역사회의 봉사 그리고 이 학교만이 가지고 있는 자연진리 탐구(Wilderness Experience) -한국 학생들은 지옥훈련 이라는 애칭(?)을 붙이기 도 함- 등을 통해서 이 학교를 졸업하는 많은 학생들에게 자신감과 상호 협동정신을 길러주며 이러한 탁월한 교육의 결과로 해마다 많은 학생들이 미국 전역에 걸쳐 명문대학에 많이 진학을 한다. 서부 지역의 기숙학교를 찾고자 하는 부모님들이 선호하는 학교 중의 하나이다. 6학년부터 12학년의 학생이 재학을 하고 있는 이 학교는 기숙사의 경우 9학년부터 입실이 가능하다. 총 52명의 교사가 재직하고 있으며, 이 중 35명이 석사학위 소지자이 고 25명은 캠퍼스 내에 거주하고 있다.

▌ 학생 수

총 450여명의 학생이 재학을 하고 있으며 이 중 기숙학생은 42명이다. 학급 당 학생 수는 15명이고 교사 한 명당 학생 수는 15명이다. 세계 각 국에서 온 외국인 학생은 전체의 약 10%를 차지하고 있다.

▌ 대학진학

본교의 진학상담 교사들은 학생들이 자신에게 적합한 대학을 선택할 수 있도록 전문적으로 지도하고 있다. 진학준비는 PSAT, SAT I 시험을 준비하는 고등학교 2학년(Junior)부터 시작한다. SAT 평균 점수는 언어 영역은 640점, 수학 영역은 670점으로 상당히 좋은 편이다. 70%의 학생들이 언어 영역에서 600점을 넘었으며, 72%의 학생들은 수학영역에서 600점을 넘게 받았다. 학생들은 자신이 가고자 하는 대학을 직접 방문할 수 도 있으며, 매년 여러 대학의 입학담당자들이 본교를 방문하여 학생들을 만나기도 한다. 본교의 졸업생들이 진학해왔던 대 표적인 대학은 다음과 같다. Amherst, Boston College, Brown, Carnegie-Mellon, Columbia, Princeton, Stanford, Pomona, UCLA(and all UCs)

AVON OLD FARMS SCHOOL

Contact : Mr. Brendon A. Welker, Director of Admission	Add : 500 Old Farms Road, Avon, CT 06001
Tel : (860) 673-3244	Fax : (860) 675-6051
Email : admissions@avonoldfarms.com	URL : www.avonoldfarms.com

▎ 개요

코네티컷(Connecticut)주의 주도인 하트포드(Hartford)에서 서쪽으로 약 20여 킬로 떨어진 에이번(Avon)에 위치하고 있는 이 학교는 1927년 성직자인 씨오데이트 포프 리들(Theodate Pope Riddle)에 의해 남학생들의 대학 준비과정으로 문을 열었다. 학생 각자가 가지고 있는 개개의 잠재성을 최대한 발전시키기 위한 목적으로 설립이 된 이 학교는 학생들을 위한 철저한 학과 교육, 학생 개개인의 능력에 맞게 선정된 스포츠 프로그램, 방과 후 의 보충수업, 다양한 과외활동 프로그램 등을 학생들에게 제공한다. 이러한 학교의 헌신적인 노력의 결과로 이 학교에 재학하고 있는 남학생들은 학생 상호간에서뿐만 아니라 사제지간에서 느낄 수 있는 서로의 격려와 애정을 발견하게 되며 이를 통해서 현재 학생들에게 요구되어지는 각종 학교 활동과 향후 자신에게 처해질 상황을 체계적으로 정리해 나간다. 전체적으로 적갈색을 띄고 있는 이 학교의 건물은 다른 학교와 확연히 구분되어지는데 학교 담당자의 말로는 이 학교의 설립자가 영국에 위치하고 있는 역사적인 고풍스러운 도시인 코스월즈(Cotswords)의 건물과 분위기를 상당부분 모방하여 지었다고 한다. 특히나 최근에 지은 학생관/체육관은 이 학교의 큰 자랑이기도 하다. 단하나 흠을 잡는다면 다소 조악한 기숙사시설인데 이는 오래된 건물로 인해 발생될 수밖에 없는 상황이라 할 수 있겠다. 총 900 에이커의 면적에 39개 동의 건물을 가지고 있는 이 학교는 9~12 및 PG 과정을 두고 있으며 총 56명의 교사 중 32명이 석사학위 이상의 학력을 가지고 있으며, 49명이 학생들과 함께 거주하고 있다.

▎ 학생 수

총 396 명의 학생 중 293명은 기숙사에서 거주한다. 외국학생은 전체의 10%를 차지하는데, 이는 캐나다, 맥시코, 파나마, 필리핀, 스페인, 한국 등에서 온 학생들이다. 학급 당 학생 수는 13명이고 교사와 학생의 비율은 1:7이다.

▎ 대학진학

본교는 학생들이 대학진학을 준비할 수 있도록 11학년 2학기부터 개인 진학상담을 시작한다. 이 첫 상담이 있은 후 학년말인 6월에는 개인에게 적합하다고 생각되는 대학의 리스트와 학생이 직접 학교를 방문하도록 권장하는 추천장이 함께 학생과 부모님들에게 발송된다. 두 번째 면담은 12학년 1학기에 있다. SAT 언어영역과 수학영역은 11학년 2학기에 한번, 12학년 1학기에 한 번씩 테스트하게 된다. 2006년 SAT의 평균성적은 언어영역 560 수학영역 660이다. 언어 영역에서 600점 이상을 받은 학생은 34%이고 수학 영역은 52%이다. 2006년 졸업생 111명 모두 대학에 진학하였으며, 그들이 진학한 학교는 다음과 같다.

Boston College, Brown, Colby, Cornell, Dartmouth, Harvard, Hobart, Trinity, U.S. Naval Academy, Villanova, Williams, Yale

BAYLOR SCHOOL

Contact : Mr. Matt Radtke, Director of Boarding Admission		Add	: 171 Baylor School Road, Chattanooga, TN 37401
Tel	: (423) 267-5902	Fax	: (423) 757-2525
Email	: admission@baylorschool.org	URL	: www.baylorschool.org

▌개요

이 학교는 테네시(Tennessee)주의 채터누가(Chattanooga)에서 북서쪽으로 약 8킬로 정도 떨어진 곳에 위치하고 있는 남녀공학 학교이다. 1893년 존 로이 베일러(Dr. John Roy Baylor) 박사에 의해 31명의 학생으로 그 출발을 이룬 이 학교는 양질의 교육의 제공이라는 학교의 교훈에 걸맞게 훌륭한 학교시설, 우수한 학생, 다양한 교육 프로그램으로 미국 전역에 그 명성이 잘 알려져 있다. 12학년의 학생 뿐 아니라 상당수의 11학년 학생도 학교에서 제공하는 AP프로그램을 수강하고 있는데 통상적으로 한 학생 당 약 5과목의 AP를 이수할 정도로 우수한 실력을 가지고 있다. 이 학교 역시 학생들에게 다양한 스포츠시설을 제공하고 있는데 이는 야구, 농구, 크로스컨트리, 수영, 펜싱, 축구, 골프, 미식축구, 테니스, 배구, 역도, 육상 등이 있다. 670에이커의 광활한 대지 뒤로 아름다운 테네시 강이 유유히 흐르며 총 26개 동의 건물이 캠퍼스에 들어서 있다. 6~12학년 사이의 학생을 모집하며 9학년부터 기숙사 생활이 가능하다. 6동의 기숙사에서 생활하고 있는 학생들은 통상 한방에 2명씩 거주하고 경우에 따라서는 1인 1실도 가능하다. 각 기숙사에는 전화, 무료 세탁시설, TV 라운지 등이 제공되어 있고, 냉장고, 가스레인지, 밴딩머신 등이 갖추어져 있다. 뛰어난 시설, 우수한 교육 프로그램으로 인근지역에서도 잘 알려져 있기에 미국 학생들뿐만 아니라 한국 학생들도 많이 지원을 한다. 총 113명의 교사가 있으며 그 중 85명이 석사학위 이상의 학력을 소지하고 있다. 40명의 교사가 학교에서 생활한다.

▌학생 수

총 학생 수 1068명 중 상급 학생 수는 753명이고 이 중 206의 학생들이 기숙사에서 생활한다. 학급 당 인원은 13명이고 교사와 학생의 비율은 1대8이다. 외국학생은 전체의 17%를 차지하며 이는 바하마, 독일, 사우디아라비아, 캐나다, 한국, 대만, 자마이카, 바하마 등에서 온 학생들로 구성되어있다.

▌대학진학

본교는 9학년부터 폭넓은 진학지도를 하고 있다. 대학진학을 준비해주는 2명의 상담교사가 있는데 이들은 전국 각 대학의 입학 담당자들을 초빙하여 진학설명회 등의 행사를 열기도 하고 학생들의 학년이 올라가면서 좀더 구체적인 진학 프로그램으로 학생들의 진학준비를 돕는다. 학생들은 12학년이 되기 전 방학기간을 이용하여 여러 대학을 방문하고 실제적인 진학정보를 얻고 대학 선택을 신중하게 하려는 노력을 한다. 2006년 163명의 졸업생 모두 대학에 진학 하였으며 다음과 같은 대학에 진학하였다.

Auburn, American, Boston, Carnegie-Mellon, Duke, Emory, Denison, Georgia, GIT, Illinois Urbana-Champaign, McGill, Rice, Tennessee -Knoxville, Tufts, Vanderbilt, Washington (St. Louis)

THE BEMENT SCHOOL

Contact	: Ms. Jackie Thomas, Director of Admission	Add	: 94 Main St., Deerfield, MA 01342
Tel	: (413) 774-7061	Fax	: (413) 774-7863
Email	: admit@bement.org	URL	: www.bement.org

▌ 개요

매사추세츠(Massachusetts) 주의 보스턴에서 서쪽으로 차로 약2시간여 떨어진 곳에 있는 아름다운 역사적인 도시인 디어필드(Deerfield)에 자리잡고 있는 이 학교는 유치원생부터 9학년의 학생들이 공부를 하는 학교이며 기숙의 경우 3학년부터 가능하다. 1925년 그레이스 멘티 비멘트(Grace Menty Bement) 여사가 당시 디어필드 아카데미(Deerfield Academy)의 교장이었던 프랭크 보이든(Frank Boyden)으로부터 한 학생의 교육을 부탁했고 이에 그 승낙을 한 것이 이 학교의 효시가 되었다. 그녀의 효율적인 수업진행 방식이 널리 알려짐으로서 학교의 인원은 점차 늘어났고 1985년부터 1999년까지 이 학교를 책임 맡았던 피터 드레이크(Peter Drake)에 의해 전체 학생 수는 이전에 비해 거의 두배나 되었으며 이에 미국 전역과 국제적으로 그 명성이 잘 알려졌다. 본질에 입학한 이 학교의 교육 프로그램은 모든 인간의 구성은 서로가 동등하고 평등하다는 이해에 의해 그 출발이 이루어지고 이에 학교는 여러 나라에서 온 다양한 문화적 배경을 가진 학생들로 구성이 되어진다. 이 학교에 재학을 하고 있는 학생들의 학업자질은 우수하며 교사와 학생들은 상호존중, 친절과 정직을 근간으로 생활해 나간다. 체계적이면서도 배려를 아끼지 않는 교내 환경하에서 학생 개개인의 창의력, 학업 진행 그리고 이성적인 성장에 혼신의 힘을 쏟고 있다. 12에이커의 부지에 11개동의 건물이 자리잡고 있는 이 학교의 위치는 정확하게 디어필드 아카데미(Deerfield Academy)가 위치하고 있는 길 건너편에 있으며 여러 많은 학교들을 방문해보았지만 이렇게 두 학교가 서로 가까이 붙어있는 학교들은 없었다는 생각이 든다. 총 44명의 교사 중 10명이 석사 학위 이상의 학력 소지자이고 10명이 기숙사에서 거주를 한다.

▌ 학생 수

총 228명의 학생 중 약 25%가 기숙 생활을 한다. 학급 당 평균 학생 수는 15명이며 교사와 학생의 비율은 1대 7이다. 전체 학생의 약 9%가 외국인 학생이며 이는 일본, 한국, 자마이카, 태국, 대만 출신의 학생들이다.

▌ 상급학교 진학

본교의 진학 상담교사들은 학생 개개인에게 맞는 상급학교에 입학을 시키기 위해 많은 노력을 기울인다. 8학년 2학기에 학생들은 상급학교에 관한 예비 응시 학교들의 명단을 학교로부터 받게 되며 9학년 1 학기에 각 학생들은 학부모와 함께 교장, 교감 그리고 진학 책임자와 함께 최종 학교를 선정하게 된다. 입학에 관한 전반적인 원서 작성은 상당수 학생에 의해 이루어지나 학교 측에서는 이들 원서 작성에 직간접적으로 많은 조언을 해주고 완벽하게 작성이 되었는지를 검토한다. 이후 학생들의 학교 투어 및 인터뷰를 위해 학생, 학부형 그리고 학교 담당자는 서로 상의를 하여 최상의 결과를 도출해 낸다. 이 학교를 졸업한 학생들의 상급학교 진학은 다음과 같다.

Deerfield Academy, Groton School, Hotchkiss School, Northfield Mount Hermon School, Phillips Exeter, Suffield Academy, Westminster School

BEN LIPPEN SCHOOLS

Contact : Mrs. Susan Carpenter, Admissions Counselor		Add : 7401 Monticello Road, Columbia, SC 29203	
Tel : (803) 786-7200		Fax : (803) 744-1387	
Email : blasadmissions@benlippen.com		URL : www.benlippen.com	

▎개요

신뢰의 산(Mountain of Trust)이라는 의미를 가진 벤리펜(Ben Lippen) 스쿨은 사우스캐롤라이나(South Carolina)주의 주도인 콜롬비아(Columbia)시 인근에 위치하고 있는 컬럼비아 국제 대학교(Colombia International University) 캠퍼스 안에 자리잡고 있으며 1940년에 설립된 남녀공학의 기독교 학교이다. 침례교 및 장로교와 제휴가 되어진 이 학교의 학과과정은 유치원부터 12학년까지이며 기숙사의 경우는 9학년부터 12학년 사이의 학생들이 생활한다. 100에이커에 달하는 대학 캠퍼스 부지에 9개의 건물이 위치하고 있으며 기독교의 신앙을 바탕으로 하여 학생들에게 도덕적, 정신적 고찰에 그 기반을 두고 진리 탐구를 위한 다양한 교육프로그램을 제공하고 있다. 이 학교에는 해마다 미국 전역의 25개 주와 30여 개 나라의 학생들이 입학을 희망하고 있는데 이들 중 상당수의 학생들은 선교사, 목사 등의 자녀들이며, 일부는 교육 등 전문분야에 종사하고 있는 교육자 자녀들이다. 이 학교가 자랑하는 장점은 학교 상호간의 스포츠 교류, 개인 또는 그룹의 음악레슨, 진로 상담, 가족과 같은 분위기의 기숙사 생활 등을 재학하고 있는 학생들에게 제공하고 있다는 것이다. 학교가 시내 근교에 위치하고 있는 관계로 학생들은 도시의 문화생활을 손쉽게 접할 수 있다는 장점이 있다. 총 84명의 교사가 근무하고 있는데 28명은 석사학위 이상의 학력을 소지하고 있다. 2명의 교사가 기숙사에서 학생들과 함께 생활한다.

▎학생 수

총 학생 수 775명 중 상급학교 학생 수는 328명이고 이 중 기숙학생은 68명 정도이다. 학급 당 학생 수는 약 20명 정도의 학생으로 구성되어있으며 교사와 학생의 비율은 1대15이다. 외국인 학생의 비율은 전체 학생 중 약 5%를 차지하는데 이는 한국, 중국, 일본, 나이지리아 등에서 온 유학생들이다.

▎대학진학

여타 학교와 마찬가지로 이 학교 역시 진학 상담을 위한 전문 교사가 학생들의 진로에 직 간접적인 도움을 준다.

본교의 학생들은 거의 모두 대학에 진학하고 있으며 그 대표적 대학들은 다음과 같다.

Clemson University, Columbia International University, Furman University, Midlands Technical College, University of South Carolina, University of North Carolina, Chapel Hill

BERKSHIRE SCHOOL

Contact	: Mr. Andrew L. Bogardus, Director of Admission	Add	: 245 North Undermountain Road, Sheffield, MA 01257
Tel	: (413) 229-1003	Fax	: (413) 229-1016
Email	: admission@berkshireschool.org	URL	: www.berkshireschool.org

▮ 개요

매사추세츠(Massachusetts)주의 고즈넉한 소도시인 쉐필드(Sheffield)에 위치하고 있는 이 학교의 기원은 1907년 시버 벅(Seaver B. Buck) 부부에 의해 에버렛트산(Mt. Everett)에 있는 그레니 농장(Glenny Farm)의 건물을 임대해 설립한 것을 그 기원으로 삼는다. 초기 젊은 남학생들에게 우수한 학업의 가치와 강건한 육체 그리고 학업적 소양이 우수한 학생 개개인의 자질 향상에 그 바탕을 둔 이 학교는 1969년 여학생의 입학을 처음으로 받아들였으며 지금은 우수한 교육의 철학에 그 근본을 두고 재학 학생들에게 적합한 학업 프로그램을 제공하는 학교로 잘 알려져 있으며 전원적인 캠퍼스를 원하는 학생이나 학부형이 선호하는 학교 중의 하나가 되었다. 9학년부터 PG 과정의 남녀공용의 학생이 재학하고 있는 이 학교는 500에이커에 달하는 캠퍼스에 33개 동의 건물이 있으며 남녀학생들은 각각 2인 1실 또는 1인 1실의 기숙사에서 머물며 생활한다. 우수한 학교시설은 타 학교와 견주어 손색이 없는데 특히, 과학 실습실, 극장, Dell, 3COM 및 CISCO 등으로 완비된 컴퓨터는 기본 기능에서부터 Mathematica, Interactive, Physics, 3D Studio와 Adobe Premier등의 전문 분야까지 다룰 수 있는 기능을 가지고 있으며 약 40,000여권의 장서를 비치한 도서관, 체육관, 실내 테니스장, 체력 단련실, 아이스 링크, 피트니스, 전천후 이용이 가능한 트랙 등 학생들을 위한 다양한 시설이 완비되어 있다. 전반적으로 짜임새 있는 학교시설 및 분위기로 인하여 많은 한국 학생들이 선호하는 학교 중의 하나이다. 산을 끼고 자리 잡고 있는 교정 안으로 진입을 하게 되면 왼편으로 널찍한 운동장이 위치하고 있고 왼편 언덕에는 천문대가 세워져 있다. 좀 더 안으로 들어가게 되면 각종 학교부속 건물들이 캠퍼스를 중심으로 들어서 있으며 자그마한 시내가 흐르는 그야말로 자연을 거의 훼손하지 않은 상태에서 설립이 되어진 각종 부속 건물들은 학교의 분위기를 전반적으로 아늑하고 포근하게 만들어 준다. 총 62명의 교사 중 30명이 석사학위 이상의 학력 소지자이며 51명은 교내 캠퍼스에 거주한다.

▮ 학생 수

총 학생 수는 372명이며 그 중 상당수인 324명이 기숙사 생활을 하고 있으며 15%가 한국, 일본, 독일, 캐나다, 중국, 대만 등에서 온 유학생들로 구성되어 있다. 학급 당 학생 수는 12명 정도이고, 교사와 학생의 비율은 대략 1대 6이다.

▮ 대학진학

본교에는 학생들이 각 대학에 대한 정보를 접하고 자신에게 적합한 대학을 선택할 수 있도록 돕는 전문상담 교사가 두 분이 있다. 정기적인 진학지도는 Fifth Form 단계(고2과정에 해당)부터 시작되는데 대학진학 준비를 위한 교과과정의 선택, 대학진학에 대한 상담, 학교를 방문하는 각 대학 입학 담당자들과의 만남 등으로 이루어진다. Fifth Form 단계의 학생들은 주말에 제공되는 대학진학에 관한 입학설명회에 부모와 함께 참여하여 학교에 관한 정보를 입수하는 기회를 가진다.

해마다 100여 대학이 넘는 대학 입학 담당자들이 학교를 방문하여 학생들에게 각자의 대학을 홍보하는 기회를 갖는다. Sixth Form(고교 3년 과정에 해당)단계의 학생들은 여름방학 기간 동안 자신이 가고자 하는 대학을 방문하고, 대학을 선택하여야 한다. 2006년 117명의 졸업생들이 모두 대학에 진학 했으며, 진학한 대학을 살펴보면 다음과 같다.

Bentley College, Boston College, Boston University, Cornell University, Dartmouth College, Rhode Island School of Design, Sacred Heart University, St. Lawrence University, Syracuse University, University of Hartford

BESANT HILL SCHOOL OF HAPPY VALLEY

Contact : Mr. Randy R. Bertin, Director of Admissions	Add : 8585 Ojai-Santa Paula Road, Ojai, CA 93024-0850
Tel : (805) 646-4343	Fax : (805) 646-4371
Email : admin@besanthill.org	URL : www.besanthill.org

▌개요

오하이 밸리 학교(Ojai Valley School), 대처스쿨(The Thacher School), 빌라노바 프렙 학교(Villanova Preparatory School)와 함께 미 서부 로스앤젤레스(Los Angeles)에서 북서쪽으로 약 2시간 여 거리인 오하이(Ojai)에 위치한 이 학교는 교육자이며 친구이기도 한 몇몇 지인들에 의하여 1946년에 설립되었다. 비교적 짧은 역사를 가진 학교이기도 한 이 학교는 학생들의 지적 향상과 잠재되어진 창의력을 발전시키고 표출시키기 위한 환경을 제공한다는 취지를 내포하고 있으며 아직까지 이러한 정신은 학교의 정신적 기둥역할을 한다. 대학준비를 위한 교과과정은 주어진 과제의 완전습득, 책임감, 철저한 학업준비를 그 바탕으로 하고 있으며 특히 이 학교가 자랑하는 과정중의 하나는 예술분야로서 향후 자신의 대학 전공으로 선택하거나 혹인 인생을 살아가면서 취미로 발전시키고자 하는 학생들에게 매우 적합하다. 음악, 드라마, 사진, 스튜디오, 아트 등이 포함되어 있는 이 과정들은 각 분야에 재능이 있는 교사들이 담당하여 학생들을 지도한다. 참고로 이 학교는 2007년 7월 1일부로 이전의 학교명인 해피 밸리(Happy Valley)를 베잔트 힐(Besant Hill)로 개명하였기에 혼동이 없기를 바란다. 소규모의 학생 수를 가진 학교답게 교사와 학생들의 관계는 가족적인 분위기이며 9~12학년의 남녀 학생들은 500에이커의 캠퍼스에 11개 동의 건물을 가진 쾌적한 환경에서 생활한다. 총 20명의 교사가 재직 중이며 이 중 10명은 석사 학위 이상의 학력을 소지하고 있다. 14명은 교내 캠퍼스에서 거주한다.

▌학생 수

전체 학생 수는 95명이며 이 중 기숙학생은 76명이다. 학급당 학생 수는 8명이며 교사와 학생의 비율은 1대 5이다. 전체 학생 중 약 23%가 외국인으로서 이는 중국, 홍콩, 일본, 한국, 러시아, 대만 등에서 온 학생들이다.

▌대학진학

본교의 모든 학생들은 대학준비 과정에 필요한 제반의 과목을 이수한다. 10학년 과정부터는 예비SAT(PSAT) 테스트 프로그램을 시작한다. 11학년이 되어서는 SAT I을 준비하기 위한 이 PSAT 테스트를 다시 한번 치르고, 그 해 말 그리고 다음해 12학년 과정인 Senior 1학기에 정식적으로 SAT I을 친다. SAT II 는 이 테스트에 적합하다고 여겨지는 11, 12 학년 학생들에게 시험을 볼 수 있도록 배려를 한다. 2006년 졸업생의 SAT 언어영역의 평균점수는 580점이고 수학영역의 평균점수는 550점이다. 600점을 넘은 학생은 언어영역이 18%, 수학영역이 10% 이다. 2006년에는 20명의 졸업생중 21명이 대학에 진학하였으며, 진학한 대학으로는 다음과 같다.

Pepperdine University, Pitzer College, Shrah Lawrence College, Evergreen State College, UC-Santa Barbara, UC-Santa Cruz, University of Puget Sound

BLAIR ACADEMY

Contact	: Mrs. Barbara Haase, Dean of Admissions	Add	: 2 Park Street, Blairstown, NJ 07825-0600
Tel	: (800) 462-5247	Fax	: (908) 362-7975
Email	: admissions@blair.edu	URL	: www.blair.edu

▎개요

  뉴저지(New Jersey)주에서도 그 경관이 뛰어나기로 유명한 자그마한 소도시인 블래어스타운(Blairstown)에 위치하고 있는 이 학교는 뉴욕(New York)에서 서쪽으로 약 1시간 30여분 떨어져 있다. 1848년에 존 인스리 블레어(John Insley Blair)를 필두로 한 그 지역의 종교인과 유지들에 의해 남녀 학생들의 교육을 위한 배움터로 설립되어졌으며 이후 1915년부터는 남학생들만을 위한 학교로 탈바꿈되었으나 다시 1970년에 여학생을 받아들임으로서 현재는 뉴저지에서도 괄목할 만한 전통적인 기숙학교로 성장하였다. 특히 대학진학 및 예술을 전공하고자 하는 학생들이 많은 관심을 가지는 학교이다. 이 학교가 내세우는 장점은 한 학급당 8명에서 12명으로 구성되어지는 소수 정원제 수업과 교사와 학생들과의 긴밀한 유대관계에 있다. 436에이커에 달하는 광활한 캠퍼스에 42개의 빌딩이 들어서 있고 400여명이 넘는 재학생들의 교육을 위한 각종 학교시설들이 들어서 있는데 이는 4개의 강의동, 실험실, 과학실, 도서관, 컴퓨터실 등이 포함되며 재학 학생들은 2인1실 또는 1인1실의 기숙사에 거주하며 생활한다. 이 학교는 뉴저지 및 뉴욕에 거주하고 있는 많은 한국 교민들에게 잘 알려져 있으며 따라서 상대적으로 많은 한국 학생들이 선호하는 학교 중의 하나이다. 입학 경쟁력은 다른 학교에 비해 어려운 편이며 이에 학부모 및 학생들은 입학에 많은 노력이 필요 되어지는 학교 중의 하나이다. 학년과정은 9~12학년 및 PG 과정이 있다. 82명의 전체 교사 중 44명은 석사학위 이상의 학력 소지자이며 73명의 교사들은 캠퍼스에 거주한다.

▎학생 수

  총 학생 수가 435명이며 그 중 326명이 기숙사 생활을 하고 있으며 외국인 학생의 비율은 9%에 달하는데 이는 독일 홍콩 일본, 한국, 영국 등지에서 온 학생들이다. 학급 당 학생 수는 평균 12명이며 교사와 학생의 비율은 1대 6이다.

▎대학진학

  학생들과 학부모를 동반한 본격적인 진학지도는 Junior(고교 2년 과정에 해당) 2학기부터 시작된다. 각 학생들은 상담을 통해 자신에게 적합하다고 생각되는 4~6개의 대학을 선택한다. 상담교사들은 정기적으로 학생과 학부모를 만나 진학준비 계획을 검토하고 조언한다. 본교는 매년 70여 개의 대학 입학 담당자들을 초대하여 학생들과 직접적인 만남의 기회를 마련하고 있다. 학생들의 평균 SAT 점수는 언어영역이 610, 수학영역이 620이다. 2006년 130명의 졸업생을 배출 하였으며, 모두 대학에 진학하였다. 졸업한 학생들이 진학한 대학들은 아래와 같다. Boston University, Brown University, Cornell University, Georgetown University, Columbia University, New York University

BLUE RIDGE SCHOOL

Contact	: Mr. William A. Darrin, Director of Admissions	Add	: 273 Mayo Drive St. George, VA 22935
Tel	: (434) 985-2811	Fax	: (434) 992-0536
Email	: admission@blueridgeschool.com	URL	: www.blueridgeschool.com

▌개요

버지니아(Virginia)주의 샤롯스빌(Charlottesville)에서 북서쪽으로 약 30여 킬로 떨어진 브루릿지 산맥(Blue Ridge Mountains) 언저리에 자리잡고 있는 세인트 조지(Saint George)라는 아주 자그마한 시골마을에 위치하고 있는 이 학교는 우수한 학과 프로그램으로 우수한 대학 진학의 가능성이 있는 학생들을 위한 완성된 인격체를 길러내는 최적의 학교라는 취지를 가지고 학생들을 위한 양질의 교육 프로그램을 제공한다. 1909년에 성공회 재단에 의해 설립된 이 학교는 9~12학년의 남자 기숙학교이며, 1,000에이커의 광활한 대지에 23개 동의 건물이 들어서 있으며 인근 도시인 샤롯스빌에 버지니아 대학(University of Virginia)이 위치하고 있어 이를 통한 각종 프로그램도 학생들에게 주어진다. 소규모로 운영되어지는 수업진행, 대다수 교사의 교내 거주, 교직원들의 세심한 배려 등을 통해 학생들은 이 학교에서 누릴 수 있는 최대의 이점을 공유한다. 특히 이 학교가 내세우는 상담제도(Advising System)는 학생 개개인을 위한 전담교사가 매일 아침 약 15분의 시간을 할애하여 학교생활이나 수업에서의 개인적 어려움 등을 상담해주는 것으로서 이러한 제도를 통하여 학생들이 청소년기의 문제들을 극복하며 학교생활을 원활하게 해나갈 수 있는 계기를 마련해주고 있다. 전체 32명의 교사 중 16명은 석사학위 학력 이상의 소지자이며, 27명의 교사들이 교내 캠퍼스에서 생활하고 있다. 학교를 찾기가 쉽지 않아 개인적으로 이 학교를 방문하기 위해 여러 시간을 소비했던 씁쓸한 기억을 가지고 있기도 하다.

▌학생 수

총 학생 수는 165여 명이고 전원 기숙사 생활을 한다. 학급 당 학생 수는 평균 9명이고 교사와 학생의 비율은 1대6이다. 외국학생의 비율은 전체 학생의 13%를 차지하며 이는 독일, 인도네시아, 한국, 사우디아라비아, 대만, 터키 등에서 온 학생들이다.

▌대학진학

진학상담 교사는 학생들이 관심분야와 앞으로의 진로를 고려하여 자신에게 적합한 대학을 선택하고 그에 대한 진학 준비를 할 수 있도록 돕고 있다. 학생들이 선택한 대학에 맞는 시험일정과 지원서, 진학준비 상담 등을 관리하는 것이 상담교사의 중요한 일이다. 학생들은 11학년 단계에서 SAT I 테스트를 하고 원한다면 12학년 단계에 재시험을 치를 수가 있다. 매년 전국의 각 대학에서 입학 담당자들이 학교를 방문하여 학생들을 직접 만나고 있으며, 학생들 또한 대학 박람회를 직접 찾아가든지, 관심이 많은 대학을 직접 방문하여 입학 담당자를 만나기도 하는 등 적극적으로 대학진학을 준비하고 있다. 본교는 실제로 100%의 진학률을 보이고 있다. 2006년 졸업생들이 진학한 대학을 열거해 보면 다음과 같다.

Hampden-Sydney College, James Madison University, Lynchburg College, Roanoke College, The College of William and Mary

THE BOLLES SCHOOL

Contact : Mr. Bradford L. Reed, Dean of Admissions		Add	: 7400 San Jose Blvd. Jacksonville, FL 32217-3499
Tel : (904) 256-5032		Fax	: (904) 739-9929
Email : admissions@bolles.org		URL	: www.bolles.org

▌개요

대서양이 접해있는 플로리다(Florida)의 남쪽에 위치하고 있는 인구 720,000의 도시인 잭슨빌 (Jacksonville)에 자리잡고 있는 이 학교는 1933년 남학생들을 위한 사관학교로 산호세(San Jose) 캠퍼스에 설립되어진 것이 그 시초가 되었다. 1961년 이 학교는 사관제도를 폐지하였고 이후 1971년부터는 여학생의 입교도 허락하였다. 1981년에는 유치원부터 초등학교 5학년까지의 학생들을 위한 화이트허스트(Whitehurst) 캠퍼스가 설립되었으며, 1991년에는 기존에 설립되어 운영이 되어지고 있었던 바트람(Batram) 학교를 인수받아 6학년부터 8학년의 학생들을 위한 교육의 장으로 바트람 캠퍼스가 새로운 단장을 하였고, 역시 1994년 기존에 운영이 되어지고 있었던 성 오거스틴 (St. Augustine) 학교를 인수하여 그 지역 및 인근에 거주하고 있는 유치원생부터 초등학교 5학년을 위한 교육의 장소로 성 오거스틴(St. Augustin) 캠퍼스와 폰트 버다 비치(Ponte Verda Beach) 캠퍼스가 생겼으며 이로서 이 학교는 현재 5개의 캠퍼스에 약 1700여명이 넘는 학생들이 공부하는 명실공이 사학의 장으로 발돋움하게 되었다. 현재 국내에 있는 학생들이 유학을 희망할 경우에는 통상 7~12 및 PG 과정의 남·여 학생들이 수업하는 산호세 (San Jose) 캠퍼스에 있는 학교에서 수업을 받고 7학년부터 기숙이 가능하다. 이 학교는 학생들의 학업, 예능, 각종 활동과 운동을 통해서 학생들의 성장하고 있는 자아를 발전시킬 수 있는 기회를 제공함으로써 향후 미래를 향한 밑거름이 되게끔 노력하고 있으며 또한 자기 자신과 타인에 관한 존경, 자발의식, 책임감 등의 도덕적인 면에도 교육 프로그램을 제공하고자 노력한다. 이 학교가 특히 자랑하는 점은 체육 프로그램인데 축구, 농구, 야구, 레슬링, 조정, 라크로스 등을 비롯해 전 세계적으로 그 실력을 인정받고 있는 수영 프로그램, 테니스 프로그램 그리고 폰트 버다 골프 아카데미(Ponte Vedra Golf Academy) 와의 연계 하에 이루어지는 골프 프로그램 등은 향후 이러한 스포츠에 관심이 많은 학생들에게 아주 적합한 학교로 될 수 있다. 여담으로 이 학교의 수영장시설은 미국 내 학교들 중 최고라는 이야기를 들을 정도이다. 전체 교사 159명중 93명이 석사학위 이상의 학력을 가지고 있다. 12명은 교내 캠퍼스에서 거주한다. 산호세와 화이트허스트 캠퍼스에는 총 52 에이커의 면적을 가지고 있으며 8개 동의 건물이 있다.

▌학생 수

산호세(San Jose)캠퍼스에는 총 1,744명이 수업을 하며 이중 기숙 학생은 100명이다. 외국학생의 비율은 7%이며, 캐나다, 독일, 바하마 등에서 온 여러 학생들이 공부하고 있다. 학급당 학생 수는 17명이고 교사와 학생의 비율은 1:10다.

▌대학진학

본교의 대학진학 프로그램의 취지는 학생과 학부모에게 대학에 대한 정보를 제공하고 궁극적으로 학생의 관심영역과 능력에 가장 적합한 대학을 선택하는데 있다. 고 2과정에 해당하는 Junior 2학기부터 상담교사와 미팅을 하는 등의 대학진학을 준비한다. 대학진학 프로그램에는 학부모들의 모임도 있는데 여기서 부모님들은 자녀의 대학진학에 대한 다양한 정보를 얻는다. 대학진학 상담센터는 대학에 관한 책자, 비디오테이프, 컴퓨터검색 프로그램을 갖추고 있다. 그리고 매년 대략 100여 개의 대학에서 입학 담당자들이 학교를 방문하여 학생들과 부모님들을 만난다. 2006년에는 192명이 졸업을 하였고 전원이 대학에 진학을 하였다. 49%의 학생들이 SAT 언어 영역에서 600점을 넘었으며, 수학영역에서는 51%, 쓰기 영역에서는 53%, 종합점수로 1800점이 넘은 학생이 49% 이였다.

이 학교를 졸업한 학생들이 진학한 대학을 열거해 보면 다음과 같다.

Auburn University, University of Georgia, Florida State University, University of Central Florida, University of Florida, University of North Florida

BRENAU ACADEMY

Contact : Mrs. Laura M. Nicholson, Director of Admissions   Add : 500 Washington St. SE, Gainesville, GA 30501
Tel   : (770) 534-6140   Fax : (770) 534-6298
E-mail : enroll@brenau.lib.edu   URL : www.brenauacademy.org

▌ 개요

조지아(Georgia)주의 유일한 여자 기숙학교며 애틀랜타(Atlanta)시에서 남서쪽으로 약 80 킬로 떨어진 정갈스러운 소도시인 게인스빌(Gainesville)시내에 위치하고 있는 이 학교는 젊은 여성에게 양질의 교육프로그램을 제공하기 위한 목적으로 피어스(H. J. Pearce) 박사에 의해 1928년 브레뉴 컬리지(Brenau College) 캠퍼스에 처음으로 설립되었다. 개방적이고 활달한 성격을 기를 수 있게 하며 졸업생들에게 대학 진학을 위한 과정을 도와주는 이 학교는 학생들을 위한 소규모의 수업진행 방식으로 학생 개개인의 창의력 향상에 이바지한다. 소수의 학생이 재학을 하고 있는 이 학교의 큰 장점은 학생 개개인에게 리더십의 경험을 극대화시킬 수 있다는데 있다. 특히 이 학교와 인접해있는 브레뉴 대학(Brenau University)이 위치하고 있어서 학생들은 이 대학의 시설, 교육 프로그램 등의 연계를 통해서 학업에 보탬을 얻을 수 있다. 여타의 다른 여자 학교와 마찬가지로 이 학교 역시 음악, 미술 등의 예술 분야에 많은 비중을 두고 있으며, 애틀랜타 심포니 오케스트라와 발레단에서는 정기적으로 이 학교에서 공연을 한다. 학생 수의 규모에 걸맞게 학교의 전반적인 시설은 그다지 다양화되어 있다는 느낌은 들지 않았으나 주변의 환경이 여학생들이 수학을 하기에는 아주 이상적이라는 인상을 받았다. 9~12학년 및 PG 과정을 두고 있으며 56에이커에 달하는 캠퍼스에 여러 동의 건물이 부속되어 있다. 인상적인 것은 졸업식 장면인데 졸업시 모든 졸업생들은 하얀 드레스를 입고 빨간 장미를 지참한다. 전체 14명의 교사 중 8명은 석사 학위 이상의 학력을 소지하고 있다.

▌ 학생 수

총 학생 수는 80여 명으로 그 중 80%가 기숙사 생활을 하며, 전체 학생 수 중 12%는 외국에서 온 학생들인데 이는 버뮤다, 캐나다, 한국, 일본, 사우디아라비아 등에서 온 학생들이다. 한 학급당 학생 수는 평균 10명이며 교사와 학생의 비율은 1대 8이다.

▌ 대학진학

상담교사들은 모든 학생들이 자신이 원하는 대학을 선택할 수 있도록 대학안내 및 상담을 한다. 대학, SAT 와 ACT, 대학 학자금 등에 대한 각종 안내는 매일 새롭게 보완되어 학생들이 정보를 쉽게 얻을 수 있도록 하고 있다. 2006년도에 졸업한 15명의 졸업생은 모두 대학에 진학하였는데 이들은 다음의 대학에 진학 하였다.

Auburn University, Boston College, Savannah College of Art and Design, University of Georgia, University of Texas at Austin at Austin

BREWSTER ACADEMY

Contact	: Mrs. Lynne M. Palmer, Director of Admission	Add	: 80 Academy Drive, Wolfeboro, NH 03894-4115
Tel	: (603) 569-7200	Fax	: (603) 569-7272
Email	: admissions@brewsteracademy.org	URL	: www.brewsteracademy.org

▌개요

뉴햄프셔(New Hampshire)주의 고즈넉한 호수를 끼고 세워져 있는 아름다운 소도시인 울페보로(Wolfeboro)에 위치한 이 학교는 1820년에 울페보로 & 터프톤보로 아카데미(Wolfeborough and Tuftonborough Academy)로 그 출발이 이루어졌으며 이후 1887년 이 학교를 기부한 존 브뢰스터(John Brewster)를 기리기 위하여 학교의 명칭을 개명하였다. 학생 개개인의 자질향상과 새로운 시대의 변화에 발맞추어 대학준비에 관한 적극적인 교육 프로그램을 제공하는 이 학교는 특히, 스쿨 디자인 모델(School Design Model)에 입각해 개발되어진 학교 프로그램을 시행하고 있는데 이는 재학하고 있는 학생들에게 완벽한 대학준비의 환경에서 개인이 발휘할 수 있는 최상의 결과를 산출할 수 있게끔 해준다. 학생 개개인에게 양질의 교육환경을 제공하기 위하여 첨단정보 통신 분야 등 학생의 대학 진학 환경에 도움이 되고자 많은 시설을 확충하였으며 최근에는 5,000 스퀘어 피트의 최신식 체육관을 건립하기도 하였다. 학생 개개인은 각자 휴대용 컴퓨터를 휴대하고 다니면서 캠퍼스 내에서 언제든지 수업과 관련된 각종 정보를 접할 수 있도록 배려하고 있다. 더욱이 각 기숙사마다 전화가 설치되어 한국에서 직접 학생과의 통화가 가능하도록 하였다. 이 학교가 위치하고 있는 지역은 여름 휴양지로 미국인들에게도 잘 알려져 있으며 인근 지역에는 그림같이 아름답고 매력적인 호텔들이 주변에 여럿 있다. 특히나 이 학교는 캠퍼스 뒤편에 아름다운 호수가 펼쳐져 있어 깨끗하고 쾌적한 환경 하에서 학생들이 학교생활에만 몰두할 수 있는 환경을 제공해주고 있다. 단풍으로 물드는 가을의 어느 날, 노을이 지는 저녁 무렵에 캠퍼스에서 바라다보는 호수의 전경은 가히 말문을 잃게 할 정도로 아름답다. 개인적으로 아주 선호하는 학교 중의 하나이다. 9~12학년과 PG 과정이 있으며 총 80에이커에 달하는 캠퍼스에 39개 동의 학교 건물이 부속되어 있다. 전체 64명의 교사 중 24명이 석사 이상의 학력을 소지하고 있고 41명이 캠퍼스 내에 거주하고 있다.

▌학생 수

총 학생 수는 341명이며 그 중 기숙학생은 280명이다. 외국 학생의 비율은 전체 학생의 약 21%이며 이는 독일, 일본, 멕시코, 한국 및 태국에서 온 학생들로 구성되어있다. 한 학급 당 평균 학생 수는 12명으로 교사와 학생의 비율은 1대5이다.

▌대학진학

학생들이 얼마나 진학준비를 잘하고 학교에서 진학지도를 얼마나 잘했는지를 알 수 있는 기준은 아마도 이 학교에 입학한 학생들이 얼마나 학교생활에 만족을 하고 있는가에서 그 판가름을 할 수 있다고 하겠다. 실재로 학교에 등록을 한 본교의 학생들은 1년이 지나 재등록을 희망하는 비율이 95%나 된다. 이것은 전국 평균 수준인 62~70%에 비추어 볼 때 매우 높은 수치이다. 2006년 졸업생 가운데 SAT 1의 언어 영역 평균점수는 500점, 수학 영역은 540점, 쓰기영역은 510점이다.

2006년도 졸업생 99명 중 93명은 대학에 진학하였고 그 대학들은 다음과 같다.

Babson College, Columbia University, Emory University, George Washington University, Indiana University, Bloomington, New York University, Suffolk University, University of Denver, University of Virginia, University of Notre Dame, University of Vermont

BRIDGTON ACADEMY

Contact	: Mr. Chris Webb, Director of Admissions	Add	: P.O. Box 292, North Bridgton, ME 04057
Tel	: (207) 647-3322 Ext. 212	Fax	: (207) 647-8513
Email	: cwebb@bridgtonacademy.org	URL	: www.bridgtonacademy.org

| 개요

메인(Maine)주의 노스브릿튼(North Bridgton)에 위치하고 있는 이 학교는 미국 전역을 통틀어 유일하게 PG 과정만 학생들에게 제공하는 남자 기숙학교이다. 1808년에 세워진 이 학교의 근본 취지는 대학진학에 있어서 성공적인 학업기술, 수업태도, 자기 훈련, 성숙, 그리고 자신감을 학생들에게 제공함을 그 목표로 하고 있다. 따라서 고등학교 3학년을 졸업한 학생이 대학을 진학하기 전 1년 동안 이 학교에서 학과 수업 외에 대학생활에 적응할 수 있도록 수학한 뒤, 각자가 목표로 하는 학교에 진학한다. 거의 모든 학생이 기숙사 생활을 하는 이 학교는 미국 전역을 거쳐 약 25개 주에서 학생들이 입학을 희망하고 있으며 특히, 인근의 뉴잉글랜드(미국 동부에 있는 6개의 주) 지역의 학생들이 많이 재학하고 있다. 교내의 건물과 기숙사는 네트워크화되어 있어서 학생들은 언제든지 학교 및 개인 컴퓨터를 통하여 수업에 필요한 각종 정보를 구할 수 있다. 미국의 유명한 관광지인 화이트 마운틴(White Mountains)에 인접한 지역에 약 50에이커의 캠퍼스를 가지고 있으며 하얀 색으로 아름답게 칠해진 23개 동의 건물이 세워져 있다. 전체 교사 수는 22명이고 이중 15명이 석사학위이상의 학위 소지자이고, 17명이 캠퍼스 내에 거주 한다. 국내에서 미국으로의 유학을 희망하는 고등학생에게는 적합하지 않은 학교라고 생각된다.

| 학생 수

총 학생 수는 180명이 공부하고 있으며 98% 학생이 기숙사 생활을 하고 있다. 외국 학생은 전체 약1%정도이다. 한 학급 당 학생 수는 10명 정도이며 교사와 학생의 비율은 1대 10이다.

| 대학진학

진학준비를 위한 상담 등의 프로그램은 1학기 초에 시작된다. 학생들은 1년에 걸쳐 1회에서 5회 가량의 상담을 한다. 상담교사들은 학생들의 앞으로의 진로와 각 학교들의 특성을 고려하여 각 학생들에게 가장 적합한 대학들의 리스트를 작성한다. 본교는 각 대학에 대한 안내책자, 컴퓨터 검색 프로그램을 구비하여 학생들이 대학에 대한 정보를 쉽게 구할 수 있도록 하였다. 매년 전국의 각 대학의 입학담당자들이 학교를 방문하여 학생들과 미팅을 갖는다. 대학진학 상담센터는 학생들이 진학하고자 하는 대학을 사전에 방문할 수 있도록 장려하고 각 대학에 추천장을 쓰기도 한다. 진학을 준비하는 시험들은 12월과 1월에 실시된다. 2006년 160명의 학생들이 졸업하여 대부분의 학생이 대학에 진학하였다. 이들이 치른 SAT 평균 점수는 언어영역이 500 수학 영역이 480이다. 진학 대학은 다음과 같다.

Bently College, Bryant College, Plymouth State University, Sacred Heart University, Saint Anselm College, Syracuse University, US Naval Academy

BROOKS SCHOOL

Contact	: Mrs. Judith S. Beams, Director of Admission	Add	: 1160 Great Pond Road, North Andover, MA 01845-1298
Tel	: (978) 725-6272	Fax	: (978) 725-6298
Email	: admission@brooksschool.org	URL	: www.brooksschool.org

▎개요

보스턴(Boston)에서 북쪽으로 약 40여분 떨어진 노스앤도버(North Andover)에 위치하고 있는 이 학교는 매사추세츠(Massachusetts)주의 또 다른 명문 사학인 그라튼 학교(Groton School)의 설립자이기도 한 성공회 신부인 엔디코트 피바디(Endicott Peabody)에 의해 1926년에 설립되었다. 학생 개개인에게 적합한 교육과정 배정, 사제간의 돈독한 관계와 소규모의 수업 진행과정은 교육을 향한 이 학교의 정신이자 자랑이다. 학생의 몸과 마음 그리고 정신의 모든 면을 가르쳐야 한다는 책임감을 갖고 있는 이 학교는 우수한 학업 수행을 비롯한 지적탐구, 올바른 수행, 스포츠맨 쉽, 정직, 관용, 사회적 책임감, 자상함 및 교양미 등의 전인적 교육환경에 그 힘을 쏟고 있다. 우수한 자질의 학생들로 인하여 이 학교 졸업생들은 매 해 수많은 명문 대학에 진학을 하며 특히 남아프리카, 케냐, 헝가리, 스코틀랜드에 위치하고 있는 학교들과의 교환 학생 프로그램 및 해외 유학 프로그램으로 인하여 여러 나라에서 온 다양한 인종의 우수한 학생들이 한 캠퍼스에서 각자의 학업에 열중하고 있다. 9~12학년의 학생들이 수업을 하고 있으며 251에이커의 잘 짜여진 캠퍼스에는 넓은 평야, 잔디, 삼림 등이 어우러져 있고 총 39개 동의 건물이 들어서 있다. 교사 수는 총 76명이며 이 중 58명은 석사 학위 이상의 학력 소지자이며 47명의 교사는 캠퍼스 내에서 거주를 한다. 많은 한국학생들이 선호하는 학교 중의 하나이다.

▎학생 수

총 학생 수는 354명이며 이 중 기숙 학생은 241명이다. 학급 당 학생 수는 12명이고, 교사와 학생의 비율은 1대 4이다. 전체 학생의 약 9%가 외국인 학생이며 이는 콜럼비아, 독일, 홍콩, 한국, 사우디아라비아, 대만 등에서 온 학생들이다.

▎대학진학

본교에는 17년 경력의 전문 진학 상담교사 두 분이 학생들의 진학지도를 담당하고 있다. 본격적인 진학지도 프로그램은 11학년 2학기 때부터 시작되며 이때부터 학생과 학부모의 진학대비에 대한 적극적 관심이 요구된다. 전국 여러 대학의 입학 담당자들이 학교를 찾아 대학에 진학하고자 하는 학생들과 미팅을 갖는 연례행사 역시 진학 프로그램의 하나이다. 2006년 졸업생들 중 SAT 언어영역에서 50%가 600점 이상의 점수를 받았으며 수학영역에서는 62%의 학생이 600점 이상을 받았고, 55%는 쓰기영역에서 600점 이상을 받았다. SAT 평균점수는 언어영역 600, 수학영역 610, 쓰기영역 610 이며, 평균종합성적은 1840점이다. 이들은 모두 자신이 원하는 대학에 진학하였으며, 그들이 현재 다니고 있는 대학은 다음과 같다. Boston College, Brown, Colby, Colgate, Columbia, Cornell, Connecticut, Dartmouth, Duke, Harvard, Pennsylvania, Trinity, Wesleyan, Williams, Yale

Contact : Ms. Margo Cardner, Senior Recruitment Officer
Tel : (413) 458-3919
Email : Admissions@BuxtonSchool.org
Add : 291 South Street, Williamstown, MA 01267
Fax : (413) 458-9427
URL : www.BuxtonSchool.org

개요

매사추세츠(Massachusetts)주의 역사적인 도시인 윌리엄스타운(Williamstown)에 위치하고 있는 이 학교는 1928년에 세워진 기숙학교이다. 이 학교의 기원은 엘렌 기어 생스터(Ellen Geer Sangster)에 의해 처음으로 뉴저지(New Jersey)주 쇼트힐스(Short Hills)에 남녀공학의 학교로 개교되었으며, 이 후 1947년 이 학교 설립자의 사유지인 현재의 윌리엄스타운(Williamstown)으로 옮겨졌다. 협동심과 학생 개개인의 자아형성에 많은 관심을 보이는 이 학교는 9~12학년의 학생들이 150에이커의 캠퍼스에서 생활을 하고 있으며 학교 건물은 총 17개 동이다. 흥미로운 점은 매년 3월에 전교생이 참가하는 미국 주요 도시로의 여행인데 이를 통해 학생들에게 다양한 경험과 정보를 통한 산 교육을 제공하고 있다. 최근 방문한 주요 도시들로는 애틀랜타, 시카고, 토론토, 멕시코시티, 하바나, 워싱턴 디시 등이 포함된다. 소수의 학생이 재학을 하고 있는 관계로 학교의 행사에는 교직원을 포함한 전교생이 참여하며 특히 개인적으로 이 학교를 방문했을 때 전교생이 각각의 구역을 할당하여 교내를 청소하는 모습이 상당히 인상적이었다. 자그마한 학교에 걸맞게 학교시설이 크게 두드러지는 것이 없다는 것이 아쉬움으로 남는다. 참고로 이 학교가 위치하고 있는 도시는 단과대학으로 유명한 윌리엄스 컬리지(Williams College)가 위치하고 있으며 윌리엄스타운은 미국 내에서도 유명한 역사적인 지역 중의 하나로 손꼽힌다. 전체 교사는 21명이고 이중 4명이 석사학위 이상의 학력을 소지하고 있다. 15명은 교내 캠퍼스에서 거주한다.

학생 수

총 학생 수는 89명이고 이중 86명이 기숙 생활을 한다. 약 14%는 외국 학생으로 이루어져 있으며 이는 중국, 일본, 한국, 스페인, 우즈베키스탄에서 온 학생이다. 학급 당 학생 수는 9명이며 교사와 학생비율은 1대 5이다.

대학진학

본교의 교사진은 책임지고 학생들의 진학지도를 하고 있다. 학생들은 Junior (고교 2년 과정에 해당) 단계 2학기부터 진학 지도를 받고 있다. 진학지도는 학생들의 자신에게 맞는 최적의 대학을 선택하고 진학준비를 돕는데 그 목적이 있다. 2006년 19명이 졸업을 하였고 모두 대학에 진학을 하였다. 본교의 학생들이 진학한 대표적인 대학은 다음과 같다.

Bennington College, University of Colorado, Cornell University, Eugene Lang College, Mount Holyoke College, Reed College, Rhode Island School of Design, Smith College, Saint John's College

THE CAMBRIDGE SCHOOL OF WESTON

Contact : Ms. Trish Saunders, Director of Admission   Add   : 45 Georgian Road, Weston, MA 02493
Tel   : (781) 642-8650   Fax   : (781) 398-8344
Email   : admissions@csw.org   URL   : www.csw.org

▮ 개요

매사추세츠(Massachusetts)주의 웨스턴(Weston)지역에 위치하고 있는 이 학교는 미국 제1의 교육도시인 보스턴(Boston)시내에서 불과 20여 분 거리에 위치하고 있는 남녀공학의 기숙학교이다. 1886년도에 래드클리프 컬리지(Radcliffe College)의 설립자에 의해 세워진 이 학교는 심도 있고 학생 개개인에게 적합한 대학준비 과정을 제공함으로서 학생들이 학업에 대한 열의를 고취할 수 있도록 힘쓰고 있다. 9~12학년, 그리고 PG 과정을 두고 있는 이 학교는 총 면적 65에이커의 캠퍼스에 24개 동의 건물이 있다. 우수한 교사진, 교사와 학생간의 돈독한 인간관계, 그리고 체계적인 교과과정을 통해 깊이 있는 지식습득이 가능하다. 미술, 무용, 드라마, 음악 및 각종 스포츠 활동 등 200여 개가 넘는 다양한 프로그램은 학과목과 서로 연계하여 학생들의 교육환경에 많은 이바지를 하고 있다. 아울러 이 학교의 교과 일정은 다른 학교와 전혀 다른데 이는 수업학년(Academic Year)을 7개 학기로 나누고 각 학기는 5주 단위(Module)로 구성이 되어 수업을 진행한다는 것이다. 전체적인 학교의 분위기는 전반적으로 안정되어 있고 면학을 위한 장소로서는 전혀 손색이 없는 학교이다. 최근에는 학교 입구에 녹색빌딩(Green Building)이라 일컬어지는 뛰어나 시설의 과학관을 건립했다. 이 학교의 큰 장점은 대도시의 폭 넓은 문화생활을 접할 수 있는 이점이 있다는 것인데 학생들은 주말을 이용하여 보스턴(Boston)시내에 있는 콘서트, 연극, 야구관람, 박물관 견학 등의 기회를 가진다. 전체 63여명의 교사 중 44여명이 석사학위 이상의 학력을 소지하고 있다. 21명의 교사가 교내 캠퍼스에서 거주한다.

▮ 학생 수

총 학생 수는 324명이며, 그 중 약 75여 명이 기숙사 생활을 하고 있다. 전체 학생 비율 중 11%는 바하마, 일본, 한국, 스페인, 스위스, 대만 등에서 온 외국인 학생들로 구성되어져 있다. 학급당 학생 수는 11명이며 교사와 학생의 비율은 1대 6이다.

▮ 대학진학

학생들은 Junior 단계 (고교 2년에 해당) 2학기부터 진학지도를 받는다. 상담교사들은 학생들이 자신에게 가장 적합한 대학을 선택할 수 있도록 돕고, 원서를 작성하는 요령을 비롯하여 준비절차 전반에 대해 세심하게 배려하고 추천장을 써주기도 한다. 2006년 SAT언어 영역에서 600점 이상을 받은 학생이 73%이고 수학영역은 59%, 쓰기영역은 57%에 이를 정도로 우수하다. 평균점수는 언어영역이 640, 수학영역이 640, 그리고 쓰기영역이 630이다. 2006년에는 76명의 학생들이 졸업을 했으며 그 중 71명이 대학에 진학하였고 그 대학들은 다음과 같다.

Amherst, Art Institute of Chicago, Bard, Boston Coll, Brown, Carnegie Mellon, Chicago, Cooper Union, NYU, Smith, Washington Univ.(St. Louis), Skidmore

CAMDEN MILITARY ACADEMY

Contact : Mr. R. Casey Robinson, Director of Admissions		Add	: 520 Highway 1 North, Camden, SC 29020
Tel	: (803) 432-6001	Fax	: (803) 425-1020
Email	: admissions@camdenmilitary.com	URL	: www.camdenmilitary.com

▍ 1 개요

사우스캐롤라이나(South Carolina)의 역사적인 도시인 캠든(Camden)에 위치하고 있는 이 학교의 뿌리는 1892년으로 거슬러 올라가며 1958년에 현재의 학교에 그 터를 잡은 뒤 계속 학생들의 교육을 위한 사학의 장으로 이어져오고 있다. 미국 전역 및 전 세계에서 온 300여명의 남학생들을 위한 현대적인 캠퍼스를 가진 이 학교는 대학에 진학을 하고자 하는 젊은 학생들에게 입학에 필요한 전반적인 교육과정을 제공할 뿐만 아니라 방과 후의 각종 프로그램을 체계화하여 학생 등이 체력을 단련할 수 있는 여건을 만들어주고 있다. 특히 이 학교는 생도(Cadet-사관학교의 학생을 가리키는 말)들을 위해 각종 스포츠 종목들을 가지고 있는데 이는 야구, 농구, 사격, 크로스컨츄리, 축구, 골프, 테니스, 트랙, 레슬링 등이 포함된다. 단결과 절제 그리고 협동을 중요시하는 군사학교에 걸맞게 이 학교는 기숙사 점검, 일요일에 주어지는 열병, 전교 학생 및 교직원이 함께 모이는 저녁 식사, 종교 활동 등이 재학 학생들에게 요구된다. 7-12 및 PG 과정의 학생이 재학을 하고 있는 이 학교의 기숙사는 7학년부터 가능하고 총 49명의 교사가 학생을 지도하고 이중 약 23명이 석사학위 이상의 학력을 소지하고 있고 9명의 교사들은 교내 캠퍼스에서 거주한다.

▍ 학생 수

총 305명의 학생이 재학을 하고 있으며, 학급 당 학생 수는 15명이고 전원 기숙 학생이다. 교사와 학생의 비율은 1:12이다. 외국인 학생들은 한국, 버뮤다, 케이맨섬, 멕시코 등에서 온 학생들이다.

▍ 대학진학

본교에서는 수년 동안 단 한 가지 방식의 진학지도를 해오고 있는데 매년 95%이상의 졸업생들이 대학에 진학하고 있다. Sophomore(고교 1년 과정에 해당) 학생들은 선택적으로 그리고 Junior(고교 2년 과정에 해당) 학생들은 의무적으로 PSAT 시험을 치르게 된다. 그리고 SAT 시험과 ACT 시험 역시 치를 수 있도록 학교에서는 준비하고 있다. 학생들의 진학시험 준비를 위해 학교에서는 1년에 2번 SAT 테스트를 위한 세미나를 열고 있다. 학생들과 학부모들은 지속적인 상담과 탐색을 통해서 학생 자신에게 가장 적당한 대학을 고르기 위해 노력한다. 2006년에는 67명이 졸업을 하였으며 최근 졸업생들이 진학한 대학 중 대표적인 학교를 나열하면 아래와 같다.

Embry-Riddle Aeronautical University, Georgia Tech, George Washington, University of Maryland, United States Military Academy at West Point, University of South Carolina, Vanderbilt University

CANTERBURY SCHOOL

Contact : Mr. Keith R. Holton, Director of Admission		Add	: 101 Aspetuck Ave, New Milford, CT 06776-1739
Tel	: (860) 210-3832	Fax	: (860) 350-1120
Email	: admissions@cbury.org	URL	: www.cbury.org

▌개요

코네티컷(Connecticut)주의 뉴밀포드(New Milford)에 위치하고 있는 이 학교는 10C경   영국 캔터베리 성당의 대주교인 세인트 던스턴(Saint Dunstan)이 세운 영국의 정통 사립학교의 이름을 따서, 1915년 헨리 헤브미어(Henry O. Havemeyer), 클라렌스 메케이(Clarence H. Mackay)와 넬슨 흄(Nelson Hume)의 3명에 의해 로마 가톨릭교(Roman Catholic)를 신봉하는 남학생들에게 종교적인 색채를 가급적 배제한, 순수 대학 준비에   필요한 교육만을 제공할 목적으로 설립되었다. 1970년부터는 여학생을 받아들였으며 이후 1972년에는 완전한 남녀공학이 되었다. 9~12학년의 학생이 재학하고 있는 이 학교의   주된 교육 목적은 개개인의 지적 및 정신적 성장에 그 기반을 두고 있으며, 학생들은 책과 인생에 있어서의 감성적이고 논리적인 균형에 의해 인격을 향상시켜 나간다는 점에 역점을 두고 있다. 이 학교가 내세우는 큰 장점은 이 학교를 졸업한 선배들과 학교와의 긴밀한 유대인데, 수많은 졸업생들은 매년 학교에서 벌이는 각종 행사에 직간접적인 참여를 함으로서 학교의 발전에 이바지한다. 학교의 교육 일정은 1년의 학과 과정을 6주를 한 단위로 하는 5개의 단위로 분류하여 매 수업의 마지막에는 진로 담당교사가 작성한 학생발달 사항에 대한 언급(Comments)과 함께 성적이 집으로 배달되어지며 이를 통해 학부모는 학생의 학교생활에 관한 선생의 의견을 간접적으로 엿볼 수 있는 기회를 가진다. 밀포드시내를 통과해서 학교가 위치하고 있는 왼편 언덕길을 오르면 좌우로 단정하게 세워져 있는 각종 학교 건물들이 줄지어 서 있으며 오른쪽으로는 시원하게 학교 운동장과 체육관이 자리잡고 있다. 이 학교를 방문한 학생과 학부형들은 깔끔하게 정돈된 학교 외부 건물과 주위 전경을 보고 한번쯤 관심을 가지게 되는 학교 중의 하나에 속한다. 이 학교가 위치하고 있는 인근으로 여러 기숙학교들이 들어서 있으므로 여러 학교를 지원하고자 하는 부모님들이 편하게 인터뷰 일정을 잡을 수 있는 장점이 있다. 총면적 150에이커에 달하는 캠퍼스에 20개 동의 건물이 있으며 기숙사는 7개 동이다. 전체 76명의 교사 중 45명의 교사가 석사 학위 이상의 학력을 소지하고 있으며 56명의 교사는 교내 기숙사에서 생황을 한다.

▌학생 수

총 학생 수는 382명으로 그 중 기숙 학생은 약 229명이다. 외국 학생의 비율은 약 12%며 이는 프랑스, 일본, 한국, 스페인, 대만, 베네주엘라 등에서 온 학생들이다. 교사와 학생의 비율은 1대 8이며 학급 당 학생 수는 평균 11명 내외이다.

▌대학진학

본교는 고 2과정인 Fifth Form 단계에서부터 개인 상담을 통해 학생들의 대학 진학을 준비한다. 진학담당 교사들은 졸업반 과정에서 적어도 두 번 대학 진학에 관한 전체모임을 가진다.

모든 고2 학생들은 가을에 PSAT 테스트를 실시하고 봄에 진학상담 교사와 상담을 한다. 매년 가을에 100여

개 이상의 대학 입학 담당자들은 학생들과 인터뷰를 하고 본교에서 개최하는 대학 박람회에 참여하기 위하여 학교를 방문한다. 본교는 학생들이 지원할 대학을 선택하는데 가장 합리적일 수 있도록 노력한다.

2006년도 107명의 졸업생 가운데 105명이 대학을 진학하였고 SAT의 언어영역에서 600점 이상의 점수를 받은 학생은 25%이며 수학영역에서 600점 이상을 받은 학생은 35%이다. 2006년에 졸업한 학생들이 진학한 대학들은 다음과 같다.

Boston University, Cornell University, Dartmouth College, Hobart and William Smith Colleges, Saint Michael's College, US Military Academy, University of Notre Dame, University of Connecticut, University of Pennsylvania

CARDIGAN MOUNTAIN SCHOOL

Contact : Mr. Marten Wennik, Interim Director of Admission	Add : 62 Alumni Dr., Canaan, NH 03741
Tel : (603) 523-3548	Fax : (603) 523-3565
Email : admissions@cardigan.org	URL : www.cardigan.org

▎ 개요

뉴햄프셔(New Hampshire)주의 가나안(Canaan)에 위치하고 있는 이 학교는 교육에 관한 신념이 투철한 다트머스 컬리지(Dartmouth College)의 졸업생인 해롤드 힌만(Harold P. Hinman)과 향후 김벌 유니언 아카데미(Kimball Union Academy)의 교장을 역임하기도 하였던 윌리엄 브뢰스터(William R. Brewster)의 두 명에 의해 1945년에 단 24명의 학생으로 그 출발을 이루었다. 6~9학년을 받아들이는 남자 기숙학교로 500에이커에 달하는 널찍한 캠퍼스에 18개 동의 건물이 자리잡고 있다. 재학하고 있는 남학생들에게 짜임새 있고 가정과 같은 분위기를 제공하여 학생들이 체계적이며 학업적인 자질과 사회적, 육체적 성장을 통해서 지식의 함양을 이룰 수 있는 계기를 만들어 주고 있다. 학생들이 졸업 후 미국의 유명 명문 사립학교에 진학하기 위한 준비를 해주며 몇 년 전에는 과학관 및 미술관을 개축하여 광범위한 과학실험 및 예술 공간을 학생들에게 제공해 주고 특히 잘 정비되어진 컴퓨터실은 학생들에게 많은 인기를 얻고 있다. 더욱이 남자 학교의 특성상 각종 스포츠시설이 아주 잘 발달이 되어 있는데 여타 중학교에서는 볼 수 없는 실내 아이스링크까지 갖추고 있으며 하키 선수들을 인근 고등학교 학생들과도 시합을 하곤 한다. 저학년의 남학생을 유학 보내고자 하시는 부모님에게 상당히 인기가 있는 학교이다. 흥미로운 점은 매해 9월에 전교생들이 이른 새벽에 이 학교의 이름과 동일한 카디건 산(Cardigan Mountain)에 올라 해 뜨는 모습을 바라보며 앞으로의 자신의 포부를 세우고 다음해 6월에는 역시 해질 무렵 산에 올라 지난 한해를 반성하고 새로운 마음다짐을 하는 전통을 가지고 있다. 넓은 부지에 자리잡고 있는 이 학교의 전체적인 인상은 상당히 짜임새가 있으며 학생들은 상대적으로 잘 정돈이 되어진 학교시설과 제도에 매우 만족해한다. 참고로 이 학교에 입학된 학생들에게는 그해 여름에 주어지는 여름 프로그램(Summer Program)에 반드시 참가해서 미리 학교 선생님과 안면을 익히고 학교 분위기를 파악하기를 원한다. 아울러 주니어 보딩 스쿨에서 통상 요구하는 WISC 테스트 대신 SSAT나 ISEE 시험으로 대체하는 방침을 새롭게 도입하고 있다. 지원하는 학생들이 많은 관계로 입학에 세심한 신경을 써야 하는 학교이다. 총 교사 수는 53명이며 그 중 23명은 석사 학위 이상의 학력을 소지하고 있다. 43명의 교사는 캠퍼스 내에서 생활한다.

▎ 학생 수

총 학생 수는 176명이며 그 중 157명이 기숙사 생활을 하고 있다. 24%는 외국학생들로 구성되어져 있으며 이는 캐나다, 핀란드, 멕시코, 한국, 일본, 대만 등에서 온 학생들로 구성되어 있다. 학급 당 학생 수는 대체로 12명이며 교사와 학생의 비율은 1대4이다.

▎ 상급학교 진학

이 학교는 졸업 학생들의 상급학교로의 진학을 위해 학생뿐만 아니라 학부형에게도 아낌없는 조언을 해주고 있다. 상급학교 안내 사무실(Secondary School Placement Office)에서는 학생들이 8학년이 되면 학생 개개인에게 관심을 갖고 상급학교에 관한 전반적인 수속에 관한 업무를 진행하며 인터뷰 요령, SSAT 준비 그리고 에세이(Essay)
쓰는 법 등을 조언해준다. 학교를 졸업한 많은 학생들은 졸업 후 미국의 우수한 상급학교로 진학을 하는데 그
대표적인 학교들은 다음과 같다.

　Avon Old Farms School, Berkshire School, Kent School, Phillips Exeter Academy, Pomfret School, Salisbury School, St.
Paul's School

CATE SCHOOL

Contact : Mr. Peter J. Mack, Director of Admission
Tel : (805) 684-4127 Ext. 216
Email : admission@cate.org

Add : 1960 Cate Mesa Road, Carpinteria, CA 93013
Fax : (805) 684-2279
URL : www.cate.org

▎개요

미 서부를 대표하는 명문 사립 중의 하나인 이 학교는 하버드 졸업생인 커티스 울시 케이트(Curtis Wolsey Cate)에 의해 1910년 남자학교로 그 역사의 문을 열었다. 1981년부터 여학생들을 받아 들였으며 현재는 남학생과 여학생의 비율이 대략 50:50이다. 학교를 방문해 본 사람이라면 한 번쯤은 그 아름다움에 넋을 잃을 정도로 완벽한 구도를 가진 이 학교의 캠퍼스는 산타바바라(Santa Barbara)에서 동쪽으로 약 20여 킬로 떨어진 멀리 태평양이 바라다 보이는 카핀테리아(Carpinteria)에 자리잡고 있다. 따로 수식어가 필요 없을 정도로 여러 사람들에게 그 우수성이 인정된 이 학교는 뛰어난 자질의 학생, 해박한 지식을 소유한 교사, 교과 과정 이외에 학생의 능력을 최대한 살릴 수 있는 다양한 프로그램 등의 3 요소가 서로 조화가 되어 이 학교의 빛을 더욱 발하고 있다. 졸업생 절대 다수가 미국이 자랑하는 최고의 명문 대학에 입학을 하는 이 학교는 명실공이 미국이 자랑하는 최고의 사립학교의 대열에 당당히 합류하고 있다. 모든 학과수업 진행에 지장이 없을 정도로 두드러진 시설들은 학교의 모든 건물들이 네트워크 화되어 있으며 약 20여 명이 정원을 이루는 각각의 기숙사에는 3명의 교직원이 같이 상주하며 학생들을 관리한다. 9~12학년의 학생이 1,500에이커의 광활한 면적을 가진 최상의 캠퍼스에서 생활을 하며 총 53명의 교사 중 34명이 석사 이상의 학력 소지자이고 교사 전원이 교내 캠퍼스에서 거주한다.

▎학생 수

총 학생 수는 265명이고 이 중 기숙학생은 220명이다. 학급 당 학생 수는 12명이며 교사와 학생의 비율은 1대 5이다. 전체 학생의 약 15%는 외국 학생들이며 이는 홍콩, 독일, 사우디아라비아, 일본, 한국, 대만, 자마이카 등에서 온 학생들이다.

▎대학진학

대학진학 상담 프로그램은 학생들에게 대학선택의 범위를 조절해줌으로써 도움을 주는 방법과 학생들에게 자신의 학습능력과 개인적 소질을 분명히 인식하게 하여 학교를 선택하게 하는 두 과정으로 이루어져 있으며 학생들은 이 상담 프로그램을 매우 긍정적으로 평가하고 있다. 2006년에는 70명의 졸업생을 배출하였고 SAT의 언어영역에서 평균 점수는 650점이고 수학영역의 평균 점수는 660점이며, 81% 학생들이 언어영역과 수학영역에서 각각 600점이 넘는 우수한 점수를 받았다. 본교의 대학진학 결과는 아래와 같다.

Columbia University, New York University, Princeton University, Stanford University, University of California at Berkeley, San Diego, University of Southern California

 **CFS, THE SCHOOL AT CHURCH FARM**

Contact : Mr. Richard Lunardi, Director of Admission   Add   : P O Box 2000, Ppaoli, PA 19301
Tel   : (610) 363-5346   Fax   : (610) 363-6746
Email   : rlunardi@gocfs.netURL: www.gocfs.net

▌개요

펜실베니아(Pennsylvania)주 필라델피아(Philadelphia)시에서 서편으로 약 40여키로 떨어진 자그마한 소도시인 파오리(Paoli)에 위치하고 있는 기독교 신앙을 근간으로 하고 있는 이 남자기숙학교는 1918년 학업적으로 충분한 자질과 능력을 가지고는 있으나 경제적으로 여건이 충족되지 못하는 남학생들을 위하여 대학진학을 시킬 수 있는 교육의 터를 만들고자 하는 취지로 그 당시 성직자였던 찰스 쉬리너(Rev. Charles W. Shreiner)에 위해 세워졌으며 지금은 7~12학년의 학생들이 이곳에서 수학을 하고 있으며 기숙의 경우 7학년부터 가능하다. 이 학교는 교육의 기본인 '배움과 가르침'을 우수한 과학실, 도서관, 교내 전체를 네트워크화한 컴퓨터, 뛰어난 운동시설, 다양한 교과과정 등 우수한 캠퍼스시설을 십분 활용하여 재학하고 있는 학생들에게 폭넓고 다양한 교육을 심도있게 제공한다는 데에 그 주안점을 둔다. 기독교 정신에 입각한 따뜻한 보살핌 속에서 의욕적이며 잘 다듬어진 평화로운 환경에서 학생들이 대학 진학을 위한 준비를 할 수 있는 보금자리를 마련해 준다. 교내 모든 시설과 완벽하게 네트워크화 된 10여개의 단독주택으로 이루어진 아담한 집과 같은 기숙사에서 학생들은 기숙사 사감들과 같이 생활을 하며 이곳에서 모든 학과 공부를 개인이 소지하고 있는 노트북을 이용하여 할 수 있다. 350에이커의 잘 다듬어진 교정에 학생들을 위한 80여개동의 건물들이 부속되어져 있으며 총 34명의 교사 중 20명이 석사 학위 이상의 학력 소지자이고 28명은 교내에서 거주한다.

▌학생 수

총 181명의 학생 중 148명은 기숙생활을 한다. 학급 당 학생 수는 10명이며 상급학년의 경우 교사와 학생의 비율은 1대 8이다. 전체 학생의 약 12%가 외국인 학생이며 이는 한국, 사우디아라비아 등에서 온 학생들로 구성되어 있다.

▌대학진학

이 학교에 재학을 하고 있는 모든 학생들은 대학진학에 관한 정보를 제공받는다. 10, 11 그리고 12 학년의 학생들은 체계적으로 PSAT, SAT I, SAT II 등 대학진학에 관한 시험을 준비시키고 진학 상담자는 학생들의 진학에 관한 준비를 도와준다. 아울러 학생들에게 장학금 신청에 관한 일반적인 안내도 해준다. 이 학교의 SAT 평균 점수는 언어영역에서 490점, 수학영역에서 540 그리고 쓰기영역에서 520을 얻었다. 언어에서 6% 수학에서 32% 그리고 쓰기에서 13%가 각각 600점 이상을 취득하였으며 전체 세 영역을 합한 점수에서 1800점 이상을 얻은 학생은 16%이다. 2006년에 이 학교를 졸업한 30명의 학생은 다음의 대학에 진학을 하였다.

Bates, Boston Univ, Carnegie Mellon, Colgate, Columbia, Dartmouth, Drew, Emory, Haverford, Michigan, Northeastern, Rutgers, St. John's, US Naval Academy, Virginia

 **CHAMINADE COLLEGE PREPARATORY SCHOOL**

Contact	: Mrs. Esther Bonino Bennett, Director of Admissions	Add	: 425 South Lindbergh Boulevard, St. Louis, MO 63131-2799
Tel	: (314) 993-4400 Ext.140	Fax	: (314) 993-4403
Email	: admissions@chaminade-stl.com	URL	: www.chaminade-stl.com

▌개요

　미주리(Missouri)주의 대표적인 도시인 세인트루이스(Saint Louis)에 위치한 이 학교는　천주교 학교로 로마 가톨릭 교회와 연계되어져 있다. 1910년에 마리아 협회가 설립한　남자 기숙학교로 6~12학년의 학생들이 수학하고 있다. 믿음과 인격배양의 기독교적 전통 하에 학업적 진취, 재능의 개발, 책임감, 학생들과의 유대 관계 등을 중요시하는 배움의 장소로 널리 알려진 이 학교는 총 면적 55에이커의 캠퍼스에 12개 동의 건물이 들어서 있으며, 학생들은 다양한 스포츠 활동과 지역사회와 연계된 각종 과외활동을 통해서 심신을 향상시킨다. 특히 이 학교의 큰 장점은 전체 졸업생 중 약 75% 이상이 대학진학시 장학금을 받는다는 점이다. 학교의 시설은 다른 학교와 비교했을 때 손색이 없을 정도로 훌륭한데 이에는 3개의 컴퓨터 실습실, 5개의 과학 실습실, 2개의 실내 체육관, 실내 수영장,　전천후 가능한 트랙 및　축구장 등이 있다. 최근에는 이 학교에 입학하는 모든 재학 학생들에게 수업에 필요한 랩탑 컴퓨터를 학교에서 제공할 정도로 IT분야에도 심혈을 기울이고 있다. 이 학교의 기숙 프로그램은 상대적으로 다른 학교보다 큰 규모의 학교 프로그램의 장점을 살려 이를 바탕으로 기숙학생들에게 상대적으로 작은 규모의 학교로서의 분위기 및 그 관리를 베푸는 데에 중점을 두는 조화를 이루는데 있다. 아쉬운 점은 기숙학생들 대다수가 미국 학생들보다는 외국 학생들로 구성되어 있다는 점이라 할 수 있겠다. 총 교사 수는 91명이며 그 중 5명이 캠퍼스 내에 거주하고 있으며 석사 학위 이상의 자격을 갖춘 교사가 47명이다.

▌학생 수

　총 학생 수는 890명으로 그 중 기숙학생은 대략 50명 정도이나 앞으로 기숙시설을 확충하여 총 70여명까지 받을 계획을 가지고 있다. 평균 학급 당 학생 수는 22이며 교사와 학생의 비율은 1대 11이다. 총 학생 중 약 6%는 외국 학생들이며 이는 멕시코,　한국, 태국, 캐나다, 홍콩, 르완다 등에서 온 외국 학생들이다.

▌대학진학

　매년 졸업생들은 우수한 성적으로 대학에 진학하였다. 졸업 인원의 78%(105명)이 장학금이나 상을 받았다. 2006년 졸업생 중에 SAT 언어영역의 평균 점수는 570점이고 수학영역의 평균점수는 587점이며, 언어영역에서 40%가 600점을 넘었으며 수학영역에서는 46%가 600점을 넘게 받았다. 본교의 졸업생들은 다방면에 재능이 뛰어나고 학업성적이 우수하여 다음과 같은 우수한 대학에 진학하였다.

　Boston Coll, Dayton, Indiana, Michigan, Missouri-Columbia, UC-San Diego, Illinois Urbana-Champaign, Notre Dame, Purdue, Saint Louis, Truman State, Washington(St. Louis), Vanderbilt

CHAPEL HILL- CHAUNCY HALL SCHOOL

Contact : Ms. Lisa Zannella, Director of Admissions
Tel : (781) 314-0800
Email : admissions@chch.org
Add : 785 Beaver Street, Waltham, MA 02452
Fax : (781) 894-5205
URL : www.chapelhill-chauncyhall.org

개요

이 학교는 1860년에 설립된 여자 기숙학교인 채플힐 학교(Chapel Hill School)와 1828년도에 설립된 남자 통학학교인 천시홀(Chauncy Hall)의 병합에 의해 1971년도에 이 학교의 명칭을 현재와 같이 사용하였다. 매사추세츠(Massachusetts)주의 월덤(Waltham)에 위치한 이 학교는 보스턴(Boston)시내에서 불과 16킬로밖에 안 떨어진 곳에 위치하고 있다. 수식어를 갖지 않는 학교(School without Labels) 그리고 한계를 두지 않는 교육(An Education without Limits) 등으로 명명되어지는 이 학교의 모토는 청소년의 남자 및 여자학생들에게 개개인이 갖고 있는 역량의 발휘, 풍부한 경험, 학업의 성취 그리고 리더십의 고양에 혼신의 노력을 기울인다. 9~12학년 및 PG 과정을 가지고 있으며 37에이커에 달하는 캠퍼스에 총 10개 동의 건물이 있으며 광범위한 스포츠, 미술 등의 프로그램이 학생들에게 방과 후에 제공된다. 매주 학생과 교사와의 면담이 주어지며, 매주 발행되어지는 학생들의 발달상황 보고서는 학생 개개인의 진로 향상에 많은 도움을 준다. 학교의 위치가 보스턴시에서 상당히 가까운 거리에 위치해 있는 관계로 한국 부모님들이 한번쯤은 입학을 고려해 봄직 할 만한 점이 있으나 위치에 대한 선호도에 걸맞지 않게 학교의 시설은 다소 부족하다는 점이 있다. 최근에는 학교 발전을 위해 새로운 건물을 신축하고 기존 건물도 개보수하면서 새로운 도약에 힘쓰고 있다. 재미있는 점은 이 학교 이름의 앞 철자들을 따서 약자로 'CH²'로 간략해 부른다는 점이다. 총 31명의 교사가 재직하며 이중 12명은 석사학위 이상의 학력을 소지하고 있다. 21명은 교내 캠퍼스에 거주한다.

학생 수

총 171명이 공부를 하고 있으며 학급 당 학생 수는 평균 11명 정도이고, 교사와 학생의 비율은 1대 6이다. 전체 학생 중 약 47%가 기숙사 생활을 하며 약 23%의 학생들은 홍콩, 일본, 중국, 독일, 스위스, 대만 및 한국에서 온 외국 학생들로 구성되어져 있다.

대학진학

진학상담 교사와 도서관에 구비된 대학 안내 프로그램은 학생들이 자신이 원하는 대학을 선택하고 원하는 정보를 얻을 수 있도록 돕는다. 본교의 2006년 졸업생 35명 중에 32명이 우수 대학에 진학하였다. SAT 평균점수는 언어영역 513점, 수학영역 527점, 쓰기영역 510점이다. 6%가 언어 영역에서 28%가 수학 영역에서 각각 600점 이상을 취득하였다. 이들이 진학한 대표적인 대학은 다음과 같다.

Connecticut College, School of Art Institute of Chicago, Northeastern University, Oberlin College, Savannah College

CHATHAM HALL

Contact : Ms. S. Victoria Muradi, Director of Admission   Add : 800 Chatham Hall Circle, Chatham, VA 24531-3085
Tel : (434) 432-5613   Fax : (804) 432-2405
Email : admission@chathamhall.com   URL : www.chathamhall.org

Ⅰ 개요

버지니아(Virginia)주의 자그마한 도시인 채덤(Chatham)에 자리잡고 있는 이 학교는 학업의식, 시민의식 그리고 리더십 배양을 목적으로 1894년 성공회의 올랜도 프루던(C. Orlando Pruden) 신부가 설립한 여자 기숙학교이다. 21세기를 향해 나아가는 어린 학생들에게 지적, 영혼적 성숙을 제공함으로서 하나의 공동사회에서 책임감 있는 역량을 발휘하기 위한 우수한 재원으로 이끌어주기 위한 교육이 학생들에게 제공되며, 학생들은 교사와 학우들과의 긴밀한 연계에서 자신의 능력을 힘껏 발휘하기 위해 부단한 노력을 한다. 15개의 AP 과정과 전체 교사 중 약 75%가 교내에 거주하는 이 학교는 산림과 시내 그리고 목초지 등을 포함하여 총 면적 362에이커에 달하는 아름다운 캠퍼스에 9개 동의 건물이 있으며 수학 학년은 9~12이다. 35명의 교사가 학생들을 가르치며 그 중 21명은 석사 학위 이상을 소유하고 있고 특히 교사와 학생의 비율이 1대 4인 이 학교는 소수 정예 수업을 가능하게 하며, 학생들의 대학진학에 있어서 필요한 전반적인 사항을 세심하게 신경 써 줄 수 있는 큰 장점을 가지고 있다. 각 교실과 기숙사에 인터넷시설이 완비되어 있으며 학생들은 학교 동문이나 교사들을 통해서 스포츠, 미술, 승마, 드라마, 음악, 무용 등 자신의 소질을 개발해 나간다. 특히, 승마의 경우 겨울에도 운동을 할 수 있도록 실내 승마장까지 비치를 하고 있다. 2인 1실이 주된 기숙사의 경우 경우에 따라서는 1인 1실도 가능하다. 기숙사의 각층마다 사감이 거주를 하며 학생들을 보살펴 주며 필요한 조언도 서슴치 않는다. 참고로 이 학교 인근에는 밀리터리 기숙학교인 하그레이브 밀리터리 아카데미(Hargrave Military Academy)가 위치하고 있다.

Ⅰ 학생 수

총 131명의 학생 중 106명이 기숙사 생활을 하고 있으며, 전체 학생 중 약 10%가 외국인 학생이며 이는 독일. 일본, 베네주엘라, 대만, 한국, 사우디아라비아 등에서 온 학생들이다. 학급당 학생 수는 평균 8명이며 교사와 학생의 비율은 1:4이다.

Ⅰ 대학진학

본교는 대학진학 준비학교로서 학생들은 입학하는 순간부터 대학진학을 준비하게 된다. 본교의 학생들은 정기적으로 진학상담을 하면서 자신의 성적을 관리하고 대학준비 과정을 검토한다. 2006년 졸업생의 중간 50%에 속하는 학생들이 언어 영역에서 570~640, 수학 영역에서 490~590, 쓰기 영역에서 540~660을 받았다. 최근 이 학교를 졸업한 학생들은 다음의 대학을 진학했다.

Dartmouth College, Cornell University, Elon University, Mary Washington College, Stanford University, Tulane University, University of Richmond, University of Virginia

CHESHIRE ACADEMY

Contact	: Mr. Todd Holt, Dean of Admission	Add	: 10 Main Street, Cheshire, CT 06410
Tel	: (203) 272-5396 Ext. 277	Fax	: (203) 250-7209
Email	: admissions@cheshireacademy.org	URL	: www.cheshireacademy.org

┃ 개요

코네티컷(Connecticut)주의 소도시인 체셔(Cheshire)에 위치하고 있는 이 학교는 1794년에 지역사회의 교육의 일환으로 남녀공학인 에피스코펄 아카데미(Episcopal Academy)로 그 시작을 이룬 오랜 역사를 지닌 학교이다. 1800년대 중엽에는 남자 기숙학교로 변하였으며 1969년에는 남녀학생들을 위해 새롭게 변모를 하였고 6년 뒤인 1975년에는 여자 학생에게도 기숙사를 허용했다. 6~12학년 및 PG 과정을 제공하는 이 학교는 105에이커에 달하는 캠퍼스에 21개 동의 건물이 들어서 있다. 저학년인 6~8학년의 학생들은 자체의 건물과 운동시설을 사용하고 있으며 고학년인 9학년부터 기숙학생을 받아들이고 있다. 이 학교는 개인과 공동체간에 조화로운 생활을 중시하는 교육에 중점을 두고 있으며, 학교는 학생들의 자아발전에 필요한 학업, 사회, 문화 그리고 도덕적인 면에 그 비중을 두고 있다. 학생들을 위해 제공되는 학업 지원 센터(Academic Support Center)에서는 학생들이 다소 학업적으로 어려움을 느끼는 내용을 선생으로부터 조언을 받을 수 있도록 하였으며 2명의 양호 교사와 정기적으로 검진을 오는 지역의 의사는 학생들의 건강에 부단한 노력을 기울인다. 학교의 시설은 학생들이 수업을 진행하는데 전혀 지장이 없게 완비를 하고 있으며 지금도 학교시설의 확장을 위해 많은 투자를 게을리 하지 않는다. 특히 새로 건립된 여자 기숙사는 그 시설이 여타의 기숙학교와 비교를 해도 손색이 없을 정도로 설계가 잘되어있다. 다른 학교와 마찬가지고 이 학교에 재학을 하고 있는 대다수의 한국 학생들은 그 학업적 우수성과 근면함으로 많은 학생들과 교직원으로부터 칭찬을 받고 있다. 학생들을 위한 총 교사 수는 125명이며 이중 약 39명은 석사학위 이상의 학력을 소지하고 있다. 교사 중 약 26명은 학교 내의 기숙사에서 생활한다.

┃ 학생 수

총 학생 수는 378명으로 그 중 약 절반인 189여 명이 기숙사 생활을 하고 있으며 나머지는 통학을 하고 있다. 학급 당 학생 수는 약 12여 명이며, 교사와 학생의 비율은 1대 7이다. 전체 학생 수의 약 30%에 해당하는 외국인 학생들이 수학하고 있으며 이는 일본, 한국, 대만, 중국, 캐나다, 나이지리아, 싱가포르 등에서 온 학생들이다.

┃ 대학진학

언제라도 학생들과 상담할 준비가 되어 있는 본교의 진학 상담 팀은 학생들이 자신에게 적합한 대학을 선택할 수 있도록 도움을 준다. 150여 개 이상의 대학 입학담당자들은 매년 학생들과 인터뷰를 하기 위해서 학교를 방문한다. 2007년 최근 졸업생 대부분이 대학에 진학하였고 학생들이 진학한 대학은 다음과 같다.

Drew, Ohio State, Pennsylvania State, Syracuse, Univ of IL, Ur-Ch, Worcester, Yale

CHOATE ROSEMARY HALL

Contact : Mr. Raymond M. Diffley III, Director of Admissions
Tel : (203) 697-2239
Email : admissions@choate.edu
Add : 333 Christian Street, Wallingford, CT 06492-3800
Fax : (203) 697-2629
URL : www.choate.edu

❙ 개요

　그 이름만으로도 한국 학생들에게 낯설지 않은 이 학교의 효시는 1890년 캐롤라인 루츠　리즈(Caroline Ruutz-Rees)에 의해 코네티컷(Connecticut)주의 월링포드(Wallingford)에 세워진 여자 학교 로즈메리 홀(Rosemary Hall)에 의해 그 시작이 이루어진다. 같은 도시에서 6년 후 남자학교인 초트스쿨(Choate School)이 저지 윌리엄 초트(Judge William Choate)에 의해 세워졌으며 이후 두 학교의 재단이 서로 결합을 하게 되어 1977년에 명실공히 미국 우수 사립학교 중의 하나인 초트로즈메리 홀(Choate Rosemary Hall)이 성립하게 되었다. 소규모 반 편성을 통한 심도 있고 창의력 있는 수업진행은 이 학교가 우수한 사립학교로 인정받게 된 뿌리이기도 하다. 다양한 재능과 자질을 갖춘 교사와 우수한 실력을 가진 학생들이 서로 한 장소에서 생활하면서 새로운 미래를 창조하기 위한 부단한 노력을 하며 특히 250여 종의 다양한 프로그램, 35종류의 스포츠, 지역 사회봉사 및 과외활동 등은 이 학교의 학생들이 향후 사회에서 지도자로서의 역할을 충분히 수행할 수 있는 자질을 마련해 준다. 과학관, 강당, 전망대, 예술관, 아트 스튜디오, 리사이틀 홀, 58,000여 권의 장서와 2,300여 개의 비디오카세트를 보유한 도서관 등의 시설 이외에도 기숙사의 모든 방은 전화 및 인터넷 접속이 가능하도록 준비되어 있다. 학생의 수에 걸맞게 이 학교의 전체적인 규모는 여타 학교와 비교가 할 수 없도록 크고 훌륭하다. 흥미로운 점은 학교에 들어서 있는 대부분의 시설들은 이 학교를 졸업한 학교동문들의 기부에 의해 설립되었다는 점이며 이는 이 학교를 졸업한 학생들이 얼마나 사회에서 성공을 하였는가 하는 한 단면을 보여주는 예이기도 하다. 입학 사무실에 들어서면 이 학교에서 배출한 최고의 저명인사인 케네디(J. F. Kennedy) 대통령의 초상화와 함께 그의 명언인 "Ask not what your country can do for you... ask what you can do for your country" (국가가 여러분에게 무엇을 해줄 것인가 묻지 말고... 여러분이 국가를 위해서 무엇을 할 것인지를 물으시기 바랍니다)가 액자로 꾸며져 벽에 부착되어 있다. 워낙 인지도가 높아 지원시 많은 신경을 써야 하는 학교이다. 총 400에이커의 면적에 116개의 건물 안에서 9~12 및 PG 과정의 학생들이 수업을 하며 151명의 교사진 중 약 65명의 교사는 석사 학위 이상의 학력 소지자이고 122명의 교사는 교내 기숙사에서 거주한다.

❙ 학생 수

　총 학생 수는 851이고 이 중 기숙학생은 598명이다. 학급 당 학생 수는 12명이며 교사와 학생의 비율은 1대 6이다. 전체 학생의 약 10%는 외국 학생들이며 이는 버뮤다, 캐나다, 홍콩, 사우디아라비아, 일본, 한국, 싱가포르 등에서 온 학생들이다.

❙ 대학진학

　대학진학은 대학진학 상담 책임자와 그 외 여러 명의 교직원들이 담당한다. 일반적으로 과목별 테스트를 치르기 시작하는 고1과정인 Fourth Form 단계의 1학기말부터 진학상담은 이루어진다. 이때부터 상담교사들은 학생들과 그들의 부모님과 인터뷰를 하고 함께 대학 박람회에 동행하기도 하고 매년 학교를 방문하는 각 대학 입학 담당자들과의 정식 인터뷰를 주선해주는 등의 세밀한 학생지도를 하게 된다. 고 2과정인 Fifth Form 학년에서는 또한 1학기말부터 진학 프로그램을 시작하는데 학생들은 학교를 방문하는 각 대학 입학처에서 실시하는 모의 인터뷰에 참여하고 학부모들은 학교에 초대되어 진학 담당자들과 입학을 희망하는 재학생들, 다양한 대학의 입학 담당자들과 함께 대학진학에 대한 프로그램에 참여하기도 한다. 2006년 졸업생 가운데 SAT 언어영역에서 600점 이상을 받은 학생은 79%이고, 수학영역에서 600점 이상을 받은 학생은 86%로 아주 높다. 지난 2001년부터 2005년 사이에 이 학교를 졸업한 학생들이 입학한 대학과 그 수를 적으면 다음과 같다.

Brown University(29), Columbia College(24), Cornell University(35), Harvard University(33), Yale University(35), Georgetown University(27), University of Pennsylvania(40), Boston University(25), George Washington University(27), New York University(25)

CHRISTCHURCH SCHOOL

Contact	: Ms. Nancy M. Nolan, Assistant Head for Admission and Marketing	Add	: 49 Seahorse Lane, Christchurch, VA 23031
Tel	: (804) 758-2306	Fax	: (804) 758-0721
Email	: admission@christchurchscholl.org	URL	: www.christchurchschool.org

▎개요

버지니아(Virginia)주의 소도시인 크라이스처치(Christchurch)에 위치한 이 학교는 1921년에 설립된 버지니아 성공회 교단(Episcopal Church)과 연계되어 있으며 대학준비, 예술, 종교와 관련된 학문을 제공하는 기숙학교이다. 8~12학년 그리고 PG 과정을 제공하고 있는 이 학교는 원래는 남자 기숙학교이지만 여학생도 입학이 가능하고 기숙사의 경우는 남학생에게만 허용되며 8학년부터 가능하다. 따라서 여학생의 경우는 전부 통학 학생들이다. 124에이커에 달하는 캠퍼스에 12개 동의 건물이 있으며 학생들이 기독교정신을 바탕으로 학문연구에 집중할 수 있도록 지도한다. 학생 개개인의 창조성과 자율성을 존중하며 학생 역시 학생 스스로의 학문탐구 활동에 치중할 수 있도록 배려해 주고 있다. 이 학교가 자랑하는 운동 프로그램 중의 하나는 세일링(Sailing)과 크루(Crew)인데 이 경기에 참가한 학생들은 지역별 혹은 미국 전역의 각종 경기에 참여하여 수상을 하기도 했다. 개인적으로 이 학교를 방문하면서 느낀 점은 학교가 상당히 짜임새가 있으며 좋은 시설을 가지고 있다는 점이었다. 인근에 자매학교인 여자 기숙학교 세인트 마가렛(St. Margaret's School)이 위치하고 있다. 전체 교사 수는 34명이고 이 중 21명이 석사학위 이상의 학력을 소지하고 있다. 24명의 교사는 학교 캠퍼스 내에서 생활한다.

▎학생 수

총 학생 수는 225명이며, 그 중 약 130명의 남학생들이 기숙사 생활을 한다. 유학생의 비율은 전체 학생 수의 약 12%를 차지하며 이는 앙골라, 홍콩, 독일, 한국, 루마니아, 대만에서 온 학생들이다. 학급 당 학생 수는 12명이고 교사와 학생의 비율은 1:7이다.

▎대학진학

본교는 대학진학 준비학교로서 모든 학생들에게 대학진학에 필요한 커리큘럼을 제공하고 상담지도를 하고 있다. 실제로 본교의 대학 진학률은 100%에 이른다. 상담교사는 학생과의 개인적인 상담을 통해 학생이 선택한 대학에 진학할 수 있도록 지도한다. 매년 각 대학의 입학 담당자들이 본교를 방문하고, 학생들 또한 관심 있는 대학을 직접 방문하기도 한다. 2006년 졸업생들의 SAT 언어영역의 평균 점수는 570점이며, 수학영역의 평균 점수는 550점. 언어영역과 수학영역에서 600점을 넘게 받은 학생이 25%정도이다.

최근 본교의 졸업생들이 진학한 대학을 살펴보면 다음과 같다.

Hampden-Sydney College, Lynchburg College, Randolph-Macon College, Saint Joseph's University, The College of William and Mary, University of Virginia, Virginia Polytechnic Institute and State University, Penn State University, Purdue University, Syracuse University, Drexel University, West Virginia University

CHRIST SCHOOL

Contact : Mr. Denis Stokes, Director of Admission	Add : 500 Christ School Road, Arden, NC 28704
Tel : (828) 684-6232	Fax : (828) 684-2745
Email : admission@christschool.org	URL : www.christschool.org

❚ 개요

노스캐롤라이나(North Carolina)주의 애쉬빌(Asheville)이라는 도시 바로 외곽에 자리잡고 있는 아든(Arden)이라는 자그마한 마을에 위치한 이 학교는 1900년 일단의 신부님들과 토마스 웨트모어(Thomas Wetmore) 여사에 의해 그 지역의 어린 학생들을 위한 교육의 장으로 설립되어졌으며, 1920년대부터는 남자 기숙학교로 탈바꿈을 하였다. 500에이커에 달하는 캠퍼스에 약 12개 동의 건물이 있으며 8~12학년의 학생들이 수학하고 있다. 성공회 (Episcopal Church)와 연계된 이 학교의 큰 장점은 대학 입학에 많은 비중을 두고 있다는 점이며, 따라서 학업 면에서 우수한 학생들이 실력 있는 교사의 헌신적인 지도아래 대학진학에 많은 노력을 기울이고 있다. 18 과목의 AP와 34 과목의 어너스(Honors) 프로그램을 가지고 있는 이 학교의 교수진 중 상당수가 아이비리그(Ivy League) 출신이라는 점에 주목할 만하다. 최근에 증축한 4개 동의 기숙사에는 학년별로 학생들이 거주하며 학생 회관은 이곳에서 공부하고 있는 학생들에게 편리한 환경을 제공하고 있다. 음악에도 많은 비중을 두는 이 학교는 악기를 다루고자 하는 학생들을 위해 기타, 드럼, 키보드 등의 그룹 또는 개인 레슨도 제공하며 학생들로 구성된 성가대는 예배시간에 전체 학생들 앞에서 합창을 하기도 하고 인근의 여러 지역으로 공연을 가기도 한다. 이 학교를 처음 접했을 때의 첫 느낌은 신선하였으며 짜임새 있고 깨끗한 학교 분위기에 감명을 받았다. 개인적으로 추천하고 싶은 학교 중의 하나이다. 전체 45명의 교사 중 62%가 석사학위 이상의 학력을 소지하고 있고, 60%는 학교 내 캠퍼스에서 거주하고 있다.

❚ 학생 수

총 192명의 학생 중 기숙생은 155명이다. 학급 당 학생 수는 11명이고, 교사와 학생의 비율은 1대 5정도이다. 전체 학생 중 약 10%가 외국인 학생이며 이는 바하마, 자마이카, 일본, 한국에서 온 학생들로 구성되어 있다. 참고로 전체 학생 중의 30%는 성공회에 속해 있는 학생들이다.

❚ 대학진학

Junior(고교 2년 과정에 해당) 단계부터 학생들은 자신의 요구와 능력에 가장 적합한 대학을 선택하기 위해 정기적인 상담을 하는 등의 진학 준비를 시작한다. 학생들은 또한 매년 가을에 학교를 방문하는 각 대학의 입학 담당자들과도 진학과 관련한 만남의 기회를 정기적으로 개최한다. 2006년도에 45명의 학생이 졸업을 하였으며 이들이 진학한 대학교는 다음과 같다.

Art Institute of Boston, Appalachian State University, Boston University, Duke University, Furman University, George Washington University, University of North Carolina at Chapel Hill

THE COLORADO ROCKY MOUNTAIN SCHOOL

Contact : Ms. Molly O. Hall, Director of Admissions		Add : 1493 County Road 106, Carbondale, CO 81623	
Tel : (970) 963-2562		Fax : (970) 963-9865	
Email : admission@crms.org		URL : www.crms.org	

▌ 개요

　콜로라도(Colorado)주의 덴버(Denver)에서 서쪽으로 약 2시간여 떨어져있는 로키산맥 언저리의 자그마한 마을인 카본데일(Carbondale)에 위치한 이 학교는 1953년 청소년에게 지덕체의 근본교육 이념을 가르침으로서 이들이 하나의 완성된 인격체로 성장할 수 있도록 하는 배움의 장소를 만들기 위한 목적으로 버몬트(Vermont) 주에 위치한 기숙학교인 퍼트니 스쿨(Putney School)의 교사들인 앤(Ann)과 존 홀든(John Holden)에 의해 세워진 남녀공학의 기숙학교이다. 안팎의 교육(Education Inside and Out)이라는 모토를 가지고 있으며 9~12학년의 학생들이 수학하고 있는 이 학교의 근본 취지는 학교수업에 예술, 운동, 지역봉사, 자연탐구 등의 경험을 접목하여 학생들에게 전인적인 교육환경을 제공한다는 점이다. 특히 신입생들에게 주어지는 10일 간의 자연탐방은 학교를 벗어나서 학생들에게 자신감, 팀웍, 그리고 자연환경을 보호하는 소중한 체험의 기회를 제공해준다. 방과 후 과외 활동으로는 자연과 접목되어 즐길 수 있는 다양한 프로그램이 주어진다. 350에이커에 달하는 캠퍼스에 23개 동의 건물이 들어서 있으며, 총 교사 수는 42명이며 이 중 19명이 석사 학위 이상의 학력을 소지하고 있으며 30명의 교사는 학교 캠퍼스 내에서 생활한다. 캠퍼스 어디서든 수려하고 장엄한 로키산을 바라볼 수 있는 이 학교 인근에는 스키 리조트로 유명한 아스펜(Aspen)이 위치하고 있다.

▌ 학생 수

　총 학생 수는 165명이며 그 중 96명이 기숙사 생활을 한다. 학급 당 학생 수는 평균 12명이며 교사와 학생의 비율은 1대 5이다. 전체 학생 중 약 16%가 외국인 학생이며 이는 브라질, 일본, 멕시코, 네팔, 대만, 한국에서 온 학생들이다.

▌ 대학진학

　대학진학 상담은 진학상담 교사로부터 하루 중 어느 때든 받을 수 있다. 정식 대학진학 상담은 입학한 해의 첫 학기부터 시작되며 Senior(고교 3년 과정에 해당) 1학기까지 지속적으로 이루어진다. 학생들은 Junior(고교 2년 과정에 해당), Senior 학년 동안 매주 마다 최소 한 대학의 진학상담을 받아야 한다. 이 면접 중에 상담교사는 학생 개개인에게 맞는 학교를 선택할 수 있는 기준, 입학준비 절차, 진학에 필요한 중요한 자질과 수단, 면접방법, 논평, 원서신청에 대한 조언을 학생들에게 해준다.

　2006년 졸업생들의 SAT 언어영역의 평균점수는 575점이고, 수학영역의 평균점수는 561점이며, 쓰기영역의 평균점수는 562점이다. 언어영역에서 600점 넘게 받은 학생은 28%, 수학영역에서는 23%이다. 본교의 2006년 졸업생들은 다음과 같은 대학에 진학하였다.

　Bates College, Dartmouth College, Lewis & Clark College, Middlebury College, The Colorado College, University of Vermont

CONCORD ACADEMY

Contact : Ms. Pamela J. Safford, Associate Head for Enrollment and Planning	Add : 166 Main Street, Concord, MA 01742
Tel : (978) 402-2250	Fax : (978) 287-2345
Email : admissions@concordacademy.org	URL : www.concordacademy.org

개요

　도시의 이름을 따서 명명된 이 학교는 매사추세츠(Massachusetts)주 보스턴(Boston)시　인근의 역사적인 도시인 콩코드(concord)시내 중앙에 위치하고 있다. 1922년 학업적으로 자질이 있는 우수한 여학생들의 사학의 장으로 개교하였으며 이후 1972년에는 남학생들도 입교를 허락하여 지금은 9~12학년의 남녀 기숙학생들이 재학을 하는 학교로 변모하였다. 대학 진학과 예술 및 기술 분야에 관심이 있는 학생들에게 교육 프로그램을 제공하고 있는 이　학교는 26에이커에 달하는 캠퍼스 내에 16개 동의 건물이 있으며, 학생들은 학교에서 제공되는 각종 예술, 운동 및 특별활동 프로그램에 참가한다. 독창적이고 수준 높은 학교의 교사진으로 인하여 이 학교 졸업생들은 미국 내에서도 잘 알려진 명문 대학에 거의 진학을 하며, 특히 한국 학생들에게도 상당히 인기가 있는 학교 중의 하나이다. 학생 스스로　자유롭게 사고하고 모든 일에 최선을 다하는 자세를 갖도록 하는데 그 역점을 두고 있으며 교육의 기본방향은 우수한 실력 향상과 자립심을 기른다는 데 있다. 한 학기에 3~4의　주요과목을 포함해 최소 15~18학점을 이수하게 되며 AP는 거의 모든 과목에서 제공이　되고 있다. 신입학생들을 위한 랩탑(노트북)컴퓨터 대여는 기본이며 학교의 모든 시설은 네트워크 화되어 있으며 재학 학생들은 최소한 한 가지 이상의 스포츠를 택해서 각자의 심신을 단련한다. 총 64명의 교사가 학생들을 가르치고 있으며 이 중 83%가 석사학위 이상의 학력을 소지하고 있고, 25명의 교사는 캠퍼스 내에 거주하고 있다. 참고로 이 학교에서 가까운 거리에 또 하나의 우수 기숙학교인 미들섹스 학교(Middlesex School)가 위치하고 있다.

학생 수

　총 학생 수는 365명이며 이 중 약 절반 정도인 159명이 기숙사 생활을 하고 나머지 학생들은 통학을 하고 있다. 전체 학생 중 약 11%가 외국인 학생이며, 이는 인디아, 중국, 영국, 인도네시아, 일본, 한국에서 온 학생들이다. 학급당 학생 수는 12명이고 교사와 학생의 비율은 1:6이다.

대학진학

　학생들은 3명의 진학상담 교사들로부터 향후의 대학진로에 관한 진학지도를 받는다. 2006년 졸업생들의 SAT I 평균점수는 언어 664, 수학 681, 쓰기 678로 아주 우수하다. 본교 졸업생들이 진학한 대학은 다음과 같다.

　Boston College, Brown University, Cornell University, New York University, Trinity College, The George Washington University, Tufts University

COTTER HIGH SCHOOL

Contact : Mr. Will Gibson, Director of Admission and International Programs
Tel : (507) 453-5403
Email : wgibson@winonacotter.org
Add : 1115 West Broadway, Winona, MN 55987
Fax : (507) 453-5013
URL : www.winonacotter.org

| 개요

아름다운 호수들로 유명한 미네소타 (Minnesota)주의 남동쪽에 위치하고 있으며 인접주인 위스콘신(Wisconsin) 주에서도 가까운 위치에 있는 자그마한 도시인 위노나(Winona)에 위치하고 있는 이 가톨릭 학교는 쌍둥이 도시로 유명한 트윈시티스 (Twin Cities)에서 차로 약 2시간 정도 떨어져 있다. 흔히 MPS(Minnesota Prep Schools)로 불리어지는 여러 부속 교육기관 중의 하나인 이 학교는 학업을 받고자 하는 학생들을 위해 값진 교육환경을 제공하는 것에 그 교육 철학을 두고 있다. 모든 교과 과목들은 심도 있고 진취적인 내용들을 담고 있으며 교육시설들은 교사와 학생들이 수업을 진행하는데 있어 최적의 조건이 될 수 있게끔 배려가 되어진다. 모든 학생들의 교육진행은 학생 개개인의 자질, 흥미 그리고 관심 분야에 맞추어 주기 위해 최대한의 배려를 해준다. 특히, 수학 및 과학 등 이과에 흥미를 가진 우수 학생들은 이 학교와 연계된 미네소타 수학 과학 학교(The Minnesota Academy of Mathematics and Science)에 추가의 수업료를 지불하지 않고 수업을 들을 수 있으며 성적이 우수한 학생들은 같은 재단의 세인트 메리 대학(Saint Mary's University of Minnesota)에서 수업을 들을 수 도 있다. 여느 학교와 다름없이 학교시설은 일반적으로 우수한 편이고 특히 인상적인 것은 학교 본관 뒤편에 위치한 실내 체육관으로 조깅 트랙을 포함한 각종 스포츠시설들이 완비되어 있어 계절의 특성상 추운 겨울에도 운동을 할 수 있다는 점이다. 아름다운 미시시피 강을 끼고 흐르는 이 학교가 위치하고 있는 도시의 겨울 설경은 아주 아름답다. 단 한 가지 흠이라면 기숙 학생들의 대다수가 외국학생들이고 아울러 이들 학생들의 상당수가 한국인이라는 점이다. 7~12 학년의 학생들이 수업하고 있으며 이중 기숙 가능 학년은 9학년부터이다. 총 39명의 교사 중 35명이 석사학위 이상의 학력을 소지하고 있으며 2명이 교내 캠퍼스에 거주하고 있다.

| 학생 수

총 학생 수 398명 중 기숙학생은 75명이다. 학급 당 학생 수는 16명이고 교사와 학생의 비율은 1대 16이다. 한국, 홍콩, 멕시코, 대만, 프랑스, 일본 등에서 온 외국 학생들이 수학을 하고 있다.

| 대학진학

학년 전 과정을 통해서 대학진학에 대한 전반적인 조언을 학교 담당자로부터 들을 수 있다. 상담교사들은 학생들이 가장 적합한 대학을 선택할 수 있도록 돕고 있으며, 학교 방문 등을 주선하기도 한다. 2006년 101명의 졸업생들의 93명이 대학에 진학을 하는데 이들이 택한 학교들은 다음과 같다.

Cornell University, Indiana University, Saint Mary's University of Minnesota, University of Illinois at Urbana-Champaign, University of Notre Dame

Contact	: Mr. Andrew Miller III, Director of Admission	Add	: 39221 North Woodward Avenue, Bloomfield Hills, MI 48303-0801
Tel	: (248) 645-3610	Fax	: (248) 645-3025
Email	: admission@cranbrook.edu	URL	: www.cranbrookschools.edu

Ⅰ 개요

미국 중동부를 대표하는 최고의 명문학교인 이 학교는 미시건(Michigan)주의 대표 도시인 디트로이트(Detroit)의 외곽인 브룸필드 힐스(Bloomfield Hills)에 자리잡고 있다. 학교의 이름에서도 알 수 있듯이 이 학교는 유치원부터 5학년이 다니는 브룩사이드 초등학교(Brookside Lower School)와 남녀 학생이 따로 수업을 하는 6~8학년의 크랜브룩 킹스우드 중학교(Cranbrook Kingswood Middle School) 그리고 9~12학년의 통학 및 기숙학생이 다니는 크랜브룩 킹스우드 고등학교(Cranbrook Kingswood Upper School)의 3학교의 집합체이다. 이들 학교는 역시 크랜브룩 교육 공동체의 한 부분으로 구성되어져 있는데 이 공동체에는 자연사 박물관인 크랜브룩 인스티튜트 오브 사이언스(Cranbrook Institute of Science), 예술 분야에 그 명성이 뛰어난 크랜브룩 아카데미 오브 아트(Cranbrook Academy of Arts), 그리고 미술 박물관인 아트 뮤지엄(Art Museum) 등이 포함되어진다. 미국의 다른 명문 사립학교와 견주어 결코 뒤지지 않는 탁월한 학과 교육 프로그램은 학생들이 자신의 지식을 축적할 수 있는 가장 이상적인 학문을 습득할 수 있게 해주며 졸업생 대다수는 미 동부 명문 아이비리그(Ivy League)를 포함해 서부 및 중부의 우수한 대학에 진학을 한다. 학교가 워낙 방대해 수업을 차로 이동하면서 수강하여야 하는 어려움이 있기도 하나 미국 학생들뿐 아니라 한국 학생들에게도 아주 인기가 높은 학교이다. 총 315에이커의 캠퍼스에 10개 동의 건물이 있으며 유치원부터 12학년이 수업하는 이 학교의 경우 기숙사는 9학년부터 입학 가능하다. 상급 학년의 경우 총 96명의 교사가 학생들을 지도하며 이 중 76명은 석사 학위 이상의 학력 소지자이고 67명은 교내 캠퍼스에서 거주한다.

Ⅰ 학생 수

총 774명의 학생 중에서 이중 기숙 학생은 258명이다. 학급 당 학생 수는 16명이고 교사와 학생의 비율은 1대 8이다. 전체 학생 수는 약 12%는 외국인 학생이고 이는 홍콩, 독일, 파키스탄, 사우디아라비아, 한국 등에서 온 학생들이다.

Ⅰ 대학진학

네 분의 상담교사들이 학생들의 진학 준비를 돕고, 각 대학의 입학 담당자들의 방문을 유치하고, 여름방학 기간을 통한 학생들의 대학방문을 장려하는 등의 진학 프로그램을 담당하고 있다. 2006년 기준 본교의 SAT 평균 점수는 언어 640, 수학 645, 쓰기영역이 636점으로 아주 높은 편이다. 졸업생 190명 전원이 대학에 진학하였다.

Brown University, Cornell University, Duke University, Harvard University, Michigan State University, M.I.T., Northwestern University, Princeton University, University of Chicago

THE CULVER ACADEMIES

Contact : Mr. Michael Turnbull, Director of Admissions
Tel : (574) 842-7100
Email : admissions@culver.org

Add : 1300 Academy Road, Culver, IN 46511
Fax : (574) 842-8066
URL : www.culver.org

▎개요

정확한 학교의 명칭이 컬버 아카데미/ 컬버 걸스 아카데미(Culver Academy/ Culver Girls Academy)인 이 학교는 2개의 남녀 학교를 묶어서 통상 The Culver Academies라고 부른다. 인디아나(Indiana)주의 주도인 인디애나폴리스(Indianapolis)에서 북쪽으로 약 160여 킬로 떨어진 자그마한 소도시인 컬버(Culver)에 위치하고 있는 이 학교는 최고의 명문 대학에 입학하기 위한 젊은이들을 철저히 준비시키고자 하는 목적으로 1894년에 헨리 해리슨 컬버(Henry Harrison Culver)에 의해 컬버 밀리터리 아카데미(Culver Military Academy)로 그 역사의 문을 열었다. '젊은 남학생들의 심신을 발전시키는 데 있어서 최상의 효과를 산출해내는 큰 장점 중의 하나가 군사훈련 제도'라는 사고를 가진 이 학교 설립자의 신념에 의해 운영되어진 이 학교는 이후 1971년 '자신이 개발할 수 있는 최대한도의 능력에 이르게 할 수 있게끔 교육을 시킬 목적'으로 또 다른 여학교인 컬버 걸스 아카데미(Culver Girls Academy)가 설립되었으며 그 이후 두 학교는 한 캠퍼스에서 각각 9~12학년 그리고 PG 과정의 남학생과 여학생이 공동으로 생활하게 되었다. 지덕체의 모든 방면에서 학생들의 자질을 향상시키고자 노력하는 이 학교의 믿음은 모든 젊은이들의 올바른 성장은 절제, 경쟁, 열망, 책임감, 리더십 등을 통해서 이루어진다는 것이다. 해마다 미국 내 명문 대학에 많은 학생들을 입학시키는 이 학교의 뛰어난 시설을 일일이 나열할 수 없을 정도인데 대표적인 것으로는 첨단시설을 갖춘 과학관, 인문관, 이 학교의 출신들로 전쟁터에 나가 전사한 선배들을 기리기 위한 기념관, 미전역에서 둘째가라면 서러울 정도로 수위를 다투는 뛰어난 시설의 도서관, 정방형의 건물, 컴퓨터실, 2개의 극장, 음악 및 미술관, 복합 미디어 실, 해외 여러 교육방송을 수신할 수 있는 위성 안테나, 그리고 수영장, 피트니스, 트랙, 레슬링장 등 일일이 나열할 수 없는 복합 체육관, 웅장하고 섬세한 채플 등 다양한 시설들이 1,800에이커의 광활한 캠퍼스에 자리잡고 있으며 전면으로는 1,860에이커나 되는 확트인 호수가 캠퍼스를 끼고 있어 그야말로 아름다운 한 폭의 그림을 연상시키는 듯 한 환경을 가지고 있다. 현재는 잠시 중단되었지만 학생들을 위한 비행훈련 프로그램은 미연방 항공국(FAA)에서 인정된 자격증을 소지한 강사들이 학교 내에 설치된 활주로를 이용하여 학생들을 가르치며 승마, 요트 등 다양한 프로그램 등이 학생들에게도 제공된다. 개인적으로 이 학교를 여러 번 방문하였는데 방문할 때 마다 매력적인 이 학교의 분위기에 마음이 편안해질 정도이다. 미국 기숙학교 중 가장 선호하는 대표적인 학교 중 하나이기도 하다. 전체 교사 수는 93명이고 이 중 78명은 석사 학위 이상의 학력 소지자이고, 4명은 캠퍼스에 거주한다.

▎학생 수

전체 학생 수는 767명이며 이 중 기숙 학생은 698명이다. 학급 당 학생 수는 14명이며 교사와 학생의 비율은 1대 9이다. 전체 학생 중 약 15%가 외국인으로서 이는 캐나다, 멕시코, 한국, 대만, 베네주엘라 등에서 온 학생들이다.

▌ 대학진학

5명의 진학상담 교사들은 학생들의 대학 선택과 진학을 돕기 위해 상담을 하고 매년 각 대학의 입학 담당자들은 학교를 방문하여 학생들을 만난다. 11학년(고교 2학년에 해당하는)부터 학생들은 매주 진행되는 진학안내 프로그램에 참석한다.

2006년 졸업생 172명 중 170명이 본인이 지원한 대학에 입학을 하였고, 그들이 진학한 대학은 다음과 같다.

Arizona State University, Baylor University, Boston University, Bowling Green State University, Carnegie Mellon University, Columbia University, Cornell University, De Paul University, Duke University, Embry Riddle Aeronautical University, Emory University, Georgetown University, Harvard University, Illinois Institute of Technology, Indiana University-Bloomington, Johns Hopkins University, Miami University, Northwestern University, Purdue University, US Air Force Academy, US Military Academy, University of Denver, University of Michigan- Ann Arbor

CUSHING ACADEMY

Contact	: Mrs. Deb Gustafson, Director of Admission	Add	: 39 School Street, Ashburnham, MA 01430
Tel	: (978) 827-7000	Fax	: (978) 827-6253
Email	: admission@cushing.org	URL	: www.cushing.org

▌ 개요

매사추세츠(Massachusetts)주 보스턴(Boston)에서 북서쪽으로 약 1시간 반 정도의 거리에 위치하고 있는 자그마한 마을인 에쉬번엄(Ashburnham)에 위치한 이 학교는 1865년에 설립된 남녀공학 기숙학교이다. 이 학교의 큰 특징은 AP 및 Honors 과정을 포함한 150여 개의 다양한 과목들을 학생들에게 제공한다는 점이며, 학생들에게 편리하게 짜여진 교육 프로그램은 대학진학을 목표로 하고 있는 학생들에게 많은 도움을 주고 있다. 스키, 라크로스, 은세공, 컴퓨터 그래픽, 무용 등 각종 스포츠 활동 및 예술 분야는 잘 알려져 있으며 우수한 정보 통신 분야는 교내의 도서관 자료를 포함한 학교 내 모든 정보 뿐 만 아니라 시내에 위치한 도서관과도 인터넷으로 연결되어져 있어, 학생들은 개인 컴퓨터를 이용하여 수업과 관련된 모든 정보를 손쉽게 얻을 수 있다. 100에이커에 해당하는 캠퍼스에는 짜임새 있게 잘 설립된 30여 개 동의 건물이 들어서 있으며 학년 과정은 9~12학년과 PG 과정이 있다. 총 교사 수는 76명이며 이중 36명이 석사학위 이상의 학력을 소지하고 있다. 교사 중 52명이 학교 캠퍼스 내에 거주하고 있다. 최근에는 커리 아카데믹 센터(Curry Academic Center)를 개축하였는데 이곳에 들어서 있는 모든 교실은 스마트 보드(Smart Board)와 무선 인터넷을 갖추고 있을 정도로 우수하다. 흥미로운 것은 이 학교에서 학생들에게 제공하고 있는 음식인데 그 수준은 미국 동부에 위치하고 있는 학교들 중 가장 풍부하다는 정평을 가지고 있을 정도이다. 보스턴(Boston)과 약 1시간 20여분의 거리로 인한 이점으로 한국 학생들이 선호하는 학교 중의 하나이다.

▌ 학생 수

총 학생 수는 약 449명이고 그 중 기숙학생은 371명이다. 학급 당 학생 수는 12명이고 교사와 학생간의 비율은 1대8이다. 전체 학생의 약 26%는 외국 학생으로 이는 브라질, 일본, 한국, 중국, 홍콩, 멕시코 등에서 온 학생들이다.

▌ 대학진학

11 학년부터 학생들은 진학지도를 받기 시작하는데 1학기가 끝나고 2학기 초 무렵에 여러 번의 진학상담을 통해 지원할 대학의 초벌 리스트를 작성하게 된다. 12학년 1학기가 되면 학생들은 새로운 진학상담을 시작하고 최종적으로 원서를 작성하는 등의 세심하게 진학준비를 한다. 11학년의 10월에 PSAT 테스트를, 다음해 1월에 SAT 테스트를 보게 되며 12학년 10월에 다시 한번 SAT 테스트가 있다. 본교의 2006년 졸업생들은 거의 대부분 대학에 진학하였고 다음과 같은 대학에 진학하였다.

Bentley College, Boston University, Brown University, Northeastern University, Roger Williams University, Savannah College of Art and Design, University of New Hampshire, University of Wisconsin-Madison

DANA HALL SCHOOL

Contact : Ms. Heather A. Cameron, Director of Admission and Financial Aid
Tel : (781) 235-3010
Email : admission@danahall.org
Add : 45 Dana Road, Wellesley, MA 02482-7043
Fax : (781) 235-0577
URL : www.danahall.org

▎ 개요

매사추세츠(Massachusetts)주 보스턴(Boston) 근교의 웰리스리(Wellesley) 지역에 위치한 잘 알려진 대표적인 여자 기숙학교중의 하나이다. 이 학교의 최초 설립 취지는 1881년 웰리스리 컬리지(Wellesley College)의 입학을 준비하기 위해 설립되어졌으나, 최근에는 이 학교를 졸업한 거의 대다수의 학생들이 미국 및 세계 각국의 명문 대학에 진학하여 그 두각을 나타내고 있다. 이 학교의 근본취지는 여학생이 갖추어야 할 기본적인 교양 및 변화하는 세계 속에서 개인의 성공적인 중심 역할을 향한 지식의 함양에 그 근본을 두고 있다. 또한 이 학교는 호주, 프랑스, 스페인 등의 학교들과 교환 프로그램도 가지고 있다. 이 학교의 스포츠 프로그램 역시 활발하며 학생들은 에어로빅, 배드민턴, 농구, 펜싱, 무용, 필드 하키, 라크로스, 승마, 테니스 등으로 체력을 연마한다. 50에이커의 캠퍼스에 35개 동의 건물이 들어서 있는데 이 중에는 실험실, 컴퓨터실, 19,000여권의 장서와 178 종류의 정기 간행물을 소장한 완전 자동화된 도서관, 시청각실 등이 포함된다. 주말에는 교사의 주관 하에 영화 및 연극 관람, 리사이틀 참가, 박물관 견학 각종 스포츠 활동 등의 시간을 갖는다. 학교가 타운에서 가까운 거리에 자리잡고 있어서 학생들은 필요한 개인 물품들을 손쉽게 구입할 수 있다. 이 학교의 입학 가능 학년은 6~12학년까지이고 기숙사 생활은 9학년부터 12학년까지 가능하다. 전체 교사 수는 73명이며 그 중 29명이 석사학위 이상의 학력 소지자이고, 22명의 교사들은 캠퍼스 내에서 거주하고 있다. 우수한 학업 명성으로 인해 입학이 까다로운 여자학교 중 하나이다.

▎ 학생 수

총 465명 중 상급학년의 학생 수는 333명이고 그 중 135명은 기숙사 생활을 하고 있다. 학급 당 학생 수는 14명이고 교사와 학생의 비율은 1대 8이다. 전체 학생의 약 13%는 외국 유학생이며 홍콩, 대만, 일본, 멕시코, 한국에서 온 학생들이다.

▎ 대학진학

학생들은 고2 과정부터 체계적으로 진학과 관련된 상담을 상담 교사들로부터 정기적으로 받을 수 있다. 특히, 대학 입학에 필요한 실질적인 원서 및 에세이 작성, 각종 시험 대비 등을 통해 학생들은 각자가 원하는 대학에 가급적 별 무리가 없이 진학을 한다. 2006년 졸업생 중 SAT 언어영역에서 600점 이상을 받은 학생은 전체의 69%에 달하며 수학영역에서 600점 이상을 받은 학생들은 전체 학생의 70%이다. 2006년 졸업자 90명은 전원 대학에 진학을 하였고, 그 대학은 다음과 같다.

Brown University, Boston College, Carnegie Mellon University, Johns Hopkins University, George Washington University, Northwestern University, Pomona University, Stanford University, University of Pennsylvania

DARLINGTON SCHOOL

Contact	: Mrs. Stormy Johnson, Director of Admission	Add	: 1014 Cave Spring Road, Rome, GA 30161-4700
Tel	: (706) 236-0426	Fax	: (706) 232-3600
Email	: admission@darlingtonschool.org	URL	: www.darlingtonschool.org

▌ 개요

조지아(Georgia)를 대표하는 몇 안 되는 기숙학교 중의 하나인 이 학교는 애틀랜타(Atlanta)에서 북서쪽으로 약 1시간여 거리에 위치한 인구 80,000의 자그마한 도시인 롬(Rome)에 위치하고 있다. 학교의 정립에 많은 공헌을 한 조셉 제임스 다링턴(Joseph James Darlington) 교사의 이름을 따서 1905년에 설립된 남녀공학의 기숙학교인 이 학교는 유치원 과정부터 12학년, 그리고 PG 과정까지 모든 과정을 가지고 있으며 기숙사 생활은 9학년부터 가능하다. 젊은이들에게 대학 입학 및 사회생활에 필요한 교육의 제공이라는 단순한 논리로 출발한 이 학교의 큰 장점은 우수한 학생들에게 양질의 교육과 다양한 예술 및 스포츠 프로그램을 제공하여 학생들의 지적 성장 외에도 사회 문화적 성숙과 육체적 성장을 돕는 데에 있다. 학교 기숙사 내의 모든 방은 인터넷시설이 완비되어 있으며 학생들을 위한 여름 프로그램도 제공되어 진다. 한 때 롬(Rome)시의 시공원이기도 했던 이 교정은 총 면적 430에이커에 달하는 아름다운 캠퍼스 내에 완전 자동화된 시설을 가진 도서관, 과학관, 교육관 등 17개 동의 건물이 들어서 있으며 특히 입구에 아름다운 호수가 위치하고 있어 학생들의 정서함양에 많은 도움을 주고 있다. 주말에는 교내에 거주하는 교사와 영화 관람, 게임, 요리, 장기자랑 등의 각종 여가활동을 즐기며 하이킹, 산악자전거 타기, 래프팅, 암벽 등반 등의 체력 단련도 한다. 쇼핑의 경우에는 인근의 애틀랜타(Atlanta), 채터누가(Chattanooga) 등의 쇼핑몰(Shopping Mall)을 이용한다. 총 98명의 교사 중 56명의 교사가 상급 학생들을 지도하며 이중 33명은 석사학위 이상의 학력 소지자이다. 55명은 교내 캠퍼스에서 거주한다. 애틀랜타에 한인 교포들이 많이 사는 관계로 이 학교에 관한 인기도는 높은 편이다.

▌ 학생 수

총 937명 중 상급학생 수는 504명이며 그 중 182명의 학생이 기숙사 생활을 하고 있으며 학생 중 약 11%가 독일, 자마이카, 한국, 대만, 홍콩 등에서 온 외국인 학생들이다. 학급 당 평균 학생 수는 14명, 교사와 학생의 비율은 1대 9이다.

▌ 대학진학

본교의 학생들은 12명으로 구성된 전문 진학상담 교사들로부터 체계적이고 정확한 진학상담을 받으며 매년 거의 전원이 대학에 진학하고 있다. 2006년도 졸업생 120명은 전원 대학에 진학을 하였다. 그 대학으로는 다음과 같다.

Auburn University, Boston University, Duke University, Georgia Institute of Technology, University of Alabama, University of Georgia, Emory University, University of Virginia

DARROW SCHOOL

Contact : Mr. Sean Fagan, Director of Admission
Tel : (518) 794-6008
Email : admission@darrowschool.org

Add : 110 Darrow Road, New Lebanon, NY 12125
Fax : (518) 794-7065
URL : www.darrowschool.org

▎ 개요

뉴욕(New York)주의 주도인 알바니(Albany)에서 동쪽으로 약 30여 분 거리인 뉴 레바논(New Lebanon)의 자그마한 도시에 위치하고 있는 이 학교는 쉐이커(Shaker) 교도이며 교육자들이기도 한 그 지역의 유지들에 의해 1932년에 설립되어진 남녀공학 학교이다. 소규모 수업, 친절하고 재능 있는 교사진, 학생들을 위한 다양한 상담 프로그램, 교사 감독 하에 이루어지는 방과 후 자율학습 그리고 부족한 과목의 보충을 위한 1대1의 튜토리얼(Tutorial) 수업은 이 학교의 큰 장점이다. 교육은 단지 교실 내에서만 이루어지지는 않는다는 믿음 하에 매주 수요일 오전에는 학생들을 비롯한 전 교직원이 학교 캠퍼스 정돈, 정원 관리, 매플시럽(Maple Syrup) 만들기, 이불 만들기, 벌목 등의 육체적인 노동을 감내하는데 이를 통해 학생들은 자신감, 자연의 본질, 지역사회의 일원화 등을 배양하게 된다. 학교 초입을 지나 본 행정관을 지나면 오른쪽으로 360에이커의 광활한 캠퍼스가 들어서 있으며 교내에는 24개 동의 건물이 들어서 있다. 학년 과정은 9~12학년, 그리고 PG 과정이 있으며 기숙사보다는 하나의 주택이라는 표현이 더 잘 어울리는 남녀 기숙사는 각각 별도로 위치하고 있으며 안락하고 여유 있는 공간을 가진 이곳 기숙사에서 학생들은 교직원들과 같이 지낸다. 방과 후에는 학교에서 제공되는 각종 과외 활동을 하며 심신을 단련시키며 이 학교에서 가까운 거리에는 또 다른 여자 기숙학교인 미스 홀스(Miss Hall's)가 위치하고 있다. 총 30명의 교사 중 16명이 석사학위 이상의 학력 소지자이고 교사 전원이 교내 캠퍼스에서 거주한다.

▎ 학생 수

총 학생 수는 123명이며 그 중 105명의 학생들은 기숙사에서 생활한다. 학급당 학생 수는 평균 9명이고 교사와 학생의 비율은 1대5이다. 외국 학생의 비율은 14%이며 일본, 한국, 사우디아라비아, 스페인, 터키 출신의 학생들로 구성되어 있다.

▎ 대학진학

진학상담 교사는 항상 대학에 대한 새로운 자료들을 구비해 놓을 수 있도록 관리하며, 상담을 통해 학생들이 대학진학을 계획적으로 준비할 수 있도록 돕는다. 2006년 26명의 졸업생중 24명이 대학에 진학하였다. 진학한 대학은 다음과 같다.

Adelphi University, Boston College, Boston University, Johns Hopkins University, Lesley University, Penn State University, Sarah Lawrence College, Skidmore College, Smith College, Syracuse University, Wellesley College

DEERFIELD ACADEMY

Contact : Ms, Patricia L, Gimbel, Dean of Admission and Financial Aid
Tel : (413) 774-1400
Email : admission@deerfield.edu

Add : 7 Boyden Lane, Deerfield, MA 01342
Fax : (413) 772-1100
URL : www.deerfield.edu

▎개요

미국을 대표하는 가장 우수한 기숙학교 중의 하나이며 개인적으로도 적극적으로 추천을 하고 싶은 학교 중의 하나인 이 명문 사학은 매사추세츠(Massachusetts)주의 역사적인 도시로 알려진 디어필드(Deerfield)에 자리잡고 있다. 타 학교들에 비해 오랜 역사를 가진 이 학교는 1797년 설립 이래 해마다 젊은 학생들에게 색다르고 의욕적인 기회를 제공해 오고 있다. 이 학교가 학생들에게 제공하는 목적은 지적, 예술적, 사회적, 육체적 그리고 도덕적 자질을 향상시킴으로서 책임감 있고 사회에 기여할 수 있는 모든 사고가 충만된 완벽한 인간으로 성장시키는 것이다. 뛰어난 교과 과정과 생동감 있는 사고의 교류 및 우수한 교사진으로 특정 지을 수 있는 이 학교는 인문 사회 및 과학 전 분야에 걸친 주제 및 그 근본 지식을 가르침으로서 그 내용들을 자신의 것으로 소화시키고 나아가서는 이것을 바탕으로 자신의 사고 영역을 넓혀 나가는 것이다. 70,000여 권이 넘는 장서, 천문관을 포함한 과학관과 미술관, 새로운 시설의 컴퓨터실 등을 갖춘 280에이커의 면적에 80여 동의 건물을 가지고 있다. 최근에는 학교 발전을 위해 기존에 있는 건물을 개보수하거나 새로운 건물을 확충함으로서 학생들이 좀 더 나은 환경에서 수업에 임할 수 있는 환경을 제공하고 있기도 하다. 9~12 및 PG 과정의 학년이 공부하며 총 120명의 교사 중 80명이 석사 학위 이상의 학력을 소지하고 있다. 105명의 교사는 교내에 거주를 하고 있다. 이 학교는 다른 학교와 달리 학교의 위치를 알리는 표지판이 학교 주변에 설치되어 있지 않은데 그 이유를 물어보았을 때 학교 담당 직원의 대답이 퍽이나 인상적이었다. '왜냐면 우리 학교는 모두가 다 알고 있으니까요'. 졸업생 전원은 미국 최고의 대학들에 진학을 하며 이 학교에서 아주 가까운 거리에 미국을 대표하는 남자 중학교인 이글브룩 스쿨(Eaglebrook School)과 또 다른 남녀중학교인 비멘트 스쿨(Bement School)이 있다. 아울러 이 학교가 위치하고 있는 디어필드(Deerfield)에는 미전역에서도 아주 잘 알려진 양초공장(Yankee Candle Company)이 있는데 이 지역을 방문할 기회가 있는 분들은 꼭 한번 들려보기를 추천하고 싶은 곳이다.

▎학생 수

총 학생 수 599명 중 기숙학생은 519명이다. 학급 당 학생 수는 12명이고 교사와 학생의 비율은 1대 5이다. 전체 학생의 약 11%가 외국인 학생이며 이는 타일랜드, 캐나다, 중국, 한국, 사우디아라비아 등에서 온 학생들이다.

▎대학진학

진학지도는 4명의 상담 교사들이 담당한다. Junior 단계(고교 2년에 해당)부터 진학지도가 시작되는데, 대학에 대한 정보를 꾸준히 열람하고, 상담 교사와의 그룹미팅을 진행하고, 대학선택에 도움을 줄 수 있는 내용으로 미팅이 열리기도 한다. Junior 2학기부터는 본격적인 진학지도가 시작된다. 개인면담을 통해서, 상세한 상담을 하고 자신에게 적합하다고 판단되는 대학의 리스트를 만든다. Senior (고교 3학년 과정에 해당) 1학기에는 진학하고자 하는 대학의 범위를 최적의 조건으로 좁혀나간다. 매년 가을에 약 135개의 대학에서 입학담당자들이 학교를 방문하는데 기회가 닿으면 학생들이 직접 인터뷰를 하기도 한다.

통상적으로 Junior 10월에 PSAT, 다음해 1월에 SAT I 테스트를 하고 SAT II와 AP는 5월과 6월에 각각 테스트를 한다. Senior 단계에서는 1학기 때 다시 한번 SAT I 테스트를 치른다. 2006년 기준 SAT I 언어영역 평균점수는 660점, 수학영역은 680점이다. 2006년 졸업생 190명 중 187명이 대학에 진학을 하였으며 그 대표적인 대학은 다음과 같다.

Brown University, Duke University, Georgetown University, Harvard University, Princeton University, Yale University

THE DELPHIAN SCHOOL

Contact : Ms. Donetta Phelps, Director of Admissions		Add : 20950 Southwest Rock Creek Road, Sheridan, OR 97378	
Tel : (503) 843-3521		Fax : (503) 843-4158	
Email : info@delphian.org		URL : www.delphian.org	

| 개요

오리건(Oregon)주의 몇 안 되는 기숙학교 중의 하나인 이 학교는 포틀랜드(Portland)시에서 남서쪽으로 약 한 시간 정도에 위치하고 있는 자그마한 도시인 쉐리든(Sheridan)에 자리잡고 있다. 이 학교는 획일적이고 정형화된 미국교육의 사고의 틀에서 벗어나 저명한 미국의 작가이자 교육자인 론 허버드(L. Ron Hubbard)에 의해 창안되었고 이후 40여년 이상 개선되어왔던 심도 있는 수업방식을 도입한 이 학교의 초대교장인 알란 라슨 박사(Dr. Alan Larson)에 의해 1976년에 설립되었다. 이 학교가 도입한 수업방식은 이 학교에 재학하고 있는 학생에게 창의적이고 우수한 학업적 윤리적 배양 그리고 자립심의 도달을 길러줄 수 있는 발판을 마련하였다. 이러한 심도 있는 수업방식을 이 학교에 재학하고 있는 학생들과 그 학부형들에게 학교 프로그램의 유용성, 그리고 그 프로그램을 통해서 이루어지는 학업 증진을 위한 배움의 의욕을 증가시키는 근원을 제공한다는 의미를 부여한다. 정직과 리더십을 강조하는 이 학교는 학생 개개인의 공부, 학교생활, 주변환경 그리고 교우관계에 각자의 책임을 부과한다. 이에 따라 학교에서 주어지는 행사에 전교 학생들이 참가를 하여 학생 자신의 책임의식을 고취시키고 나아가 학생 개개인에게 학교 운영 및 그 유지에 일익을 담당할 수 있도록 각자 맡은 바 일을 부과시킴으로써 학생들을 적극적이고 진취적인 사고로 애교심과 책임감 함양에 이바지한다. 700에이커 규모의 캠퍼스에 기숙사, 도서관, 실험실, 극장 등의 5개 동의 건물이 있다. 학년 과정은 유치원과정부터 12학년까지이며 기숙 가능학년은 3학년부터이다. 교사는 100명이며 이중 52명은 남자, 48명은 여자이다. 89명의 교사는 가족과 함께 교내 캠퍼스에 거주한다.

| 학생 수

총 266명의 학생들 213명이 기숙사 생활을 하고 있다. 학급 당 학생 수는 20명이다. 상급학생 중 외국 유학생의 비율은 15%이며, 이는 오스트리아, 캐나다, 일본, 멕시코, 한국, 대만 등에서 온 학생이다.

| 대학진학

여느 학교와 마찬가지로 이 학교 역시 학생들의 진로에 많은 신경을 쓰고 있으며, SAT에서 600점이 넘은 학생은 언어영역이 64%, 수학영역은 57% 이었으며, 최근 본교의 졸업생들이 진학하여 재학 중인 대학은 다음과 같다.

Arizona State University, Baylor University, Berklee College of Music, Boston University, Carnegie Mellon University, Cornell University, Georgetown University, MIT, NYU, San Jose University, Pepperdine University, University of Southern California, Simmons College, University of Vermont

DUBLIN SCHOOL

Contact : Ms. Sheila Bogan, Director of Admissions and Financial Aid
Tel : (603) 563-8584 x233
Email : admission@dublinschool.org
Add : 18 Lehmann Way, Dublin, NH 03444-0522
Fax : (603) 563-8671
URL : www.dublinschool.org

▮ 개요

뉴햄프셔(New Hampshire)주의 자그마한 시골마을인 더블린(Dublin)에 위치하고 이 학교는 우수한 인격의 함양, 긴밀한 지역 공동체와의 유대관계 하에 양질의 교육을 학생들에게 제공할 목적으로 폴(Paul)과 낸시 리먼(Nancy Lehman)에 의해 1935년 설립된 남녀공학의 학교이다. 보스턴(Boston)에서 북서쪽으로 약 2시간 여 거리에 위치한 이 학교는 학생들에게 대학진학을 위한 심도 있는 교육 프로그램을 제공함으로써 학생들에게 성공을 향한 자신감을 심어주는데 그 취지가 있다. 또한 이 학교는 학과목 외에 지역 사회와 연계된 각종 프로그램에 참가하도록 함으로써, 학생들에게 사회봉사 활동과 그에 따른 책임감을 심어주고 있다. 산림으로 덮여진 총 면적 345에이커의 캠퍼스에 16개 동의 건물이 있으며 9~12학년의 학생들이 공부를 하고 있다. 적은 학생 수로 인해 딱히 두드러질만한 학교시설은 찾아볼 수 없으나 최근에 설립된 헬스센터에는 학생들을 각종 운동기구들이 비치되어 학생들의 건강증진에 일익을 하고 있다. 총 27명의 교사가 재직하고 있으며 이 중 13명이 석사 학위 이상의 학력을 소지하고 있다. 22명은 교내 캠퍼스에서 거주한다.

▮ 학생 수

총 학생 수는 132명이며 그 중 기숙 학생은 94명이다. 학급 당 학생 수는 평균 10명이고 교사와 학생 비율은 1대 5이다. 약 24%의 학생들이 독일, 일본, 한국, 사우디아라비아 등에서 온 외국 유학생들로 구성되어있다.

▮ 대학진학

본교의 진학 상담센터는 2명의 상담교사가 운영하고 있다. 상담교사들은 학생들이 대학을 선택함에 있어서 필요한 정보를 제공하고, 진학절차를 꼼꼼히 안내하는 등 진학지도를 하고 있다. Junior(고교 2년 과정에 해당) 단계부터 진학지도는 시작되는데, PSAT와 SAT I 테스트를 하고, 대학 박람회를 찾아가 진학에 대한 정보를 얻고, 상담을 통해 자신에게 적합한 대학을 선택해 나간다. 그리고 방학을 통해 학생들이 가고자 하는 대학을 스스로 방문하도록 학교에서 장려하고 있다. 대학진학에 대한 새로운 정보가 생길 때마다 학교에서는 학부모들을 초대해 설명하는 자리를 마련하고 있다. 2006년 40명 졸업생의 SAT 언어영역과 수학영역에서 600점 이상을 받은 학생은 각각 18%이고 언어영역의 평균점수는 530점이고, 수학영역은 495점이다. 2006년에는 40명의 학생이 졸업을 하였고 전원 대학에 입학을 하였다.

이들이 진학한 대학은 다음과 같다.

Bates College, Boston University, Brandeis University, Cornell University, Tufts University, NYU, Wellesley College, Williams College

DUNN SCHOOL

Contact	: Ms. Ann E. Greenough-Coats, Director of Admission	Add	: 2555 Hwy 154 West, Los Olivos, CA 93441
Tel	: (800) 287-9197	Fax	: (805) 686-2078
Email	: admissions@impresso.com	URL	: www.dunnschool.com

▮ 개요

캘리포니아(California)주 산타바바라 (Santa Barbara)에서 북동쪽으로 약 40여 킬로 떨어진 로스오리보스(Los Olivos)라는 자그마한 도시에 위치해 있는 학교이다. 1957년에 영국에서 태어나고 옥스퍼드 대학에서 수학을 한 앤소니 던(Anthony B. Dunn)에 의해 밸리스쿨(Valley School)의 명칭으로 설립된 이 학교는 1959년 이 학교의 교장이자 이후 이 학교의 이름으로 명명되어진 던(Mr. Dunn)에 의해 남자학교로서 그 규모가 확장되었으며, 1991년부터는 여자 학생들도 입교를 허락하였으며 현재는 6~12학년의 학생들을 받아들이는 남녀공학의 기숙학교로 자리를 잡았으며, 기숙학생의 경우는 9학년부터 가능하다. 예술, 드라마 등의 프로그램이 학교 정규수업과 병행되며 12과목의 AP프로그램도 제공된다. 학생과 교사간의 신뢰와 애정을 바탕으로 하여 학생은 질 높은 학업성취와 인격형성을 향상해 나간다. 특히나, 학생 개개인은 하루에 2번씩 지도 교사와 미팅을 가지며 학교의 생활에 관한 전반적인 조언 및 도움을 받는다. 방과 후에는 운동이나 취미활동을 할 수 있고 저녁에는 교사의 세심한 지도 아래 자습시간을 갖는다. 학교의 교외 교육 프로그램(Outdoor Education Program)은 연중 내내 제공하며 이를 통해 학생들은 스키, 세일링, 서핑, 산악 자전거, 래프팅 등의 다양한 레크리에이션을 즐긴다. 총 캠퍼스 면적은 55에이커이며, 15개 동의 건물이 들어서 있다. 총 교사 수는 30명이고 이 중 24명이 석사학위 이상의 학력을 소지하고 있으며 30명의 교사는 그들 가족과 교내에서 생활을 한다.

▮ 학생 수

상급학년 학생 수는 총 188명으로 그 중 기숙 학생은 약 111명 정도이다. 학급 당 평균 학생 수는 15명이고 교사와 학생 비율은 1대 7이다. 전체 학생 중 약 17%의 학생들이 중국, 독일, 일본, 한국, 대만, 인도네시아 출신의 외국 학생들로 구성되어 있다.

▮ 대학진학

본교에서 각 학생은 상세하고 전문적인 대학진학 상담을 받는다. 11, 12 학년들은 가을마다 열리는 20여 개 이상의 각 대학 대표들의 대학소개 프로그램에 참가하게 된다. SAT의 언어영역의 평균점수는 550점이고 수학영역은 590점, 쓰기영역은 570점이다.

2006년 졸업생 37명 중 36명이 자신이 선택한 대학에 진학을 하였으며 이들이 진학한 학교들은 다음과 같다.

California Polytechnic State University, San Luis Obispo, Santa Clara University, UCLA, UC Santa Barbara, University of Denver, University of Washington

EAGLEBROOK SCHOOL

Contact : Mr. Theodore J. Low, Director of Admissions	Add	: Pine Nook Rd, Deerfield, MA 01342
Tel : (413) 774-9111	Fax	: (413) 774-9119
Email : admissions@eaglebrook.org	URL	: www.eaglebrook.org

▋ 개요

　남자 초중학생 자녀를 둔 학부모들이 가장 선호하는 학교 중의 하나인 이 학교는 매사추세츠(Massachusetts)주의 역사적인 도시 디어필드(Deerfield)에 위치하고 있는 6~9학년의 남자 기숙학교이다. 1922년 인근에 위치한 디어필드 아카데미(Deerfield Academy)의 교사 중의 한 사람이었으며 이 학교의 초대 교장이기도 한 호워드 깁스(Howard B. Gibbs)에 의해 설립된 이 학교는 사려 깊고 세심한 보살핌, 개개인의 특성에 맞는 교육 프로그램 제공, 지적이면서도 예술적인 인격형성의 개발에 그 중점을 두고 있다. 미국 유명인사의 자녀들도 많이 다니는 이 학교는 학생 개개인이 각자의 자신감을 갖고 자신의 잠재적 재능을 개발하며 사려 깊고 따뜻한 인간성을 가진 인간으로 성장할 수 있도록 지도하는 데에 그 교육의 우선순위를 둔다. 스포츠 프로그램 역시 남학생의 기호에 어울리게 다양한 종목을 제공하고 있는데 교내 캠퍼스에 설립된 소규모의 스키장을 비롯한 다양한 스포츠시설들을 통해 학생들은 각자의 체력을 연마한다. 캠퍼스 총 면적은 650에이커이며 26개 동의 건물이 위치하고 있다. 학교 초입에 세워진 독수리의 그림과 빨간색으로 쓰여진 학교 이름이 적혀있는 자그마한 안내판이 인상적이다. 이 학교는 미국 전역에서도 상당히 잘 알려진 학교 중의 하나로 특히 명문 사립 고등학교인 디어필드 아카데미(Deerfield Academy)가 근처에 위치하고 있으며 많은 학부모들은 이 학교를 졸업한 자녀들이 상급학교로 그 학교에 진학하기를 희망한다. 워낙 경쟁이 치열하기 때문에 수속에 세심한 준비를 기울여야 한다. 전체 76명의 교사 중 약 30여 명이 석사 학위 이상의 학력 소지자이며, 이 중 50여 명은 학교 내 캠퍼스에서 거주한다.

▋ 학생 수

　총 278명이며 그 중 209명이 기숙사생활을 하고 있다. 학급 당 학생 수는 10명이고 교사와 학생의 비율은 1대 4이다. 전체 학생 중 약 20%가 한국, 캐나다, 중국, 콜롬비아 등에서 온 외국 유학생이다.

▋ 상급학교 진학

　학생들은 교사와의 정기적인 개인 상담을 통해 자신에게 가장 적합한 학습계획을 세운다. 학생들은 자신의 소질계발과 학업성적 향상을 통해 진로를 설정하고 상급학교 진학을 계획하게 된다. 학교에서는 최대한 학생들이 소질을 계발하여 자신의 능력을 발휘할 수 있는 진로를 찾을 수 있도록 개인, 그룹상담을 통해 진학지도를 하고 있다. 이들이 진학한 상급학교는 다음과 같다.

　Choate Rosemary Hall, Deerfield Academy, Milton Academy, Northfield Mount Hermon School, Milton Academy, Suffield Academy, Phillips Exeter Academy, Hotchkiss School, Taft School

EMMA WILLARD SCHOOL

Contact : Ms. Julie A. Bradley, Director of Enrollment	Add : 285 Pawling Avenue, Troy, NY 12180
Tel : (518) 883-1320	Fax : (518) 883-1805
Email : admissions@emmawillard.org	URL : www.emmawillard.org

개요

미국에서 가장 오래된 여자 기숙학교로 뉴욕(New York)주의 주도인 알바니(Albany)에서 북쪽으로 약 20여 분 거리에 있는 트로이(Troy)시 외곽에 위치하고 있는 이 명문 사학은 1814년에 설립되었다. 9~12학년 그리고 PG 과정을 제공하는 이 학교는 이 학교의 설립자인 엠마 하트 윌라드(Emma Hart Willard)의 교육적인 믿음과 주관으로 학생들에게 수준 높은 교육 프로그램을 제공하고 있다. 우수한 컴퓨터 센터, 13과목의 AP 프로그램(영어, 수학, 불어, 미적분, 컴퓨터 과학, 화학, 생물, 물리, 미국 정부, 미국사, 유럽사, 미술사, 라틴어), 34,000여 권이 넘는 도서장서는 우수한 학생들이 명문 대학에 진학하기 위한 준비과정의 학교로 잘 알려져 있으며, 최근에는 우수한 시설의 과학관이 새로이 증축되었다. 회색빛이 감도는 고딕 양식의 건물들이 들어서 있는 아름다운 캠퍼스의 전반적인 인상은 마치 영국의 오래된 건물들을 보는 듯한 착각에 빠지게 한다. 총 92에이커에 달하는 캠퍼스에 22개 동의 건물이 들어서 있는데 이는 시청각실, 실험실, 컴퓨터실, 도서실, 미술실, 음악실 등을 포함한다. 기숙사 제도 역시 체계적으로 운영이 되는데 3개의 기숙 건물에는 학년별에 맞게 학생들의 기숙 방이 할당이 되며 9학년이 거주하는 기숙사에는 11또는 12학년 중 몇 명이 같이 거주함으로서 저학년들의 관리에 세심한 배려를 한다. 총 교사 수는 69명이며 그 중 51명이 석사학위 이상의 학력 소지자이다. 41명의 교사가 캠퍼스 내에서 거주한다.

학생 수

총 318명으로 그 중 기숙학생이 199명이다. 학급 당 학생 수는 11명이고 교사와 학생의 비율은 1: 5이다. 외국 유학생은 전체 학생의 17%를 차지하며 이는 홍콩, 일본, 한국, 영국 등에서 온 학생들로 구성되어 있다.

대학진학

진학을 위한 정기적인 진학지도는 Junior(고교 2년 과정에 해당) 단계에서 시작한다. 상담 교사들은 학생들의 진학시험(PSAT, SAT I, Subject Tests)을 주관하고 각 대학 입학 담당자들의 방문을 유치하고, 학생들을 위해 추천장을 써주는 등 대학 진학을 위한 전 과정에서 학생들을 돕고 있다. 2006년 본교 SAT의 평균 점수는 언어영역 640점, 수학영역 640점, 쓰기영역은 640점으로 아주 높다. 600점은 넘은 학생은 언어영역에서 72%, 수학영역에서 72%, 쓰기영역에서 79%이다. 도합 1800점을 넘은 학생은 79%이다. 다음은 그들이 진학한 대표적인 학교이다.

Boston College, Brown University, Carnegie Mellon University, Cornell University, Eastman School of Music, New York University, Rice University, SUNY Albany, Worcester Polytechnic Institute, University of Rochester, Yale University

EPISCOPAL HIGH SCHOOL

Contact : Mr. Douglas C. Price, Director of Admission		Add	: 1200 North Quaker Lane, Alexandria, VA 22302-3000
Tel : (703) 933-4062		Fax	: (703) 933-3016
Email : admissions@episcopalhighschool.org		URL	: www.episcopalhighschool.org

▌개요

　버지니아(Virginia)주 알렉산드리아(Alexandria)에 위치한 이 학교는 1839년에 개교를 한 남녀공학의 기숙학교이다. 버지니아 주 최초의 고등학교이기도 한 이 학교는 학교설립 당시에는 버지니아 주에서 유일하게 고등학교과정을 제공했기 때문에 일반적으로 이 학교를 'High School'로 불렀으며 따라서 지금도 이 학교의 이름에 이 'High'라는 용어가 사용되고 있다. 이 학교는 사회의 구성원으로 자긍심을 갖고 용기와 야망을 북돋아줄 수 있는 환경을 학생들에게 제공하기 위한 노력을 아끼지 않는다. 9~12학년의 학생들이 재학하고 있으며 학생들은 학교에서 제공하는 다양한 교육 프로그램 및 예술, 체육 등의 특별 활동에 참가하며 종교를 바탕으로 한 교육에 그 근본정신을 둔다. 학교의 위치가 워싱턴 디시(Washington D. C.)에서 아주 가깝기 때문에 학생들은 미국의 정치 및 의회의 분위기를 쉽게 접할 수 있으며 특히 미국 행정부의 여러 부서의 인턴쉽(Internship)을 할 수 있다는 커다란 장점이 있다. 매년 학교에서 제공되는 프랑스, 스페인, 이탈리아, 오스트리아, 중국, 러시아 등으로의 해외여행은 학생들에게 세계를 이해할 수 있는 많은 기회를 준다. 총 135에이커의 캠퍼스에 26개 동의 건물이 들어서 있는데 특히, 45개의 교실을 가지고 있는 6개 동의 교육관, 28,000여권의 장서, 비디오, CDs 그리고 150여의 정기 간행물들이 비치된 자동화된 도서실, 4개의 과학관, 체육관 등이 돋보인다. 총 교사 수는 63명이며 이중 46명이 석사학위 이상의 학력을 소지하고 있다. 54명의 교사가 교내 캠퍼스에 거주한다.

▌학생 수

　전체 학생 수는 430명이고 학생 전원이 기숙사 생활을 한다. 학급 당 학생 수는 평균 12명이고, 교사와 학생의 비율은 1대 7이다. 외국 학생의 비율은 전체 학생의 약 9%를 차지하며, 버뮤다, 중국, 자마이카, 한국, 사우디아라비아, 태국 등에서 온 학생들이다.

▌대학진학

　학교에서는 학생들이 되도록 빨리 진학준비를 할 수 있도록 장려하고 있다. 정기적인 진학상담은 11학년부터 시작되는데 학생들은 이때 자신에게 적합한 대학을 선택하고 대학에 따라 진학준비에 필요한 절차들을 숙지하게 된다. 매년 100여 개의 대학에서 본교의 대학 박람회에 참여하고 있다. 학생들은 이러한 기회에 직접적인 진학정보를 접하고 관심 있는 대학의 관계자들을 직접 만나기도 한다. 2006년 졸업생의 SAT 평균 점수는 언어영역에서 620점 수학영역에서 660점 그리고 쓰기영역에서 640점을 받았다.

　본교의 2006년 졸업생들이 진학한 대학을 살펴보면 다음과 같다.

　Boston Coll., Carnegie Mellon, Dartmouth, Case Western Reserve, Emory, Harvard, NYU, Pennsylvania, Stanford, Princeton, Rutgers, Tufts, Virginia, Washington and Lee, Wesleyan, North Carolina at Chapel Hill

THE ETHEL WALKER SCHOOL

Contact : Ms. Barbara J. Lundberg, Dean of Enrollment Management   Add : 230 Bushy Hill Road, Simsbury, CT 06070
Tel   : (860) 408-4200   Fax : (860) 408-4201
Email : admission_office@ethelwalker.org   URL : www.ethelwalker.org

┃ 개요

　미국 최초의 대학 입학만을 위한 여자 예비학교 중의 하나로 1911년 뉴저지(New Jersey)주 레이크우드(Lakewood)에 설립된 이 학교는 이후 1917년 장소를 현재 위치하고 있는 코네티컷(Connecticut)주 하트포드(Hartford)에서 북쪽으로 약 20킬로 거리인 소도시인 아름다운 심스버리(Simsbury)로 이전하였다. 오로지 대학입학만의 공부에 몰두하기보다는 대학에서의 다양한 경험을 쌓을 수 있는 다양한 교과과정을 제공하려는 이 학교 설립자인 에델 워커(Ethel Walker) 여사의 헌신에 의해 이 학교는 철저한 학과 수업과 병행하여 학생들에게 독립심과 자부심을 길러주는데 힘쓴다. 7~12학년과 PG 과정이 제공되는 이 학교는 9학년부터 기숙사 생활을 할 수 있으며 학교의 모든 시설에는 이메일, 인터넷, CD-Rom 등 첨단시설이 갖추어져 있고 과학관, 수학관, 예술관 등의 뛰어난 시설들은 학생들이 최상의 분위기에서 학업에 열중할 수 있도록 도와준다. 여타의 여자 학교와 마찬가지로 이 학교의 승마 프로그램 역시 잘 알려져 있으며 학생들은 방과 후 교정 맞은편에 있는 승마장에서 체계적인 연습을 할 수 있다. 숲으로 둘러싸인 총 면적 620에이커의 아름다운 캠퍼스에는 20개 동의 건물이 들어서 있으며 근처에는 또 다른 우수 기숙학교인 웨스트민스터 학교(Westminster School)가 자리잡고 있다. 학교의 총 60명의 교사진 중 32명이 석사학위 이상의 학력을 소지하고 있으며, 20명은 캠퍼스 내에서 생활한다.

┃ 학생 수

　총 244명의 학생 중 기숙학생은 96명이다. 학급 당 학생 수는 10명이고, 교사와 학생의 비율은 1대 4이다. 외국인 학생의 비율은 전체의 13%를 차지하며 한국, 중국, 일본, 홍콩 등에서 온 외국학생들로 구성되어 있다.

┃ 대학진학

　진학상담 교사들은 학생들 자신이 원하는 대학을 선택 할 수 있도록 독려하고 지원서를 관리하는 등의 진학에 관한 사항을 안내하고 도움을 준다. 도서관에는 매일 업데이트되는 진학관련 자료들을 언제나 이용할 수 있고 매년 100여 개 이상 각 대학 대표들이 학교를 방문한다. 개인적 상담이나 그룹상담은 학생이나 학부모들을 위하여 학기 중 언제나 가능하다. 이 학교는 대학선택과 지원에 많은 관심을 가지기 시작하는 11학년부터 가족들을 모두 초대하는 모임을 주선하며 여러 대학의 입학담당자들도 다함께 참여한다. 본교의 2006년 기준 SAT의 평균 점수는 언어영역에서 571, 수학영역에서 582점이다. 2006년에 36명의 학생이 졸업을 하였고 모두 대학에 진학을 하였으며 진학한 대학은 다음과 같다.

　Amherst University, Bates College, Boston University, Skidmore College, Trinity College, University of Connecticut

FAY SCHOOL

Contact : Mr. James Ramsdell, Director of Admission　　Add　: 48 Main Street, Southborough, MA 01772
Tel　: (508) 485-0100　　　　　　　　　　　　　　　　　Fax　: (508) 481-7872
Email　: fayadmit@fayschool.org　　　　　　　　　　　URL　: www.fayschool.org

▎개요

미국의 대표적인 명문 중학교인 이 학교는 매사추세츠(Massachusetts)주 보스턴(Boston)에서 서쪽으로 약 50여 킬로 떨어진 사우스보로(Southborough)라는 소도시에 위치한 남녀공학의 학교이다. 1866년 엘리자 버넷 페이(Eliza Burnett Fay)와 해리엇 버넷 페이(Harriet Burnett Fay) 자매에 의해 설립된 이 학교는 뛰어난 교육 프로그램을 학생들에게 제공하고 있으며 학생들은 잘 짜여진 환경 속에서 도덕, 사회, 정서적인 면에서 자신들의 개발에 힘쓰고 있다. "하려는 의욕만 있으면 할 수 있다"(You can if you will) 라는 학교의 근본 취지답게 학생들은 모든 일에 적극적으로 참여하여 자신들의 심신개발에 노력을 경주하며, 엄격한 규율준수와 교복착용은 재학생들에게 절도와 인내심을 길러주며, 아울러 학교에 대한 애교심을 고취시켜 준다. 미술과 음악을 포함한 75개의 학과목과 25개의 다양한 스포츠 활동, 뛰어난 음악실, 청강실, 실내체육관 등의 시설들은 이 학교의 큰 자랑이다. 특히, 이 학교에서 제공하는 여름 프로그램(Summer Program)은 조기에 마감이 될 정도로 인기가 높다. 학년과정은 1~9학년이며 기숙생활은 6학년부터 가능하다. 캠퍼스의 총 면적은 35에이커이며, 4개 동의 기숙사에서 남녀학생들이 각각 생활한다. 많은 한국 학생들이 선호하는 대표적인 학교 중의 하나이다. 이 학교 바로 인근에는 시니어 보딩인 세인트 막스(St. Mark's School)가 위치하고 있다. 총 교사 수는 63명이고 34명의 교사는 석사 학위 이상을 소지하고 있으며 32명의 교사는 교내 캠퍼스에서 생활한다.

▎학생 수

총 학생 수는 382명이고 그 중 110명이 기숙사 생활을 하고 있으며 외국학생의 비율은 전체학생 수의 24%를 차지하고 있는데 이는 한국, 일본, 대만, 홍콩 등에서 온 학생들이다. 학급 당 학생 수는 12명이며 교사와 학생 간 비율은 1대 6이다.

▎상급학교 진학

이 학교를 졸업한 대다수의 학생들은 상급 학교에 진학하게 된다. 진학지도 교사는 학생들과 그들의 부모님에게 학생의 재능과 희망사항, 성적 등을 고려해 적합한 대학을 선택할 수 있도록 조언하고 있다. 8학년이 되면 자신에게 적합한 학교를 선정하고 상급학교 진학을 위한 준비를 시작하게 되며 9학년 때 본격적으로 원서를 작성한다. 본교는 진학지도를 통해 학생들이 자신에게 적합한 학교에 진학할 수 있도록 지도해 왔다.

최근 이 학교를 졸업한 학생은 다음의 학교에 진학을 했다.

Brooks School, Choate Rosemary Hall, Lawrenceville, Phillips Andover, Phillips Exeter Academy, Saint Mark's School, St. George's School, St. Paul's School

 **THE FENSTER SCHOOL**

Contact : Mr. Don Saffer, Headmaster		Add	: 8500 East Ocotillo Drive, Tucson, AZ 85750
Tel : (520) 749-3340		Fax	: (520) 749-3349
Email : fenadm@mindspring.com		URL	: www.fenster-school.com

개요

애리조나(Arizona)주의 주도인 피닉스(Phoenix)에서 남쪽으로 1시간 정도의 거리인 투손(Tucson)이라는 시에서 약 5킬로 정도 떨어진 싼타카타리나 산맥(Santa Catalina Mountains)의 중턱에 위치한 이 학교는 학생 개개인의 잠재성을 실현하여 주고자 하는 취지로 설립된 남녀공학 학교이다. 학생 개개인에 내재된 잠재력을 발휘할 수 있는 교육의 환경을 제공할 목적으로 1944년에 설립된 이 학교는 소수 정원의 학급 운영, 각종 과외활동 및 스포츠 활동을 통하여 학생들에게 전인적인 배움의 기회를 제공한다. 학교 상호간의 스포츠 교류, 승마, 수영 및 하이킹이 제공되고 학생들은 이러한 스포츠 활동으로 인하여 자신들의 체력을 향상시킨다. 학업적으로 다소 어려움이 느끼는 학생들을 위하여 학교 측에서는 철저한 학생관리 및 배려로 학생들이 대학에 진학하는 데 큰 무리가 없도록 도와주고 어학이 부족한 외국 학생들을 위해서 ESL을 제공한다. 학생발달 상황은 매일 선생님들에 의해 확인된 뒤 주단위로 학부형에게 발송되고 수업 중 어려운 내용들은 그때그때 보충을 해주기 위한 노력도 아끼지 않는다. 총 면적 150에이커의 캠퍼스에 21개 동의 건물이 들어서 있고. 9~12학년의 학생들이 수학하고 있다. 총 교사 수는 17명이며 그 중 7명은 석사 학위 이상의 소지자이고 3명은 학교 캠퍼스에서 거주하고 있다.

학생 수

총 학생 수는 105명으로 그 중 101명이 기숙사 생활을 한다. 학급당 학생 수는 12명이고 교사 대 학생의 비율은 1대 8이다. 외국인 학생은 전체의 20%이며 인도네시아, 일본, 멕시코, 한국, 러시아, 스페인 등지에서 온 학생들로 구성되어 있다.

대학진학

본교에서는 대학진학 상담교사들이 학생들의 능력과 관심분야에 따라 그들이 학교를 선택하는데 도움을 준다. 대학의 관계자들은 매년 학교를 방문하여 학생들을 만나는 등의 관심을 보인다. 학생들 또한 학교에서 후원하는 대학소개 행사 등에 참여하는 기회를 가진다. 학생들은 PSAT, SAT I, Subject Test, ACT, TOEFL을 포함하는 대학진학에 필요한 테스트에 대비함으로써 대학진학을 준비한다. 본교의 학생들이 진학한 학교는 다음과 같다. Arizona State University, Pima Community College, University of Arizona, University of California at Irvine

THE FESSENDEN SCHOOL

Contact	: Mr. Caleb Thomson, Director of Admissions	Add	: 250 Waltham Street, West Newton, MA 02465
Tel	: (617) 630-2300	Fax	: (617) 630-2303
Email	: admissions@fessenden.org	URL	: www.fessenden.org

▎개요

미국 동부에는 저학년의 학생들을 위한 명문 사학이 여럿 있는데 이중의 하나로 한국의   부모뿐만 아니라 미국 내에서도 그 명성을 가지고 있는 학교가 바로 이 남자기숙 학교이다. 보스턴(Boston)시 인근의 주거지역에 속하는 웨스트뉴튼(West Newton)에 위치한 이 학교는 1903년 프레드릭 페슨든(Mr. and Mrs. Frederick J. Fessenden) 부부가 설립한 남자 학교이다. 이 학교의 주된 교육 목표는 자라나는 학생들에게 올바른 교육의 방향을 제시해 주고, 학교수업을 수행해나가는 법과 올바른 습관 및 행실을 체계적으로 지도함으로서 향후 학생이 긍정적인 사고와 적극적인 삶을 이어나갈 수 있는 참된 교육을 가르치기 위한 노력에 그 힘을 쏟는 것이다. 수준 높은 교육, 학생 상호간의 학우애, 책임감 있는 역할, 철저한 학생관리 그리고 각종 문화 활동 등을 강조하는 이 학교는 유치원부터 9학년까지의 학생을 받아들이며, 기숙사 생활은 5학년부터 가능하다. 이 학교의 큰 장점은 학생들을 위한 35개 동의 건물과 2개의 수영장, 2개의 실내 체육관, 9개의 운동경기장, 13개의 테니스 코트장과 실내 하키장 등의 시설을 제공하고 있다는 것이다. 흥미로운 점은 한국 학생에 관한 입학 규정인데 이 학교는 기존에 재학을 하고 있는 학생의 형제나 그 친인척을 우선적으로 입학에 고려를 하고 있다는 점이다. 따라서 지난 몇 년간 이 학교는 공식적으로 한국 학생의 응시 원서를 아예 받지 않았다는 점이다. 캠퍼스의 총 면적은 41에이커 이며, 총 91명의 교사 및 교직원들이 학생들을 위한 세심한 배려를 하고 있으며, 이 중 54명은 석사 학위 이상의 소지자이며 43명의 교사는 캠퍼스 내에서 생활한다.

▎학생 수

총 학생 수는 480명으로 그 중 기숙 학생은 105명이다. 학급 당 학생 수는 12명이고 교사와 학생의 비율은 1대 7이다. 외국 유학생은 전체의 19%이며 이는 한국, 일본, 대만, 홍콩 등에서 온 학생들이 대부분이다.

▎상급학교 진학

학교에 재학하는 학생 개개인에게 상급학교 진학에 필요한 최대한의 노력을 아끼지 않는 것이 이 학교의 큰 자랑이며 이러한 노력을 위해 진학 상담교사, 학과교사, 기숙사 사감, 학부모 그리고 운동 코치 등 학생과 관련된 모든 사람들이 학교의 상급학교 진학을 위해 각종 조언을 아끼지 않고 있다. 8학년과 9학년의 학생에게는 SSAT를 준비시키고, 진학 상담교사는 인터뷰 요령, 에세이 작성법 등의 실질적인 내용을 가리킨다. 2006년 졸업생은 모두 53명이고 그들이 진학한 학교는 다음과 같다.

Middlesex School, Milton Academy, Noble and Greenough School, Tabor Academy

Phillips Exeter Academy, Wilbraham-Monson Academy

FLORIDA AIR ACADEMY

Contact	: Mr. Todd De Regnaucourt, Director of Admissions	Add	: 1950 South Academy Drive, Melbourne, FL 32901
Tel	: (321) 723-3211 x30023	Fax	: (321) 676-0422
Email	: admissionwebsite@flair.com	URL	: www.flair.com

▎개요

학교 이름에서도 이 학교의 설립 취지를 잘 알 수 있듯이 대서양이 접해있는 아름다운 해안도시이며 유명한 관광도시인 플로리다(Florida)의 올랜도(Orlando)에서 동쪽으로 약 50여분 떨어진 멜번(Melbourne)에 위치하고 있는 이 학교는 7~12학년 및 PG 과정을 가진 남학생들을 위한 대학 준비와 사관교육 및 항공교육을 선택적으로 받을 수 있는 미국 내의 몇 안 되는 학교 중의 하나이다. 약자로 FAA로 불리어지기도 하는 이 학교는 1961년 조나단 드와이트(Jonathan Dwight) 대령에 의해 학생들에게 성장과 배움을 제공하기 위한 우수한 환경을 제공할 목적으로 설립이 되어졌으며 학생들은 학교에서 제공되는 대학 입시와 관련된 다양한 프로그램과 과외 활동을 접할 수 있다. 철저한 책임의식과 자기절제의 본분은 자신감과 전인적인 사고를 형성시키는 밑바탕이 되고 교내외를 통한 각종 학교 활동에서 젊은 생도(Cadet)들은 자기를 표현할 줄 아는 하나의 완성된 성인으로 향해 나간다. 특히 9~12 학년의 학생들 전원은 미 공군의 청소년 예비 사관생 훈련 단인 JROTC (Junior Reserve Officers' Training Corps)에 가입하며 7~8 학년의 학생들은 상급생들과 달리 수정된 군사 훈련을 받는다. 장차 항공 조종에 많은 관심이 있는 학생들이 응시하기에 아주 이상적인 학교라 할 수 있다. 외국인 학생들을 위해 이 학교는 영어 프로그램(ESL), TOEFL 과정 등을 두고 있다. 총 30여 에이커의 캠퍼스에 18개 동의 건물이 들어서 있으며 2개의 운동구장, 2개의 테니스 코트장, 수영장, 에어컨시설을 갖춘 실내 체육관 등이 있다. 46명의 교사 중 18명은 석사 학위 이상의 학력을 소지하고 있다.

▎학생 수

총 472명의 학생들 중 330명이 기숙 생활을 하고 있으며 외국학생들은 전체의 10% 이며 이는 프랑스, 영국, 한국, 캐나다, 멕시코 등 다양한 나라에서 온 학생들로 구성되어있다. 학급 당 학생 수는 14명이고 교사와 학생의 비율은 1:11이다.

▎대학진학

62명의 학생들이 2006년에 졸업하였다. 모든 학생들이 본인이 계획했던 대로 대학에 진학하였으며 본교의 졸업생들은 또한 좋은 보수를 보장받고 군대나 항공기산업체로 진로를 결정하기도 한다. 졸업생들이 진학한 대학들은 다음과 같다.

Auburn University, Barry University, Embry-Riddle Aeronautical University, Florida Institute of Technology, Florida International University, University of Central Florida, University of Florida, US Air Force Academy, US Military Academy

FOUNTAIN VALLEY SCHOOL OF COLORADO

Contact : Mr. Randy Roach, Director of Admission	Add : 6155 Fountain Valley School Road, Colorado Springs, CO 80911
Tel : (719) 390-7035 Ext 251	Fax : (719) 390-7762
Email : admission@fvs.edu	URL : www.fvs.edu

▌개요

콜로라도(Colorado)주의 콜로라도스프링스(Colorado Springs)시에서 남동쪽으로 약 6킬로 정도 떨어진 곳에 위치하고 있는 이 학교는 1929년에 교육에 열의를 가진 일단의 독지가들에 의해 설립된 9~12학년의 남녀공학 학교이다. 미국의 유명한 철학자이자 교육자인 존듀이(John Dewey)는 이 학교 최초의 이사회 멤버 중의 한 명이었으며 그의 손자도 이 학교를 졸업하였다. 대학 진학을 위한 학습 프로그램과 함께 이 학교는 예술, 체육, 지역봉사, 자연탐구, 승마 등의 다양한 경험을 습득할 수 있도록 학생들에게 배려해준다. 한 때 목장(Ranch)이었던 곳을 개축하여 학교로 사용하고 있는 이 학교의 총 면적은 1,100에이커로 광활하며 그곳에는 17개 동의 건물, 새로 개축한 현대식 기숙사, 미술실, 도서관, 말 사육장 등 다양한 시설들이 들어서 있고 학교전체를 잇는 네트워크, 그리고 우수한 시설의 과학관 및 예술관은 이 학교의 자랑이다. 인상적이었던 것은 멀리 웅장한 자태를 드러내고 있는 로키 산맥이 멀리 바라다 보이는 것이었다. 총 48명의 교사 중 32명이 석사학위 이상의 학력 소지자이며, 그 중 30명이 캠퍼스 내에서 거주하고 있다.

▌학생 수

총 학생 수는 225명이고 그 중 기숙학생은 140명이다. 학급당 학생 수는 평균12명이며 교사와 학생 비율은 1대 5이다. 외국 학생의 비율은 전체 학생의 20%를 차지하며 이는 독일, 일본, 한국, 대만, 태국 등에서 온 학생들이다.

▌대학진학

본교의 학생들은 입학한 해부터 그들의 전공을 선택하고 학생주임과의 면담을 통해 조심스럽게 진로를 계획하면서 대학진학을 준비한다. 정식 진학상담은 11학년 때 시작된다. 가을마다 본교는 학생들이 대략 140여 개의 대학 입학 담당자들과 만남의 기회를 제공하는 대학 박람회를 연다. 학생들은 상담 교사와의 상담과 도서관에 비치된 대학 안내책자, 각종 소책자, 비디오, 다양한 컴퓨터 검색 프로그램, 대학지원 방법이 자세하게 설명된 안내서(Workbook)등을 통하여 직접적으로 대학진학에 관련된 정보를 얻는다. 상담교사는 Junior 학생들을 대상으로 개인적으로 혹은 소그룹으로 진학 상담을 한다. 또한 Senior(고교 3년 과정에 해당) 학년들에게는 그들 각각의 대학진학계획을 상세히 보완하고 다듬는 방식으로 지속적이고 자세하게 상담을 한다. 65명의 학생이 2006년에는 졸업을 하였고 이들 졸업생들의 SAT 언어영역의 평균점수는 585점, 수학영역 560점, 쓰기영역은 617점이다. 모든 졸업생들은 대학에 진학하였고 그 대학은 다음과 같다.

Brown, Boston Univ, Cornell, Colorado-Boulder, Denver, Michigan-Ann Arbor, Nevada-Las Vegas, NYU, Pennsylvania

 **FOX RIVER COUNTRY DAY SCHOOL**

Contact : Mr. Chuck Harvuot, Director of Admissions	Add : 1600 Dundee Avenue, Elgin, IL 60120
Tel : (847) 888-7910	Fax : (847) 888-7947
Email : admissions@frcds.org	URL : www.frcds.org

▎개요

한 때 시카고 주니어 스쿨(Chicago Junior School)로 불리어졌던 이 학교는 미국 제 3의 도시인 일리노이(Illinois) 주 시카고(Chicago)시에서 서쪽으로 약 65킬로 떨어진 소도시인 엘진(Elgin)에 위치하고 있다. 이 학교의 초기 설립 목적은 가정집 분위기와 같은 환경아래 학업적 소질이 있는 어린 남자 학생들에게 양질의 교육을 제공할 목적 으로 1913년 모리스 슈와바쳐(Morris Schwabacher)에 의해 설립되었다. 현재에는 남녀의 어린 초중학생들이 수학 을 하는 이 학교는 학생 개개인에게 지속적인 학업의 견지와 높은 도덕적 심성의 육성에 그 힘을 쏟는다. 예술감 상, 환경교육, 학교주변의 다양한 사회활동 등의 프로그램으로 학생들의 심신을 단련시키며 학교 프로그램은 향 후 상급학년에 올라가서 대학진학에 몰두하고자 하는 학생들을 위해 그 초점이 맞추어진다. 소수 정원의 학생들 로 수업이 진행되는 이 학교는 학생들이 근본적으로 이해하여야 할 지적 습득에서부터 심도 있는 교과과정을 이해할 수 있는 방법과 각 과목이 가지고 있는 주제별 내용의 정확한 이해 등을 중요시한다. 유아원부터 8학년까 지의 학생이 이 학교에서 수학을 하고 있으며 기숙 가능 학년은 초등학교 5학년부터이다. 53에이커에 달하는 캠퍼스에 딱히 두드러질만한 시설은 눈에 띄지 않으나 넓은 운동구장을 비롯해 하이킹 트레일, 실내 수영장, 실 내 체육관, 교사들을 위한 사택 등을 포함해 10개 동의 건물이 있으며 총 28명의 교사 중 10명이 석사학위를 소지하고 있다. 4 명의 선생님이 학생들과 함께 거주하고 있다.

▎학생 수

유치원생부터 8학년의 총 학생 수는 180명이고 이중 소수인 16명이 기숙생활을 한다. 따라서 소수의 외국 학 생들이 이 학교에서 공부를 하며 이들은 독일, 캐나다, 한국, 중국, 대만 등에서 온 학생들로 구성되어 있다.

▎상급학교 진학

학과를 담당하는 학생처장이 학생들의 상급학교 진학에 관한 전반적인 책임을 맡는다. 미국의 많은 사립학교 에서는 매년 이 학교를 방문하여 학교를 소개하는 기회를 갖고 이에 학부형과 학생들은 상급학교에 관한 정보를 입수하는 기회를 갖는다. 대다수의 졸업생들은 우수한 상급학교에 입학을 하며 최근 졸업한 학생들이 진학한 학교는 다음과 같다.

Berkshire School, Converse School, Lake Forest Academy, Elgin Academy, Wayland Academy, Suffield Academy

FOXCROFT SCHOOL

Contact	: Ms. Rebecca B. Gilmore, Director of Advancement	Add	: 22407 Foxhound Lane, Middleburg, VA 20118-5555
Tel	: (540) 687-4340	Fax	: (540) 687-3627
Email	: admissions@foxcroft.org	URL	: www.foxcroft.org

개요

워싱턴 디.시(Washington D. C.)에서 서쪽으로 약 80킬로 떨어진 버지니아(Virginia)주 소도시인 미들버그(Middleburg)에 위치한 이 학교는 1914년에 샤롯 헉스올 노랜드(Charlotte Haxall Noland) 여사에 의해 학업에 대한 확고한 의지, 용기, 인격 함양에 그 가치를 두고 설립된 여자 기숙학교이다. 쾌적한 교육 환경에서 우수한 교사의 지도아래 뛰어난 대학 진학에 몰입을 하는 이 학교의 학생들은 학업 교육뿐 만 아니라 여학생으로서 갖추어야할 기본적인 덕목을 가르치며, 이에 학생들은 사회 구성원의 한 일원으로서 자신의 맡은 바 역할을 수행해 나갈 수 있는 충분한 능력을 기르도록 해준다. 9~12학년, 그리고 PG 과정을 제공하는 이 학교는 500에이커에 달하는 넓직한 캠퍼스에 예술실, 암실, 과학관, 식물실 그리고 50,000여권의 장서를 소지한 미국 내에서도 몇 안되는 도서실 등 총 52개 동의 건물이 들어서 있다. 매 학기마다 댄스, 승마를 비롯해서 필드하키, 축구, 야구, 배구, 테니스, 라크로스 등의 운동 프로그램을 제공하여 학생들의 체력 연마에 힘을 쏟는다. 전체 50명의 교사 중 21명이 석사학위 이상의 학력을 소지하고 있으며 35명의 교사는 캠퍼스 내에서 생활하고 있다.

학생 수

총 학생 수는 190명이며 그 중 133명 기숙사생활을 하고 있다. 학급 당 학생 수는 10명이고 교사와 학생의 비율은 1대 7이며 한국, 일본, 에콰도르, 멕시코, 요르단 등에서 온 외국인 유학생은 전체의 15%이다.

대학진학

학생들은 11학년이 되면 진학지도 교사와의 상담을 통해 진학계획을 세우기 시작한다. 학생들은 자신에게 맞는 교과 커리큘럼과 과외활동을 선택하고 PSAT 시험을 준비한다. 매년 가을에는 50여 개 대학의 입학담당자들이 본교를 방문하여 학생들에게 입학 정보를 제공하는 설명회를 열고 학생들과 개인적인 상담을 하기도 한다. 상담 교사들의 도움으로 학생들은 11학년 중반에 이르러 자신이 가고자 하는 몇몇 대학을 선택한다. 학생들은 학교를 직접 방문하기도 하고, 진학시험을 준비하고, 에세이를 작성하고, 인터뷰에 대비를 하는 등 선택한 대학에 맞는 구체적인 진학준비를 하게 된다. 2006년 졸업생들의 SAT 언어영역의 평균점수는 620점이고 수학영역의 평균점수는 510점, 쓰기영역은 606점이다. 2007년 졸업생들은 국내 여러 대학에 진학하였는데 다음과 같다.

American, School of the Art Institute of Chicago, Boston Univ, Bryn Mawr, Carnegie Mellon, Cornell, Duke, Emory, Harvard, Johns Hopkins, Illinois Ur-Ch, Michigan, Northeastern, Parsons, Penn. State, Purdue, Syracuse, Virginia, Wake Forest, Worcester Poly

FRYEBURG ACADEMY

Contact : Ms. Stephanie S. Morin, Director of Admission		Add	: 745 Main Street, Fryeburg, ME 04037-1329
Tel : (207) 935-2013		Fax	: (207) 935-4292
Email : admissions@fryeburgacademy.org		URL	: www.fryeburgacademy.org

❚ 개요

메인(Maine)주에서 가장 오래된 기숙학교 중의 하나인 이 학교는 1792년 15명의 지역 유지에 의해 포틀랜드 (Portland)시에서 서쪽으로 약 1시간 여 거리에 있는 조용한 도시인 프라이어버그(Fryeburg)에 위치하고 있다. 이 학교는 정해진 틀에 의해 수업을 진행하기보다는 대학진학을 위한 과목 외에 예술, 비즈니스, 졸업 후 사회진출, 이중언어, 기술 등의 프로그램을 학생들에게 제공함으로써 학생들이 다양한 과목들을 선택할 수 있도록 하였으며 최근에는 음악, 드라마, 운동 이외에 아이스하키 팀을 창설하기도 하였다. 여느 학교와 마찬가지로 한 반의 학생 수는 과목에 따라 약간의 차이가 있으나 보통 8명에서 20명 사이이고, 기숙학생의 경우에는 교사의 지도하에 매주 일요일부터 금요일까지 오후 7:30부터 09:30 사이에 스터디 홀(Study Hall)이 주어진다. 이 학교가 위치하고 있는 도시는 주변에 산재해 있는 여러 지역에서의 레크리에이션 활동에 매우 이상적이며 학생들은 스키, 배구, 농구, 크로스컨츄리, 테니스, 골프 등의 각종 활동에 참여한다. 34에이커의 캠퍼스에 15개 동의 건물이 들어서 있으며 특히 학교의 본관으로 사용하는 건물에 각종 행정실과 교실들이 위치해 있다. 학년과정은 9~12학년, 그리고 PG 과정이 있다. 전체 교사 수는 64명이고 23명의 교사는 석사 학위 이상을 소지하고 있으며 그 중 25명이 교내 캠퍼스에서 거주한다.

❚ 학생 수

전체 학생 수는 685명이며 그 중 기숙학생은 137명이다. 학급 당 학생 수는 평균 15명이고 교사와 학생의 비율은 1대 10이다. 다양한 국적의 외국인 유학생은 전체 학생의 13%를 차지한다.

❚ 대학진학

오랜 경험을 가진 두 분의 입학담당 상담교사가 근무하는 진학상담 센터는 학생들이 일류 대학에 진학할 수 있도록 지원한다. 매년 각 대학의 입학 담당자들은 학교를 방문하여 자유롭게 학생들과 대학진학과 관련한 미팅을 한다. 2006년 졸업생은 158명이고, 이들이 진학한 대학은 다음과 같다.

Bentley College, Bentley College, Boston College, Boston University, Case Western Reserve University, Dartmouth College, Northeastern University, University of Maine, University of New Hampshire, University of Southern Maine, University of Vermont

 **GARRISON FOREST SCHOOL**

Contact	: Mrs. A. Randie Benedict, Director of Admissions	Add	: 300 Garrison Forest Road, Owings Mills, MD 21117
Tel	: (410) 363-1500	Fax	: (410) 363-8441
Email	: gfsinfo@gfs.org	URL	: www.gfs.org

▎ 개요

메릴랜드(Maryland)주의 볼티모어(Baltimore)시에서 북쪽으로 약 20킬로 떨어진 전형적인 전원도시인 오윙스밀스(Owings Mills)에 위치한 이 학교는 1910년에 메리 몽크리에프 리빙스틴(Mary Moncrieffe Livingston) 여사에 의해 설립된 여자 기숙학교이다. 지식의 함양, 열정, 봉사 등을 통해 올바른 인간의 자세를 확립하고 아울러 대학진학을 위한 교육의 전당으로 그 설립의 목표를 삼고 있는 이 학교는 학문의 전수라는 교육의 목표 이외에도 학생들에게 지적개발, 자신감 고취, 리더십 배양 등 학생들이 갖추어야 할 인간정신의 중요성을 함양시키는데 많은 노력을 기울이고 있다. 13개의 AP프로그램과 더불어 무용, 사진, 승마와 폴로를 포함한 다양한 운동경기는 이 학교의 큰 자랑이다. 목초지로 쌓여진 안락한 100에이커에 달하는 깨끗한 캠퍼스에 26개 동의 건물이 있는데 이에는 500석 규모의 극장, 16,000여권의 장서를 소지한 도서관, 컴퓨터실, 미술, 공예, 보석 디자인, 사진, 목공예 등을 배울 수 있는 미술관 등이 포함되어 있다. 주말에는 인근 볼티모어시에서 제공하는 연극, 영화, 음악 연주 등의 각종 문화 활동을 접하거나 교사와 각종 레크리에이션에 참가한다. 학년과정은 유치원에서 12학년까지이고 전교생이 한 캠퍼스에서 공부를 하기에 어린 아이들을 심심찮게 볼 수 있다. 기숙생활은 8학년부터 가능하다. 여자학교의 전형을 느낄 수 있는 우수한 시설을 가지고 있다. 총 교사 수는 96명이고 그 중 25명이 석사학위 이상의 학력 소지자이고 25명이 캠퍼스 내에 거주한다.

▎ 학생 수

총 699명중 상급학교 학생 수는 240이며 이 중 44명이 기숙사 생활을 하고 있다. 학급 당 학생 수는 14명이고 교사와 학생의 비율은 1대 8이다. 상급학생 중 외국 유학생의 비율은 약 5%이며 이는 바하마, 일본, 한국, 사우디아라비아, 태국 등에서 온 학생이다.

▎ 대학진학

진학지도는 11학년부터 시작이 되고 12학년 과정이 되면 구체적인 진학준비를 위한 주말 개인면담을 한다. SAT I에 대한 대비는 방과 후에 학생들에게 제공될 뿐만 아니라, 영어, 수학 등의 정규 교과 수업시간에도 이루어진다. 이 이외의 각종 시험을 준비하는 학생은 개인지도를 받는다. 10학년과 11학년 단계에서는 PSAT 시험을 본다.

2006년 졸업생 가운데 SAT 언어영역에서 600점 이상을 받은 학생은 50%이고, 수학영역에서 600점 이상 받은 학생도 50%에 이른다. 2006년 졸업생 44명은 모두 대학에 진학하였고 그 대학들은 다음과 같다.

College of Charleston, Dartmouth College, Georgetown University, Savannah College of Art and Design, Stanford University, University of Maryland, George Washington University, University of Virginia, Yale University

GEORGE SCHOOL

Contact : Mrs. Karen S. Hallowell, Director of Admission		Add	: 1690 Newtown-Langhorne Road, PA 18940-2414
Tel : (215) 579-6547		Fax	: (215) 579-6549
Email : admissions@georgeschool.org		URL	: www.georgeschool.org

개요

펜실베니아(Pennsylvania)주 필라델피아(Philadelphia) 근교 뉴타운(Newtown)에 위치한 이 학교는 1893년 설립 이래로 우수한 양질의 교육을 학생들에게 제공하고 있다. 9~12학년의 남녀공학 학교로 프렌즈(Friends)회에 속해있는데 이 학교는 필라델피아에 거주하는 프렌즈 교도들의 연례종교 모임에서 임명되어진 이 학교의 학교 협의회(George School Committee)에 의해 감독을 받는다. 이 학교는 다양한 AP과정 및 국제 대학진학 자격인 아이비(IB) 프로그램을 학생들에게 제공하며, 특히 2년 과정으로 이루어진 IB 프로그램을 이수한 학생들은 이 과정을 인정해 주는 전 세계 모든 대학에 지원이 가능하게끔 해준다. 대학 진학을 위한 일반의 교과 과정과 더불어 이 학교는 학생들에게 다양한 선택 과목들을 택할 수 있는 기회를 제공하고 있으며 이는 학생들이 여러 분야에서 다양한 지식을 습득할 수 있게 하는 계기를 마련한다. 특히 이 학교는 미국 내에서 최초로 국제 교류 학생 프로그램(International Exchanges) 및 AP(Advanced Placement)과정을 도입한 학교 중의 하나이다. 265에이커의 산림으로 둘러싸인 아름다운 캠퍼스에 18개 동의 건물이 있는데 이는 600여석 규모의 시청각실, 25,000여권의 장서를 소지한 도서관, 컴퓨터실, 학습실, 체육관 등을 포함한다. 총 교사 수는 84명이고 그 중 55명이 석사학위 이상의 학력 소지자이며 55명이 캠퍼스 내에 거주한다. 학교의 위치가 필라델피아에서 멀지 않은 관계로 한국 학생들이 많이 선호하는 학교 중의 하나이다.

학생 수

총 학생 수는 537명이고 그 중 기숙학생은 297명이며 학급당 학생 수는 14명이다. 교사와 학생의 비율은 1대 7이며 전체 학생 중 외국인유학생이 차지하는 비율은 18%로 이는 한국, 일본, 독일, 중국 등지에서 온 학생들이다.

대학진학

본교에는 2명의 상담교사가 진학지도를 담당한다. 학생들은 Junior(고교 2년 과정에 해당) 단계가 되면 자신의 관심분야와 능력을 고려하여 상담교사의 도움을 받으며 대학진학 준비를 하게 된다. 2006년 졸업생 중 138명이 졸업을 하였고 모두 대학에 진학을 하였다.

최근 많은 학생들이 진학한 대학들을 살펴보면 다음과 같다.

Boston University, Connecticut College, Emory University, Franklin and Marshall College, George Washington University, Georgetown University, Guilford College, Johns Hopkins University, McGill University, New York University, Smith College, University of Pennsylvania

 **GEORGETOWN PREPARATORY SCHOOL**

Contact : Mr. Michael J. Horsey, Dean of Admission		Add	: 10900 Rockville Pike, North Bethesda, MD 20852-3299
Tel	: (301) 214-1215	Fax	: (301) 493-6128
Email	: admission@gprep.org	URL	: www.gprep.org

개요

역사적 뿌리를 조지타운 대학(Georgetown University)에서 찾아볼 수 있는 이 학교는 메릴랜드(Maryland)주 노스 베데스다(North Bethesda)에 위치하고 있는 가렛(Garrett)공원 내의 부지에 자리잡고 있으며 워싱턴 디시 (Washington D. C.)에서도 가까운 거리에 위치하고 있어 광역 전철인 광역지하철인 'Metro Subway'로도 학교에 다다를 수 있어 학생들에게 D. C. 내에 위치하고 있는 각종 역사 건물 및 박물관 등을 접할 수 있는 기회를 제공한다는 큰 이점이 있다. 1789년에 조지타운 대학의 캠퍼스 내에 처음 세워진 이 남자 기숙학교는 현재의 위치로 이전을 하였으며 9~12학년의 학생들이 재학하고 있는, 미국에서 가장 오래된 남학교 중의 하나이다. 또한 이 학교는 미국 내 45개 기독교계열의 학교 중의 하나로 유일한 예수회 기숙학교이다. 뛰어난 대학 진학률과 미국 내에서 인정된 각종 예술 및 테니스, 골프, 실내 수영 등의 운동 프로그램은 이 학교의 큰 자랑거리이다. 500석이 넘는 공연장, 예술관, 과학 실습실, 그리고 전 건물을 연결하는 인터넷시설들은 학생들이 최상의 환경에서 최고의 교육기회를 제공받는 바탕이 된다. 기독교 학교답게 정의와 사랑을 강조하며 학생들에게는 정신적, 도덕적, 가치관을 심어준다. 학생들과 교사 간 애정을 주고받으며 가족과도 같은 학교분위기를 자아낸다. 90에이커의 캠퍼스에 7개 동의 건물이 위치한다. 전체 교사 수는 53명이고, 이 중 45명이 석사학위 이상의 학력 소지자이며 17명이 학교 내 캠퍼스 내에서 거주한다.

학생 수

총 학생 수는 450명이고 이 중 기숙사 생활을 하는 학생은 101명이다. 학급 당 학생 수는 15명이고 교사와 학생의 비율은 1대 8이다. 독일이나 인도네시아, 멕시코, 파나마, 한국, 영국 출신의 해외 유학생이 전체의 13%를 차지한다.

대학진학

본교의 진학상담 센터에는 3명의 상담교사가 있으며 이들은 학생들이 대학을 선택하고 진학준비를 하는 과정을 지속적으로 도와주고 있다. 상담센터는 학생들이 진학정보를 항상 열람할 수 있도록 100여 개 대학의 안내책자, 200여 개 대학의 모습을 담은 비디오, 정보검색이 가능한 컴퓨터실을 운영하고 있다. 매년 가을 100여 개의 대학에서 입학 담당자들이 본교를 방문하여 학생들과 인터뷰를 하기도 하고 진학정보를 제공하고 있으며, 학생들은 지역에서 열리는 대학 박람회를 방문하여 직접 정보를 얻기도 한다. 2006년 졸업한 104명의 학생들 전원이 대학에 진학했으며 SAT의 언어영역에서 600점 이상을 받은 학생은 71%이고 수학영역에서 600점 이상을 받은 학생은 67%로 아주 우수하다. 본교의 학생들이 2006년 진학한 대학들은 다음과 같다.

Cornell, Duke, Georgetown, Harvard, Maryland, Princeton, Virginia, Yale

GILMOUR ACADEMY

Contact	: Mr. Steve M. Scheidt, Director Admission	Add	: 34001 Cedar Road, Gates Mills, OH 44040-9356
Tel	: (440) 473-8050	Fax	: (440) 473-8010
Email	: admissions@gilmour.org	URL	: www.gilmour.org

개요

오하이오(Ohio)주 클리블랜드(Cleveland)시 중심에서 약 35킬로 떨어진 게이트밀스(Gates Mills)에 위치한 남녀공학의 가톨릭 기숙학교이다. 이 학교는 유치원부터 12학년까지의 학생들을 받아들이며, 저학년 학생들에게 몬테소리(Montessori)식 교육 프로그램을 제공하고 있으며, 기숙사 생활은 7학년부터 가능하다. 1946년도에 예수회 단원들(Brothers of Holy Cross)에 의해 설립되었으며 그 기원은 노트르담 대학(University of Notre Dame)의 입학을 위한 준비학교로 그 출발을 하였다. 이 학교는 학생들에게 지적, 정신적, 도덕적, 사회적 그리고 신체의 올바른 성장을 개개인의 학생들에게 강조하며 학생들은 다양한 주제를 통한 학업 방식에 의해 자신들의 학업적인 면을 성숙시켜 나간다. 재학 학생 개개인에게 자신감, 학업수행 능력의 고취 등을 심어줌으로서 대학을 진학하는데 많은 밑거름을 줄 수 있는 기반을 마련해 준다. 모든 학생들에게 스포츠를 통해 심신을 단련하도록 독려를 하는 이 학교는 축구, 배구, 농구, 테니스, 골프, 스케이트, 수영, 레슬링, 하키 등을 할 수 있는 기회를 제공한다. 총 144에이커에 달하는 캠퍼스에 15개 동의 건물이 들어서 있으며, 신부님을 포함한 총 92명의 교사가 학생들을 지도하며 이 중 47명은 석사학위 이상의 학력 소지자이며 11명은 캠퍼스 내에서 거주하고 있다.

학생 수

총 760명이 재학하고 있으며 그 중 50명이 기숙사 생활을 하고 있다(학교 기숙시설 상 50명 이상을 수용할 수 없다). 학급 당 학생 수는 15명이며 교사와 학생의 비율은 1대 10이다. 전체 상급학생 수 중 약 7%가 외국인 학생이며 이는 중국, 일본, 멕시코, 한국 출신이다.

대학진학

진학지도 프로그램은 9학년(중등 3년 과정에 해당)부터 시작하여 학년이 올라갈수록 구체적이고 정확한 프로그램이 진행된다. 학생들은 자신의 재능 및 관심 영역과 들어맞는 대학을 선택할 수 있도록 정보를 열람하고 개인 상담을 진행하는 등 구체적인 계획 속에서 진학준비를 한다. 지난 5년간 378명의 졸업생들은 법학, 의료, 영화, 컴퓨터, 방송 등 여러 분야의 전공을 택하여 대학에 진학하였다. 또한 지난 6년간 본교 졸업생들은 6백만 달러 상당의 장학금 혜택을 받는 등 우수한 성적으로 진학하였다.

2006년 졸업생의 SAT 언어영역 평균점수는 637점이고 수학영역의 평균점수는 624점이다. 졸업생 중 55%가 언어영역에서, 48%가 수학영역에서 각각 600점 이상을 받았다. 2006년도 졸업생들이 진학한 대학은 다음과 같다.

Boston Coll, Boston Univ, Case Western Reserve, Cornell, Duke, Fordham, Georgetown, Johns Hopkins, Miami, MIT, Princeton, Rice, Notre Dame, Vanderbilt

GOULD ACADEMY

Contact : Mr. Chip Audett, Director of Admissions	Add	: 39 Church St., Bethel, ME 04217-0860
Tel : (207) 824-7777	Fax	: (207) 824-2926
Email : chip.audett@gouldacademy.org	URL	: www.gouldacademy.org

▎개요

메인(Maine)주의 소도시인 베델(Bethel)에 위치하고 있는 이 학교는 대학준비를 위한 학업의 장으로 1836년에 설립된 남녀공학의 기숙학교이다. 9~12학년과 PG 과정을 제공하고 있는 이 학교는 소수의 학생을 제외하고는 전원 기숙사 생활을 하고 있다. 이 학교의 근본 취지는 학생들이 학교 내에서 서로 생활하며 성숙된 한 인간으로 성장하기 위한 이상적인 교육환경을 제공하여 상호협동의 정신을 함양하기 위한 것이다. 해외여행, 방과 후의 각종 활동, 자연과학의 프로그램을 통해 학생들은 학과과목 이외의 다양한 산교육을 체험하게 되고, 학교 근처에는 우리나라의 설악산과 비교를 할 수 있는 화이트 마운틴(White Mountain)이 위치하고 있으며 주변의 많은 스키 리조트에서 학생들은 스키 및 스노우보드를 즐길 수 있다. 총 면적 456에이커의 광활한 캠퍼스에 30개 동의 건물이 들어서 있는데 이는 13,000여권의 장서를 소지한 도서관, 4개의 과학관, 암실, 컴퓨터실, 예술관 등을 포함한다. 전체 교사 수는 44명으로 이 중 25명이 석사학위 이상의 학력 소지자이고 32명은 학교 내 캠퍼스에 거주하고 있다.

▎학생 수

총 학생 수는 244명이고, 그 중 기숙학생은 173명이다. 학급 당 학생 수는 12명이고 교사와 학생의 비율은 1대 6이다. 외국인 학생은 전체의 20%로 캐나다, 중국, 독일, 한국, 일본, 홍콩 등지에서 온 학생들로 구성되어 있다.

▎대학진학

고2 과정에 해당하는 Junior 단계에서부터 개인 상담이나 진학준비, 미팅 등의 본격적인 진학준비 프로그램이 시작된다. 상담교사는 고 3과정에 해당하는 Senior 단계의 학생들의 지원 서류를 작성, 논술시험에 대한 대비, 대학을 직접 방문하는 등의 일에 도움을 준다. 학생들은 또한 학교를 방문하는 각 대학 입학 담당자들과 만나 인터뷰를 하는 기회도 가진다. 매년 봄에는 진학준비에 관심이 많은 학부형들을 학교로 초청하여, 논술은 어떻게 쓰는가? 인터뷰는 어떻게 하는가? 등의 주제를 선정하여 자녀들의 진학에 관련된 다양한 워크숍(Workshop)을 진행한다.

2006년 63명의 졸업생 가운데 대다수의 학생들이 대학에 진학하였고, 그 대학들은 다음과 같다.

Bentley College, Lewis & Clark College, Rochester Institute of Technology, Saint Michael's College, University of Illinois at Urbana-Champaign, University of Maine, University of Vermont

GOVERNOR"S ACADEMY (GOVERNOR DUMMER ACADEMY)

Contact	: Mr. Peter T. Bidstrup, Director of Admissions	Add	: 1 Elm Street, Byfiled, MA 01922
Tel	: (978) 499-3120	Fax	: (978) 462-1278
Email	: admissions@thegovernorsacademy.org	URL	: www.gda.org

▎ 개요

최근에 거버너 더머(Governor Dummer)에서 거버너스(Governor's)로 개명한 이 학교는 1763년 매사추세츠만 (Massachusetts Bay)에 근무했던 거버너 윌리엄 더머(Govenor William Dummer) 육군 중령의 교육에 관한 열정에 의해 보스턴(Boston)에서 북쪽으로 약 50킬로 떨어진 비필드(Byfield)에 설립이 되었다. 9~12학년의 학생들이 공부 하는 기숙학교인 이 학교는 대학에 진학을 하고자 하는 학생들에게 교육의 근본과 체계를 가르침으로서 학생들 이 향후 우수한 대학에서 자신의 능력을 발휘할 수 있는 기반을 다듬어 준다. 오랜 역사를 자랑하는 이 학교는 대학진학에 필요한 다양한 과목 외에 예술, 과학, 역사, 언어 등 학생들이 필히 갖추어야 할 필수 과목들도 제공 하고 있다. 방대한 도서시설과 현대식 수학관 및 과학관은 최근에 설립되었으며 터프스 대학(Tufts University)과 연계한 공동 프로그램인 '사이언스 2000(SCIENCE 2000)'을 포함한 각종 AP과정 및 영어, 수학, 미국사, 과학, 불어, 독어 등 다양한 프로그램에 학생들은 적극적으로 참가하고 있다. 학교의 수업은 60분 또는 90분으로 이루어지는 유동성 있는 형태로 주어지며 매일 최소 1시간 이상의 자유수업(Free period)을 학생들에게 할당하여 학생들이 학과 준비에 만전을 기할 수 있도록 한다. 주요 스포츠를 통한 학생들의 단체시합에도 그 중요성을 강조하는 이 학교는 대다수의 학생이 최소한 한 종목 이상의 스포츠에 참가하기를 희망하며, 이를 통해 학생들은 각자의 심신을 단련한다. 450에이커의 캠퍼스 안에 40개 동의 건물이 자리잡고 있는데 이는 365석의 시청각실, 컴퓨터 실, 어학실습실, 예술실, 사진실, 도서관, 체육관, 학생 라운지 등을 포함한다. 총 60명의 교사진 중 40명이 석사학 위 이상의 학력 소지자이며 55명은 교내 캠퍼스에 거주한다. 참고로 이 학교는 우리나라 최초 유학생 1호인 고 유길준 박사님이 다녔던 학교이기도 하다. 짜임새 있는 시설과 교과과정으로 한국 학생들이 아주 선호하는 학교 중 하나이다.

▎ 학생 수

총 재학생 수는 376명이며 이중 기숙학생은 244명이다. 한 학급 당 학생 수는 12명이며 교사와 학생의 비율은 1: 5이다. 외국 학생은 전체 학생 중 약12%를 차지하는데 이는 캐나다, 중국, 독일, 한국, 사우디아라비아 출신으 로 구성되어 있다.

▎ 대학진학

졸업 학생들의 진학을 상담하는 교사와 전문가들이 진학준비 프로그램을 제시하고 학생들에게는 자신에게 적합한 대학을 찾을 수 있도록 조언한다. 상담교사, 학부모, 교사진은 다함께 학생들의 진로에 관해 유기적인 관계를 갖고 학생들의 진학에 많은 조언을 아끼지 않는다. Junior(고교 2학년에 해당) 단계부터 학생들은 수차례 상담교사와 면담을 하고 대학진학에 대한 준비, 방안, 전략 등의 세부계획을 세운다. 매년 봄에 대학입학 담당자 들이 강연자로 초빙되는 대학 박람회인 컬리지 데이(College Day)도 본교 진학 프로그램의 하나이다. 매년 100여

개 이상의 대학에서 입학 담당자들이 학교를 방문한다.

　본교는 진학, 장학금 제도 등 대학에 대한 정보를 항상 열람할 수 있도록 하고 있는데, 도서관에 컴퓨터 검색 프로그램은 물론이고 약 200여 개 대학의 전경을 감상할 수 있는 비디오, 대학 안내 책자들을 비치하여 언제나 학생들이 이용을 가능하게 한다. 2006년 졸업생의 SAT 언어영역의 평균점수는 577점이고 수학영역의 평균점수는 612점, 쓰기영역은 591점이다. 각 영역별로 600점이 넘은 학생은 언어영역이 37%, 수학영역이 50%, 쓰기영역이 41%이다.

　본교의 2006년 졸업생 92명 전원이 원하는 대학에 진학하였다. 지난 3년간 이 학교를 졸업한 학생들이 입학한 대표적인 학교는 다음과 같다.

American University, Boston University, Brown University, Carnegie Mellon University, Fordham University, Georgetown University, Hobart and William Smith College, MIT, NYU, Northeastern University, Providence College, Rensselaer Polytechnic University, University of New Hampshire, University of Pennsylvania, Williams College

THE GRAND RIVER ACADEMY

Contact	: Mr. Sam Corabi, Director of Admissions	Add	: 3042 College Street, Austinburg, OH 44010
Tel	: (440) 275-2811	Fax	: (440) 275-1825
Email	: admissions@grandriver.org	URL	: www.grandriver.org

▍개요

　오하이오(Ohio)주 클리블랜드(Cleveland)에서 동쪽으로 약 80킬로 떨어진 자그마한 시골마을인 오스틴버그 (Austinburg)에 자리잡고 있는 이 학교는 1831년에 그랜드 리버 인스티튜트(Grand River Institute)로 그 출발을 이루 었으며 이후 1933년에 기숙이 제공되는 초등학교로 탈바꿈을 한 뒤 이후 60년대 초에 상급학년 프로그램이 추가 되면서 자연스레 초등학교 프로그램을 폐지하였으며 현재는 9~12 학년과 PG 과정을 두고 있는 남자 기숙학교 로 정착을 하게 되었다. 이 학교의 주된 교육방침은 지적, 사회적, 육체적 성장을 위한 자유로운 환경에서 학생들 이 각각의 책임성과 교육열을 함양시킨다는 점에 있다. 소규모 수업, 세심한 교육관리, 일과 후의 규칙적인 자율 학습 등을 통해 학생들은 학업의 증진에 많은 노력을 경주한다. 학생들을 위한 학교의 배려는 남다른데, 주중의 일과뿐 아니라 주말에도 이 학교는 학생들을 위해 각종 다양한 프로그램을 제공하는데 이는 연극관람, 영화 감 상, 하이킹, 승마, 스키 등의 각종 활동이 포함된다. 또한 여름방학을 이용한 하계 프로그램(Summer Program)을 주관하여 학생들에게 ESL, 미술, 사진, 컴퓨터, 다양한 대학입학과 관련된 시험 준비 등의 과정을 제공하고 있다. 총 면적 150에이커의 캠퍼스에 9개 동의 건물이 들어서 있으며, 총 24명의 교사진 중 10명이 석사학위 이상의 학력을 가지고 있다. 23명의 교사는 교내 캠퍼스에서 거주한다.

▍학생 수

　총 학생 수는 118명이고 전원 기숙사에서 생활한다. 학급 당 학생 수는 7명이며 학생과 교사와 비율은 1대 6이다. 외국 유학생은 전체의 13%로 이는 한국, 러시아, 사우디아라비아, 대만 등에서 온 학생들로 구성되어 있다.

▍대학진학

　대학입학을 위한 진학지도는 Junior(고교 2년 과정에 해당) 단계부터 시작되고, 이때부터 학생들은 대학에 진학 하기 전까지 정기적이고 구체적인 진학상담을 하게 된다. 학생들은 도서관에 항상 구비된 대학 안내책자와 학교 를 방문하는 대학입학 담당자들과의 만남을 통해 직접적인 정보를 얻게 된다. 또한 Senior(고교 3학년 과정에 해 당) 단계가 되기 전 방학기간을 이용해 학생들은 본인이 희망하는 대학들을 방문하기도 하여 학교에 관한 구체적 인 정보를 입수하기도 한다.

　2006년 본교의 33명의 졸업생 가운데 전원이 대학에 진학하였고 그 대학은 다음과 같다.

　Baldwin-Wallace College, Case Western Reserve University, Indiana University Bloomington, Lynn University, John Carroll University, The University of Texas at Austin

THE GRIER SCHOOL

Contact	: Mr. Andrew M. Wilson, Assistant Head of School	Add	: Rt. 453, Tyrone, PA 16686
Tel	: (814) 684-3000	Fax	: (814) 684-2177
Email	: admissions@grier.org	URL	: www.grier.org

▎개요

펜실베니아(Pennsylvania)의 아름다운 도시인 피츠버그(Pittsburgh)에서 동쪽으로 약 2시간 정도 가다보면 타이론(Tyrone)이라는 자그마한 도시가 나오고 그 도시 외곽에 300에이커의 캠퍼스를 가진 이 학교가 위치하고 있다. 1853년도에 마운튼 여자 신학교(Mountain Female Seminary)로 설립되어 3년 후인 1857년에 현재 이 학교의 이름이기도 한 리뮤엘 그리어(Dr. Lemuel Grier) 박사에 의해 지금의 모습을 갖추게 되었다. 이 여학교는 안정된 환경에서 여학생이 갖추어야 할 전인 교육에 힘을 쏟고 있으며 이 학교의 장점은 학생 개개인에 맞는 능력별 편성 학급에 있다. 즉, 우수한 학업 실력을 가진 정규 대학진학을 목표로 하는 학생 대상의 프로그램, 그 보다 약간 낮은 실력을 가진 학생으로서 대학진학을 목표로 하는 학생의 프로그램, 그리고 다소 성적이 부진한 학생들을 위한 집중적인 대학진학을 위한 프로그램 및 외국 학생들을 위한 대한진학 프로그램 등 다양한 레벨의 교육과정을 두고 있다. 하얀색으로 칠해진 학교 건물들은 첫 인상이 깔끔하다는 느낌을 주고 교내 언덕에는 승마를 위한 시설 및 말 보관소가 있다. 이 학교에서 그다지 멀지 않은 곳에는 펜실베니아 주립대학(Pennsylvania State University)이 위치하고 있기도 하며 이 학교의 학년과정은 7~12학년과 PG 과정이 있으며 전체 교사 38명 중 11명이 석사학위 이상의 학력을 소지하고 있다. 전체 교사 중 17명은 교내 캠퍼스에 거주하고 있다.

▎학생 수

총 학생 수는 200명이며 학생 전원이 기숙사 생활을 하고 있다. 학급 당 학생 수는 평균10명으로 교사와 학생의 비율은 1대 6이다. 외국인 학생은 전체 학생의 약 35%를 차지하며 이는 한국, 일본. 멕시코, 대만, 사우디아라비아 등에서 온 학생들이다.

▎대학진학

본교의 진학상담 교사는 2명이다. Junior(고교 2년 과정에 해당) 2학기부터 학생들은 대학진학 정보를 수시로 접할 수 있도록 정기적인 진학지도 과정을 시작한다. 학생들은 상담을 하고 대학에 대한 정보를 수집하고 방학기간 동안 직접 대학을 방문하기도 하면서 자신이 원하고 자신에게 적합한 대학을 선택해 나간다. Senior(고교 3년 과정) 단계가 되자마자 학생들은 진학하고자 하는 대학을 최종적으로 결정한다.

2006년 졸업생의 SAT 언어영역의 평균점수는 520점이고 수학영역의 평균점수는 550점이다. 응시생의 25%가 언어 영역에서 600점 이상을 취득하였으며 15%가 수학 영역에서 600점 이상을 취득하였다. 2006년 졸업생들이 진학한 대학은 다음과 같다.

Brigham Young University, Duquesne University, Lynn University, Pennsylvania State University, Ropon College, University of Michigan, University of Wisconsin at Madison

GROTON SCHOOL

Contact : Mr. Ian M. Gracey, Director of Admissions	Add : 282 Farmers Row, Groton, MA 01450
Tel : (978) 448-7510	Fax : (978) 448-9623
Email : admission_office@groton.org	URL : www.groton.org

▌ 개요

불필요한 수식어가 굳이 필요 없는 이 학교는 1884년 지덕체를 함양하여 대학진학의 목표뿐만 아니라 사회에서 요구되는 우수한 인재 양성에 그 목적을 둔 엔디오트 피바디(Endiott Peabody) 신부에 의해 매사추세츠(Massachusetts)주 보스턴(Boston)에서 북서쪽으로 약 60여 킬로 떨어진 그라튼(Groton)이라는 도시에 설립되었다. 인격(Character), 지성(Intelligence) 그리고 리더십(Leadership)을 그 모토로 하는 이 학교의 주된 설립 목적은 우수한 교육, 지적성장, 높은 수준의 윤리관, 스포츠맨쉽, 그리고 지역 사회의 봉사에 그 근간을 두고 있다. 이 학교에 재학하고 있는 학생들에게서 찾을 수 있는 하나의 공통된 개성은 리더십에 대한 기대감이다. 8~12 학년의 학생들로 구성되어 재학하고 있는 학생들은 학교에서 요구되는 모든 분야에서 각자의 책임을 맡으며 이러한 각자의 역할은 졸업하는 학생들이 학교생활의 전반적인 일정에 투철한 책임의식을 익힐 수 있도록 한다. 결국 학생들에게 부과되는 학교의 이러한 책임제도는 향후 학생이 사회에 진출을 하여 정치, 경제, 사회, 문화 등의 전반적인 분야에서 선두의 반열에 들 수 있게 하는 자질을 개발해주는데 있다고 할 수 있다. 결론적으로 이 학교의 교육 이념은, 대학 진학만을 위한 교육 프로그램보다는 대학 진학 후 지성인으로서 갖추어야 할 지식 함양에 그 역점을 둔다고 할 수 있다. 355에이커에 달하는 캠퍼스에 대부분의 중요한 수업들이 이루어지는 수업관(Schoolhouse), 46,000 여권의 장서와 140여종의 정기 간행물이 비치된 도서관 등을 포함한 17개 동의 건물이 있고, 총 교사 수는 66명이며 그 중 48명이 석사학위 이상의 학력 소지자이고 63명이 교내 캠퍼스에 거주한다.

▌ 학생 수

총 학생 수는 361명이며 그 중 기숙사생활을 하는 학생은 319명이다. 학급 당 학생 수는 평균 13명이고 교사와 학생의 비율은 1대 6이다. 외국학생의 비율은 전체 학생의 약 12%를 차지하며 이는 한국, 홍콩, 중국, 태국, 영국 등에서 온 학생들이다.

▌ 대학진학

본교에서는 2명의 교사가 학생들의 진학지도를 담당하고 있다. 교사들은 학생들이 어떤 대학을 선택할 지 앞으로의 진로에 대한 상담을 하고 있다. 2006년 기준 SAT의 평균 점수는 언어영역은 680점, 수학영역은 700점, 쓰기영역은 690점으로 매우 우수하다. 응시생의 81%가 언어 영역에서, 91%가 수학 영역에서 600점 이상을 취득하였다. 2006년 졸업생 82명중 80명이 대학에 진학하였다. 지난 5년간 이 학교를 졸업한 학생들이 진학한 대학과 수를 차례로 나열하면 다음과 같다.

Harvard(27), Princeton(23), Brown(19), Georgetown(18), Trinity(15), Vanderbilt(15), Yale(14), Virginia(13), Bowdoin(11), Cornell(9), Columbia(8), Tufts(8), Williams(6)

THE GUNNERY

Contact : Mr. Thomas W. Adams, Director of Admissions		Add	: 99 Green Hill Road, Washington, CT 06793
Tel : (860) 868-7334		Fax	: (860) 868-1614
Email : admissions@gunnery.org		URL	: www.gunnery.org

▌개요

흔히 아름다운 캠퍼스로 미국 동부에서 잘 알려진 이 학교는 코네티컷(Connecticut)주의 하트포드(Hartford)시에서 서쪽으로 약 1시간 반 정도 거리인 워싱턴(Washington)이라는 자그마한 시골 도시에 위치하고 있다. 교육에 많은 열망을 가지고 있던 프레드릭 건(Frederick Gunn)에 의해 1850년에 설립되어진 이 남녀공학의 학교는 자유로운 환경 속에서 교사와 학생간의 친밀한 유대관계 하에 학생들이 갖추어야 할 제반 지식의 함양에 그 역점을 두고 있다. 우수한 학교시설과 최근에 개설한 학생들을 위한 정보통신 분야는 이 학교의 큰 자랑거리이다. 학생 개개인의 지덕체 개발뿐만 아니라 재학하고 있는 같은 급우와 교사들과의 긴밀한 관계에도 역점을 두는 이 학교는 특히 학생들을 위한 철저한 관리, 방과 후의 철저한 자율 학습 등 학생이 대학진학에 필요한 전반적인 프로그램을 제공함으로써 대다수의 학생들은 안정된 환경 속에서 자신의 진로에 노력을 기울인다. 14,000여권의 장서와 75종의 정기 간행물을 비치한 도서관, 실내 체육관, 현대시설을 갖춘 양호실, 과학관, 예술실 등의 학교 건물들이 220에이커의 캠퍼스에 들어서 있으며 특히, 학교를 둘러싼 짙은 색의 돌담은 퍽이나 인상적이며 마치 제주도에서 본 돌담을 연상시킨다. 9학년부터 12학년, 그리고 PG 과정을 두고 있으며 전체 교사진 50명 중 26명이 석사학위 이상의 학력 소지자이다. 39명의 교사는 학교 내 캠퍼스에서 거주한다.

▌학생 수

총 학생 수 295명 중 207명이 기숙사 생활을 하며 나머지 학생은 통학을 한다. 한 학급당 평균 학생 수는 14명이고 교사와 학생 비율은 1대 7이다. 약 14%의 학생은 한국, 멕시코, 일본, 브라질, 독일 등에서 온 외국 학생들이다.

▌대학진학

신중하고 체계적인 진학상담은 1명의 전문교사와 1명의 보조교사의 도움으로 고2 학년 1학기말부터 시작을 한다. 학생들의 학교생활 기록과 성적, 과외활동 등이 반영되어져 학부모가 동참한 가운데 진학할 대학 리스트를 정리하게 된다. 고2나 고3 과정의 학생들은 매년 가을 학교를 방문한 각 대학의 대표들과 인터뷰할 수 있는 기회를 가진다. 학생들 스스로도 진학할 학교에 대해 정보를 수집하고 방문하고 대학 박람회에 참여하는 등 진학을 위한 노력을 한다. 고3 학년이 되면 학생들은 응시하고자 하는 대학 진학 리스트를 재점검하며 적어도 1학기말까지는 대략 7개의 대학에 지원서를 작성하게 된다. 2006년 83명이 대학에 진학하였다. 지난 3년간 이 학교를 졸업한 학생의 대학 명단은 다음과 같다.

American, Azusa Pacific, Baldwin-Wallace, Boston Coll, Brandeis, Drew, Duke, Emory, GIT, Indiana, Johnson & Wales, Michigan, NYU, Northeastern, Penn. State Univ, Rochester, Syracuse, Tufts, Villanova, Wisconsin-Madison, Yale

HACKLEY SCHOOL

Contact	: Mr. Arthur L. Crimmins, Director of Admissions	Add	: 293 Benedict Avenue, Tarrytown, NY 10591
Tel	: (914) 366-2642	Fax	: (914) 366-2636
Email	: admissions@hackleyschool.org	URL	: www.hackleyschool.org

▌개요

뉴욕(New York)시에서 북쪽으로 약 40킬로 떨어진 뉴욕과 뉴저지 주의 경계를 이루는 허드슨(Hudson)강이 바라다 보이는 테리타운(Tarrytown)시의 삼림으로 덮인 언덕에 위치한 이 학교는 1899년 캐럽 브리스터 해크리(Caleb Brester Hackley) 여사가 설립한 학교로 설립 당시에는 남자 기숙학교로 출발했었으나 1970년부터 여학생을 받아들이기 시작한 남녀공학 기숙학교이다. 대다수의 졸업생들이 아이비리그(Ivy League)를 포함한 명문 대학에 입학할 정도로 우수한 학생들이 많이 재학하고 있는 이 학교는 다양한 교육 프로그램, 우수한 교사진, 뛰어난 스포츠 프로그램을 자랑하고 있다. 학교 개개인을 위한 세심한 배려, 소규모 수업, 학생을 위한 학부형과의 긴밀한 연락, 교내 외를 통한 학생과 교사의 친밀한 인간관계 등은 학생이 안심하고 학업에 전념할 수 있도록 한다. 스포츠 또한 이 학교가 내세우는 장점 중의 하나인데 학생들은, 배구, 크로스컨츄리, 펜싱, 축구, 스쿼시, 수영, 테니스 등의 운동을 통해 심신을 단련시킨다. 학생들을 위해 해외로의 여행도 준비하고, 유명 인사들을 학교로 초대해서 그들로부터 연설을 듣기도하는 등 학생들의 정서 함양에도 부단한 노력을 기울인다. 매년 여름에는 하계 프로그램을 개설하여 작문, 역사 그리고 과학 등의 과목뿐만 아니라 외국학생들을 위한 영어연수(ESL) 과정을 제공하고 있다. 유치원부터 12학년까지의 학생이 재학 중이며 이 중 기숙 가능한 학년은 9학년부터이다. 285 에이커의 캠퍼스에 15개 동의 건물이 있다. 총 교사 115명 중 42명이 석사학위 이상의 학력 소지자이고 50명의 교사는 교내 캠퍼스에서 생활한다.

▌학생 수

총 학생 수는 808명이고 30명이 기숙사 생활을 한다. 학급 당 학생 수는 평균 15명으로 교사와 학생의 비율은 1대8이다. 외국 유학생은 약 2%이고, 이들은 일본, 한국 등에서 온 학생들로 구성되어 있다.

▌대학진학

3명의 전문적인 진학상담 교사들이 학생들의 진학준비를 돕고 있다. 2006년 졸업생 86명 전원이 대학에 진학하였고. SAT 언어영역 평균점수는 669점이고 수학영역의 평균점수는 658점으로 상당히 우수하다. 80%의 학생이 언어영역과 수학영역에서 600점이 넘었고, 다음과 같은 대학에 진학하였다.

Boston University, Columbia University, Cornell University, New York University, Princeton University, University of Pennsylvania

THE HARVEY SCHOOL

Contact : Mr. Ronald H. Romanowicz, Director of Admissions	Add : 260 Jay Street, Katonah, NY 10536
Tel : (914) 232-3161	Fax : (914) 232-6034
Email : romanowicz@harveyschool.org	URL : www.harveyschool.org

▌개요

뉴욕(New York)시에서 북쪽으로 약 65킬로 떨어진 카토나(Katonah) 지역에, 100에이커의 삼림으로 덮인 캠퍼스를 가진 이 학교는 7에서 12학년의 주 5일제의 기숙학생이 재학중인 남녀공학 학교이다. 통학학생의 경우는 6에서 12학년의 학생이 입학한다. 1916년에 설립된 이 학교의 근본 취지는 진취적인 학업, 헌신적인 교사의 배려, 학과 이외의 다양한 프로그램을 통한 학생들의 교육발전에 있다. 기본적으로 이수해야 할 학과목 이외에 학생들은 각자의 취향에 맞는 프로그램을 선택할 수 있다는 장점도 있다. 학생들의 지적 개발에만 관심을 두지 않고 지덕체의 함양에도 많은 노력을 경주한다. 모든 학생은 학교에서 주어진 각종 체육 활동에 참여를 하고 "연습을 했으면 경기를 하여라"라는 학교의 주장대로 어떤 한 분야의 스포츠에 관심이 있으면 각자의 수준에 맞는 스포츠를 하게끔 독려한다. 학교가 주 5일의 기숙사 제도를 가지고 있기 때문에 학교에서 이루어지는 주말 프로그램은 없다. 따라서 한국 학생이 이 학교에 입학을 하기 위해서는 이 학교가 위치하고 있는 주변에 학생을 주말에 보살펴줄 수 있는 사람이 필요하다. 캠퍼스에는 총 14개 동의 건물이 있고, 총 70명의 교사진 중 23명은 석사학위 이상을 소지하고 있으며, 16명이 학교 캠퍼스 내에서 거주하고 있다.

▌학생 수

총 학생 수는 325명이며 그 중 약 30명이 기숙사 생활을 하고 있다. 학급 당 학생 수는 12명이고 교사와 학생 비율은 1대 5이다.

▌대학진학

학생들의 진학 상담은 학생 개개인에게는 상당히 중요한 문제이다. 진학지도는 Junior(고교 2년 과정에 해당)와 Senior(고교 3년 과정에 해당) 단계에 걸쳐 단계적으로 이루어지는데 30년 경력의 진학상담 교사 2명이 학생들의 진학지도를 담당하고 있다. 학사일정 중 여러 대학에서 온 입학 담당자들은 이 학교를 방문하여 학생들과 미팅의 기회를 가진다.

2006년에는 55명의 학생이 졸업을 하였으며 학생 전원이 대학에 진학했으며 최근 본교의 졸업생들이 진학한 학교는 다음과 같다.

American University, Bates University, Brown University, Carnegie Mellon University, Gettysburg College, University of Connecticut

HAWAII PREPARATORY ACADEMY

Contact : Mr. Joshua D. Clark, Director of Admissions
Tel : (808) 881-4074
Email : jclark@hpa.edu

Add : 65-1692 Kohala Mountain Rd, Kamuela, HI 96743-8476
Fax : (808) 881-4003
URL : www.hpa.edu

┃ 개요

태평양에 위치하고 있는 하와이 제도(Hawaiian Islands)에서 제일 큰 섬인 하와이(Hawaii)섬의 카무에라(Kamuela)에 자리잡고 있는 이 학교는 1949년에 설립된 유치원에서부터 12학년의 학생들이 재학을 하는 남녀공학의 기숙학교이며 기숙 가능학년은 6학년부터이다. 이 학교의 근본 취지는 지적, 육체적, 도덕적, 정신적인 측면에서 학생 개개인으로서, 그리고 사회의 한 구성인으로서 내재되어 있는 본질을 최대한 발전시키는 데 있다. 태평양지역에 위치하고 있다는 지리적 특성 때문에 학교의 교육 프로그램은 고유의 사회적, 문화적 특성들과 융합된 면모를 볼 수 있으며 소규모로 구성된 반 편성은 우수한 교사진과 최신식 교수법, 19과목의 AP 과정 등으로 학업 성취도를 높일 뿐 만 아니라 나아가서는 자신의 개발과 자아 발전을 이루는데 많은 기여를 한다. 특히나 다른 학교와 달리 이 학교만이 가지고 있는 독특한 프로그램으로는 해양 과학(Marine Science), 바다거북 연구(Sea Turtle Research) 그리고 스쿠버 자격증(Scuba Certification) 등을 들 수 있다. 이 학교는 2개의 캠퍼스로 나누어져 있는데 하나는 코하라(Kohara)산 중턱에 위치하고 있고, 또 다른 하나는 와이메아(Waimea) 마을 근처에 위치하고 있는 캠퍼스로 나누어져 있다. 전체 교사 수는 68명이며 이 중 33명의 교사는 석사 학위 이상의 학력 소지자이다. 21명의 교사는 교내 캠퍼스에서 거주한다.

┃ 학생 수

상급학년의 학생 수는 352명이며 그 중 174명이 기숙사 생활을 한다. 전체 학생 중 약 21%는 15개국에서 온 외국인 학생들로서 이는 프렌치 폴리네시아, 일본, 말레이시아, 한국 등에서 온 학생들이다. 학급 당 평균 학생 수는 12명이고 교사와 학생의 비율은 1대 8이다.

┃ 대학진학

대학진학 상담센터는 학생들이 자신에게 적합한 대학을 선택하고 대학진학을 준비하는 전 과정에 걸쳐 개인 혹은 그룹상담을 통해 대학에 대한 정보를 제공하고 조언을 한다. 매년 전국의 최소 60여 개의 대학들에서 입학 담당자들이 본교를 방문하여 학생들과 미팅을 갖는다. 2006년에 87명의 학생들이 졸업을 하였고 전원 대학에 진학하였다. 2007년 학생들이 입학을 한 대학들은 다음과 같다.

American University, Amherst College, Boston University, Carnegie Mellon University, Columbia University, Cornell University, Indiana University, Notre Dame University, Purdue University, Rhode Island School of Design, Santa Clara University, USC, University of Hawaii-Manoa, University of Oregon, Yale University

HEBRON ACADEMY

Contact	: Mr. Joseph M. Hemmings, Director of Admissions	Add	: Route 119, Herbron, ME 04238
Tel	: (207) 966-2100	Fax	: (207) 966-1111
Email	: admissions@hebronacademy.org	URL	: www.hebronacademy.org

▌개요

메인(Maine)주의 대표적인 항구도시인 포틀랜드 (Portland)시에서 북쪽으로 약 50분 정도 가다보면 히브론 (Hebron)이라는 자그마한 시골 마을이 나오는데 이곳에 1,500에이커의 넓은 면적을 가진 학교 캠퍼스가 자리잡고 있다. 1804년에 설립되어진 이 학교는 6-12 그리고 PG 과정의 남녀공학 학생이 공부하며 기숙 학생의 경우 9학년 부터 가능하다. 학생 개개인에게 내재되어 있는 몸과 마음 그리고 정신의 함양에 그 주안점을 두고 있는 이 학교 는 철저한 학과관리, 뛰어난 스포츠 프로그램, 다양한 방과 후 프로그램 등을 통해 학생들이 대학진학에 필요한 다양한 과정을 습득할 수 있도록 하였으며 최근에는 우수한 학생을 많이 유치하여 학교 졸업 후 명문대학의 진 학률 향상에 많은 심혈을 기울인다. 정보통신 분야에도 많은 투자를 하여 학생 개개인의 기숙사에서 직접 인터넷 이 가능하게 하였고 기숙시설도 현대식으로 재정비하였다. 학교시설도 다른 우수한 학교에 비해 크게 손색이 없는데 아이스 하키장, 실내 수영장, 새롭게 단장한 트랙, 도서관 등이 특히 돋보인다. 기숙의 경우 학교 건물 본관 위에는 남자학생들이 거주하고 길 건너편으로는 여자 기숙학교가 자리를 잡고 있다. 전체 39명의 교사진 중 12명이 석사학위 이상의 학력 소지자이며 32명은 학교 내의 캠퍼스에서 거주하고 있다.

▌학생 수

총 학생 수는 240명이고, 기숙학생은 128명이다. 학급 당 평균 학생 수는 12명이며 교사와 학생의 비율은 1대 7이다. 외국인 학생은 상급 학년의 경우 약 16%를 차지하며 이는 캐나다, 일본, 한국, 대만 등에서 온 학생들로 구성되어져 있다.

▌대학진학

대학진학 준비는 전 학년에 걸쳐 이루어지지만 특히 11학년과 12학년 단계에서 집중적으로 이루어진다. 두 명의 상담교사들이 학생들의 재능이나 목표, 관심분야, 성적 등을 고려하여 적합한 대학을 선별하고 지원서를 작성하는 등의 전 과정에서 진학준비를 돕고 있다. 매년 전국 75개 이상의 대학에서 입학 담당자들이 학교를 방문하여 학생들과 진학과 관련한 미팅을 가진다. 2006년 졸업생 62명의 SAT 평균점수는 언어영역 530, 수학영 역 560, 쓰기영역은 506점이다. 600점을 넘은 학생은 언어영역에서 16%, 수학영역에서는 28%에 이른다. 이들이 진학한 대학을 열거하면 다음과 같다.

Acadia University, Art Institute of California, Bates College, Fordham University, Hofstra University, Lynn University, Purdue University, University of Massachusetts, Michigan State University, University of Minnesota, Northeastern University, Penn. State University, Syracuse University, University of Maine, University of Vermont, Wentworth Institute of Technology

THE HILL SCHOOL

Contact	: Mrs. Sally B. Keidel, Director of Admission	Add	: 717 East High Street, Pottstown, PA 19464-5791
Tel	: (610) 326-1000	Fax	: (610) 326-1753
Email	: admission@thehill.org	URL	: www.thehill.org

▌개요

우수 명문 사학인 이 학교는 1851년 매튜 메이그스(Matthew Meigs) 신부에 의해 최초로 설립이 되었다. 이후 3대에 걸친 매튜 가족의 학교에 대한 운영, 관리 그리고 교육의 방향제시 등 전반적인 학교의 영향력에서 1920년 비 영리단체인 학교 운영회로 학교의 소유가 옮겨지게 되었으며 현재는 31명의 이사회에서 학교 전반에 걸친 행정관리를 하고 있다. 펜실베니아(Pennsylvania)주 필라델피아 (Philadelphia)에서 북서쪽으로 약 60킬로 떨어진 포츠타운(Pottstown)에 위치한 9-12학년, 그리고 PG 과정을 둔 남녀공용의 기숙학교인 이 학교의 근본 학업목표는 학생 개개인이 수업에 필요한 수행능력, 그리고 배움에 대한 열망을 학생들에게 심어주는 것이다. 교사 개개인은 학생들과 친밀한 관계를 유지하면서 학생들이 우수한 대학에 입학할 수 있도록 많은 배려를 해주며 과학, 인문, 어학 및 수학 등의 다양한 학과 과목에서 학생들이 스스로 사고할 수 있고 분석할 수 있는 능력을 길러준다. 특히 이 학교의 큰 자랑은 우수한 스포츠 프로그램 및 다양한 미술, 음악 등 예술 프로그램을 가지고 있다는 것이며 학생들은 이를 통하여 건전한 심신발달을 지향한다. 학생들을 위한 주말 프로그램도 다양한데, 주요 운동시합, 연주회, 최신 영화관람 등이 토요일에 주로 이루어지고 일요일에는 학교 주변의 도시인 볼티모어 (Baltimore), 필라델피아(Philadelphia), 뉴욕(New York), 워싱턴 디시(Washington D C) 등을 방문하여, 운동시합, 콘서트 감상, 박물관 관람 등의 정서함양에 힘을 쏟는다. 짜임새 있는 웅장한 학교의 시설은 교내 중앙에 커다란 호수가 위치하고 있으며 그 호수를 중심으로 각종 중요 건물들이 들어서 있다. 흥미로운 점은 이 학교의 정문 건너편에 위치하고 있는 공동묘지(Cemetery)인데 일설에 의하면 학교 인근에 이러한 공동묘지가 많은 이유는 아직 세상의 때를 묻지 않은 순수한 영혼의 학생들이 있는 지역이 이러한 장소로 최적이라는 것이다. 우수한 한국 학생들이 선호하는 대표적인 학교 중의 하나이며 총 교사 수는 86명으로, 61명의 교사는 석사 학위 이상의 학력을 소지하고 있으며 80명의 교사가 교내 캠퍼스에 거주한다.

▌학생 수

전체 학생 수는 496명이며 그 중 기숙 학생은 384명이다. 학급 당 평균 학생 수는 12명이며 교사와 학생의 비율은 1대 7이다. 외국인 학생은 전체 학생 수의 13%를 차지하며 이는 독일, 일본, 한국, 사우디아라비아, 대만 등에서 온 학생들이다.

▌대학진학

150년 간 본교는 미국 전역의 대학에 학생들을 진학시켜왔다. 4명의 전문인이 운영하는 본교의 진학 상담센터는 학생들이 자신에게 적합한 대학을 선택하고 진학을 준비하는데 중요한 역할을 하고 있다.

매년 전국 100여 대학에서 입학 담당자들이 본교를 방문하여 진학에 관련한 설명회를 갖고 학생들은 입학 담당자들과 직접 인터뷰를 통해 진학정보를 얻는다. 이외에도 학생들의 진학 준비에 도움이 될 수 있는 다양한 행사들이 있다. 본교의 학생들은 Fifth Form(고교 2년 과정에 해당) 과 Sixth Form(고교 3년 과정에 해당) 단계에 걸쳐 각 대학에서 요구하고 있는 진학시험(SATⅠ, SATⅡ, ACT, Advanced Placement, TOEFL)을 모두 치르고 있다. 2006년 본교의 SAT 평균점수는 언어영역 625점, 수학영역 633점, 쓰기영역 625점이다. 600점 이상을 받은 학생은 언어영역에서 66%, 수학영역에서 53%이며, 최근 본교의 졸업생들이 진학한 대표적인 대학은 다음과 같다.

Cornell University, Duke University, University of North Carolina at Chapel Hill, US Naval Academy, University of Pennsylvania, Washington and Lee University

THE HOCKADAY SCHOOL

Contact	: Mrs. Jen Liggitt, Director of Admissions	Add	: 11600 Welch Road, Dallas, TX 75229
Tel	: (214) 363-6311	Fax	: (214) 363-0942
Email	: admissions@mail.hockaday.org	URL	: www.hockaday.org

▌개요

텍사스(Texas)주의 대표적인 도시인 달라스(Dallas)시의 전형적인 주거지역에 위치하고 있는 이 여학교는 달라스 북서지역의 푸르른 목초지와 시내가 흐르는 산림이 어우러진 지역에 자리잡고 있다. 급속도로 변모하는 세상에서 여학생들에게 책임감과 리더십을 고취할 수 있는 우수한 교육의 전당을 제공할 목적으로 1913년에 엘라 허커데이(Miss Ela Hockaday) 여사와 일단의 학부형들에 의해 설립된 이 학교는 유치원부터 12학년 사이의 학생들을 받아들이고 기숙학생의 경우는 8학년부터 가능하다. 텍사스주에서도 손꼽히는 명문 여학교로 학문, 인격, 예절, 운동 등 여학생이 갖추어야 할 근본적인 교육의 기본에 그 본질을 두고 있으며 학생들은 학교 수업을 통하여 지식인으로서 갖추어야 할 전인적인 교육의 함양에 힘쓴다. 특히 음악, 무용, 드라마, 컴퓨터 등의 방과 후 활동들은 학생들에게 수업 후에 다양한 프로그램들을 접할 수 있는 기회를 제공해 주며, 대학진학에 필요한 철저한 교육은 많은 졸업생들이 명문 대학에 입학할 수 있는 자질을 향상시켜준다. 100에이커의 부지를 가지고 있는 이 학교에는 학생들을 위한 다양한 시설들을 제공해주고 있는데 이는 50,000여권의 장서를 소지한 도서관, 시청각실, 미술관, 과학관, 음악관, 교내 450여대의 컴퓨터와 연결된 컴퓨터실 등이 있다. 특히나, 학생들이 거주하는 이 학교의 기숙사는 아주 우수한데 각 기숙사 동에는 자체의 라운지, 부엌, TV, VCR 등을 갖추고 있다. 개개인의 교사들은 학생들의 교육환경 개선에 많은 노력을 기울인다. 총 교사 수는 116명이고 61명의 교사는 석사학위 이상의 학력을 소지하고 있다.

▌학생 수

총 1,020명중 상급학년 학생 수는 443명이고 그 중 기숙학생은 58명이다. 학급 당 학생 수는 16명이고 교사와 학생의 비율은 1대 14이다. 외국 유학생은 3%정도이며 이들은 벨기에, 홍콩, 인도네시아, 일본, 한국, 멕시코 등에서 온 학생들로 구성되어져 있다.

▌대학진학

본교에서는 상급학교(Upper School, 9학년부터 12학년- 중등 3년부터 고교 3년까지 해당) 학생들에게 세심한 진학지도를 실시하고 있다. 학생들은 학부모와 함께 동반해서 대학 진학에 관련한 설명회에 참석도 하고 상담을 통해 자신에게 적합한 대학을 선택하게 된다.

2006년 졸업생의 중간 50%에 속하는 학생들의 언어영역은 580-740, 수학 영역은 620-710 그리고 쓰기 영역은 610-720으로 아주 높은 편이다.

2006년 졸업생 106명 전원이 대학에 진학하였으며 그 대학들은 다음과 같다.

Georgetown University, Harvard University, Stanford University, University of Texas at Austin, University of Southern California, Vanderbilt University

HOLDERNESS SCHOOL

Contact : Mrs. Nancy Dally, Director of Admissions	Add : Chapel Lane, Plymouth, NH 03264
Tel : (603) 536-1747	Fax : (603) 536-2125
Email : admissions@holderness.org	URL : www.holderness.org

개요

뉴햄프셔(New Hampshire)주의 소도시인 프리머스(Plymouth) 근교에 위치하고 있는 이 학교는 '최소한의 학비 및 기숙사비로 최상의 교육과 학생을 지도하자'는 몇몇 성공회 신봉자들에 의해 1879년에 설립되었으며 9-12학년과 PG 과정의 남녀 기숙학생들을 받아들이는 학교이다. 600에이커의 삼림으로 둘러싸여진 캠퍼스에는 뉴햄프셔에서 가장 잘 알려진 화이트 마운틴(White Mountain) 국립공원이 자리잡고 있으며 보스턴에서는 차로 대략 2시간 거리에 위치하고 있다. 이 학교의 큰 장점은 대학진학을 위한 학문의 지도 이외에 다양한 스키 프로그램, 하키, 라크로스, 축구 등의 스포츠 프로그램을 학생들에게 제공함으로써 학생들에게 공부 이외의 정서함양에 많은 심혈을 기울인다는 것이다. 또한 방과 후에는 미술, 공예, 사진 등 예술에 관심이 있는 학생들을 위한 프로그램도 제공하며 학교 기숙사도 현대식으로 갖추어 학생들이 생활하는데 불편이 없도록 하였다. 교내에는 29개의 학교 건물이 들어서 있는데 이 중 과학관, 325의 좌석을 가진 강당, 예술관, 스튜디오, 16,000여권의 장서와 50여종의 정기간행물을 소장하고 있는 도서관 등이 돋보인다. 50명의 교사진 중 27명이 석사학위 이상의 학력 소지자이며 약 30여 명은 학교 내 캠퍼스에서 거주한다.

학생 수

총 학생 수는 272명이며 그 중 기숙학생은 215명이다. 학급 당 학생 수는 12명이고 교사와 학생의 비율은 1대 7이다. 전체 학생의 약 9%는 외국인 학생들이며 이는 캐나다, 독일, 자메이카, 한국, 베네주엘라 등지에서 온 학생들이다.

대학진학

진학지도는 Junior(고교 2년 과정에 해당) 2학기 때부터 시작된다. 진학상담 교사는 학생들과 상담을 통해 대학을 추천하고 진학정보를 제공한다. 상담센터는 매년 여러 대학의 입학 담당자들을 초대하여 학생들이 대학진학과 관련한 정보를 직접 얻을 수 있는 자리를 마련한다. 학부모들은 매년 봄에 사립학교 연합회에 의해 후원되고 콜비소이어 대학(Colby Sawyer College)에 의해 주최가 되는 200여개 이상의 대학관계자들이 참가하는 대학박람회에 참여하여 자녀들의 대학진학을 함께 준비한다.

2006년 졸업생의 SAT 언어영역 평균점수는 569점이고 수학영역의 평균점수는 600점이다. 응시생 중 37%가 언어 영역에서, 39%가 수학 영역에서 각각 600점 이상을 취득하였다. 2006년에 73명의 학생이 졸업을 하였으며 전원이 대학에 진학하였고 진학한 대학들을 살펴보면 다음과 같다.

Bates College, Brown University, Georgetown University, Middlebury College, University of New Hampshire, University of Vermont

 **HOOSAC SCHOOL**

Contact	: Mr. Dean S. Foster, Director of Admissions	Add	: Pine Valley Road, Hoosick, NY 12089
Tel	: (518) 686-7331	Fax	: (518) 686-3370
Email	: admissions@hoosac.com	URL	: www.hoosac.com

개요

뉴욕(New York)주의 주도인 알바니(Albany)에서 북동쪽으로 약 50킬로 떨어진 후식(Hoosick)이라는 자그마한 시골 마을에 위치하고 있는 이 학교는 1889년에 설립된 남녀공학의 기숙학교로 8-12학년, 그리고 PG과정을 두고 있다. 여타의 다른 기숙학교에 비해 상대적으로 소규모의 학생 수를 가진 이 학교는 소규모의 수업 및 학생 개개 인에 대한 세심한 배려를 원하는 학생에게는 매우 적합한 학교이다. 학생들은 철저하고 세심한 교사의 배려 하에 각종 수업의 참여 뿐 만 아니라 캠핑, 산악자전거, 스키, 스노우 보드 등의 다양한 프로그램들을 접할 수 있다. 이학교의 장점은 한 명의 교사가 최대 8명의 내에서 학생을 담당하며 이들 학생과 일주일에 최소 2번씩 미팅을 가짐으로서 학생들이 가지고 있는 애로사항이나 고민 등을 함께 풀어나가기 위해 노력한다는 것이다. 주말에는 엠마 위라드(Emma Willard), 스토니 번엄(Stoneleigh-Burnham), 미스 홀스(Miss Hall's) 그리고 도안 스튜어트(Doanne Stuart) 등 인근의 여러 학교들과 공유로 댄스, 콘서트, 강의 등이 주어지고, 인근 도시로의 영화관람 및 각종 레크 리에이션 등이 학생들에게 제공된다. 학교시설들은 컴퓨터실, 실내 수영장을 갖춘 체육관, 천문대, 예술관 등을 갖추고 있다. 재미있는 것은 이 학교가 위치하고 있는 도시명인 'Hoosick' 은 인디언어로 '올빼미의 장소'의 뜻을 가지고 있다. 학교 주변이 다소 썰렁하다는 느낌이 드는 것이 하나의 아쉬움으로 남는다. 전체 23명의 교사 중 10명은 석사학위 이상의 학력을 소지하고 있으며 15명이 학교 내 캠퍼스에서 거주하고 있다.

학생 수

총 학생 수는 123명이고 그 중 기숙학생은 83명이다. 학급 당 평균 학생 수는 8명이며 교사와 학생의 비율은 1대 5이다. 외국인 학생은 전체학생의 약 27%로 이는 브라질, 캐나다, 나이지리아, 한국 등에서 온 학생들이다.

대학진학

진학지도는 Junior(고교 2년 과정에 해당) 단계에서 시작되는데, 학생들은 방학기간을 통해 진학하고자 하는 대학을 방문하기도 하고 매년 각 대학의 입학 담당자들이 본교를 방문한다. 2006년에는 44명의 학생이 졸업을 하였고 전원이 대학에 진학을 하였다. 지난 몇 년간 본교의 졸업생들이 주로 진학한 주요 대학을 살펴보면 다음 과 같다.

Boston College, Boston University, Hobart and William Smith Colleges, Penn State University, Temple University, University of Michigan

THE HOTCHKISS SCHOOL

Contact	: Mr. William D. Leahy, Dean of Admission	Add	: 11 Interlaken Road, Lakeville, CT 06039
Tel	: (860) 435-3102	Fax	: (860) 435-0042
Email	: admission@hotchkiss.org	URL	: www.hotchkiss.org

개요

　미국을 대표하는 상아탑 중의 하나인 이 명문 사립학교는 코네티컷(Connecticut)주의 자그마한 도시인 레이크빌(Lakeville)에 위치하고 있는 이 학교는 1891년 마리아 비셀 허치키스(Maria Bissell Hotchkiss)에 의해 설립되었다. 믿음과 상호존경 그리고 자비를 학교의 근본 행동양식으로 삼으며 전교생 모두가 이러한 가치를 유지하며 하나의 공동체를 형성해 나가는 데에 그 주된 목표를 가지고 있는 이 학교는 주어진 학과 과정의 완벽한 이해, 자기에게 주어진 모든 과제에 관한 지적탐구, 개선 및 창조력 향상 그리고 각종 운동 및 특별활동의 적극적 참여 등을 유도한다. 또한 이 학교는 학생들에게 명확한 사고의 정립, 자신감, 의사 전달력 및 예술 미학의 정서함양 등을 학생에게 강조한다. 명문학교의 이념에 걸맞게 이 학교는 학생들이 졸업 후 타인에 대한 봉사와 배려를 손수 실천하며 사회에서의 자신의 역할에 대한 충분한 이해력을 확립할 수 있기를 원한다. 87,000여 권의 장서를 보유한 도서관, 예술관, 방송실, 매혹적인 음악 콘서트 홀, 하키장, 풀장, 골프코스, 실내외 테니스 코트, 2개의 전용극장 등 이루 헤아릴 수 없는 다양한 시설들이 학교의 부속 건물들로 들어서 있으며 학생들은 다양한 프로그램들을 통하여 자신의 지식함양에 힘을 쏟는다. 특히나, 2002년 가을에 약 200억 원을 들여 개관한 이 학교의 체육관은 본인이 개인적으로 방문한 수많은 여타의 학교 체육시설과 확연히 비교되는 그야말로 최고의 시설을 자랑한다. 학교에서 학생들에게 제공할 수 있는 운동과 관련된 모든 시설이 이 새로 건립된 체육관에 총 망라되어 있으며 이 체육관을 보는 것만으로도 이 학교의 명성을 느낄 수 있게 한다. 학교의 부지는 상당히 넓으며 특히 학교의 본관건물은 자연스럽게 들어가기가 좀 어색할 정도로 상당히 웅장하고 위엄이 있다. 타 명문 학교의 학생들과 마찬가지로 졸업생 대다수는 명문 대학에 별 어려움 없이 진학한다. 550에이커의 캠퍼스 내에 80여 개 동의 건물이 있으며 9-12 및 PG 과정을 두고 있는 이 학교는 총 133명의 교사 중 84명이 석사 학위 이상의 학력 소지자이고 89명의 교사는 교내 캠퍼스에서 거주한다. 이 학교의 인근에는 사립 기숙 중학교인 인디언 마운틴 스쿨(Indian Mountain School)이 자리를 잡고 있으며 좀 떨어져서는 남자 기숙학교인 솔스버리(Salisbury School)가 있다. 개인적으로 방문한 많은 학교 중에서 명성, 제반시설, 학교의 규모 및 시설 등 모든 면에서 가장 우수한 학교 중의 하나로 이 학교를 적극 추천하고 싶다.

학생 수

　총 학생 수 567명 중 기숙학생은 510명이다. 학급 당 학생 수는 12명이고 교사와 학생의 비율은 1대 6이다. 전체 학생의 약 13%가 외국인 학생이며 이는 브라질, 캐나다, 홍콩, 자마이카, 한국, 사우디아라비아 등에서 온 학생들이다.

대학진학

　본교는 학생들이 자신에게 적합한 대학을 선택하는데 필요한 정보를 제공하고 상담을 하고 각종 도움을 주는

데 노력한다. 세 명의 진학 상담교사들이 학생들이 대학을 선택하고 지원하는 과정에 도움을 주고 있다. 매년 100여 개 이상의 대학의 대표자들이 학교를 방문하여 학생들과 진학과 관련한 그룹미팅을 하기도 하고 인터뷰를 한다. 2006년 학생들의 SAT 평균 성적은 언어영역 662점이고 수학영역 675점, 쓰기영역은 672점이다. 82% 학생이 언어영역에서, 90% 학생이 수학영역에서, 89% 학생이 쓰기영역에서 600점 이상을 받았다.

졸업생 157명 중 155명이 대학에 진학을 하였고 진학한 대학으로는 다음과 같다.

Amherst College, Boston College, Boston University, Bowdoin College, Brown University, Carnegie Mellon University, Columbia University, Cornell University, Dartmouth College, Duke University, Georgetown University, Johns Hopkins University, Middlebury College, New York University, Princeton University, Stanford University, Trinity College, University of Chicago, University of Pennsylvania, Yale University

 # THE HUN SCHOOL OF PRINCETON

Contact	: Mr. P. Terence Beach, Director of Admissions	Add	: 176 Edgerstoune Road, Princeton, NJ 08540
Tel	: (609) 921-7600	Fax	: (609) 279-9398
Email	: admiss@hunschool.org	URL	: www.hunschool.org

▎개요

뉴저지(New Jersey)주의 전형적인 교육도시인 프린스턴(Princeton) 외곽에 위치하고 있으며 프린스턴 대학 (Princeton University)과도 아주 가까운 거리에 위치하고 있는 이 학교는 1914년에 프린스턴 대학의 수학과 조교수 인 존 게일 헌(John Gale Hun)에 의해 설립되었다. 6-12 및 PG 과정을 둔 남녀공학으로 9학년부터 기숙학생을 받아들이는 이 학교는 대학진학을 준비하는 학생들에게 우수한 교과과정을 제공한다는데 그 근본 취지가 있다. 다양한 학과 프로그램 및 방과 후의 스포츠 활동들은 전인적인 학생이 되기 위한 제반 환경을 제공하며 특히 주말을 이용한 다양한 여가활동 및 기숙생활을 하는 학생들을 위한 보충의 수업들은 이 학교의 장점 중의 하나 이다. 이 학교의 또 다른 장점은 우수한 학업 성적을 가진 학생의 경우 명문 프린스턴 대학에서 수강을 하면서 학점을 취득할 수 있는 기회를 제공받을 수 있다는 것이다. 여름에는 국내 및 외국 학생들을 위한 하계 프로그램 이 주어지며 해마다 약 100여명의 학생이 이 프로그램에 참여를 한다. 이 학교의 근처에는 명문 사립학교인 로렌 스빌(Lawrenceville School)이 위치하고 있으며 프린스턴 대학은 걸어서도 갈 수 있다. 많은 한국 학생들이 선호하는 이 학교는 45에이커의 캠퍼스에 6동의 건물을 가지고 있는데 이는 수학관, 실험실, 암실, 예술관, 23,000여권의 장서를 소지한 도서관, 방송실 등이 포함된다. 총 104명의 교사진 중 48명이 석사학위 학력 소지자이며 35명은 교내 캠퍼스에 거주하고 있다.

▎학생 수

총 학생 수는 588명이며 그 중 기숙학생은 150명이다. 학급당 학생 수는 13명이고 교사와 학생의 비율은 1대 8이다. 중국, 파키스탄, 한국, 러시아, 사우디아라비아 등지에서 온 외국인 유학생들이 전체 학생의 약 10%를 차지하고 있다.

▎대학진학

학생들은 11학년 2학기 때부터 언제든지 진학상담을 할 수 있다. 상담은 학부모와 함께 받기도 하는데, 학생의 능력과 성적, 관심분야 등을 고려하여 적합한 대학을 선택하는 과정이라고 할 수 있다. 매년 170여 개의 대학에 서 입학 담당자들이 학교를 방문하여 학생들을 만나고 진학을 장려한다. 본교에서는 가을에 학부모와 학생들을 위한 진학 설명회를 하기도 한다. 2006년 졸업생의 SAT 언어영역의 평균점수는 590점이고 수학영역의 평균점수 는 620점이며, 쓰기영역은 610점다. 2006년 131명의 졸업생들이 전원 대학에 진학하였는데 그 대표적인 학교들 은 다음과 같다.

American, Boston, Carnegie Mellon, Cornell, Emory, GIT, FIT, Georgetown, Hobart and William Smith, Northeastern, Lehigh, Penn State, Princeton, Trinity, Suffolk, Syracuse, Illinois Ur-Ch, Vanderbilt, Washington Univ(St. Louis), Villanova, Yale

HYDE SCHOOL

Contact	: Mr. Holly Thompson, Director of Admissions	Add	: 616 High Street, Bath, ME 04530
Tel	: (207) 443-7373	Fax	: (207) 442-9346
Email	: bath.admissions@hyde.edu	URL	: www.hyde.edu

❙ 개요

메인(Maine)주의 아름다운 항구도시인 포틀랜드(Portland)에서 북쪽으로 약 40분 정도의 거리인 바스(Bath)에 위치하고 있는 이 학교는 학교 교육이 지나치게 개개인의 인성 함양보다는 학업 성취도에 치중을 하는 환경에서 일탈을 하고자 하는 바램으로 당시 수학교사였던 조셉 골드(Joseph W. Gauld)에 의해 1966년에 설립된 9-12, PG 과정의 남녀공학 학교이다. 코네티컷(Connecticut)주 우드스틱(Woodstock) 지역에도 또 다른 캠퍼스를 가지고 있는 이 학교는 8-12학년의 학생을 받아들인다. 학생들에게 내재되어 있는 개인의 우수성과 그로 인한 노력과 용기, 그리고 가능성을 펼칠 수 있는 기회의 장소로 제공하고 있는 이 학교 프로그램은 세계를 바라보는 냉철한 분석력과 학생들 개개인의 도덕적, 육체적 발달을 돕기 위함에 그 초점을 맞추고 있다. 학생들에게 제공되는 과외활동은 공연예술, 지역사회와의 긴밀한 유대, 학교 밖에서의 교육 등으로 나뉘며 이러한 이들의 활동을 통해 학생들은 학교 교육에서 얻지 못하는 참된 지식의 함양을 제고한다. 145에이커의 면적을 가진 캠퍼스 내에는 총 32개 동의 건물이 들어서 있고, 총 39명의 교사진 중 7명이 석사학위 이상의 학력 소지자이고 30명은 교내 캠퍼스에 거주하고 있다.

❙ 학생 수

총 학생 수는 196명으로 그 중 183명이 기숙사에서 생활을 한다. 학급당 평균 학생 수는 12명이고 교사와 학생의 비율은 1대 6이다. 전 세계에서 온 전체 학생의 약 4%정도의 학생들이 외국 학생들로 구성되어 있다.

❙ 대학진학

진학상담 센터는 Junior와 Senior 단계의 학생들이 일류대에 진학할 수 있도록 철저한 프로그램으로 진학관리를 하고 있다. 센터는 좋은 대학들을 엄선하여 그에 대한 자료들을 항상 열람하고 있으며, 학생들이 항시 이용할 수 있도록 하고 있다. 상담교사들은 학생들의 진학관련계획들을 항상 검토하고 조언을 아끼지 않는다. 대학진학 원서는 3명 이상의 교사 추천서와 자기소개서, 교과 성적 증명서, SAT 등의 대학 인증시험 점수, 그리고 학교 커리큘럼 설명이 첨부되어야 한다.

2006년 졸업생의 SAT 언어영역 평균점수는 530점 수학영역의 평균점수는 520점, 쓰기영역은 513점이다. 600점을 넘게 받은 학생은 언어영역에서 25%, 수학영역에서 17%, 쓰기영역에서 14% 이다.

2006년 졸업생 68명중 64명이 대학에 진학을 하였고 그 대학은 다음과 같다.

Connecticut College, Ohio Wesleyan University, St. John's College, The Colorado College, University of North Carolina at Chapel Hill

IDYLLWILD ARTS ACADEMY

Contact : Ms. Karen R. Porter, Dean of Admission and Financial Aid　　Add　　 : 52500 Temecula Rd. Idyllwild, CA 92549
Tel　　 : (951) 659-2171　　　　　　　　　　　　　　　　　Fax　 : (951) 659-2058
Email　 : admission@idyllwildarts.org　　　　　　　　　　　URL　 : www.idyllwildarts.org

▮ 개요

1946년 막스 크론(Dr. Max Krone)박사와 베아트리스 크론(Beatrice Krone)이 아이딜와일드 예술 재단(Idyllwild Arts Foundation)을 건립하였으며 4년 뒤인 1950년 하계 프로그램을 시작으로 이 예술학교는 그 역사의 문을 열게 되었다. 서부 로스엔젤레스(Los Angeles)에서 동쪽으로 약 200여 킬로 떨어진 산 하신토(San Jacinto) 산언저리의 아이딜와일드(Idyllwild)라는 아주 자그마한 마을에 위치하고 있는 205에이커의 캠퍼스를 가진 이 학교는 음악, 미술, 무용, 연극, 뮤지컬, 문예창작 그리고 최근에 개설한 미디어 등 예술을 전공하고자 하는 학생들을 위한 전형적인 예술학교 중의 하나이다. 9-12학년, 그리고 PG 과정을 제공하는 남녀공학의 이 학교는 해마다 예술을 전공하고자 하는 많은 학생들이 미국 전역 및 해외 각 국에서 많은 관심을 가지며 학교도 이러한 학생들을 위하여 많은 노력을 기울이고 있다. 한국 학생의 경우 음악 및 미술 방면에 많은 관심을 가진 학생들이 이 학교를 선호하며, 입학을 위해서는 포트폴리오 및 오디션이 요구되어진다. 다소 고립된 학교 캠퍼스 주변은 공부에만 몰입할 수 있는 안정된 분위기를 제공해준다는 장점이 있으나 반대로 학생들에게는 다소 단조롭고 일상적인 생활로 여겨질 수 있다는 단점도 있다. 최근에 새로 건립된 도서관 및 예술관 그리고 식당 등은 학생들이 모던한 환경에서 지낼 수 있는 환경을 제공하고 있다. 각 방면에서 그 실력을 인정받고 있는 총 65명의 교사가 학생들을 지도하며, 30명의 교사는 석사학위 이상의 학력을 소지하고 있으며 21명의 교사가 교내 캠퍼스에서 거주하고 있다.

▮ 학생 수

총 학생 수는 265명이며 그 중 기숙학생은 225명이다. 학급 당 학생 수는 13명이고 교사와 학생의 비율은 1대 12이다. 외국 유학생은 전체의 32%로 한국, 일본, 중국, 불가리아, 대만, 독일 등에서 온 학생들로 구성되어져 있다.

▮ 대학진학

학생들을 위한 대학안내는 학생개개인을 지도하는 지도교사들과 두 명의 대학진학 상담교사들이 제공한다. 학생들은 SAT와 ACT 테스트를 받고 면접연습, 작품제출에 대한 지도를 받는다. 본교의 졸업생 중 95% 이상이 대학이나 예술학교에 진학하고 있는데 그 학교들은 다음과 같다.

American Academy of Dramatic Arts, Art Center College of Design, Berklee College of Music, Boston Conservatory, Brooks Institute of Photography, California Institute of the Arts, Cleveland Institute of Music, Curtis Institute of Music, Eastman School of Music, Eugene Lang College, Johns Hopkins University, Juilliard School, UCLA, Oberlin College Conservatory of Music, School of Visual Arts

INDIAN MOUNTAIN SCHOOL

Contact : Mrs. Mimi L. Babcocks, Director of Admissions	Add : 211 Indian Mountain Road, Lakeville, CT 06039
Tel : (860) 435-0871	Fax : (860) 435-0641
Email : admissions@indianmountain.org	URL : www.indianmountain.org

개요

중학생을 위한 대표적인 교육기관 중의 하나로 명문 허치키스(Hotchkiss School)가 위치하고 있는 코네티컷 (Connecticut)주의 자그마한 소도시인 레이크빌(Lakeville)에 자리잡고 있는 이 학교는 1922년 프랜시스 벤 리그스 (Francis Behn Riggs)가 자신의 농장에 어린 남학생들을 위한 교육의 장을 펼친 것이 그 시초가 되었다. 1941년부터 는 여학생들의 입학도 허용되었고 현재는 유치원부터 9학년까지의 남녀학생들이 본 학교에서 수업을 하며, 기숙 사의 경우는 6학년부터 입실이 가능하다. 이 학교의 근본이념은 학생 스스로가 자기 자신의 능력에 대한 자신감 을 가지고 이 후 상급학교에 진학하여 우수한 학업적 자질과 올바른 인격을 함양시킬 수 있는 도움을 주기 위하 여 최선을 다 한다는 데 있다. 우수한 자질을 가진 학생으로 교육시키기 위해 학교에서는 모든 학과목 하나하나 에 철저한 신경을 쓰고 방과 후에는 축구, 스키, 농구, 아이스하키, 라크로스 등의 운동 뿐 만 아니라 음악, 미술, 무용 등의 예능 방면에도 학생들의 활발한 참여를 유도한다. 짐작하듯이 학교 교정 뒤로 인디언 마운틴 산이 드넓은 600에이커 부지의 캠퍼스를 바라보고 위치하고 있으며 학교는 12개 동의 건물에 64명의 교사가 학생들을 지도한다. 20명의 교사는 석사 학위 이상의 학력을 소지하고 있으며, 26명은 교내 캠퍼스에 거주한다.

학생 수

총 252명의 학생이 재학하고 있으며 이 중 72명은 기숙사에서 생활한다. 외국인 학생은 전체의 약 15%로 이는 캐나다, 중국, 일본, 멕시코, 한국, 대만 등에서 온 학생들이다. 학급 당 학생 수는 11명이고 교사와 학생의 비율은 1:4이다.

상급학교 진학

본교 상급학교 진학지도의 목적은 각 학생들이 자신의 관심분야와 학업능력에 가장 적합한 학교를 선택하도 록 돕는데 있다. 학생들은 8학년이 되면 자신들에게 관심이 있는 상급학교를 탐색하는 것을 시작으로 상급학교 진학준비를 시작한다. 본교에는 잘 알려진 주요 상급학교의 입학 담당자들이 정기적으로 방문하고 있으며 그들 은 학생들에게 진학준비에 있어 도움이 되는 정보를 제공하고 있다. 진학지도 담당자들은 상급학교에 입학하기 위한 입학요건 테스트인 SSAT, ISEE 그리고 TOEFL 등의 시험을 치고, 각 시험에 대한 대비를 할 수 있도록 돕는 다. 그리고 진학절차에 대한 책자를 발간하여 학생들과 부모님들이 참조할 수 있도록 하고 있다. 교사들과 학생 들 부모님들의 노력 덕분에 본교 학생들의 상급학교 진학은 원활하게 이루어지고 있다.

다음은 이 학교를 졸업한 학생들이 진학한 상급학교들이다.

Choate Rosemary Hall, Berkshire School, Kent School, Millbrook School, Salisbury School, Hotchkiss School, Loomis Chaffee School

INDIAN SPRINGS SCHOOL

Contact : Mr. E. T. Brown, Director of Admissions
Tel : (205) 988-3350
Email : admissions@indiansprings.org

Add : 190 Woodward Drive, Indian Springs, AL 35124
Fax : (205) 988-3797
URL : www.indiansprings.org

▎ 개요

미국 남부를 대표하는 우수 명문 학교로 손꼽히는 이 학교는 앨라배마(Alabama)주 버밍엄(Birmingham) 외곽에 위치하고 있는 자그마한 소도시인 인디언 스프링스(Indian Springs)에 위치하고 있으며 1952년 하비 우드월(Harvey G. Woodwarl)에 의해 설립되었다. 학생 개개인에게 내재되어 있는 최대한의 능력을 발휘할 수 있는 환경에서 심도 있는 학업교육을 제공하고자 노력하는 이 학교는 학생 개개인이 자기 발전이 주가 되고 학교가 이러한 학생의 발전을 돕기 위한 유무형의 각종 프로그램, 과외활동, 격려, 리더십 배양, 책임감 고취 등의 보조적 역할을 제공한다는 것이다. 이러한 학생들의 권리, 책임, 정직 등에 발맞추어 학교는 규율에 얽매이는 틀에 박힌 교육보다는 학생의 자율 및 개성창출에 그 무게를 두는 방향으로 교육의 목표를 잡는다. 짧은 역사를 가진 학교에 비해 그 성장 속도는 눈부시고 졸업생 중 상당수는 미국 전역에 걸쳐 명문 대학에 진학을 한다. 8-12 및 PG 과정의 학생들이 공부를 하며 기숙 가능 학년은 9학년부터이다. 350에이커의 삼림으로 덮인 캠퍼스는 호수, 하이킹 코스, 캠핑 장 등이 갖추어진 주립공원인 오크 마운틴 스테이트 파크(Oak Mountain State Park)가 인접해 있어서 매우 쾌적한 환경을 가지고 있으며 특히 교내 안에 있는 12에이커의 호수에서 학생들은 수영, 낚시 및 캐누 등의 레저 활동도 즐길 수 있다. 우수한 학업 성취도에 비해 학교시설이 다소 미진하다는 점은 부인할 수 없으나 대다수의 졸업생들이 우수한 명문대학에 진학을 할 정도로 학업 성취도가 높아 한국 학생들도 많은 관심을 갖는 학교이다. 재직하고 있는 교사는 34명이고 이중 27명의 교사는 석사 학위 이상의 학력을 가지고 있으며 21명은 교내 캠퍼스에서 거주한다.

▎ 학생 수

전체 학생 수는 274명이며 이 중 기숙학생은 65명이다. 학급 당 학생 수는 16명이며 교사와 학생의 비율은 1대 7이다. 전체 학생 중 약 10%가 외국인으로서 이는 독일, 과테말라, 이스라엘, 일본, 한국, 사우디아라비아 등에서 온 학생들이다.

▎ 대학진학

이 학교의 학생들은 10학년 때부터 교사와의 면담을 통해 학교를 선택하고 지원하는 등 대학진학을 준비한다. 이 학교 학생들의 성적을 살펴보면 2006년 졸업생을 기준으로 SAT 언어영역에서 660점이 평균 점수였고, SAT 수학영역에서 평균점수는 655점이었다. 600점이 넘은 학생은 언어영역에서 77%, 수학영역에서 72%로 아주 우수하다. 2006년 60명 졸업생 전원이 대학에 진학을 하였으며, 졸업생들이 진학한 대학은 다음과 같다.

Alabama, Emory, Duke, Franklin and Marshall, Georgia Tech, Harvard, Middlebury, Northwestern, Occidental, Princeton, Univ. of Toronto, Rhodes College, Vanderbilt, Washington(St. Louis), Yale

INTERLOCHEN ARTS ACADEMY

Contact : Mr. E. T. Brown, Director of Admissions		Add : 190 Woodward Drive, Indian Springs, AL 35124	
Tel : (205) 988-3350		Fax : (205) 988-3797	
Email : admissions@indiansprings.org		URL : www.indiansprings.org	

▌개요

미국 서부의 아이딜와일드(Idyllwild), 미국 동부의 월럿 힐(Walnut Hill)과 더불어 대표적인 예술학교 중의 하나인 이 학교는 미시건(Michigan)주의 북쪽에 위치하고 있는 자그마한 도시인 인터라켄(Interlochen)에 위치하고 있다. 1962년에 설립된 9-12학년 및 PG 과정을 제공하는 남녀 공학의 학교로 음악, 미술, 무용, 연극, 문예창작 등 예술적 재능을 가진 학생들이 자신의 역량을 최대한 발휘할 수 있는 공간을 제공한다. 대학진학에 필요한 다양한 과정과 더불어 전문 예술인이 되기 위한 독창성 및 창조성을 이끌어주며 학생이 갖추어야 할 건전한 심신의 개발에 그 역점을 둔다. 주말의 일정 역시 학생들에 의해 주도되어지는 연주회, 연극 등이 교내에서 이루어지고, 유명 예술가들을 초대해 그들의 실력을 감미할 수 있는 기회를 제공한다. 특히 이 학교의 여름 음악 프로그램은 조기에 마감이 될 정도로 인기가 있다. 삼림으로 덮인 1,200에이커의 광활한 캠퍼스에 학생들을 위한 다양한 시설들이 들어서 있으며 총 77명의 교사가 학생들의 교육에 이바지하고 있다. 60명의 교사는 석사 학위 이상의 학력을 지니고 있으며 36명의 교사는 교내 캠퍼스에서 거주한다. 지역적인 특성으로 인해 이 학교의 아름다운 교정과 호수 그리고 건물들은 10월 하순부터 그 다음해 4월까지 온통 새하얀 눈으로 장식되어있을 정도이다. 학교에는 외부인들을 위한 학교운영의 호텔도 소유하고 있으며 새빨간 체리(Cherry)로 잘 알려진 인근 트래버스 시티(Traverse City) 공항까지 차량도 연결해준다. 흥미로운 점은 이 학교의 명칭을 '인터로첸'으로 발음하지 않고 '인터라켄'으로 한다는 점이다.

▌학생 수

총 학생 수는 455명이고 그 중 기숙학생은 422명이다. 학급 당 학생 수는 12명이며 교사와 학생의 비율은 1대 6이다. 외국인 학생은 전체 학생의 19%를 차지하며 이는 캐나다, 중국, 일본, 한국 등지에서 온 학생들이다.

▌대학진학

본교에서는 3명의 진학상담교사가 학생들의 요구에 맞는 진학준비 프로그램을 책임지고 있다. 이들은 학생들에게 진학에 관련한 새로운 정보를 제공하고 대학진학 절차 전반에 걸쳐 학생들을 돕고 있다. 매년 10월에 전국의 각 대학과 예술학교 입학담당자들은 학교를 방문하여 진학에 관련한 최근 정보들을 제공하고 학생들과 직접 만남의 기회를 가지기도 한다. SAT 언어영역의 평균점수는 609점이고 수학영역의 평균점수는 577점이다. 다음은 이들이 입학한 대학들이다.

Boston Conservatory, Cleveland Institute of Music, Eastman School of Music, NYU, Oberlin College, Peabody Conservatory, Johns Hopkins University, Juilliard School, Rutgers, University of Maryland, University of Michigan, Wisconsin-Madison

KENT SCHOOL

Contact : Ms. Kathryn F. Sullivan, Director of Admissions	Add	: 1 Macedonia Road, Kent, CT 06757
Tel : (860) 927-6111	Fax	: (860) 927-6109
Email : admissions@kent-school.edu	URL	: www.kent-school.edu

▌ 개요

프레드릭 실(Frederick H. Sill) 신부에 의해 1906년 코네티컷(Connecticut)주 하트포드(Hartford)에서 서쪽으로 약 80킬로 떨어진 곳에 위치하고 있는 자그마한 소도시인 켄트(Kent)에 세워진 이 학교는 대학준비를 위한 전형적인 기숙학교이다. 한국 학생들에게도 상당한 인기를 가지고 있는 이 학교는 9-12, 그리고 PG 과정을 두고 있으며 1,200에이커의 넓은 캠퍼스에 학생들을 위한 각종 다양한 시설들을 제공하고 있다. 이 학교의 큰 장점은 모든 분야에 있어서 최고의 성취도를 이룰 수 있는 교육환경을 제공한다는 것이며 뛰어난 학과교육, 우수한 스포츠 프로그램, 음악, 미술, 드라마, 댄스 등 다양한 과외 활동을 통하여 학생들의 지적, 정신적, 그리고 육체적 성장을 추구한다는 점이다. 첨단 정보 통신 분야도 새롭게 도입되어 모든 학생들이 교내 어디에서라도 인터넷이 가능하도록 완비하였다. 학교의 부속 건물로는 57,000여권의 장서를 비치한 도서실, 최근에 증축한 과학관, 실험실, 생물실, 컴퓨터실 등을 들 수 있으며 본 캠퍼스 건너편으로는 우수한 시설의 체육관이 자리잡고 있다. 인상적인 것은 학교 캠퍼스 내에 서있는 다소 빛바랜 예배당인데, 학교의 전통을 대변하듯이 아직도 옛 모습 그대로 간직되어 있다. 이 학교를 한번 견학한 적이 있는 학생이나 학부형들은 한번쯤 탐을 내볼만한 학교이다. 평균 16년의 교육 경력들을 가진 총 75명의 교사 중 57명이 석사학위 이상의 학력 소지자이며 30명은 교내 캠퍼스에 거주한다.

▌ 학생 수

총 학생 수는 564명이며 그 중 기숙학생이 514명이다. 학급 당 평균 학생 수는 12명이고 교사와 학생 비율은 1대 7이다. 캐나다, 중국, 프랑스, 독일, 한국, 사우디아라비아 출신 외국 유학생이 전체의 18%이다.

▌ 대학진학

고 2과정에 해당하는 Fifth Form 단계 2월부터 고 3과정에 해당하는 Sixth Form 단계가 끝날 때까지 학생들은 신중하고 정확하게 대학진학에 대하여 진학상담 교사들과 계획하고 논의한다. 매년 100여 개 이상의 대학에서 대표들이 본교를 방문한다. 10, 11학년의 모든 학생들은 PSAT를 치른다. SAT I 은 11과 12학년 학생들이 테스트를 받고 거기에 더하여 전공 학습으로써 SAT II 도 함께 치른다.

본교의 2006년도 졸업생 181명 전원이 대학에 진학하였고 그들이 진학한 대학은 다음과 같다.

Boston, Carnegie Emory, Mellon, Colgate, Cornell, George Washington, Georgetown, Gettysburg, Johns Hopkins, Northeastern NYU, Northwestern, Suffolk, Syracuse, Trinity, US Naval Academy, Pennsylvania, Michigan, Illinois Ur-Ch, Notre Dame, Rochester, USC, UC Berkeley, Vermont

KENTS HILL SCHOOL

Contact : Mrs. Loren B. Mitchell, Director of Admissions		Add : Rt. 17, 1614 Main Street, Kents Hill, ME 04349-0257	
Tel : (207) 685-4914		Fax : (207) 685-9529	
Email : lmitchell@kentshill.org		URL : www.kentshill.org	

▌개요

　미국 내에서도 오래된 기숙학교 중의 하나로 알려진 이 학교는 1824년 루터 샘슨(Luther Sampson)에 의해 설립이 되었다. 메인(Maine)주의 전형적인 시골도시인 켄트힐(Kents Hill)에 위치하고 있는 이 남녀공학의 기숙학교는 주도인 오거스타(Augusta)시에서 서쪽으로 약 20킬로 정도 떨어진 곳에 위치하고 있다. 600에이커의 캠퍼스를 가진 이 학교는 체계적인 교육제도, 소규모 반 편성, 격주마다 보고되는 학생의 발달상황에 그 장점을 두고 있다. 정규수업 외에도 일부 과목에 어려움이 있는 학생들을 위한 보충의 수업도 이 학교에서 내세우는 장점 중의 하나이다. 학교 내의 모든 캠퍼스에서 인터넷이 가능하며 학과수업 이외에 스키, 스노우보드, 하키 등의 각종 스포츠 및 음악, 미술 등 다양한 프로그램을 제공하고 있다. 학생들을 위한 4개의 기숙사는 각각의 사감에 의해 관리가 되고 건물에 부속된 체력 연마실에는 학생들을 위한 각종 운동기구들을 비치하고 있다. 학교주변에 별반 큰 도시가 없어 면학에만 치중을 하고자 하는 학생의 경우에 적합한 학교라 생각이 든다. 전형적인 시골마을이기에 눈 내리는 겨울에 바라보는 캠퍼스 또한 인상적이다. 총 43명의 교사진 중 26명이 석사학위 이상의 학력 소지자이며 40명이 교내 캠퍼스에 거주한다.

▌학생 수

　총 학생 수는 225명이고 그 중 기숙 학생은 170명이다. 학급 당 학생 수는 11명, 교사와 학생의 비율은 1대 6이다. 독일, 일본, 한국, 사우디아라비아 출신의 외국인 유학생이 전체의 20%이다.

▌대학진학

　진학상담 센터는 고 2과정에 해당하는 Junior 단계부터 진학지도를 시작한다. 초기의 진학지도는 정보를 제공하는 정도이지만 점차 대학을 선택하고 대학마다 맞게 지원서를 작성하고 인터뷰 요령을 배우는 등 진학시기가 가까워지면서 지도는 구체적이고 체계적으로 이루어진다. 매년 가을 대략 60여 개의 대학에서 입학 담당자들이 학교를 방문하여 대학을 소개하는 등 진학과 관련하여 학생들과 미팅을 가진다. 모든 10학년, 11학년 학생들은 1학기인 그 해 가을에 PSAT 시험을 치르고 그 중 11학년 학생들은 다시 2학기에 AP시험과 SAT I 시험을 치른다. 12학년 단계에서는 1학기 때 SAT I 과 SAT II 시험을 치르고 2학기 때는 AP시험을 치르게 된다. 2006년에는 85명의 졸업생 중에 83명이 대학에 진학을 하였으며, SAT 언어영역에서 600점 이상의 점수를 받은 학생은 15%이고 수학영역에서 600점 이상을 받은 학생은 12%이다.

　최근 졸업생들이 진학한 학교를 살펴보면 다음과 같다.

　Babson, Boston Univ, Bowdoin, Colby, Cornell, Harvard, McGill, Michigan State, Pratt, Rensselaer, RISD, St. Michael's, Massachusetts at Amherst, Smith, Vasaar

KIMBALL UNION ACADEMY

Contact	: Mrs. Rachel G. Tilney, Director of Admissions	Add	: 57 Main Street, Meriden, NH 03770
Tel	: (603) 469-2101	Fax	: (603) 469-2041
Email	: admissions@kua.org	URL	: www.kua.org

┃ 개요

뉴햄프셔(New Hampshire)주의 명문이며 동부 명문 사립8개 대학인 아이비리그(Ivy League)중 하나인 다트머스 대학(Dartmouth College)이 위치하고 있는 하노버(Hanover)시에서 약 20킬로 떨어진 소도시 메리든(Meriden)에 위치하고 있는 전형적인 남녀공학의 기숙학교인 이 학교는 1813년에 설립되었으며 총면적 1,300에이커에 달하는 넓은 캠퍼스에 30개 동의 건물이 들어서 있다. 개개인의 학생에게 학업의 성취, 창의력 함양 그리고 올바른 책임감을 고취시킬 수 있는 최적의 방법을 제공하고자 하는 학교의 취지에 걸맞게 이 학교는 재학 학생들에게 심도 있는 교육을 제공하고 긍정적인 사고를 키울 수 있도록 노력한다. 13과목의 AP를 포함한 다양한 학과목 및 방과 후에 주어지는 다양한 과외 프로그램들을 통한 학생들의 자질 향상에 많은 배려를 하고 있다. 새롭게 건축한 환경관은 자연과학을 공부하고자 하는 학생들에게 많은 흥미를 제공해주고 있으며 현대식의 수학 및 과학관과 학년별로 제공되는 기숙시설 및 현대식의 식당은 학생들이 최상의 환경에서 양질을 교육을 받을 수 있는 장소를 제공한다. 학교 본 건물의 입구에는 컴퓨터를 비치하여 학생들이 언제든지 학업내용, 학과일정 그리고 개인 이메일을 확인할 수 있도록 하였다. 9-12학년, 및 PG 과정을 두고 있으며 총 46명의 교사진 중 38명이 석사학위 이상의 학력 소지자이며 36명이 교내 캠퍼스에 거주하고 있다.

┃ 학생 수

총 학생 수는 305명이고 그 중 기숙학생은 200명이다. 학급 당 학생 수는 12명이고, 교사와 학생의 비율은 1대 6이다. 외국인 유학생은 전체의 16%를 차지하며 이는 캐나다, 독일, 일본, 한국, 스페인 등에서 온 학생들이다.

┃ 대학진학

진학지도는 Junior(고교 2년 과정에 해당) 단계부터 시작되는데 학생들은 주말마다 대학진학과 관련된 정보를 나누는 미팅을 갖고 상담을 통해 진학하고자 하는 대학을 선택해 나간다. 상담센터는 Junior 와 Senior 학생들이 대학을 선택하는데 있어서 충분한 정보를 제공하기 위하여 컴퓨터 검색 프로그램과 대학안내 책자를 언제나 구비해 놓고 있다. 매년 가을에는 각 대학 입학 담당자들을 초대하여 학생들이 진학에 필요한 정보를 직접 얻도록 하고 있다. 2006년에는 101명의 학생이 졸업을 하였으며 그 중 100명이 대학에 진학하였다. 졸업생의 SAT 언어영역의 평균점수는 560점이고 수학영역의 평균점수는 550점이다. 본교 2006년 졸업생들은 다음과 같은 대학에 진학하였다.

Bates College, Boston College, Dartmouth College, McGill University, Middlebury College, Northeastern University, RIT, St. Lawrence University, Trinity College, University of Toronto, University of Vermont

THE KISKI SCHOOL

Contact	: Mr. Thomas Hayden, Director of Admissions	Add	: 1888 Brett Lane, Saltsburg, PA 15681
Tel	: (877) 547-5448	Fax	: (724) 639-8596
Email	: admissions@kiski.org	URL	: www.kiski.org

개요

펜실베니아(Pennsylvania)주 제2의 도시인 피츠버그(Pittsburgh)에서 동쪽으로 약 55킬로 떨어진 소도시 솔츠버그(Saltsburg)에 위치하고 있는 전형적인 대학준비를 위한 남자기숙 학교이다. 미국 내에서도 가장 오래된 남자기숙학교 중 하나로 잘 알려진 이 학교는 1888년 앤드류 윌슨(Andrew Wilson) 박사와 페어(R. W. Fair)에 의해 설립되었다. 우수한 학과목, 학생 개개인의 정서함양과 사회 구성원으로서의 책임감을 고취시키는데 그 역점을 두고 있는 이 학교는 남학생으로서 갖추어야 할 지식의 교육 및 그 성장에 교육의 근간을 두고 있다. 광릉수목원의 분위기를 연상시키는 400에이커의 캠퍼스에 42개 동의 건물을 가지고 있으며 이는 과학관, 컴퓨터실, 미술실, 20,000여권의 장서를 소지한 도서실 등을 포함한다. 학생들은 소규모 수업, 뛰어난 스포츠 프로그램, 각종 과외활동 등을 통하여 대학진학과 인생을 위해 젊은이로서 준비해야 할 배움의 양식을 이루어나간다. 이 학교의 기숙사는 9개 동을 가지고 있으며 각 동에는 학교 교직원이나 교사가 상주를 하면서 학생들을 보살펴 준다. 주말에는 학생들을 위한 다양한 프로그램이 주어지는데 토요일 저녁에 상영되는 영화, 연극 공연, 각종 스포츠 활동 등이 이러한 내용에 속한다. 매년 여름에는 5주간의 하계프로그램을 주관하여 학생들의 교육 증진에 이바지한다. 이 학교는 9-12, 그리고 PG 과정을 두고 있으며 전체 42명의 교사 중 18명이 석사학위 이상의 학력 소지자이며 38명의 교사들은 교내 캠퍼스에서 생활한다.

학생 수

이 학교의 총 학생 수는 196명이며 이중 185명이 기숙생활을 한다. 학급당 평균 학생 수는 8명이고 교사와 학생의 비율은 1:6이다. 전체 학생 수의 약 38%가 13여 개국에서 온 외국인 학생이며 이는 독일, 일본, 멕시코, 한국, 필리핀 등에서 온 학생들이다.

대학진학

본교는 졸업생 중 75% 이상이 제 1지망 대학에 합격해왔다. 학생들은 Junior(고교 2년 과정에 해당) 단계에서 진학하기 전까지 철저한 진학지도를 받고 있다. 매년 100여 개의 대학에서 입학담당자들이 본교의 학생들에게 진학을 돕기 위해 학교를 방문하고 있다. 2006년 SAT의 평균점수는 언어영역 513점, 수학영역 591점이다. 2006년도 졸업생 53명 전원이 대학에 진학하였다.

다음은 이 학교를 졸업한 학생들이 입학한 대표적인 대학들이다.

American, Boston Coll, Brown, Carnegie Mellon, Colgate, Case Western Reserve, Dartmouth, Duquesne, Johns Hopkins, Penn. State, Purdue, Rensselaer, Rochester, Syracuse, Temple, Trinity, US Naval Academy, Virginia, Wisconsin-Madison, Xavier

KNOX SCHOOL

Contact	: Mr. Meredith Stanley, Director of Admissions	Add	: 541 Long Beach Road, St. James, NY 11780
Tel	: (631) 586-1600	Fax	: (631) 584-2022
Email	: staylor@knoxschool.org	URL	: www.knoxschool.org

▌ 개요

미 뉴욕 롱아일랜드(Long Island)의 자그마한 도시인 세인트 제임스(Saint James)에 위치하고 있는 이 학교는 6-12학년의 남녀학생이 공부를 하는 기숙학교이며 기숙의 경우 7학년부터 가능하다. 1904년 메리 앨리스 넉스(Mary Alice Knox)에 의해 설립된 이 학교는 학업적 자질이 풍부한 학생들을 예능 및 스포츠 프로그램과 보조를 맞추어 인문학, 사회과학, 자연과학, 어학 등 기본적인 교양과목을 발판으로 몇몇의 우수한 대학의 진학을 목표로 한 폭넓고 심도있는 교육을 시키는데 그 기본으로 삼고 있다. 즉, 학교의 참된 목표는 학생 개개인에게 배움의 애착과 향후 급속히 변하는 사회에서 행복감, 자신감 그리고 성공적인 삶을 이끌어나가기 위해 필요한 자질을 끊임없이 개발하기 위한 열정을 심어주기 위함이다. 결국, 배경이 다른 다양한 계층의 학생들에게 학업적, 지적 그리고 인성적인 면을 고취시키기 위하여 예로부터 내려오는 체계적이고 전통적이며 잘 구성된 가족과 같은 분위기에서 개개인의 우수하고 다재다능한 면을 부각시켜줄 수 있는 하나의 철학을 제고하는데 그 교육의 목표가 있다할 수 있다. 이외에도 이 학교는 자기 자신 뿐만 아니라 본인이 생활하고 배우는 하나의 지역 공동체를 존중하고 나아가 책임감으로까지 발전시킬 수 있는 목표를 창출하기 위한 공동의 가치와 활동원칙을 이끌어 나간다. 학교에서 제공되는 다양한 방과 후의 프로그램 중에서 가장 오랜 역사를 가지고 있는 승마는 이 학교의 자랑거리이며 이밖에도 운동 및 예술 등이 학생들에게 인기가 높다. 이 학교가 위치하고 있는 지역에서 가까운 거리에 또 다른 기숙학교인 스토니브룩(The Stony Brook School)이 위치하고 있다. 멀리 스토니 브룩만(Stony Brook Bay)이 바라다 보이는 아름다운 68에이커의 면적에 총 13개의 건물이 들어서 있다. 33명의 교사 중 12명이 석사 학위 이상의 학력 소지자이고 23명은 학생들과 함께 기숙사에 거주한다.

▌ 학생 수

총 120명의 학생 중 65여명이 기숙생활을 한다. 학급 당 학생 수는 10명이며 상급학년의 경우 교사와 학생의 비율은 1대 5이다. 전체 학생의 약 26%가 외국인 학생이며 이는 중국, 일본, 한국, 대만 등에서 온 학생들로 구성되어 있다.

▌ 대학진학

이 학교에 입학을 하는 신입학년부터 학생들은 개별적으로 그리고 소수의 그룹으로 대학 진학에 대한 준비를 한다. 3명의 정식직원이 대학 선택에서부터 입학 허가서를 받을 때까지 전반적인 도움을 준다. 고1부터 고3과정 동안 PSATs, SATs, ACTs 그리고 외국 학생들을 위한 TOEFL 등 대학 진학에 필요한 시험을 학생들이 볼 수 있도록 배려를 하고 진학 상담을 하며 학생들은 이들 진로 담당선생과 진학에 대해 구체적인 계획을 세운다. 2003년에 이 학교를 졸업한 학생 17명은 모두 대학에 진학을 하였으며 이들이 진학을 한 대학들을 열거하면 다음과 같다.

Adelphi, Boston Univ, Arizona State, Boston Univ, Clemson, Drew, Fordham, Manhattanville, NYU, Parsons, Penn. State, Roger Williams, RIT, SUNT at Stony Brook, George Washington, UC San Diego, Stetson, North Carolina-Chapel Hill, Wheaton, Worcester Poly.

LAKE FOREST ACADEMY

Contact : Ms. Loring Strudwick, Dean of Admissions		Add	: 1500 West Kennedy Road, Lake Forest, IL 60045
Tel : (847) 615-3267		Fax	: (847) 295-8149
Email : admissioninfo@lfanet.org		URL	: www.lfanet.org

▌ 개요

미국 제 3의 도시인 시카고(Chicago)에서 북쪽으로 약 50여 킬로 떨어진 레이크포리스트(Lake Forest)에 위치하고 있는 전형적인 남녀공학의 기숙학교이다. 1857년에 세워진 남학생을 위한 레이크 포리스트 아카데미(Lake Forest Academy)와 1869년에 세워진 여자 힉교인 페리 홀 스쿨(Ferry Hall School)의 병합으로 이 학교는 시작이 되었다. 학생 개개인이 가지고 있는 무궁한 교육열의 성취를 이끌어줄 수 있는 환경을 제공한다는 취지를 가지고 있는 이 학교는 소규모 반 편성과 사제간의 친밀한 관계 등을 통해서 학생은 대학진학에 필요한 제반 교육을 습득할 수 있으며 또한 다양한 스포츠 및 과외 활동들을 통해 학생들은 자신의 인격 함양 및 자신감의 성취에 노력을 경주한다. 거대 도시인 시카고의 잇점으로 인해 학생들은 그 도시가 제공하는 각종 연주회, 연극, 뮤지컬 등의 문화 혜택을 누리는 권한을 갖는다. 한인 교포들이 많이 거주하고 있으며 미국 제3의 도시이기 한 이 시카고 지역에 상대적으로 기숙학교가 많지 않은 관계로 이 학교에 관심을 가지는 학생들이 상당히 많은 편이기에 입학 경쟁률이 높은 편이다. 하나의 거대한 저택을 연상케 하는 아름다운 캠퍼스에는 학교 정문 입구 왼편에 위치한 호수를 포함해 총 160에이커의 캠퍼스에 22개 동의 건물이 들어서 있으며 학년 과정은 9-12학년이다. 총 60명의 교사진 중 43명이 석사학위 이상의 학력 소지자이고 47명이 교내 캠퍼스에 거주한다.

▌ 학생 수

총 학생 수는 376명이며 그 중 기숙학생이 188명이다. 학급 당 평균 학생 수는 12명이고 교사와 학생의 비율은 1:8이다. 전체 학생 중 13%가 외국인 유학생이며 이는 캐나다, 중국, 일본, 러시아, 한국, 대만 등에서 온 학생들이다.

▌ 대학진학

3명의 진학상담 교사가 학생들의 진학준비 전 과정에 걸쳐 여러 가지 안내와 상담을 하고 있다. 학생들은 10학년(고1과정에 해당)과 11학년(고2과정에 해당) 단계에서 PSAT 테스트를 하고, 11학년 2학기와 12학년 1학기 2회에 걸쳐 SAT I 시험을 치른다. 매년 가을 약 150여 개의 대학에서 입학 담당자들이 학교를 방문하고 있다. 상담교사들은 학생들이 11학년 2학기부터 대학에 진학할 때까지 학교를 선택하고 지원하는 모든 과정에 상세하게 배려한다. 2006년에는 89명의 학생이 졸업을 하였고 전원이 대학에 진학을 하였다. 그들의 SAT 언어영역의 평균점수는 580점이고 수학영역의 평균점수는 640점이며 쓰기영역은 580점이다. 최근에 졸업생들이 진학한 대학들은 다음과 같다.

Bowdoin College, Cornell University, Dartmouth College, George Washington University, NYU, Northwestern University, University of Chicago, University of Illinois at Ur-Ch, University of Michigan, University of Wisconsin at Madison

LA LUMIERE SCHOOL

Contact : Mr. Michael Mitchell, Director of Admissions		Add : 6801 N. Wilhelm Road, La Porte, IN 46350	
Tel : (219) 326-7450		Fax : (219) 325-3185	
Email : admissions@lalumiere.org		URL : www.lalumiere.org	

▎ 개요

인디아나(Indiana)주에서 몇 안 되는 기숙학교 중의 하나인 이 학교는 시카고(Chicago)에서 동쪽으로 약 100여 킬로 떨어진 라 포르테 (La Porte)에 위치하고 있다. 로마 가톨릭계인 이 학교는 천주교 가족들에 의해 여러 방면에서 다재다능한 자질을 가진 우수한 학생들을 위한 교육의 목적으로 설립되었으며 학교에 속해 있는 교사와 학생들은 수업뿐 만 아니라 올바른 인생을 살아가기 위한 인격향상과 개개인의 재능발전을 위해 헌신적으로 감싸주며 자상하고 우호적인 환경에서 서로 호흡을 맞추어 나간다. 학생 전원은 졸업 후 대학에 진학을 하며 특히 과학 분야에서 두드러진 성과를 나타내고 있는데 주 내에서 개최되는 과학 경시대회 단일 부분에서 매년 10위 권 안에 진입을 하는 좋은 결과를 얻고 있다. 155에이커의 캠퍼스는 도시에서 떨어진 고즈넉한 호수가 있는 전원적인 아름다운 언덕 위에 세워져 있으며 9-12, PG 과정의 학생들이 공부하고 있다. 다소 단조롭지만 편안하고 아늑한 가정집의 분위기를 느낄 수 있는 5개 동의 기숙사에서 학생들은 아무런 불편함 없이 교내생활에 전념을 한다. 재능 있는 19명의 교사가 학생을 지도하며 이 중 7명은 석사 학위 이상의 학력 소지자이다. 10명은 교내 캠퍼스에 거주한다.

▎ 학생 수

총 120명의 학생이 수학하고 있으며 이 중 기숙 학생의 수는 58명이다. 학급 당 학생 수는 11명이고 교사와 학생의 비율은 1:6이다. 외국 학생들은 전체 약 17%를 차지하는데 이는 독일, 인도, 한국, 러시아, 대만 등에서 왔다.

▎ 대학진학

본교에서는 학생들이 입학하는 순간부터 대학진학을 위한 집중적인 진학지도를 한다. 좋은 대학에 갈 수 있도록 진학시험에 대비하여 정기적인 진학능력 시험을 치른다. 매년 각 대학의 입학 담당자들이 학교를 방문한다. 10학년 학생들은 PSAT와 TOEFL 시험을 치르게 된다. 이런 시험의 결과는 각 학생들에게 맞는 진학지도에 많은 참조사항이 된다. 11학년단계에서는 SAT와 ACT 시험을 치르고 진학계획을 검토하는 등의 정기적인 진학준비 프로그램에 참여하게 된다. 12학년 단계의 학생들은 개인적 상담을 통해 최종적으로 대학을 선택하고 진학을 위한 원서를 작성하는 등의 본격적인 진학준비를 한다.

2006년에는 27명의 학생이 졸업을 했으며 전원이 대학에 진학을 하였다. 그들의 SAT 언어영역의 평균점수는 550점이고 수학은 580점이었다. SAT에서 600점을 넘은 학생이 언어영역이 41%, 수학영역이 44%였다. 지난 2년 간 본교의 졸업생들이 진학한 대학은 다음과 같다.

DePaul University, Indiana University-Bloomington, John Carroll University, Boston College, Holy Cross College, Loyola University at Chicago, North Central College

LAWRENCE ACADEMY

Contact	: Mr. Tony Hawgood, Director of Admissions	Add	: Powerhouse Road, Groton, MA 01450
Tel	: (978) 448-6535	Fax	: (978) 448-1519
Email	: admiss@lacacademy.edu	URL	: www.lacacademy.edu

▌ 개요

　매사추세츠(Massachusetts)주에서 북서쪽으로 약 50킬로 거리에 위치하고 있는 그라튼(Groton)에 자리잡고 있는 이 학교는 전형적인 대학진학을 목표로 하는 남녀공학의 기숙학교이다. 1793년에 그라튼 아카데미(Groton Academy)로 출발한 이 학교는 이후 이 학교에 많은 공헌을 한 애머스(Amos)와 윌리엄 로렌스(William Lawrence)를 기리기 위해 그 중 한 명의 이름을 따서 현재의 학교명으로 사용하고 있다. 이 학교는 학생 개개인에게 맞추어지는 학과 프로그램을 세미나, 주제설정, 자율적인 학습을 통한 학생들의 지적인 지식함양에 그 초점을 맞추며, 우호적인 환경의 분위기, 정기적인 교사와의 미팅 등을 통하여 학생들은 안정된 환경에서 자신의 개발에 노력하며 초보부터 상급까지 주어지는 학생 개개인의 스포츠 활동을 통해 학생들의 체력을 단련시킨다. 새로 설립된 예술관에서는 드라마, 무용, 음악, 시각미술 등의 프로그램들을 제공하며 정기적인 여행 및 광범위한 주제의 탐구로 학생들은 학교에서 습득할 수 없는 산지식을 얻을 수 있다. 이 학교의 또 다른 장점은 전 기숙사의 인터넷화, 라디오 방송실, 녹음실, 체육관 및 아이스 링크 장 등 우수한 시설들은 제공하고 있다는 점이다. 이 학교 근처에는 명문 사립학교인 그라튼 학교(Groton School)가 위치하고 있다. 9-12학년의 학생들이 90에이커의 캠퍼스에서 생활하고 있으며 총 75명의 교사진 중 50명이 석사학위 이상의 학력 소지자이다. 35명의 교사는 교내 캠퍼스에서 생활한다.

▌ 학생 수

　총 학생 수는 394명이며 그 중 기숙학생은 197명이다. 학급 당 학생 수는 15명이고, 교사와 학생의 비율은 1대 8이다. 독일, 일본, 한국, 캐나다, 대만, 사우디아라비아 출신의 유학생이 전체의 14%를 차지한다.

▌ 대학진학

　진학지도는 Junior 단계(고교 2학년 과정에 해당) 때부터 개인면담으로 시작된다. 학생들은 상담을 통하여 진지하게 자신의 상황에 맞게 대학을 선택하고 앞으로의 계획을 세우게 된다. Junior에서 Senior로 넘어가게 되는 여름방학 기간에 학생들은 자신이 선택한 대학에 대한 정보를 수집하고 대학을 직접 방문하는 등의 노력을 한다. Senior 1학기에는 학생의 관심분야, 능력, 학교성적 등을 고려하여 대학선택을 신중히 하게 된다. SAT 언어영역의 평균 점수는 557점, 수학영역의 평균점수는 588점, 쓰기영역은 577점이다.

　2006년 본교 졸업생 100명 중 99명이 대학에 진학하였으며 이는 다음과 같다.

　Bates College, Colby College, Boston College, Carnegie Mellon University, Elon University, George Washington University, Saint Michael's College, University of New Hampshire, University of Vermont

THE LAWRENCEVILLE SCHOOL

Contact : Mr. Gregg W. M. Maloberti, Dean of Admissions
Tel   : (609) 895-2030
Email   : admissions@lawrenceville.org

Add : 2500 Main St., Lawrenceville, NJ 08648
Fax : (609) 895-2217
URL : www.lawrenceville.org

개요

뉴저지(New Jersey)주를 대표하는 명문 사립으로 미국 전역에서도 그 우수성이 두드러지는 이 학교의 역사는 1810년 한 지역 교회목사에 의해 처음 남학생의 교육을 위한 목적으로 설립되었다. 해마다 학생 수와 규모가 점점 늘어갔으며 이에 1987년부터는 여학생의 입학도 허가를 하였고 현재 여학생의 비율은 약 46%에 이른다. 자기발전을 위한 개개인의 책임감에 그 비중을 두는 교육 기관으로서의 이 학교의 철학은, 재학하고 있는 학생들에게 대학입학 허가만을 위한 교육을 제공하는 것이 아니라 장차 사회에 진출하여 당당하고 사려 깊은 우수한 인적자원을 배출하는 것이다. 9-12 및 PG 과정을 가지고 있는 이 학교 수업방식의 또 다른 큰 특징은 안락함과 테이블 수업을 들 수 있다. 이 학교의 또 다른 큰 특징은 하우스 시스템(House System)이라 불리어지는 소수의 학생들이 마치 가정집을 연상시키듯 생활하는 기숙제도로 학생들이 안정되고 쾌적한 환경에서 학과 수업에만 몰입할 수 있게 해주고 필립스 엑시터(Phillips Exeter)와 같은 소규모의 학생이 테이블에 둘러앉아 진행되는 이러한 테이블 수업방식은 800여명의 학생을 위한 다양한 300여 개의 학과 과정 및 과외활동 프로그램이 학생 개개인의 재능과 자질을 최대한 살릴 수 있는 방향으로 그 무게를 둔다. Ivy League를 포함한 대부분의 명문 대학에 입학을 시키는 이 학교는 100에이커의 짜임새 있는 캠퍼스에 100,000여권의 장서를 비치할 수 있는 도서관, 과학관, 시각 예술관 등을 가지고 있으며 기숙사를 포함한 모든 건물에 인터넷 접속이 가능하다. 학교정문도 마치 큰 저택에 들어가는 것처럼 웅장하면서도 고풍스럽게 설계되어져 있다. 미동부의 명문 사립 8개 대학인 'Ivy League' 중의 하나인 프린스턴 대학(Princeton University)과 이 학교가 위치하고 있는 로렌스빌(Lawrenceville)은 불과 십 여분 거리에 위치하고 있다. 개인적으로 이 학교를 방문할 때마다 느끼는 점이지만 짜임새 있는 학교 교정과 뛰어난 학교시설 등 이 학교의 전체적인 분위기에 내 스스로가 압도당하는 듯한 인상을 받곤 한다. 우수한 자질을 가진 학생이라면 꼭 응시를 해보라고 권유를 하고 싶다. 141명의 전체 교사 중 108명이 석사 학위 이상의 학력 소지자이며 125명의 교사는 교내 캠퍼스 내에 거주한다.

학생 수

총 807명의 학생 중 542명이 기숙사 생활을 하고 있으며, 외국학생은 전체 학생의 10%를 차지하며 이는 바하마, 홍콩, 한국, 사우디아라비아, 대만, 영국 등이다. 학급 당 학생 수는 12명이고 교사와 학생의 비율은 1대 8이다.

대학진학

Junior(고교 2년 과정에 해당) 2학기가 되면 진학을 위한 상담을 시작한다. 학생들은 Senior(고교 3년 과정에 해당) 1학기가 가기 전에 자신이 원하는 상담교사와 신중하게 최종적으로 진학하고자 하는 대학을 선택하게 된다.

  학생들은 매년 가을에 본교에서 개최하는 대학 박람회에 참여하게 되는데 전국 100여 개의 대학에서 입학 담당자들이 방문하여 학생들에게 진학정보를 제공하고 개인적인 상담을 하기도 한다. Junior 1학기(10월)에 PSAT, 2학기(5월)에 SAT I 테스트가 있다. Senior(고교 3년 과정에 해당) 단계가 되면 학생들은 SAT I 테스트를 다시 한 번 하게 된다. 2006년 본교의 SAT평균점수는 언어영역 650점, 수학영역은 680점이다.

  2006년 본교 졸업생 230명 전원이 전국 여러 대학에 진학하였는데 진학한 대표적인 대학을 살펴보면 다음과 같다.

  Brown University, Boston College, Cornell University, Duke University, Emory University, Georgetown University, Harvard University, McGill University, NYU, Princeton University, Tufts University, University of Chicago, University of Virginia, Vanderbilt University

THE LEELANAU SCHOOL

Contact	: Mrs. Heather. M. Sack, Director of Admissions	Add	: One Old Homestead Road, Glen Arbor, MI 49636
Tel	: (231) 334-5800	Fax	: (231) 334-5898
Email	: admissions@leelanau.org	URL	: www.leelanau.org

l 개요

어떠한 종파에도 소속되어 있지 않는 순수 대학준비 과정의 이 학교는 미시건(Michigan)주의 미시건 호(Lake Michigan) 근처에 인접하고 있는 자그마한 시골 도시이며 산림으로 뒤덮인 휴양지인 그렌 아버(Glen Arbor)에 위치하고 있으며 1929년에 설립된 남녀공학의 기숙학교이다. 학생 개개인의 교육에 그 초점을 두고있는 이 학교는 학생의 지적, 도덕적, 육체적, 사회적 발달에 입각하여 학생들이 교내에서 뿐 만 아니라 교외에서도 자신의 잠재성을 고취시키는데 그 교육의 목표를 두고 있다. 소규모 반 편성, 세심한 교육 지도, 개개인의 적성에 맞는 교육 프로그램 등을 통해 학생들은 자신의 지식을 축적해 나가며 특히 이 학교는 환경학 프로그램이라는 과정을 두어 학생들이 학교 캠퍼스 주변의 다양한 자연학습을 접할 수 있는 기회를 제공한다. 학교 발전을 위한 장기계획을 세워 학교의 시설을 개보수하고 있는 이 학교는 50여 에이커의 캠퍼스에 10,000여권의 장서를 가진 도서관, 실험실, 암실, 온실, 실내 체육관, 천문대, 예술관 등을 가진 12개 동의 건물이 있으며, 9-12학년의 학생들이 공부하고 있다. 기숙의 경우 3개동의 건물에 학생들이 분산해서 거주하고 있으며 멘토(Mentor) 프로그램을 두어 처음 입학하는 학생들이 편하게 학교생활에 적응을 할 수 있도록 도와주고 있으며 아울러 프리펙트(Prefect) 프로그램도 적용해 상급학년의 학생들이 하급학년의 학생들을 돌보는 제도를 두고 있다. 학생 수가 적은 관계로 가족적인 분위기에서 생활을 한다는 이점이 있으나 시설이 상대적으로 미진하다는 점이 흠이다. 총 교사 수는 20명이고 7명이 석사학위 이상의 학력 소지자이며 그 중 8명이 교내 캠퍼스에 거주하고 있다.

l 학생 수

총 학생 수 56명 중 기숙학생은 52명이다. 학급 당 학생 수는 8명이고 교사와 학생간 비율은 1대 10이다. 외국인 유학생은 전체의 18%이며 이는 중국, 일본, 포르투칼, 한국 등에서 온 학생들이다.

l 대학진학

본교의 진학지도는 Junior 단계(고교 2년 과정에 해당)부터 시작되는데 학생들은 상담을 통해 자신에게 적합한 대학을 선택한다.

본교 2006년 졸업생 18명은 모두 대학에 진학하였는데 그 대학은 다음과 같다.

DePaul University, Emory University, Kalamazoo College, Indian University at Bloomington, Michigan State University, University of Michigan, University of Oregon

 **LINDEN HALL SCHOOL FOR GIRLS**

Contact : Mrs. Kate R. Rill, Director of Admission		Add	: 212 East Main Street, Lititz, PA 17543
Tel : (717) 626-8512		Fax	: (717) 627-1384
Email : admission@lindenhall.com		URL	: www.lindenhall.com

개요

펜실베니아(Pennsylvania)주 필라델피아(Philadelphia)시에서 서쪽으로 약 2시간 여 거리에 있는 조용한 소도시인 리티츠(Lititz)에 위치한 이 학교는 1746에 설립된 여학교로 미국 내에서 가장 오래된 여자 기숙학교이다. 미국의 전형적인 청교도적 색채가 아직도 그대로 남아있는 보수적인 도시이며 관광지이기도 한 랭카스터(Lancaster)시와도 가깝게 인접하고 있는 이 학교는 학교 교육보다는 인성개발을 위한 지식함양을 근본으로 두고 있으며 여학생으로서 갖추어야 할 다양한 교육 프로그램과 더불어 드라마, 예술, 사진, 댄스, 무용, 스포츠 등의 다양한 과외활동들을 제공하고 있다. 6-12학년 및 PG 과정을 두고 있는 이 학교는 6학년부터 기숙이 가능하고, 소규모로 운영되어지는 교육 프로그램 및 교사와 학생간의 긴밀한 유대관계를 통하여 교육을 통한 학생들의 정서 함양에 많은 배려를 하고 있다. 특히 이 학교는 실내 및 실외 승마장을 갖추고 있으며 학교의 주요 건물은 서로 연결이 되어 추운 겨울 외부를 통하지 않고 학교의 이곳저곳을 다닐 수 있어 아주 편리하다. 학교는 전반적으로 아담하고 정갈한 편이며, 특히 인상적인 것은 전형적으로 긴밀한 유대관계를 갖는 미국 지역공동체의 한 단면인데 이는 휴일을 이용해 인근의 어린 학생들이 부모와 함께 학교시설물인 푸르른 잔디구장에서 축구, 야구 등의 각종 구기종목 시합을 하는 모습이었다. 47에이커의 캠퍼스에 30명의 교사가 재직 중이며 이 중 13명이 석사 학위이상의 학력 소지자이다. 9명의 교사는 교내에 부속된 학교 관사에 거주한다.

학생 수

총 125명의 학생 중 88명이 기숙사 생활을 하고 있다. 전체 학생의 33%가 외국인 학생이며 이는 일본, 한국, 멕시코, 대만, 과테말라 등에서 온 학생들이다. 학급 당 학생 수는 평균 8명이고, 교사와 학생의 비율은 1대 5이다.

대학진학

본교의 상담교사는 학생들이 대학을 선택하고 진학준비를 할 수 있도록 돕고 있다. 개인 상담이나 진학준비 프로그램은 11학년 단계부터 시작되는데 학생들은 자신의 관심, 능력, 성적 등을 고려하여 대학을 선택하고, 에세이 작성, 인터뷰 요령 등을 배우고 진학시험, 장학제도 등 진학에 관련한 정보를 계속적으로 열람하는 등의 준비를 한다. 학생들은 매년 학교를 방문하는 대학입학 담당자들을 직접 만나기도 한다. 학교에는 항상 대학안내 책자, 비디오, 대학정보를 검색할 수 있는 컴퓨터 프로그램, 장학정보 등을 학생들이 열람할 수 있도록 구비하고 있다. 2006년에는 25명이 졸업을 하였고, 전원 대학에 진학을 하였다. 본교의 졸업생들이 최근 진학한 대학을 살펴보면 다음과 같다.

Boston University, Carnegie Mellon University, Massachusetts Institute of Technology, Skidmore College, Syracuse University

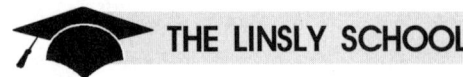

THE LINSLY SCHOOL

Contact : Mr. Chad Barnett, Director of Admissions		Add	: 60 Knox Lane, Wheeling, WV 26003
Tel	: (304) 233-1436	Fax	: (304) 234-4614
Email	: admit@linsly.org	URL	: www.linsly.org

▮ 개요

웨스트버지니아(West Virginia)주의 북단에 위치하고 있는 소도시 윌링(Wheeling)에 자리잡고 있는 전형적인 대학준비 과정의 남녀공학인 이 학교는 피츠버그(Pittsburgh)에서 서쪽으로 약 1시간 여 거리에 위치하고 있다. 웨스트버지니아 유일의 기숙학교이기도 한 이 학교는 1814년에 설립되었으며 이 지역에서 가장 오래된 대학 준비 과정의 학교이기도 하다. 이 학교와 관련되어서 언급되어진 벤자민 프랭크린 (Benjamin Franklin)의 명언인 '지식으로의 투자는 항상 최고의 이자를 낳는다' 라는 취지와 같이 이 학교는 우수한 교과과정과 다양한 프로그램 등을 통하여 학생들은 전인적인 인격체로 성장해 나가기 위한 기본 과정을 습득한다. 스포츠 역시 승부에만 집착하기보다는 이를 통해서 심신을 단련하는데 더욱 그 비중을 두고 있다. 5-12학년의 학생들이 수업을 하며 그 중 기숙은 7학년부터 가능하다. 이 학교 역시 학생들을 위한 하계 프로그램을 제공하고 있고 매년 100여명의 학생들이 이 프로그램에 참가를 한다. 학비 및 기숙사비가 상대적으로 타 기숙학교보다 저렴한 관계로 한국 학생들이 지원을 많이 하는 편이다. 총 면적 57에이커의 캠퍼스에 학습실, 예술관, 과학관, 8,000여권의 장서를 소지한 도서실 등을 포함한 17개 동의 건물이 있으며, 총 49명의 교사진 중 17명이 석사 학위 이상의 학력을 소지하고 있다. 21명의 교사가 교내 캠퍼스에 거주하고 있다.

▮ 학생 수

총 학생 수는 425명이며 그 중 기숙학생은 92명이다. 학급 당 학생 수는 15명이고 교사와 학생의 비율은 1대 9이다. 외국인 학생은 전체 학생의 약 5%이며 이는 홍콩, 일본, 중국, 한국, 태국 등에서 온 학생들이다.

▮ 대학진학

학생들은 PSAT와 SAT I 시험을 처음 치르게 되는 Junior(고교 2년 과정에 해당) 단계부터 진학상담을 시작한다. 미리 예비시험을 치르는 것은 학생들로 하여금 테스트에 익숙해지도록 하고 학업계획의 필요성을 알게 하는 과정이다. 학생들은 PSAT, SAT I, SAT II 시험을 치르고 선택한 대학에 맞도록 인터뷰 요령을 터득하는 등 구체적인 진학준비를 한다. 2006년 본교 SAT 평균점수는 언어영역 560점, 수학영역 560점이다.

2006년 졸업생 47명은 모두 대학에 진학하였고 대표적인 대학은 다음과 같다.

American University, Case Western Reserve University, Columbia College, Duquesne University, Emory University, Penn State University, College of William and Mary, Providence College, University of Pittsburgh, University of Virginia, West Virginia University, Xavier University of Louisiana

THE LOOMIS CHAFFEE SCHOOL

Contact	: Mr. Thomas D. Southworth, Director of Admissions	Add	: 4 Batchelder Road, Windsor, CT 06095
Tel	: (860) 687-6400	Fax	: (860) 298-8756
Email	: admission@loomis.org	URL	: www.loomis.org

▍개요

미국 전 지역뿐만 아니라 코네티컷(Connecticut)주를 대표하는 명문 사립학교 중의 하나인 이 학교는 하트포드 (Hartford)시에서 북쪽으로 약 10여 킬로 떨어져 있는 윈저(Windsor)에 위치하고 있으며 브레드리 국제공항(Bradley International Airport)에서도 아주 가깝다. 9-12 및 PG 과정을 가지고 있는 전형적인 남녀공학의 기숙학교인 이 학교는 1914년에 4명의 루미스(Loomis) 형제자매에 의해 설립되었으며 1926년에는 여성 교육의 중요성을 강조 하기 위하여 윈저(Windsor) 근처의 다른 곳으로 여학교만 옮겨졌으며, 이에 채피(Chaffee) 학교로 불려졌다. 그러나 이 두 학교는 1972년도에 다시 재통합하였으며 이로서 학교의 명칭이 루미스채피(Loomis Chaffee)로 명명되어졌 다. 이 학교의 교육 프로그램 및 각종 과외 활동은 굳이 언급을 하지 않더라도 타 학교와 견주어 보아서 손색이 없을 정도로 우수하다. 대다수의 학생은 졸업 후 명문대학에 진학하며 이들은 미국 내 정치, 사회 등 여러 방면에 서 두각을 나타내고 있다. 300에이커의 캠퍼스에 65개 동의 건물이 있는데 이는 57,000여권의 장서와 165종의 정기 간행물을 소장한 도서실, 음악 감상실, 마이크로필름 해독실, 시청각실, 예술관, 흑백 및 칼라사진을 현상할 수 있는 암실, 갤러리, 고대 미술사 강의실, 각종 실험실, 전망대, 컴퓨터실, 인쇄실, 음악실, 시청각실 등 실로 다양한 시설들을 포함한다. 코네티컷(Connecticut)주의 수도인 하트포드(Hartford)에서 가까운 거리에 위치를 하고 있다는 장점으로 학생들은 이 도시에서 주어지는 각종 문화 혜택을 누릴 수 있다. 총 150명의 교사 중 127명이 석사학위 이상의 학력 소지자이다. 70명은 교내 캠퍼스에 거주한다.

▍학생 수

총 학생 수 723명 중 기숙학생은 434명이다. 2006년의 경우에는 미국 전역의 30개 주와 21개의 나라에서 온 학생들이 이 학교로 입학을 하였다. 입학 학급 당 학생 수는 14명이고 교사와 학생의 비율은 1대 4이다. 전체 학생 중 약 10%는 외국 학생들이며 이는 캐나다, 중국, 한국, 사우디아라비아, 태국 등에서 온 학생들이다.

▍대학진학

세 명의 주요 상담교사와 한 명의 보조교사가 학생들이 대학의 진로를 선택하는데 도움이 되는 전문적인 상담 을 하고 있다. 진학상담은 고 2과정에 해당하는 Junior 학년에 시작하여 학생들이 대학에 진학을 할 때까지 계속 된다. 학생들의 학교생활 기록, 성적, 과외활동, 대학에 대한 개인적 선호도 등은 학생들의 임시적인 대학선택에 반영된다. 모든 고 2과정에 해당하는 Junior 학년은 학기 초에 PSAT를 치르게 되며 2학기에 SAT 테스트를 하고 고 3인 Senior 학년이 되면 다시 SAT를 치른다. 2006년 기준 SAT의 언어영역에서 600점 이상을 받은 학생은 74%, 수학영역은 77%이다.

지난 5년간 이 학교를 졸업한 학생의 81%는 바론(Baron)의 미국대학 일람표(Profiles of American College)에 근거 하여 우수한 대학이라고 인정되어진 대학에 진학하였다.

이 학교 졸업생이 진학한 대표적인 학교는 다음과 같다.

Amherst College, Babson College, Boston College, Boston University, Bowdoin College, Brown University, Carnegie Mellon University, Colby College, Columbia University, Cornell University, Dartmouth College, Emory University, George Washington University, Georgetown University, Harvard University, Johns Hopkins University, Middlebury College, New York University, Northeastern University, Tufts University, University of Pennsylvania, University of Rochester, Vanderbilt University, Washington University, Wesleyan University, Williams College, Yale University

THE LOWELL WHITEMAN SCHOOL

Contact : Mr. Travis Jones, Director of Admissions	Add : 42605 RCR 36, Steamboat Springs, CO 80487
Tel : (970) 879-1350	Fax : (970) 879-0506
Email : admissions@lws.edu	URL : www.lws.edu

▍ 개요

콜로라도 (Colorado)주 덴버(Denver)에서 북서쪽으로 약 2시간 반 정도의 거리인 스키 지역으로 잘 알려진 스팀보트 스프링스(Steamboat Springs)에 위치한 이 자그마한 학교는 9-12학년의 학생들이 공부하는 남녀공학 기숙학교이다. 로웰 와이트만(Lowell Whiteman)이라는 학교 설립자의 이름을 따서 명명된 이 학교는 1957년에 설립되었으며 소규모 반 편성을 통한 체계적이고 정돈된 대학진학을 위한 과정을 제공하며 산악자전거, 암벽등반, 등산 등은 학생들의 심신단련에 많은 기여를 한다. 특히나 이 학교가 위치하고 있는 지역이 미전역에서 스키장으로 유명하기에 이 학교 학생들은 자연스레 겨울 스포츠로 스키를 접하게 되고 이 학교 졸업생으로서 현재 스키 선수로 활약하고 있는 사람들도 여러 명이 된다. 주말을 통한 교사와 학생들 간의 로키산맥, 강, 그리고 주변 관광지로의 캠핑 뿐 만 아니라 학교설립 이후 매년 주어지는 학생들을 위한 해외 수학여행 프로그램 역시 이 학교의 독특한 교육일정 중의 하나이다. 여학생 기숙사를 비롯한 3개의 기숙사 동에서 학생들은 거주하며 각 기숙사에는 학교 교직원이 상주하며 학생들을 관리한다. 총 면적 180에이커의 캠퍼스에 9개 동의 건물이 들어서 있으며 총 22명의 교사 중 12명이 석사학위 이상의 학력 소지자이고 17명이 교내 캠퍼스에 거주하고 있다.

▍ 학생 수

총 학생 수는 108명이며 그 중 기숙학생은 48명이다. 학급 당 학생 수는 8명이고 교사와 학생의 비율은 1대 7이다. 외국인 학생은 전체 학생의 약 7%이며 이는 호주, 캐나다, 독일, 멕시코, 영국 등에서 온 학생들이다.

▍ 대학진학

학생들은 대학을 선택하는 단계별 과정과 캠퍼스 시찰, 그들의 희망과 적성에 맞는 대학으로의 지원 등 진로에 대한 교육 프로그램에 참여한다. 좀 더 체계적인 진학계획은 Junior(고교 2년 과정에 해당) 학년 때부터 시작된다. 본교의 모든 Senior(고교 3년 과정에 해당)와 Junior 학년은 SAT I 과 ACT 테스트를 치르며 본교의 2006년 졸업생 23명 중 22명이 대학에 진학하였다. 현재 그들이 진학한 대학은 다음과 같다.

Cornell University, Mount Holyoke College, The Colorado College, University of Colorado at Boulder, University of Denver

LYNDON INSTITUTE

Contact	: Mrs. Mary Thomas, Director of Admissions	Add	: 168 Institute Circle, Lyndon Center, VT 05850
Tel	: (802) 626-5232	Fax	: (802) 626-6138
Email	: admissions@lyndoninstitute.org	URL	: www.LyndonInstitute.org

▮ 개요

미 동부 버몬트(Vermont)주의 고즈넉한 시골마을인 린든 센터(Lyndon Center)에 자리를 잡고 있는 이 학교는 9-12학년의 남녀공학의 학생들이 공부를 하는 기숙학교이다. 1867년 뉴잉글랜드 교육의 전통을 표방하고 설립된 이 학교는 학생들이 일정한 교육의 틀에서 자유로이 자신의 의지를 펼칠 수 있도록 하였다. 이 학교의 학생들은 상호간의 우호적인 환경하에서 학교 선생 및 교직원들로부터 세심한 배려가 제공되며 이를 통해 학생들은 그들을 진심으로 존경하게 만들며 그들의 자질을 높이 평가하게 되며 궁극적으로 대학 진학을 위한 밑거름으로 삼게 된다. 특히나 이 학교는 1900년 초 미국의 유명한 통신회사인 에이티엔티(AT&T)의 설립자이도 한 이 학교의 교장 티엔 베일(T. N. Vail)의 교육에 대한 열의가 고스란히 배어있으며 그의 헌신적 노력에 의해 학교의 프로그램과 시설이 괄목상대할 정도로 발전되었다. 135에이커의 면적 중앙에는 사계절 이용이 가능한 트랙을 포함한 운동장이 들어서 있으며 25개 동의 각종 건물이 그 둘레에 세워져 있다. 학교의 본관에서는 각종 행정사무실을 비롯한 교실들이 들어서 있고 미술실, 컴퓨터실, 음악실 등은 각자의 건물을 가지고 있다. 이 학교 역시 본관 왼편으로 공동묘지가 세워져 있다. 새로 개보수한 기숙사의 경우 총 3개 동이 건물이 있는데 1동은 남학생을 위해 그리고 나머지 2동은 여학생들이 거주를 한다. 총 70명의 교사 중 25명이 석사 학위 이상의 학력 소지자이고 몇몇의 선생은 학생들과 함께 기숙사에 거주한다.

▮ 학생 수

총 619명의 학생 중 한정된 수의 외국 학생과 미국학생이 기숙생활을 한다. 학급 당 학생 수는 14명이며 교사와 학생의 비율은 1대 14이다. 전체 학생의 약 1%가 외국인 학생이며 이는 대만, 일본, 한국 등에서 온 학생들로 구성되어 있다.

▮ 대학진학

이 학교에 입학을 하는 신입학년부터 학생들은 개별적으로 그리고 소수의 그룹으로 대학 진학에 대한 준비를 한다. 2명의 대학진학 상담 직원이 학생들의 진학에 대해 구체적인 계획을 세워주고 있다. 매해 미국 전역에서 30여개의 대학 입학 담당자가 이 학교를 방문하여 대학 정보를 해주고 있다. 이 학교의 평균 SAT 점수는 언어영역에서 513점 수학 영역에서 509점을 얻었고 21%가 언어영역에서 24%가 수학영역에서 600점 이상을 취득하였다. 2006년 148명이 졸업을 하였고 이들이 진학을 한 대학들을 열거하면 다음과 같다.

Berkeley College of Music, Boston Univ, Dartmouth, Harvard, Lyndon State Coll, Middlebury, St. Lawrence, US Naval Academy, Smith, Maine at Farmington, New Hampshire, Southern Florida, Worcester Poly. Institute.

THE MACDUFFIE SCHOOL

Contact : Ms. Linda Keating, Director of Admissions   Add   : One Ames Hill Drive, Springfield, MA 01105
Tel   : (413) 734-4971   Fax   : (413) 734-6693
Email   : admissions@macduffie.com   URL   : www.macduffie.com

▌개요

매사추세츠(Massachusetts) 주의 스프링필드(Springfield)시 중심의 주거지역에 위치한 이 학교는 1890년 하버드 대학 출신인 존 맥더피(John MacDuffie) 박사와 그의 부인에 의해 대학을 준비하는 여학생들에게 양질의 교육을 제공하자는 취지에서 설립되었다. 현재는 대학진학과 올바른 인생관을 고취시키기 위해 남녀학생들을 가르치고 있는 이 학교는 학생 개개인의 발달 및 자질 향상을 극대화 할 수 있도록 많은 힘을 쏟고 있다. 이 학교의 특징 중의 하나는 인락한 가정과 같은 기숙사 생활을 들 수가 있는데 미국 전역 및 세계 여러 나라에서 온 학생들은 교사부부가 거주하는 4개의 안락하고 우아한 가정집 형태의 기숙사에 서로 분산되어 생활을 한다. 이 학교가 위치하고 있는 도시의 특징은 주변에 University of Massachusetts at Amherst, Hampshire College, Amherst College, Mount Holyoke College, Smith College 등의 여러 대학들이 위치하고 있다는 점이며 학생들은 주변 환경의 이점을 통해 진학과 관련된 많은 정보를 입수할 수가 있다. 총 13에이커의 캠퍼스에 12개 동의 건물이 들어서 있으며 6-12학년의 학생들이 공부를 하는 이 학교의 기숙사 이용 가능 학년은 9학년부터이다. 학교의 시설이 크게 두드러질만한 것이 없다는 것과 기숙 학생의 수가 다소 적다는 점이 못내 아쉬움으로 남지만 재학하고 있는 선생님들이 모든 학생들을 따뜻하게 보살펴준다는 장점과 포근한 가정집 같은 기숙사 환경이 학생들을 편안하게 해준다는 장점도 있다. 총 36명의 교사가 학생들을 지도하며 이 중 28명은 석사학위 이상의 학력 소지자이고 4명은 교내에 거주하고 있다.

▌학생 수

총 학생 수는 227명이며 이 중 기숙 학생은 39명이다. 학급 당 학생 수는 11명이고 교사와 학생의 비율은 1:7이다. 약 19%의 외국 학생들이 수학하고 있으며, 그들은 독일, 홍콩, 일본, 나이지리아, 한국, 스페인에서 온 학생들이다.

▌대학진학

진학지도는 학생들이 자신이 진학할 대학을 선택하는 과정과 진학원서를 작성하는 등 진학준비 전 과정에 걸쳐 이루어진다. 개인이나 그룹미팅은 언제나 일상적으로 이루어지고 부모님을 동반한 상담은 Junior 단계(고교 2년에 해당)부터 시작된다. 매년 전국 60여 개의 대학에서 입학 담당자들이 학교를 방문하여 학생들을 만난다. SAT 언어영역의 평균점수는 575점, 수학점수는 601점, 쓰기영역은 575점이다.

2006년 졸업생 35명 전원이 대학에 진학하였는데 그 대학은 다음과 같다.

Assumption College, Brown University, University of Connecticut, University of Illinois at Chicago

THE MADEIRA SCHOOL

Contact : Ms. Ann Miller, Director of Admissions	Add : 8328 Georgetown Pike, McLean, VA 22102
Tel : (703) 556-8273	Fax : (703) 821-2845
Email : admissions@madeira.org	URL : www.madeira.org

❚ 개요

멀리 포토맥 (Potomac) 강이 바라다 보이는 382에이커의 부지에 자리잡고 있는 이 학교는 버지니아(Virginia)주의 고급 주거지인 맥린(McLean)에 위치하고 있으며, 워싱턴 디시(Washington D. C.)에서는 서쪽으로 약 20킬로정도 떨어져 있다. 대학 진학을 목표로 하는 우수한 여학생들에게 뛰어난 교육을 제공한다는 취지하에 1906년 루시 마데이라(Lucy Madeira) 여사에 의해 설립되었으며 9-12학년의 학생이 수학하고 있다. 이 학교의 근본은 우수한 교육 프로그램의 제공과 정부기관, 사업체, 공공기관과 연계된 공동 학습의 병행이라고 할 수 있다. 학교의 위치에 걸맞게 우수한 많은 학생들이 공부하고 있으며 대다수의 학생들은 졸업 후 명문 대학에 진학을 한다. 자신의 역량을 최대한 발휘하여 완벽한 교육의 목표를 향하여 노력하고 있기 때문에 이 학교는 학생들에게 우수상이나 기타 상장을 수여하지 않는다. 스포츠센터, 20,000여권의 장서를 비치한 도서관, 새로 건립한 학생관, 연극관, 미술관, 사진실, 실습실 및 승마장 등의 완벽한 시설을 갖춘 이 학교는 48명의 교사 중 30명이 석사 학위이상의 학력 소지자이며 그 중 22명이 교내 캠퍼스에 거주하고 있다.

❚ 학생 수

총 학생 수는 310명이고 그 중 기숙학생은 164명이다. 학급 당 학생 수는 12명이며 교사 대 학생의 비율은 1대 6이다. 외국인 학생은 전체의 14%이며 이는 프랑스, 인도네시아, 한국, 사우디아라비아, 영국 등에서 온 학생들이다.

❚ 대학진학

진학준비는 학생들이 입학하자마자 시작된다. 학생들은 상담교사들과의 상담을 통해 교과 커리큘럼과 과외활동을 선택하고 수시로 성적과 진학준비 정도를 체크한다. 매년 80여 개 대학의 입학담당자들이 본교를 방문하여 학생들에게 도움이 되는 진학설명회를 열고 개인적으로 상담을 하기도 한다.

2006년 졸업생들의 SAT 언어영역의 평균점수는 628점이고 수학영역은 613점, 쓰기영역은 635점을 기록한다. 2006년 본교의 졸업생 78명 모두 대학에 진학하였고 그 대표적인 대학들을 나열하면 아래와 같다.

American University, Boston College, Brandeis University, Carnegie Mellon University, Case Western Reserve University, Cornell University, Dartmouth College, Duke University, Emory University, University of Michigan, Middlebury University, New York University, University of Pennsylvania, George Washington University, Pratt Institute, Smith College, Tufts University, University of Virginia, Trinity College, Vanderbilt University, Virginia Polytechnic Institute, Wesleyan University

MAINE CENTRAL INSTITUTE

Contact	: Mr. Clint M. Williams, Director of Admissions	Add	: 125 South Main Street, Pittsfield, ME 04967
Tel	: (207) 487-2282	Fax	: (207) 487-3512
Email	: cwilliams@mci-school.org	URL	: www.mci-school.org

▌개요

미 동부의 최북단인 메인(Maine)주의 뱅고(Bangor)에서 서쪽으로 약 30여분 거리에 위치한 자그마한 도시인 피츠필드(Pittsfield)에 위치하고 있는 이 학교는 9-12학년, PG 과정을 둔 남녀공학의 기숙학교이다. 침례교도들에 의해 1866년에 설립된 이 학교는 학생 개개인이 가지고 있는 각자의 학업적 요구 및 그 목표에 맞추어 학생들의 교육 프로그램을 준비시켜 주며 학생 상호간의 상호 존경 및 협동과 이를 통한 지역사회와의 유대에 많은 관심을 가지고 있다. 역사, 문학, 예술 및 음악 등의 인문분야의 과정은 잘 알려져 있으며 골프, 스키, 하이킹, 낚시, 스케이트, 스노우모빌 등 각종 레크리에이션 프로그램은 이 학교의 또 다른 자랑거리이다. 아울러 이 학교는 30여 가지 이상의 각종 과외활동 프로그램이 학생들을 위해 제공되는데 이 중 대표적인 것은, 유럽으로의 수학여행, 드라마 제작, 체스, 음악활동 등 다채로운 내용들로 되어있다. 메인주의 대다수의 인구분포는 백인들로 구성되어져 있으며 상대적으로 다른 주보다 깨끗하고 자연환경이 잘 보존이 되어 있어서 유학을 희망하는 학생들에게는 이상적인 장소이기도 하나 겨울에는 혹한이라는 점이 다소 애로사항으로 남는다. 23에이커의 캠퍼스에 12개 동의 건물이 있으며 총 50명의 교사진 중 13명이 석사 학위 이상의 학력 소지자이다. 18명은 교내 캠퍼스에 거주하고 있다.

▌학생 수

총 학생 수는 522명이고 그 중 기숙학생은 103명이다. 학급 당 학생 수는 15명이며 교사와 학생 의 비율을 1대 15이다. 외국유학생은 전체의 14%로 이는 버뮤다, 일본, 한국, 러시아, 사우디아라비아, 대만 등에서 온 학생들이다.

▌대학진학

2명의 상담교사들이 학생들의 진학지도를 하고 있다. 진학 상담은 우선적으로 학생들이 우수한 대학에 진학할 수 있도록 돕는데 그 목적이 있다. 매년 75개의 대학에서 입학 담당자들이 본교를 방문하여 학교소개 등 진학과 관련하여 학생들과 미팅을 갖는다. 장학금과 관련해서는 졸업반 학생들과 대학원생, 학부모를 대상으로 워크숍(Workshop)을 개최하고, SAT나 ACT 에 대한 준비는 영어, 수학의 정규 커리큘럼을 통해 이루어진다.

2006년 졸업생의 SAT 언어영역 평균점수는 462점, 수학영역의 평균점수는 482점 이었고, 쓰기영역은 447점 이었다. 600점을 넘은 학생은 언어영역이 14%, 수학영역이 22%, 쓰기영역이 7% 이었다. 총 졸업생 113명 중에 68명이 대학에 진학하였으며, 진학대학을 살펴보면 다음과 같다.

Husson College, Maine Maritime Academy, University of Maine, University of Maine at Farmington, University of Southern Maine, University of Wisconsin at Madison

 **MARIANAPOLIS PREPARATORY SCHOOL**

Contact	: Mr. Daniel M Harrop, Director of Admissions	Add	: 26 Chase Road, Thompson, CT 06277-0368
Tel	: (860) 923-9596	Fax	: (860) 923-3730
Email	: dharrop@marianapolis.org	URL	: www.marianapolis.org

개요

코네티컷(Connecticut)주의 소도시인 톰슨(Thompson)에 자리 잡고 있는 이 천주교 학교는 보스턴(Boston)에서 남서쪽으로 약 1시간 거리에 위치하고 있으며 9~12, PG 과정을 두고 있는 남녀공학 기숙학교이다. 비록 학교의 행정이 종교단체에 의해 운영이 되어지나 이 학교는 특정 종교의 틀에 얽매이지 않고 우수한 학생들을 받아들인다. 지적, 감성적, 육체적, 윤리적 그리고 정신적인 면을 통한 학생의 자율적인 자기성찰을 통해 학생들은 자아발전을 해나가며 기본적으로 갖추어야 할 교육 및 학생 개개인의 자아발전을 위한 재능 개발에 그 교육에 목표를 두고 있다. 소규모로 운영되는 반 편성 및 심도 있는 교육 프로그램은 잠재되어 있는 학생 개개인의 학업능력을 최대한 이끌어내며 학생 상호간의 유대관계 및 배려 등은 재학하고 있는 학생들에게 긍정적인 사고를 고취시켜 준다. 정문을 통과하면 널찍한 운동장이 들어서 있고 그 뒤편으로 성당, 행정실, 교실, 미술실, 체육관 및 기숙사 등을 비롯한 학생들을 위한 각종 시설들이 들어서있다. 1926년에 설립되었으며 삼림으로 둘러싸여진 총면적 440에이커의 아름다운 캠퍼스에 총 11개 동의 건물이 있고 33명의 교사진 중 10명이 석사 학위 이상의 학력 소지자이다. 14명은 교내 캠퍼스에 거주한다.

학생 수

총 300명이며 기숙학생은 114명이다. 학급 당 학생 수는 15명이고 교사와 학생의 비율은 1대 10이다. 전체 학생 중 약 33%가 외국인 학생이며 이는 독일, 일본, 한국, 스페인, 멕시코, 대만 등지에서 온 학생들이다.

대학진학

고 2과정에 해당하는 Junior 학년에서부터 고 3과정에 해당하는 Senior 학년에 걸쳐서 학생들은 진학상담 교사와 상담을 하고 직접 진학하고자 하는 대학에 대한 정보를 수집한다. 많은 대학의 대표들이 학생들은 만나기 위해 학교를 직접 방문하기도 한다. Junior 학년과 Senior 학년들에게 대학을 시찰하는 기회가 주어진다. 고 1 과정에 해당하는 Sophomore 학년과 고 2인 Junior 학년은 모두 PSAT 테스트를 하게 된다. Junior 학년은 2학기에 SAT I과 ACT 테스트를 하고 고 3인 Senior 학년 1학기 초에 다시 테스트를 한다. 진학준비에 대한 도움은 학생들의 현재 진학 가능한 대학의 선별과 지원서를 작성하는 요령, 학자금 융자 방법, 학교 방문시 면접요령에 이르기까지 진학을 준비하는 전 단계에 걸쳐 이루어진다. 본교의 2006년 67명의 졸업생 전원이 대학에 진학하였다. 학생들이 최근 진학한 대학은 다음과 같다.

College of the Holy Cross, Middlebury College, Providence College, Purdue University, Syracuse University, University of Connecticut

THE MARVELWOOD SCHOOL

Contact : Mrs. Katherine Almquist, Director of Admissions   Add   : 476 Skiff Mountain Road, Kent, CT 06757
Tel   : (860) 927-0047   Fax   : (860) 927-0021
Email   : admissions@marvelwood.org   URL   : www.themarvelwoodschool.org

개요

코네티컷(Connecticut)주의 자그마한 도시인 켄트(Kent)시에서 약 6킬로 정도 떨어진 벅셔 (Berkshire)산 중턱에 자리잡고 있는 이 학교는 하트포드(Hartford)에서 서쪽으로 약 90킬로 거리에 있으며, 9~12 및 PG 과정을 둔 남녀 공학의 기숙학교이다. 1957년 로버트 보드킨(Robert A. Bodkin)에 의해 중급이나 중상급의 학업 수준을 가진 학생 들로서 자신의 학업적 능력을 충분히 발휘하지 못한 학생들을 위한 교육의 장으로 그 문을 열었다. 비교적 짧은 역사를 가진 이 학교는 그러나 짜임새 있는 학교시설과 교육 프로그램으로 학생들의 대학진학에 필요한 제반 여건을 조성해주고 있다. 소규모 학급 운영과 학생들의 교육에 세심한 배려를 해주는 교사진에 의해 학생들은 정규 수업 이외에 미술, 음악, 드라마, 스포츠 등 다양한 과외활동을 병행하며 자아발전을 해나가고 있다. 주말에 는 교사의 지도하에 영화관람, 스키, 산악자전거 타기, 인근지역에 위치한 학교와의 운동시합 등 여러 행사를 주관한다. 넓고 쾌적한 목초지 위에 학교가 들어서 있고 그 중앙에는 고즈넉한 호수가 자리를 잡고 있다. 참고로 이 학교가 위치하고 있는 켄트(Kent) 지역 인근에는 또 다른 기숙학교인 켄트 스쿨(Kent School)과 사우스 켄트 (South Kent)가 위치하고 있다. 총 49명의 교사진 중 20명이 석사학위 이상의 학력 소지자이며, 이 중 30명이 교내 캠퍼스에서 거주하고 있다.

학생 수

총 학생 수는 142명이며 이 중 133명이 기숙생활을 하고 있다. 학급 당 학생 수는 평균 8명이고, 교사와 학생의 비율은 1대 4이다. 외국 학생의 비율은 전체 학생의 20%를 차지하며 이는 버뮤다, 브라질, 캐나다, 일본, 한국, 러시아 등에서 온 학생들이다.

대학진학

대학진학에 대한 대비는 고 2 학년부터 시작한다. 자세하고 구체적으로 정해져 있는 이 시기의 프로그램은 학생들 개인과 가족들에게 중요하다. 이 시기에는 학생들이 자신의 글쓰기 능력을 향상시키고 진학할 대학의 원서를 최상의 것으로 작성할 수 있도록 한다. 진학상담 교사들은 학생의 개인적인 관심과 선호대학을 고려하여 대학을 선택할 수 있도록 도와준다. 학생들은 매년 학교를 방문하는 각 대학 대표자들과 만나 대학에 관한 여러 가지를 알 수 있는 기회를 가진다. 고 3 학년이 시작되기 전 여름방학동안 학생과 학부모들은 자신이 가고자 하는 대학을 시찰할 수도 있다. 2006년 기준 SAT의 언어영역 평균점수는 464점이고, 수학영역 평균점수는 484점 이고, 쓰기영역의 평균점수는 458점이다.

2006년도 졸업생 38명중 37명은 대학에 진학하였고 그 대학들은 다음과 같다.

Hamilton College, Michigan State University, New York University, Purdue University, Syracuse University, University of Connecticut

THE MASTERS SCHOOL

Contact : Ms. Linday C. Murphy, Director of Admission and Financial Aid   Add   : 49 Clinton Avenue, Dobbs Ferry, NY 10522
Tel   : (914) 479-6420   Fax   : (914) 693-7295
Email   : admission@themastersschool.com   URL   : www.themastersschool.com

▌개요

　뉴욕(New York)주 뉴욕시(New York City)에서 허드슨(Hudson)강을 끼고 북쪽으로 약 30킬로 정도 가다보면 돕스페리(Dobbs Ferry)라는 자그마한 마을이 나오고 이 지역에 96에이커의 면적을 가진 남녀 공용의 기숙학교인 이 학교가 위치하고 있다. 지리적인 특성으로 인하여 한국 학생들이 많이 선호하는 학교 중의 하나인 이 학교는 1877년에 자매인 엘리자 베일리 마스터스(Eliza Bailey Masters)와 샐리(Sallie)에 의해 여학교로 설립되었다가 최근인 1996년부터 남학생을 받아들이기 시작하였으며 현재는 남녀공학의 학교로 운영되어지고 있다. 이 학교는 대학진학만을 위한 엄격한 교육 이외에도 학생 개개인이 궁극적으로 추구하는 지식의 완성을 이끌어주는 배움의 장으로 제공되고 있다. 특히 필립스(Phillips)나 로렌스빌(Lawrenceville)에서 볼 수 있는 학네스 테이블(Harkness Table) -Phillips Exeter 참조- 의 수업방식은 이 학교의 학생들이 적극적인 수업 참여, 학급 친구들과의 협동 및 주어진 과제의 공동 조사 등 수업 면에서 매우 긍정적인 결과를 도출해내고 있다. 5 ~12학년의 학생들이 수업을 하는 이 학교는 5~8학년의 경우 남녀 학생이 따로 수업을 하며 기숙이 가능한 9학년부터는 남녀공용으로 한 반에서 같이 수업을 한다. 학교의 시설은 훌륭한데 이는 27,000여권의 장서를 보유한 도서실, 연구실, 컴퓨터실, 450석의 규모를 가진 극장, 예술관, 음악실, 펜싱 연습장, 실내 체육관, 과학관, 6재동의 기숙사 등을 소지하고 있다. 체육 프로그램 역시 이 학교의 자랑인데 이는 필드하키, 라크로스, 수영, 농구, 배구, 테니스, 아이스하키, 펜싱 등이 있다. 전체 교사 수는 71명으로 이 중 50명이 석사 학위이상의 학력 소지자이며 47명은 교내 캠퍼스에서 거주한다.

▌학생 수

　총 552명이 재학 중이며 그 중 기숙학생은 199명이다. 학급 당 학생 수는 14명이고, 교사와 학생의 비율은 1대 6이다. 외국 유학생은 전체의 17%이며 이는 한국, 일본, 독일, 중국, 베네주엘라, 러시아 등에서 온 학생들이다.

▌대학진학

　Junior 과정에서부터 학생들은 진학상담 교사와의 상담을 시작한다. 진학준비 프로그램은 학생들의 대학 방문 뿐 아니라 각 대학 입학담당자들의 본교 방문 등으로 학생들이 대학에 대한 정보를 보다 가깝게 접할 수 있도록 하고 있다. SAT의 평균점수는 언어영역이 625점. 수학영역은 각 610점이었으며, 59%의 학생들이 언어영역에서, 53%의 학생들이 수학영역에서 600점 이상을 받았다. 2006년 103명의 졸업생들은 전원 대학에 진학하였고 그 학교들은 다음과 같다.

　Carnegie Mellon, Columbia, Cornell, Northeastern, George Washington, Johns Hopkins, Oberlin, Tufts, Wesleyan, Yale

 **MAUR HILL-MOUNT ACADEMY**

Contact : Mr. Deke Nolan, Director of Admission	Add : 1000 Green Street, Atchison, KS 66002
Tel : (913) 367-5482	Fax : (913) 367-5096
Email : admissions@mh-ma.com	URL : www.mh-ma.com

▌ 개요

이 학교는 미국 중부에 위치하고 있는 캔자스(Kansas) 주의 캔자스시티(Kansas City)에서 북쪽으로 약 80킬로 떨어진 애치슨(Atchison)시에 위치하고 있으며 1919년에 설립된 가톨릭 남자 기숙학교인 모어힐 프렙 학교(Maur Hill Prep School)와 근처에 위치한 또 다른 여자 가톨릭 기숙학교인 마운트 세인트 스코라스티카 학교(Mount Saint Scholastica Academy)의 합병으로 2003년 9월부터 남녀학교로 새로운 출발을 하게 되었다. 1500년의 역사를 가진 베네딕틴(Benedictine)의 정통을 살려 이 학교는 기도, 일, 배움의 사랑을 몸소 실천하려는 노력을 하고 있다. 대학 진학을 목표로 하는 남녀 학생들을 위한 다양한 교육프로그램 및 각종 방과 후 과외 활동으로 학생들은 소규모 수업 속에서 교사들의 세심한 배려를 받으며 학업에 정진해 나가고 있다. 특히 이 학교는 외국 학생들을 위한 정규과정 준비의 영어 프로그램을 별도로 제공함으로써 향후 학생들이 학교 수업에 필요한 전반적이 영어 실력 의 향상에 많은 도움을 주고 있다. 천주교 학교의 분위기를 느낄 수 있게 이 학교에 들어서면 성모 마리아의 상이 교내부지 한 옆에 서있다. 전 학교 9~12학년의 학생들이 수업하고 있으면 총 24명의 교사 중 5명이 석사 학위 이상을 소지하고 있으며 1명이 캠퍼스에 거주 하고 있다. 총 150에이커에 달하는 캠퍼스에 7개 동의 건물이 위치하고 있다. 참고로 이 학교가 위치하고 있는 캔자스(Kansas)주는 영화와 주제 음악(Over the Rainbow)으로도 잘 알려진 유명한 소설 "오즈의 마법사 (The Wizard of Oz)"의 배경이 되어진 곳이기도 하다.

▌ 학생 수

총 학생 수 238명 중 기숙학생은 95명이다. 학급 당 학생 수는 22명이고 교사와 학생의 비율은 1대 8이다. 일본, 한국, 멕시코, 인도네시아, 파키스탄, 태국, 베네주엘라 등에서 온 외국 학생들이 25%를 차지하고 있다.

▌ 대학진학

대학진학에 대한 준비는 본교 입학과 동시에 (9학년, 중학교 3학년 과정에 해당) 시작된다고 할 수 있다. 본교 는 학생들이 최상의 대학진학 대비를 할 수 있도록 진학 프로그램을 계획하고 있다. 상담교사들은 학생들이 가장 적합한 대학을 선택할 수 있도록 돕고 있으며. 도서관 등에는 대학안내 책자가 항상 구비되어 있다. 본교를 졸업 하는 학생들이 진학한 학교를 살펴보면 아래와 같다.

2006년에는 졸업생 48명이 유수의 대학교에 진학을 하였으며 그 학교들은 다음과 같다.

Benedictine College, Creighton University, Emporia State University, Kansas State University, University of Dayton, University of Missouri-Kansas City, University of Nevada-Las Vegas, University of Wisconsin-Madison, Westminster College

MERCERSBURG ACADEMY

Contact : Mr. Chistopher R. Tompkins, Director of Admissions	Add	: 300 East Seminary Street Mercersburg, PA 17236–1551
Tel : (717) 328–6173	Fax	: (717) 328–6319
Email : admission@mercersburg.edu	URL	: www.mercersburg.edu

▌ 개요

펜실베니아(Pennsylvania)주의 전형적인 전원지역인 머서스버그(Mercersburg)에 위치하고 있는 이 학교는 워싱턴 디시(Washington D. C.)에서 북서쪽으로 약 110킬로 정도 떨어져 있으며 필라델피아(Philadelphia)에서 차로 약 3시간 여 거리에 위치하고 있다. 9~12학년과 PG 과정을 두고 있는 남녀공학의 이 학교는 1893년에 윌리엄 맨 어바인(William Mann Irvine) 박사에 의해서 설립되었다. 명문 필립스 엑시터(Phillips Exeter)와 프린스턴 대학 (Princeton University)을 이수한 이 설립자의 취지에 맞추어 이 학교의 주된 목표는 우수한 4년제 정규 대학에 입학을 위한 젊은이들의 대학준비에 초점을 맞추고 있다. 학사일정은 매 10주씩 3학기로 이루어지며 우수한 교사진, 18과목의 AP를 포함한 다양한 과목, 뛰어난 학교시설, 우수한 스포츠 프로그램 등은 이 학교 학생들에게 값진 경험을 제공하고 있다. 주말을 이용한 학교에서의 영화 관람, 연주회, 강의, 연극 공연 등이 학생들의 정서함양을 위해서 일관적으로 주어진다. 총 300에이커의 대지에 학교가 들어서 있으며 부속 건물로는 도서관, 극장, 700여의 좌석을 가진 청강실, 음악실, 과학관, 현대식의 실내 체육관, 실내 수영장, 전천후 사용이 가능한 400m 트랙, 8개의 운동구장 등이 있다. 이 학교의 방문 소감은 우선 학교가 아주 정갈하고 시설이 현대적이며 교정에 우뚝서있는 채플이 아주 인상적이라는 점이다. 최근에 이 학교에 관심을 가지는 학생 및 학부형들이 많은 관계로 이 학교에 입학을 희망하고자 하는 학생의 경우 사전에 충분한 입학준비를 하는 것이 좋다는 생각이 든다. 총 94명의 교사진 중 64명이 석사학위 이상의 학력 소지자이며 그 중 29명이 교내 캠퍼스에서 거주하고 있다.

▌ 학생 수

총 학생 수는 439명이고 그 중 기숙학생은 369명이다. 학급 당 학생 수는 12명이며 교사와 학생의 비율은 1대 5이다. 외국인 학생의 비율은 전체 학생의 13%로 이는 독일, 일본, 한국, 사우디아라비아, 대만 등에서 온 학생들이다.

▌ 대학진학

본교에는 4명의 전문적인 진학상담 교사들이 있다. 학생들은 11학년(고교 2년 과정에 해당) 2학기부터 정기적인 진학지도를 받는다. 학생들은 상담을 통해 자신의 성적과 관심분야를 고려하여 가장 적합한 대학을 선택하기 위해 부단한 노력을 한다. 2006년 SAT 평균점수는 언어영역 612점, 수학영역 612점이다. 2006년에는 132명의 학생들이 졸업을 하였고 그 중 131명이 대학에 진학은 하였고, 진학한 대학은 다음과 같다.

Bryn Mawr College, Bucknell University, Georgetown University, United States Naval Academy, University of Pennsylvania

MIDDLESEX SCHOOL

Contact : Mr. Douglas Price, Director of Admissions	Add : 1400 Lowell Road, Concord, MA 01742
Tel : (978) 371-6524	Fax : (978) 371-6939
Email : admissions@mxschool.edu	URL : www.mxschool.edu

▌ 개요

미 동부 지역에는 미국이 자랑하는 많은 명문 사립학교들이 위치하고 있는데 이 학교 역시 그러한 명문의 대열에 당당히 설 수 있는 우수한 학교이다. 보스턴(Boston)에서 서쪽으로 약 20여 분 거리에 위치한 콩코드 (Concord)라는 잘 정돈된 역사적인 도시에 위치하고 있는 이 학교는 설립 초기부터 우수한 학업적 성취의 결과로 주목을 받았으며 100년이 지난 지금도 그 명성은 결코 빛을 바라지 않고 있다. '대학준비 학교'로 간단히 정의 할 수 있는 이 학교는 가르침과 배움이 교실에서 이루어진다는 평범한 진리를 가지고 있다. 교과과정 및 각종 과외 프로그램은 군이 언급을 할 필요가 없을 정도로 뛰어나며 특히 2개의 컴퓨터실, 기숙사를 비롯한 모든 건물 의 인터넷 접속, 스튜디오실, 극장, 예술관, 200여 종의 각종 정기구독을 포함한 31,000여 권의 장서를 비치한 도서관 등의 다양한 편의시설은 학생들이 오직 학교생활에만 몰두 할 수 있게 해준다. 졸업생 역시 다른 명문 학생과 마찬가지로 아이비리그(Ivy League)를 포함한 미국 전역의 우수대학에 진학한다. 참고로 이 학교에서 조금 떨어진 곳에는 주홍글씨(The Scarlet Letter)를 쓴 미국이 자랑하는 대표적 소설가인 나다니엘 호돈(Nathaniel Hawthorn)과 미국을 대표하는 비평가이자 시인인 랄프 왈도 에머슨(Ralph Waldo Emerson)이 한때 거주했던 올드 맨스(Old Manse)가 있다. 아울러 인근에는 또 다른 명문학교인 콩코드 아카데미(Concord Academy)가 있다. 9~12학 년의 학생들이 수학하고 있는 이 학교는 총 350에이커의 면적에 26개 동의 건물이 들어서 있으며 58명의 교사진 중 48명이 석사 학위 이상의 학력을 소지하고 있다. 51명의 교사는 교내 캠퍼스에서 학생들과 함께 거주하는 것을 선호한다.

▌ 학생 수

전체 학생 수는 358명이며 이 중 기숙학생은 269명이다. 학급 당 학생 수는 11명이며 교사와 학생의 비율은 1대 5이다. 전체 학생 중 약 10%가 외국인으로서 이는 브라질, 일본, 한국, 중국, 나이지리아, 스페인 등에서 온 학생들이다.

▌ 대학진학

Junior 단계(고교 2년 과정에 해당) 1학기 때부터 본격적인 진학지도가 시작되는데 세심한 진학상담은 학생들 개개인이 학교를 선택하는 과정과 진학준비 전 과정에 걸쳐 이루어진다. 상담교사는 수시로 학생들 뿐 아니라 학부모들도 만나고 있다. 매년 가을마다 전국의 80여 개의 각 대학 입학담당자들이 본교를 방문하여 자신들의 대학을 홍보하고 학생들과 인터뷰를 하기도 한다. 본교 2006년 SAT의 평균점수는 언어영역 670점, 수학영역 680 점, 쓰기영역이 670점으로 매우 우수하다. 졸업생들이 진학한 학교는 다음과 같다.

Bates, Boston Coll, Brown, Colby, Connecticut, Cornell, Dartmouth, Duke, Georgetown, Miami, Northeastern, Princeton, Harvard, NYU, Trinity, Tufts, Williams

MILLBROOK SCHOOL

Contact : Mrs. Cynthia S. McWilliams, Director of Admissions		Add	: 131 Millbrook School Road, Millbrook, NY 12545
Tel	: (845) 677-8261	Fax	: (845) 677-1265
Email	: admissions@millbrook.org	URL	: www.millbrook.org

▌ 개요

뉴욕(New York)시에서 북쪽으로 약 150여 킬로 떨어진 푸킵시(Poughkeepsie)시에서 북동쪽으로 약 20킬로 거리인 밀브룩(Millbrook)이라는 자그마한 도시에 위치하고 있는 이 학교는 이 학교의 설립자이자 초대 교장을 역임한 에드워드 풀링(Edward Pulling)에 의해 1931년에 설립된 9~12학년 과정의 남녀공학 기숙학교이다. 우수한 교사진, 사제지간의 돈독한 유대관계, 교내 및 지역사회와의 연계 하에 이루어지는 학생 개개인의 봉사활동 등으로 잘 알려진 이 학교는 대학 진학만을 강요하는 학업보다는 학생 개개인의 적성에 맞는 교내외의 프로그램 개발에 비중을 더 두고 있다. 소규모로 구성된 학급에 우수한 교육 프로그램의 접목이 이 학교가 내세우는 큰 자랑거리이며, 17,000여권의 장서를 소지한 도서실, 현대식의 과학관, 실험실, 편집실, 예술관과 실내 하키장, 농구장, 스쿼시, 체력 연마실 등을 총 망라하는 80,000스퀘어의 체육관 등이 이 학교의 자랑이다. 특히나 인상적이었던 것은 이 학교만이 자랑하는 동물원(Trevor Zoo)인데 비록 종류는 많지 않으나 교사진과 학생들이 애정을 쏟고 관리를 하고 있다는 점이 아주 기억에 남았다. 기숙학생의 경우 총 7개 동으로 구성된 기숙사내에서 담당사감과의 긴밀한 유대관계 속에서 학교생활을 영위해나가고 있다. 총 560에이커의 캠퍼스에는 68개 동의 각종 건물이 들어서 있으며 40명의 교사진 중 28명이 석사 학위 이상의 학력 소지자이고 32명이 교내 캠퍼스에서 거주하고 있다.

▌ 학생 수

총 학생 수는 255명이며 그 중 기숙학생은 204명이다. 학급 당 학생 수는 14명이고 교사와 학생의 비율은 1대 4이다. 외국인 학생은 전체의 9%를 차지하며 이는 캐나다, 일본, 한국, 버뮤다 등지에서 온 학생들이다.

▌ 대학진학

본교의 졸업생들은 거의 모두가 대학에 진학하여 학업을 계속한다. 진학지도 상담교사들은 학생, 학부모, 교사들과의 연계 속에서 학생들에게 가장 적합한 진학지도를 실시하고 있다. 이 학교를 졸업한 많은 학생들은 자신이 지원한 학교 중에서 제1로 택하고자 하는 대학에 입학이 되었다. 2006년 졸업생들의 SAT의 평균점수는 언어 562점, 수학 563점, 쓰기 565점이다.

2007년에 이 학교를 졸업한 학생들이 진학한 대학은 다음과 같다.

Bates College, Boston College, Brown University, Colorado University, Cornell University, Dartmouth College, Lynn University, Michigan State University, Oberlin College, George Washington University, Skidmore College, Trinity College

MILTON ACADEMY

Contact : Mr. Paul Rebuck, Dean of Admission		Add	: 170 Centre Street, Milton, MA 02186
Tel : (617) 898-2227		Fax	: (617) 898-1701
Email : admissions@milton.edu		URL	: www.milton.edu

▌개요

미국 내에서도 우수한 명문 사립학교 중의 하나로 손꼽히는 이 학교는 미국 제일의 교육 도시인 보스턴 (Boston)시내에서 남쪽으로 약 10여 킬로 떨어진 주거지역인 밀튼(Milton)에 위치하고 있다. 1798년 설립되어진 이 학교는 100년이 지난 1898년에 젊은 여학생을 위한 전인적인 교육을 위한 목적으로 한동안 서로 분리가 되어 졌으며, 현재는 이들 남녀학생이 서로 한 캠퍼스에서 같이 공부하는 환경을 이루고 있다. 배움의 욕구에 가득 차 있는 학생들은 세상을 바라보는 사고, 개념 그리고 그 가치에 교육의 궤도를 맞춘다. 학생들은 항상 진취적인 고로 한 곳에 안주하려 하지 않고 그 무언가를 하려고 하며 이러한 이 학교의 분위기는 학생 개개인에게 세계로 향한 자유와 그들이 품고 있는 웅지를 유발시켜 새로운 개인의 목표를 추구하고 나아가서는 공공의 이익에 이바 지 할 수 있는 우수한 인재가 될 수 있는 자원을 양산한다. 위치하고 있는 학교의 장점을 최대한 살려 이 학교의 학생들은 가히 미국 최고의 명문 대학 진학을 목표로 하고 있다. 대다수의 학생은 아이비리그(Ivy League)를 포함 한 명문 대학에 진학한다. 1798년에 설립되었으며 9~12학년의 학생들이 공부하고 있는 이 학교는 125에이커의 캠퍼스에 총 16개 동의 건물이 들어서 있으며 이는 45,000여권의 장서를 소지한 도서실, 과학관, 실험실, 아트 갤러리, 시청각실, 350석을 갖춘 강의실, 전망대, 하키장, 트랙, 스쿼시 등을 포함한다. 총 160명의 교사진 중 120 명이 석사 학위 이상의 학력 소지자이며 128명은 교내 캠퍼스에 거주하고 있다. 재미있는 점은 우리가 간혹 기존 에 있는 다른 것들과의 차이 또는 우월감 등으로 나름대로 독특한 단어를 만들어 내는데 예를 들면, 보스턴 사람 들은 보스터니언(Bostonian), 밀튼 학교 학생들은 밀트니언(Mintonian) 등으로 부른다는 것이다.

▌학생 수

전체 980명 중 상급학교 학생 수는 680명이고 그 중 기숙학생이 320명이다. 학급 당 학생 수는 14명이고 교사 와 학생의 비율은 1대 5이다. 외국인 학생은 전체 학생 수의 5%이며 이는 홍콩, 자메이카, 일본, 한국 등지에서 온 학생들이다.

▌대학진학

4분의 상담교사가 학생들의 대학 진학을 위해 근무를 하는데 이들은 학생이 11학년이 되면 1대1 면담으로 대학을 효과적으로 선택하는 방법 등을 조언하고 진학준비 전 과정에 세심하게 배려하는 등의 진학지도를 하고 있다. 2006년도에 졸업을 한 이 학교의 졸업생 176명 중 175명은 대학에 진학하였다. 졸업생들의 SAT 언어영역과 수학영역의 평균점수는 각각 670점이고 2006년 이들이 진학한 대표적인 대학 및 그 수는 다음과 같다.

Amherst(3), Brown(11), Columbia(5), Cornell(5), Dartmouth(1), Duke(2), Harvard(9), MIT(2), NYU(3), Oberlin(4), Penn.(9), Princeton(2), Tufts(5), Vanderbilt(4), Yale(6)

MISS HALL'S SCHOOL

Contact	: Ms. Kimberly B. Boland, Director of Admissions	Add	: 492 Holmes Road, Pittsfield, MA 01201
Tel	: (413) 499-1300	Fax	: (413) 448-2994
Email	: info@misshalls.org	URL	: www.misshalls.org

▌개요

매사추세츠(Massachusetts)주의 전형적인 미국 도시인 피츠필드(Pittsfield)시 외곽에 위치하고 있는 이 여자 기숙학교는 9~12 학년의 여학생을 위한 교육의 전당이다. 1898년에 설립되었으나, 그 역사의 기원은 1800년으로 거슬러 올라가며 매사추세츠 주에서 제일 먼저 설립된 여자 기숙학교로도 알려져 있다. 뉴욕(New York)주의 주도인 알바니(Albany)에서 동쪽으로 약 1시간 정도의 거리에 위치하고 있으며, 폭넓은 교양과 훌륭한 인격 수양을 함양하는 교육을 통해 성숙한 여성으로서의 성장을 목표로 하고 있는 이 학교는 가족적인 분위기, 친절한 교사들을 통하여 학생들이 마음 놓고 학업에 정진할 수 있도록 도와주며 여자 학교답게 미술, 음악 등 다양한 예술 프로그램들도 제공해 준다. 이 학교의 또 다른 장점은 학교의 위치가 미국 내에서도 잘 알려진 문화, 예술, 레크리에이션의 장소로 알려져 있기 때문에 학생들은 이러한 문화를 쉽게 접할 수 있는 좋은 기회를 가질 수 있다. 80에이커의 면적에 6개 동의 건물이 위치하고 있는데 학교의 중앙에 서있는 본관의 건물에서 전반적인 학교수업, 강의, 기숙 등의 주요업무가 진행된다. 최근에 이 학교는 많은 재원을 투자하여 학생들에게 유익한 미술관, 실내 체육관 등 각종 부대시설들을 새로 건립을 하였으며 기존 건물들도 상당히 개보수를 하였다. 총 35명의 교사진 중 26명이 석사 이상의 학력 소지자이며 18명이 교내 캠퍼스에 거주하고 있다.

▌학생 수

총 학생 수 182명 중 기숙학생은 137명이다. 학급 당 평균 학생 수는 11명이며 교사와 학생의 비율은 1대 5이다. 외국인 학생은 전체 학생의 약 20%를 차지하며 이는 캐나다, 중국, 일본, 한국, 베네주엘라 등에서 온 학생들이다.

▌대학진학

본교에서는 입학과 동시에 진학지도가 시작된다. 본격적인 진학지도는 Junior(고교 2년 과정에 해당) 단계에서 시작이 되는데, 정기적인 상담을 통해 학생들의 목표와 관심분야를 정리하고 진학하고자 하는 대학을 선택한다. 계속되는 진학지도는 Senior 단계에서 진학할 대학 리스트를 다시 한 번 정리하고, 대학을 직접 방문하고, SAT I, II, ACT 등의 테스트를 하고 원서를 작성하는 등 진학하기까지의 전 과정에 걸쳐 이루어진다.

2007년 졸업을 한 학생들은 다음의 대학에 진학을 했다.

Bentley College, Boston University, Brandeis University, Colby College, DePaul University, Emory University, Indiana University-Bloomington, Loyola University, Marymount University, Northeastern University, Penn State University, Pratt Institute, Purdue University, Tufts University, Towson University, Williams College

MISS PORTER'S SCHOOL

Contact : Mrs. Deborah W. Haskins, Director of Admissions   Add   : 60 Main Street, Farmington, CT 06032
Tel   : (860) 409-3530   Fax   : (860) 409-3531
Email   : admission@missporters.org   URL   : www.missporters.org

▌ 개요

이 학교는 코네티컷(Connecticut)주의 주도인 하트포드(Hartford)에서 서쪽으로 약 10킬로 정도 떨어진 전형적인 도시인 파밍턴(Farmington)에 위치하고 있는 대학진학 준비과정의 여자 기숙학교이다. 우수한 대학진학을 목표로 1843년에 설립된 이 학교는 학생들에게 다양한 학과목 및 각종 과외 프로그램으로 재능 있는 여학생들에게 우수한 교육의 장소를 제공해주고 있다. 모든 졸업생이 미국 내 4년제 대학에 진학하며 성적이 우수한 학생의 경우는 해외 교환학생 프로그램 및 학생의 자율적인 활동을 주체로 하는 교육계획에 참가할 수도 있다. 학교 주변은 여학생이 머물 수 있는 최상의 환경을 제공하며 학생들은 자연을 즐기며 수업에 전념 할 수 있는 쾌적한 교육환경을 가진다. 학교의 시설 역시 빈틈이 없이 잘 짜여 있는데 이는 미술과학관, 예술실, 극장, 실내 체육관, 20,000여권의 장서를 소지한 도서실 등이 포함된다. 스포츠 역시 이 학교가 내세우는 장점인데 테니스, 농구, 배구, 라크로스, 아이스하키, 수영, 승마, 에어로빅, 배드민턴, 댄스, 스쿼시 등 학생들의 체력단련을 위한 각종 프로그램이 제공된다. 미국이 자랑하는 케네디 대통령(J. F. Kennedy)의 영부인이었던 제클린 케네디(Jacqueline Kennedy)가 졸업한 학교이기도 해 '영부인이 되려면 이 학교를 다녀라'는 농담을 하기도 한다. 우수한 여자 학교 중의 하나로 잘 알려진 이 학교의 명성으로 인하여 해마다 많은 한국 여학생들이 응시를 한다. 따라서 입학경쟁은 상당히 높은 편이다. 9-12학년의 학생들이 공부하는 이 학교에는 총 60명의 교사진이 있으며 그 중 44명이 석사 학위 이상의 학력 소지자이다. 32명은 교내 캠퍼스에서 거주한다.

▌ 학생 수

총 학생 수는 326명이며 그 중 기숙학생은 215명이다. 학급 당 학생 수는 11명이고 교사와 학생의 비율은 1대 8이다. 외국인 학생은 전체 학생 수의 11%이며 독일, 한국, 사우디아라비아, 태국, 영국 등지에서 온 학생들로 구성되어 있다.

▌ 대학진학

진학 상담교사는 학생들이 대학진학계획을 세우는데 도움을 준다. 궁극적으로 대학진학을 결정하고 지원하는 것은 학생의 몫이지만 학교는 학생들이 대학진학을 준비하는 전 과정에 적극적으로 관여하여 도움을 주고 있다. 진학준비는 고 2과정인 Junior 학년 2월부터 시작된다. 상담교사는 학생들과 그룹미팅을 통해 일반적인 준비절차를 얘기한다. 그룹미팅 뿐 아니라 개인 상담을 통해서 개인적 상황에 대한 이야기를 나누기도 한다. Junior 과정을 마치고 방학 중에는 학생들은 진학 가능한 대학 일람표를 받게 되고 그 중에 최소 한 개의 대학을 방문하도록 권장 받는다. 학생들은 대개 6월까지는 여름방학 중에 방문할 대학을 결정한다. 학생들이 선택한 대학과 함께 상담교사들이 진단하는 합격가능성을 포함한 대학진학에 관련한 내용의 편지가 학부모들에게 발송된다. 가을에는 130여 개 이상의 각 대학 대표들이 학생들을 만나기 위해 학교를 방문한다.

10월에 있는 학부모 면담주간(Parents' Weekend) 중에는 고 3과정에 해당하는 Senior 학년의 부모님들과 상담교사들이 학생들의 대학진학과 관련하여 만남의 시간을 가진다. 학교는 Senior 학년에게 SAT I 의 시험기회를 다시 제공하기도 한다. SAT 평균점수는 언어영역이 619점, 수학영역이 619점, 쓰기영역이 627점이다.

본교는 2006년에 89명의 학생들이 졸업하였고 전원이 대학에 진학하였다. 학생들이 가장 많이 진학한 대학은 다음과 같다.

Bates, Boston Coll, Bryn Mawr, Connecticut, Cornell, Dickinson, Emory, George Washington, Massachusetts-Amherst, Michigan, NYU, Northwestern, Parsons, RIT, Trinity, Tufts, Pennsylvania, Wesleyan

 **MONTCLAIR COLLEGE PREPARATORY**

Contact	: Mrs. Arlene Silverman, Director of Admissions	Add	: 8071 Sepulveda Blvd., Van Nuys, CA 91402
Tel	: 818-787-5290	Fax	: 818-786-3382
Email	: asilverman@montclairprep.com	URL	: www.montclairprep.com

▌ 개요

미서부의 대표적인 도시인 로스앤젤레스(Los Angeles)의 북쪽에 위치하고 있는 밴누이스(Van Nuys)라는 주거지역에 자리를 잡고 있는 이 남녀공학의 학교는 현재 이 학교의 교장으로 있는 베르논 심슨(Vernon E. Simpson) 박사에 의해 1956년에 대학진학을 위한 체계적이고 엄격한 교육을 제공하기 위해 설립이 되었다. 5개동의 건물이 5에이커의 교내 부지에 들어서 있는 이 학교는 6~12학년의 학생을 받아들이고 6~8로 이루어진 하급학교(Lower School)와 9~12로 이루어진 상급학교(Upper School)로 분류가 되며 교내의 시설은 서로가 공유를 한다. 학생 개개인을 하나의 개체로 하여 이 학교에 재학을 하고 있는 학생들은 학교에서 제공하는 다양한 프로그램을 통해 지적 호기심, 상급학교에 대한 강한 욕구 등을 창출해낸다. 흔히 트래킹 시스템(Tracking System)이라고 명명되는 학생 개개인의 능력에 맞는 반 편성을 통해서 학생들은 각자의 수준에 맞는 교육을 제공받으며 학교 역시 이러한 프로그램을 위해 학생 개개인의 학업적 자질도, 각자의 능력, 재능 그리고 문화적·인종적 배경이 서로 다른 여러 계층 및 형태의 학생들을 환영한다. 학생들을 위한 방과 후의 활동은 다양한데 특히나 드라마의 경우 매년 서너차례 공연을 가질 만큼 우수하다. 과학, 언어 및 사진반도 의욕적으로 이루어지고 특히 스키의 경우 주말이나 짧은 방학을 이용해 인근에 위치한 스키장으로 실습은 나간다. 이 학교는 매년 여름에 6주간의 하계 프로그램을 제공하는데 이를 통해 학생들은 부족한 영어, 수학, 과학 또는 공부하는 법 등을 배우고 외국 학생의 경우에는 영어프로그램(ESL Program)을 배운다. 총 45명의 교사 중 12명이 석사 학위 이상의 학력 소지자이고 5명이 기숙사에 거주한다.

▌ 학생 수

총 500명의 학생 중 상급학년의 학생이 350명이다. 기숙사의 경우 한정된 수의 기숙시설로 인해 일정한 수의 학생들이 학교에서 제공하는 기숙생활을 한다. 학급 당 학생 수는 20명이며 교사와 학생의 비율은 1대 20이다. 전체 학생의 약 5%가 외국인 학생이며 이는 독일, 일본, 마케도니아, 한국, 대만 출신의 학생들이다.

▌ 대학진학

10학년부터 시작되는 대학 진학에 대한 준비는 매년 주어지는 대학 준비의 밤(College Counselling Night)을 포함해서 11학년까지 이루어진다. 이 학교의 설립자이신 심슨박사는 직접 11과 12학년 학생들의 진학을 돕는다. 12학년의 경우에는 학생들이 직접 대학을 탐방할 수 있는 기회도 제공한다.

최근에 이 학교를 졸업한 학생들은 아무 어려움 없이 대학에 진학을 하였는데 그 학교들은 다음과 같다.

Amherst, Boston, Brown, Cal. State Univ-Northridge, Colgate, Harvard, Johns Hopkins, MIT, Northwestern, UC계열들, Stanford, Swarthmore, Trinity, Tulane, Wellesley, Woodbury, Yale

 **MONTE VISTA CHRISTIAN SCHOOL**

Contact	: Mr. Peter C. Gieseke, Director of Resident Admissions	Add	: Two School Way, Watsonville, CA 95076
Tel	: (831) 722–8178	Fax	: (831) 722–0361
Email	: petergieske@mvcs.org	URL	: www.mvcs.org

개요

서부 샌프란시스코(San Francisco)에서 남쪽으로 약 1시간 30분 거리에 있는 왓슨 빌 (Watson Ville)에 위치하고 있는 이 기독교 학교는 1926년 자그마한 기술학교로 그 출발을 이루었으나 지금은 학생수가 700여 명 이상이나 되는 대규모 학교로 발전했다. 예수 그리스도의 기독교적 사랑에 그 바탕을 둔 이 학교는 학생 개개인이 서로 보살펴주고, 동료·교사 그리고 부모와 서로 믿음의 관계를 이룰 수 있도록 노력한다. 학교에서 요구하는 학생들의 수업 태도는 자발적인 사고로 스스로 문제점을 해결하되 논리적인 사고를 정립하라는 것이다. 많은 수의 학생들을 수용할 만큼 학교의 시설들은 다양한데 도서관, 체육관, 컴퓨터실, 극장, 수영장, 테니스장 등이 있으며 특히 35필의 말과 이를 수용하는 마구간 및 편자를 제작·교체할 수 있는 시설까지 완비하고 있다. 아름답고 확 트인 먼터레이만(Monterey Bay)의 중심인 산타크루즈 산맥(Santa Cruz Mountains)의 정상에 위치한 100에이커의 캠퍼스에는 잔디, 연못, 운동구장, 승마장 등이 들어서 있다. 6~12학년의 학생들이 수업을 하며 이 중 기숙 가능한 학년은 9학년부터이다. 총 68명의 교사 중 석사 학위 이상을 소지하는 교사의 수는 15명 정도이며 15명은 교내 캠퍼스에서 거주한다.

학생 수

전체 학생 수는 735명이며 이 중 기숙학생은 89명이다. 전체 학생 중 약 17%가 외국인으로서 이는 홍콩, 일본, 인도네시아, 한국, 대만 등에서 온 학생들이다. 학급당 학생 수는 21명이며 학생 대 교사 수는 1대 14이다.

대학진학

대학진학은 학생 서비스센터가 담당한다. 학생 서비스센터에서는 매년 대학진학 관련 일정에 대한 책자를 만들어 부모님과 후원자들에게 발송한다. 미국 전역의 여러 대학 입학담당자들이 매년 본교를 방문하며, 학생들은 대학시찰 프로그램을 학생 서비스센터를 통해 이용할 수 있다. 학생들은 또한 서비스센터를 통해 대학과 직업 검색 서비스를 이용할 수 있다. 2006년 졸업생들의 SAT 언어영역 평균점수는 524점, 수학영역 평균점수는 553점이다.

2006년 본교의 졸업생 173명 중 154명이 대학에 진학하였고 이들이 진학한 학교는 다음과 같다.

New York University, Simpson University, University of California- San Diego, University of California- Irvine, University of California- Davis

MONTVERDE ACADEMY

Contact : Mrs. Robin Revis-Pyke, Dean of Admissions		Add	: 17235 Seventh Street, Lake County Road 455, Montverde, FL 34756
Tel : (407) 469-2561		Fax	: (407) 469-3711
Email : robin.pyke@montverde.org		URL	: www.montverde.org

▌ 개요

플로리다(Florida)주의 중부에 위치하고 있는 유명한 관광도시인 올랜도(Orlando)에서 서쪽으로 약 30여 킬로 떨어진 소도시인 몬트버드(Montverde)에 자리 잡고 있는 이 학교는 1912년에 설립되어 졌으며 125에이커의 면적을 가지고 있다. 지식(Knowledge), 인격(Character), 공동체(Community)에 그 역점을 두고 있는 이 학교는 플로리다주의 선도적인 대학 진학을 목표로 하는 학교로 미국 전역 뿐 만 아니라 전 세계 26여 개국에서 온 학생들이 수학을 하고 있다. 이 학교는 지식의 함양, 인격의 창출 그리고 화목한 학교생활에 그 역점을 두고 있다. 자유성과 책임성에 역점을 둔 체계적인 교육 환경을 제공하는 이 학교는 학생 개개인에게 적합한 교육을 제공함으로서 학생이 대학진학에 있어서 별 어려움이 없게끔 준비를 시켜준다. 특히나 미술, 음악, 댄스, 사진 등의 예술에 관심이 있는 학생들에게 세심한 배려를 아끼지 않는다. 125에이커에 자리잡고 있는 우수한 학교시설은 이 학교의 또 다른 자랑거리인데 이는 댄스 스튜디오, 음악실, 분장실, 공예 및 사진 스튜디오 등과 함께 450여 석의 극장을 겸비한 예술관, 2개의 실내 체육관, 4개의 남녀 기숙사, 5개의 테니스 코트장, 수영장 등을 갖춘 체육시설과 텀블링 등을 제공한다. 따뜻한 지역적인 여건으로 인해 골프를 희망하는 학생들이 선호하기도 하는 학교이다. 유아원부터 12학년의 학생들이 이 학교에서 수업을 하고 있으면 기숙가능 학년은 7학년부터이다. 43명의 교사 중 17명이 석사 학위 이상의 학력을 소지하고 있으며 22명이 교내에 거주한다. 참고로 인근의 올랜도(Orlando)는 디즈니 월드, 씨월드, MGM과 유니버셜 스튜디오, Wet'N Wild와 같은 세계적인 관광명소가 있으며 케네디 우주센터, 보물섬, 매력적인 플로리다 해변 등이 근접해 있다.

▌ 학생 수

총 학생 수 451명 중 기숙학생은 170명이다. 학급 당 학생 수는 18명이고 교사와 학생의 비율은 1대 8이다. 외국인 학생 비율은 60%로써 이는 한국, 브라질, 독일, 일본, 네덜란드, 스페인 등에서 온 외국 학생들이 수학을 하고 있다.

▌ 대학진학

학생 개개인의 대학진학에 대한 준비는 학교 담당자에 의해 준비가 되어진다. 상담교사들은 가장 적합한 대학을 선택할 수 있도록 돕고 있으며, 도서관 등에는 대학 안내 책자가 항상 구비되어 있다. 2005년도 41명의 졸업생을 배출 하였고 전원이 모두 대학에 진학하였다. 학생들의 SAT 평균은 언어영역은 422점, 수학영역은 520점이며 이들이 진학한 대학은 다음과 같다.

Dartmouth College, Florida State University, Michigan State University, Penn State University, Rollins College

NEW HAMPTON SCHOOL

Contact	: Mrs. Cathy Creany, Director of Admission	Add	: 70 Main Street, New Hampton, NH 03256
Tel	: (603) 677-3401	Fax	: (603) 677-3481
Email	: admissions@newhampton.org	URL	: www.newhampton.org

▎개요

뉴햄프셔(New Hampshire)주의 주도인 콩코드(Concord)시에서 북쪽으로 약 30여 분 거리인 소도시 뉴햄튼(New Hampton)에 위치한 이 학교는 1821년 대학진학을 위해 자신의 잠재력을 최대한 펼칠 수 있는 능력을 가진 학생들을 위한 배움의 장소로 시작되었다. '너를 필요로 하는 세상에 당당히 서있게 하기 위해 가르친다' 라는 절대명제 앞에서 이 학교는 학생 개개인의 지적·감정적·육체적·영혼적 잠재성을 개발하고 교육시키는 배움의 장소로 제공된다. 배움이란 여러 사람들이 같이 살고 배우고 일하면서 자연히 이루어지는 것이며 이에 따라 이 학교의 모든 구성원들은 지식의 전달과 배움의 습득에 중요한 의미를 부여한다. 학문의 중요성 이외에도 다양한 운동·예술·지역사회 봉사 등도 강조하는 이 학교는 최근들어 학습 자료관(Academic Resources Center)을 설립하였으며 이곳에는 25,000여 권의 장서를 보유한 도서관, 다용도로 사용하는 시청각실, 교실, 미술과, 대학진로 상담실 등의 제반시설들이 들어서 있으며 여학생을 위한 기숙사도 건립하였다. 다른 학교와 마찬가지로, 해마다 우수한 운동능력을 가진 학생이 장학생으로 선발되어지는 이 학교의 운동시설 또한 자랑거리인데 특히나 아이스링크를 비롯한 실내체육관 등은 우수한 편이다. 전체적으로 본 학교의 시설들은 상당히 짜임새가 있으며 이곳에 재학하는 학생들은 그들만의 공간에서 자신의 능력을 최대한 발휘한다. 학교에서 조금만 위로 올라가면 뉴햄프셔를 대표하는 유명한 산인 화이트 마운틴(White Mountains)이 위치하고 있으며 주위의 환경은 나무랄 데가 없이 깨끗하고 정갈하다. 9~12학년 및 PG 과정을 가진 이 학교는 300에이커의 면적에 30여 개 동의 건물이 들어서 있으며 전체 82명의 교사 중 42명이 석사 학위 이상의 학력을 소지하고 있다. 51명의 교사는 교내 캠퍼스 내에서 생활한다.

▎학생 수

전체 학생 수는 323명이며 이 중 기숙 학생은 225명이다. 학급 당 학생 수는 11명이며 교사와 학생의 비율은 1대 5이다. 전체 학생 중 약 14%가 외국인으로서 이는 캐나다, 브라질, 프랑스, 독일, 일본, 한국, 등에서 온 학생들이다.

▎대학진학

11 학년 2학기 때부터 학생들은 진학준비를 하게 된다. 학생들은 대학에 관한 정보들을 찾고 관심이 있는 대학에 직접 방문을 하기도 한다. 많은 대학의 입학담당자들이 학교를 방문하여 학생들과 직접 만남의 시간을 가진다. 2006년 졸업생들의 SAT 평균점수는 언어영역 500점 수학영역 530점이다. 2006년에 112명이 졸업을 하였고 그 중 109명이 대학에 진학을 하였으며 그들이 진학한 대학은 다음과 같다.

Colby College, Ithaca College, Lake Forest Academy, Northeastern University, University of New Hampshire, University of Vermont

 **NORTHFIELD MOUNT HERMON SCHOOL**

Contact	: Ms. Deborah J. Wright, Dean of Admission	Add	: One Lamplighter Way, Mount Hermon, MA 01354
Tel	: (413) 498-3227	Fax	: (413) 498-3152
Email	: admission@nmhschool.org	URL	: www.nmhschool.org

개요

흔히 학교 이름의 앞 글자를 따서 약자로 'NMH' 라고도 불리어지는, 미국이 자랑하는 우수한 사학중의 하나인 이 학교는 매사추세츠 (Massachusetts)주의 전형적인 시골마을인 마운트 허먼(Mount Hermon)에 위치하고 있다. 이 학교는 인종, 종교 및 경제적 여건을 배제하고 우수한 젊은 학생들에게 최상의 대학준비 교육과정을 제공한다는 이념을 가지고 있었던 드와이트 리먼 무디((Dwight Lyman Moody)에 의해, 1879년 세워진 여학교인 더 노스필드 세미너리 포 영 레이디스(The Northfield Seminary for Young Ladies)와, 2년 후인 1881년 역시 위 여학교의 설립자인 무디(Moody)에 의해 건립된 남학교인 마운트 허먼 스쿨 포 보이스(Mount Hermon School for Boys)의 2개 학교로 그 출발이 이루어졌다. 1971년에는 이 두 학교가 하나의 교사진, 하나의 행정 그리고 두 곳의 캠퍼스에서 수업이 이루어지는 남녀공학의 학교로 변하게 되었고 이후 2005년 9월 마운트 허먼(Mount Hermon) 캠퍼스에 하나의 학교로 통합이 되어 현재에 이르고 있다. 이 학교를 간결히 설명한다면 뛰어난 교육 프로그램, 다양하고 재능 있는 학생 및 교사진 그리고 다양한 학과과정 등으로 대변할 수 있다. 3학기제로 이루어진 이 학교는 매 학기마다 대학 진학시 요구되는 2개의 주요 과목을 중심으로 심도 있는 교육을 하며 학생들은 이러한 과목 이외에 자신에게 관심이 있는 다른 과목들도 병행하여 수업을 들을 수 있다. 이러한 독특한 수업방식으로 인하여 이 학교는 300여 가지가 넘는 각종 학과 프로그램을 제공하고 있으며 학생들은 이를 통해 타 학교에서는 접하기 어려운 전문 지식 분야의 수업들도 참여할 수 있게 되었다. 1,100 에이커의 광활한 부지에 165개 동의 건물이 들어서 있으며 학교의 대표적인 시설들로는 서로 온라인 체계를 갖춘 2개의 미디어 센터, 70,000여 권의 각종 정기·비정기 출판물들을 보유한 도서관, 인터넷으로 연결된 학교 건물들, 2개의 과학관, 채플, 아트 갤러리, 2개의 전용극장, 무도장, 3개의 사진 스튜디오, 11개의 운동구장, 15개의 테니스 코트, 2개의 체육관, 아이스 링크, 체력 연마실, 9홀의 골프장, 학생 라운지, 미국 동부에서 가장 큰 기숙사 동 등 가히 명문 학교의 명성에 걸맞게 각종 제반시설들을 완비하고 있다. 이 학교의 압권은 아무래도 마운트 허먼(Mount Hermon) 캠퍼스를 내세울 수 있는데 코네티컷 강이 유유히 흐르는 언덕위로 웅장한 자태를 나타내고 있는 이 학교의 건물들은 멀리서도 볼 수 가 있으며 학교의 입구에는 왼편으로 학교의 로고와 이름이 적혀있는 담홍색의 학교 표지가 설치되어 있고 정문을 통과해 안으로 한참 들어가면 확 트인 시야와 함께 거대한 학교시설들이 눈앞에 들어온다. 9~12 및 PG 과정의 학생들이 수업하며 총 145명의 교사 중 96명이 석사 학위 이상의 학력 소지자이고 121명은 교내 캠퍼스에서 거주한다.

학생 수

총 학생 수 631명 중 기숙 학생은 495명이다. 학급 당 학생 수는 13명이고 교사와 학생의 비율은 1대 7이다. 전체 학생의 약 19%가 외국인 학생이며 이는 중국, 독일, 한국, 홍콩, 인도네시아, 일본 등에서 온 학생들이다.

┃ 대학진학

본교는 진학지도를 매우 중시한다. 6명의 진학상담 교사들은 학생들과의 개인 면담으로 통해 대학선택은 물론 진학에 필요한 전 과정에 세심하게 지도한다. 매년 160여 개 이상의 대학에서 입학 담당자들이 본교를 방문한다. 2006년에는 247명이 졸업을 하였고 그 중 238명이 대학에 진학을 하였다. 지난 5년간 이 학교를 졸업한 학생들이 진학한 대학은 다음과 같다.

American, Amherst, Boston Coll, Bowdoin, Brandeis, Brown, Carnegie Mellon, Case Western Reserve, Colby, Connecticut, Cornell, Dartmouth, Georgetown, Hamilton, Ithaca, NYU, Jones Hopkins, Lehigh, McGill, Northeastern, Northwestern, RISD, Smith, Stanford, Tufts, Tulane, Rochester, Vanderbilt, Wisconsin-Madison, Wesleyan

 **OAK RIDGE MILITARY ACADEMY**

Contact : Mr. Jay Davis, Director of Admissions	Add : 2317 Oak Ridge Road, Oak Ridge, NC 27310
Tel : (336) 643-4131	Fax : (336) 643-1797
Email : jdavis@ormila.com	URL : www.oakridgemilitary.com

▌개요

지역의 이름을 따서 건립된 이 학교는 1852년 그 지역의 유지에 의해 학생들에게 우수한 대학 진학 교육을 가르치기 위한 목적으로 오크리지 인스티튜트(Oak Ridge Institute)의 이름으로 그 출발을 하였다. 1926년에는 청소년 학도호국단인 JROTC(Junior Reserve Officers' Training Corps)가 출범하였고 1971년부터는 여학생을 받아들였으며 1981년에는 현재의 이름으로 학교명이 바뀌었으며 지금은 7~12학년의 남녀공학의 학생이 재학하는 기숙학교로 변모하였다. 노스캐롤라이나(North Carolina)주의 그린스보로(Greensboro)시에서 약 25 킬로미터 떨어진 국가에서 지정한 역사적인 지역인 오크릿지(Oak Ridge)의 101에이커에 자리잡고 있는 이 학교는 노스캐롤라이나 의회(North Carolina General Assembly)에서 노스캐롤라이나주의 공식적인 군사학교로 지정되었다. 이 학교의 교훈은 지적 호기심, 학업 수행 능력 배양, 우수한 학업의 제고, 자기 절제, 잠재되어 있는 리더십의 배양 등을 통한 우수한 학업 환경을 제공하는 것이다. 인격 형성은 학교 교육의 중요 요인이며 이에 이 학교에서는 마약, 흡연, 음주 등은 용납이 되지 않는다. 학생 상호간의 시기나 기만이 없이 서로 상부상조하고 각자의 잠재력을 최대한 활용할 수 있는 안전하고 체계적인 교육 환경을 제공하는 것이 이 학교의 큰 자랑이다. 25명의 교사가 학생을 지도하고 이중 8명이 석사학위 이상의 학력을 소지하고 있다. 14명의 교사는 교내에서 거주한다.

▌학생 수

총 146명의 학생이 재학을 하고 있으며 123명은 기숙사에서 거주한다. 학급당 학생 수는 9명이고 교사와 학생의 비율은 1:7이다. 외국 학생은 전체의 14%를 처지하고 이는 버뮤다, 캐나다, 중국, 일본, 한국에서 온 학생들이다.

▌대학진학

모든 Senior(고교 3년 과정에 해당) 단계의 학생들은 SAT I 시험을 치른다. 이 학교를 졸업한 생도(Cadet)의 2006년 평균점수는 언어, 수학 영역을 합쳐서 총점 1100점이었다. 진학 상담교사들은 언제나 학생들이 진학에 관련된 정보를 열람할 수 있도록 안내책자와 장학금 등 진학정보를 수시로 관리하고 있으며 학생들 개개인에게 적합한 진로를 설정할 수 있도록 돕고 있다. 상담교사 뿐 아니라, 학교장을 포함한 모든 교사들이 학생들의 진학에 지대한 관심을 가지고 지도를 하고 있다.

2006년 졸업생 41명 중 40명이 대학을 진학하였고 그 대학들은 다음과 같다.

Appalachian State University, East Carolina University, North Carolina State University, University of North Carolina at Chapel Hill, University of North Carolina at Charlotte

OAKWOOD FRIENDS SCHOOL

Contact : Mr. Bob Suphan, Director of Admissions		Add : 22 Spackenkill Road, Poughkeepsie, NY 12601	
Tel : (914) 462-4200		Fax : (914) 462-4251	
Email : admissions@oakwoodfriends.org		URL : www.oakwoodfriends.org	

▌개요

문화적 배경이 다른 학생 개개인들에게 지적, 육체적, 영혼적 성장을 통하여 교육의 발전을 이루고자 하는 목적으로 세워진 이 학교는 뉴욕주에서 가장 오래된 기숙학교로 1796년에 설립되었으며 프렌즈회 종교협회의 연례 뉴욕(New York) 모임 단체에 의해서 보살펴지고 있다. 1920년에 현재 이 학교가 위치하고 있는 푸킵시 (Poughkeepsie)로 새로운 캠퍼스를 옮겼으며 이후 '신의 가르침이 학생 개개인에게' 라는 명제로 활발한 교육 프로그램을 이루어 내고 있다. 한 학년이 11주씩 이루어지는 3학기제(Trimester)로 구성되는 것이 이 학교의 진행 방식이며, 각 학기에 학생들은 대학에 필요한 기본 교과 과목과 학생 개개인에게 알맞는 선택과목을 정하여 학교 수업을 진행한다. 63에이커의 캠퍼스를 가진 이 학교에는 회의실, 미술실, 공예실, 스튜디오, 수학/과학관, 실험실, 시청각실, 음악실, 실내 체육관, 1만 2천여 권의 장서를 소장한 도서관 등의 시설이 있다. 6~12 그리고 PG 과정을 두고 있는 이 학교의 기숙가능 학년은 9학년이다. 매 학기마다 학생들은 방과 후에 각자가 원하는 스포츠에 참여를 해야 하는데 학교에서 제공하는 운동으로는 크로스컨츄리, 축구, 배구, 야구, 테니스, 수영, 스키 등이 있다. 주말에는 각자의 취향에 맞게 영화관람, 연극공연, 쇼핑 등의 자유시간이 주어지며, 선생의 인솔 하에 하이킹, 산악자전거, 조깅 등의 프로그램에 참가한다. 학교의 위치가 뉴욕에서 가까운 관계로 한국 학생들이 많은 관심을 가지는 것은 사실이나 개인적으로 학교의 시설에 좀 더 투자가 요구되어야하지 않을까 하는 아쉬움을 토로하고 싶다. 총 35명의 교사 중 21명이 석사학위 이상의 학력을 소지자이며 교사 21명이 교내 캠퍼스에서 그들의 가족과 함께 거주하고 있다.

▌학생 수

총 177명의 학생 중 81명이 기숙사 생활을 하고 학급 당 학생 수는 15명이다. 교사와 학생의 비율은 1:8이고 외국인 학생은 전체의 15%를 차지하고 있는데 이는 중국, 독일, 일본, 한국, 러시아 등에서 온 학생들이다.

▌대학진학

대학진학 상담은 PSAT 시험을 치르는 11학년 10월부터 시작된다. 매년 각 대학 입학 담당자들이 학교를 방문하고, 지역에서 대학 박람회가 열리는 등 학생들이 진학정보를 얻을 수 있는 행사들을 학교에서 주관한다. Junior 단계의 학생들은 자신의 PSAT 점수를 바탕으로 가고자 하는 대학을 물색하기 시작한다. 부모들을 동반하여 상담을 하기도 하는데, 입학조건, 학자금 혜택여부 등 좀 더 구체적인 진학 상담을 통하여 학생들은 대학을 선택을 신중하게 한다.

그리고 Senior(고교 3년 과정에 해당) 단계가 되기 전 여름 방학을 통해 대학을 직접 방문함으로써 대부분의 학생들은 진학하고자 하는 대학을 최종적으로 선택하게 된다. 대학을 결정한 이후의 진학지도는 계속되는데 진학할 대학에 맞게 구체적이고 개인적인 입학에 관한 세부적인 진학준비를 돕는 방향으로 이루어진다.

2006년 졸업생들의 SAT 언어영역 평균점수는 550점, 수학영역 평균점수는 580점이다. 응시생의 32%가 언어영역에서 21%가 수학 영역에서 그리고 26%가 쓰기영역에서 각각 600점 이상을 취득하였다. 2006년 본교의 졸업생들이 진학한 대학은 다음과 같다.

Bard College, Drew University, Fashion Institute of Technology, Goucher College, Hampshire College, Penn State University, RIT, School of Visual Arts, Smith College, SUNY-Albany, Vassar College

OJAI VALLEY SCHOOL

Contact : Mrs. Tracy Wilson, Director of Admission		Add	: 723 El Paseo Road, Ojai, CA 93023
Tel : (805) 646-1423		Fax	: (805) 646-0362
Email : admission@ovs.org		URL	: www.ovs.org

▌개요

캘리포니아(California)주 로스앤젤레스(Los Angeles)시에서 북쪽으로 약 110킬로 떨어진 산림으로 이루어진 자그마한 도시인 오하이(Ojai)에 위치하고 있는 이 학교는 안전하고 쾌적한 환경에서 학생들에게 질 높은 교육을 제공한다는 취지로 1911년에 설립되었다. 유치원부터 12학년의 학생들이 공부하는 이 남녀공학 기숙학교의 경우 기숙 가능 학년은 3학년부터이다. 이 학교의 큰 자랑은 학교에서 주어지는 정규수업이외에 학생 개개인의 전인적인 경험 습득을 위한 다양한 스포츠 프로그램 및 승마, 캠핑, 세일링, 미술, 음악, 여행 등의 다양한 과외활동을 제공한다는 점이다. 많은 한인 교민들이 살고 있는 미국 제 2의 도시인 LA 주변에 상대적으로 적은 수의 기숙학교가 있는 관계로 이 학교에 관심을 갖는 한국학생이 많은 편이며 이 학교 주변에 대쳐(Thatcher), 빌라노바(Villanova), 베난트 힐 스쿨 오브해피 밸리(Besnat Hill School of Happy Valley) 등 몇몇 사립 기숙학교들이 위치하고 있다. 동부에 위치하고 있는 학교들을 보다가 이 서부의 학교를 보면 약간 허전함(?)을 느끼게 되는 경우가 있는 것 같다. 참고로 이 학교가 위치하고 있는 도시 명이 '오자이'가 아니고 '오하이' 라고 발음한다는 점이다. 전체 54명의 교사 중 상급 학년의 교사는 22명이다. 전체 교사 중 10명은 석사 학위 이상의 학력을 소유하고 있으며 8명의 교사는 교내 캠퍼스에서 거주한다.

▌학생 수

전체 학생 수 355명 중 기숙 학생은 160명이다. 외국 학생은 전체의 약 30%로 이는 한국, 일본, 대만, 홍콩, 중국, 독일 등이다. 학급 당 평균 학생 수는 12명이고 교사와 학생의 비율은 1대 5이다.

▌대학진학

본교는 학생들이 대학진학을 계획적으로 준비할 수 있도록 적극적인 지도를 통해 장려하고 있다. 가장 이상적인 진학지도는 무엇보다도 학생들 개인의 능력과 관심영역에 가장 적합한 대학을 선택하는데 있다. 매년 30~50여 개의 대학에서 입학담당자들이 본교를 방문하여 학생들에게 진학에 대학 정보를 제공하고 진학하고자 하는 대학을 선택할 수 있도록 장려하고 있다.

2006년 졸업생의 SAT 언어영역 평균점수는 537점이고 수학영역 평균점수는 599점이다. 수학영역에서 600점을 넘은 학생은 21%이다. 2006년 26명의 학생들이 졸업하여 25명이 대학에 진학하였다.

School of the Art Institute of Chicago, Johns Hopkins University, University of California at Los Angeles, University of California at Santa Barbara, University of California at Santa Cruz, University of Washington

OLDFIELDS SCHOOL

Contact : Ms. Kimberly Loughlin, Director of Admission and Financial Aid Add   : 1500 Glencoe Road, Glencoe, MD 21152
Tel   : (410) 472-4800   Fax   : (410) 472-6839
Email   : admissions@oldfieldsschool.org   URL   : www.oldfieldsschool.org

개요

메릴랜드(Maryland)주 볼티모어(Baltimore)시에서 북쪽으로 약 40여 킬로 떨어진 그렌코(Glencoe)라는 자그마한 소도시에 위치하고 있는 전형적인 여자 기숙학교인 이 학교는 학생들이 가지고 있는 본인의 학업적, 재능적 역량을 최대한 발휘할 수 있는 환경을 제공하기 위해 존 시어즈 맥클로우(John Sears McCulloch) 여사에 의해 1867년에 설립되었다. 학생 개개인에게 각자가 요구하는 최적의 교육 프로그램과 방과 후 각종 과외 활동들을 제공하고 있는 이 학교의 학생은 크게 2부류로 나뉘어 공부를 하는데 그 한 부류는 재능 있고 우수한 학생들에게 우수한 대학진학을 목표로 준비시키고 있으며, 또 다른 한 부류는 체계적인 교육 프로그램으로 학생들이 전형적으로 대학진학에 필요한 교육과정을 이수 받는데 있다. 모든 교사와 학생은 노트북 컴퓨터를 휴대하고 있으며 미술, 체육, 승마, 댄스 등의 각종 과외 활동을 받을 수 있다. 8개의 동으로 이루어진 학교 기숙사에 학교 교직원과 학생들이 거주하고 있다. 다른 학교와 마찬가지로 이 학교 역시 추수 감사절, 겨울 방학 그리고 봄방학에는 기숙사가 문을 닫으며 대다수의 학생들은 집이나 연고가 있는 곳에서 지낸다. 외국 학생들이나 특별한 연고가 없는 학생의 경우에는 학교 교직원이나 그 관계자들의 집에서 머물 수 있도록 배려를 해준다. 200에이커의 캠퍼스에 8~12학년의 학생들이 수학하고 있으며, 총 31명의 교사진 중 20명이 석사 학위 이상의 학력 소지자이다. 24명은 교내 캠퍼스에 거주하고 있다.

학생 수

전체 학생 수는 174명이고, 이 중 113명이 교내 기숙사에서 거주하고 있다. 학급 당 평균 학생 수는 14명이고 교사와 학생의 비율은 1대 6이다. 외국인 학생의 비율은 전체 학생의 15%로 이는 멕시코, 일본, 한국, 독일, 사우디아라비아 등에서 온 학생들이다.

대학진학

11학년 단계가 되면 학생과 학부모들은 대학진학에 대해 자세한 설명이 되어 있는 'Oldfields College Guidebook'을 받아 본다. Junior 단계 1학기부터 체계적인 진학지도가 시작되는데 지속적으로 그룹미팅을 하고 이때 적성검사를 받는다. 10학년에 PSAT 시험을 치고, 11학년과 12학년에 SAT I 과 ACT를 위한 준비를 한다. 상담교사들은 매년 60여 개 이상의 대학 입학 담당자들을 학교에 초대하여 학생들이 직접 정보를 얻고 대학을 선택하는데 도움이 될 수 있도록 한다. 2006년 졸업생 42명 전원이 대학에 진학을 하였다. 졸업생들이 진학한 대학을 살펴보면 다음과 같다.

Agnes Scott College, Syracuse University, Johns Hopkins University, University of Maryland at College Park, University of Michigan, Washington College

 **OREGON EPISCOPAL SCHOOL**

Contact	: Mr. David Lowell, Director of Admissions	Add	: 6300 SW Nicol Road, Portland, OR 97223-7566
Tel	: (503) 768-3115	Fax	: (503) 768-3140
Email	: admit@oes.edu	URL	: www.oes.edu

▎ 개요

오리건(Oregon)주를 대표하는 사립학교 중의 하나이며 인구 100만의 도시인 포틀랜드(Portland)에 위치하고 있는 이 학교는 1869년 벤자민 위스터 모리스(Benjamin Wistar Morris) 신부와 메리 로드니(Mary Rodney) 여사에 의해 여학생을 위한 세인트 헬렌스 홀(St. Helens Hall)로 그 출발이 이루어졌다. 1965년에 남학생을 위한 비숍 대그월 홀(Bishop Dagwell Hall)이 설립되어 졌으며 1972년에는 이 두 학교가 합쳐지면서 지금의 이름으로 개명되었다. 성공회의 전통 하에 젊은이들을 위한 우수한 교양과정의 교육을 제공하기 위한 이상으로 설립한 이 학교는 열성적으로 교과과정에 몰입하고자 하는 명석하고 의욕적인 학생을 위한 배움의 장소로 제공된다. "공부하는 법"을 가르치는 이 학교는 단지 교재에 나타나 있는 내용들을 습득하는 것을 목표로 하지 않고 그 내용의 근본을 분석하는 것으로 수업을 진행해 나간다. 주말을 이용한 주일예배, 콘서트 및 유명 인사들의 강연들도 학교 측에서 제공하는 프로그램 중의 하나이며 학교가 대도시에 인접해있는 관계로 학생들은 교내 캠퍼스의 생활 이외에도 문화예술 등 이른바 시에서 제공하는 모든 문명의 혜택을 쉽게 접할 수 있다. 유치원부터 12학년까지의 학생들이 이곳에서 공부를 하고 기숙사 입실가능 학년은 9학년부터이다. 총 59에이커의 캠퍼스에는 15,000여권의 장서를 비치한 도서실, 예배당, 예술관, 컴퓨터실, 실험실, 실내 체육관, 전천후 이용 가능한 400m 트랙, 펜싱장 등이 들어서 있다. 123명의 교사 중 32명은 석사 학위 이상의 학력 소지자이다. 13명의 교사는 교내 캠퍼스에서 생활한다.

▎ 학생 수

전체 학생 수는 824명이며 이 중 상급학년의 학생 수는 297명이고 기숙학생은 56명이다. 학급 당 학생 수는 14명이며 교사와 학생의 비율은 1대 7이다. 전체 학생 중 약 14%가 외국인으로서 이는 일본, 중국, 대만, 태국 등에서 온 학생들이다 .

▎ 대학진학

진학지도는 11학년 단계부터 시작이 된다. 학생들은 이때부터 자신에게 적합한 대학을 선택할 수 있도록 각종 정보를 열람하고 상담교사와의 개인 상담을 받는다. 그리고 매년 가을에는 80여 개 대학의 입학 담당자들이 학교를 방문하기도 하는데 학생들에게는 여러 대학에 대해 알 수 있는 좋은 기회이다. 2006년 졸업생의 SAT 언어영역 평균점수는 635점이고 수학영역 평균점수는 640점이다. 응시생의 63%가 언어 영역에서 70%가 수학 영역에서 각각 600점 이상을 취득하였다. 본교 졸업생들은 대다수 대학에 진학을 하며 2006년에는 65명이 졸업을 하고 전원 대학에 진학을 하였다. 이들이 진학한 대학은 다음과 같다.

Boston, Bryn Mawr, Chicago, Columbia, Cornell, Harvard, Middlebury, MIT, Northwestern, NYU, Oberlin, Princeton, Stanford, Washington, Wellesley, Yale

 # THE ORME SCHOOL OF ARIZONA

Contact : Mr. Alexander W. Spence, Director of Admissions	Add : HC 63, Mayer, AZ 86333
Tel : (928) 632-7601	Fax : (928) 632-7605
Email : admissions@ormeschool.org	URL : www.ormeschool.org

▍개요

애리조나(Arizona)주의 피닉스(Phoenix)시에서 북쪽으로 1시간 정도 거리에 떨어져 있는 메이어(Mayer)시에 위치하고 있는 이 남녀공학의 기숙학교는 1929년 오르메 가족(Orme Family)이 이곳으로 이주를 하면서 그 역사가 이루어졌다. 이 가족의 자녀들에 대한 교육내용이 전국적으로 알려지면서 맨 처음에 하나의 교실에서 이루어지던 수업이 이후 급속히 확장되었다. 학생들에게 대학진학에 필요한 교육 및 각종 과외활동을 제공하는 이 학교는 7~12 및 PG 과정을 두고 있으며 200여명의 학생 수에 걸맞게 학생과 개개인의 긴밀한 유대관계에서 학생들이 안전하게 진학을 목표로 하는 각종 교육 프로그램을 습득할 수 있는 배움의 터를 제공한다. 이밖에 학교에서는 학생들을 위해 매년 봄에 카라반(Caravan)을 이용한 야외학습을 진행한다. 축구, 야구, 소프트볼, 농구, 크로스컨트리, 로데오, 테니스 등 각종 운동 프로그램을 제공하며 산악자전거, 승마, 댄스, 경작 등의 방과 후 활동들도 활발하게 학생들에게 참여시키고 있다. 20,000여권의 장서를 가진 필립스 도서관, 4개의 과학 실습실, 온실, 암실, 4개의 테니스 구장, 승마장, 야외 수영장 등이 학교시설로 있으며 최근에는 학교 교실 및 기숙사를 새롭게 단장하였다. 총 38명의 교사진 중 23명이 석사 학위 이상의 학력 소지자이며 30명의 교사가 교내 캠퍼스에서 거주하고 있다.

▍학생 수

전체 학생 수는 184명이고 이 중 기숙생활을 하는 학생 수는 120명이다. 학급 당 평균 학생 수는 12명이며 교사와 학생의 비율은 1대 10이다. 외국인 학생들은 전체 학생의 16%를 차지하는데 이는 독일, 일본, 한국, 사우디아라비아, 대만, 태국 등에서 온 학생들이다.

▍대학진학

본교의 학생들은 중등 과정에서부터 일종의 대학 적성시험인 익스플로어(EXPLORE) 테스트를 통해 대학진학에 대한 상담을 시작한다. 9, 10 학년 동안 학생들은 학교에서 주어진 일정의 프랜(PLAN) 테스트를 하고 대학을 시찰하는 진학상담 과정을 거친다. 11, 12 학년은 매주 진학 프로그램에 참여하고 ACT, SAT 테스트를 한다. 본교에서 매년 10월에 열리는 대학박람회는 미국 전 지역의 대학들의 관심 속에 개최되며 매년 90여 개의 학교들이 참여한다. 2006년 28명의 졸업생 중 26명은 대학에 진학을 하였으며 졸업 학생들의 SAT 언어영역 평균점수는 494점, 수학영역 평균점수는 526점이며, 쓰기영역 493명이다.

그 학교들은 다음과 같다.

Dartmouth College, Northern Arizona University, Scripps College, Skidmore College, University of Rochester

THE PEDDIE SCHOOL

Contact	: Mr. Raymond H. Cabot, Director of Admissions	Add	: South Main Street, Highstown, NJ 08520-1010
Tel	: (609) 490-7501	Fax	: (609) 944-7901
Email	: admission@peddie.org	URL	: www.peddie.org

▎개요

뉴저지(New Jersey)주의 또 다른 사학의 하나로 아직까지 그 명성이 잘 알려진 학교 중의 하나가 바로 이 학교인데, 명문 프린스턴 대학(Princeton University)이 위치하고 있는 역사적인 교육도시인 프린스턴(Princeton)에서 동쪽으로 약 20분 정도의 거리인 하이츠타운(Hightstown)에 위치하고 있는, 대학진학을 그 주된 목표로 하는 전형적인 남녀공학의 기숙학교이다. 1864년에 설립된 이 학교는 1872년에 토마스 비 페디 (Thomas B. Peddie)의 이름을 따서 명명되었다. 9~12학년 및 PG 과정을 두고 있는 이 학교의 근본 교육 목표는 학생 개개인이 지닌 각자의 능력의 한도 내에서 최적의 학업성과에 도달할 수 있게 이끌어준다는 것이다. 280에이커의 캠퍼스는 학생들을 위한 완벽한 시설들이 구비되어져 있는데 이는 어학 실습실, 회의실, 30,000여권의 장서를 소지한 도서실, 과학관, 천문관, 온실, 화랑, 도예실, 음악 레슨실, 사진실, 다이빙대가 있는 수영장, 레슬링실, 체력 연마실, 실내 축구장 등을 포함한다. 모든 건물은 정보 통신의 시설로 네트워크화 되어져 있으며 학생 개개인은 입학시 노트북 컴퓨터를 전원 소지하게 되며 학생들은 최상의 IT(정보통신) 시설을 이용한 각종 교육 프로그램에 아무런 불편 없이 수업해 나간다. 짜임새 있는 학교의 분위기는 이 학교에 재학하고 있는 학생들이 학교생활에 충실히 하고 있다는 느낌이 들게 한다. 특히 학교의 중심이 되는 본관 건물은 상당히 웅장하고 학교의 모든 시설은 아주 훌륭하다. 평균 19년의 수업경력을 가진 총 85명의 교사 중 약 80%가 석사 이상의 학력 소지자이다. 한국 학생이 선호하는 대표적인 학교 중의 하나이며 이에 입학에 철저한 준비가 요망된다.

▎학생 수

전체 학생 수 528명 중 기숙학생은 333명이다. 학급 당 평균 학생 수는 12명이고 교사와 학생의 비율은 1대 6이다. 외국인 학생의 비율은 전체 학생 수의 약 11%를 차지하고 있는데 이는 홍콩, 자메이카, 일본, 한국, 사우디 아라비아, 태국 등에서 온 학생들이다.

▎대학진학

진학상담 교사들은 상담을 통해 학생들이 관심영역과 능력을 고려하여 적합한 대학을 선정하고 진학준비계획을 세울 수 있도록 돕는다. 11학년 단계에서 진학지도는 적극적으로 진행되고 학생들은 PSAT, ACT, SAT I 테스트를 하게 된다. 매년 여러 대학의 입학담당자들은 학교를 방문하여 학생들을 만나고, 학생들 또한 방학을 이용하여 자신이 가고자 하는 대학을 방문한다. 본교 2006년 졸업생의 SAT 총점 중간 50% 점수분포는 1200~1300으로 우수하고 2006년 본교 졸업생 135명은 모두 대학에 진학하였고 그 대학들은 다음과 같다. Boston Coll, Carnegie Mellon, Columbia, Cornell, George Washington, Georgetown, Harvard, Johns Hopkins, Lafayette, Lehigh, Princeton, Pennsylvania, Rutgers, US Naval Academy, Vanderbilt

THE PENNINGTON SCHOOL

Contact	: Mrs. Diane P. Monteleone, Director of Admissions	Add	: 112 West Delaware Avenue, Pennington, NJ 08534
Tel	: (609) 737-6128	Fax	: (609) 730-1405
Email	: admiss@pennington.org	URL	: www.pennington.org

▎개요

뉴저지(New Jersey)주의 대표적인 교육도시인 프린스턴(Princeton)시에서 약 13킬로 정도 떨어진 페닝턴 (Pennington)이라는 자그마한 도시에 위치하고 있다. 6~12학년의 남녀 학생들이 공부하는 이 학교의 기숙입학 가능 학년은 7학년부터이다. 54에이커에 걸쳐 17개 동의 건물을 가지고 있는 이 학교는 1838년도에 남부 뉴저지 연합 침례교회(Baptist Church)에 의해 설립되어졌으며 미국 내에서 가장 오래된 침례교 사립학교이기도 하다. 이 학교의 주된 목표는 학생 개개인의 우수성과 재능의 개발에 그 역점을 두고 있으며 학생들은 주어지는 정규 과 정 이외에 각종 방과 후 과외 프로그램을 이수하게 된다. 잘 정돈되어진 캠퍼스에는 학생들을 위한 각종 시설들 이 완비되어 있으며 부족한 학과 과정을 보완해 주기 위한 세심한 배려의 교사진도 이 학교의 큰 장점이다. 이 학교의 스포츠는 또한 잘 알려져 있는데 학생들은 상급학년에 재학을 하고 있는 동안에 반드시 최소한 1가지 이상의 운동을 하여야 하며 이것이 용이하지 않을 경우에는 학교에서 주어지는 각종 과외 프로그램 중에서 한 가지를 택하여야 한다. 주말을 이용해 학생들은 연극, 영화, 야구 및 미식축구 관람 등을 즐기며 실내 수영장, 실내 체육관 등에서 체력을 단련하기도 한다. 다양한 어너스(Honors) 및 15 과목의 AP 과정을 제공하고 있으며 특히나 영어가 필요 되어지는 외국학생들을 위한 ESL 프로그램이 잘되어 있다. 한 최근에 이 학교를 졸업한 미국 의 유명한 실업가가 유산으로 이 학교에 거액을 기부해 화제가 된 적 도 있다. 전체 102명의 교사진 중 상급학년 에 64명의 교사가 학생들을 가르치고 있으며 38명의 교사는 석사 학위 이상의 학력을 가지고 있고, 45명은 교내 캠퍼스에 거주하고 있다.

▎학생 수

총 445명 중 120명이 기숙생활을 하고 있다. 학급 당 평균 학생 수는 13명이고 교사와 학생의 비율은 1대 8이 다. 외국인 학생의 비율은 전체 학생의 약 12%를 차지하며 이는 일본, 한국, 러시아, 스페인, 대만 등에서 온 학생들이다.

▎대학진학

본교는 진학상담 교사들이 학생들의 진학준비 전 과정에 걸쳐 철저한 진학지도를 하고 있다. 매년 200여 개의 대학에서 입학 담당자들이 학교를 방문하고 있다. 11학년과 12학년 단계의 학생들은 정기적인 상담을 받으며, 자기가 가고자 하는 대학에 진학하여 공부하고 있는 선배들이 초대되는 대학 설명 프로그램에 참여하기도 한다. 2006년 본교 SAT I 의 평균점수는 언어영역은 541점, 수학영역 570점이다.

2007년도에 졸업한 학생들이 입학한 대학들은 다음과 같다.

Albright, American, Arizona, Boston Coll, Carnegie Mellon, Colgate, Cornell, Drew, Drexel, Georgetown, Harvard, Parsons, Rutgers, Pratt, RPI, Smith, Tulane, Widener

PERKIOMEN SCHOOL

Contact	: Mrs. Carol S. Dougherty, Director of Admissions	Add	: 200 Seminary Ave, Pennsburg, PA 18073
Tel	: (215) 679-1174	Fax	: (215) 679-1146
Email	: cdougherty@perkiomen.org	URL	: www.perkiomen.org

▌ 개요

학생 개개인이 가지고 있는 성장발전과 그 발전을 위한 가치창조에 역점을 두기 위하여 1875년 미국으로 이주해 온 일단의 이주자 후예들에 의해 설립된 이 학교는 펜실베니아(Pennsylvania)주 필라델피아(Philadelphia)시에서 북쪽으로 약 40킬로 정도 떨어진 자그마한 도시인 펜스버그(Pennsburg)에 위치하고 있다. 5~12학년 및 PG 과정을 두고 있는 이 학교는 학업의 방향을 학생에게 제시하고 이를 통해 학생들은 배움의 방법과 그를 통한 효과적인 수업 진행을 이끌어 갈 수 있게끔 만드는 데에 그 교육의 목표를 두고 있다. 필라델피아에서 멀지 않은 거리에 위치하고 있는 관계로 한국 학생에게도 인기 있는 이 학교는 140에이커의 면적에 18개 동의 건물이 들어서 있다. 대학진학에 많은 비중을 두는 관계로 졸업생 전원은 정규대학에 진학을 하며 학교는 미술, 체육, 다양한 주말의 과외활동 등을 통하여 학생의 심신을 단련시킨다. 기숙사의 모든 방은 전화 및 인터넷 접속이 가능하며 학생들은 배움의 장소로 큰 불편 없이 학교생활에 만전을 기한다. 개인적으로 어느 일요일 오전에 이 학교를 방문한 적이 있는데 학생들이 아침식사 후 교내 테니스장에서 시합을 하는 모습이 신선하였다. 기숙 가능한 학년은 7학년부터이며 총 49명의 교사진 중 31명은 석사 학위 이상의 학력을 소유하고 있고 36명의 교사는 교내 캠퍼스에서 생활한다.

▌ 학생 수

전체 학생 수 265명 중 기숙학생은 159명이다. 학급 당 평균 학생 수는 12명이고 교사와 학생의 비율은 1대 7이다. 외국 학생의 경우 전체 학생의 18%를 차지하고 있으며 이는 중국, 일본, 한국, 사우디아라비아, 스페인, 대만 등에서 온 학생들이다.

▌ 대학진학

Junior(고교 2년 과정) 단계가 되면 학생들은 상담을 통해 대학진학을 계획하기 시작한다. 1명의 상담교사 외에 8명의 교사진들이 개개인의 학생들에게 맞는 대학을 선택할 수 있도록 학생들을 지도하고 있다. 매년 각 대학입학 담당자들이 학교를 방문하여 설명회 등을 통해 학생들에게 도움이 될 만한 진학정보를 제공하고 학생들에게도 자신이 가고자 하는 대학을 방문할 수 있도록 기회가 주어지고 있다. 학생들은 Sophomore(고교 1년 과정에 해당) 단계와 Junior 단계 10월(1학기)에 PSAT 시험을 치르고, Junior 5월에 SAT I 시험을 치른다. SAT I 테스트에 대한 준비는 Junior 와 Senior 단계에 걸쳐 계속된다. SAT 언어영역은 550점, 수학영역은 540점, 쓰기영역은 560점이다.

본교 2006년 62명의 졸업생들은 전원 대학에 진학하였고 그 학교들은 다음과 같다.

Bryn Mawr College, Bucknell University, Carnegie Mellon University, Cornell University, Drexel University, Emory University, Hofstra University, NYU, University of Rochester, University of Virginia, Wesleyan University, Williams College

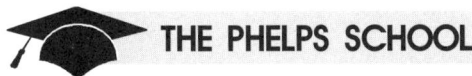

THE PHELPS SCHOOL

Contact : Ms. Emily A. Shaker, Admissions Representative   Add : 583, Sugartown Road, Malvern, PA 19355-0476
Tel   : (610) 644-1754   Fax : (610) 644-6679
Email   : admis@thephelpsschool.org   URL : www.thephelpsschool.org

▎개요

이 학교를 특징지을 수 있는 한 문장은 "가족적인 분위기에서 소규모의 반 편성과 친절한 지도교사의 보살핌에서 학생 개개인이 학업적, 인격적 그리고 사회적 발전을 이루어 나가는데 있다" 고 할 수 있다. 펜실베니아(Pennsylvania)의 필라델피아(Philadelphia)시에서 서쪽으로 약 30여 킬로 떨어진 자그마한 시골마을인 말번(Malvern)에 있는 이 학교는 1946년에 개교하였으며 근본적으로 학업에 다소 어려움을 느끼거나 잠재적으로 내재되어 있는 학업적 자질을 충분히 발휘하지 못하는 남학생들을 위한 교육의 장소로 출발했다. 7~12, PG 과정을 제공하고 있는 이 학교는 학생 개개인이 학교생활을 통해서 세심하게 배려를 하는 교사들의 지도아래 학업적 동기를 부여받고 내재되어 있는 학업의 가능성을 도출해냄으로 향후 대학 진학을 위한 목표를 삼는데 그 주안점을 둔다. 따라서 이 학교는 외국 학생들을 위한 ESL 과정 외에 학업 보충 프로그램(Academic Support Program)도 학생들을 위해 제공된다. 70 에이커의 면적을 가지고 있는 이 학교 캠퍼스의 주위는 대부분 농장과 산림으로 이루어졌으며 특히 학교 주변에는 수십 마리의 말들이 방목되어 있는 것들이 다소 눈길을 끌었다. 26명의 교사가 학생을 지도하고 이중 13명이 석사학위 이상의 학력을 소지하고 있다. 18명의 교사는 교내에서 거주한다.

▎학생 수

총 142명의 학생이 재학을 하고 있으며 114명은 기숙사에서 거주한다. 학급당 학생 수는 8명이고 교사와 학생의 비율은 1:5이다. 외국 학생은 전체의 20%를 차지하고 이는 중국, 한국, 멕시코, 사우디아라비아, 스페인 베네주엘라, 캐나다, 일본에서 온 학생들이다.

▎대학진학

본교에서는 모든 학생들이 입학하고 나서부터 자신의 관심분야를 탐색해 나가는 과정을 통해 진학을 준비하도록 장려되고 있다. 10학년 단계가 되면 학생들은 각 대학 입학담당자들이 방문하여 진학정보를 설명하고 학생들을 직접 만나기도 하는 캐리어 데이(Career Day)에 참가할 수 있고, 진학을 준비하는 과정으로 자기에게 맞는 교과과목과 과외활동을 선택하는 등 폭넓은 준비단계로서 진학지도를 받는다. 본격적인 진학지도는 11학년 단계부터 시작되는데 1학기에 PSAT 시험을, 2학기에 SAT I 시험을 치른다. 그리고 학생들은 대학박람회 참가하고, 대학 방문, 에세이 작성요령, 대학정보 검색 등의 과정을 통해 최종적으로 자신이 진학하고자 하는 대학을 선택한다. 2006년도에는 36명의 졸업생을 배출했으며, 34명이 대학에 진학하였다. 이들이 진학한 대표적인 대학들은 다음과 같다.

Drexel University, Oberlin College, Randolph-Macon College, Seton Hall University, University of Rochester, Wingate University

PHILLIPS ACADEMY ANDOVER

Contact	: Mrs. Jane F. Fried, Dean of Admission	Add	: 180 Main Street, Andover, MA 01810
Tel	: (978) 749-4050	Fax	: (978) 749-4068
E-mail	: admissions@andover.edu	URL	: www.andover.edu

▌개요

군이 수식어가 필요 없는 이 학교는 매사추세츠 (Massachusetts)주 앤도버 (Andover)시에 자리 잡고 있는 미국을 대표하는 명문 중의 명문 사립학교이다. 미국 독립전쟁기인 1778년에 모든 방면에서 젊은이의 정신을 증대시키고 도덕심을 고취시키기 위한 목적으로 사무엘 필립스(Samuel Phillips)에 의해 설립된 이 학교는 1828년에 설립된 자매학교인 아봇 피메일 아카데미(Abbot Female Academy)와의 병합으로 1973년 2개교의 전통이 결합된 그야말로 명실상부한 최고의 사학의 전당으로 자리 잡게 되었다. 최고의 수준을 자랑하는 뛰어난 교사진, 명석한 두뇌를 가진 우수한 인재들이 대학입학 수준을 넘어서는 주요 18과목과 관련된 290여 개의 각종 학과 프로그램을 비롯한 우수한 스포츠, 미술·음악·무용·창작 등의 예술과정, 오케스트라, 합창단 밴드, 간행물 발간, FM라디오 방송운영 등 이루 나열할 수 없는 특별 활동 프로그램에 참여한다. 학생 개개인의 개인용 컴퓨터 휴대는 기본이며 120,000여 권이 넘는 도서 장서, 세계 각국의 언어로 발간되는 260여 종의 각종 자료 정기구독, 어학 실습실, 400여 석의 극장, 예술관, 2개의 박물관 등도 학생들을 위한 이 학교의 또 다른 면모이다. 전체 학생의 약 45%는 학교 및 이와 관련된 여러 단체로부터 재정적인 지원을 받기도 하며, 이 학교를 위하여 기부되는 성금은 한 해에만도 수백억 원에 이른다. 개인적으로 이 학교의 인터뷰를 위해 여러 번 방문하였는데 매번 엄청난 수의 응시생과 그 부모들로 인해 입학 사무실이 발 디딜 틈이 없는 것은 둘째 치고라도 이들 학부형과 학생들의 보이지 않는 신경전(?)에 제3자인 나도 중압감을 느낄 정도이다. '명불허전'이라는 숙어가 이럴 때 필요 되어지지 않나 싶다. 총 500에이커의 캠퍼스에 160여 개 동의 건물이 들어서 있으며 217명의 교사 중 164명이 석사 학위 이상의 학력 소지자이다. 196명의 교사가 교내 캠퍼스에 거주한다.

▌학생 수

총 학생 수 1,096명 중 기숙학생은 799명이다. 학급 당 학생 수는 13명이고 교사와 학생의 비율은 1대 5이다. 전체 학생의 약 9%가 외국인 학생이며 이는 캐나다, 중국, 홍콩, 일본, 한국, 사우디아라비아 등에서 온 학생들이다.

▌대학진학

Junior(고교 2년 과정에 해당) 와 Senior(고교 3년 과정에 해당) 단계의 학생들은 5명의 상담교사 중 한 명을 선택하여 일대일의 책임 있는 진학지도를 받게 된다. 상담과정에서 만들어지는 학생들이 선별한 대학지원 리스트는 부모님들에 발송된다. 매년 대략 150개의 대학에서 입학담당자들이 본교를 방문하여 학생들의 진학을 장려한다. 2006년 졸업생들의 SAT 언어 영역에서 평균점수는 666점이고 수학영역은 682점, 그리고 쓰기영역은 660점이다. 79%의 학생이 언어영역에서 600점 이상을 받았으며, 86%의 학생이 수학영역에서 600점 이상을, 73%의 학생이 쓰기영역에서 600점 이상을 받았다.

2006년 309명의 학생이 졸업을 하였고 298명이 대학을 진학하였으며 졸업생들이 진학한 대표적인 대학과 학생 수는 다음과 같다.

Brown(13), Cornell(7), Columbia(7), Duke(8), Georgetown(11), Harvard(19), MIT(9), NYU(7), Pennsylvania(9), Stanford(7), Trinity(9), Yale(13)

PHILLIPS EXETER ACADEMY

Contact : Mr. Michael Gary, Dean of Admissions	Add : 20 Main Street, Exeter, NH 03833-2460
Tel : (603) 777-3437	Fax : (603) 777-4399
Email : admit@exeter.edu	URL : www.exeter.edu

▎개요

세인트 폴(Saint Paul's School)과 함께 뉴햄프셔(New Hampshire)주 최대의 명문인 이 학교는 매사추세츠(Massachusetts)주의 앤도버(Andover)에 위치한 필립스 아카데미(Phillips Academy)와 함께 그 명성을 견줄 수 있는 그야말로 미국 최고 명문사립 중의 하나라 할 수 있다. 엑시터(Exeter)라는 소도시에 위치한 이 학교는 1781년 존 필립스(John Phillips) 박사에 의해 우수한 학과 교육과 이러한 과정을 이수하는 학생들이 상대방에 대한 책임의식과 더불어 지식탐구에 대한 열정과 근면이 삶의 한 습관으로 몸에 밸 수 있도록 지도할 목적으로 설립되었다. 이 학교의 가장 두드러진 중심 철학은 대다수의 학교가 선망으로 여기는 수업형태, 즉, 학네스 테이블(Harkness Table)이라는 수업방식인데 전체 학생 12명과 교사 1명, 도합 13명이 앉을 수 있는 이 테이블은 달걀모양으로 생긴 타원형으로 생겼으며 한 테이블에 교사와 학생이 서로 격의 없이 마주보고 앉아서 각자의 의견을 나누고 토론하는 일종의 세미나 형태의 수업방식이다. 교사에 의해 진행되기보다는 학생 개개인이 주어진 과제에 대한 자기의 주관을 상대방에게 설명하고 또한 그 의견들을 서로 비교 분석하면서 그 해답을 도출해 내는 식으로 학교 수업이 진행된다. 이러한 수업에 대한 결과로 학생들은 비판적인 사고능력, 효율적인 대화기술, 그리고 자신의 지적 향상에 대한 자신감 등을 얻을 수가 있다. 학업수행 능력에 관한 학생들의 자질은 여러 학교의 학생들과 견주었을 때 거의 선두를 유지하며 학생들은 면학의 증진 이외에도 여타 스포츠 및 방과 후의 각종 프로그램들을 통해 자신의 활동영역을 제고한다. 개인적으로 이 학교에 응시한 학생의 인터뷰를 위해 학교를 몇 번 방문하였는데 하나같이 학교의 안내를 맡은 학생들이 자랑스럽게 보여주는 것이 학교 교실과 새로 건립된 과학관이었다. 특히 과학관의 경우 박물관에서나 볼 수 있는 거대한 고대 동물의 화석 뼈를 입구에 세워 놓았으며 최신의 과학 자재들이 비치되어 있어 학교의 명성을 유감없이 발휘하고 있었다. 이외에 천문대, 음악관, 미술관, 2개의 하키 링크, 학습관, 160,000여권의 장서를 비치한 그야말로 최고의 시설을 자랑하는 도서관, 채플 등 이루 헤아릴 수 없는 다양한 시설들이 학생 수에 걸맞게 교내에 세워져있으며 AP는 거의 모든 과목에 걸쳐 다 가지고 있으며 총 19개 과목에서 350여개의 코스를 가지고 있다. 9~12 및 PG 과정이 있으며 총 471에이커의 캠퍼스에 116개 동의 건물이 들어서 있다. 전체 203명의 교사 중 83%가 석사 학위 이상의 학력 소지자이며 110명의 교사는 교내 캠퍼스에서 생활을 한다.

▎학생 수

총 학생 수 1,030명 중 기숙학생은 824명이다. 학급 당 학생 수는 12명이고 교사와 학생의 비율은 1대 5이다. 전체 학생의 약 9%가 25여 개국에서 온 외국인 학생이며 이는 캐나다, 브라질, 홍콩, 일본, 한국에서 온 학생들이다.

▌ 대학진학

12명의 진학상담 교사 및 직원들은 CCO 즉. 대학 상담실(College Counseling Office)에서 학생들이 어떤 목표를 가지고 진학할 대학을 결정하는데 있어서 많은 조언을 해준다. 해마다 150개 이상의 대학에서 입학담당자들이 본교를 방문하여 학생들의 진학을 위한 조언과 입학상담을 도와주고 있다.

2006년 졸업생들의 SAT 언어영역의 평균점수는 688점, 수학영역은 703점, 쓰기영역은 682점이며 2006년 330명의 졸업생들은 전원 대학에 진학하였으며, 진학한 대표적인 대학을 살펴보면 아래와 같다.

Harvard University, New York University, Stanford University, The George Washington University, The Johns Hopkins University, University of Pennsylvania, Yale University

POMFRET SCHOOL

Contact	: Mr. Allison Aldrich, Associate Director of Admissions	Add	: 398 Pomfret Street, Pomfret, Connecticut 06258-0128
Tel	: (860) 963-6121	Fax	: (860) 963-2042
Email	: admission@pomfretschool.org	URL	: www.pomfretschool.org

▌ 개요

코네티컷(Connecticut)주 하트포드(Hartford)시에서 동쪽으로 약 40여분 거리에 위치하고 있는 소도시인 폼프렛 (Pomfret)에 설립되어진 이 학교는 1894년 성공회에 의하여 대학에 진학하고자 하는 학생들에게 양질의 교육을 제공하고자 하는 목적으로 설립되었다. 9~12 및 PG 과정을 두고 있는 이 학교는 흥미 있고 체계적인 학과 교육, 다양한 체육 프로그램, 과외활동 프로그램이 함께 어우러져 우수한 교육의 결과를 양산한다. 학생 개개인은 담당 지도 교사와 친밀한 관계를 유지하고 있으며 교내 및 교외에서 언제나 다정다감한 사제지간으로서의 유대관계 를 형성하고 있다. 500에이커의 산림으로 둘러싸인 캠퍼스에는 61개 동의 건물이 들어서 있는데 이는 13개의 운동구장, 어학실습실, 음악실, 과학관, 예술관, 17,000여 권의 장서를 소장한 도서실, 예배당, 체력 연마실 등이 있다. 이 학교의 큰 자랑은 학교에서 제공하는 주말 프로그램인데 학생들은 토요일 오후에 학교 상호간의 운동시 합, 쇼핑, 콘서트, 영화관람 등의 여유로운 시간을 보내며, 일요일에는 인근 도시로의 쇼핑이나 영화관람, 스포츠 관람 등의 개별적인 시간과 스키, 하이킹, 댄스, 자전거 타기 등의 단체 활동도 즐긴다는 점이다. 이 학교와 바로 인접해 있는 학교로 주니어 기숙 중학교인 렉토리 스쿨(The Rectory School)이 있다. 총 74명의 교사 중 40명이 석사학위 이상의 학력을 소지하고 있고, 교사 58명이 교내 캠퍼스에 거주한다.

▌ 학생 수

총 348명 중 276명이 기숙사 생활을 하며, 학급 당 학생 수는 10명이고 교사와 학생의 비율은 1:6이다. 외국인 학생은 전체 학생의 약 12%로서 이는 캐나다, 독일, 일본, 한국, 태국, 베네수엘라에서 온 학생들이다.

▌ 대학진학

대학 진학지도는 학생들이 11학년 단계에서 시작하여 졸업할 때까지 지속적으로 이루어진다. 진학지도는 학 생들의 사회화와 학업능력 향상, 다방면의 행사에 적극적인 참여를 유도하는 폭넓은 방법으로 진행되고 있다. 모든 11학년 학생들은 1학기와 2학기에 걸쳐 SAT Ⅰ와 SAT Ⅱ 테스트를 하게 된다. 학교에서의 학과공부와 과외 활동, 학생들의 사회화 능력에 대한 평가는 학생들이 무엇을 원하고 어떤 영역에 자질이 있는지를 알아내고 더 나아가 앞으로의 진로를 정하는데 가장 중요한 기준이 된다.

2006년에는 94명의 졸업생 중 91명이 대학에 진학하였으며 SAT 언어영역 평균점수는 570점, 수학영역 평균점 수는 580점, 쓰기영역은 570이다. 대표적인 대학은 다음과 같다.

Adelphi, American, Amherst, Boston Coll, Brown, Colby, Columbia, Cornell, Dartmouth, Davidson, Duke, Emory, George Washington, Michigan, Northeastern, Parsons, Pratt, RISD, Smith, Suffolk, Trinity, Vassar, Wesleyan, Whittier

PORTSMOUTH ABBEY SCHOOL

Contact : Mrs. Geri Zilian, Director of Admissions	Add : 285 Cory's Lane, Portsmouth, RI 02871
Tel : (401) 643-1248	Fax : (401) 643-6766
Email : admissions@portsmouthabbey.org	URL : www.portsmouthabbey.org

▎ 개요

로드아일랜드(Rhode Island)주의 주도인 프로비던스(Providence)에서 약 30여분 떨어진 소도시 포츠머스(Portsmouth)에 위치한 대표적인 가톨릭 학교로 1926년 존 휴 디만(John Hugh Diman) 신부에 의해 지식과 은총으로 성장하는 학생들을 돕기 위해 설립되었다. 베네딕틴 수도사들에 의해 소유되고 다스려지는 이 학교의 행정은 평신도들에 의해 운영된다. 신과 인간에 대한 경외, 배움에 대한 존경, 이웃과의 협력을 통한 감사하는 삶 등의 베네딕틴(Benedictine) 정통이 근본 철학으로 깔려있는 이 학교는 우수한 학업적 소질을 가진 학생들에게 심도 있는 교육과정을 제공하고 있다. 수업진행에 있어서는 각 교과과정이 가지고 있는 근본적인 교육의 체계를 철저히 파악하여 이를 학생 자신의 지적 습득으로 연결시키게 할 수 있도록 가르친다. 최근에는 지역 특성에 걸맞게 해양 환경학 과정을 새로 도입하였으며 연극제작, 웅변, 합창, 타이핑, 실내 오케스트라 등의 프로그램도 학생들을 위한 과외 활동 프로그램으로 준비되어진다. 학교의 이름에서도 알 수 있듯이 이 학교는 수도원과 함께 위치하고 있으며 캠퍼스 앞으로는 만(Bay)이 들어와 있어 코발트색의 확 트인 바다의 전경을 보면서 학업에만 몰두할 수 있는 그야말로 우수한 자연환경을 가지고 있다. 총 510에이커의 캠퍼스에 33개 동의 건물을 가진 이 학교에는 9~12학년의 학생들이 생활하며 신부와 평신도를 포함한 총 52명의 교사진 중 41명이 석사학위 이상의 학력을 소지하고 있다. 총 34명의 교사는 교내 캠퍼스에서 거주한다.

▎ 학생 수

전체 학생 수는 358명이며 이 중 기숙학생은 236명이다. 학급당 학생 수는 13명이며 교사와 학생의 비율은 1대7이다. 전체 학생 중 약 11%가 외국인으로서 이는 캐나다, 독일, 멕시코, 한국, 필리핀, 베네주엘라 등에서 온 학생들이다.

▎ 대학진학

진학지도는 11학년부터 시작이 되는데 이때부터 상담교사는 상담을 통해 학생들과 학부모들에게 진학준비과정을 숙지시키고 진학지도를 해나간다. 학생들은 대학을 직접 방문하기도 하고 인터뷰를 미리 연습하는 등 진학에 대비한 실제적인 준비를 한다. 게다가 매년 100여 개의 대학에서 입학담당자들이 본교를 방문하여 진학정보를 제공하고 학생들을 직접 만나 입학에 관한 정보를 제공하고 있다.

2006년 졸업생의 SAT 언어영역의 평균점수는 580점, 수학영역 평균점수는 590점이다. 2006년 졸업생 86명중 85명은 대학에 진학하였고 이들이 진학한 대학은 다음과 같다.

Boston Coll, Boston Univ, Brown, Columbia, Cornell, Dickinson, Emory, FIT, Georgetown, MIT, Roger Williams, Syracuse, Saint Anselm, Trinity, Tufts, US Naval Academy, Vermont, Vilanova, Williams, Worcester Institute of Tech, Yale

PROCTOR ACADEMY

Contact : Mr. Christopher P. Bartlett, Director of Admissions		Add	: 204 Main Street, Andover, NH 03216
Tel	: (603) 735-6212	Fax	: (603) 735-6284
Email	: admission@proctornet.com	URL	: www.proctoracademy.org

▎개요

뉴햄프셔(New Hampshire)주의 산으로 둘러 싸여진 전형적인 자그마한 도시인 앤도버(Andover)에 위치하고 있는 이 학교는 주도인 콩코드(Concord)시에서 북서쪽으로 약 40킬로 떨어져 있다. 1848년에 설립된 9~12 과정의 이 남녀공학 기숙학교는 초기에는 대학을 준비하기 위한 과정뿐 만 아니라 그 지역의 학생들에게도 교육을 환경을 제공해 주기 위한 목적이었으나 그 이후 순수한 대학진학을 목표로 하는 학생들을 위한 배움의 터로 탈바꿈 되었다. 학생 개개인이 가지고 있는 잠재성을 깨우쳐 이를 통한 학문의 추구에 그 교육의 목표를 두고 있다. 예술 분야는 잘 알려진 과목 중의 하나이며 우수한 스포츠 또한 이 학교의 큰 자랑이다. 2,200에이커의 광활한 캠퍼스에 43개 동의 건물이 들어서 있는데 이는 새로 지은 학생관, 우수한 음향시설을 가진 강당, 교사와 학생이 일대일로 앉아 부족한 공부를 보충할 수 있는 자그마한 강의실을 갖춘 우수한 도서관, 식당, 정갈한 기숙사들 그리고 요가까지 할 수 있는 예술실 등이 있으며 캠퍼스 주변에는 산맥, 연못과 스키장 등이 어우러져 있다. 인상적인 것은 이 학교를 어느 한 겨울의 저녁에 방문했을 때였는데 많은 수의 학생들이 식사 후 꽁꽁 얼은 캠퍼스 내에 있는 연못에서 선생님들과 스케이트, 썰매, 눈사람 만들기 등을 하고 있고 그 주위로는 교내에 거주하는 교사가 기르는 흰 바탕에 흑반점이 있는 달마시안(Dalmatian) 개가 학생들 주변을 맴돌며 같이 장난을 치는 장면이었다. 교사와 학생이 순백의 자연에 동화되어 그들만의 시간을 공유할 수 있다는 사실만으로도 부러웠다. 총 85명의 교사가 재직 중이며 이 중 44명이 석사학위 이상의 학력 소지자이고, 35명은 교내 캠퍼스에서 거주한다.

▎학생 수

총 학생 수는 345명이며 그 중 기숙학생은 275명이다. 학급당 평균 학생 수는 12명이고 교사와 학생의 비율은 1대 5이다. 외국인 유학생은 전체의 약 6%를 차지하며 이는 대다수 캐나다에서 온 학생들이다.

▎대학진학

본교는 학생들의 진학준비를 돕기 위해 4명의 진학상담 교사가 있고, 도서관에는 새로운 대학안내책자를 항상 구비해 놓고 있다. 학생들은 11학년 단계에서 자신의 관심영역과 성적을 고려하여 적합한 대학을 선택하는 본격적인 진학준비를 시작한다. 그리고 12 학년에는 자신이 가고자 하는 대학을 직접 방문할 수 있도록 학교에서 장려하고 있다. 2006년 본교 SAT 평균 점수는 언어영역 555점, 수학 565점이고, 600점 이상을 받은 학생이 언어 영역에서 20%, 수학영역에서 24%였다. 2006년 80명의 졸업생을 배출하였고, 76명이 대학에 진학하였다. 본교의 졸업생들이 진학한 대학은 다음과 같다.

Bates, Boston Univ, Colorado, Lewis & Clark, Michigan, New Hampshire, Vermont

THE PURNELL SCHOOL

Contact : Ms. Valerie Gude, Associate Director of Admissions	Add : 51 Pottersville Road, Pottersville, NJ 07979
Tel : (908) 439-2154	Fax : (908) 439-2090
Email : vgude@purnell.org	URL : www.purnell.org

▮ 개요

뉴저지(New Jersey)주 포터스빌(Pottersville)에 위치하고 있는 자그마한 여자 기숙학교인 이 학교는 9~12학년의 학생을 받아들이며 뉴욕에서 서쪽으로 약 1시간 거리에 위치하고 있다. 1963년 리틀턴 구드 주니어(Lyttleton B. P. Gould Jr.) 부부에 의해 설립된 이 학교는 예술 및 운동의 재능 뿐 만 아니라 학생들에게 자신감 및 학업적 수행능력을 고취시키기 위한 교육 환경의 제공에 역점을 두고 있다. 교육 프로그램은 주어진 한도 내에서 학생 개개인이 펼칠 수 있는 최대한의 능력을 발휘하여 대학진학에 어려움이 없도록 힘을 쓴다. 학생들의 정서함양을 위한 미술관 및 박물관 관람, 연주회 와 연극 감상 등은 학과 일정에 있어서 중요한 부분을 차지하고, 주말을 이용한 뉴욕(New York)과 필라델피아(Philadelphia)로의 스포츠 관람, 쇼핑 등은 인솔교사에 의해 철저히 이루어지고 있다. 아울러 체력 단련을 위한 하이킹, 조깅, 스키와 공예, 게임, 영화 관람 등의 여가활동도 이루어진다. 총 83에이커의 면적에 23개 동의 건물이 들어서 있다. 총 25명의 교사 중 15명이 석사학위 이상의 학력 소지자이며 22명은 교내 캠퍼스에 거주하고 있다.

▮ 학생 수

총 123명의 학생 중 기숙학생은 113명이다. 학급당 학생 수는 11명이고, 교사와 학생의 비율은 1대 8이다. 외국인 유학생은 전체의 14%를 차지하며 이는 에콰도르, 일본, 한국, 대만, 베네주엘라 출신의 학생들이다.

▮ 대학진학

본교에서는 학생들이 자신에게 적합한 대학을 선택하고 미래를 계획해 나갈 수 있도록 상담과 각종 진학 프로그램을 통해 진학지도를 하고 있다. 졸업생의 95%는 인문계열이나 예술과 관련된 대학에 진학을 하고 대다수는 상급 대학으로의 진학에 거의 다 입학을 한다. 본교는 학생들이 졸업 후 대학진학 뿐 아니라 여러 가지 다른 계획들을 가지는 것도 장려하고 있다.

2006년 35명의 졸업생들을 배출하였으며, 전원이 다음의 대학에 진학하였다.

Connecticut College, Guilford College, Hampshire College, Rutgers, The State University of New Jersey, Savannah College of Art and Design, The George Washington University

THE PUTNEY SCHOOL

Contact : Mr. Rick H. Cowan, Director of Admissions
Tel : (802) 387-6219
Email : admission@putneyschool.org

Add : Elm Lea Farm, 418 Houghton Brook Road, Putney, VT 05346
Fax : (802) 387-6278
URL : www.putneyschool.org

| 개요

버몬트(Vermont)주의 전형적인 시골마을인 퍼트니(Putney)에 위치한 이 학교는 '교육의 참된 진리는 교실 내에서 뿐 만 아니라 교실 외에서도 습득되어 진다'는 신념을 가진 카메리타 힐튼(Carmelita Hilton)이 1935년에 설립한 남녀공학 기숙학교이다. 이 학교를 한마디로 대변한다면 열의와 사려가 깊은 젊은이들에게 다양한 교육의 경험을 쌓고 자립심을 기름으로서 학생들에게 내재되어 있는 잠재력을 개발하는데 있다. 체계적이고 다양한 프로그램 뿐 만 아니라 대학진학을 위한 지식 습득 및 예술적인 감성과 건강한 체력을 기를 수 있는 발판을 제공하고 있는 이 학교는 정규수업 이외에 학교 내에 부속되어 있는 농장 및 토지경작 등 다양한 환경 프로그램도 가지고 있다. 여담이지만 조기 유학이 일기 시작하던 90년대 초 무렵 어떤 아이는 미국의 이상한 학교에 가서 농사만 지었다, 누구는 학교에 가서 말똥만 치웠다 혹은, 도끼로 하루 종일 장작만 팼다는 등의 우스꽝스러운 루머가 많이 돈 적이 있는데 이는 외국 학교에 대한 정보의 부족에서 오는 소치였으며 이는 결국 위에 언급한 환경 프로그램에 대한 이해의 부족이 실소를 자아내게 만드는 동기를 유발시킨 것이다. 500에이커의 면적에 부속되어진 건물은 모두 35개 동인데 이는 실험실, 스튜디오, 27,000여권의 장서를 보유한 도서관, 온실 등이 포함된다. 스포츠는 이 학교의 큰 자랑인데 승마, 산악자전거, 테니스, 축구, 농구 등이 있으며 특히, 이 학교가 자랑하는 스키팀의 경우는 전국적으로 인정해줄 만큼 우수하다. 9~12학년, 및 PG 과정을 가지고 있는 이 학교는 총 42명의 교사가 재직 중이며 이 중 29명은 석사학위 이상의 학력 소지자이고 22명의 교사는 교내 캠퍼스에 거주한다.

| 학생 수

총 학생 수는 226명이고 그 중 기숙학생은 165명이다. 학급당 평균 학생 수는 12명이며 사와 학생의 비율은 1대 7이다. 브라질, 캐나다, 독일, 일본, 멕시코, 노르웨이, 한국 등에서 온 외국인 유학생이 전체의 약 19%를 차지하고 있다.

| 대학진학

학생들은 Junior(고교 2년 과정에 해당) 단계가 되면 각 대학에 대한 정보를 구하고 자신에게 맞는 대학을 직접 방문하면서 진학준비를 시작한다. 매년 가을 많은 대학의 입학 담당자들이 본교를 방문하여 학생들에게 진학정보를 제공하고 진학을 장려하고 있다.

2006년 졸업생들의 SAT 언어영역 평균점수는 632점 수학영역의 평균점수는 570점이었다.

59%의 학생이 언어영역에서 600점을 넘게 받고, 33%의 학생이 수학영역에서 600점을 넘는 점수를 기록 하였다. 2006년 62명이 졸업 하였으며, 그 중 60명이 대학에 진학하였다.

Columbia College, Dartmouth College, Earlham College, Hampshire College, Mount Holyoke College, New York University

 **RABUN GAP-NACOOCHEE SCHOOL**

Contact	: Mrs. Adele Yermack, Director of Admission	Add	: 339 Nacoochee Drive, Rabun Gap, GA 30568-9850
Tel	: (706) 746-7467	Fax	: (706) 746-2594
Email	: admission@rabungap.org	URL	: www.rabungap.org

개요

　조지아(George)주의 대표적인 도시인 애틀랜타(Atlanta)에서 북동쪽으로 약 2시간여 거리인 조지아 산맥 자락에 자리잡고 있는 자그마한 소도시 래번갭(Rabun Gap)에 위치하고 있는 이 학교는 1905에 세워진 레번갭 실업학교 (Rabun Gap Industrial School)와 1903년에 세워진 나쿠치 인스티튜트(Nacoochee Institute)의 합병으로 인하여 1927년에 하버드 대학 출신인 앤드류 리치(Andrew J. Ritchie)의 책임 하에 그 역사의 문을 열게 되었다. 기독교적 환경 하에서 의욕적인 학업수행을 희망하는 수험생들에게 강도 높은 대학준비 과정을 제공할 목적으로 설립된 이 학교는 학생 개개인의 능력을 최대한 발휘시키기 위한 소규모의 수업으로 학생들의 교육을 지도하고 있으며 학생, 교사 그리고 교직원 사이의 친밀한 유대관계를 형성시켜 학생들의 인격향상에도 크게 이바지하고 있다. 이러한 학교의 영향으로 인해 학생들은 본인에게 내재되어 있는 학업 가능성과 개인의 발달을 극대화 할 수 있는 기회를 가지게 된다. 시원스레 확 트인 1,300에이커의 광활한 캠퍼스를 가진 이 학교는 예배당, 10,000여 권의 장서와 30만의 CD-ROM을 소장하고 있는 도서관, 예술관, 과학실험실, 실내체육관, 실내 수영장 등 9개 동의 건물을 가지고 있으며 특히 모든 교실에는 비디오와 위성을 수신할 수 있는 모니터가 갖추어져 있다. 6~12학년의 학생이 공부를 하는 이 학교의 기숙 가능 학년은 7학년부터이다. 총 50여 명의 교사가 재직하고 있으며, 이 중 29명은 석사 학위 이상의 학력을 가지고 있다. 36명은 교내 캠퍼스에서 거주한다.

학생 수

　총 303명의 학생 중 기숙 학생은 159명이다. 학급 당 학생 수는 15명이며, 교사와 학생의 비율은 1:7이다. 외국인 학생은 전체 학생의 약 20%를 차지하는데 이는 에스토니아, 독일, 일본, 멕시코, 한국, 태국 등에서 온 학생들이다.

대학진학

　본교에서는 학생들 개개인이 가장 적합한 대학을 선택할 수 있도록 세심하게 진학지도를 하고 있다. 진학시험인 PSAT, SAT는 Sophomore(고교 1년 과정)와 Junior(고교 2년 과정) 단계의 2학기와 Senior(고교 3년 과정) 단계의 1학기에 각각 있다. 그리고 원하는 학생은 선택적으로 ACT 시험을 치른다. 학생들은 Senior 단계가 되면 신중하게 대학을 선택하고 본격적인 대학진학 준비를 한다. 2006년 졸업생의 SAT 언어영역 평균점수는 518점 수학영역 평균점수는 534점이다. 2006년 51명이 졸업하였으며, 전원이 대학에 진학 하였다. 최근 본교의 졸업생들이 진학한 대학을 살펴보면 다음과 같다.

　University of Alabama, Auburn University, Brown University, Emory University, Georgia Institute of Technology, University of Chicago, University of Southern California

RANDOLPH-MACON ACADEMY

Contact : Mrs. Paula Brady, Admissions Coordinator	Add : 200 Academy Drive, Front Royal, VA 22630
Tel : (540) 636-5200	Fax : (540) 636-5419
Email : admissions@rma.edu	URL : www.rma.edu

▎ 개요

버지니아(Virginia)주의 소도시인 프론트 로얄(Front Royal)에 위치하고 있는 이 학교는 6~12, 그리고 PG 과정을 두고 있는 남녀공학 기숙학교로 이 중 6~8학년은 일반 교육 프로그램을 가지고 있으며 9~12학년은 대학입학을 목표로 하는 사관학교이다. 기숙의 경우는 6학년부터 입실이 가능하다. 미국의 수도인 워싱턴 디시(Washington D. C.)에서 서쪽으로 약 110킬로 떨어진 곳에 위치하고 있는 이 학교는 1892년 미국 감리교 재단에 의해 설립되었으며 135에이커에 달하는 캠퍼스에 총 8개의 건물이 소재한다. 이 학교의 주된 목표는 상급 기관에서 수학할 수 있는 건실하고 재능 있는 젊은 남녀 학생들에게 긍정적이며 종교적인 환경 하에서 향후 자신의 삶에 뚜렷한 목표관을 정립할 수 있는 가능성을 제공하는데 있다. 생도라는 의미의 캐딧(Cadet)이라고 불리는 학생들은 학교 수업 이외에 다양한 사관 프로그램에 참가하며 특히 이 학교는 미국 내에서 유일하게 공군 학도 군사 훈련 (AFJROTC) 프로그램을 제공하는 남녀공학 학교이기도 하다. 비행조종 프로그램은 향후 항공조종에 관심을 가지고 있는 학생들에게 인기가 있으며 밴드, 미술, 각종 스포츠 등도 학생들이 선호하는 관심사들이다. 버지니아 인근에 한인교포들이 많이 거주하는 관계로 한국 학생들이 많이 수학하고 있다. 총 53명의 교사 중 27명이 석사 학위 이상의 학력 소지자이며 24명은 캠퍼스에서 거주한다.

▎ 학생 수

총 396명의 학생 중 기숙학생은 314명이다. 학급당 학생 수는 13명이며 교사와 학생의 비율은 1대 9이다. 외국인 유학생은 전체의 약 21%를 차지하며 이는 중국, 이집트, 인도네시아, 한국, 사우디아라비아, 대만 등에서 온 학생들이다.

▎ 대학진학

본교의 진학 담당자들은 오랜 경력으로 많은 졸업학생에게 학생 개개인의 능력과 소질에 맞는 대학을 선택하고 진학을 하기까지 중요한 역할을 해온 사람들이다. 매년 전국 여러 대학의 입학 담당자들은 학교를 방문하여 학생들을 만나고, 학생들 또한 본인에게 관심이 있는 대학을 직접 방문하여 입학 담당자들을 직접 만나 정보를 입수하기도 한다. 본교 진학상담 센터는 2주에 한번 대학 진학과 관련하여 정보신문, 대학안내, 장학정보 등 중요한 정보들을 제공하고 있다.

2006년 졸업생 가운데 SAT 언어영역 에서는 21%, 수학영역은 35%, 쓰기영역은 13%의 학생들이 600점 이상의 점수를 받았다. 2006년도 82명의 학생이 졸업하였으며, 80명이 대학에 진학하였다. 2006년 졸업생들이 진학한 대학은 다음과 같다.

George Mason University, Old Dominion University, Penn State University, Purdue University, Virginia Military Institute, Virginia Poly. Institute & State University

Contact : Mr. Vincent Ricci, Director of Admissions	Add	: 528 Pomfret St., Pomfret, CT 06258
Tel : (860) 928-1328	Fax	: (860) 928-4961
Email : admissions@rectoryschool.org	URL	: www.rectoryschool.org

▌개요

코네티컷(Connecticut)주의 북동쪽에 위치한 자그마한 소도시인 폼프렛(Pomfret) 인근에 자리잡고 있는 이 학교는 5~9 학년의 남녀 학생들이 공부를 하는 주니어 기숙학교이다. 1920년 목사인 프랭크 비거로우(Frank H. Bigelow)와 그의 부인인 마벨(Mabel)에 의해 그들이 거주하던 목사관(Rectory)에 처음 학생들을 가리킨 것이 그 시초가 되었다. 이들 부부는 학생 하나하나에게 세심한 배려를 하면서 소규모의 반편성으로 학생들을 가리키는 것이 장기간에 걸쳐 많은 도움이 된다는 사실을 잘 인식하고 있었으며 이에 이들 부부가 실시한 IIP(Individualized Instruction Program) 즉, 학생 개개인에게 맞게 짜여진 프로그램은 이후 미국의 여러 중학교 기숙학교에서 모델로 채택이 되기도 하였다. 재학하고 있는 학생들의 능력여부를 떠나 각자에게 가급적 자신의 지식, 정서적, 육체적 그리고 사회적인 면을 최대한 개발할 수 있는 교육의 환경을 제공하기 위해 학교는 부단한 노력을 경주하고 있다. 이전부터 내려오는 전통의 수업진행 방식에 1:1 수업을 접목한 혁신적 프로그램을 고안하여 학생들의 발전에 힘을 쏟았으며 이러한 탁월한 교육의 우수성은 미 교육부로부터 최우수상인 블루리본(Blue Ribbon)을 부여받는 영광을 누렸다. 138에이커에 달하는 정갈한 캠퍼스에 24개 동의 건물이 들어서 있으며 이에는 학습관, 도서관, 예술관, 214석의 극장, 체육관 및 기숙사 등이 포함되어 있다. 총 60명의 교사 중 23명이 석사학위 이상의 학력 소지자이며 26명은 캠퍼스에서 거주한다.

▌학생 수

총 170명의 학생 중 기숙학생은 110명이다. 학급당 학생 수는 10명이며 교사와 학생의 비율은 1대 3이다. 외국인 유학생은 전체의 약 18%를 차지하며 이는 버뮤다, 멕시코, 일본, 한국, 대만, 베네주엘라 등에서 온 학생들이다.

▌상급학교 진학

본교에 재학을 하고 있는 9학년 학생 및 부모를 위해 상급학교 진학 담당자는 학생 개개인에게 적합한 학교를 선정하기 위한 노력을 아끼지 않는다. 학업적인 면이 제일 우선적으로 고려가 되어지나 학교 측에서는 선택할 수 있는 여러 개의 학교들을 각자의 학생들에게 추천을 하며 이에 학생들은 각자에게 적합한 학교를 입학 담당자, 부모와 같이 결정한다. 지난 3년간 이 학교를 졸업한 학생들은 다음과 같은 대표적인 상급학교에 진학을 하였다.

Avon Old Farms, Berkshire, Blair, Blue Ridge, Brewster, Brooks, Choate Rosemary Hall, Christchurch, Episcopal High, Groton, The Gunnery, Hill, Hotchkiss, Kent, Loomis-Chaffee, Milton, Peddie, Pomfret, Portsmouth Abbey, Proctor, St. George's, St. Paul's, Salisbury, Suffield, Tabor, Tilton, Vermont, Virginia Episcopal, Westminster

RUMSEY HALL SCHOOL

Contact : Mr. Matthew S. Hoeniger, Director of Admissions
Tel : (860) 868-0535
Email : admiss@rumseyhall.org

Add : 201 Romford Road, Washington Depot, CT 06794
Fax : (860) 868-7907
URL : www.rumseyhall.org

▌ 개요

코네티컷(Connecticut)주에 있는 자그마한 소도시인 워싱턴 디폿(Washington Depot)에 위치하고 있는 이 학교는 1900년에 릴리어스 럼시 샌포드(Lillias Rumsey Sanford) 여사에 의해 설립된 전형적인 남녀공학의 중학교이다. 유치원부터 9학년까지의 학생들이 공부하고 있는 이 학교는 기숙사의 경우 5학년부터 입실이 가능하다. 어린 학생들에게 내재되어 있는 최대한의 가능성을 개발해주기 위하여 설립된 이 학교의 취지는 학생 개개인이 하나의 인격체로서 그리고 그 가족의 구성원으로서, 나아가 한 사회의 일원으로서 각자의 책임과 역할을 다하는 재목으로 성장할 수 있는 환경과 조건을 제공한다는 것이다. 가족적인 환경 하에서 교사 개개인은 학생들의 지도 발전에 최대한의 노력을 경주하며 학생들은 주어진 학교의 교육 프로그램을 통하여 다양한 지식을 습득해 나간다. 70에이커의 캠퍼스에는 자그마한 강이 흐르고 주변은 삼림으로 덮여져 있는 전형적인 시골마을에 위치하고 있어서 저학년의 학생이 생활하기에는 아주 이상적이라고 할 수 있다. 학교의 위치가 뉴욕에서 그다지 멀지 않고 남녀기숙 학교인 관계로 상당수의 한국 학생들이 관심을 갖는다. 재미있었던 점은 학생의 인터뷰를 위해 이 학교를 방문하였을 때 마침 오빠와 여동생인 미국학생 2명이 같이 인터뷰를 위해 기다리고 있었던 적이 있었다. 교장선생님이 응접실에 들어와서 잠시 환담을 나누다가 그 2명의 학생들에게 벽에 걸린 그림 즉, 하나는 평온한 바다 위에 떠있는 배 그리고 다른 하나는 폭풍이 치는 바다 위에서 흔들리는 배의 2가지 중 어느 그림이 더 마음에 드느냐 그리고 그 이유는 무엇이냐 등등의 질문을 하며 자연스럽게 학생들에게 인터뷰를 이끄는 점이 인상적이었다. 이 학교에서 약 10분 정도 가면 아름다운 캠퍼스로 유명한 기숙학교인 거너리(The Gunnery)가 위치하고 있다. 따라서 저학년 및 고학년의 형제 자매를 가급적 가까운 거리에 두기를 원하시는 학부형의 경우에는 이 두 학교가 아주 이상적이라 할 수 있다. 총 53명의 교사진 중 약 25명이 석사학위 이상의 학력을 소지하고 있으며, 30명의 교사는 가족과 함께 교내 캠퍼스에 거주하고 있기 때문에 학생들은 가정의 포근함을 학교에서 느낄 수 있다.

▌ 학생 수

총 학생 수는 305명이고 그 중 기숙학생은 153명이다. 학급당 평균 13명이고 교사와 학생의 비율은 1대 8이다. 10% 정도의 외국인 학생과 함께 공부하고 있으며 그들은 일본, 한국, 캐나다, 대만, 사우디아라비아 등에서 온 학생들로 구성되어 있다.

▌ 상급학교 진학

본교는 학생들이 적합한 학교를 선택하여 진학할 수 있도록 진학지도를 하고 있다. 학생들에게 무엇보다도 폭 넓은 선택의 기회를 주는 것이 중요하며, 학생들 스스로가 진학을 위하여 학업을 계획할 수 있도록 돕는다. 학생들은 8학년(중등 2년 과정에 해당)부터 진학하고자 하는 상급학교를 탐색하면서 진학준비를 한다. 학기마다,

정기적인 상담과 각 상급학교의 입학 담당자들과의 미팅들이 진행된다. 본교에서 제공하고 있는 상급학교에 대한 정보들은 학생들이 학교를 선택하는데 중요한 역할을 하고 있다. 학교의 본 건물 내부의 벽에는 이 학교를 졸업한 학생들이 진학한 학교들의 엠블럼(Emblem)이 진열되어 있는데 상당히 흥미로웠다.

지난 2년간 본교의 졸업생들이 진학한 학교들은 다음과 같다.

Canterbury School, Choate Rosemary Hall, Kent School, Pomfret School, St. George's School, Suffield Academy, The Gunnery, Taft School

 **ST. ANDREW'S SCHOOL**

Contact : Mrs. Louisa H. Zendt, Director of Admissions		Add	: 350 Noxontown Road, Middletown, DE 19709
Tel : (302) 285-4230		Fax	: (302) 378-7120
Email : dfagan@standrews-de.org		URL	: www.standrews-de.org

▮ 개요

'죽은 시인의 사회'(Dead Poet Society) 라는 영화의 촬영장소로 잘 알려진 우수한 명문사학 중의 하나인 이 학교는 미국에서 두 번째로 작은 주(State)인 델라웨어(Delaware)의 중소 도시이며 필라델피아(Philadelphia)에서 남서쪽으로 약 1시간 30여 거리에 위치한 미들타운 (Middletown)시에 위치하고 있다. 1929년 오누이 사이인 페릭스 폰트 (A. Felix du Pont)와 아이린 드 폰트(Irene du Pont)가 주축이 되어 설립한 남녀공학의 이 학교는 기독교 정신에 입각하여 최소의 경비로 현대적 학교시설과 최상의 교육수준을 제공하는 중등교육이라는 절대명제를 안고 그 시작을 하였으며 인간문명의 지혜를 축적할 수 있는 인문, 예술 분야의 학과과정 제공, 주어진 각종 과외 프로그램 및 봉사 활동 등을 통한 책임의식 공유로 인한 학생들의 자기개발, 공부와 하느님에 관한 경배를 통한 기독교적 믿음의 실천 등의 3가지 구도가 조화를 이루어 운영된다. 고풍스럽고 정갈하게 잘 짜여진 캠퍼스에는 30,000여 권의 장서를 보유한 도서관, 극장, 어학 실습실, 컴퓨터실, 자습실, 천문대를 포함한 과학관, 음악실, 실내 수영장 등 각종 건물들이 2개의 호수가 경계를 이루는 농장과 삼림으로 덮인 총 2,600에이커에 자리 잡고 있다. 9~12학년의 학생들이 수업을 하는 이 학교에는 69명의 교사가 재직하고 이 중 46명이 석사.학위 이상의 학력 소지자이다. 67명의 교사들은 교내 캠퍼스에서 생활한다.

▮ 학생 수

전체 학생 수는 285명이며 전원 기숙사 생활을 한다. 학급당 학생 수는 11명이며 교사와 학생의 비율은 1대 5이다. 전체 학생 중 약 8%가 외국인으로서 이는 바하마, 브라질, 독일, 자마이카, 사우디아라비아 등에서 온 학생들이다.

▮ 대학진학

본교에서는 고교 1학년 과정에 해당하는 Fourth Form 단계부터 PSAT 테스트를 실시하고 같은 해에 선택적으로 교과목별 시험도 치른다. 진학상담 교사들은 Junior 2학기부터 학생들이 소망하는 대학을 중심으로 상세하고 체계적인 진학상담을 한다. 본교는 진학상담 센터를 운영하고 도서관에 진학안내 책자를 구비하는 등의 진학에 관련된 서비스를 제공하고 있으며 매년 가을에는 대략 80여 개 대학의 입학 담당자들이 학교를 방문하여 학생들과 인터뷰를 할 수 있도록 공간을 마련하고 있다.

2006년 기준 SAT의 언어영역의 평균점수는 656점이고 수학영역 평균점수는 651점으로 아주 높은 편이다. 2006년도 졸업생 66명 전원이 대학에 진학하였고 그 대학은 다음과 같다.

Boston University, Davidson College, Harvard University, Middlebury College, University of Delaware, University of Virginia

 ST. ANDREW'S SCHOOL

Contact	: Mr. R. Scott Telford, Director of Admissions	Add	: 63 Federal Road, Barrington, RI 02806
Tel	: (401) 246-1230	Fax	: (401) 246-0510
Email	: admissions@standrews-ri.org	URL	: www.standrews-ri.org

▌ 개요

로드아일랜드(Rhode Island)주의 전형적인 교육도시이자 주도인 프로비던스(Providence)에서 약 15킬로 정도 남동쪽에 떨어진 소도시인 배링턴(Barrington)에 위치하고 있는 이 남녀공학의 기숙학교는 맨 처음 부모가 없는 어린 고아 학생들의 교육을 위한 목적으로 1893년에 윌리엄 메리맥 채핀(William Merrick Chapin) 신부에 의해 그 출발이 이루어졌으며 현재는 대학진학의 과정의 기숙학교로 그 맥을 이어가고 있다. 소규모로 이루어지는 수업 방식을 그 근간으로 하는 이 학교는 학생 개개인이 가지고 있는 관심 사항 또는 같은 관심을 가지고 있는 학생들 끼리의 소수 반 편성으로 학생들의 재능을 최대한 살려주기 위한 노력을 한다. 각 학년에 맞도록 교사들은 헌신적으로 학업에 필요한 제반 교육에 힘을 써 학생들이 재학하고 있는 동안 성공적으로 학업을 수행할 수 있도록 도와준다. 프로비던스에서 가까운 관계로 학생들은 주말을 이용하여 시내에 있는 쇼핑몰이나 각종 문화 활동 등을 손쉽게 접할 수 있다. 83에이커의 캠퍼스에 23개 동의 건물이 있는데 이는 과학관, 컴퓨터실, 회의실, 실내 체육관, 수학/과학관 등이 있다. 학교의 시설이 크게 두드러질만한 것이 없다는 점이 못내 아쉬움으로 남는다. 6~12학년의 학생이 공부를 하며 9학년부터 기숙사 생활이 가능하다. 총 45명의 교사가 재직하고 있고 22명은 석사학위 이상의 학위를 소지하고 있고 17명의 교사는 교내 캠퍼스에서 생활하고 있다.

▌ 학생 수

전체 학생 수는 210명이며 이 중 기숙학생은 74명이다. 학급당 학생 수는 11명이며 교사와 학생의 비율은 1대5이다. 전체 학생 중 약 7%가 외국인으로서 이는 독일, 일본, 파나마, 한국과 스페인 등에서 온 학생들이다.

▌ 대학진학

학생들은 자신의 진로를 설정하고 대학진학 준비를 하는데 있어서 진학상담 센터의 도움을 받고 있다. 본교는 전 학년(중 3학년~고 3학년)의 모든 학생들이 진학과 진로에 대해 여러 가지 경험과 선택권을 줄 수 있는 'Career Day'라는 날을 지정하여 대학에 관한 정보박람회를 열고 있다. 학생들은 전산화된 대학 검색 프로그램을 이용하여 일상적으로 정보를 구할 뿐 아니라 대학을 직접 방문하여 입학담당자를 만나기도 한다.

2006년 졸업생들의 SAT I 언어영역 평균점수는 450점 수학영역 평균점수는 470점, 쓰기영역은 440점이다. 본교의 학생들이 진학한 대학들은 다음과 같다.

Providence College, Rhode Island College, Rochester Institute of Technology, University of Vermont, University of Wisconsin-Madison, Wheaton College

SAINT ANDREW'S SCHOOL

Contact : Mr. Kiliam J. Forgus, Director of Admissions	Add : 3900 Jog Road, Boca Raton, FL 33434
Tel : (561) 852-5114	Fax : (561) 487-4655
Email : admission@saintsndrewsschool.net	URL : www.saintandrewsschool.net

┃ 개요

성공회 재단에 의해 설립된 이 학교는 1961년에 플로리다(Florida)주 마이애미(Miami)에서 북쪽으로 약 80여 킬로 떨어진 매력적인 해안도시인 보카래톤(Boca Raton)에 자리잡고 있다. 맨 처음 남자 기숙학교로 시작된 이 학교는 현재 9~12 과정의 남녀 학생들이 공부를 하고 있다. 학생들이 품고 있는 잠재성은 학업, 운동, 예술 및 각종 과외 활동 등을 통하여 개발되어 질 수 있다는 신념을 가지고 있는 이 학교는 학생들의 발전을 위하여 할 수 있는 각종 다양한 프로그램을 제공하기 위해 부단한 노력을 한다. 20 종류의 AP 과정을 포함한 각종 대학 준비와 관련된 학과목들은 방과 후의 각종 스포츠 및 자기 개발을 위한 다양한 과외 활동 등과 접목되어 학생들의 심신을 발달시켜준다. 플로리다 주의 여타 도시에 위치하고 있는 학교들과 마찬가지로 이 학교 역시 우수한 스포츠 프로그램을 자랑하는데 특히 수영, 크로스컨츄리, 테니스, 골프, 농구, 라크로스 등은 잘 알려져 있다. 특히 이 학교가 위치하고 있는 도시 주변에는 수많은 골프장과 테니스장들이 들어서 있다. 80 에이커의 면적에 17개 동의 건물이 들어서 있는 이 학교는 총 210명의 교사가 근무하고 이중 상급학년의 경우 130명의 교사가 학생을 가르치고 80명은 석사 이상의 학력 소지자이다. 45명의 교사들은 교내 캠퍼스에서 생활을 한다.

┃ 학생 수

총 1,155의 학생이 수업하며 기숙학생은 196명이다. 12%가 외국인이고 이는 바하마, 브라질, 독일, 자마이카에서 온 학생들이다. 학급당 학생 수는 15명이고 교사와 학생의 비율은 1:10이다.

┃ 대학진학

대학안내 센터는 고 1과정에 해당하는 Sophomore 단계에서부터 진학상담을 시작한다. 진학상담교사는 학생과 학부모와 함께 학생에게 적합한 대학을 선택하여 리스트를 작성한다. 학생들은 대학에 대한 안내책자, 비디오테이프, 컴퓨터 검색을 통해 더 많은 정보를 수집하고 여름방학 기간을 통한 대학방문을 마치고 나면 학생들은 최종적으로 가고자 하는 대학을 선별하여 목록을 작성하고 입학에 관한 절차를 밟는다. 일반적으로 본교의 졸업생들은 모두 대학에 진학을 한다.

2006년 기준 본교 학생들의 SAT의 평균점수는 언어영역의 경우 603점이고 수학영역의 경우 622점이며, 600점 이상을 받은 학생이 언어영역에서 42%, 수학영역에서 52%이다.

본교의 졸업생들은 우수한 대학에 진학을 하는데 졸업생 중에서 최소한 2명 이상의 학생이 진학한 학교를 간추려보면 다음과 같다.

Boston University, Duke University, New York University, Southern Methodist University, University of Florida, University of Miami

 **ST. ANDREW'S-SEWANEE SCHOOL**

Contact : Mr. Jim Tucker, Director of Admissions and Financial Aid	Add : 290 Quintard Road, Sewanee, TN 37357-3000
Tel : (931) 598-5651	Fax : (931) 968-0208
Email : admissions@sasweb.org	URL : www.sasweb.org

개요

이 학교는 미국의 중동부에 속하는 테네시(Tennessee)주와 앨라배마(Alabama)주가 인접되어진 소도시인 스와니 (Sewanee)에 위치하고 있는 전형적인 남녀공학의 대학준비 과정으로 7~12학년의 학생들이 수업하고 있으며 기숙 학생의 경우는 9학년부터 가능하다. 1968년에 성공회 단체에 의하여 설립된 이 학교의 설립취지는 학생들의 대 학진학과 향후 인생의 설계에 있어서 세심한 교사진의 배려 하에 학생 개개인이 개인의 심성 및 지적발달을 도 와주기 위한 취지이다. 이 학교의 특징 중의 하나는 대학과의 연계 프로그램인데 학업적으로 우수한 자질을 가진 학생들이 학교 바로 인근에 위치하고 있는 사우스 대학(University of the South)에서 수강신청이 가능할뿐더러 우 수한 대학시설을 이용한다는 점이다. 학생들을 위한 다양한 과외 프로그램도 이 학교가 자랑하는 면 중의 하나인 데 이는 에어로빅, 승마, 음악, 학교 연감 제작, 사진, 자연 탐구 등을 들 수 있다. 마치 공원을 연상시키듯 상쾌하 고 호젓한 총 500에이커의 캠퍼스 안에 컴퓨터실, 과학관, 15,000여권의 장서를 보유한 도서관, 예술관을 포함한 총 23개 동의 건물이 있다. 총 45명의 교사가 학생들을 지도하고 있으며 그 중 33명이 석사학위 이상의 학력 소지자이고 22명은 교내 캠퍼스에 거주하고 있다.

학생 수

총 학생 수는 255이며 그 중 기숙학생은 117명이다. 학급당 학생 수는 13명이고 교사와 학생의 비율은 1대 7이다. 외국인 학생의 비율은 전체학생의 약 32%로 이는 오스트리아, 독일, 일본, 한국, 대만 등에서 온 학생들 이다.

대학진학

본교 진학지도의 궁극적인 목표는 학생들의 관심분야와 희망학교를 고려하여 가장 적합한 대학을 선택하여 진학할 수 있도록 하는 것이다. 학생들은 Junior(고교 2년 과정에 해당) 1학기가 끝나고 2학기를 시작할 즈음에 진학지도를 받기 시작한다. 매년 40여 개의 대학에서 입학담당자들이 학교를 방문하여 학생들에게 진학정보를 제공하고 직접 상담을 하기도 한다. 학생들은 지역에서 열리는 대학박람회를 방문하기도 하고 방학기간을 이용 하여 여러 대학을 직접 방문하여 대학을 선택하는데 있어서 보다 더 신중을 기하고자 한다.

2006년 졸업생들의 SAT 언어영역 평균점수는 599점이고 수학영역 평균점수는 576점이다. 2006년에 50명이 졸업하였고 이 중 47명이 대학에 진학하였고 그 진학한 학교는 다음과 같다.

Cornell, Harvard, MIT, Northwestern, NYU, Pomona, Rhodes, Sewanee, SMU, Tennessee, Trinity, Vanderbilt, Washington(St. Louis), West Point

 ST. ANNE'S-BELFIELD SCHOOL

Contact : Ms. Jean W. Craig, Director of Admissions	Add : 2132 Ivy Road, Charlottesville, VA 22903
Tel : (434) 296-5106	Fax : (434) 979-1486
Email : admission@stab.org	URL : www.stab.org

▎개요

　　버지니아(Virginia)주의 샤롯스빌(Charlottesville)에 위치한 전형적인 대학준비 과정의 이 학교는 1910년에 설립되어진 여자 기숙학교인 세인트 앤스 스쿨(St. Anne's School)과 1955년도에 설립되어진 남녀공학의 초등학교인 벨필드 학교(Belfield School)가 1970년에 병합되어 설립된 학교이다. 유치원부터 12학년의 학생들이 공부하고 있는 이 학교는 기숙가능 학년은 9학년부터이다. 타 학교와 마찬가지로 대학진학에 주된 목표를 가지고 있는 이 학교는 학생들이 대학진학 뿐 만 아니라 스스로 교육을 받을 수 있는 기본 개념을 심어주는데 역점을 두고 있다. 근처에 버지니아 대학(University of Virginia)도 위치하고 있으며 대학진학을 위한 진학상담자의 헌신적이 노력도 이 학교의 자랑거리이다. 학교의 위치가 시내에 위치하고 있는 관계로 학생들이 손쉽게 도시의 문화를 접할 수 있다는 장점이 있다. 총 49에이커의 캠퍼스에 300석의 시청각실, 학생관, 10,000여권의 장서를 가진 우수한 도서실, 미술관, 암실, 스튜디오, 음악 연습실 등을 포함한 6개 동의 건물이 있으며 총 95명의 교사진이 학생들을 가르치고 있으며 이 중 상급학년 교사 중 30명은 석사학위 이상의 학력을 소지하고 있고, 2명의 교사가 캠퍼스에 거주하고 있다.

▎학생 수

　　총 학생 수는 853명이며 그 중 기숙학생은 43명이다. 학급당 학생 수는 12명이고 교사와 학생의 비율은 1대 8이다. 외국인 학생은 전체 학생의 약 15%를 차지하며 이는 앙골라, 중국, 독일, 인도네시아, 한국 그리고 사우디 아라비아 등에서 온 학생들이다.

▎대학진학

　　진학상담 교사는 대학입학 담당자, 학부모, 학생들과의 상담과 대화를 통해서 학생이 적합한 대학을 선택할 수 있도록 하는데 중요한 역할을 한다. 상담교사는 학생들이 9학년(중등 3년 과정에 해당)이 되기 시작하면 진학지도를 시작하는데, 학생들의 학교생활 태도와 교과 성적 그리고 SAT의 성적을 아주 엄격하게 심사하고 있다. 2006년 기준 본교 SAT의 성적은 언어영역 평균점수 630점, 수학영역 평균점수 620점, 쓰기영역 633점으로 아주 우수하다.

　　2006년 71명의 졸업생을 배출 하였으며, 전원이 대학에 진학하였다. 본교의 졸업생들이 진학한 학교들은 다음과 같다.

　　James Madison University, The College of William and Mary, University of the South, University of Virginia, Virginia Polytechnic Institute and State University

SAINT GEORGE'S SCHOOL

Contact : Mr. James A. Hamilton, Director of Admissions	Add	: 372 Purgatory Road, Middletown, RI 02842
Tel : (401) 842-6600	Fax	: (401) 842-6696
Email : amissions@stgeorges.edu	URL	: www.stgeorges.edu

▮ 개요

로드아일랜드(Rhode Island)주의 전형적인 명문사립 학교인 이 학교는 멀리 대서양이 바라다 보이는 아름다운 미항인 뉴포트(New Port)시 외곽에 위치하고 있다. 1886년에 존 디만 신부(Reverend John B. Diman)에 의해 대학준비 과정의 학교로 그 문을 열었으며, 1901년에는 현재의 위치로 학교를 이전하였다. 학생 개개인에게 내재되어 있는 잠재력을 최대한 발휘할 수 있는 교육의 환경을 조성하는 데 그 근본 취지를 둔 이 학교는 학생들이 학과 과목에서 우수한 두각을 나타낼 수 있도록 최선의 노력을 기울인다. 이 학교의 큰 장점은 우수한 교사의 지도하에 상급학교로의 진학을 위한 면학에 힘을 쓰고 방과 후에 제공되는 각종 과외 프로그램을 통해서 학생들이 몸과 마음을 단련시키는 것이다. 이 학교가 내세우는 것은 각종 다양한 AP 프로그램을 비롯해 아이비엠/매킨토시(IBM/MAC)컴퓨터 통신과 뛰어난 해양 과학 프로그램, 각종 스포츠를 할 수 있는 뛰어난 체육관, 학생 라운지, 고혹적인 채플 및 4계절 이용 가능한 트랙 및 스쿼시실, 2개의 아이스 하키장, 최신의 미술관, 25,000여권의 장서와 136 종의 정기 간행물을 비치한 도서실, 전망대, 각 기숙사에 완비된 인터넷 및 전화시설 등 그 우수성을 일일이 나열할 수 없을 만큼 뛰어나다. 9~12학년의 남녀공학 학생들이 공부하고 있는 이 학교는 총 61명의 교사가 재직 중이고 이 중 석사 학위 이상의 학력 소지자는 50명이다. 55명의 교사가 캠퍼스 내의 기숙사에 거주한다.

▮ 학생 수

전체 학생 수 356명 중 기숙학생은 296명이다. 학급당 학생 수는 11명이며 교사와 학생의 비율은 1대 5이다. 외국인 학생은 전체 학생의 약 13%를 차지하며 이는 버뮤다, 캐나다, 독일, 한국 등에서 온 학생들이다.

▮ 대학진학

본교에는 두 명의 상담교사가 있어 학생들의 능력과 관심분야를 고려해 대학을 선택할 수 있도록 조언해주며 진학지도를 하고 있다. 11학년 단계부터 진학에 관한 정보를 꾸준히 접할 수 있는 진학 프로그램에 참여하게 되며 본교를 방문하는 각 대학 입학 담당자들과의 만남을 통해 실제적인 진학정보를 접하기도 한다. 11학년에서 12학년으로 넘어가는 방학 때 학생들은 구체적인 진학준비를 하게 되는데 SAT I 테스트를 위한 준비와 인터뷰에 대한 준비, 에세이를 작성하는 요령에 대해 준비한다. 개교 이래 본교의 졸업생들은 전국 여러 우수 대학에 진학해왔다. 2006년 93명의 졸업생을 배출 하였으며, 92명이 대학에 진학하였다. 졸업생들의 SAT 언어영역 평균 점수는 638점, 수학영역 평균점수는 664점이다. 2006년 졸업생들이 진학한 대학은 다음과 같다.

Babson College, Colby College, Columbia College, Cornell University, Georgetown University

 **SAINT JAMES SCHOOL**

Contact	: Mr. Larry Jensen, Director of Admissions	Add	: 17641 College Road, St. James, MD 21781
Tel	: (301) 733-9330	Fax	: (301) 739-1310
Email	: admissions@stjames.edu	URL	: www.stjames.edu

▌ 개요

이 학교는 영국의 전형적인 기숙학교를 본받아서 건립된 미국 내에서 가장 오래된 성공회에 의해 건립된 학교이다. 1842년에 윌리엄 위딩엄(William Whittingham) 신부에 의해 설립된 이 남녀공학의 기숙학교에서 8~12학년의 학생이 공부하고 있다. 메릴랜드(Maryland)주의 대표적인 도시인 볼티모어(Baltimore)시에서 북서쪽으로 약100여 킬로 떨어진 소도시인 세인트 제임스(St. James)에 위치하고 있는 이 학교는 학교시설이 허용되는 범주 내에서만 학생들을 받아들이며 이러한 학교의 방침은 학생들을 위한 양질의 교육서비스, 뛰어난 스포츠, 그리고 학생들의 심성개발에 주력을 하게 하는 발판은 마련한다. 이 학교를 방문하면서 느낀 가장 큰 소감은 학생 개개인의 인성 교육에 많은 투자를 한다는 점이고 이러한 점이 이 학교에 대한 믿음을 더욱 공고히 하는 근원을 이루고 있는 것 같다. 이들 재학 학생들은 돈독한 지역사회와의 유대관계 속에서 학생들이 향후 대학에 진학하기 위한 성공적인 교육을 위한 발판을 마련하고 있으며 그 결과는 아주 성공적이라는 점이다. 100에이커의 캠퍼스는 학교 소유의 700에이커 농장부지에 자리잡고 있으며 총 36개 동의 건물에는 18,000여권의 장서를 보유한 도서관, 과학관, 실험실, 270여 석의 시청각실, 등을 포함한다. 총 36명의 교사가 재직하며 그 중 석사학위 이상의 학력 소지자는 절반 정도이며 29명의 교사는 교내 캠퍼스 내에서 거주한다.

▌ 학생 수

총 학생 수는 222명이며 그 중 기숙학생은 전체 72% 정도이다. 학급당 학생 수는 12명이고 교사와 학생 비율은 1대 6이다. 외국학생은 전체의 약 9%를 차지하며 이는 독일, 일본, 한국, 대만, 태국 등에서 온 학생들이다.

▌ 대학진학

두 분의 상담교사가 학생들의 학업과 앞으로의 진로, 대학진학에 대해 관심을 가지고 지도해주고 있다. 진학 준비 프로그램은 그룹 세미나와 계속 바뀌는 진학정보에 대한 워크숍, 학생들의 성적관리, 진로 설정 등으로 이루어져 있다. 교사들은 미국이나 유럽 등지의 대학 입학 담당자를 학교로 초대하여 학생들에게 직접적 만남의 기회를 제공하고, 학생들이 진학시험에 대비하도록 각종 테스트를 계획한다. 2006년 졸업생들의 SAT 언어영역 평균점수는 630점이고 수학영역 평균점수는 633점이다. 600점 이상을 받은 학생이 언어영역에서 51%, 수학영역에서 58%이다.

2007년 42명의 졸업자들 전원이 대학에 진학하였고, 지난 4년간 이들이 진학한 대학들을 살펴보면 아래와 같다.

Amherst, Barnard, Boston Univ, Brown, Carnegie Mellon, Chicago, Gettysburg, Harvard, Maryland, Princeton, Rutgers, Stanford, Wellesley, Wisconsin, Yale

 ## ST. JOHNSBURY ACADEMY

Contact : Mr. John J. Cummings, Director of Admissions	Add	: 1000 Main Street, St. Johnsbury, VT 05819
Tel : (802) 751-2130	Fax	: (802) 748-5463
Email : admissions@stjacademy.org	URL	: www.stjohnsburyacademy.org

▌ 개요

수려한 경관을 가진 아름다운 버몬트(Vermont)주의 북쪽에 위치한 세인트 존스버리(St. Johnsbury) 도시의 중앙에 자리 잡고 있는 이 학교는 1842년 페어뱅스(Fairbanks) 형제에 의해 그들의 자녀들뿐 아니라 인근 지역에 거주하는 학생들의 지적, 도덕적, 그리고 종교적 교육의 목적으로 설립되었다. 이러한 취지로 지금도 이 학교에는 세인트 존스버리시뿐만 아니라 인근 지역의 도시에서 이 학교로 학생들을 많이 보내고 있다. 학업적인 면과 더불어 학생들의 방과 후 각종 활동에 많은 배려를 해주고 있는데 13개의 AP과목을 포함한 10여 과목에 걸친 교사들의 방과 후 지도 및 단계별 수업진행방식 등으로 학생 개개인이 자신의 재능을 최대한 발휘할 수 있도록 해준다. 최근에는 800여 석의 극장, 현대식 수학·과학 기술관, 350여 대의 컴퓨터 및 인터넷시설, 수영장 그리고 최신의 예술관 등을 건립하여 학생들은 현대식 시설에서 수업을 받을 수 있도록 되었다. 9에서 12학년 그리고 PG과정의 학생들이 42에이커의 면적에 20개 동의 건물을 가진 이 학교에서 수업을 받으며, 스키·카누·하이킹·캠핑 등 주변의 자연환경과 공감할 수 있는 각종 스포츠 프로그램을 제공한다. 총 교사 수는 115명이고 이 중 72명은 석사 이상의 학위 소지자이다. 19명이 교내 캠퍼스에서 거주한다.

▌ 학생 수

총 학생 수는 958명이며 이 중 기숙학생은 192명이다. 학급당 학생 수는 15명이고 교사와 학생의 비율은 1대 8이다. 외국인 학생은 전체 학생의 약 15%를 차지하며 이는 독일, 홍콩, 일본, 한국, 사우디아라비아 등에서 온 학생들이다.

▌ 대학진학

5명의 진학상담 교사가 학생들의 진학준비를 지도하고 있다. 학생들은 고교 2년에 오르면 상담을 받기 시작한다. 매년 많은 대학의 입학 담당자들이 학교를 방문하여 학생들의 진학에 도움이 될 만한 설명회를 열고, 또한 학생들은 지역에서 열리는 대학박람회에 참가하여 정보를 얻기도 한다. 진학상담 센터는 진학안내 책자와 각종 시청각 자료들을 구비하여 학생들이 쉽게 정보를 열람할 수 있도록 하고 있다. 2006년 269명의 졸업생을 배출하였고, 이중 207명이 대학에 진학하였다.

2006년 졸업생들의 SAT 언어영역 평균점수는 522점이고 수학영역 평균점수는 550점이다. 최근에 이 학교를 졸업한 이들이 진학한 대학은 다음과 같다.

Boston University, Dartmouth College, Northeastern University, Pratt Institute, Rochester Institute of Technology, Saint Michael's College, Syracuse University, University of Vermont

ST. JOHN'S NORTHWESTERN MILITARY ACADEMY

Contact : Maj. Duane E. Rutherford, Director of Enrollment Services Add : 1101 N. Genesee Street, Delafield, WI 53018-1498
Tel : (262) 646-7199   Fax : (262) 646-7128
Email : admissions@sjnma.org   URL : www.sjnma.org

l 개요

위스콘신(Wisconsin)주의 밀워키(Milwaukee)에서 서쪽으로 약 40여 킬로 떨어진 델라필드(Delafield)에 위치하고 있는 이 학교는 1884년에 설립된 남자 사관학교이다. 7~12학년의 학생들이 공부를 하며 기숙 가능 학년은 7학년 부터인 이 학교의 교육목표는 남아로서 가져야 하는 전인적 교육 즉, 리더십, 팀웍, 자기절제, 긍정적 사고, 세련 된 매너 등 학업 외적인 면에도 그 중요성을 강조한다는 점이다. '열심히 일하고 열심히 운동하고 열심히 기도하 라'(Work Hard, Play Hard, Pray Hard)라는 학교의 교훈처럼 생도(Cadet)라고 불리어지는 학생들은 소규모의 수업 운영, 교사의 지도하여 운영되는 자율학습, 모든 학생들에게 요구되어지는 최소한 한가지 이상의 스포츠 참가, 필수 예배 참여 등의 정형화된 일정 속에서 하나의 성숙된 인격을 형성시켜 나간다. 수십 년에 걸쳐서 미 육군에 의해 우수학교로 인정받아온 이 학교는 항공, 레이더, 스쿠버 다이빙, 사격, 보이스카우트 등의 프로그램을 제공 한다. 스포츠는 이 학교의 기본으로 학생들은 반드시 한 종목 이상의 운동 프로그램에 참가하여야 한다. 축구, 배구, 트랙, 골프, 레슬링, 수영, 크로스 컨츄리, 테니스, 사격, 아이스하키, 럭비, 스키, 역도, 태권도, 스쿠버 다이 빙, 보이스카우트 등 실로 다양한 과정들이 학생들을 위해 제공된다. 주말에는 학교에서 제공하는 각종 학과 활 동, 사교댄스, 이벤트에 참가하며 일요일 오전에는 의무적으로 예배에 참여를 하여야 한다. 150에이커의 넓은 캠퍼스에 15개 동의 건물이 있으며 총 40명의 교사 중 16명이 석사학위 이상의 학력을 소지하고 있고 12명은 교내 캠퍼스에 거주한다.

l 학생 수

총 학생 수는 413명이며 이중 393명이 기숙생활을 한다. 학급당 학생 수는 12명이고 교사와 학생의 비율은 1대 12이다. 외국인 학생은 전체의 약 28%를 차지한다. 한국 학생은 타 학교에 비해 상대적으로 적은 편이다.

l 대학진학

상담교사는 학생들이 적합한 대학을 선택할 수 있도록 돕고 있다. 학생들은 자신이 관심 있는 대학에 직접 방문을 하기도 하고 진학정보를 얻기 위해 대학박람회를 찾기도 한다. 또한 매년 여러 대학에서 온 입학 담당자 들이 본교를 방문하고 있다. 2006년 58명의 학생이 졸업하였으며, 전원이 대학에 진학하였다. 대표적인 대학을 들어보면 다음과 같다.

DePaul University, Embry-Riddle Aeronautical University, Marquette University, Purdue University, University of Illinois at Chicago, University of Wisconsin at Madison

SAINT JOHN S PREPARATORY SCHOOL

Contact : Mr. Bryan Backes, Director of Admissions	Add : 1857 Watertower Road, Collegeville, MN 56321
Tel : (320) 363-3321	Fax : (320) 363-3322
Email : admitprep@csbsju.edu	URL : www.sjprep.net

▎ 개요

쌍둥이 도시(Twin Cities)로 유명한 미네소타(Minnesota)주의 미네아폴리스(Minneapolis)와 세인트폴(St. Paul)에서 북서쪽으로 약 1시간 30여분 거리에 있는 소도시인 컬리지빌 (Collegeville)에 세워져 있는 세인트 존스 대학(Saint John's University) 캠퍼스 내에 위치하고 있는 이 학교는 1800년대 중엽 미국에 처음 정착한 독일과 아일랜드 개척자 자녀들의 교육을 목적으로 설립된 가톨릭 학교이다. 6세기경부터 어린 학생들을 가르쳐왔던 베네딕틴 수녀들의 교육철학이 아직도 이 학교에 그대로 배여 있으며 2,500에이커의 광활한 대학 캠퍼스에는 세계에서 그 규모가 가장 큰 베네딕틴 수도원(Benedictine Monastery)이 들어서 있기도 하다. 이 학교를 지탱해주는 2개의 큰 기둥은 뛰어난 학업수행과 정신적 성장이라 할 수 있다. 학생들을 위한 다양한 프로그램의 제공뿐만 아니라 이 학교는 우수한 자질을 가진 학생들은 대학 프로그램에도 참가할 수 있으며 독려한다. 아울러 각종 네트워크가 대학 컴퓨터와도 상호 연계가 되어있어 학생들은 언제든지 원하는 정보를 수집할 수 있다. 천주교 학생들에게 아주 이상적인 학교 중의 하나인 이 학교는 7~12 그리고 PG 과정을 두고 있으며 기숙가능 학년은 9학년부터이다. 학교가 대학 안에 있는 관계로 학생들은 다양한 대학시설 즉, 5개의 식당, 3개의 체육관, 2개의 수영장, 실내 트랙, 2개의 도서관, 2개의 극장, 암벽, 테니스장 등의 시설을 마음껏 이용하며 호수가 감싸고도는 아름다운 캠퍼스에서 편안한 생활을 하고 있다. 겨울에는 혹한이라 차를 몰고 학교를 방문하면서 파고(Fargo)라는 영화를 떠올렸던 기억이 난다. 총 30명의 교사 중 21명이 석사학위 이상의 학력을 소지하고 있다.

▎ 학생 수

총 학생 수는 316명이고 그 중 기숙학생은 91명이다. 학급당 학생 수는 16명이며 교사와 학생의 비율은 1대 11이다. 외국인 학생은 약 25%로 오스트리아, 중국, 일본, 한국, 멕시코, 대망 등에서 온 학생들이다.

▎ 대학진학

학생들은 상담교사와의 상담과 도서관에 구비되어 있는 각종 대학진학에 대한 자료를 통하여 진학준비를 한다. 매년 각 대학의 입학 담당자들이 학교를 찾아 학생들에게 진학에 관련한 정보를 제공하며, 학생들 또한 방학 기간을 통해 자신이 가고자 하는 대학을 방문한다.

2006년 졸업생의 SAT 언어영역 평균점수는 630점이고, 수학영역 평균점수는 615점이며, 쓰기영역은 625점이다. 2006년 62명의 졸업생 가운데 59명이 대학에 진학하였고 그 대학은 다음과 같다.

College of Saint Benedict, St. John's University, University of Minnesota, University of Wisconsin at Madison

ST. MARGARET S SCHOOL

Contact	: Mrs. Kimberly McDowell, Director of Admissions	Add	: 444 Water Lane, Tappahannock, VA 22560
Tel	: (804) 443-3357	Fax	: (804) 443-6781
Email	: admit@sms.com	URL	: www.sms.org

개요

버지니아(Virginia)주의 리치몬드(Richmond)시에서 북동쪽으로 약 70여 킬로 떨어진 자그마한 소도시인 태퍼해넉(Tappahannock)에 위치하고 있는 이 학교는 1921년 버지니아 성공회에 의해 건립된 여자 기숙학교이다. 8~12학년의 학생이 수업을 하며 8학년부터 기숙이 가능한 이 학교는 학생 상호간의 토론을 곁들인 세미나, 자율학습 그리고 여행 프로그램들을 대학진학에 필요한 교육과 접목하여 나날이 변해 가는 국제사회에서 우수한 인재를 양성하기 위한 취지로 그 교육의 목표를 두고 있다. 해안과 근접해 있는 관계로 해양 및 환경 과학 분야에서도 월등한 이 학교는 과학 및 실험실, 컴퓨터실, 도서관, 학생관, 미술 및 음악 스튜디오, 체력 단련실 등 새로운 학교시설들을 보완하였다. 다양한 스포츠 프로그램과 리더십 배양 그리고 개개인의 자아발전에 힘쓰고 있는 스포츠 또한 이 학교가 내세우는 장점인데 총 9개의 종목에서 13개 팀이 활약하고 있으며 이는 크로스컨츄리, 수영, 조정, 필드하키 등이 있다. 대다수의 모든 학교 교정과 건물들이 태퍼해넉 강을 끼고 있어 학생들은 언제든지 푸르른 물을 바라보며 학교생활을 한다는 장점이 있다. 참고로 이 학교의 입학 담당자는 매년 한국에 나와 학생들을 직접 인터뷰 한 뒤 선발할 정도로 학생들 하나하나에 많은 신경을 쓴다. 총 8에이커의 캠퍼스에 8개 동의 건물이 있으며 총 34명의 교사진 중 25명이 석사 이상의 학위 소지자이고 30명은 교내 캠퍼스에서 거주한다.

학생 수

총 151명의 학생 중 116명이 교내 기숙사에서 거주한다. 학급당 학생 수는 12명이며 교사와 학생의 비율은 1대 6이다. 전체의 약 15%를 차지하는 외국학생들은 일본, 멕시코, 한국, 대만 등에서 온 학생들이다.

대학진학

본교에서는 8학년부터 10학년까지는 자신이 관심 있고 소질이 있는 분야의 학업을 효율적으로 이수할 수 있는 프로그램을 진행하고 있으며 11학년과 12학년에서는 본격적인 진학준비를 하고 있다. 진학지도는 상담을 통해 학생들의 구체적인 진로를 선택해 갈 수 있도록 하고 있다. 이 학교는 진학에 관련하여 학생들이 궁금해 하는 대학안내, 모집요강 등에 대한 정보들을 수록한 책자를 발간하고 있다. 게다가 매년 각 대학의 입학 담당자들이 학교를 방문하여 학생들에게 진학정보에 대한 설명회를 열고 있으며 학생들은 개인적인 상담을 통해 자신이 관심 있는 대학에 대한 정보를 구한다. 학생들은 이러한 프로그램을 통해 국내외의 약 4,800여 개의 대학에 대한 정보를 열람할 수 있다.

2006년 졸업생 38명 전원이 대학에 진학하였고, 그 대학들은 다음과 같다.

Brown, Carnegie Mellon, Emory, Michigan, Northwestern, RPI, Roanoke, South Carolina, Washington & Lee, Wake Forest, William and Mary, Virginia

ST. MARK S SCHOOL

Contact	: Mrs. Anne E. Behnke, Director of Admissions	Add	: 25 Marlborough Road, Southborough, MA 01772-9105
Tel	: (508) 786-6000	Fax	: (508) 786-6120
Email	: admission@stmarksschool.org	URL	: www.stmarksschool.org

▎개요

매사추세츠(Massachusetts)주 보스턴(Boston)시에서 서쪽으로 약 40여 분 거리에 위치하고 있는 소도시인 사우스보로(Southborough)에 위치한 이 학교는 성공회와의 연계 하에 양질의 교육을 학생들에게 제공한다는 취지로 1865년 조셉 버넷(Joseph Burnett)에 의하여 설립되었다. "무엇을 하더라도 열심히 해라." 라는 교훈을 가진 이 학교는 학생 개개인이 가지고 있는 신념과 종교적 믿음을 응집해 나갈 수 있도록 용기를 북돋아 준다. 짜임새 있는 교과과정과 우수한 교사의 지도 아래 학생들은 대학 진학과 연계된 각종 교육을 이수 받게 되며 가까운 거리에 위치하고 있는 미국 제일의 교육 도시인 보스턴(Boston)의 영향으로 학생들은 각종 문화혜택을 쉽게 누릴 수 있다. 250에이커의 전원적인 캠퍼스에 15개 동의 건물이 들어서 있는데 이는 32,000여권의 장서와 135 종의 정기 간행물을 비치하고 있는 도서관, 과학관, 예배당, 강당, 어학 실습실, 예술관, 음악 연습실, 암실 등이 포함된다. 모든 기숙사에는 전화 및 인터넷 접속이 가능하도록 하였다. 학교 맞은편에는 우수한 미국 명문 중학교인 페이스쿨(Fay School)이 위치하고 있으며 이 학교를 졸업한 상당수의 학생들이 상급학교로 이 학교를 선택한다. 우수한 학생들이 이 학교를 많이 응시하기 때문에 사전에 상당한 준비가 요구되어지는 학교이다. 9~12학년의 학생이 수업을 하며 66명의 교사 중 42여 명이 석사 이상의 학위 소지자이며 60명이 교내 캠퍼스에 거주한다.

▎학생 수

총 학생 수는 335명이며 그 중 기숙학생은 251명이다. 학급당 학생 수는 10명이고 교사와 학생의 비율은 1대 5이다.

▎대학진학

본교에서는 Fifth Form(고교 2년 과정에 해당) 단계에서 진학지도를 시작하는데, 학생들은 학기가 시작되면 상담교사와의 상담을 통해서 진학희망 대학 목록을 작성한다. 학기가 끝날 무렵의 겨울에 학부모들에게 진학지도 상황을 보고하고 학부모들의 자녀들의 진학에 대한 관심을 장려하는 워크숍이 열린다. 매년 많은 대학의 입학 담당자들이 본교를 방문하여 자신의 대학에 진학할 것을 장려하기도 한다.

2006년 졸업생들의 SAT 언어영역 평균점수는 620점 수학영역 평균점수는 651점이다. 2006년 졸업자 72명 가운데 88명이 대학에 진학에 진학하였고 그 대학들은 다음과 같다.

Boston College, Colby College, Columbia College, Hobart and William Smith College, Middlebury College, Northeastern University, New York University, The George Washington University

ST. MARY'S SCHOOL

Contact : Mrs. Catherine C. Leary, Director of Admissions		Add	: 900 Hillsborough Street, Raleigh, NC 27603-1689
Tel : (800) 948-2557		Fax	: (919) 424-4122
Email : admiss@saint-marys.edu		URL	: www.saint-marys.edu

▌개요

미 동남부의 전형적인 여자 기숙학교인 세인트 메리스(Saint Mary's)는 노스캐롤라이나(North Carolina)주의 주도인 랠리(Raleigh)시에 위치하고 있으며 9~12학년의 학생들이 공부를 하고 있다. 1842년 성공회(Episcopal Church)에 의해 건립된 이 학교는 여학생들의 교육에 오랜 시간을 할애한 전문 선생님들의 우수한 지도하에 18과목의 AP를 중심으로 영어, 과학, 미술, 음악 등 여학생으로서 취득하여야 할 균형감 있는 교육 및 교양 프로그램을 가지고 있으며 방과 후에는 각종 과외 및 축구, 배구, 농구, 크로스컨츄리, 수영 등의 스포츠 프로그램을 제공한다. 졸업생 전원이 대학에 진학을 하는 이 학교는 소규모의 반 편성, 친절한 교사의 배려, 섬세한 여성으로의 성장을 위한 교양 강좌 등으로 학생의 교육 배양에 힘쓴다. 특히나 MAP(My Achievement Plan)라는 이 학교만의 독특한 프로그램은 학업, 인성함양, 자아 개발, 사회 경험, 인간관계 등 5개의 중요 요소로 나누어 여학생이 갖추어야 할 인격 함양에 노력을 하고 있다. 이 학교의 5개 주요 건물들은 시유적지로 등록이 되어있을 정도로 보존가치가 높고 고풍스러우며 아름답다. 아울러 대도시에 위치하고 있는 이점으로 인해 이 학교의 학생들은 각종 문화, 예술 등 정서적인 면에서 다양한 혜택을 받는다. 총 23에이커의 캠퍼스에 27개 동의 건물이 있으며 총 45명의 교사 중 33명의 교사들은 석사 학위 이상의 학력을 소지하고 있으며 26명이 교내 캠퍼스에 거주한다.

▌학생 수

총 282명의 학생 중 127명이 교내 기숙사에서 거주한다. 학급당 학생 수는 13명이며 교사와 학생의 비율은 1대 7이다. 외국인 학생의 비율은 타 학교에 비해 상대적으로 적은 편이나 최근 들어 그 수를 다소 증가시키고 있다.

▌대학진학

2명의 대학 진학 담당자가 졸업생들의 대학 진학을 돕고 있다. 본교는 전통적으로 100%대학 진학률을 자랑하고 있다.

2006년 67명의 졸업생들의 SAT 언어영역 평균점수는 571점 수학영역 평균점수는 539점이다. 이들 학생들이 진학한 대학은 다음과 같다.

Agnes Scott College, American University, Boston College, Brown University, Bryn Mawr University, Dartmouth College, Emory University, East Carolina University, George Washington University, North Carolina State University, Rice University, University of Illinois Ur-Ch, University of North Carolina at Chapel Hill, University of North Carolina at Wilmington, University of Pennsylvania, University of Wisconsin at Madison, University of Virginia

ST. PAUL'S SCHOOL

Contact	: Mr. Michael G. Hirschfeld, Director of Admission	Add	: 325 Pleasant Street, Concord, NH 03301-2591
Tel	: (603) 229-4700	Fax	: (603) 229-4771
Email	: admissions@sps.edu	URL	: www.sps.edu

개요

천의무봉(天衣無縫). 천상의 옷에서는 꿰맨 자국이 없다. 이 학교를 한마디로 표현할 수 있는 사자성어로 이 것만큼 정확한 글이 없을 정도로 미전역을 통틀어 가장 탁월한 사학 중의 하나이고, 개인적으로도 제일 선호하는 학교가 바로 이 학교라고 자신있게 이야기를 할 수 있는 명문 중의 명문이다. 뉴햄프셔(New Hampshire)주의 주도 인 콩코드(Concord)시 바로 외곽에 위치하고 있는 이 학교는 1856년 자신이 여름 휴양지로 소유하고 있던 2,000에 이커의 땅을 제공한 조지 섀턱(George C. Shattuck, Jr.) 박사에 의해 설립되었다. 학업의 우수성을 강조하고 교직원 과 학생들의 삶의 질에 그 비중을 두는 이 학교는 탐이 날 정도로 아름다운 교내 캠퍼스에 울창한 수림, 광활한 초원, 연못 등의 부대시설이 고혹적인 채플, 인상적인 도서관, 새로 건립한 뛰어난 체육관, 각종 교실 및 실습실 등 112개의 다양한 학교 건물들로 완벽하게 어우러져 있다. 영국 국교인 성공회(Anglican)의 전통이 배어있는 이 학교는 성경의 말씀, 전통 그리고 타종교와의 배척을 배제한 범 기독교적 사관에 입각한 사고가 캠퍼스 곳곳에 깔려있으며, 학교시설은 최상급이고 대부분의 학생들은 우수한 자질을 가진 뛰어난 학생들로 구성되어 있다. 언 어의 경우 중국어, 일본어, 라틴어, 그리스어, 불어, 독어 그리고 스페인어가 학생들에게 제공되며 학생 및 교사 대다수는 같은 캠퍼스에서 생활하며 수업 및 각종 과외 활동 프로그램을 공유하는 그야말로 불필요한 수식어가 필요치 않는 최상의 교육 환경을 제공하는 명문 중의 하나이다. 인상적이었던 것은 학교 도서관 아래층에 위치하 고 있는 개인자습실들인데 학생들이 혼자 조용히 공부를 하거나 또는 부족한 과목을 준비하고자 할 경우 도서 사감에게 이야기를 한 뒤 그곳에서 공부를 하는 모습이었다. 학생들끼리 어울려 환담을 할 때에도 언제나 노트북 컴퓨터라든지 필기노트 또는 책이 손에 쥐어져 있는 모습을 보면서 '아!, 바로 이게 명문 사학이구나!' 하는 경탄 을 금하지 않을 수 가 없었다. 개인적으로 인터뷰를 위해 학부형과 학생들을 데리고 미국에 갈 경우 시간이 허락 이 되면 꼭 이 학교를 보여주곤 하는데 이 학교를 본 모든 분들은 하나같이 그 학교의 매료에서 벗어나지 못한다. 총 104여 명의 교사가 학생들을 지도하고 있고 76명의 교사들은 석사 학위 이상의 학력을 소지하고 있으며, 94명 의 교사가 캠퍼스에 거주 하고 있다. 우수한 학업적 소질이 있다고 생각이 되는 학생은 반드시 응시를 한번 해보 라고 권장하고 싶다.

학생 수

총 학생 수는 533명이고 전원 기숙사생활을 한다. 학급당 학생 수는 11명이고 교사와 학생의 비율은 1대 5이 다. 외국학생은 전체의 약 17%를 차지하며 이는 버뮤다, 홍콩, 캐나다, 일본, 한국, 사우디아라비아 등에서 온 학생들이다.

대학진학

진학상담 교사들이 학생들의 진학준비 전 과정에 걸쳐 세심한 진학지도를 하고 있다. 약 65개의 대학에서 입학 담당자들이 학교를 방문하여 자신의 대학에 진학하도록 장려하고 대학에 대한 정보를 제공하는 자리가 매년 마련된다. SAT 점수는 평균 수학영역이 687점, 쓰기영역이 669점을 기록 하고 있다.

2006년에는 133명이 졸업을 하였고 그 중 132명이 대학에 진학을 하였으며 그 대표적인 대학들은 다음과 같다.

Brown University, Columbia University, Cornell University, Dartmouth College, Duke University, Harvard University, Middlebury University, Georgetown University, New York University, Rhode Island School of Design, University of Chicago, UC Berkeley, University of Pennsylvania, Stanford University, Williams College, Yale University

ST. STANISLAUS COLLEGE PREP

Contact : Mrs. Dolores Richmond, Director of Admission	Add : 304 South Beach Boulevard, Bay St. Louis, MS 39520
Tel : (228) 467-9057	Fax : (228) 466-2972
Email : admissions@ststan.com	URL : www.ststan.com

▌개요

미 남부 미시시피(Mississippi)주의 멕시코만(Gulf of Mexico)에 인접한 베이세인트루이스(Bay Saint Louis)의 조용한 도시에 위치한 이 학교는 재즈(Jazz)의 본 고장인 뉴올리언스(New Orleans)에서 동쪽으로 약 80여 킬로 떨어져 있다. 1854년 천주교 재단(Brothers of Sacred Heart)에 의해 설립된 이 남자 기숙학교는 종교의 기반에서 학생이 자신감을 가지고 자신에게 내재된 가능성을 최대한 개발하여 잘 정제되어진 하나의 성인으로 나아가는데 그 근본 취지가 있다. 학생 스스로가 성장할 수 있도록 총체적인 배움의 장을 제공하는 이 학교는 미국 내에서 가장 큰 천주교 기숙 프로그램을 가지고 있으며 미국 내에서 2번째로 오래된 가톨릭 기숙학교이기도 하며 전체 졸업생 중 약 98%가 대학에 진학한다. 6~12학년의 학생들이 수업을 하며 기숙가능 학년은 6학년부터이다. 학비가 상대적으로 저렴하기에 경제적으로 공부를 하고자 하는 학생들에게 적합하다는 생각이 든다. 총 66명의 교사가 재직하며 38명의 교사들은 석사 학위 이상의 학력을 가지고 있고, 9명의 교사는 교내 캠퍼스 내에서 거주한다.

▌학생 수

총 학생 수는 530명이고, 이 중 212명이 기숙사 생활을 하고 있다. 학급당 평균 학생 수는 23명이고 교사와 학생의 비율은 1대 12이다. 외국인 학생은 전체의 약 10%이며 이는 독일, 일본, 한국, 대만 등에서 온 학생들이다.

▌대학진학

2006년 83명의 학생이 졸업 하였으며 이중에서 80명이 대학에 진학하였다. Junior(고교 2년 과정에 해당)단계에서 학생들은 SAT I 이나 ACT 테스트를 보고 상담을 통한 진학준비를 하게 된다. Senior(고교 3년 과정에 해당)가 되자마자, 대학을 선택하고 지원서를 작성하는 등의 본격적인 진학준비를 한다.

2006년 졸업생들의 SAT 언어영역 평균점수는 550점이고 수학영역 평균점수는 580점이다. 43%의 학생이 언어영역에서 600점 이상의 점수를, 50%의 학생이 수학영역에서 600점 이상의 점수를 받았다. 본교 졸업생들이 진학한 대학을 살펴보면 다음과 같다.

Mississippi State University, University of Alabama, University of Mississippi, University of New Orleans, University of South Alabama, University of Southern Mississippi

ST. STEPHENS EPISCOPAL SCHOOL

Contact : Mr. Lawrence Sampleton, Director of Admissions		Add	: 2900 Bunny Run, Austin, TX 78767
Tel	: (512) 327-1213 z210	Fax	: (512) 327-6771
Email	: admission@stephens-texas.com	URL	: www.ststephens-texas.com

▌개요

텍사스(Texas)주의 대표적인 교육 도시인 오스틴(Austin)에서 서쪽으로 약 12킬로 정도 거리에 위치한 이 학교는 텍사스주 내에서 우수한 기숙학교를 제공하고자 하는 일반 시민들의 요구에 부응하여 1950년 성공회에 의해 설립된 남녀공학 학교이다. 정신과 육체 그리고 영혼을 통한 학생들을 교육한다는 학교 취지에 걸맞게 이 학교는 뛰어난 교육과목 뿐 만 아니라 전망대, 컴퓨터실, 미술과, 실내체육관, 실내 암벽등반, 야간에도 경기 가능한 14개의 테니스 코트장, 연극, 축구, 농구 등의 각종 다양한 과외 프로그램을 가지고 있다. 우수한 성적의 결과로 졸업생 대다수가 명문 사립학교에 진학을 하는 이 학교는 428에이커의 수려한 캠퍼스에 44개 동의 건물을 가지고 있다. 이 학교의 캠퍼스나 주변시설 역시 여타의 우수한 명문 학교에 비해 전혀 손색이 없을 정도로 우수하며 이 학교를 방문한 사람들은 그 학교의 규모에 적잖은 놀라움을 표시한다. 6~12학년의 학생들이 공부를 하는 이 학교의 경우 기숙사 입실 가능학년은 8학년부터이다. 이 학교가 위치하고 있는 오스틴에 텍사스 내에서 명문으로 일컫는 텍사스 대학(University of Texas at Austin)이 있다. 전체 98명의 교사 중 상급학년의 교사 수는 93명이고 이 중 42명은 석사 이상의 학위 소지자이다. 50명의 교사가 캠퍼스 내에서 거주한다.

▌학생 수

총 학생 수는 656명으로 이중 상급학년은 456명이고 기숙학생은 170명이다. 학급당 학생 수는 16명이고 교사와 학생의 비율은 1대 8이다. 외국인 학생은 전 세계 약 20여 개국에서 온 57여명의 학생들이 수학을 하고 있으며 이는 독일, 인도네시아, 멕시코, 한국, 사우디아라비아 학생들이다.

▌대학진학

본교에는 3명의 진학담당 교사가 있다. 학생들은 11학년(고등 2년 과정에 해당)부터 자신에게 적합한 대학을 선택하기 위한 진학준비를 시작한다. 매년 많은 대학의 입학 담당자들이 본교를 방문하여 학생들의 진학을 장려하는 설명회를 열고 학생들을 직접 만나 인터뷰를 하기도 한다. 2006년 본교의 SAT 평균점수는 언어 630점, 수학 660점, 쓰기 640으로 우수한 점수를 취득했다.

2006년 본교의 115명의 졸업생 모두 대학에 진학하였다. 지난 5년간 이 학교를 졸업한 학생들이 진학한 대표적인 대학들은 다음과 같다.

Amherst, Boston Univ, Brown, Bryn Mawr, Columbia, Duke, DePaul, Embry-Riddle, Georgetown, Lehigh, Michigan, MIT, NYU, Princeton, Rice, School of Visual Arts, Stanford, Texas Tech, Trinity, Texas at Austin, Virginia, Washington(St. Louis), Williams, Wellesley, Wisconsin, Yale

 **SAINT THOMAS MORE SCHOOL**

Contact	: Mr. Timothy P. Riordant, Director of Admissions	Add	: 45 Cottage Road, Oakdale, CT 06370
Tel	: (860) 823-3861	Fax	: (860) 823-3863
Email	: stmadmit@stthomasmoreschool.com	URL	: www.stthomasmoreschool.com

▎ 개요

코네티컷(Connecticut)주의 전형적인 시골도시인 오크데일(Oakdale)에 위치하고 있는 이 학교 설립의 근본 취지는 '책 읽기를 게을리 하는'(Lazy with the Books) 학생들을 위한 교육 준비과정의 학교로 교육자인 제임스 한라한(James F. Hanrahan, Sr.)에 의해 1962년에 설립되었다. 따라서 이 학교의 근본 교육 목표는 학업적으로 충분한 가능성을 가지고 있지만 본인 스스로 그 학업적 성취를 충분히 이루어내지 못하는 학생들의 잠재성 개발에 교육의 목표를 두고 있으며 학생들은 기독교의 전통 하에 전원 기숙생활을 하면서 교사의 헌신적인 지도와 올바른 교육을 통해 학생들이 자기훈련과 책임감 등을 갖게 하여 궁극적으로 성공적인 대학진학 뿐 만 아니라 사회의 일원으로서 나아가는 데 있어서 그 본분을 다하도록 도움을 받는다. 교사는 학생의 학습 습관과 성공을 향한 의지를 심어주기 위해 거의 개인적으로 학생들을 관리하며 이를 통해 학생의 문제점을 철저히 보완하기 위해 노력한다. 호젓한 110에이커 면적의 캠퍼스에 12개 동의 건물이 있으며 캠퍼스 아래에는 넓은 호수가 자리잡고 있다. 특히나 이 학교가 위치하고 있는 곳에서 멀지 않은 노위치(Norwich)에 카지노와 리조트로 유명한 모히건 선(Mohegan Sun)과 폭스우드(Foxwoods)가 위치하고 있다. 8~12 및 PG 과정을 둔 이 학교의 학생들은 전원 기숙사 생활을 한다. 총 30명의 교사 중 17명은 석사 학위 이상의 소지자이고 27명이 교내 캠퍼스에서 거주한다.

▎ 학생 수

총 학생 수는 210명이고 전원 기숙사 생활을 하고 있다. 학급당 평균 학생 수는 16명이고 교사와 학생의 비율은 1대6이다. 전체 학생의 약 28%를 차지하는 외국인 학생들은 도미니카 공화국, 프랑스, 일본, 한국, 대만에서 온 학생들이다.

▎ 대학진학

학생들의 대학진학은 매우 신중하게 준비되어야 한다. 진학상담은 고 2과정에 해당하는 Junior 학년부터 시작한다. 학생과 학부모가 함께 하는 이 상담은 학생들의 관심과 요구에 가장 적합한 대학을 선택할 수 있도록 학생 각자에게 직접적인 도움을 준다. 진학상담 담당자는 학생들이 대학에 대해 더 많은 정보를 수집하고 방학 중이나 주말에 대학을 방문할 수 있도록 학생 개인에게 맞는 6개에서 8개 정도의 대학 리스트를 제공한다. 2006년 기준 SAT 평균점수는 언어영역 500점, 수학영역 520점, 쓰기영역은 500점이다. 2006년 50명의 졸업생을 배출 하였으며, 49명이 대학에 진학하였다.

이 학교의 졸업생과 PG 과정을 이수한 학생들이 현재 다니고 있는 대학은 다음과 같다.

Assumption College, Bently College, Boston University, Northeastern University, University of Massachusetts at Amherst, University of New Hampshire

ST. TIMOTHY S SCHOOL

Contact : Mr. Patrick M. Finn, Director, Admissions and Financial Aid   Add   : 8400 Greenspring Avenue, Stevenson, MD 21153
Tel   : (410) 486-7401   Fax   : (410) 486-1167
Email   : admis@sttims-school.org   URL   : www.sttims-school.org

┃ 개요

메릴랜드(Maryland)주 볼티모어(Baltimore)에서 불과 15킬로 떨어진 곳에 위치하고 있는 이 학교는 샐리(Ms. Sally)와 폴리 커터(Ms. Polly Carter)에 의해 1882년에 설립된 여자 기숙학교이다. 학생들에게 고도의 분별력과 문제해결 기술을 9학년 및 10학년 학생들에게 가르침으로써 학생이 향후 각자의 재능을 개발하고, 올바른 판단력을 가지며 인간애를 가진 인간으로 성장하는데 일익을 담당하고 있다. 학생들의 대학진학에 교육의 많은 비중을 두고 있는 이 학교는 22,000여권의 도서장서, 승마장, 350여 석의 극장, 각 기숙사 및 학과 건물에 설치된 컴퓨터 시설 등을 보유하고 있으며 연극, 무용, 음악, 미술 분야의 발달도 이 학교의 장점 중의 하나이다. 최근에 이 학교는 학생들에게 다양한 학습의 기회를 주기 위해 IB 프로그램을 도입했다. 어학이 부족한 외국학생들을 위한 영어 프로그램의 경우 한 반의 정원이 최대 6명을 넘지 않게 함으로서 이 학교에 입교한 뒤 1년 정도면 정규 과정의 수업에 적극적으로 참여를 할 수 있게끔 독려한다. 소수의 학생이 재학하고 있는 학교의 장점으로 이 학교는 학생개인의 면면에 세심한 배려를 아끼지 않는다. 9~12 및 PG 과정의 학생들이 공부하고 있으며 총 30명의 교사 중 19명은 석사 학위 이상의 학력을 소유하고 있으며 26명의 교사가 교내 캠퍼스에 거주한다.

┃ 학생 수

총 학생 수는 132명이고 그 중 72명이 기숙사 생활을 하고 있다. 학급당 학생 수는 12명이고, 교사와 학생의 비율은 1대 5이다. 외국학생은 전체의 17%를 차지하며 멕시코, 바하마, 일본, 한국, 베네주엘라, 베트남 출신의 학생들이다.

┃ 대학진학

이 학교를 졸업한 학생들은 국내외의 우수한 대학에 진학을 한다. 학교는 작지만 학생들이 다양한 방면의 여러 대학들에 관심을 가지기 때문이다. 본교의 진학상담 센터에서는 학생들이 학교를 적합한 학교를 선택할 수 있도록 돕고 학생들의 대학방문을 장려하고 있다. 매년 각 대학의 입학담당자들과 학부모를 초대한 가운데 진학에 대한 설명회 등을 개최하기도 한다. 무엇보다도 진학상담 센터에서는 학생들의 상황을 고려해 진학준비의 전 단계를 세심하게 살피고 지도하며 학생들이 자신이 원하는 대학에 진학할 수 있도록 돕는데 1차 적인 목표가 있다. 본교에서도 SATⅠ 테스트를 실시하는데 2006년 기준 중간 50%의 점수분포는 언어영역 600점이고 수학영역은 550점이다.

최근 본교의 졸업생들이 진학한 대학들은 다음과 같다.

Gettysburg College, New York University, Colorado College, University of Maryland at College Park, University of Pennsylvania, University of Virginia

SALEM ACADEMY

Contact	: Mrs. Claudia Lucia Uldrick, Director of Admissions	Add	: 500 Salem Avenue, Winston-Salem, NC 27108
Tel	: (336) 721-2643	Fax	: (336) 917-5340
Email	: academy@salem.edu	URL	: www.salemacademy.com

▮ 개요

노스캐롤라이나(North Carolina)주 롤리(Raleigh)에서 서쪽으로 약 2시간 여 거리에 위치한 윈스턴 셀럼 (Winston-Salem)에 세워진 이 학교는 9~12학년의 여학생들이 대학진학을 위한 준비를 하는 기숙학교이다. 1772년 설립될 당시에는 통학학교로 출발하였으며 1802년에 기숙시설을 갖추게 되었다. 1860년대에는 대학 프로그램이 기존의 교과 과정에 더하여졌으나, 1930년 이 두 과정이 서로 분리가 되었으며 결국 대학준비 과정인 셀럼 아카데미(Salem Academy)와 대학교인 셀럼 대학(Salem College)은 한 캠퍼스 내에서 각자의 교육 프로그램을 제공하기에 이르렀다. 끊임없는 교육을 향한 철저한 준비로 학생들이 지, 덕, 체의 연마에 최선을 다하고 있으며 학생들은 졸업 후 명문대학에 별무리 없이 입학을 하고 있다. 다양한 문화 활동 역시 이 학교의 자랑인데 주말을 이용해서 학생들은 아이스 스케이트, 암벽 등반, 하이킹, 래프팅 등을 즐기고 미술관이나 박물관 관람, 축구, 하키 게임을 관전하기도 한다. 잔디와 나무가 둘러싸여 있는 64에이커의 캠퍼스에는 도서관, 과학 실습실, 미술 센터, 헬스 센터, 하키장, 소프트볼구장, 양궁장, 테니스코트 등의 스포츠시설들이 들어서 있다. 총 45명의 교사진 중 약 75%가 석사 학위 이상의 학력을 소지하고 있다.

▮ 학생 수

총 학생 수는 184명이며 그 중 기숙학생은 90명이다. 학급당 학생 수는 13명이고 교사와 학생의 비율은 1대9이다. 외국학생은 전체의 18% 정도를 차지하며 이는 일본, 리투아니아, 한국, 사우디아라비아 등에서 온 학생들이다.

▮ 대학진학

진학지도는 본 학교에 입학한 후부터 시작된다. 하지만 본격적인 진학준비는 Junior(고교 2년 과정에 해당) 2학기부터 시작된다고 할 수 있겠다. 이때부터 학생들은 상담교사와의 1 대 1 상담을 통해서 관심 있는 대학에 대한 진학정보를 수집하고 여러 가지 조건을 고려하여 대학을 선택한다. Senior(고교 3년 과정에 해당) 단계에서는 보다 구체적인 준비를 하는데, 지원서를 작성하고 에세이 쓰는 요령, 인터뷰 요령을 배우는 것 등이다.

2006년 SAT평균점수는 언어영역 635점, 수학영역 618점이다.

최근 졸업생들이 진학한 대표적인 학교는 다음과 같다.

Cornell University, Duke University, Furman University, North Carolina State University, Southern Methodist University, University of North Carolina at Chapel Hill, University of Virginia, Vanderbilt University, Wake Forest University

SALISBURY SCHOOL

Contact : Mr. Peter B. Gilbert, Director of Admissions		Add : 251 Canaan Road, Salisbury, CT 06068	
Tel : (860) 435-5700		Fax : (860) 435-5750	
Email : pgilbert@salisburyschool.org		URL : www.salisburyschool.org	

▎개요

코네티컷(Connecticut)주 하트포드(Hartford)시에서 북서쪽으로 약 1시간 여 거리인 자그마한 도시 솔스버리(Salisbury)에 위치하고 있는 이 학교는 대학 준비를 위한 전형적인 남자 기숙학교이다. 1901년에 조지 쾌일(George E Quaile) 신부에 의해 설립된 이 학교는 해를 거듭하면서 점차 발전해왔으며 최근에는 우수한 시설의 수학관, 과학관 및 기숙사가 건립되기도 하였다. 이 학교의 정신은 지적, 도덕적 그리고 주체적 발달을 심어주기 위해 필요한 자신감을 학생 개개인에게 심어주는 데 있다. 우수한 정규 과정의 교육 프로그램 이외에 거의 전 종목에 걸친 스포츠 및 교양 프로그램은 이 학교가 내세우는 큰 장점 중의 하나이다. 25,000여 권의 장서를 보유한 도서관, 캠퍼스 전 지역을 연결하는 음성 메시지실, 전 건물을 연결하는 인터넷시설 등은 이 학교의 또 다른 자랑이다. 750에이커의 캠퍼스에 24개 동의 건물이 들어서 있으며 9~12 및 PG 과정의 학생이 공부하는 이 학교는 총 65명의 교사 중 절반 이상이 석사 학위 이상의 학력을 가지고 있으며, 55명의 교사가 교내에 거주 하고 있다. 이 학교에서 조금 떨어진 곳에 명문 허치키스 학교(Hotchkiss School)가 자리잡고 있다. 맑은 가을, 넓은 운동장에서 코치의 감독 하에 미식축구에 몰두해있는 학생들의 모습이 무척 신선하였다. 학교 본관이 상당히 웅장하고 멀리서도 알아볼 수 가 있다. 참고로 이 학교의 이름은 '솔스버리'라고 발음하며 영국에도 이와 동일한 이름을 가진 도시가 있는데 1215년 최초의 성문헌법으로 유명한 마그나 카르타(Magna Carta)가 보관된 솔스버리 대성당(Salisbury Cathedral)이 위치하고 있는 곳으로 유명하다.

▎학생 수

총 학생 수는 285명이며 이 중 265명이 기숙생활을 하고 있다. 학급당 학생 수는 9명이며 교사와 학생의 비율은 1대 4이다. 외국인 학생은 전체의 약 10%이며, 이는 캐나다, 중국, 독일, 한국, 사우디아라비아, 태국 출신의 학생들이다.

▎대학진학

고 2과정에 해당하는 Fifth Form(Junior) 단계에서부터 학생들은 진학상담 교사와 정기적으로 미팅을 한다. 상담자들의 입학에 대한 상세한 배려는 학생들이 능력과 관심분야에 들어맞는 대학을 선택할 수 있도록 도움을 준다. 학부모들도 가능하다면 언제든지 상담교사와 상담을 할 수 있다. 각 대학 대표자들은 매년 학교를 방문하고 학생들과 인터뷰를 하기도 한다. 2006년 졸업생들의 SAT I 평균점수는 언어영역, 수학영역 590점이다.

졸업생 74명중 73명이 대학에 진학하였으며, 이들이 진학한 대학들은 다음과 같다.

Boston College, Bowdoin College, Brown University, Columbia University, Cornell University, Dickinson Colleges, Georgetown University, Harvard University, Northeastern University, Providence College, Williams College, Trinity College

SAN DOMENICO SCHOOL

Contact	: Ms. Risa Oganesoff Heersche, Director of Upper School Admission	Add	: 1500 Butterfield Road, San Anselmo, CA 94960
Tel	: (415) 258-1905	Fax	: (415) 258-1906
Email	: admissions@sandomenico.org	URL	: www.sandomenico.org

개요

캘리포니아(California)의 대표적인 도시 샌프란시스코(San Francisco)시에서 북쪽으로 약 30여 킬로 떨어진 산안젤모(San Anselmo)에 위치한 이 여자 학교는 1850년 프랑스에 온 도미니카 수녀인 메리 고어메어(Sr. Mary Goemaere)에 의해 설립되었으며 캘리포니아 주에서도 가장 오래된 가톨릭 사립학교이다. 학교 설립 이래 아직도 서로간의 돈독한 유대, 관심 그리고 믿음 하에 진실의 추구를 목표로 하는 도미니칸(Dominican)의 우수한 전통을 추구하는 이 학교는 학생들에게 자신감을 고취시키기 위한 노력에 힘쓴다. 소규모의 학급 운영, 뛰어난 교육 프로그램 뿐 만 아니라 여학생의 취향에 맞는 각종 예술 프로그램도 제공하며 근처에 위치한 샌프란시스코시의 각종 문화 행사에 참가할 수 있는 특전도 누린다. 515에이커의 넓은 캠퍼스에는 총 10개 동의 건물이 들어서 있고 초, 중, 고등학생들은 같은 캠퍼스에서 수업을 하게 된다. 넓은 학교 잔디와 수영장이 바라다 보이는 3동의 기숙사에 학생들은 거주하며 학교생활을 한다. 샌프란시스코에 인근에 기숙학교가 많지 않은 관계로 이 학교에 관심을 갖는 부모님들이 많은 편이며, 개인적으로도 권장하고 싶은 학교 중의 하나이기도 하다. 기숙사 입실은 9학년부터 가능하며 총 30명의 교사 중 석사 학위 이상의 학력을 소지한 교사는 23명이며 5명의 교사가 교내 캠퍼스에서 거주한다.

학생 수

전체 572명의 학생 중 9~12 학년의 학생 수는 171명이고 이중 기숙학생은 63명이다. 학급당 학생 수는 12명이고, 교사와 학생의 비율은 1대 9이다. 외국인 학생은 전체의 약 25%를 차지하며 이는 홍콩, 멕시코, 한국, 러시아, 대만, 영국 등에서 온 학생들이다.

대학진학

몇 몇의 학생들은 대학 진학을 하기 전에 외국으로 유학을 가기도 하고 취업을 하기도 하고 여행을 하기도 한다. 하지만 거의 대부분의 학생들은 졸업 후에 바로 대학진학을 한다. 대학진학과 취업 지도교사들은 대학 선택과 SAT I 테스트, 입학지원 과정에 대하여 상담을 한다. 진학상담은 일반적으로 Junior(고교 2년 과정에 해당) 단계부터 시작하여 졸업 때까지 진행된다. 2006년 43명 졸업생들의 SAT 언어영역 평균점수는 587점, 수학영역 평균점수는 617점 쓰기영역 평균 점수는 616점이다.

이들 졸업생들은 다음과 같은 대학에 진학을 했다.

American, Amherst, Boston Coll, Brown, Bryn Mawr, California Institute of the Arts, CIT, Cal Poly, Carnegie Mellon, Drew, George Washington, Illinois, Johns Hopkins, Northwestern, Oregon, UC-Berkeley, UC-Santa Barbara, Wesleyan, Wisconsin

 **SAN MARCOS BAPTIST ACADEMY**

Contact : Mr. Jeffrey D. Baergen, Director of Admissions	Add : 2801 Ranch Road 12, San Marcos, TX 78666
Tel : (800) 428-5120	Fax : (512) 753-8031
Email : admissions@smba.org	URL : www.smba.org

▎ 개요

텍사스(Texas)주의 주도인 오스틴(Austin)에서 남쪽으로 약 30여 분 떨어진 산마커스(San Macos)의 외곽에 위치한 이 침례학교는 1906년 남서 텍사스 침례교도와 산 마커스 주민들의 노력에 의해 설립되었으며 1982년에 현재 위치하고 있는 이 200에이커의 아름다운 캠퍼스로 이전을 하게 되었다. 신의 믿음과 그 믿음을 바탕으로 한 교육에 그 근본을 두고 있는 이 학교는 교육과 신앙이 접목된 환경에서 자신의 내면 발전을 향한 노력의 경주에 그 무게를 두고 있다. 남학생들은 의무적으로 JROTC에 들어야 하며 여학생의 경우는 원하는 경우 선택적으로 가입할 수 있다. 스포츠시설의 경우 축구, 농구, 야구, 배구, 수영, 골프, 테니스, 역도 등 실로 다양하다. 학생들을 위한 방과 프로그램도 이 학교가 중요하게 여기는 일정인데 이에는 밴드, 치어리더, 테니스, 헬스, 수영, 배구, 음악레슨, 4-H 등 다양하다. 7~12학년의 학생이 공부를 하며 기숙의 경우 7학년부터이다. 이 학교 학생의 약 30%는 침례교도 이다. 상급학년의 경우 총 32명의 교사 중 17명이 석사 학위 이상의 학력을 가지고 있으며 5명이 교내 기숙사에서 거주한다.

▎ 학생 수

총 235명의 학생 중 190명이 교내 기숙사에서 거주한다. 학급당 학생 수는 12명이며 교사와 학생의 비율은 1대 7이다. 전체의 약 25%를 차지하는 외국학생들은 온두라스, 멕시코, 한국, 태국, 대만, 사우디아라비아 등지에서 온 학생들이다.

▎ 대학진학

진학상담 교사들은 학생들의 진학준비 전 과정에 걸쳐 관리 감독하며 학생들을 돕고 있다. 학생들은 자신에게 적합한 대학을 선택하기 위해 학교에서 제공하는 다양한 진학 관련 프로그램에 참여하면서 PSAT, ACT, SAT 등의 시험을 치르고 있다. 진학상담 교사는 학생들이 대학을 선택하고, 원서를 작성하고, 에세이(진학동기를 짧게 써서 입학원서와 같이 제출하는 양식)를 작성하는 요령, 인터뷰를 하는 방법 등의 구체적인 지도를 하고, 학생들의 진학을 위해 추천서를 써주기도 한다.

2006년 29명의 졸업생을 배출 하였고, 그 중 26명이 대학에 진학하였다. SAT 언어영역 평균점수는 494점이고 수학영역 평균점수는 508점, 쓰기영역은 480점이다. 최근 본교의 졸업생들이 진학한 대학은 다음과 같다.

Baylor University, Texas A&M University, Texas State University at San Marcos, University of Texas at Austin, University of Texas at San Antonio

 **SANDY SPRING FRIENDS SCHOOL**

Contact : Mrs. Mecha Inman, Director of Admissions		Add	: 16923 Norwood Road, Sandy Spring, MD 20860
Tel : (301) 774-7455		Fax	: (301) 924-1115
Email : admissions@ssfs.org		URL	: www.ssfs.org

▎개요

메릴랜드(Maryland)주의 교육도시인 볼티모어(Baltimore)에서 서쪽으로 약 55여 킬로 떨어진 샌디스프링(Sandy Spring)에 위치하고 있는 이 학교는 학교의 이름에서도 엿볼 수 있듯이 매달 모임을 갖는 샌디스프링 지역에 거주하는 프렌즈 교인들의 후원 하에 브룩무어(Brook Moore)가 선두로 하여 1961년에 설립된 비교적 짧은 역사를 가진 학교로서 유치원부터 12학년의 학생들이 공부를 하고 있다. 기숙사의 경우 9학년부터 입실이 가능한 이 학교는 학생으로 하여금 완전한 개인으로서의 성장뿐만 아니라 학업의 성취와 지역사회에서의 책임감 있는 구성원으로 성장 할 수 있도록 노력을 다한다. 연극, 무용 등 각종 예술 프로그램과 50여 과목이 넘는 다양한 교과목과 여러 종류의 운동 종목 등이 학생들에게 제공되며 학생들을 위한 국내 및 해외로의 다양한 여행 프로그램도 이 학교의 특성 중의 하나이다. 총 140여 에이커의 캠퍼스에는 15개 동의 건물이 들어서 있으며 삼림, 연못, 개울뿐 만 아니라 산책 및 하이킹을 할 수 있는 도로도 단아하게 준비되어 있다. 총 63명의 교사가 재직 중이며 상급학년의 경우 31명의 교사가 학생들을 가르치고 있다. 14명의 교사가 석사 학위 이상의 학력 소지자이며, 14명이 교내 캠퍼스에 거주한다.

▎학생 수

총 550명의 학생 중 45명이 교내 기숙사에서 거주한다. 학급당 학생 수는 12명이며 교사와 학생의 비율은 1대 7이다. 전체의 약 16%를 차지하는 외국학생들은 알바니아, 가나, 일본, 한국, 대만, 태국 등에서 온 학생들이다.

▎대학진학

집중적인 진학지도는 Junior(고교 2학년에 해당) 과정에서부터 시작된다. 진학상담 교사와의 그룹미팅을 통해서 어떤 대학에 진학하고 싶은지를 검토하고 진학에 대한 대비를 하기 시작한다. 학생들과 학부모를 위한 각 대학 장학제도, 지원절차를 포함한 여러 대학소개를 하는 프로그램도 진행한다. 도서관에는 대학 안내책자와 정보를 쉽게 검색할 수 있는 컴퓨터 프로그램이 구비되어 있으며 학생들은 언제든지 이를 이용할 수 있다. 전국의 여러 대학 입학 담당자들이 매년 학교를 방문하여 학생들과 진학과 관련한 이야기를 나눈다. 이 학교가 내세우는 본교 진학지도의 궁극적인 취지는 학생들에게 가장 적합한 대학을 선택할 수 있도록 하는데 있다.

2006년 졸업생 60명 중 59명이 대학에 진학을 하였고, 그 대학들은 아래와 같다.

Carleton College, Guilford College, Haverford College, George Washington University, University of Maryland, Wesleyan University

 **SANTA CATALINA SCHOOL**

Contact	: Mrs. Louise B. Douglas, Director of Admission	Add	: 1500 Mark Thomas Drive, Monterey, CA 93940-5291
Tel	: (831) 655-9328	Fax	: (831) 655-7535
Email	: admissions@santacatalina.org	URL	: www.santacatalina.org

▎개요

"산타 카타리나는 젊은 여학생들의 교육에 헌신을 한다." 라는 단순한 논제로 출발한 이 학교는 1850년 수녀인 메리 고어메어(Mother Mary Goemaere)에 의해 설립된 여자 천주교 기숙학교이다. 캘리포니아(California)내에서도 잘 알려진 명소인 몬테레이(Monterey)에 위치한 이 학교는 종교적인 믿음과 가치를 인생과 접목하여 그 빛을 발하게 한다는데 교육을 철학을 두고 있으며 이러한 교육의 실천을 위해서 학생들의 지적 성찰과 정신적 성숙의 균형 잡힌 조화에서 하나의 완전한 인격체를 형성해나가는 것이다. 서부 지역에 위치한 명문 여자 사립학교 중의 하나이기도 한 이 학교는 다양한 AP를 포함한 전 과목에 걸친 뛰어난 교육과 더불어 우수한 미술 및 연극, 무용, 스포츠, 승마, 그리고 그 지역 사회와의 연계 등 이 학교의 우수성은 실로 다양하다. 광범위하게 쓰여 지는 정보 통신 분야의 정보는 학교에 비치된 최신의 컴퓨터 네트워크를 통해 전교생에게 이용되어진다. 졸업생 대다수가 미국의 명문대학에 진학을 하는 이 학교는 9~12 학년의 학생들이 재학을 하고 있고 총 36에이커의 스페인 풍의 인상적인 건물들로 이루어진 매혹적인 캠퍼스에는 30,000권의 장서를 소장한 도서관, 채플, 교실, 체육관, 과학관, 학생관, 식당, 예술관, 음악관, 꽃으로 장식된 정원과 다양한 기숙사 등 총 21개 동의 건물을 들어서 있다. 40명의 교사 중 32명이 석사 이상의 학력 소지자이고 38명은 교내 캠퍼스에서 거주한다.

▎학생 수

9~12 학년의 총 학생 수는 290명이며 이 중 기숙학생은 155명이다. 학급당 학생 수는 12명이고 교사와 학생의 비율은 1대 7이다. 외국학생은 전체의 10%이며 독일, 홍콩 인도네시아, 멕시코, 사우디아라비아 출신의 학생들이다.

▎대학진학

직접적인 대학진학 상담은 Junior(고교 2년 과정) 때부터 이루어진다. Junior 단계의 학생들은 이때부터 정기적인 상담예약을 통해 대학진학 상담을 효율적으로 하게 된다. 매년 각 대학 대표들이 학교를 방문하고 학생들은 학교장과 진학상담 지도교사들로부터 개인적이고 심도 깊은 진학지도를 받게 된다. 게다가 Junior 와 Senior(고교 3년 과정) 때부터는 언어와 수학영역 테스트의 실력향상을 위한 강화된 지도를 받게 된다.

2006년 졸업생들의 SAT 언어영역 평균점수는 598점 수학영역 평균점수는 611점이다. 지난 5년간 이 학교를 졸업한 학생들이 입학허가를 받은 학교들로는 다음과 같다.

American, Amherst, Art Institute of Chicago, Baylor, Boston Coll, Bryn Mawr, Cal Tech, Carnegie Mellon, Dartmouth, Duke, Emory, George Washington, Harvard, Johns Hopkins, MIT, Michigan State, NYU, RISD, Santa Clara, Stanford, Tufts, Trinity, Vanderbilt, Wesleyan, Williams, WPI, Yale

SHADY SIDE ACADEMY

Contact : Ms. Katherine H. Mihm, Director of Enrollment   Add   : 423 Fox Chapel Road, Pittsburgh, PA 15238
Tel   : (412) 968-3179   Fax   : (412) 968-3213
Email   : kmihm@shadysidacademy.org   URL   : www.shadysideacademy.org

Ⅰ 개요

펜실베니아(Pennsylvania)주 제 2의 도시인 이름다운 도시 피츠버그(Pittsburgh)에 있는 이 학교는 1883년에 1개의 교실에서 한명의 선생으로 그 출발을 이룬 남녀공학의 기숙학교이다. 현재 펜실베니아주의 서부지역에서 가장 큰 사립학교 중의 하나인 이 학교는 정직, 존경, 책임감, 배려, 안전의 5가지 기본 원칙하에 우수한 학과과목, 다양한 학생활동 및 운동 프로그램을 제공하고 있다. 대학진학을 위한 고도의 수업 진행, 체계적인 학습 운영 등을 통해 진학을 준비하고자 하는 남녀학생들은 개인이 가지고 있는 잠재적인 능력을 한껏 발휘한다. 특히 시각미술 및 무용, 연극 등은 널리 알려져 있으며 미국 내 및 세계 여러 나라 학교와의 교환 학생 프로그램 등도 가지고 있다. 6과목에 걸쳐서 AP가 설립돼 있으며, 최근의 시설로는 사계절 이용 가능한 필드 장, 시각미술관, 컴퓨터실과 아이스 하키장 등을 들 수 있다. 유치원부터 12학년의 학생들이 공부하고 있는 이 학교는 9~12학년의 학생만 기숙사 생활이 가능하다. 참고로 이 학교는 다른 학교와 달리 5일제 기숙(5 -Day Boarding)프로그램을 가지고 있기에 그곳에 연고가 없을 경우 외국 학생들에게는 다소 지원하기가 어려울 수 있다. 학교가 대도시에 위치하고 있는 관계로 기숙학생보다 통학학생의 수가 월등히 많은 편이다. 시내 외곽에 위치한 125에이커의 면적에 25개 동의 건물이 들어서 있으며 총 112명의 교사 중 상급학년의 학생들을 위한 교사 수는 112명이고 이중 40명의 교사는 석사 학위 이상의 학력 소지자이다. 15명의 교사는 교내 캠퍼스에서 학생들과 함께 생활한다.

Ⅰ 학생 수

총 학생 수 949명 중 상급학년의 학생 수는 502명이고 이중 33명이 기숙사 생활을 하고 있다. 학급당 학생 수는 13명이며 교사와 학생의 비율은 1대 8이다.

Ⅰ 대학진학

전문적인 진학담당 교사가 학생들의 진학과 관련된 전반적인 업무를 담당한다. 미국전역을 걸쳐 많은 대학의 입학 담당자들이 학교를 방문하여 입학 절차, 장학금 내용, 재정적 보조 등 학생들이 궁금해 하는 전반적인 정보를 제공한다.

이 학교를 졸업한 본교 2006년 졸업생 126명 중 125명이 대학에 진학하였으며 그들이 취득한 성적을 살펴보면 SAT 평균점수가 언어영역 640점, 수학영역 660점, 쓰기영역이 630점으로 상당히 우수한 편이다.

학생들이 진학한 대표적인 대학으로는 다음과 같다.

Boston Coll, Carnegie Mellon, Case Western Reserve, Columbia, Cornell, Dartmouth, Davidson, Drexel, Duke, Georgetown, NYU, Northwestern, Pennsylvania, Syracuse, Tufts, Penn State, Pittsburgh, Rochester, Virginia, Wellesley, Williams, Yale

SHATTUCK – ST. MARY S SCHOOL

Contact : Mrs. Amy D. Wolf, Director of Admissions	Add : 1000 Shumway Ave., Faribault, MN 55021
Tel : (507) 333–1655	Fax : (507) 333–1661
Email : admisions@s-sm.org	URL : www.s-sm.org

▌ 개요

미네소타(Minnesota)주의 쌍둥이 도시(Twin Cities)인 미네아폴리스(Minneapolis)와 세인트폴(St. Paul)에서 남쪽으로 약 80킬로 거리인 페어볼트(Fairbault)에 자리잡고 있는 이 남녀공학의 기숙학교는 1858년 성공회에 의해 설립되었다. 미국 중서부지역에서 가장 오래된 기숙학교 중의 하나이기도 한 이 학교는 대학 진학에만 교육의 중점을 두지 않고 향후 자신감이 있는 한 성인으로서의 삶을 영위할 수 있게 한다는 데 교육의 목표를 두고 있다. 모든 학교와 기숙사는 인터넷이 가능하며 아이스하키를 포함한 다양한 운동 프로그램, 음악, 학생들을 위한 여행, 규칙적인 연극공연 등이 이 학교가 자랑하는 우수성 중의 하나이며 학생들은 학교에서 제공해주는 최상의 시설을 십분 이용하여 자아발전에 힘쓴다. 250여 에이커에 부속된 각종 고딕양식의 건물 외관과 주변 정황은 마치 영국 정통의 사립학교를 방문한 것 같은 착각에 빠지게 해준다. 다만 체육관, 도서관 등 학생들을 위한 기본 시설이 기존에 위치한 건물 안에 들어가 있고 증개축에 어려움이 있기 때문에 다소 시설이 열악한 점이 아쉬움으로 남으나 바로 이러한 점이 학교의 전통이 아닌가 하고 나름대로 위안해 본다. 6~12학년이 공부를 하며 기숙 또한 6학년부터 가능하다. 총 58명의 교사 중 24명이 석사학위 이상의 학력을 소지하고 있다. 50명의 교사는 교내 캠퍼스에서 생활한다.

▌ 학생 수

총 학생 수는 335명이며 그 중 기숙학생은 234명이다. 외국인 학생의 비율은 전체 학생 수의 25%이며 이는 일본, 캐나다, 독일, 사우디아라비아에서 온 학생들이다. 학급당 학생 수는 15명이고 교사와 학생의 비율은 1:7이다.

▌ 대학진학

상담교사들은 학생들이 11학년(고교 2년에 해당)이 되면 대학에 대한 정보를 제공하는 등 진학 지도를 시작한다. 매년 50여 개가 넘는 대학의 입학담당자들을 초대하여 진학준비에 도움이 되도록 하고 있으며 학생들이 언제나 열람할 수 있도록 각 대학의 지원서양식, 안내책자 등을 구비하고 있다. 2006년 졸업생들의 SAT 언어영역 평균점수는 530점, 수학영역 평균점수는 560점이다. 2006년 졸업생 63명중 56명이 대학에 진학하였다. 지난 5년간 이 학교를 졸업한 학생들이 입학허가를 받은 대학들은 다음과 같다.

Auqsburg College, Boston College, Brown University, Carnegie Mellon University, Colgate University, Cornell University, DePaul University, Duke University, George Washington University, Middlebury College, Purdue University, RPI, University of Chicago, US Military Academy, Minnesota-Twin Cities, New Hampshire, Wisconsin-Madison, Willamette, WPI

SOLEBURY SCHOOL

Contact	: Ms. Denise DiFiglia, Director of Admissions	Add	: 6832 Phillips Mill Road, New Hope, PA 18938-0429
Tel	: (215) 862-5261	Fax	: (215) 862-3366
Email	: admissions@solebury.com	URL	: www.solebury.com

▎개요

펜실베니아(Pennsylvania)주 제1의 도시인 필라델피아(Philadelphia)에서 북쪽으로 약 55킬로 떨어진 델라웨어 (Delaware)강이 흐르는 인근에 위치하고 있는 역사적인 도시인 뉴호프 (New Hope)에 이 학교는 자리잡고 있다. 1925년에 세워진 이 학교는 18세기의 농장을 변형하여 학교로 설립하였으며 90에이커의 평화로운 캠퍼스에 18 개 동의 건물이 들어서 있다. 이 학교 설립의 근본 취지는 학생들이 학업, 예술 그리고 운동 등을 통해서 개개인 의 기초와 재능을 살려 대학진학을 위한 토대를 쌓으며 아울러 졸업 후 자기 스스로 사고할 수 있는 능력을 배양 하고 자기 자신 및 주변 사람들에 대한 책임을 질 수 있는 인간이 되게 한다는 데 있다. 1985년부터는 외국 학생 들을 위한 영어 프로그램을 두고 있는데 이는 충분한 학업 능력을 가진 학생이 단지 부족한 영어 실력으로 인해 겪는 어려움을 해결해 주고자 하는 취지에서 발상 되었다. 이 학교를 대변할만한 두드러진 학교 건물들이 캠퍼스 내에 설립되어져 있지는 않으나 전반적으로 면학을 위한 안전하고 쾌적한 환경의 공간을 학생들에게 제공한다. 7~12학년, 그리고 PG 과정을 두고 있는 이 학교는 9학년부터 기숙이 가능하다. 총 48명의 교사 중 21명이 석사 학위 이상의 학력 소지자이고 27명은 교내 캠퍼스에서 거주한다.

▎학생 수

총 학생 수 224명 중 기숙학생은 64명이다. 학급당 학생 수는 10명이고 교사와 학생의 비율은 1대 6이다. 외국 인 학생은 전체의 15%이며 이는 독일, 일본, 리투아니아, 말레이시아, 한국, 대만 등에서 온 학생이다.

▎대학 진학

11학년(고교 2년 과정에 해당)부터 학생들은 자신의 관심분야를 고려해 대학에 대한 정보를 열람하는 등 상담 을 통해 진학준비를 시작한다. 학교도서관에는 언제나 대학안내 책자가 구비되어있고, 각 대학 정보를 검색하고 정보를 열람할 수 있는 컴퓨터시스템이 구축되어 있다. 학생들은 또한 매년 본교를 방문하는 각 대학의 입학담당 자들과의 만남을 통해 진학에 대한 정보를 얻기도 한다.

2006년 졸업생들의 SAT 언어영역 평균점수는 560점이고 수학영역 평균점수는 570점, 쓰기영역은 580점이다. 본교는 2006년에 52명의 졸업생을 배출하였는데 그 중 49명이 대학에 진학하였고 그들이 진학한 학교를 살펴보 면 다음과 같다.

Babson College, Boston University, Bryn Mawr College, George Washington University, Lehigh University, Hampshire College, New York University, Purdue University, Rutgers, Trinity College, Washington University(St. Louis), University of Chicago, University of Southern California

SOUTH KENT SCHOOL

Contact	: Mr. Richard A. Brand, Director of Admissions and Financial Aid	Add	: 40 Bull's Ridge Road, South Kent, CT 06785
Tel	: (860) 927-3539	Fax	: (860) 927-0024
Email	: admissions@southkentschool.net	URL	: www.southkentschool.net

❙ 개요

코네티컷(Connecticut)주의 자그마한 남자 기숙학교인 이 학교는 1923년 켄트 스쿨(Kent School)의 교장이었던 실(F. H. Sill) 신부에 의해 설립되었다. 하트포트(Hartford)시에서 서쪽으로 약 2시간 여 거리에 위치한 자그마한 소도시인 사우스켄트(South Kent)에 자리 잡고 있는 이 성공회 재단의 학교는 정제된 삶, 자기 자신의 신뢰, 그리고 올바른 목표관 등을 통한 학생들의 교육 배양에 힘쓰고 있다. 소규모로 이루어지는 수업방식에 학생들을 위한 각종 스포츠 프로그램 및 각종 과외 활동은 학생 개개인이 자신의 역량을 충분히 발휘하도록 한다. 최근에는 학교 부속건물을 새롭게 개축하여 학생들이 좀 더 편안한 환경에서 학교 캠퍼스를 만끽할 수 있게 하였다. 이 학교가 위치하고 있는 도시 바로 옆에는 켄트(Kent)라는 도시가 자리 잡고 있고 이곳에는 또 다른 사립학교인 켄트 스쿨(Kent School)이 위치하고 있다. 9~12학년의 학생들이 공부하고 있으며 총 600에이커의 면적에 30여 개 동의 건물이 들어서 있는데 과학관, 학습관, 20,000여권의 장서를 소지한 도서관, 컴퓨터실, 아트 스튜디오, 암실, 실내 체육관 등이 포함된다. 총 34명의 교사 중 11명이 석사 학위 이상의 학력 소지자이며 25명은 교내 캠퍼스에서 거주한다.

❙ 학생 수

총 학생 수는 140명이고 이 중 기숙학생은 125명이다. 학급당 학생 수는 7명이며 교사와 학생의 비율은 1대 4이다. 외국인 학생은 전체의 약 17%를 차지하며 이는 캐나다, 독일, 일본, 한국, 사우디아라비아, 태국 등에서 온 학생들이다.

❙ 대학진학

진학상담은 고 11학년 단계에서부터 개인적으로 또는 그룹상담으로 진행된다. 컴퓨터를 통한 정보검색은 상담과정에서 없어서는 안 될 중요한 과정이며 이러한 과정은 학생들이 선택할 수 있는 대학의 폭을 다양하게 해준다. 인터넷을 통해서 개인적으로 관심 있는 대학에 대한 정보를 수집하거나 학자금 융자에 관한 양식을 찾거나 어떤 경우에는 직접 대학지원을 하는 등의 서비스를 받을 수 있다. 매년 50여 개 이상의 대학에서 학교를 방문하여 학생들과 대학진학에 대한 이야기를 나눈다. 2006년 졸업생들 중 SAT 언어영역 평균점수는 520점, 수학영역 평균점수는 500점이며, 언어영역에 18%, 수학영역은 24%가 600점 이상을 받았다.

2007년도에 졸업한 학생들이 진학한 대학들은 다음과 같다.

American International College, Clarkson University, Johnson and Wales University, Long Island University, Michigan State University, Oregon State University, Suffolk University, University of Connecticut, University of Washington, Vassar College, Wentworth Institute of Technology, Wheaton College

SOUTHWESTERN ACADEMY

Contact	: Ms. Lynn Yekiazarian, Dean of Enrollment	Add	: 2800 Monterey Road, San Marino, CA 91108
Tel	: (626) 799-5010	Fax	: (626) 799-0407
Email	: admissions@southwesternacademy.edu	URL	: www.southwesternacademy.edu

┃ 개요

캘리포니아(California)주 로스앤젤레스(Los Angeles)의 주거지역인 산마리노(San Marino)에 위치한 이 학교는 6~12 및 PG 과정의 학생들이 수업을 하는 남녀공학의 기숙학교이다. 1924년 '더 잘 할 수 있었던 재능있는 학생들을 위하여'라는 취지로 머리스 베론다(Maurice Veronda)에 의해 설립되었다. 이 학교는 산마리노에 위치한 학교 주변이 주거지역으로 급속히 변해감에 따라 학생들만을 위한 안전한 장소를 제공하기 위한 목적으로 1963에 애리조나(Arizona)주 북쪽에 위치한 림록(Rimrock)에 180에이커의 면적을 가진 비버 클릭 랜치(Beaver Creek Ranch) 분교를 설립하였다. 따라서 학생들은 원할 경우 서로의 캠퍼스에서 공부를 할 수 있는 특전을 가지게 되었다. 이 학교의 장점은 소수정예의 반 편성으로 인하여 교사들이 학생 개개인에게 세심한 배려를 할 수 있다는 점이다. 드라마, 음악, 미술, 취미활동, 저녁식사를 포함한 댄스, 바베큐, 해안에서의 파티, 마술쇼, 영화 등 재학 학생들의 다양한 정서 함양을 제고하기 위한 프로그램 등이 제공되며 특히, 미국 제2의 도시인 LA 중심지가 불과 20여 킬로 정도 밖에 떨어져 있지 않아 학생들은 다양한 문화체험의 기회를 누릴 수 있다. 8에이커의 캠퍼스에 스페인 양식의 7개 동 건물이 들어서 있는데 이는 체육관, 채플, 교실, 스튜디오, 극장, 운동장 및 기숙사들로 이루어져 있다. 총 25명의 교사 중 7명은 석사학위 이상의 학력을 가진 교사들이며, 8명은 교내에 거주하고 있다. 스텐포드 대학(Stanford University)의 학사 및 석사과정을 이수하고 현재 재직하고 있는 이 학교의 교장은 이 학교 설립자의 아들이다.

┃ 학생 수

총 학생 수는 115명이고 이 중 75명이 교내 기숙사에 거주한다. 학급당 평균 학생 수는 9명이고 교사와 학생의 비율은 1대 6이다. 총 학생의 절반은 미국 여러 지역에서 온 학생들로 구성되어 있고, 나머지 학생들은 세계 여러 나라에서 온 학생들로 구성되어 있는데 이는 통상 중국, 인도네시아, 일본, 한국, 태국 등에서 온 학생들이다.

┃ 대학진학

학생이 9학년(고교 2년 과정에 해당)이 되면 진학지도 교사들은 각 학생들에게 상세하게 주의를 기울이고 그러한 각 배려들은 학생들에게 의욕을 가지게 한다. 각 대학 대표자들은 매년 두 학교를 방문하며 학교는 학생들의 부모님을 위하여 진학안내 책자를 준비한다. 2006년 졸업생은 모두 28명이며 전원이 대학에 진학을 하였다. SAT 평균점수는 언어영역이 450점, 수학영역이 600점 그리고 쓰기 영역이 550이다, 이들이 진학한 대학들은 다음과 같다.

California State University-Northridge, FIT, Knox College, Pepperdine University, Santa Monica College, Whittier College, UC-Berkeley, UC-San Diego

STEVENSON SCHOOL

Contact	: Mr. Thomas W. Sheppard, Director of Admission	Add	: 3152 Forest Lake Road, Pebble Beach, CA 93953-3200
Tel	: (831) 626-8309	Fax	: (831) 625-5208
Email	: info@rlstevenson.org	URL	: www.rlstevenson.org

▌개요

1952년 남학생을 위한 텔몬테 남자학교(Del Monte School for Boys)로 출발을 한 이 학교는 이 지역에 살았던 유명한 작가인 로버트 루이스 스티븐슨(Robert Louis Stevenson)을 기리기 위해 그의 이름을 따서 1952년 현재의 이름으로 개명되었으며, 1976년부터는 여학생의 입교도 허락하여 지금은 남녀기숙학교로 자리잡고 있다. 미국 서부지역에서 명문 사립학교 중의 하나로 인정받고 있는 이 학교는 유명한 골프코스로 그 이름이 잘 알려진 몬테레이(Monterey) 근교 페블비치(Pebble Beach)에 위치하고 있다. 우수한 대학진학을 목표로 하고 있는 이 학교는 학생 대다수가 노트북 컴퓨터를 소지하고 있으며 16개의 AP를 포함한 다양한 교과 과목과 스포츠 프로그램, 뛰어난 음악 및 연극 등은 어디에 내놓아도 손색이 없을 정도로 우수하다. 최근에 모 방송국에서 소개된 한국 유학생들의 실상을 보여주는 프로그램에서 대표적인 모범학교로도 방영이 된 적도 있다. 학교의 기숙사의 모든 방은 네트워크화 되어 있으며 학생들의 자체 운영에 의해 이루어지는 교내 라디오 방송국은 반경 80마일 내에서 청취가 가능하다. 수려한 자연환경과 어우러져 있는 이 캠퍼스는 학생들이 쾌적한 교육환경에서 자신의 역량을 마음껏 발휘 할 수 있는 동기를 제공해 주고 있다. 졸업생 대다수는 미국 내 거의 모든 지역의 명문 대학에 진학한다. 총 교사 수는 65명이며 이중 45명이 석사 학위 이상의 학력을 소지하고 있다. 28명의 교사는 교내 캠퍼스에 거주한다. 우수한 학생은 한번 응시해보길 장려한다.

▌학생 수

총 754명의 학생 중 상급학년의 학생 수는 520명이고 이 중 기숙 학생은 260명이다. 학급당 학생 수는 14명이고 교사와 학생의 비율은 1:10이다.

▌대학진학

본교에는 1명의 진학 담당 책임자와 5명의 보조상담 교사가 활동 중인 진학상담 센터가 있다. 학생들이 본교에 입학한 순간부터 학생들의 교과과정을 선택하고 과외활동을 선정하는 등의 진학을 대비한 계획 속에서 학업을 진행한다. 본격적인 진학지도는 11학년 단계부터 시작된다. 매년 대략 75개의 대학에서 입학담당자들이 본교를 방문하여 학생들을 만나고 있으며, 학교는 학생들이 대학을 방문하는 것 역시 장려하고 있다. 2006년 졸업생들의 SAT 평균 점수는 2026이고, 언어영역 평균점수는 667점, 수학영역 평균점수는 688점, 쓰기영역은 676점으로 아주 높다. 2006년 118명이 졸업을 하였고 그 중 114명이 대학에 진학하였다. 그들이 진학한 대학은 다음과 같다.

Berklee Coll, Boston Coll, Cal Poly, Carnegie Mellon, Chicago, Cornell, Emory, GIT, Middlebury, Notre Dame, NYU, Northwestern, Harvard, Princeton, Santa Clara, Stanford, Trinity, UC-Berkeley, USC, Vanderbilt, Williams, Wisconsin, Yale

 **STONELEIGH-BURNHAM SCHOOL**

Contact	: Ms. Sharon L. Pleasant, Director of Admissions	Add	: 574 Bernardston Road, Greenfield, MA 01301
Tel	: (413) 774-2711	Fax	: (413) 772-2602
Email	: admissions@sbschool.org	URL	: www.sbschool.org

▎개요

뉴잉글랜드(New England)의 전형적인 도시인 그린필드(Green Field)에 위치한 이 여자 기숙학교는 이름에서도 알 수 있듯이 노샘프튼(Northampton)에 위치한 메리 번엄 스쿨(Mary A. Burnham School)과 스톤리 프로스퍼 힐 스쿨(Stoneleigh-Prosper Hill School)의 합병으로 1869년에 설립되었으며 6~12, 그리고 PG 과정의 학생이 공부하고 있고 기숙 역시 6학년부터 가능하다. 스프링필드(Springfield)시에서 북쪽으로 약 1시간 여 거리에 위치하고 있으 며 근처에는 대표적인 명문 사립인 디어필드(Deerfield Academy)와 노스필드 마운트 허먼(Northfield Mount Hermon School)이 있다. 이 학교의 주된 철학은 다양한 재능과 학업 능력이 있는 학생들을 위한, 개개인에게 알맞은 융통 성 있는 교육 프로그램의 제공에 있다고 할 수 있다. 즉, 졸업에 필요한 기본적인 학과목의 배정 외에 학생들에게 알맞은 교과 과정을 제공함으로서 학생들은 각자가 원하는 과정의 교육에 심취할 수 있는 동기를 부여하는 것이 다. 여자 학교답게 가족적인 분위기에서 학생들의 지도발전에 최대한의 노력을 기울이는 교사진과 AP를 비롯한 전국적으로 알려진 승마, 각종 스포츠 팀과 음악, 미술, 무용 등 탁월한 예체능 프로그램의 제공을 위해 힘쓰는 학교로 인하여 이곳에 재학하는 학생들은 쾌적한 환경에서 양질의 교육을 받는다. 과학 분야에도 그 우수성이 인정되어 최근에는 현대식 과학관이 설립되었으며 토론(Debate) 프로그램은 미전역에서도 잘 알려져 있을 정도 이다. 총 43명의 교사 중 32명이 석사학위 이상의 학력 소지자이다. 16명의 교사들이 교내 캠퍼스에서 생활한다.

▎학생 수

총 150명의 학생 중 기숙학생은 95명이다. 학급당 학생 수는 10명이고 교사와 학생의 비율은 1대 5이다. 외국 인 학생은 전체 학생의 약 14%를 차지하며 이는 독일, 홍콩, 인도, 일본, 독일, 그리고 대만 등에서 온 학생들이다.

▎대학진학

진학지도는 Sophomore 단계(고교 1년 과정에 해당)부터 시작된다. 도서관에는 여러 대학에 대한 새로운 안내책 자들이 언제나 구비되어 있어 학생들이 자유로이 이용할 수 있고, 각 대학의 입학 담당자들이 학생들을 직접 만나기 위해 매년 학교를 방문하고 있다.

2006년 졸업생들의 SAT 언어영역 평균점수는 530점이고 수학영역 평균점수는 510점이다. 2006년 졸업생 39명 전원이 대학에 진학하였고, 그들이 진학한 대학은 다음과 같다.

Bryn Mawr University, Boston University, Catholic University, Drew University, Georgetown University, Lehigh University, Hamilton College, Mount Holyoke College, Parsons School of Design, Purdue University, Smith College, George Washington University, Tufts University

STONY BROOK SCHOOL

Contact : Mr. Kevin M. Kunst, Director of Admissions	Add : 1 Chapman Parkway, Stony Brook, NY 11790
Tel : (631) 751-1800 Ext. 1	Fax : (631) 751-4211
Email : admissions@stonybrookschool.org	URL : www.stonybrookschool.org

▎개요

미국 뉴욕(New York)의 롱아일랜드(Long Island)에 있는 스토니브룩(Stony Brook)에 위치하고 있는 이 학교는 1922년 스토니브룩 의회(Stony Brook Assembly)의 하계모임의 장소로 사용되었던 지역에 설립된 이래 학생들에게 철저한 대학 준비와 기독교적 사관, 상대방의 배려 와 지식의 함양을 그 근본이념으로 가르쳐 오고 있다. 뉴욕에 거주하는 많은 교민들로 인하여 한국 내에서도 잘 알려진 학교 중의 하나인 이 학교의 근처에는 뉴욕 주립대 스토니브룩(SUNY Stony Brook)이 위치해 있기도 하다. 7~12 학년의 학생이 재학하며 기숙가능 학년 역시 7학년 부터인 이 학교는 기독교적 신앙과 연계된 우수한 대학 진학과정에 그 목표를 두고 설립되었으며 초기에는 남학 생의 입학만을 허용하였으나, 1971년 남녀공학으로 그 형태를 변경하였다. 13의 AP를 포함한 정규 학과목 이외 에 예술, 체육, 성경공부, 예배 활동 및 각종 리더십을 배양할 수 있는 프로그램이 제공된다. 총 54에이커의 삼림 들로 둘러싸여진 캠퍼스에는 34개 동의 건물이 있는데 이는 과학관, 컴퓨터실, 강당, 시각 예술관, 갤러리, 과학 관, 도서관 등이 포함된다. 46명의 교사진 중 27명은 석사 학위 이상의 학력 소지자이다. 교사 대부분은 교내 캠퍼스나 인근에 거주하고 있다.

▎학생 수

총 학생 수는 321명의 학생 중 154명이 기숙사 생활을 한다. 학급당 학생 수는 14명이며 교사와 학생의 비율은 1대 7이다. 외국인 학생의 비율은 전체의 약 21%이며 이는 독일, 홍콩, 일본, 한국, 사우디아라비아, 태국 등에서 온 학생들이다.

▎대학진학

매년 가을 40여 대학의 입학 담당자들이 학교를 방문하여, 학생들을 만나는데 학생들에게는 개인 당 5~6명의 입학담당자들과 인터뷰를 할 수 있는 기회가 주어진다. 이러한 프로그램을 시작으로 Junior(고교 2년 과정에 해 당) 단계에서부터 진학지도는 시작된다. 학생들은 최종적으로 대학을 선택하기 전까지, 스스로 정보를 찾고 상담 을 통해 조언을 구하면서 진학준비를 한다. 학생들은 Senior(고교 3년 과정에 해당) 단계가 되기 전 방학을 통해 가능하면 많은 대학을 직접 방문한다. 학생들은 Senior 단계가 되면 상담을 통해 자신의 진학시험 점수, 학과 성 적, 관심영역, 미래의 계획 등을 고려하여 최종적으로 진학하고자 하는 대학을 선택하게 된다.

2006년 SAT 평균점수는 언어영역은 605점이고, 수학영역은 627점, 쓰기영역은 605점이다. 69명의 졸업생들 중 67명이 대학에 진학하였고 그 대학들은 다음과 같다.

Boston Coll, Carnegie Mellon, Culinary Institute of America, Emory, Harvard, Hartford, Lynn, NYU, Northeastern, Princeton, Smith, SUNY-Binghamton, Syracuse, Tufts, Illinois Ur-Ch, Massachusetts-Amherst, Wisconsin-Madison, York

STORM KING SCHOOL

Contact	: Mr. Stephen Lifrak, Admissions Director	Add	: 314 Mountain Road, Cornwall-on-Hudson, NY 12520
Tel	: (845) 534-9860	Fax	: (845) 534-4128
Email	: admissions@sks.org	URL	: www.sks.org

▎개요

뉴욕(New York)시에서 북쪽으로 약 80킬로 떨어진 콘월언허드슨(Cornwall-on-Hudson)에 위치한 이 학교는 1867년 루이스 레독스(Louis P. Ledoux) 신부에 의해 대학 준비과정의 학교로 설립되어졌다. 9~12 그리고 PG 과정을 가지고 있는 이 학교는 기숙학교가 가지고 있는 체계적인 구조 하에 학생 개개인이 자신을 펼칠 수 있는 학업적 수완을 개발하기 위하여 설립되었다. 생산적이고 유쾌한 하나의 공동체가 학교 내에서 이루어질 수 있도록 하는 것이 이 학교의 근본 철학이다. 대학진학을 위한 목표가 이 학교의 근본이념이지만 이에 덧붙여 학생 개개인이 미래를 향한 준비를 하는데 최적의 교육 환경을 제공하는 것도 역시 이 학교의 몫이다. 65에이커에 달하는 스톰킹산(Storm King Mountain) 기슭에 자리잡고 있는 이 학교는 주위의 아름다운 경치와 더불어 학생들이 안전하게 학과 생활에 몰입할 수 있게 해준다. 학교의 시설로는 실험실, 온실, 암실, 수학/과학실, 천문대, 실내 체육관 등이 있으며 스포츠로는 농구, 레슬링, 역도, 축구, 크로스컨츄리, 라크로스, 테니스 등의 종목을 가지고 있다. 주말을 이용하여 학생들은 인근 대도시인 뉴욕을 방문하여 영화관람, 스포츠경기 관전, 연극공연, 쇼핑 등을 하며 교사의 인솔 하에 하이킹, 승마, 스키, 산악자전거 등의 레크리에이션도 즐긴다. 총 교사의 수는 33명이고 이중 22명은 석사 학위이상의 학력을 소지하고 있으며 26명은 교내 캠퍼스에 거주한다.

▎학생 수

총 학생 수는 135명이고 이 중 80명이 교내 기숙사에 거주한다. 학급 당 학생 수는 8명이고 교사와 학생의 비율은 1:6이다. 외국인 학생은 전체 학생의 약 30%를 차지하는데 이는 한국, 중국, 일본, 스페인, 대만 등에서 온 학생들이다.

▎대학진학

본교는 학생들이 입학하고 나서 졸업할 때까지 진학상담이나 각종 프로그램을 통해 지속적인 진학지도를 하고 있다. 본격적인 진학지도는 Junior(고교 2년 과정)단계부터 본격적으로 시작되는데 그룹미팅을 통한 지속적인 진학정보의 제공, 그리고 현재 학생의 상황과 진학 희망사항을 점검하는 상담이 이루어진다. 개인적인 진학상담은 자주 이루어지는데 가끔 부모를 동반하여 상담하기도 한다. 본교의 학생들은 대부분 자기 자신에게 맞는 대학을 찾아서 진학하고 있다.

2006년 졸업생들의 SAT 언어영역 평균점수는 510점, 수학영역 평균점수는 540점, 쓰기영역은 470점이다. 2006년 졸업생 37명 전원이 대학에 진학하였고 진학한 대학은 다음과 같다.

Boston College, Bucknell University, New York University, Rensselaer Polytechnic Institute, University of Vermont, Virginia Polytechnic Institute and State University

STUART HALL

Contact	: Mrs. Jessica L. Hyde-Marcom, Director of Admissions	Add	: 235 West Frederick Street, Staunton, VA
Tel	: (540) 885-0356	Fax	: (540) 886-2275
Email	: admissions@stuart-hall.org	URL	: www.stuart-hall.org

┃ 개요

버지니아(Virginia)주에서 가장 오래된 성공회 여자 기숙학교인 이 학교는 워싱턴 디시(Washington D. C.)에서 차로 약 2시간 30여분 거리에 위치하고 있는 자그마한 대학 도시인 스톤튼(Staunton)에 자리잡고 있다. 1844년에 버지니아 여성 협회에 의해 세워진 이 학교는 현재 5~12학년의 남녀 학생들이 수업을 하고 있으며 기숙의 경우는 오로지 8학년 이상의 여학생만이 가능하다. 이 학교의 교육 철학은 자상한 보살핌 속에서 가족과 같은 분위기에서 기독교적 환경을 바탕으로 학교에 재학하는 모든 학생들에게 육체, 정신, 마음, 영혼을 교육시킨다는 것이다. 소규모의 학생 수를 가진 학교답게 친절하고 자상한 교사는 학생들의 발달을 위하여 세심한 배려를 해주며 최근에는 학생들의 편의를 위하여 과학관, 체육관, 체력 단련실 등 각종 건물을 증·개축하였다. 아담하게 짜여진 8에이커의 캠퍼스에는 6개 동의 건물이 있는데 특히, 학교의 본관 건물로 쓰이는 이 올드 메인(Old Main)은 1846년에 건립되었으며 사적지로 등록이 되어있다. 전체적으로 학교가 아주 아담하고 매력적이며 주변의 환경은 무척 깨끗하다. 이외에도, 15,000군의 장서를 소장한 도서실, 스튜디오, 실내 수영장, 강당, 학생관, 암실, 음악실, 과학 실험실, 실내 체육관 등의 시설이 학생들을 위해 제공된다. 총 27명의 교사 중 14명이 석사학위 이상의 학력 소지자이다. 6명의 교사는 교내 캠퍼스에서 거주한다.

┃ 학생 수

총 학생 수는 162명이고 그 중 기숙학생은 40명이다. 학급당 학생 수는 12명이고 교사와 학생의 비율은 1대 7이다. 외국 학생들은 전체의 약 14%를 차지하며 이는 아르헨티나, 독일, 멕시코, 한국 등에서 온 학생들이다.

┃ 대학진학

학생들은 Sophomore(고교 1년 과정에 해당) 단계부터 자신에게 적합한 대학을 선택하기 위한 진학지도 상담을 받는다. 학교에서는 학생들이 필요한 정보를 열람할 수 있도록 각종 책자와 시청각 자료, 대학안내 책자 등을 구비하고 있다.

2006년 졸업생들의 SAT 언어영역 평균점수는 587점, 수학영역 평균점수는 587점이다. 2006년 졸업생들 전원이 대학에 진학하였고 그들이 진학한 대학은 다음과 같다.

Auburn University, Boston University, Duke University, George Mason University, Michigan State University, Pratt Institute, Roanoke College, Swarthmore College, Temple University, University of Virginia, NNC-Chapel Hill, University of Wisconsin, Virginia Polytechnic Institute and State University

SUBIACO ACADEMY

Contact : Mr. Jason A. Gaskell, Director of Admissions	Add : 405 North Subiaco Avenue, Subiaco, AR 72865
Tel : (479) 934-1025	Fax : (479) 934-1033
Email : admissions@subiaco.org	URL : www.subi.org

▍ 개요

미 아칸소(Arkansas)주의 유일한 기숙학교이며 천주교(Catholic) 학교이기도 한 이 수비아코(Subiaco Academy)는 주도인 리틀록(Little Rock)에서 북서쪽으로 차로 약1시간 여 떨어져 있는 자그마한 소도시인 수비아코(Subiaco)에 자리잡고 있다. 9~12학년의 남학생들만이 수학을 하는 이 학교는 1887년 이 학교와 같이 부속되어 있는 수비아코 사원(Subiaco Abbey)에 거주하는 사제들의 관리하에 교육을 위한 장으로 그 문을 열었으며 1700에이커의 거대한 농장부지중 100에이커의 면적에 학교 및 사원을 포함한 8개의 건물들이 들어서 있다. '신에 의해 축복을 받은'(Blessed by God) 이라는 의미를 가진 이 5세기경의 유명한 수도자인 성 베네딕트(St. Benedict)의 이상 즉, 배움의 축복, 자연의 조화 속에서 기도와 노동이 배합된 삶, 사회에의 봉사 등을 학생들에게 전수하기 위해 이 학교는 끊임없는 노력을 기울이고 있다. 인문학, 사회과학, 자연과학, 어학 등 기본적인 교양과목을 기본으로 하여 학생들은 대학 진학에 필요한 학과 준비를 함과 동시에 학문과 지역사회 간의 상호 조화를 이루어 향후 학생들이 사회에 진출을 하여 우수한 하나의 자원으로 성장을 할 수 있게끔 하여준다. 특히나 이 학교는 학생들을 위해 스페인어 프로그램을 제공하고 있는데 9학년인 신입생부터 졸업을 하는 12학년까지 체계적이며 심도있는 스페인어를 배울 수 있는 큰 장점을 가지고 있다. 학비는 여타 주에 비해 상대적으로 저렴한 편으로 한국 학생들도 선호하는 학교이다. 총 38명의 교사 중 14명이 신부님들이며 이중 20명이 석사 학위 이상의 학력 소지자이다. 24명은 학생들과 함께 기숙사에 거주한다.

▍ 학생 수

총 165명의 학생 중 120여명이 기숙생활을 한다. 학급 당 학생 수는 17명이며 교사와 학생의 비율은 1대 6이다. 전체 학생의 약 18%가 외국인 학생이며 이는 크로아티아, 한국, 멕시코, 대만 등에서 온 학생들로 구성되어 있다.

▍ 대학진학

이 학교의 대학진학 상담자는 학생 개개인들에게 대학진학을 준비시키는데 있어서 적성과 능력에 맞는 학교를 선정하는데 세심한 배려를 아끼지 않으며 원서를 작성하는데 있어서 학생들이 도움을 원하는 경우 조언을 아끼지 않는다. 이 학교의 평균 SAT 점수는 언어영역에서 535점 수학 영역에서 625점을 얻었고 25%가 언어영역에서 63%가 수학영역에서 600점 이상을 취득하였다. 언어 및 수학영역에서 1200점 이상을 맞은 학생은 응시생의 50%를 차지한다. 2006년 31명의 학생들이 대학에 진학을 하였는데 이들이 진학을 한 대학들을 열거하면 다음과 같다.

Arkansas, Case Western Reserve, Dallas, La Salle, Michigan State, Notre Dame, Rhodes Coll, St. Joseph, Texas A&M, Texas Christian Univ, US Naval Academy

SUFFIELD ACADEMY

Contact : Mrs. Terry Breault, Director of Admissions	Add : 185 N. Main Street, Suffield, CT 06078
Tel : (860) 386-4440	Fax : (860) 668-2966
Email : saadmit@suffieldacademy.org	URL : www.suffieldacademy.org

▌ 개요

코네티컷(Connecticut)주의 주도인 하트포드(Hartford)시 인근에 위치한 브래드리 국제공항(Bradley International Airport)에서 불과 10여분 거리에 위치한 이 학교는 대학진학을 위한 전형적인 사립학교 중의 하나이다. 코네티컷 문학 협회(Connecticut Literary Institution)에 의해 1833년에 설립된 이 학교는 여러 운영 과정을 거쳐 1974년에 현재와 같은 남녀공학의 학교로 지금까지 그 맥을 이어오고 있다. 학생 개개인에게 주어지는 진로지도와 학업 교육이 이 학교가 내세우는 자랑인데 이는 학교의 수업을 소규모의 반으로 편성을 하여 체계적인 수업진행을 해나가는 것이다. 학생들은 자신의 역량을 최대한 발휘하기 위해 지덕체를 몸소 실천하고 이를 통해 하나의 완성된 인간을 형성해 나간다. 이 학교의 가장 큰 장점은 학생 개개인이 전부 노트북 컴퓨터를 소지하여 학교 수업을 진행한다는 것과 새로 건립한 최신의 예술관에서는 음악, 미술, 연극, 무용 등의 각종 방과 후 프로그램 등을 들 수 있다. 교내 모든 건물은 인터넷으로 연결이 되어있으며 학생은 교내 어느 곳에서나 컴퓨터를 이용하여 각종 교육에 참여 할 수 있다. 역사적인 도시인 셔필드(Suffield)의 350에이커 면적에 49개 동의 건물이 짜임새 있게 들어서 있으며 하트포드(Hartford)와 스프링필드(Springfield)가 가까이 위치하고 있어 각종 레저 및 문화 활동을 즐길 수 있다는 큰 장점이 있다. 9~12학년 및 PG 과정을 제공하고 있으며 총 81명의 교사 중 65명이 석사학위 이상의 학력 소지자이다. 교사의 90%가 교내 캠퍼스에서 생활한다.

▌ 학생 수

총 학생 수는 400명이며 이 중 기숙학생은 234명이다. 학급당 학생 수는 10명이고 교사와 학생의 비율은 1대 6이다. 외국학생은 전체 학생의 14%를 차지하며 이는 버뮤다, 독일, 일본, 한국, 사우디아라비아, 태국 등에서 온 학생들이다.

▌ 대학진학

본교의 진학상담을 담당하는 부서는 폭넓고 다양한 프로그램을 제공한다. 진학준비 시험은 Sophomore(10학년) 단계에서 시작하고, Junior(11학년) 2학기 과정에서는 진학상담을 시작한다. 매년 125개 이상의 각 대학 대표자들이 학교를 방문하고 학생들은 자신이 가고자 하는 대학을 방문한다.

2006년 졸업생들의 SAT 언어영역 평균점수는 545점이고 수학영역 평균점수는 594점이다. 2006년 졸업생 105명 중 104명이 대학에 진학하였다. 지난 3년간 이 학교를 졸업한 학생들이 다니고 있는 대학은 다음과 같다.

Bates, Bryn Mawr, Brown, Brandeis, Columbia, Dartmouth, Emory, FIT, Fordham, Gettysburg, Johns Hopkins, McGill, Middlebury, Georgetown, Northeastern, Purdue, SUNY-Purchase, Syracuse, Trinity, UC-Berkeley, Wisconsin-Madison, Vermont

TABOR ACADEMY

Contact : Mr. Andrew L. McCain, Director of Admissions	Add : 66 Spring Street, Marion, MA 02738
Tel : (508) 748-2000	Fax : (508) 748-0353
Email : admissions@taboracademy.org	URL : www.taboracademy.org

▌개요

흔히 경이의 캠퍼스로 잘 알려진 이 학교는 매사추세츠(Massachusetts)주 보스턴(Boston)에서 차로 약 1시간 여정도 떨어진 자그마한 해안 도시인 마리온(Marion)에 위치하고 있다. 1876년 엘리자베스 태버(Elizabeth Tabor) 여사에 의해 설립된 이 학교는 해양학과 해양과학을 포함한 17개의 AP와 다양한 교과목 및 바다와 관련된 각종 해양 프로그램으로 그 우수성이 다른 학교와 확연히 구분되어진다. 모든 학생들은 각각의 개개인으로 취급이 되어져야 한다는 학교의 취지에 맞게 학교의 기숙사는 전부 여러 학생들이 서로 공유할 수 있게 하였으며 수업 진행방식 및 팀 구성도 소수정예로 이루어진다. 특히 '태버 보이'(Tabor Boy)로 애칭되는 90피트 길이의 범선을 소유하고 있는 이 학교는 신입생을 위한 1주일간의 해양 크루즈 오리엔테이션을 가지며 캐리비안 해의 산호초 생태계 과정연구를 하기도 한다. 학교에 부속된 각종 건물은 짜임새 있게 들어서 있으며 특히 학생들을 위한 체력 연마실은 건물의 1층에 설치해 놓아 확 트인 시야에서 운동을 할 수 있게 배려를 해 놓았다. 40여개 이상의 교실을 제공하는 수업관, 4개의 해양 과학 실험실, 전망대, 온실, 23,000여권의 도서를 갖춘 도서관 등 젊음과 낭만이 교육과 완벽한 조화를 이루어 형성된 아주 이상적인 사학의 장이라고 할 수 있는 곳이다. 9~12학년의 학생이 수학하는 이 학교는 75에이커의 면적에 42개 동의 건물이 들어서 있으며 총 83명의 교사 중 53명이 석사 학위 이상의 학력을 소지하고 있고 59명이 교내 캠퍼스에서 거주한다.

▌학생 수

총 학생 수는 494명이며 그 중 기숙학생은 351명이다. 학급당 학생 수는 12명이고 교사와 학생의 비율은 1대 6이다. 외국인 학생은 전체의 약 12%를 차지하며 이는 중국, 일본, 한국, 대만, 태국 등에서 온 학생들이다.

▌대학진학

진학지도는 11학년 2학기 때부터 시작된다. 모든 학생들과 학부모들은 1년의 기간 동안 적어도 3번의 진학상담을 통해 자신의 희망진로와 적성, 성적 등을 고려해 가장 적합한 대학들을 선택한다. 진학상담은 고3 과정인 Senior 단계에서도 계속되는데 학생들은 졸업반이 되면 학교를 방문한 전국 각 대학 입학담당자들을 만나는 기회가 주어진다. 본교 학생들의 최근 SAT의 평균 성적은 언어영역은 586점, 수학영역 620점, 쓰기영역 592점이다.

2007년 졸업생들이 진학한 대표적인 학교들과 그 수는 다음과 같다.

Babson(4), Boston Coll(2), Boston Univ(5), Carnegie Mellon(1), Columbia(2), Cornell(1), Davidson(1), Harvard(3), MIT(2), NYU(3), Princeton(1), RISD(1), Pennsylvania(2), St. Michael's(2), Rochester(1), South Carolina(5), Vanderbilt(1), Washington and Lee (1), Williams(2)

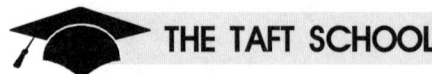

THE TAFT SCHOOL

Contact : Mr. Peter A. Frew, Director of Admissions		Add	: 110 Woodbury Road, Watertown, CT 06795
Tel : (860) 945-7700		Fax	: (860) 945-7808
Email : admissions@taftschool.org		URL	: www.taftschool.org

▎개요

　미국의 명문 사학으로 코네티컷(Connecticut)주 하트포드(Hartford)에서 서쪽으로 약 50킬로 떨어진 워터타운(Water Town)에 위치하고 있는 전형적인 대학준비과정의 기숙학교로 1890년 태프트(Taft)형제에 의해 남학교로 그 출발이 이루어졌으며 이후 1971년에 남녀공학으로 개편되었다. 이 학교의 근본 취지는 재학하고 있는 학생들이 학생 개개인의 심성과 지적성장의 유기적인 관계에서 우수한 하나의 인격체로 성장하기 위한 교육을 제공한다는 점이다. 우수한 교육 프로그램으로 잘 알려진 이 학교는 학생 개개인의 책임감 고취와 학교생활 전반에 걸친 윤리 확립에 그 비중을 두고 있다. 220에이커에 달하는 캠퍼스에 잘 짜여진 18개 동의 건물이 들어서 있으며 58,500여권에 달하는 방대한 장서를 보유한 도서관, 과학관 및 수학관, 언어실습실, 학교 전체를 걸쳐 연결되어진 인터넷, 2개의 극장, 18홀의 골프코스 등이 있다. 특히나 개인적으로 느낀 이 학교의 우수성은 본관 뒤에 별도로 세워진 체육관인데 이에는 2개의 아이스 하키장, 16개의 테니스 코트장, 9개의 스쿼시코트, 전천후 이용 가능한 트랙 경주장 등 그야말로 다른 학교에서는 볼 수 없는 완벽한 체육시설을 가지고 있다는 점이다. 25과목에 걸친 AP 프로그램, 207 가지의 학과 프로그램 등 학생들을 위한 모든 교육과정을 제공하고 있는 이 학교는 해마다 약 1,300여명의 학생들이 이 학교의 입학을 위해 지원을 하고 그 중 약 190여명 정도만 입학이 될 정도로 난이도가 어려운 학교이다. 개인적으로 아주 좋아하는 대표적인 학교 중 하나이며 적극적으로 추천을 해주고 싶다. 9~12 및 PG 과정을 가지고 있고 총 86명의 교사가 학생들을 가르치는데 이중 65명은 석사 학위 이상의 학력을 소지하고 있다. 71명은 교내 캠퍼스에 거주하고 있다. 한국 학생들이 상당히 선호하는 대표적인 학교 중의 하나이다.

▎학생 수

　총 학생 수는 568명이며 그 중 기숙학생은 461명이다. 학급당 학생 수는 12명이고 교사와 학생의 비율은 1대 6이다. 외국인 학생은 전체의 약 10%를 차지하며 이는 버뮤다, 중국, 일본, 독일, 한국, 대만, 태국 등에서 온 학생들이다.

▎대학진학

　11학년 2학기인 1월부터 12학년 2학기 초인 2~3월까지 학생들은 진학상담 교사와 꼼꼼하게 진학계획을 세운다. 학부모들은 그룹별 또는 개인별로 상담을 하는데, 대학진학 일반에 대한 일련의 과정과 현재 자녀의 진학준비 상태에 대해 이야기를 나눈다. 모든 11학년들은 1학기 초에 PSAT 테스트를 받고 겨울에 SAT I 테스트를 받는다. 그리고 다시 12학년에 SAT I 테스트를 실시한다. 이 학교는 지난 10여 년간 졸업생 전체 중 약 28%가 우리가 흔히 이야기 하는 아이비리그(Ivy League) 대학들과 리틀 쓰리(Little three)로 불리는 명문 단과 대학인 Amherst, Wesleyan 그리고 Williams에 입학을 했다. 2006년 기준 SAT 평균점수는 언어영역 638점 수학영역 655점이다. SAT

Ⅱ 테스트는 주요과목에 한해 실시한다. 매년 가을에 150여 개 이상의 각 대학 대표자들이 학교를 방문하여 학생들과의 만남의 시간을 가진다. 2006년 졸업생 165명 중 164명이 대학에 진학하였고 그 대학들은 다음과 같다.

Boston Coll, Brown, Cornell, Carnegie Mellon, Colgate, Columbia, Davidson, Duke, Georgetown, Harvard, Johns Hopkins, Middlebury, NYU, Princeton, Stanford, Tufts, Pennsylvania, Trinity, Vanderbilt, Virginia, Williams, Yale

TALLULAH FALLS SCHOOL

Contact	: Ms. Susan Waldorf, Director of Admissions	Add	: 249 School Road, Tallulah Falls, GA 30573
Tel	: (706) 754-0400	Fax	: (706) 754-3595
Email	: admissions@tallulahfalls.org	URL	: www.tallulahfalls.org

▌ 개요

조지아(Georgia)주 애틀랜타(Atlanta)시에서 동북쪽으로 약 2시간 여 달리다 보면 자그마한 시골마을인 탈루라 폴스(Tallulah Falls)가 나오고 바로 이곳에 6~12학년의 남녀학생들이 공부를 하는 배움의 터로 자리잡고 있다. 이 학교는 교육을 그 우선 과제로 두고 있는 메리 앤 립스콤(Mary Ann Lipscomb) 여사에 의해 1909년에 설립되었다. 지역사회에 거주하는 학생들을 위한 공립과 사립의 두 형태로 운영되어 오다가 1970년에는 학교의 형태를 완전 사립으로 바꾸었다. 교육의 질과 성공적인 학업의 완수에 그 이념을 두고 있는 이 학교의 모토는 교육은 비단 교내에서만 이루어지지 않고 교외에서도 이루진다는 신념하에 전교 학생들이 교내에 거주하며 우수한 교사의 지도아래 학업에 몰두하고 있다. 원시림으로 둘러싸여진 쾌적한 체로키 산(Cherokee Mountain) 중턱의 총면적 550에이커에 16개 동의 건물이 들어서 있으며 총 25명의 교사가 학생들을 지도하고 있으며 이중 15명은 석사학위 이상 학력의 소지자이다. 8명은 교내 캠퍼스에서 거주한다.

▌ 학생 수

총 145명의 학생이 등록되어져 있으며 123명의 학생이 기숙사에서 생활을 한다. 한 학급당 학생 수는 12이며 교사와 학생의 비율은 1:10이다. 전체 학생의 15%가 외국 학생으로 구성되었으며 이는 프랑스, 독일, 인도, 한국, 스위스 등의 나라에서 온 학생들이다.

▌ 대학진학

진학상담 교사들의 가장 우선적인 일은 무엇보다도 학생과 학부모들이 적합한 대학을 선택하고 지원서작성, 장학금 등에 대한 정보를 제공하고 상담하는 것이다. 학생들이 최종적으로 대학을 선택하는데 있어서 원한다면 자신이 가고자 하는 대학을 직접 방문하는 기회도 주어진다. 이 학교는 학생들에게 여러 대학, 기술학교, 사관학교, 장학금 등에 대한 정보를 쉽게 찾아볼 수 있도록 책자와 컴퓨터 검색 시스템을 갖추어 놓고 있다. 고3 과정과 고2 과정에 학생들과 진학에 관심이 있는 부모님들은 매년 각 대학의 입학담당자, 사관학교 관계자, 조지아주 학생 장학재단 관계자들과 진학에 관련된 모임을 갖는 프로브 행사(PROBE Fair)에 참여한다. 학생들은 고 2과정의 1학기에 PSAT 테스트를 하게 되며, 좀 더 본격적인 대학 진학준비를 위해 11학년과 12학년에 SAT I 과 ACT 시험을 본다. 2006년 졸업생들의 SAT 평균 언어영역은 520점이고 수학영역은 530점이다. 600점 이상을 받은 학생은 언어영역에서 40%, 수학영역에서 50%였다. 2006년 18명의 졸업생 중 17명이 대학에 진학하였다. 그 중 75%는 일류대학에 진학하였고, 많은 학생들이 장학금을 받았다. 이들이 진학한 대표적인 대학은 다음과 같다.

Dartmouth College, Georgia Institute of Technology, North Georgia College & State University, University of Tennessee, University of Georgia, USC

THACHER SCHOOL

Contact	: Mr. William P. McMahon, Director of Admissions	Add	: 5025 Thacher Road, Ojai, CA 93023
Tel	: (805) 640-3210	Fax	: (805) 640-9377
Email	: admission@thacher.org	URL	: www.thacher.org

▮ 개요

미 서부를 대표하는 학교 중의 하나로 그 탁월한 학업적 우수성을 자랑하는 이 학교는 맨 처음 이 학교를 설립한 예일대학(Yale University) 출신의 대쳐(Mr. Thacher)가 미국 동부의 뉴잉글랜드(New England) 지역에 있는 기숙학교 전통의 교과과정을 이곳 서부에 있는 학교에 접목시킴으로서 그 교육의 진가를 발휘한 학교이다. '돌로 지은 집' 이라는 의미의 스페인어인 까싸 데 삐에드라(Casa de Piedra)라는 학교의 이름으로 1889년 오하이(Ojai)에 설립된 이 학교는 뛰어난 교육과정, 학생들을 위해 희생적인 봉사를 하는 초기의 교사의 자세, 정규 수업과 병행되는 각종 스포츠 및 과외활동들이 이 학교를 살찌우게 하는 근본 요인이며, 오늘날, 이러한 균형된 교육체계가 미국 내 여타 학교들에게 하나의 본보기가 되어진다. 9~2 학년의 학생이 수학을 하는 이 학교의 교육은 한마디로 언급하자면, 우수한 학교시설과 완벽한 환경 아래 소규모로 이루어지는 교실의 학생들 주위로 우수한 교사진들이 에워싸고 있다. 호젓한 450에이커의 캠퍼스에 85개 동의 건물이 들어서 있는데 이 중 28,000여권의 장서와 120여종의 정기 간행물, 10,000여장의 클래식 음반을 비치하고 있는 도서관, 예술관, 과학/수학관, 수족관, 8개의 실험실, 명문대학인 UCLA 과학자들이 사용하는 전망대, 완벽한 컴퓨터실, 교내의 모든 건물을 연결하는 인터넷 등 학생들을 위한 시설은 완벽하다고 할 수 있다. 총 46여명의 교사 중 37명이 석사 학위 이상의 학력을 소지하고 있으며 42명의 교사는 교내에 거주한다.

▮ 학생 수

총 230명의 학생이 재학하고 있으며 그중 210명이 기숙사 생활을 한다. 학급당 학생 수는 11명이고 교사와 학생의 비율은 1:5이다. 외국 학생은 전체의 약 9%를 차지하는데 이는 캐나다, 중국, 사우디아라비아, 대만, 한국 등에서 온 학생들이다.

▮ 대학진학

본교의 학생들은 여러 우수한 대학들의 정보를 접하면서 자신이 가고자 하는 대학을 선택한다. 지난 해 학생들은 자신이 선택한 대학 중 적어도 2개의 대학에 합격하는 100%의 합격률을 보였고 U. S. News & World Report's가 선정한 미국의 명문 25위권의 대학에 대한 진학률은 74%이었다. 학생들과 학부모들은 대학진학을 준비하는 전 과정에 걸쳐 지속적인 상담과 진학지도를 받고 있다. 진학지도 프로그램은 상담과 대학 입학담당자와의 만남, 진학에 실질적으로 필요한 과정 등에 대한 워크숍, 진학시험준비, 장학금과 학비 융자 등 구체적이고 세심하게 이루어진다. 본교의 SAT 평균은 언어영역 690점, 수학영역 각 670점이다. 2006년 63명의 학생이 졸업을 하였고 전원 대학에 진학을 하였고 그들이 진학한 학교들은 다음과 같다. Brown, Columbia, Dartmouth, Emory, Georgetown, Middlebury, Northwestern, NYU, Stanford, Tufts, UC Berkeley, USC

THOMAS JEFFERSON SCHOOL

Contact : Ms. Marie De Jesus, Director of Admissions	Add : 4100 South Lindbergh Boulevard, St. Louis, MO 63127
Tel : (314) 843-4151	Fax : (314) 843-3527
Email : admissions@tjs.org	URL : www.tjs.org

▮ 개요

미국 중부 미주리(Missouri) 주의 역사적인 도시 세인트루이스(Saint Louis)시에서 남서쪽으로 약 25킬로 떨어진 주거 지역인 선셋힐스(Sunset Hills)에 위치한 소규모의 남녀공학 기숙학교이다. 토마스 제퍼슨 (Thomas Jefferson) 에 의해 1946년에 설립된 이 학교는 학생들에게 베풀 수 있는 최상의 교육을 제공하여 학생자신의 학업습득에 책임감을 두며 상대방을 이해함으로서 향후 한 성인으로서 행복한 삶을 영위하며 사회에 적극적으로 참여함에 그 교육의 목표를 두고 있다. 소규모로 운영되어지는 수업은 교사와 학생과의 토론식 수업에 무게를 두고 있으며 방과 후 자율수업 및 스포츠 등의 각종 과외활동 프로그램을 학생의 자율에 의해 이루어질 수 있게끔 하였다. 전화, 이메일 및 인터넷이 모든 기숙사에 완비되어졌으며 도시의 각종 문화, 예술, 레크리에이션 등의 손쉬운 이용도 가능하다. 주말에는 세인트루이스가 제공하는 각종 문화 행사를 비롯한, 예술 관람, 영화 및 연극 감상, 과학박물관, 식물원 방문 등의 시간들을 가진다. 캠퍼스의 면적은 약 20에이커이며 그곳에 11개 동의 건물이 들어서 있다. 7~12학년을 가진 이 학교에는 총 12명의 교사가 재직하며 이 중 6명은 석사 학위 이상의 학력을 소지하고 있다. 7명의 교사는 교내 캠퍼스에서 생활한다. 소수의 학생 수에 비해 학교의 명성은 상당히 높은 편이기 때문에 학업에만 전념을 하고 싶은 학생들에게는 이상적이라고 할 수 있다.

▮ 학생 수

총 82명의 학생이 공부하며 이중 기숙 학생은 46명이다. 학급당 학생 수는 10명이고 교사와 학생의 비율은 1:7이다. 외국 학생은 전체 12명이고 이는 중국, 홍콩, 인도네시아, 한국 그리고 폴란드 등에서 온 학생들로 구성되어져 있다.

▮ 대학진학

진학상담교사는 여러 대학을 방문하여 정보를 수집하고 상담을 통해 학생들이 대학을 선택하는데 조언을 하고 추천장을 써주는 등 진학준비 전반에 걸쳐 세심한 관심을 쏟는다. 2006년 졸업생들의 SAT 언어영역의 평균점수는 710점, 수학영역은 680점, 쓰기영역은 700점으로 매우 우수하다. 2006년 16명의 졸업생 전원이 대학에 진학하였고 그 대학들은 다음과 같다.

California Institute of Technology, Claremont McKenna College, Haverford College, Reed College, Smith College

 **THOMAS MORE PREP—MARIN SCHOOL**

Contact : Dr. Stacey Lang, Director of Admissions	Add : 1701 Hall, Hays, KS 67601
Tel : (785) 625-6577	Fax : (785) 625-3912
Email : langs@tmp-m.org	URL : www.tmp-m.org

개요

지리적으로 미국 본토의 가장 중앙에 위치한 캔자스(Kansas)주에서도 중간 지점에 위치한 자그마한 시골 도시인 헤이즈(Hays)에 세워져 있는 이 천주교 학교는 1908년에 로마 가톨릭(Roman Catholic) 학교와의 연계 하에 설립되었다. 정신적 영혼의 성장, 학업의 우수성과 리더십 형성 및 기독교적 봉사를 학생들에게 주지시키기 위해 운영이 되는 이 학교는 미국 전역에서 뿐 만 아니라 세계 각 국에서 해마다 젊은 학생들이 수학을 하기 위해 온다. 정규 학과목의 제공 뿐 만 아니라 이 학교는 각종 스포츠, 드라마, 미술, 음악 등의 방과 후 활동들도 제공하며 예배, 모의 법정토론, 체스 클럽 등 다양한 과외 프로그램 등도 준비되어져 있다. 남자 기숙사의 경우는 교내 캠퍼스에 거주하고 있으며 여자 기숙사는 학교에서 약 800여 미터 떨어진 곳에 자리잡고 있다. 참고로 이 학교는 다음과 같이 자신 있게 학생들에게 얘기한다. "우리에게 4년을 주면 우리는 너희에게 평생을 주겠다." 총 80여 에이커의 캠퍼스에 9~12학년의 학생들이 재학하며 26명의 교사 중 15명이 석사 이상의 학력을 소지하고 있다. 이 학교가 위치하고 있는 도시에 포트헤이즈 주립대학(Fort Hays State University)이 위치하고 있고 학생들은 그곳 대학에서 공부와 관련된 자료를 입수하기도 한다. 미국 동부에 비해서 학비 및 기숙사비가 상대적으로 저렴하기에 한국 학생들이 선호한다.

학생 수

총 학생 수는 272명이며 이 중 기숙학생의 수는 61명이다. 학급당 학생 수는 12명이고 교사와 학생의 비율은 1대 10이다. 한국, 일본, 중국, 대만 등의 여러 나라에서 온 외국 학생들이 공부하고 있다.

대학진학

본교는 학생들이 진학에만 전념하는 것이 아니라, 자신의 소질을 배양하고 미래를 설계하는 속에서 진학을 준비할 수 있도록 지도하고 있다. 학생들은 Junior(고교 2년 과정에 해당)와 Senior(고교 3년 과정에 해당)에 걸쳐 진학지도를 받고 있다. 매년 졸업생들은 평균 35만 달러 정도의 장학금을 받으며 우수한 성적으로 진학하고 있고, 2006년 졸업생 85명 중 84명이 대학에 진학하였다. 2006년 졸업생들의 SAT언어영역 평균점수는 536점이고 수학영역 평균점수는 593점이다.

이들이 진학한 대학은 다음과 같다.

Emporia State University, Fort Hays State University, Pittsburgh State University, Kansas State University, University of Arkansas, University of Colorado, University of Illinois at Urbana-Champaign, University of Kansas, University of Missouri at Kansas City, Wichita State University

TILTON SCHOOL

Contact : Mrs. Katherine E. Saunders, Director of Admissions		Add	: 30 School Street, Tilton, NH 03276
Tel	: (603) 286-1733	Fax	: (603) 286-1705
Email	: admissions@tiltonschool.org	URL	: www.tiltonschool.org

▮ 개요

짜임새 있는 학사 운영 및 그 관리로 정평이 나있는 이 학교는 뉴햄프셔(New Hampshire) 주의 수도인 콩코드(Concord)시에서 북쪽으로 약 30여분 거리에 위치하고 있는 자그마한 소도시인 틸튼(Tilton)에 위치하고 있다. 교육의 전 분야에 거쳐 젊은이들에게 학업교육을 그 목적으로 하는 배움의 장소를 제공하기 위한 목적으로 1845년 감리교회에 의해 설립된 이 학교는 우수한 실력을 가진 헌신적인 교사를 통하여 학생들에게 여러 분야에 걸친 전인적인 교육의 경험을 습득할 수 있게끔 하며 지성과 감성의 두 영역이 고르게 성장하고 완벽한 조화를 이룰 수 있는 교육이 되도록 힘써왔다. 특히 이 학교가 내세우는 프러스 5(Plus/5) 프로그램은 학과 과정 이외에 체육, 예술, 리더십, 지역사회 봉사, 각종 과외활동 등을 강조한다. 9~12 학년 및 PG 과정의 학생의 남녀공학 학생이 공부하고 있다. 146에이커에 27개 동의 건물이 있는데 3개의 과학 실험실, 컴퓨터실, 학습관, 예술관, 17,500여권의 장서를 소지한 도서실, 극장, 아이스링크, 새로 단장한 스포츠관 등이 있으며 새로운 학습관과 기숙사를 증축하고 있다. 특히 이 학교의 스포츠는 매우 활발하며 학생은 최소한 한 가지 이상의 운동프로그램에 참여를 하여야 한다. 이 학교가 자랑하는 운동으로는 스키, 아이스하키, 테니스, 라크로스, 필드하키, 싸이클, 골프 등이다. 오랜 역사를 자랑하듯 붉은 벽돌로 세워진 학교 건물과 본관 오른편에 세워져 있는 하얀색의 채플이 인상적이었다. 총 40명의 교사가 학생들을 지도하고 있으며 17명의 교사는 석사학위 이상의 학력을 소지하고 있으며 교사 37명이 학교 캠퍼스 내에서 생활한다.

▮ 학생 수

총 210명이며 기숙학생은 167명이다. 외국인 학생은 전체의 18%로 이는 독일, 캐나다, 한국, 일본 등에서 온 학생들이다. 학급당 학생 수는 12명이고 교사와 학생의 비율은 1:5이다.

▮ 대학진학

6명의 진학상담 교사들이 학생들의 진학준비 과정을 처음부터 끝까지 세심하게 지도한다. 진학할 학생들을 위해 각종 시험에 대한 정보, 학비내역, 장학금관련 정보들을 제공하며 입학 수속에 관한 실무적인 도움도 해준다. 매년 대략 60여 개의 대학에서 입학담당자들이 학교를 방문하여 학생들과 대학진학에 관련한 미팅을 한다.

2006년 졸업생들의 SAT 언어영역 평균점수는 501점이고 수학영역 평균점수는 527점, 쓰기영역은 500점이다. 2006년 74명의 학생들이 졸업하였으며, 70명이 대학에 진학 하였다. 졸업생들이 진학한 대학을 나열하면 다음과 같다.

Boston University, Colby College, Merrimack College, Saint Michael's College, Salve Regina University, University of New Hampshire

TRINITY-PAWLING SCHOOL

Contact : Mr. MacGregor Robinson, Director of Admissions		Add : 700 Route 22, Pawling, NY 12564	
Tel : (845) 855-4825		Fax : (845) 855-3816	
Email : admission@trinitypawling.org		URL : www.trinitypawling.org	

▌ 개요

뉴욕(New York)주에서 북쪽으로 차로 약1시간여 거리에 위치하고 있는 인구 5000명의 자그마한 도시인 폴링 (Pawling)에 자리잡고 있는 남학생들을 위한 전형적인 대학준비의 기숙학교로 7~12 그리고 PG 과정을 학생들에게 제공하며 기숙의 경우 9학년부터 가능하다. 1907년 프레드릭 거미지(Frederick Gamage) 박사에 의해 폴링스쿨 (Pawling School)로 문을 연 이 학교는 이후 1946년 뉴욕시에 위치하고 트리니티 스쿨(Trinity School)과의 합병으로 현재의 이름으로 개정이 되었다. 성공회(Episcopal)를 기반으로 하고 있는 이 학교는 매일 예배활동이 교내에서 주어지고 이와 관련된 종교, 윤리 심리학 등의 과목이 학생들에게 제공된다. 주말에는 기숙생활을 하는 학생들을 위해 교내에 부속된 교회에서 예배활동이 역시 이루어진다. 인간이 가지고 있는 개개인의 존엄성에 그 고마움을 느낀다는 것은 타인의 존엄성을 중요하게 여기고, 타인과의 관계에서 그 존재를 인정하며 나아가 자기 자신 속에 내제되어 있는 능력의 범주에서 삶과 노동을 통해 자신감을 획득해 나아가는 것이라는 믿음이 이 학교의 근본 철학이다. 따라서 이 학교는 학생 개개인이 가지고 있는 인격을 인지하고 존중함으로서 이들이 이루고자 하는 학업의 잠재성에 각각의 가치를 부여한다. 140에이커의 면적을 가진 호젓한 캠퍼스에 15개의 빌딩을 가지고 있으며 이는 본관으로 쓰이는 댄(Dann) 건물을 비롯해서 예술관, 2200여권의 장서를 갖춘 도서관, 학생관 및 기숙사 등으로 이루어져 있다. 총 56명의 교사 중 21명이 석사 학위 이상의 학력 소지자이고 교사 전원은 교내에서 거주한다.

▌ 학생 수

총 555명 중 상급학년 학생 수는 327명이고 이중 230여명이 기숙생활을 한다. 학급 당 학생 수는 13명이며 교사와 학생의 비율은 1대 7이다. 전체 학생의 약 20%가 외국인 학생이며 이는 버뮤다, 캐나다, 중국, 독일, 한국, 대만 등에서 온 학생들로 구성되어 있다.

▌ 대학진학

이 학교의 진학담당 선생님은 학생들의 대학진학에 관한 도움을 주기 위해서 여러 선생님과 교직원들과 긴밀한 유대를 맺고 있다. 매년 미국 전역에서 약 80여개의 대학입학 담당자들이 이 학교를 방문하여 진학에 관한 정보를 제공한다. 이 학교의 SAT 평균 점수는 언어영역에서 580 수학영역에서 570을 취득하였고 이 둘을 합한 평균은 1150이다. 2006년에 이 학교를 졸업한 91명 학생 전원은 본인들이 원하는 제1지망과 2지망에서 원하는 입학 허가서를 받았으며 이들이 진학을 한 대학들을 열거하면 다음과 같다.

Bates, Boston Univ, Clarkson, Colby, Connecticut, Dartmouth, Fordham, George Washington, Manhattanville, MIT, NYU, Purdue, Smith, Southern Methodist, Williams

 **VALLEY FORGE MILITARY ACADEMY AND COLLEGE**

Contact : Maj. Greg W. Potts, Director of Admissions   Add : 1001 Eagle Road, Wayne, PA 19087
Tel : (610) 989-1300   Fax : (610) 688-1545
Email : admissions@vfmac.edu   URL : www.vfmac.edu

▌개요

펜실베니아(Pennsylvania)주의 필라델피아(Philadelphia)시에서 북서쪽으로 약 25킬로 떨어진 소도시인 웨인(Wayne)에 위치하고 있는 이 사관학교는 젊은이에게 책임감, 건전한 정신, 강인한 육체, 상대방의 배려, 확고한 의무감, 명예, 충성, 용기 등을 심어주기 위한 목적으로 1928년 설립된 남자학교이다. 대학 진학과 성공적인 사회 진출 그리고 책임감 있는 한 시민이 되기 위한 발판을 마련하고 있는 이 학교는 소규모로 반을 편성하여 학생들을 지도하며 학업의 우열에 따라 학생들을 지도하는 세심한 배려도 도모하고 있다. 특히, 이 학교 졸업생들의 모교에 대학 애착 역시 대단한데 전체 32명의 이사회 멤버 중 18명이 이 학교 졸업생이며 13,000 이상의 학교 졸업생들이 학교의 발전을 위해 직간접적으로 노력을 한다. 기숙 학생들은 각 중대별로 그룹을 지어 2인 1실의 기숙사에서 사감이나 선배 생도의 보살핌 하에 생활을 한다. 인근에 위치한 대도시인 필라델피아에서 가깝기 때문에 학생들은 각종 문화 혜택을 누리는 장점도 가지고 있다. 7~12 및 PG 과정을 가지고 있으며 7학년부터 기숙이 가능한 이 학교는 120 에이커에 이르는 캠퍼스에 83개 동의 건물이 있으며 전체 50명의 교사 중 20명이 석사 이상의 학위를 소지하고 있다. 26명은 교내 캠퍼스에 거주한다.

▌학생 수

총 350명이 재학하고 있으며 전원 기숙생활을 한다. 한 학급당 학생 수는 12명이며 교사와 학생의 비율은 1:13이다. 외국 학생은 전체 학생의 약11%를 차지하는데 이는 캐나다, 중국, 한국, 홍콩, 대만 등에서 온 학생들이다.

▌대학진학

본교에는 4명의 상담교사가 생도들의 진학준비를 관리하고 있다. 진학지도는 11학년부터 시작하는데 생도들은 정기적으로 상담을 하고 부모님들 또한 진학지도에 많은 관심과 지원을 하고 있다. 진학준비 프로그램은 학생들이 대학선택에 필요한 각 대학에 대한 정보, 장학제도에 대한 정보 등을 설명하고 인터뷰 요령을 가르치는 등 세세한 부분에까지 이루어진다. 또한 각 대학의 입학 담당자들과 학생들이 만나는 자리도 매년 마련되고 있다.

2006년 62명 졸업생들의 SAT 언어영역 평균점수는 495점이고 수학영역 평균점수는 525점이다. 600점을 넘는 학생들은 언어영역이 12%, 수학영역이 26%였다. 2006년 졸업생 91명의 중 89명이 대학에 진학하였고 그 대표적인 대학으로는 다음과 같다.

American University, Drexel University, Howard University, Syracuse University, Tulane University, United States Air Force Academy, United State Military Academy, United State Naval Academy, University of Michigan, University of Pittsburgh

VERDE VALLEY SCHOOL

Contact : Mr. Donald W. Smith, Director of Admission		Add	: 3511 Verde Valley School Road, Sedona, AZ 86351
Tel	: (800) 552-1683	Fax	: (928) 284-0432
Email	: admission@verdevalleyschool.org	URL	: www.verdevalleyschool.org

▎개요

애리조나(Arizona)주의 주도인 피닉스(Phoenix)에서 북쪽으로 160여 킬로 떨어진 유명한 관광지인 세도나 (Sedona)에 자리 잡고 있는 이 학교는 학생들에게 대학진학을 준비시키고 세계 여러 나라의 문화를 이해시킴으로서 사회에서 성공적인 하나의 훌륭한 지성인을 배출하고자 하는 목표에 의해 해밀튼(Hamilton)과 바바라 와렌 (Barbara Warren)에 의해 1948년에 설립되었다. 이러한 설립자의 취지에 부응하기 위하여 지금도 학교 측에서는 정규과정 이외에 다음의 세 가지 교육프로그램을 가지고 있는데 첫째, 공예, 페인팅, 연극, 무용 등의 다양한 예술 프로그램 제공, 둘째, 약 10일에 걸친 아프리카의 역사기록 조사에서부터 유리잔에 음각 새기기까지의 다양한 주제별 집중교육, 셋째, 16일에 걸친 멕시칸, 서구 아프리카인 그리고 인디언들과의 생활을 통한 그들의 삶과 문화의 공유 등을 들 수 있다. 엄격하고 전통적인 교육의 가치와 함께 다양하고 활동적인 인류학, 고고학 등의 프로그램을 개발해 학생들이 수업에 본질을 느낄 수 있게 하는 것도 이 학교의 자랑이다. 160에이커의 캠퍼스에 20개 동의 건물이 있는데 이는 실험실, 과학실, 10,000권의 장서를 보유한 도서실, 스튜디오, 갤러리, 극장 등을 가지고 있다. 운동은 이 학교가 자랑하는 분야 중의 하나인데 학생들은 방과 후 학교에서 제공하는 여러 가지 스포츠에 참여를 하게 되는데 이는 축구, 농구, 야구, 배구, 테니스, 육상, 승마, 합기도, 요가, 에어로빅, 암벽타기, 산악자전거 등이 있다. 총 21명의 교사 중 11명이 석사학위 이상의 학력을 소지하고 있고 20명의 교사는 교내 기숙사에서 거주한다.

▎학생 수

총 120명의 학생 중 100명이 기숙생활을 하고 있다. 학급 당 학생 수는 9명이며, 교사와 학생의 비율은 1:6 이다. 외국인 학생은 전체의 37%를 차지하며 이는 캐나다, 중국, 독일, 일본, 케냐, 멕시코, 한국 등에서 온 학생들이다.

▎대학진학

본격적인 대학진학 지도는 11과 12학년 단계에 걸쳐 이루어진다. 학교에서는 SAT I 과 SAT II 테스트를 학생들이 일년에 4번 볼 수 있도록 기회를 마련하고 있다. SAT 테스트를 준비하는 과정은 관심 있는 학생들에게 따로 제공된다. 고2, 고3 학생들은 방학기간을 통해 자신이 가고자 하는 대학을 직접 방문하여 진학준비를 적극적으로 하고 있다. 2006년 졸업생들의 SAT 언어영역 평균점수는 562점이고 수학영역 평균점수는 556점이다. 600점을 넘게 받은 학생은 언어영역이 40%, 수학영역이 31% 이다. 2006년에는 17명이 졸업을 하였고 그들 중 16명이 대학에 진학하였으며 최근 5년 동안 본교의 학생들이 진학한 대학을 열거하면 다음과 같다.

Clark, Columbia Coll, Northern Arizona, RIT, Stanford, Colorado at Boulder

VERMONT ACADEMY

Contact	: Mrs. Ellyn Baldini, Acting Dean of Admissions	Add	: 20 Pleasant Street, Saxtons River, VT 05154
Tel	: (802) 869-6229	Fax	: (802) 869-6242
Email	: admissions@vermontacdemy.org	URL	: www.vermontacademy.org

▌ 개요

주의 이름을 따서 명명된 이 학교는 버몬트(Vermont) 주의 자그마한 시골도시인 섹스톤스 리버(Saxtons River)에 1876년 설립된 남녀공학의 대학준비 기숙학교이다. 학생들에게 자신감을 개발하고 면학의 방법을 심어줌으로써 향후 학생이 대학에 진학할 수 있는 기본적인 교육체계를 심어주는데 그 목적을 둔 이 학교는 학생들에게 대화하는 법, 작문법, 비평적인 사고와 논리분석 그리고 지식창조의 개발 등을 강조한다. 학생 개개인의 재능 발견과 성격함양, 향후 대학 및 사회에서의 우수한 재원의 배양에 힘을 쏟으며 다양한 스포츠 및 과외활동들을 통한 정서함양에도 크게 이바지한다. 특히 이 학교는 515에이커의 면적을 가지고 있으며 과학관, 실험실, 강의실, 컴퓨터실, 극장, 1만 4천여 권의 장서를 가진 도서관, 음악실, 공예실, 실내체육관 등의 학생들을 위한 시설이 들어서 있으며 크로스 컨츄리, 승마, 필드하키, 스키, 스노우보드, 야구, 골프, 라크로스, 테니스 등의 체육활동은 학생들의 심신을 개발시킨다. 학생들에게 관심이 있어 하는 다양한 교양 프로그램들도 제공되는데 이는 드라마, 사진, 공예, 페인팅, 천문학, 학교 연감 발간 등 여러 가지가 있다. 9~12 그리고 PG 과정의 학생들이 수학을 하고 있으며 외국학생들을 위한 체계적인 영어프로그램(ESL)과정도 제공한다. 총 교사 수는 52명이고 그 중 25명의 교사가 석사학위 이상의 학력을 소지하고 있다. 30명의 교사는 교내 캠퍼스에서 거주하고 있다.

▌ 학생 수

총 266명의 학생 중 189명이 기숙사 생활을 하고 있으며, 학급 당 학생 수는 11명이고 교사와 학생의 비율은 1:7이다. 외국인 학생은 전체 학생의 약 15%를 차지하는데 이는 브라질, 독일, 일본, 멕시코, 한국, 스웨덴에서 온 학생들이다.

▌ 대학진학

대학진학 상담은 Sophomore(고교 1년 과정에 해당) 2학기부터 시작해서 졸업할 때까지 꾸준히 진행된다. 각 대학의 입학 담당자와의 꾸준한 미팅은 Senior(고3) 1학기까지 이어지고, 학교 졸업생의 대다수는 본인이 희망하는 대학으로 진학을 한다. SAT를 준비하는 학생들은 Junior 2학기와 Senior 1학기 동안 다양한 과정들을 제공한다. 2006년 이 학교 졸업생의 SAT 평균 언어 점수는 590점, 수학 점수는 580점, 쓰기영역은 570점이다. 2006년에는 71명의 학생이 졸업을 하였고 그들 중 70명은 대학에 진학을 하였다. 이 학교를 졸업한 학생이 진학한 대학은 다음과 같다.

Assumption College, Barnard College, Boston University, Saint Michael's College, St. Lawrence University, School of Visual Art, United States Naval Academy, University of Denver, University of Vermont

 **VILLANOVA PREPARATORY SCHOOL**

Contact : Mrs. Sarah M. Angell, Director of Admissions
Tel : (805) 646-1464
Email : admissions@villanovaprep.org
Add : 12096 Ventura Avenue, Ojai, CA 93023
Fax : (805) 646-4430
URL : www.villanovaprep.org

▌개요

캘리포니아(California)주 대표적인 도시인 로스앤젤레스(Los Angeles)에서 약 130여 킬로 떨어진 오하이(Ojai)에 위치하고 있는 이 남녀공학의 기숙학교는 1924년 남부 캘리포니아 지역의 끊임없는 천주교 남자 기숙학교 건립의 요구에 맞추어 설립되었다. 그 후 1970년도에 기숙사 생활은 허용되지 않는 범주에서 여학생을 받아들였으며 1987년에는 재학생 모두가 기숙생활이 가능하도록 되었다. 이 학교는 학생들이 이성에 따라 행동하고 예수의 가르침을 몸소 실천하는 지역 공동체의 한 일원으로서 성장할 수 있도록 도와주기 위해 힘쓴다. 학생들의 인성교육에 많은 노력을 기울이는 이 학교는 정규 학습과정 이외에도 급속도로 변화하는 현대 사회에 성공적으로 대처할 수 있는 능력과 요령을 가르치는 데도 중점을 두고 있다. 다양한 AP 및 어너스(Honors) 과정이 학생들에게 제공하고 있으며 16 종류의 바시티(Varsity) 스포츠 및 21개의 클럽이 운영된다. 남녀 학생들이 별도의 기숙사에서 생활을 하고 각 기숙사 거실에는 학생들을 위한 TV, 렌지, 냉장고 등을 비치해 두고 있다. 9~12학년의 학생들이 11개 동의 건물이 들어선 127에이커의 캠퍼스에서 생활하고 있으며, 총 33명의 교사 중 17명이 석사 학위 이상의 학력 소지자이다. 7명의 교사는 교내 캠퍼스에서 거주한다.

▌학생 수

총 330명이 재학하고 있으며 이 중 88명이 기숙생활을 한다. 학급당 학생 수는 15명이며 교사와 학생의 비율은 1대 8이다. 외국 학생은 전체 학생의 약 20%를 차지하는데 이는 중국, 한국, 태국, 대만 등에서 온 학생들이다.

▌대학진학

대학진학 안내는 진학상담 담당자들에 의해 이루어진다. 학생들은 대학에 대한 정보, 학교책자, 직업안내, 원서작성 요령, 학자금 융자방법 등을 상담을 통해 얻고 배운다. 게다가 대학에 대한 정보는 항상 켈러(Keller) 도서관에 비치되어 있다. 학생들은 학교를 방문한 각 대학의 입학 담당자들과 만남의 시간을 갖기도 한다. 그리고 Senior(고교 3년 과정에 해당) 단계의 학생들에게는 자신에게 관심 있는 대학을 직접 시찰하는 기회가 주어지기도 한다. 부모님들은 학부모 모임이나 개인적 면담을 통해 대학진학에 관한 정보를 얻을 수 있다.

2006년도 졸업생의 SAT 언어영역 평균점수는 542점 수학영역 평균점수는 635점이다.

본교의 2006년도 졸업생 45명 전원은 대학에 진학을 하였다. 그 학교들은 다음과 같다.

Cornell University, University of California at Berkeley, University of California at Los Angeles, University of California at Santa Barbara, University of Notre Dame

 **VIRGINIA EPISCOPAL SCHOOL**

Contact : Mrs. Pamela D. Barile, Director of Admissions		Add : 400 VES Road, Lynchburg, VA 24503	
Tel : (434) 385-3605		Fax : (434) 385-9603	
Email : admissions@ves.org		URL : www.ves.org	

┃ 개요

버지니아(Virginia)주의 리치먼드(Richmond)시에서 서쪽으로 약 2시간 거리인 소규모 교육도시인 린치버그(Lynchburg)에 위치하고 있는 이 학교는 학교 이름에서도 알 수 있듯이 1916년 이 학교의 초대 교장이자 설립자이기도 한 로버트 카터 제프(Robert Carter Jeff) 신부에 의해 우수한 학업적인 자질이 있는 학생들의 전인적인 교육과 대학진학을 목적으로 설립되었다. 충분한 수학 능력이 있는 학생들이 모여 공부하는 이 학교는 소규모 반편성을 통해 혼신의 노력으로 학생들을 지도하는 교사들과 함께 흥미롭고 상호 유기적인 교육 환경을 도출해 낸다. 모든 졸업생들은 전원 대학에 입학을 하며 160에이커에 달하는 아름다운 캠퍼스에는 여러 동의 건물이 있는데 뛰어난 예술관, 16,000여권의 장서를 소지한 도서실, 과학관, 실험실, 30,000스퀘어에 달하는 잔디구장, 테니스 코트장, 실내 트랙 등은 가히 이 학교가 내세우는 커다란 자랑거리이다. 주변에 있는 랜돌프 매콘 여자대학(Randolph Macon Womans College), 린치버그 대학(Lynchburg College), 리버티 대학(Liberty University) 등의 대학들과 미술관 등이 같은 도시에 위치하는 관계로 학생들은 그 지역의 다양한 문화예술의 기회를 접할 수 있다. 44명의 교사 중 26명이 석사 학위 이상의 학력 소지자이며 26명은 교내 캠퍼스에 거주한다.

┃ 학생 수

총 학생 수는 273명이고 이중 기숙 학생은 169명이다. 학급당 학생 수는 15명이고 교사와 학생의 비율은 1:8이다. 외국 학생은 전체의 11%를 차지하는데 이는 핀란드, 독일, 아이슬란드, 한국, 사우디아라비아, 스위스 등이다.

┃ 대학진학

진학준비 프로그램은 학생들이 자신의 능력과 재능을 마음껏 성장시키고 발현할 수 있는 최적의 대학을 선택하는데 그 목적이 있다. 학생들은 Junior(고교 2년 과정에 해당) 단계 초반부터 진학준비를 위한 중요한 프로그램에 참여하기 시작한다. 매년 50여 개의 대학에서 입학담당자들이 학교를 방문하여 학생들을 만나고 있으며 학생들은 이러한 기회를 통해 관심 있는 대학에 대한 궁금증을 풀기도 한다. 상담교사뿐 아니라 본교의 교사진들은 학생들이 자신에게 가장 적합한 대학을 선택할 수 있도록 돕고 있다. 본교 2006년 SAT의 중간 50% 점수분포는 언어 510~610점이고, 수학은 500~640점이다.

2006년 졸업생 67명 전원이 전국 35개의 대학에 진학하였고, 대표적 대학은 다음과 같다.

North Carolina State University, The University of North Carolina at Chapel Hill, The University of North Carolina Wilmington, University of Virginia

 WALNUT HILL SCHOOL OF THE ARTS

Contact	: Mrs. Lorie Komlyn, Director of Admissions	Add	: 12 Highland Street, Natick, MA 01760
Tel	: (508) 650-5020	Fax	: (508) 655-3726
Email	: admissions@walnuthillarts.org	URL	: www.walnuthillarts.org

개요

'호두나무 언덕' 이라는 의미를 가진 이 학교는 미 동부의 유일한 예술학교이며, 서부의 아이딜와일드(Idyllwild), 중부의 인터라켄(Interlochen) 등과 함께 미국을 대표하는 사립 예술 학교 중의 하나이다. 이 학교는 보스턴(Boston)에서 차로 약 20 여 분 거리에 위치하고 있는 내틱(Natick)에 자리잡고 있으며 예술을 전공하고자 하는 많은 학생들이 관심을 가지는 대표적인 학교 중의 하나이다. 이 월럿 힐(Walnut Hill)은 1893년 설립된 이래 음악(Music), 발레(Ballet), 연극(Theater), 미술(Visual Art) 그리고 창작(Creative Writing) 분야에서 해마다 우수한 학생들을 배출해 난다. 예술학교답게 이 학교와 연계된 많은 상급 교육기관이 있는데 이는 뉴잉글랜드 음대(New England Conservatory of Music), 보스턴 발레스쿨(The Boston Ballet School), 하버드 대학 부속의 연극 기관(The Institute for Advanced Theatre Training of the American Repertory at Harvard University), 보스턴 대학 부속 예술 기관(The School of Fine and Applied Arts of Boston University) 등이다. 졸업생 대다수는 각자가 전공하는 분야의 대표적인 대학으로 진학을 하며 예술을 전공하고자 하는 한국 학생들이 선호하는 대표적인 학교이기도 하다. 주말에는 보스턴과 가까운 거리에 위치하고 있는 지리적 여건으로 시내에서 제공하는 각종 문화 활동을 접할 수 있다. 학교가 위치하고 있는 지역은 내틱(Natick)시내 중심에서 약간 떨어진 주거 지역 내에 위치하고 있으며 쾌적한 환경을 가지고 있다. 참고로 이 학교의 입학 담당자들은 입학에 관심이 있는 학생들을 위해 정기적으로 한국을 방문하기 때문에 인터뷰 날짜를 정해 오디션이라든지 포트폴리오를 지참하고 면접을 볼 수 있는 장점이 있다. 9~12학년의 학생들이 공부하며 총 45에이커의 면적에 18개 동의 건물이 있다. 각자의 분야에서 두각을 나타내는 51명의 교사가 학생들을 지도하고 47명의 교사는 석사학위 이상의 학위를 소지하고 있고 18명의 교사가 교내 캠퍼스에 거주한다.

학생 수

총 279명의 학생 중 214명이 기숙사 생활을 하고 있다. 학급당 학생 수는 14명이며 교사와 학생의 비율은 1대 6이다. 외국인 학생은 전체의 약 26%로 이는 캐나다, 독일, 일본, 한국, 사우디아라비아, 대만 등에서 온 학생들이다.

대학진학

본교는 학생들에게 대학, 예술학교, 발레학교, 음악학교 등 진학에 대한 항상 새로운 정보를 제공하고 있다. 5명의 진학상담 교사들이 학생들이 졸업 후의 진로를 결정하는데 있어서 상담을 통해 지도를 하고 있다. 매년 100여 개의 예술학교 등 대학에서 학생들의 진학을 장려하기 위해서 본교를 방문하고 있다.

2006년 졸업생들의 SAT 언어영역 평균점수는 580점이고 수학영역 평균점수는 570점이다. 2006년 졸업생들 84명 가운데 80명이 대학에 진학하였고 그 대학은 다음과 같다.

Boston University, California Institute of the Arts, Carnegie Mellon University, Cleveland Institute of Music, Manhattan School of Music, McGill University, New England Conservatory of Music, New Yok University, School of the Art Institute of Chicago, Juilliard School, Parsons School of Design, RISD, University of Cincinnati, University of Michigan

그리고 본교의 졸업생들은 아래와 같은 발레단에 입단하기도 한다.

American Ballet Theater, Atlanta Ballet, Ballet West, Boston Ballet, Cincinnati Ballet, Hamburg Ballet (Germany), Houston Ballet, Malmo Ballet (Sweden), National Ballet of Canada, New York City Ballet, Pacific Northwest Ballet, Royal Swedish Ballet, San Francisco Ballet, Stuttgart Ballet (Germany), Washington Ballet

WASATCH ACADEMY

Contact : Mrs. Kim Stephens, Director of Admissions	Add : 120 South 100 West, Mount Pleasant, UT 84647
Tel : (435) 462-1443	Fax : (435) 462-1450
Email : admissions@wacad.org	URL : www.wacad.org

❘ 개요

유타(Utah)주의 대표적인 도시인 솔트레이크시티(Salt Lake City)에서 남쪽으로 약 150여 킬로 떨어진 국립 수목원 지역에 위치한 인구 2,700명의 소도시인 마운트 프레즌트(Mount Pleasant)에 위치해 있다. 1875년에 장로교 목사인 던컨 맥밀란(Duncan J. McMillan)에 위해 설립되어 1972년까지 장로교(Presbyterian Church)에 의하여 운영이 되어졌으며, 지금은 그러한 체계에서 독립하였으나 아직까지 예배 모임과 종교, 윤리, 철학 과정 등의 종교적 신념이 내재되어 있으며 영혼과 도덕적 성장의 수행들을 학교생활의 철칙으로 남겨두고 있다. 학생들의 인성함양에 그 주안점을 두고 교육을 하는 이 학교는 7개의 AP와 7개의 어너스(Honors) 코스를 가지고 있으며 의무적인 학과수업과 다양한 종류의 체육 프로그램을 제공하고 특히나 우수한 예술 프로그램은 학생들이 기초부터 상급의 모든 단계에 있어서 자신의 예술적 재능을 표현해 낼 수 있도록 힘쓴다. 학교 주변의 원시 자연은 학생들이 쾌적한 환경 하에서 각종 방과 후 과외 프로그램을 할 수 있는 기반을 조성해 준다. 참고로 이 학교에서 한 시간여 떨어진 도시인 프로보(Provo)에는 몰몬(Mormon)교를 대표하는 대학인 브링엄 영 대학(Bringham Young University)이 있다. 17에이커의 면적에 18개 동의 건물이 있고 53명의 헌신적인 교사 중 19명이 석사 학위 이상의 학력을 소지하고 있다. 48명은 교내 캠퍼스에 거주한다.

❘ 학생 수

총 154명의 학생 중 133명이 기숙사 생활을 하고 있다. 학급당 학생 수는 10명이며 교사와 학생의 비율은 1대 6이다. 외국인 학생은 전체의 약 32%로 이는 인도, 일본, 라트비아, 사우디아라비아, 한국 등에서 온 학생들이다.

❘ 대학진학

학생들은 진학 상담교사와의 지속적인 미팅을 통해 진학 준비를 하는데, 진학 준비는 자신에게 적당한 대학을 선택하기 위해 꾸준히 진학 정보를 열람하는 것 외에도, 진학시험에 대한 준비, 에세이 작성, 인터뷰 준비, 장학금 제도에 대한 숙지 등 세세한 부분에까지 이루어진다. 또한 본교에서는 각 지역에서 이루어지는 대학 박람회에 참가하고자 학생들에게 편의를 제공하는 등의 지원을 아끼지 않는다.

2006년 졸업생들의 SAT 언어영역 평균점수는 500점이고 수학영역 평균점수는 480점이다.

600점 이상을 받은 학생들은 언어영역이 13%, 수학영역이 9%이다. 2006년 39명이 졸업하였으며, 전원이 대학에 진학하였다. 최근 본교의 졸업생들이 진학한 학교는 다음과 같다.

Boston University, Lewis &Clark College, Southern Utah University, University of California at Berkeley, University of Colorado at Boulder, University of Utah

WAYLAND ACADEMY

Contact : Mr. Eric S. Peters, Dean of Admissions		Add	: 101 N. University Avenue, Beaver Dam, WI 53916
Tel : (920) 885-3373		Fax	: (920) 887-3373
Email : admissions@wayland.org		URL	: www.wayland.org

▌ 개요

위스콘신(Wisconsin)주의 주도인 메디슨(Madison)에서 북동쪽으로 약 65킬로 떨어진 소도시인 비버댐(Beaver Dam)에 위치하고 있는 이 학교는 1855년에 교육에 관심이 있는 두 명의 일반 시민에 의해 웨이랜드 대학 (Wayland University)의 이름으로 그 출발을 이루었으며, 이후 아이비리그(Ivy League) 중의 하나인 브라운 대학 (Brown University)의 총장을 역임한 프랜시스 웨이랜드(Francis Wayland) 박사를 기리기 위해 그의 이름을 학교명 으로 사용하였다. 이 학교는 학생의 개성과 책임감, 자율성을 길러주고 남학생과 여학생 사이의 우정 등을 배양 하며 지나온 세월동안 우리에게 알려져 온 지식과 기술의 습득 및 대학에서의 성공을 위한 준비를 위하여 그 설립 목표를 두었다. 특히나 이 학교가 자랑스럽게 내세우는 멘토(Mentor) 프로그램은 처음으로 이 학교에 입학 을 하는 학생들이 자신감을 갖고 학교생활에 임할 수 있도록 해준다. 미국 내에서 오래된 기숙학교 중의 하나이 기도 한 이 학교는 정통적으로 대학준비를 위한 교육의 과정만을 제공하는 것이 아니라 리더십 배양, 신뢰감 고취, 독서, 수학 방법 등도 보충적으로 지도하며 뛰어난 교사진, 우수한 스포츠 활동, 다양한 문화, 오락 및 레크 리에이션 활동 등도 손쉽게 접할 수 있는 기회를 제공해 준다. 졸업생 전원이 대학에 진학하는 이 학교는 9~12학 년의 학생이 수업을 하며 55에이커의 캠퍼스에 20여 개 동의 건물이 들어서 있다. 35명의 교사 중 29명이 석사 학위 이상의 학력 소지자이며 24명이 캠퍼스 내에서 거주한다.

▌ 학생 수

총 190명의 학생 중 141명이 기숙사 생활을 하고 있다. 학급당 학생 수는 12명이며 교사와 학생의 비율은 1대 6이다. 외국인 학생은 전체의 약 18%로 이는 독일, 홍콩, 일본, 멕시코, 한국, 태국 등에서 온 학생들이다.

▌ 대학진학

2명의 대학 진학 담당 선생님이 학생들의 진로상담을 해준다. 11학년 학생들은 밀워키(Milwaukee)에서 개최되 는 대학 행사(College Fair)에 참가를 하고 12학년 학생들은 대학 입학 담당자와 개별 면접을 보는 기회를 갖는다. 2006년 졸업생들의 SAT 언어영역 평균점수는 548점이고 수학영역 평균점수는 593점이다. 2007년 졸업생들은 전원이 전국의 우수한 여러 대학에 진학을 하였는데 이들이 입학한 학교들을 살펴보면 아래와 같다.

American, Boston Coll, Brandeis, Colorado-Boulder, Denision. DePaul, Fordham, Indiana-Bloomington, Iowa, Pennsylvania State, Purdue, Syracuse, Trinity, Tulane, Vermont, Washington(St. Louis), Wisconsin-Madison, Wyoming Catholic

THE WEBB SCHOOL

Contact : Mrs. Julie Harris, Director of Admissions		Add	: Highway 82, Bell Buckle, Tennessee 37020
Tel : (931) 389-6003		Fax	: (931) 389-6657
Email : admissions@webbschool.com		URL	: www.thewebbschool.com

▌ 개요

테네시(Tennessee)주의 내쉬빌(Nashville)에서 남동쪽으로 약 1시간 여 떨어진 소도시 벨버클(Bell Buckle)에 위치한 이 학교는 미국 남부 주에서 가장 오래된 기숙학교인데 1870년에 테네시 주의 저명한 학자인 윌리엄 웹(William R. "Old Sawney" Webb)에 의해 설립되었다. 개개인의 인격과 지적 수양을 원하는 학생들에게 잘 어울리는 이 학교는 학생 개개인의 취향에 맞는 다양한 프로그램을 제공하며, 학생들에게 동기부여 및 도전의식을 고취시켜 주는 우수한 교사들에 의해 방과 후 각종 여가활동들이 주어진다. 끊임없는 지식습득, 사회에 적응하고 성공할 수 있는 삶의 요령, 결속력 있는 우정, 도덕을 주축으로 한 올바른 인생 등의 교훈을 거듭 강조하는 이 학교는 150에이커의 면적에 12개 동의 건물이 있으며 부속시설로는 대부분의 수업과 학교 주요 사무실이 위치해있는 빅룸(Big Room)이라고 불리어지는 본관, 과학관, 22,00여권의 장서를 갖춘 도서관, 컴퓨터실, 실내 수영장, 테니스장 등이 포함된다. 주말에는 강연, 영화, 댄스 등이 주어진 일정에 의해 학생들에게 제공되고 인근 도시로의 쇼핑, 콘서트, 스포츠 관람 등도 이루어진다. 아울러 '벨버클 부모'(Bell Buckle Parents)라는 이 학교의 프로그램은 기숙하고 있는 학생들을 이 학교에 재학하고 있는 통학(Day) 학생들의 가정과 서로 연결하여 학생들이 주말이나 짧은 방학 때는 그곳에서 머물 수 있는 기회를 갖게 해 주는 것이다. 6~12 그리고 PG 과정이 주어지는 이 학교의 기숙 가능 학년은 7학년부터이다. 36명의 교사가 학생을 지도하고 이중 22명은 석사학위 이상의 학력을 소지하고 있다. 17명은 교내 캠퍼스 내에 거주한다.

▌ 학생 수

총 학생 수는 282명이며 그 중 기숙학생은 75명이다. 학급당 학생 수는 12명이고 교사와 학생의 비율은 1대 7이다. 외국인 학생의 비율은 10%이며 이는 독일, 캐나다, 중국, 한국, 대만, 일본, 태국 등에서 온 학생들이다.

▌ 대학진학

대학진학 상담은 2학년 때부터 시작된다. 그리고 매년 많은 대학의 입학 담당자들이 학교를 방문한다. 2007년 졸업생들의 평균 50% 학생들이 SAT 언어영역 점수는 600~670이고 수학영역은 620~700 그리고 쓰기영역은 610~680이었다. 최근 졸업생들 53명은 전원 대학에 진학하였다. 그 대학들은 다음과 같다.

Art Institute of Chicago, Auburn University, Baylor University, Boston College, Carnegie Mellon University, Case Western Reserve University, DePaul University, Harvard University, Michigan State University, Purdue University, Rhodes Island School of Design, Smith College, University of Tennessee-Knoxville, University of Pennsylvania, Vanderbilt University, Yale University

THE WEBB SCHOOLS

Contact : Mr. Leo G. Marshall, Director of Admissions and Financial Aid	Add : 1175 West Base Line Road, Claremont, CA 91711
Tel : (909) 482-5214	Fax : (909) 621-4582
Email : admissions@webb.org	URL : www.webb.org

▌ 개요

서부를 대표하는 명문 사립학교 중의 하나인 이 학교는 로스앤젤레스(Los Angeles)에서 동쪽으로 약 40여 분 떨어진 클레어몬트(Claremont)에 위치하고 있다. 학교의 이름에서 알 수 있듯이 이 학교는 1922년 세워진 남학생을 위한 웹 스쿨(Webb School of California)과 1981년에 세워진 여자학교인 비비안 웹 스쿨(Vivian Webb School)의 2개 학교를 총칭하여 이르는 말이며 이 학교는 또한 고생물 박물관인 "The Raymond M. Alf Museum of Paleontology"도 학교 재단의 한 부분으로 구성되어져 있다. 66에이커에 달하는 캠퍼스에 두 학교 학생들이 함께 생활을 하며 서로 같은 수업도 듣고 방과 후 여러 과외활동도 공동으로 참여한다. 남녀공학의 학교들이 가지는 특성과 달리 이 두 학교는 서로가 각자의 정체성과 전통을 추구해 나간다. 20여 과목의 AP를 필두로 한 다양한 교과 과정, 33 종목의 바시티(Varsity) 팀 등 다양한 스포츠 프로그램은 이 학교의 자랑인데 명문 학교의 명성에 어울리게 다양한 학과목, 스포츠 프로그램, 과외 활동 등이 모든 재학생들에게 주어지며 기숙사를 포함한 학교의 모든 건물은 완벽한 인터넷 접속을 가지고 있다. 졸업생 대다수는 본인이 첫 번째 순위로 희망하는 대학에 별 어려움 없이 진학을 한다. 전체 53명의 교사 중 37명이 석사 학위 이상의 학력을 소지하고 있고 41명은 교내 캠퍼스에 거주한다.

▌ 학생 수

총 359명의 학생이 재학 중이며 이 중 224명이 기숙사에서 거주한다. 학급당 학생 수는 15명, 교사와 학생의 비율은 1대 7이다. 외국인 학생은 전체의 약 10%로 이는 중국, 사우디아라비아, 한국, 대만 등에서 온 학생들이다.

▌ 대학진학

이 학교는 진학의 결과도 중요하지만 진학지도는 현재의 학교생활을 충실히 해나가는 속에서 진행되는 것이 더 중요하다고 생각하고 있다. Junior(고교 2년 과정) 단계부터 진학지도가 시작되는데 학생들은 본교를 방문한 전국 여러 대학의 입학담당자들을 만나 실제적인 진학정보를 얻는다. Senior(고교 3년 과정에 해당) 단계에서도 학생들은 진학을 위한 프로그램, 진학 절차, 장학금 관련 정보, 대학 선택을 위해 지속적인 상담을 한다.

2006년 졸업생들의 SAT 언어영역 평균점수는 620점이고 수학영역 평균점수는 690점이다. 600점 이상을 받은 학생은 언어영역이 73%, 수학영역이 87%이다. 2007년에 이들 졸업생이 진학한 대학들을 살펴보면 아래와 같다.

Babson, Boston Coll, Brandeis, Bryn Mawr, Cal Poly, Cal Tech, Carnegie Mellon, Columbia, Cornell, Dartmouth, Georgetown, Harvard, Johns Hopkins, Northwestern, NYU, Pennsylvania, Pepperdine, Princeton, Stanford, UC계열들, USC, Wellesley

 **WESTERN RESERVE ACADEMY**

Contact : Mrs. Barbara M. Flanagan, Director of Admissions

Tel : (330) 650-9717

Email : admission@wra.net

Add : 115 College Street, Hudson, OH 44236

Fax : (330) 650-5858

URL : www.wra.net

개요

오하이오(Ohio)주의 클리블랜드(Cleveland)와 애크론(Akron)시의 중간지점에 위치하고 있는 이 학교는 1826년 대학교인 웨스턴 리저브 컬리지(Western Reserve College)의 입학을 위한 대학준비 과정의 학교로 설립되었으며 이 대학이 클리블랜드(Cleveland)로 옮겨지면서 그 대학이 소유했던 기존의 부지를 상속받아 허드슨(Hudson)시의 200에이커 캠퍼스에 그 터를 잡고 있다. 역사적으로도 잘 알려진 이 학교의 캠퍼스는 시내중심에서 걸어갈 수 있는 거리에 위치하고 있으며 위에 언급한 두 도시에서도 가깝기 때문에 학생들은 드라마, 연극, 미술 박물관, 영화관람 등 각종 문화 혜택을 방과 이후의 각종 과외 및 레저 활동 프로그램의 일환으로 참여할 수 있다. 이 학교는 이전부터 내려온 학업적 우수성을 유지함과 동시에 학생들이 관심을 가지면서 지식을 습득하며 교양 있는 한 성인으로 성장할 수 있도록 체계화되고 정제된 교육 프로그램을 제공한다. 졸업생 전원은 대학에 진학하고 기숙사를 포함한 건물전체는 인터넷으로 연결되어 있다. 학교시설로는 실험실, 강의실, 음악 연습실, 사진실, 목공예실, 55,000여권의 장서를 비치한 우수한 도서실을 비롯해 전천후 이용이 가능한 트랙, 다이빙대를 갖춘 올림픽 사이즈의 수영장, 레슬링장, 스쿼시장, 라크로스장 등을 갖춘 뛰어난 체육관 등이 아주 인상적이었다. 개인적인 느낌은 미 동부의 여타 우수학교에 견주어 전혀 손색이 없을 정도로 우수하다고 할 수 있다. 9~12학년 그리고 PG 과정의 뛰어난 남녀 학생들이 공부하고 있으며 총 69명의 교사가 학생들을 지도한다. 39명의 교사는 석사 학위 이상의 학력을 소유하고 있고 55명은 교내 캠퍼스에서 거주한다.

학생 수

총 학생 수는 406명이며 이중 기숙학생은 273명이다. 학급당 학생 수는 12명이며 교사와 학생의 비율은 1대 6이다. 외국학생의 비율은 전체의 14%를 차지하며 이는 독일, 프랑스, 멕시코, 한국, 사우디아라비아 등의 학생들이다.

대학진학

Junior(고교 2년 과정에 해당) 단계가 되면 학생들은 학부모를 동반하여 진학상담을 받기 시작한다. 매년 전국의 여러 대학에서 입학 담당자들이 대학을 방문하며, 도서관에는 항상 새로운 대학안내 책자들이 구비되어 있어 학생들이 정보를 쉽게 접할 수 있도록 하고 있다. 본교의 졸업생들은 매년 100%의 진학률을 보이고 있다.

2006년 117명의 졸업생을 배출하였으며, 전원이 대학에 진학하였다. 졸업생들의 SAT 언어영역에서 600점 이상의 점수를 받은 학생은 48%이고 수학영역에서 600점 이상을 받은 학생은 61%이다. 최근 졸업생들이 진학한 대학은 다음과 같다.

Case Western Reserve, Chicago, Cornell, Duke, Georgetown, Miami, Middlebury, Northwestern, Ohio State, Princeton, US Naval Academy, Toledo, Vanderbilt, Yale

WESTMINSTER SCHOOL

Contact	: Mr. Jon C. Deveaux, Director of Admissions	Add	: 995 Hopmeadow Street, Simsbury, CT 06070-0337
Tel	: (860) 408-3060	Fax	: (860) 408-3042
Email	: admit@westminster-school.org	URL	: www.westminster-school.org

▌개요

코네티컷(Connecticut) 주 하트포드(Hartford)시에서 약 30여 분 떨어진 아름다운 소도시인 심스버리(Simsbury)에 위치하고 있는 이 학교는 1888년 윌리엄 리 쿠싱(William Lee Cushing)에 의해 뉴욕(New York)주에 있는 돕스페리(Dobbs Ferry)에 처음으로 그 문을 열었으며 이후 현재에 위치하고 있는 지역으로 학교를 이전하였다. 1971년부터 여학생을 받아들임으로써 현재는 명실공이 대학준비를 위한 전형적인 남녀공학의 학교로 그 명성을 쌓고 있다. 강한 주체성과 전통으로 유명한 이 학교는 타인 및 자기 자신에 대한 의무와 책임의 중요성을 강조하며 서로를 이해하고 돌봐주는 하나의 작은 공동체로서 학교의 역할을 다하고 있다. 80여 가지가 넘는 대학준비를 위한 학과목, 17의 AP과정, 그리고 체계적이고 심도 있는 체육, 예술 및 과외 활동 프로그램 이외에 학생들에게 리더십 및 팀워크를 배양함으로서 학생들에게 강인한 정신을 심어줄 수 있는 다양한 기회도 제공한다. 정문을 통과해서 언덕길을 조금 운전하다 가면 삼림으로 둘러싸여진 총 230에이커의 캠퍼스에 37개 동의 건물이 들어서 있으며 짜임새 있게 세워져 있는 이들 건물들은 하나같이 스위스에서나 엿볼 수 있는 아름다운 색으로 채색되어 있어 강렬하고도 산뜻한 인상을 풍기게 해준다. 인근 지역에는 여자 기숙학교인 에델 워커(Ethel Walker School)가 자리 잡고 있다. 9~12 및 PG 과정을 두고 있는 이 학교는 79명의 우수한 교사가 학생들을 지도하며 이 중 57명은 석사 학위 이상의 학력을 소지하고 있다. 68명은 교내 캠퍼스에서 거주한다.

▌학생 수

총 학생 수는 345명이고 이 중 기숙학생은 255명이다. 학급당 학생 수는 12명이며 교사와 학생의 비율은 1대 5이다. 외국인 학생은 전체의 약 10%를 차지하며 이는 버뮤다, 캐나다, 중국, 이태리, 한국, 그리고 사우디아라비아에서 온 학생들이다.

▌대학진학

본교에서는 두 명의 진학상담 교사가 대학진학 과정의 처음부터 끝까지 학생과 학부모와 상세하게 계획하면서 진학준비를 돕는다. 진학준비는 고 2과정인 Junior 학기 초에 실시하는 PSAT 테스트를 시작으로 가을에는 학부모를 초대하여 진학준비 상황을 점검하는 모임을 가지기도 하면서 꾸준히 진행된다. 학생들은 Junior 단계 2학기부터 진학할 때까지 학부모를 동반하여 상담교사와의 진학상담을 한다. 학생들은 SAT I 과 SAT II 테스트를 받는데 시험은 Junior 2학기에 한번 Senior 1학기 초에 한 번 있다. 2006년 기준 이 학교의 학생이 이루어낸 SAT의 평균 점수는 언어영역 604점, 수학영역 624점, 쓰기영역 601점이다.

2006년 졸업생 107명은 모두는 대학에 진학하였는데 그 대학은 다음과 같다.

Amherst, Boston Coll, Bowdoin, Columbia, cornell, Duke, Harvard, Michigan, Notre Dame, Stanford, Trinity, Yale

 **WEST NOTTINGHAM ACADEMY**

Contact : Mr. J. Kirk Russell Ⅲ, Director of Admissions
Tel : (410) 658-5556
Email : admissions@wna.org

Add : 1079 Firetower Road, Colora, MD 21917-1599
Fax : (410) 658-9264
URL : www.wna.org

❙ 개요

이 학교는 볼티모어(Baltimore)와 필라델피아(Philadelphia)에서 각각 차로 약 1시간 여 떨어진 거리에 있는 메릴랜드(Maryland)주의 소도시인 코로라(Colora)에 자리잡고 있다. 젊은이들에게 상급기관에서의 교육과 책임성 있는 시민으로 성장하기 위한 준비 과정으로서 1744년에 설립된 이 남녀공학의 학교는 학생들이 학업에 몰두할 수 있는 조용하고 평화로운 환경에서 자신의 모든 능력을 발휘할 수 있도록 도와주며 특히 대도시인 볼티모어와 필라델피아의 문화 및 레저 프로그램을 접할 수 있는 기회를 제공해 준다. 학생들을 위한 시설 또한 다양한데 이는 3개의 과학 실험실, 사진 실험실, 도서관, 온실, 무대, 역도장, 테니스장 등이 있다. 최근에는 기존의 학습관을 새로이 개선하여 학생들이 쾌적한 환경에서 수업에 임할 수 있게 배려를 하였다. 어학이 부족한 외국 학생들의 경우 이 학교는 ESL 프로그램을 제공하여 학생들이 가급적 빠른 시간에 언어를 습득할 수 있도록 해준다. 9~12 및 PG 과정의 학생들이 수업을 하고 있으며 기숙학년의 경우 9학년부터 입실이 가능하다. 20에이커에 달하는 삼림지, 축구장, 필드하키장, 배구장 등을 포함한 전체 120에이커의 캠퍼스에 28명의 교사가 학생들을 지도하고 있으며 그 중 16명의 교사는 석사 학위 이상의 학위를 소지하고 있으며 23명은 교내 캠퍼스에 거주한다.

❙ 학생 수

총 학생 수는 128명이고 이 중 기숙학생은 85명이다. 학급당 학생 수는 10명이며 교사와 학생의 비율은 1대 5이다. 외국인 학생은 전체의 약 26%를 차지하며 이는 일본, 독일, 태국, 한국, 파나마, 대만 등에서 온 학생들이다.

❙ 대학진학

진학지도는 10학년(고교 1학년에 해당, Sophomore라고도 함)부터 시작되는데 학생들은 이때 PSAT 테스트를 받게 되고 이후부터 본격적인 상담을 통한 진학준비 프로그램이 시작된다. 학교에서는 매년 각 대학의 입학담당자를 초대하여 학생들이 직접 진학에 대한 궁금증을 풀도록 하고 도서관에는 항상 대학안내 책자를 구비해 놓는다. 2006년도의 SAT의 평균점수는 언어영역 570점 수학영역 540점이었다. 2007년도에 졸업한 학교들이 진학한 대학들은 다음과 같다.

Case Western Reserve University, Colby College, Drexel University, Gettysburg College, James Madison University, Michigan State University, Ohio State University, Syracuse University, University of Delaware, University of Maryland-Baltimore, University of Southern California, University of Texas

WESTOVER SCHOOL

Contact	: Mrs. Sara Lynn Leavenworth, Director of Admissions	Add	: 1237 Whittemore Road, Middlebury, CT 06762
Tel	: (203) 758-2423	Fax	: (203) 577-4588
Email	: admission@westoverschool.org	URL	: www.westoverschool.org

l 개요

코네티컷(Connecticut)주 하트포드(Hartford)시에서 남서쪽으로 약 40여분 거리인 자그마한 소도시인 미들버리 (Middlebury)에 자리잡고 있는 이 학교는 뛰어난 예술과 체육과정을 포함한 강도 높은 교과 프로그램을 제공하고 있는 우수한 여자 학교이다. 1909년 메리 로빈스 힐라드(Mary Robbins Hillard) 여사에 의해 설립된 이 학교는 학업 에 탁월한 재능을 가진 여학생들이 학교수업, 지역사회의 봉사 뿐 만 아니라 일상화된 체육 프로그램에 참가할 수 있도록 독려하며 학생들은 이를 통해서 여러 방면에 걸쳐 뛰어난 자질을 갖추게 된다. 학생들은 정규 학과목 뿐 만 아니라 여러 선택 과목도 적극적으로 수강하며 이에 부응하여 학교 측에서는 17의 AP과정, 미술, 음악, 무용 등의 예술 프로그램 및 각종 방과 후 과외활동 등을 포함한 다양한 학과목을 제공한다. 또한 이 학교는 런셀러 공대(Rensselaer Polytechnic Institute), 맨해튼 음대(Manhattan School of Music) 그리고 코네티컷 무용학교 (Connecticut School of Dance) 등의 상급기관과 특별 연계 프로그램을 만들어 학생들의 교육을 증진시키기 위한 노력도 기울인다. 졸업생 전원은 아이비리그(Ivy League)를 포함한 우수 명문 대학에 진학을 하며 100에이커의 캠퍼스에는 쿼드랭글(Quadrangle)의 전형적인 형태 즉, 한 가운데 뜰이 있고 그 뜰을 둘러싸고 건물이 사각형으로 들어서 있는 형태를 가지고 있다. 우수한 학교시설과 더불어 수려한 삼림과 연못 등이 어우러져 여학생들이 편하 게 공부하기에 아주 이상적인 환경을 가지고 있다. 참고로 이 학교는 다른 학교와 달리 기숙사 방에서 인터넷을 할 수 없다. 9~12학년의 학생들을 받고 있으며 총 36명의 교사 중 19명이 석사학위 이상의 학력 소지자이고 교사 전원은 교내 캠퍼스에서 거주한다.

l 학생 수

총 학생 수는 204명이고 이 중 기숙학생은 118명이다. 학급당 학생 수는 11명이며 교사와 학생의 비율은 1대 8이다. 외국인 학생은 전체의 약 14%를 차지하며 이는 독일, 요르단, 멕시코, 한국 등에서 온 학생들이다.

l 대학진학

11학년부터 시작되는 개인 혹은 그룹상담은 학생들이 학교를 선택하는데 도움을 주고 있다. 학교의 진학준비 프로그램은 진학준비 전 과정에 걸쳐있고 체계적이다. 학생뿐 아니라 학부모의 참여도 효율적으로 이루어진다.

2006년 본교의 SAT 평균점수는 언어영역 634점, 수학영역 613점, 쓰기영역은 634점이다. 600점을 넘은 학생은 언어영역이 63%, 수학영역은 61%, 쓰기영역은 50% 이다. 2006년도 졸업생 48명 모두 대학에 진학하였다. 그들이 진학한 대학은 다음과 같다.

American, Boston Coll, Columbia, Cornell, Carnegie Mellon, Columbia, Davidson, Drew, Indiana-Bloomington, Connecticut, McGill, Purdue, RPI, RISD, Vanderbilt

WESTTOWN SCHOOL

Contact : Mrs. Kate Holz, Director of Admissions	Add : Westtown Road, Westtown, PA 19395-1799
Tel : (610) 399-7900	Fax : (610) 399-7909
Email : admissions@westtown.edu	URL : www.westtown.edu

▮ 개요

퀘이커(Quaker)교를 대표하는 가장 대표적인 학교로 잘 알려진 이 학교는 펜실베니아(Pennsylvania)주의 필라델피아(Philadelphia)에서 서쪽으로 약 40킬로 떨어진 자그마한 시골도시인 웨스트타운(Westtown)에 자리잡고 있으며 우수한 대학진학을 위한 남녀 공학의 예비학교이다. 1799년에 퀘이커교에 의해 설립된 이 학교는 교육철학인 지식과 정신의 함양, 책임의식, 폭넓은 사고 및 그 이해 등을 기반으로 하는 학교의 운영을 근본으로 하고 있다. 체계적이며 깊이 있는 정규 학과목 이외에 각종 스포츠, 예술 그리고 졸업 후 대학 진학을 위한 상담 등의 전반적인 프로그램을 제공하는 이 학교는 학생들에게 학교생활을 통한 활력감과 뚜렷한 자기주관 확립, 타 학생과의 폭넓은 교제 등의 값진 경험을 갖게 한다. 숲으로 덮인 삼림, 목초지, 호수, 과수원 등이 38개 동의 건물이 들어선 아름다운 600에이커의 캠퍼스에 어우러져 있으며 유치원부터 12학년까지의 학생들이 수업을 하는 이 학교의 기숙사 입실가능 학년은 9학년부터이다. 총 113명의 교사 중 상급학년의 교사 수는 69명이고 이 중 45명은 석사학위 이상의 학력 소지자이다. 58명의 교사가 교내 캠퍼스에 거주한다.

▮ 학생 수

총 학생 782명중 상급학년의 학생 수는 394명이고 이중 기숙학생은 293명이다. 학급당 학생 수는 15명이며 교사와 학생의 비율은 1대 8이다. 외국인 학생은 전체의 약 11%를 차지하며 이는 중국, 독일, 홍콩, 일본, 한국 등에서 온 학생들이다.

▮ 대학진학

진학에 대한 계획을 세우기 시작하는 11학년부터 대학에 진학하기 전까지 본교의 진학지도는 꾸준히 이루어지고 있다. 주말마다 진행되는 진학준비 프로그램은 11학년 2학기부터 시작되어 12학년 1학기까지 진행된다. 그룹 상담 외에 개인상담은 학생들이 각자 자신에게 적합한 대학을 선택하는데 도움이 된다. 상담교사들은 학부모들과도 가까운 관계를 유지하면서 자녀들의 진학지도에 관심을 가질 것을 장려하고 있다. 본교는 전산화된 프로그램으로 대학에 대한 정보를 언제든지 구할 수 있도록 해놓고 있으며, 대학 안내 책자, 비디오 시청각 자료도 언제나 구비해 놓고 있다. 매년 80여 개의 대학에서 입학담당자들이 학교를 방문하여 학생들을 만나고 학생들에게 유용한 진학정보를 제공하는 설명회를 열기도 한다. 2006년 본교 졸업생들의 SAT 성적은 언어영역과 수학영역에서 600점 이상을 받은 학생은 각 52%이다. 2006년 졸업생 106명중 104명이 다음의 대학에 진학하였다.

American, Boston Univ, Brown, Bryn Mawr, Carnegie Mellon, Chicago, Columbia, Cornell, Dartmouth, Davidson, Emory, NYU, Northeastern, Parsons, Penn State, Princeton, Smith, Syracuse, Wesleyan, Worcester Poly, Yale

THE WHITE MOUNTAIN SCHOOL

Contact	: Ms. Amy D. Broberg, Director of Admissions	Add	: 371 West Farm Road, Bethlehem, NH 03574
Tel	: (603) 444-2928	Fax	: (603) 444-5568
Email	: amy.broberg@whitemountain.org	URL	: www.whitemountain.org

┃ 개요

뉴햄프셔(New Hampshire)주가 자랑하는 제일의 관광명소인 화이트 마운틴 국립 수목원(White Mountain National Forest) 어귀에 자리 잡고 있는 소도시인 베들레헴(Bethlehem)에 위치한 이 자그마한 남녀공학의 기숙학교는 맨 처음 세인트 메리스 예술 학교(St. Mary's School for Arts)라는 이름으로 여학생만을 위한 학교로 1886년 성공회에 의해 설립되었다. 이후 1969년에는 남학생을 받아들이기 시작하였고 1972년에는 현재의 이름으로 학교 명칭도 개정하였다. 소규모 학교생활 속에서 학업 수행과 자아발전의 환경을 제공하는 이 학교는 학생이 하나의 완성된 인간으로서 인격을 함양하고 다양한 지식을 확립할 수 있도록 힘쓴다. '작은 학교, 다양한 활동' 이라는 교훈과 어울리게 이 학교는 학생들을 위한 각종 프로그램을 제공하는데 하이킹, 암벽 및 빙벽 타기, 산악자전거, 축구, 라크로스, 테니스, 연극, 무용, 스노우보드 및 스키 등의 각종 과외활동이 교사의 지도하에 이루어진다. 지역적인 특성으로 인하여 상당히 아름다운 주변 환경을 갖고 있으며 235에이커의 고즈넉한 캠퍼스에 하얗게 칠한 아름다운 11개 동의 건물이 들어서 있다. 9~12 및 PG 과정을 갖고 있는 이 학교는 28명의 교사가 재직 중이며 이중 13명은 석사 학위 이상의 학력을 소지하고 있고 23명은 교내 캠퍼스에 거주한다.

┃ 학생 수

총 학생 수는 103명이며 이 중 기숙학생은 84명이다. 학급당 학생 수는 8명이고 교사와 학생의 비율은 1대 3이다. 전체 학생의 약 14%는 외국 학생이며 이는 독일, 일본, 한국, 스페인 등에서 온 학생들이다.

┃ 대학진학

진학상담 교사들은 Junior(고교 2년 과정에 해당) 와 Senior(고교 3년 과정에 해당) 과정의 학생들의 대학진학 준비의 전반적인 과정에 있어서 학생 자신에게 가장 적합한 대학을 선택할 수 있도록 끊임없이 진학지도를 하고 있다. 2006년 33명의 졸업생들의 SAT 성적은 언어영역에서 600점 이상을 받은 학생은 10%이고 수학영역은 24%에 이른다.

본교의 졸업생들이 진학한 대학을 나열하면 아래와 같다.

Fort Lewis College, Guilford College, Hartwick College, The College of Wooster, University of Vermont

 **WILBRAHAM & MONSON ACADEMY**

Contact	: Mr. Christopher C. Moore, Director of Admissions	Add	: 423 Main Street, Wilbraham, MA 01095
Tel	: (413) 596-6811	Fax	: (413) 599-1749
Email	: cmoore@wmanet.org	URL	: www.wmacademy.org

개요

매사추세츠(Massachusetts)주의 전형적인 도시인 스프링필드(Springfield)에서 동쪽으로 약 20여 분 거리에 위치한 남녀공학의 이 기숙학교는 1804년에 설립된 몬슨 아카데미(Monson Academy)와 1817년에 세워진 웨스리언 아카데미(Wesleyan Academy) - 후에 Wilbraham Academy로 개명 -가 1971년 병합하면서 지금의 이름을 갖게 되었다. 월브라엄(Wilbraham)의 자그마한 도시 중심에 자리잡고 있는 이 학교는 다정다감한 교사의 배려 속에 대학진학을 위한 발판을 마련할 수 있는 환경을 제공한다. 18 과목의 AP를 포함한 거의 모든 학과과정은 소규모의 수업으로 진행되며 학교수업에 다소 어려움을 느끼는 학생들을 위한 별도의 개인 지도(Tutorial Program)도 방과 후 제공된다. 이 학교가 위치하고 있는 주변에는 여러 대학들이 위치하고 있으며 학생들은 이러한 대학에서 제공하는 각종 이벤트나 행사 등에 참여를 하는 기회도 갖는다. 새롭게 단장한 학생관, 드라마 프로그램, 창작예술, 주말을 이용한 각종 활동 등은 이 학교가 내세우는 장점이며 특히 학생들에게 제공되는 스포츠로는 하키, 라크로스, 야구, 크로스컨츄리, 레슬링, 축구, 테니스, 골프, 농구, 배구, 수영 등 다양하다. 인상적인 것은 학교 캠퍼스에 수백년은 되어 보이는 아름드리 나무들로 그 웅장한 자태를 이루어 있으며 특히나 단풍이 지는 가을에는 온 교정이 붉고 노란 단풍잎으로 물들어 아주 장관이라는 것이다. 이 학교 역시 대도시에서 그다지 멀지 않은 관계로 학생들은 방과 후나 주말에 다양한 문화 활동을 접할 수 있다는 장점이 있다. 총 350에이커의 캠퍼스에 6~12 및 PG 과정의 학생이 수업을 하며 기숙사는 9학년부터 입실 가능하다. 총 47명의 교사 중 52명이 석사 학위 이상의 학력 소지자이고 28명이 교내 캠퍼스에 거주한다.

학생 수

총 319명의 학생 중 기숙학생은 124명이다. 학급당 학생 수는 12명이며 교사와 학생의 비율은 1대 7이다. 외국인 학생의 비율은 전체의 28%이며 이는 브라질, 중국, 독일, 일본, 한국, 태국 등에서 온 학생들이다.

대학진학

진학상담 교사들은 학생들이 적합한 대학을 선택하도록 진학준비 전 과정을 돕는다. 매년 약 100개의 대학에서 입학 담당자들이 학교를 방문한다. Junior 2학기부터는 학부모들도 학생들과 함께 상담을 받으며 자녀의 진학준비를 함께 한다.

2006년 84명의 졸업생 전원이 대학에 진학하였고 그 대표적인 대학들은 다음과 같다.

Amherst, Babson, Boston Univ, Brandeis, Cornell, Duke, Guilford, Furman, George Washington, Notre Dame, Mount Holyoke, NYU, Pennsylvania, Purdue, Rochester, St. Lawrence, Massachusetts-Amherst. Vanderbilt, Wake Forest

THE WILLISTON NORTHAMPTON SCHOOL

Contact : Ms. Ann C. Pickrell, Director of Admissions		Add	: 19 Payson Avenue, Easthampton, MA 01027
Tel : (413) 529-3241		Fax	: (413) 527-9494
Email : admissions@williston.com		URL	: www.williston.com

▌개요

매사추세츠(Massachusetts)주를 남북으로 관통하며 그 위에 위치하고 있는 버몬트(Vermont)주와 뉴햄프셔(New Hampshire)주의 경계를 통해 캐나다까지 연결이 되는 '91번' 도로의 주변에는 미국이 자랑하는 대표적인 기숙학교들이 많이 분포되어져 있는데 이 학교도 그러한 우수학교의 반열에 드는 명문이다. 1991년 미 교육부에 의해 우수한 학교로 지목을 받기도 했던 이 학교는 1841년 사뮤엘(Samuel)과 에밀리 윌리스턴(Emily Williston)에 의해 윌리스턴 세미너리(Williston Seminary)로 그 출발을 하였으며 이후 1924년 사라 위테커(Sarah B. Whitaker)와 도로시 비넨트(Dorothy M. Benent)에 의해 설립된 노스햄튼 여자 학교(Northampton School for Girls)와 1971년 합병을 함으로서 지금의 이름을 가지게 되었다. 스프링필드(Springfield)시에서 북쪽으로 약 30여 분 거리에 위치한 이 학교는 우수한 대학으로의 진학과 향후 재능 있는 인간으로의 성장을 목표로 하는 학생들을 위한 뛰어난 교육 프로그램을 제공한다. 교내에 뛰어난 학교시설물을 가지고 있는 이 학교는 정규학과 수업의 비중만큼 각종 스포츠, 예술 및 리더십 배양을 위한 다양한 프로그램도 제공하고 있다. 외국 학생의 경우 전 세계 약 28개국에서 온 70여명의 학생들이 재학하고 있으며 미국 문화와 능숙한 영어를 위한 ESL 과정도 제공하고 있다. 졸업생 대다수는 아이비리그(Ivy League)를 포함한 우수한 명문 대학에 진학한다. 100에이커의 면적에 56개 동의 건물이 들어서 있으며 7~12학년 및 PG 과정을 두고 있는 이 학교의 기숙사 입실 가능 학년은 9학년부터이다. 총 90명의 교사 중 60명이 석사 학위 이상의 학력 소지자이며 59명은 교내 캠퍼스에서 거주한다.

▌학생 수

총 학생 수는 552명이고 그 중 상급학생의 수는 460명이고 기숙생활을 하는 학생은 280명이다. 학급당 학생 수는 12명이고 교사와 학생의 비율은 1대 7이다. 외국 학생의 비율은 전체 학생수의 10%이며 이는 캐나다, 독일, 홍콩, 일본, 한국, 대만 등에서 온 학생들이다.

▌대학진학

이 학교는 2명의 진학상담 교사들의 지도를 통해 학생들이 졸업 후의 대학진학에 대한 계획을 세우도록 한다. 상담을 통해 학생은 물론 학부모들의 의견까지를 수렴하여 진학지도를 한다. 11학년인 Junior 단계에서 학생들은 진학시험을 준비하고 교사들과의 상담을 통해 대학의 장학금 제도, 특성, 자신의 관심분야를 고려하여 진학하고자 하는 대학을 선택한다. 2006년 졸업생 120명 전원이 대학에 진학하였고 그 대표적인 대학은 다음과 같다.

Amherst College, Boston College, Brown University, Carnegie Mellon University, Duke University, Emory University, George Washington University, NYU, Parsons School of Design, Smith College, Tufts University, Wesleyan University

 **THE WINCHENDON SCHOOL**

Contact	: Mr. J. william Labelle,, Director of Admissions	Add	: 172 Ash Street, Winchendon, MA 01475
Tel	: (800) 622-1119	Fax	: (978) 297-0911
Email	: admissions@winchendon.org	URL	: www.winchendon.org

▐ 개요

매사추세츠(Massachusetts)주의 보스턴(Boston)에서 북동쪽으로 약 2시간 여 떨어진 자그마한 소도시인 윈첸든(Winchendon) 인근에 자리잡고 있는 이 학교는 1926년 로이드 햇치(Lloyd M. Hatch)에 의해 메인(Maine)주의 덱스터(Dexter)에 처음 설립되었고 이후 로드아일랜드 (Rhode Island)의 뉴포트(Newport)로 캠퍼스를 옮겼으며 이후 1961년에서야 현재의 위치로 그 장소를 정하였다. 이 학교의 교육 이념은 학업적 가능성은 있으나 여건상 그 능력을 충분히 발휘할 수 없었던 잠재적인 능력을 가진 학생들을 위한 교육을 제공한다는 것이다. 이러한 학생들을 가르치기 위한 학교의 방침은 학생이 자신의 능력발휘를 위한 중심이 되고 학교에서 제공하는 교과과정은 이러한 학생을 순응시키기 위한 보조적인 수순으로 진행이 된다는 것이다. 학교는 학생들에게 공부하는 방법을 가르치고 좋은 학습 습관을 학생들에게 주입시킨다. 방과 후에는 학생들을 위한 각종 프로그램을 제공하며 주말에는 각종 문화행사에 참여하여 학생의 정서 함양을 고취시킨다. 최근에는 학교 본관을 새로 개축하여 학생들이 더욱 안락하게 공부할 수 있게끔 하였다. 학교가 위치하고 있는 캠퍼스는 이 지역의 주민들을 위한 골프장이 들어서 있으며 총 375에이커의 넓은 교정에는 실내 체육관, 우체국, 미술실, 도서관, 테니스장, 미술실 등을 포함한 22개 동의 건물이 들어서 있다. 참고로 이 학교에 학생을 보낸 부모의 경우에는 무료로 골프를 즐길 수 있다. 8~12 및 PG 과정 중 기숙가능 학년은 8학년부터이며 총 31명의 교사 중 12명은 석사 학위 이상의 학력 소지자이고 26명은 교내 캠퍼스에서 거주한다.

▐ 학생 수

총 217명의 학생 중 184명이 기숙사 생활을 한다. 학급당 학생 수는 6명이고 교사와 학생의 비율은 1대 6이다. 전체 학생의 약 40%는 외국인 학생으로 이는 한국, 일본, 중국, 대만, 사우디아라비아 등에서 온 학생들이다.

▐ 대학진학

진학상담 교사들은 학생들이 신중하게 대학을 선택할 수 있도록 지도한다. 매년 많은 대학의 입학담당자들이 학교를 방문하고 있고, 학생들은 진학상담 센터에 구비되어 있는 대학진학과 관련된 자료들을 언제나 열람할 수 있다.

2006년 졸업생들의 SAT 언어영역 평균점수는 510점이고, 수학영역 평균점수는 550점이다. 600점을 넘은 학생은 언어영역이 3%, 수학영역 5%이다. 본교 2006년 98명의 졸업생들 중 93명이 대학에 진학하였고 그 대학들은 다음과 같다.

American University, Boston University, Northeastern University, University of Massachusetts at Amherst, University of Rhode Island

WOODBERRY FOREST SCHOOL

Contact : Mr. Joseph G. Coleman, Director of Admissions		Add	: 898 Woodberry Forest Road, Woodberry Forest, VA 22989
Tel	: (540) 672-6023	Fax	: (540) 672-6471
Email	: wfs_admissions@woodberry.org	URL	: www.woodberry.org

▌개요

미국 남동부를 대표하는 명문 사학 중의 하나인 이 남자 학교는 워싱턴디시(Washington D. C.)에서 남서쪽으로 약 1시간 30분 여 거리에 위치하고 있는 소도시 우드베리 포리스트(Woodberry Forest)에 자리 잡고 있다. 자신의 여섯 아들들을 교육시킬 목적으로 1889년 로버트 워커(Robert S. Walker)에 의해 그 문을 열었던 이 학교는 향후 그의 아들 중의 한 명인 카터 워커(J. Carter Walker)의 헌신적인 노력으로 이 학교가 미국 전역에서 그 명성을 떨치게 되었다. 뛰어난 대학진학을 위한 준비과정 뿐 만 아니라 공손함과 협력의 환경도 중요시 여기는 이 학교 는 뛰어난 교사진, 세분화된 교과과정, 그리고 우수한 인재들로 인해 그 빛을 더욱 발하고 있다. 특히나 21개의 AP 과정, 다양한 예술 프로그램과 더불어 13개 스포츠 종목에서 34개 팀을 가지고 있는 다양한 스포츠는 이 학교 의 또 다른 자랑이다. 학교의 시설물들도 우수한데 새로 단장한 학습관, 어학실습실, 컴퓨터실, 수학 및 과학과, 천문 전망대, 시청각실, 60,000여 권의 도서장서를 보유한 도서관, 극장, 암실, 갤러리, 9홀의 골프장 등의 시설들 을 완비하고 있다. 9~12학년의 남학생들이 블루릿지 산맥(Blue Ridge Mountains)이 바라다 보이는 아름다운 1,100 에이커의 캠퍼스에서 거주하고 있고 학교 캠퍼스 아래에는 강이 흐른다. 총 61명의 교사 중 54명은 석사학위 이상의 학력을 소지하고 있으며 54명은 교내 캠퍼스에 거주한다.

▌학생 수

전체 학생 수는 390명이며 전원 기숙사 생활을 한다. 학급당 학생 수는 14명이며 교사와 학생의 비율은 1대 8이다. 전체 학생 중 약 5%가 외국인으로서 이는 캐나다, 독일, 중국, 일본 등에서 온 학생들이다.

▌대학진학

학생들은 10학년(고교 1년 과정에 해당)부터 진학지도를 받는다. 상담교사는 학생들이 자신에게 적합한 대학 을 선택할 수 있도록 돕고, 각 대학의 입학 담당자들을 초빙하여 진학 설명회를 열기도 한다.

2006년 SAT 평균점수는 언어영역에서 640점, 수학영역은 650점이다. 600점을 넘은 학생은 언어영역이 64%, 수학영역은 76%였다.

2006년 졸업생 91명 전원은 전국 36개의 다양한 대학에 전원 진학하였다. 대표적인 대학들은 다음과 같다.

Brown University, Columbia University, Davidson College, Middlebury College, Princeton University, University of North Carolina at Chapel Hill, University of Virginia, Vanderbilt University

 **WOODLANDS ACADEMY OF THE SACRED HEART**

Contact	: Ms. Kathleen Creed, Director of Admissions	Add	: 760 East Westleigh Road, Lake Forest, IL 60045-3298
Tel	: (847) 234-4300	Fax	: (847) 234-0865
Email	: admission@woodlandsacademy.org	URL	: www.woodlandsacademt.org

개요

이 학교는 일리노이(Illinois)주의 대표적인 도시인 시카고(Chicago)에서 북쪽으로 차로 약 40분 정도의 거리인 미시건 호(Lake Michigan)를 끼고 형성되어 있는 전형적인 주거지역인 레이크 포리스트(Lake Forest)시에 위치하고 있으며 9~12학년의 여학생들을 위한 대학진학 학교이다. 미국을 포함한 전 세계에는 우리나라 말로 번역을 하면 '성스러운 마음' 이라는 뜻의 성심(Sacred Heart)이 들어가는 천주교와 연계된 약 200여개의 학교가 분포되어 있으며 그 기원은 1800년대 프랑스의 수녀였던 성 마데린 소피 바랏(St. Madeleine Sophie Barat)에 의해 그 기원이 이루어졌다. 1858년에 최초로 설립된 이 학교 역시 이들 여러 성심학교들 중의 하나이며 1904년 현재의 캠퍼스에 터를 잡고 학생들을 받아들인 지는 약 100여년의 세월이 흘렀다. 젊은 여학생들에게 충실한 학교 공부, 자상한 배려, 각자가 가지고 있는 재능의 발휘에 온 힘을 쏟고 있는 이 학교는 뛰어난 지도력, 미래를 향한 여성 (Excellence in Leadership, Women for Tomorrow)이라는 학교의 취지에 맞추어 학생들에게 베풀 수 있는 모든 교육환경을 제공한다. 아울러 이 학교는 종교의 배경이 반드시 천주교인 학생들만을 고집하지 않고 여러 종교를 존중하며 그러한 믿음을 가진 학생들의 입학도 환영한다. 학교가 시카고에서 그다지 멀지 않은 관계로 이 학교의 학생들은 문화, 예술 등의 정서 함양을 고취할 수 있는 이점을 충분히 가지게 되며 주변에 위치하고 있는 여러 대학들의 각종 프로그램도 직간접적으로 접하는 좋은 기회를 갖는다. 20에이커의 면적을 가진 캠퍼스에 커다란 1개의 빌딩을 가지고 있으며 이는 교실, 실험실, 소극장, 식당, 도서관, 기숙사 등의 시설이 들어서 있다. 총 40명의 교사 중 20명이 석사 학위 이상의 학력 소지자이고 5명의 교사는 교내에서 거주한다.

학생 수

총 175의 학생 중 35명이 기숙생활을 한다. 학급 당 학생 수는 16명이며 상급학년의 경우 교사와 학생의 비율은 1대 9이다. 전체 학생의 약 30%가 외국인 학생이며 이는 캐나다, 일본, 멕시코, 한국, 대만, 태국 등에서 온 학생들로 구성되어 있다.

대학진학

한명의 진학담당 선생님이 대학 선정을 위한 조언뿐만 아니라 학생들의 원서 작성, 장학금 신청 방법 등을 도와준다. 해마다 미국 전역에서 약 100여개의 대학입학 담당자들이 개별적으로 혹은 대학의 날(College Day)이라는 행사를 통해서 이 학교를 방문하여 진학에 관한 정보를 제공한다. 2006년 이 학교를 졸업한 50명은 전원 다음의 대학에 진학을 하였다.

American, Art Institute of Chicago, Boston Univ, Carnegie Mellon, Case Western Reserve, Marymount, McGill, Michigan State, Middlebury, Northwestern, NYU, RISD

WOODSIDE PRIORY SCHOOL

Contact	: Mr. Al D. Zappelli, Dean of Admissions	Add	: 302 Portola Road, Portola Valley, CA 94028-7897
Tel	: (650) 851-8223	Fax	: (650) 851-2839
Email	: azappelli@woodsidepriory.com	URL	: www.woodsidepriory.com

▌개요

미 서부 샌프란시스코(San Francisco)와 산호세(San Jose)의 중간 지점에 위치한 포토라 밸리(Portola Valley)에 자리 잡고 있는 이 천주교 학교는 1857년 헝가리인 베네딕틴 수도승에 의해 설립되었다. 이 학교 교육의 핵심인 영속성, 공동체, 정직, 독립 등이 학생들의 일상생활 및 교내에 배어있는 이 학교는 우수하고 제도화된 대학 준비 과정, 돈독한 사제관계, 다양한 체육 프로그램 및 각종 과외활동 등이 함께 어우러져 있다. 학교 전 건물에 설치된 인터넷시설을 포함한 과학과, 컴퓨터실, 미술실, 성당, 어학 실습실, 극장 등의 각종 시설이 60에이커의 캠퍼스에 자리 잡고 있다. 이 학교는 명문 버클리 대학(U.C. Berkeley)과 스탠포드 대학(Stanford University)이 위치한 샌프란시스코(San Francisco) 근교에 위치하고 있기 때문에 그 도시가 가지고 있는 각종 문화 행사 및 레저에 참여할 수 있다. 6~12학년의 남녀 학생들이 공부하는 이 학교의 경우 기숙사는 오로지 9학년 이상의 남학생만 가능하다. 62명의 교사가 재직하며 36명의 교사는 석사학위 이상의 학력을 소지하고 있다. 25명의 교사는 교내 캠퍼스에서 생활한다.

▌학생 수

전체 학생 수는 350명이며 이 중 기숙학생은 46명이다. 학급당 학생 수는 18명이며 교사와 학생의 비율은 1대 10이다. 전체 학생 중 약 10%가 외국인으로서 이는 중국, 한국, 헝가리, 러시아, 대만 등에서 온 학생들이다.

▌대학진학

11학년과 12학년 단계의 학생들은 가을학기에 그룹별로 대학진학에 대한 조언을 받으며 개인 상담을 병행한다. 각 대학의 대표자들은 학교를 방문하여 학생들에게 대학에 대한 정보를 제공한다. 대학진학 안내센터는 매일 새롭게 정리되는 책자와 시디(CDs), 비디오, 대학정보 검색 시스템을 도서관에 구비하고 있다. 10학년과 11학년 학생들은 SAT I 의 예비시험 격인 PSAT 테스트를 봄 학기와 다음 해인 가을 학기에 걸쳐 하게 된다. 본교의 학생들은 매년 국가장려 장학금(National Merit Scholarship)과 AP 장학금(AP Scholarship Awards), 캘리포니아 대학 재단 장학금(University of California Regents Scholarships) 외에도 다양한 각 대학의 장학금을 받는다.

2006년 졸업생들의 SAT 언어영역은 659점, 수학영역은 668점이다. 85%의 학생이 언어영역에서 74%학생이 수학영역에서 600점 이상을 취득 하였다. 본교의 졸업생들은 세계적인 대학에 진학하여 공부를 계속한다. 그 대학들은 다음과 같다.

Duke University, Harvard University, Stanford University, University of California at Berkeley, University of California at Los Angeles, University of California at Santa Barbara

WORCESTER ACADEMY

Contact	: Mr. Jonathan G. Baker, Director of Admissions	Add	: 81 Providence Street, Worcester, MA 01604
Tel	: (508) 754-5302	Fax	: (508) 752-2382
Email	: admission@worcesteracademy.org	URL	: www.worcesteracademy.org

▎개요

매사추세츠(Massachusetts)주의 주도인 보스턴(Boston)을 기점으로 해서 서쪽에 위치한 워스터(Worcester)시에 자리잡고 있는 이 학교는 1834년 그 도시에 거주하는 시민들이 아이삭 데이비스(Isaac Davis)의 선두 지휘 하에 대학 진학을 위한 준비 과정뿐만 아니라 학교 및 지역사회에서 활동적인 역할을 할 수 있는 인재를 양성할 목적으로 설립하였다. 재학하고 있는 학생들이 대학에 진학하여 성공적인 학업 성취를 이룰 수 있도록 하기 위해서 이 학교는 우수한 교사들에 의해 정예화 된 학과교육을 가르치고 있으며 이에 덧붙여 학교에서는 학생들을 위한 음악, 연극, 미술 등의 과정과 크로스컨츄리, 축구, 수중 폴로, 농구, 수영, 레슬링, 하키, 야구, 골프, 테니스, 스키 등의 각종 스포츠 프로그램 등을 제공한다. 학업 수행 능력은 미국의 다른 우수한 학교에 비해 결코 뒤떨어지지 않으며 대다수의 학생들은 졸업 후 미국 내에서 잘 알려진 대학에 진학을 한다. 12에이커의 면적을 가진 이 캠퍼스는 다만 주거지에 위치하고 있고 다소 협소하여 약간 번잡한 느낌을 들게 한다. 6~12학년 및 PG 과정의 학생들이 수업을 하며 기숙사 입실 가능학년은 9학년부터이다. 총 100명의 교사 중 50명이 석사 학위 이상의 학력을 소지하고 있으며 30명은 교내 캠퍼스에서 거주한다.

▎학생 수

총 658명의 학생 중 기숙사 생활을 하는 학생 수는 206명이다. 학급당 학생 수는 13명이고 교사와 학생의 비율은 1대 7이다. 외국 학생은 전체의 약 15%를 차지하며 이는 홍콩, 일본, 한국, 스페인, 대만, 태국 등에서 온 학생들이다.

▎대학진학

진학상담 교사들은 학생들이 대학진학 원서를 작성하고 장학금에 대한 정보를 구하는 등의 학생들의 요구와 장래 희망에 적합한 대학에 진학할 수 있도록 학생들을 지도하고 장려한다. 11학년에 학생들 각자는 상담을 통해 진학계획을 세운다. 그리고 보스턴에서 열리는 대학박람회에 방문하여 대학진학에 대한 정보들을 얻을 수 있다. Senior 단계의 학생들은 학기가 시작되자마자, 자신의 성적과 능력에 비추어 학교를 선택하고 본격적인 진학준비를 시작한다. 진학상담 센터는 학생들과 진학상담을 꾸준히 하고, 각 대학의 입학담당자들의 학교 방문을 유치하고 학생들에게 장학금 등 대학에 대한 정보들을 제공하는 등 학생들이 진학에 대비할 수 있도록 다 방면에 걸쳐 많은 활동을 하고 있다. 2006년 115명의 졸업생 전원은 대학에 진학을 하였고 SAT I 테스트에서 600점 이상을 받은 학생은 언어영역에서 56%, 수학영역에서 63%를 기록한다. 이들이 진학한 대학은 다음과 같다.

Boston College, Holy Cross College, Trinity College, University of Massachusetts at Amherst, University of Wisconsin at Madison, Yale University

WYOMING SEMINARY

Contact : Mr. Randolph I. Granger, Director of Admissions	Add : 201 North Sprague Avenue, Kingston, PA 18704
Tel : (570) 270-2160	Fax : (570) 270-2191
Email : admission@wyomingseminary.org	URL : www.wyomingseminary.org

┃ 개요

교육기관 또는 학교라는 뜻을 가진 'Seminary'의 단어를 학교이름으로 사용하는 몇 안 되는 학교 중의 하나인 이 학교는 펜실베니아(Pennsylvania)주 필라델피아(Philadelphia)에서 북쪽으로 약 2시간 여 거리인 와이오밍계곡 (Wyoming Valley)에 인접한 깨끗한 소도시 킹스턴(Kingston)에 위치하고 있다. 1844년 감리교도들에 의해 사회에서 중추적인 역할을 하고 대학진학을 준비하는 학생들을 가르치기 위한 목적으로 설립되었다. 학업수행과 개인의 목표를 향한 부단한 노력을 게을리 하지 않는 학생들은 교사들과 서로 호흡을 맞추어 소기의 결과를 이룰 수 있도록 힘쓰며 이러한 학생들을 위하여 학교 측에서는 적절한 시간 활용, 명확하고 효율적인 작문 및 주제발표, 효율적인 학습 및 끊임없는 자기 개발 등을 요구한다. 애칭으로 셈(Sem)이라고도 부르는 이 학교는 21의 AP 과목을 포함한 140여 종의 교육 프로그램을 제공하고 특히 이 학교에 재학하고 있는 학생들은 이 학교가 가지고 있는 18여 종의 각종 스포츠에 최소한 한 가지 이상 참여한다. 유치원생부터 8학년까지 다니는 저학년의 경우 이 학교가 위치하고 있는 캠퍼스에서 약 5킬로 정도 떨어져 있다. 인상적이었던 것은 학교부속 교회에서 매시간마다 울려 퍼지는 종소리이며 이 소리는 시내 어디서든 들을 수 가 있다. 9~12 및 PG 과정의 학생들은 18에이커의 캠퍼스에서 생활하며 총 122명의 교사가 학생을 지도하며 46명이 석사 이상의 학력을 소지하고 있다. 46명의 교사는 교내 캠퍼스에서 생활한다.

┃ 학생 수

총 학생 수는 775명 중 상급학년의 학생 수는 441명이고 이중 기숙학생은 172명이다. 학급당 학생 수는 13명이고 교사와 학생의 비율은 1대 8이다. 외국 학생은 전체의 23%이며 이는 독일, 일본, 한국, 사우디아라비아, 대만, 태국 등에서 온 학생들이다.

┃ 대학진학

진학지도는 Sophomore(고교 1년 과정에 해당) 단계부터 시작한다. 상담을 통해 학생 개개인의 능력과 관심영역, 진학을 희망하는 대학을 고려하여 최종적으로 진학하고자 하는 대학을 선택하도록 하는 것이 진학지도의 목표이다. 본교의 졸업생들은 거의 모두 대학에 진학하는데 대부분이 높은 경쟁률을 뚫고 우수한 대학에 진학하고 있다. 2006년 121명의 졸업생 중 120명이 대학에 진학을 하였고 SAT 테스트에서 600점 이상을 받은 학생은 언어영역에서 35%, 수학영역에서 51%를 기록한다. 이들이 진학한 대학은 다음과 같다.

2006년 졸업생들이 진학한 대학은 다음과 같다.

Boston University, Lehigh University, Rochester Institute of Technology, Temple University, Pennsylvania State University at University Park, University of Vermont.

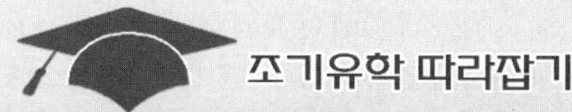

조기유학 따라잡기

부 록

⇨ 비자

⇨ 인터뷰시 예상 질문

⇨ 출국 준비

⇨ 출국 체크리스트

⇨ 시험 설명

⇨ 영·미 중요 어구 비교

⇨ 같은 사물에 대한 다른 표현[영·미]

⇨ 영어 주요 기호·부호

⇨ 영문 게시판(간판)

⇨ 수학 용어(가나다 순서)

⇨ 주별 학교 리스트

⇨ 용어 설명

비자 (Visa)

| 비자

비자란 한 나라에 입국을 하기 위해 그 자격을 부여받는 것으로 흔히 입국사증(入國査證)이라는 의미로 해석이 된다. 국내에서 외국으로 여행을 할 경우 통상 여행 대상국은 사전에 반드시 비자를 받아야 입국을 할 수 있는 나라가 있는 반면, 우리나라와 서로 비자를 면제해주기로 사전에 약정되어 있는 나라의 2부류로 나누어지는데 미국을 비롯한 몇몇 사회주의 국가가 사전에 비자를 반드시 취득하여야만 그 나라에 입국할 수 있는 대표적인 경우이다. 이와는 반대로, 대다수의 유럽국가 및 아시아 지역의 나라들처럼 상당수의 많은 나라에서는 우리나라의 국적을 가진 사람이 입국하고자 할 경우 사전에 비자를 취득할 필요가 없이 일정기간을 머물 수 있게 한다. 캐나다의 경우 관광비자일 경우에는 노 비자(No Visa)로 입국을 하여 최장 6개월까지 머물 수 있는 반면 학생비자의 경우에는 6개월 이상의 수학을 목적으로 할 경우 반드시 학생비자를 취득하고 나가야 한다. 앞에서 언급했듯이 학생이 수학을 목적으로 미국에 입학을 하고자 하는 경우에는 반드시 미 대사관에 F-1 학생비자를 신청해야 한다. 미국 비자를 접수하기 위한 미 대사관 내에서의 절차 및 구비서류는 지난 몇 년 동안 여러 번 바뀌었으나 최근에 들어서는 다음과 같은 형태로 이루어진다.

| 학생비자 구비서류

- 여권(6개월 이상 유효하고 본인 서명이 된 여권)
- 비자 신청용 사진(가로/세로가 각 5Cm이며 뒷배경이 흰색)
- 학교 측에서 발행된 유효한 입학 허가서(SEVIS I -20)
- SEVIS 비용납부(U$100) 확인 영수증
- 재학 증명서(졸업 증명서)
- 성적 증명서
- 주민등록등본 또는 호적 등본
- 재정 보증인의 관계 서류

재직일 경우
- 재직 증명서
- 소득 금액 증명원

사업일 경우
- 사업자 등록 증명원
- 소득 금액 증명원
- 재산세 과세 증명원
- 은행 잔고 증명원(비자 신청시 통장 지참)
- 기타 재산 증빙 서류

위에 언급한 서류들이 통상적으로 미국 비자를 신청할 경우 요구되어지는 비자 서류들이다. 참고로 재정 보증인이 의사일 경우에는 의사 면허증 사본을 첨부하고 TOEFL 또는 SSAT 등의 시험 점수 결과가 있으면 이러한 시험 성적도 같이 첨부해 준다. 만약에 이러한 서류들을 적절하게 준비하지 못할 경우에는 미국 비자 업무를 정확히 상담해 줄 수 있는 담당자와 상담을 하는 것이 좋으리라 생각된다.

▌ 신청

미국 비자 신청은 통상 입학 허가서(SEVIS I-20) 상에 명시된 입학 개시일을 기준으로 120일 이내에서 신청할 수 있다. 예를 들면, 입학 허가서 상에 명시된 입학 날짜(입학 허가서 상의 5번 란을 참조)가 9월 5일이라면 비자를 신청할 수 있는 가능한 날짜는 5월 5일부터라고 생각하면 된다. 간혹 몇몇 비자 신청자는 대체로 입학 시기를 가까이 남겨 놓고 비자를 신청하려고 하는 경우가 왕왕있는데 이 경우 비자발급의 지연 등 예기치 못한 상황이 종종 야기될 수 가 있으므로 사전에 충분한 시간을 두고 비자 신청을 하여 그 혼란을 방지하는 것이 좋은 방법이라 생각된다. 최근 들어 미국 비자접수에 관한 여건이 그다지 까다롭다는 생각이 들지는 않으나 언제나 철저한 준비로 불필요한 시간 및 금전 낭비를 하는 것이 현명하다는 생각이 든다.

1. 학생비자 신청

A. SEVIS I-901 신청비

이 제도는 2004년 9월 1일 이후부터 새로이 바뀐 제도로서 미국에 유학 또는 교환 학생으로 가고자 하는 경우 반드시 미화 100불을 지불하여야 한다. 아시다시피 9·11 테러 이후 국토안보부(DHS, Department of Homeland Security)가 신설이 되었으며 이에 미국에 입국하는 학생들의 행적을 추적할 수 있는 SEVIS(Student and Exchange Visitor Information System) 제도를 진행하기 위한 자원 확보로 새로이 채택된 제도이다. 따라서 응시생들은 www.FMJfee.com에 접속을 하여 I-901 양식을 작성하여 카드로 미화 100불을 결제하든지 아니면 우편을 통해서 접수를 하여 그 지불 영수증을 반드시 지참하여 비자 신청시 들고 가야 한다. 이 신청은 반드시 인터뷰 3일 이전에 완료를 하여야만 한다.

B. 인터뷰 예약

비자 신청을 위해서는 우선 인터뷰 예약을 해야만 한다. 미 대사관에서 제공하는 비자 전문 인터넷 싸이트인 www.us-visaservices.com에 접속을 하여 인터뷰 예약을 하여야만 한다. 이 서비스는 유료이며 한화 12,000을 반드시 비자 및 마스터 카드로 결제 하여야 한다. 우선 카드정보를 입력하면 PIN(Personal Identification Number)이 지급되고 이에 그 번호를 입력하여 비자 인터뷰 예약에 관한 절차를 시작한다. 여권 및 개인 신상 정보를 입력하면 인터뷰 가능한 날짜와 시간이 표시되고 이에 신청자는 편리한 일시를 정해서 입력을 하면 최종 인터뷰 예약 확인 페이지가 뜨고 이에 그 면을 출력하여 인터뷰 당일 다른 서류와 함께 제출 하여야만 한다.

C. 비자 신청비

이는 위 1)번에 설명된 내용과 별개이며 모든 비자 신청자는 반드시 미화 100불에 해당하는 비자 신청 수수료를 지불하여야만 비자 인터뷰를 할 수 가 있다. 이 신청 영수증은 신한은행에서 대행을 하고 있으며 비자 신청서에 반드시 부착을 하여야 한다.

D. 제반 서류 번역

미국 비자를 신청하고자 하는 학생이 위에 언급한 비자 신청에 필요한 제반 절차를 다 마치고 난 뒤 비자 신청에 필요한 모든 서류를 준비하고 비자신청서(Visa Application Form)를 작성하여 입학 허가서, 여권과 함께 지정된 날에 미 대사관으로 가면 된다. 참고로 각종비자 서류는 영문으로 번역할 필요가 없다.

2. 관광비자 신청

관광비자는 위에 언급한 학생비자의 1)번 항을 제외하곤 모두 동일하다. 즉, 미 대사관에서 제공하는 비자 전문 싸이트인 www.us-visaservices.com에 접속을 하여 인터뷰 예약 확인증을 프린트해서 해당일에 신한은행에서 구입한 비자 신청 수수료 납부 영수증(미화 100불에 해당)을 비자 서류와 함께 첨부하여 미 대사관에 인터뷰를 하러 가면 된다. 단, 만 14세 미만 80세 이상의 경우에는 이러한 규정에서 예외가 되는데 그 역시 일정 조건이 따른다. 아울러 관광비자의 예약은 본인이 원하는 날짜에 싸이트에서 편하게 날짜를 선택할 수 있으나 여름이나 겨울 등 성수기에는 다소 지체가 되므로 사전에 충분한 시간을 가지고 인터뷰 예약 신청을 하는 것이 좋다. 결국, 비자를 신청하고자 하는 경우에 미리 충분한 지식을 가지고 임하는 것이 예기치 못한 상황을 피할 수 있는 지름길이라 할 수 있다. 마지막으로 비자에 관한 정보는 미 대사관 싸이트인 http://korean.seoul.usembassy.gov/에 접속해서 정보를 구하라고 조언을 하고 싶다.

3. 비자 신청 시간

비자 신청 기간은 통상적으로 월~금요일까지이며 오전, 오후 접수가 가능하다. 우리나라의 공휴일, 미국의 국가 공휴일에는 미 대사관도 쉰다. 경우에 따라서는, 미 대사관의 행정상의 업무 그리고 미 본국에서의 귀빈 방문 등으로 인해 예기치 못한 업무의 일시 중단도 야기되는 경우가 있으나 그 빈도는 미비한 수준이다.

▌ 인터뷰

미 대사관에 들어간 후 학생의 경우는 여권, 비자 신청서 그리고 입학 허가서를 먼저 제출하고 대기표를 받고 면접을 위해 비자 신청 순서를 기다린 뒤 본인의 차례가 되면 우선 준비했던 모든 제반 서류를 담당영사에게 보여준다. 관광비자의 경우도 위에 설명한 순서대로 여권, 비자 신청서를 제출하고 대기표를 받고 면접 순서를 기다린다. 통상적으로 영사의 옆에는 통역을 위한 한국인 직원이 앉아 있으며 이는 영사와 비자 신청자가 서로 대화하는데 어려움이 없도록 언어의 소통을 도와준다. 경우에 따라서는 한국어를 별 어려움 없이 구사하는 영사의 경우 한국어로 비자 신청자에게 직접 질문을 하기도 한다. 우선 영사는 비자 신청에 관한 신청자의 제반 서류를 검토한 뒤 신청자에게 유학과 관련된 사항을 질문하게 된다. 그러면 신청자는 영사에게 그에 대한 답변을 솔직하게 하고 영사는 이를 토대로 비자 신청의 가부를 결정하게 된다. 통상적으로 영사가 신청자에게 하게 되는 질문은 여러 가지가 있으나 대략 요약하면 다음과 같다.

▌ 비자신청시 예상되는 질문내용

① 왜 미국에 가려고 하는가 또는 미국으로 유학을 하려는 이유
② 미국에서 공부하려는 내용

③ 수학(修學) 후 본인의 진로 혹은 장래 희망

④ 입학 허가서 상에 명시된 학교를 알게 된 동기

⑤ 미국에서의 수학 기간

⑥ 미국에서 체류 기간 동안 머물 장소

⑦ 가고자 하는 학교에 대한 간략한 소개

⑧ 부모님 성함 및 부모의 직업

⑨ 부모의 월수입 또는 재산 상태

⑩ 미국 내 형제 및 자매 또는 부모 거주 여부

⑪ 과거의 이민 또는 비이민 비자 신청 여부

⑫ 예상 출국 일자

⑬ 미국에 연고가 있을 경우 그에 관한 인적 사항

⑭ 기타

비자 발급

(1) 비자의 합격

미국 비자가 합격이 되면 미 대사관 측에서는 신청 학생의 여권, 비자 신청서를 회수하고 입학허가서를 비롯한 나머지 제반 서류를 학생에게 다 돌려준다. 관광비자의 경우도 당연히 여권과 비자 신청서만 회수한다. 그후 미 대사관 측에서는 여권에 비자스티커를 부착한 뒤, 택배 서비스를 통해 신청 학생의 집으로 우송해 준다. 현재 미대사관에서 인정을 하는 택배 서비스는 DHL 일양과 한진 택배 2곳이다. 미 대사관에서 여권을 집으로 발송해주는 기간은 시기에 따라 다소 상이하나 빠른 경우 비자 신청일 다음날 집으로 배달이 되는 경우도 있고 경우에 따라서는 5~7일이 소요되는 경우도 있다.

(2) 비자의 불합격

불행히도 비자의 신청이 거절되었을 경우 미 대사관 측에서는 거절된 사유가 체크된 레터와 함께 비자 신청서를 제외한 모든 서류를 학생에게 되돌려 준다. 관광비자의 경우도 이와 동일하다. 최근에는 미국 비자가 한번 거절되면 예전처럼 3달을 기다린 후 재신청을 하는 복잡한 절차가 없어지고 그 다음날이라도 서류를 보완하든지 아니면 사유서를 작성해서 비자를 재접수할 수 있으나 중요한 점은 충분히 영사가 납득할만하다고 생각되어지는 보완서류 내지는 그 사유를 준비한 뒤 재 접수하여야 한다는 점이다. 그렇지 않을 경우 이미 거절된 비자를 다시 받기란 그다지 쉬운 일이 아니기 때문이다. 관광비자도 역시 같은 수순으로 접수를 하면 된다.

비자에 관한 일반적인 정보안내

다음은 미국 비자를 취득한 학생의 여권에 부착된 비자를 복사한 것이다.

여기에서 눈여겨볼 사항은 비자 발급일 (Issue date)과 비자 만료일(Expiry date)이다. 최근의 비자 추세는 학생비자 신청의 경우 별 하자가 없는 경우 5년 간 유효한 비자기간이 명시된 비자를 발급해준다. 최근까지만 하더라도, 학생비자를 신청한 학생에게, 짧은 기간의 비자를 발급해 주었는데 그 주된 이유는 학생이 미국 내에 있는 학교에 입학해서 수학을 잘 하고 있는가 하는 것을 점검하기 위한 것이었다.

예를 들어 학생이 1년간 유효한 학생비자를 발급 받고 미국의 학교에 입학을 하였다고 가정해 보자. 이 학생은 1년의 비자 유효기간 동안 한국에 나왔다 들어가는 데 별 이상이 없을 것이다. 그러나 비자가 만료가 된 경우에는 상황이 전혀 다르다. 비자를 신청하고자 하는 학생은 반드시 미국 내에서 수학한 동안의 증명서와 그간의 성적표를 첨부하여 국내에서 미국 비자를 발급 받기 위한 재정 서류 등을 다시 갖추어서 미 대사관에 학생비자를 다시 신청하여야 한다.

물론 미국에서 수학을 하고 있는 도중에 학생의 비자가 만료가 된 경우 그 만료일 이후부터 학생은 불법 체류자가 되는 것이 아닌가 하고 염려하는 경우가 있으나 이는 잘못된 생각이다. 학생이 학교에 적을 두고 있는 한 학생의 비자가 비록 만료가 되었다고 하더라도 적법한 학생 신분으로 미국에 머물 수 있다. 다만 이 경우 학생이 한국에 나왔다 다시 들어가고자 할 경우에는 비자가 만료가 되었기 때문에 미국으로의 재입국이 불가능하다. 따라서 학생은 국내에서 위에 언급한 제반 서류를 갖추어서 학생비자를 다시 신청하여야 한다.

간혹 학생이 여러 가지 사정으로 인해 사정상 비자 만료일이 상당히 지난 다음에 국내에 들어와서 다시 비자를 신청하고자 할 경우 비자 재발급에 상당한 불이익을 당하는 것이 아닌가 염려를 하는 경우가 있다. 물론 이 경우에도 학생은 비자를 다시 신청하는 데 있어 미국 내에서 수학한 명확한 증빙 서류만 갖추면 전혀 그 신청에 불이익을 당하는 경우는 없다. 다만 담당 영사는 그 학생에게 비자 만료 기간이 상당히 지난 다음에야 다시 신청을 하게 된 사유를 물어 볼 것이고 그 경우 학생은 그 사정을 영사에게 명확히 이해시켜야 한다. 이 과정만 거치면 전혀 하자가 없다.

또 몇몇 비자 신청자들은 입학 허가서 상에 명시한 수학 기간만 미 대사관 측에서 비자를 발급해 주는 것이 일반적인 관례가 아닌가 하는 의구심을 갖는 경우가 있는데 이는 꼭 그렇지만은 않다. 앞에서도 잠시 언급을 했지만 영사는 비자 신청자의 전반적인 상황을 검토해보고 학생에게 발급될 비자 기간을 결정한다. 따라서 똑같은 조건을 가진 학생이 비자를 신청했는데도 한 학생은 5년 간 유효한 비자를 받았는데 상대적으로 다른 학생은 1년 간 유효한 비자를 받을 수 도 있다. 결국 비자의 발급은 그 서류를 담당한 영사의 고유 업무이고 이에 비자의 기간이 차등하게 발급이 된 근거에 대해서 이의를 제기하거나 문의를 한다는 것은 현실적으로 어렵다고 할 수 있겠다.

비자에서 눈여겨보아야 할 또 하나의 사항이 바로 입국횟수(Entries)이다. 복사된 미국 비자를 잘 보면 입국횟수에 'M'이라는 영문 대문자가 찍혀 있는데 이는 유효한 비자 기간 동안 언제든지 미국입국 횟수에 상관이 없이 왕래할 수 있다는 의미의 'Multiple'이라는 단어의 앞 글자를 딴 것이다. 간혹 그 난에 '1'이라는 아라비아 숫자가 써 있는 경우가 있는데 이 경우에는 미국에 단 한번만 입국할 수 있다는 의미이며 이런 경우에는 한 번 미국에 갔다 온 뒤 재 입국을 위해서는 반드시 미국 비자를 다시 신청하여야 한다. 물론 학생 비자의 경우에는 이러한 경우가 드물지만 간혹 관광비자의 경우에는 이 입국횟수의 난에 '1'이라고 명시된 경우가 있으므로 미국 여행시 이를 잘 눈여겨보아야 할 것이다.

대표적인 미국 비자의 종류

A-1 : 대사, 공사, 외교관, 영사관원과 그 가족
A-2 : 위 언급 외의 외국 정부 공무원과 그 가족
A-3 : A-1, A-2로 분류된 외국인의 수행자와 사용인과 그 가족
B-1/B-2 : 상용, 관광 및 여행 (통상 10년 유효 비자 발급)
C : 일시 미국을 통과하는 자
D : 선박과 항공기 승무원
E-1 : 조약에 따른 미국과의 무역 종사자와 그 가족
E-2 : 조약에 따라 미국에 투자하는 자와 그 가족
F-1 : 학생
F-2 : 학생의 가족
G : UN과 같은 국제기관 직원과 그 가족(G-1에서 G-5까지 있음)
H-1 : 뛰어난 예능을 가진 자, 저명한 예술인
H-2 : 일시적 노동자
H-3 : 견습자
H-4 : H 사증 (Visa) 보유자 가족
I : 보도 관계자와 그 가족
J-1 : 학생, 교수, 연구원 등 국무 장관이 지정하는 학술 연구 프로그램 참가자
J-2 : J 사증 보유자 가족
K-1 : 미국 시민의 약혼자
K-2 : K 사증 보유자의 미성년과 미혼자녀
L-1 : 주재원
L-2 : 주재원의 가족

M-1 :   어학 학교 이외의 학교 유학자(직업학교, 기술학교 등)

M-2 :   M 사증 보유자 가족

비자에 관한 일반적 상식

질문 1   국내에서 받은 입학허가서 상의 학교로 비자를 신청한 뒤 미국에 입국해서 반드시 그 학교에 등록을 해야만 하는가?

대답   아시다시피 9·11 이후 비자에 관한 규정이 예전에 비해 엄청나게 까다로워졌으며 미국 이민법에 의하면 학생 비자로 입국한 학생은 비자신청 당시 제출한 입학 허가서(SEVIS I-20)의 발행 학교에 반드시 등록을 해야만 한다. 그러므로 같은 학교에 입학을 하지 않고 다른 학교에 등록을 하고자 하는 경우에는 그 학생의 비자와 학생 신분에 엄청난 어려움이 따른다. 아울러 미국 내의 학교에서 타 학교로 옮기고자 할 경우에 이들 두 학교는 서로 연락을 취해 편입승낙 양식(Transfer Release Form)을 서로 주고받아 학생의 행적을 파악할 수 있도록 하여야 한다.

질문 2   미국에 관광비자로 입국을 해서 학교에 다닐 수 있는가?

대답   아시는 바와 같이 상용 사증으로 입국했을 경우 상용신분이고, 여행사증으로 입국했을 경우는 여행자 신분이다. 이러한 신분을 미국 내에서 학생 신분으로 변경하는 것을 체류 신분의 변경(Change of Status)이라고 한다. 한 때 많은 한국 학생들이 이러한 관광비자로 미국에 입국을 하여 신분 변경을 해서 공립 학교에 다니곤 했는데 지금은 이러한 방법이 전혀 통하지 않는다는 것이고 경우에 따라서는 미국으로의 입국이 영원히 거절될 수 도 있다는 점이다. 따라서 관광비자로 입국을 해서 미국에서 공부를 하고자 하는 생각은 안 하는 것이 좋다.

질문 3   미국에 학생 비자로 입국을 해서 체류할 수 있는 기간(Duration of Study)을 얼마 정도인가?

대답   학생 비자로 입국을 한 경우 체류기간은 D/S(Duration of Study)라고 미국 출입국 신고서인 I-94에 명시된다. 이는 '학업을 하고 있는 동안' 이라는 뜻으로 이는 통상 미국에 공부를 하고 있는 기간 동안 머물 수 있다는 의미이다. I-20의 기간이 만료되면 다른 I-20을 발급 받으면 되는데 이는 학교에 적을 두고 있는 한 합법적인 체류가 되기 때문이다. 참고로 상용이나 관광으로 입국한 경우 대개 6개월까지의 체류기간이 주어지나 간혹 그 이하의 경우로 주어지는 경우도 있다. 예를 들어 미국에서 6개월까지의 체류기간을 다 채우고 출국한 뒤 다시 재입국을 할 경우 혹은 미국 체류 기간이 해외 체류 기간 보다 길 경우 입국 심사가 더욱 까다로워지며 입국시 그전의 기록이 검토되어 이에 따라 입국 심사관이 체류기간을 제한할 수 있다.

질문 4   미국 내 상용이나 관광 비자로 입국했을 경우 입국 심사 때 받은 체류기간을 연장할 수 있는가?

대답   당연히 가능하다. 다만 이러한 체류 기간 연장(Extension of Stay)을 하려면 입국시 받는 체류기간이 3개월 이상이어야 한다. 그 이유는 미국 이민법에 비 이민 사증으로 입국할 경우 3개월 이전에는 아무런 변경을 할 수 없다고 명시되어 있기 때문이다. 절차는 우선 체류 기간 연장신청서(I-539)를 작성 후 출입국 신고서(I-94), 여권과 사증 사본을 이민국에 제출한다. 이 절차는 통상 3개월에서 6개월이 걸리는데 신청한다고 다 통과되는 것은 아니며 승인이 되지 않았을 경우에는 출국 명령이 떨어지고 이에 즉시 출국을 해야 한다.

질문 5 학생비자를 받고 미국에서 수학하고 있는 도중 그 비자가 만료가 되어 다시 국내에서 비자를 신청하고자 한다. 이때 신청 절차는?

대답 미국에서 수학을 하고 있는 도중 그 비자가 만료가 되어 다시 국내에서 비자를 신청하고자 할 경우 그 절차는 처음에 비자를 신청하는 방법과 동일하다. 다만 추가를 시켜 주어야 할 서류는 기본 비자 서류 이외에 현재 다니고 있는 학교의 재학 증명서, 맨 처음 입국해서 지금까지 수학을 한 성적 증명서 2가지이다. 특히나 성적 증명서는 학생이 비자를 다시 연기 받는데 있어서 주요 관건이 되므로 학생들은 학교 성적 및 출석에 상당한 신경을 써야 하겠다. 아울러 미국에서 수학을 하는 도중 학생비자가 만료가 되었다고 미국에 체류를 할 수 있는 자격도 만료가 되는 것은 아니다. 따라서 비자가 만료가 되는 시점을 잘 파악해서 가급적 빠른 시일 내에 귀국을 하여 비자를 재신청하는 것이 좋다. 참고로 한국 국적을 소지한 자가 제3국에서 미국 비자를 신청하는데 있어서 엄격한 제한을 두고 있기 때문에 가급적 한국에서 신청을 하는 것이 바람직하다.

인터뷰시 예상되는 질문들

❚ Myself

1) Please explain about yourself (너 자신에 대해 설명해라)

   How would you describe yourself? (너 자신에 대해서 어떻게 설명하고 싶으냐?)

2) What is your favorite sports? (너가 좋아하는 운동은?)

   In what sports have you participated? (어떤 운동에 참가해본 적이 있니?)

   What types of sports or activities interest you? (어떤 형태의 스포츠나 활동이 너에게는 흥미로우냐?)

   What kind of winter sports do you like most? (어떤 종류의 겨울 스포츠를 가장 좋아하니?)

3) What is your study habit? (너의 공부 습관은?)

4) How do you feel about your personality? (너의 성격에 대해서 어떻다고 생각하느냐?)

5) What is your greatest strength? (너의 가장 큰 장점은?)

6) What is your greatest weakness? (너의 가장 큰 약점은?)

7) What do you usually do after class? (방과후 너는 무엇을 하느냐?)

   What do you most like to do when you have free time? (여가 시간이 있다면 무엇을 가장하고 싶니?)

8) What are your hobbies or favorite recreations? (너의 취미나 흥미로운 것이 무엇이니?)

9) What subject do you like most? (너가 가장 좋아하는 과목은?)

   What school subjects have especially appealed to you? (학과목 중 어떤 것이 너에게 흥미를 주느냐?)

   What academic area would you like to improve? (어떤 학업 분야를 너가 가장 향상시키고 싶으냐?)

10) What subject do you dislike and why? (너가 싫어하는 과목은 무엇이며 그 이유는?)

11) What is your future plan? (너의 장래계획은?)

12) What are the first words that come to mind to describe yourself? (너 자신에 대해서 언급을 할 때 제일 먼저 떠오르는 몇 마디 단어는 무엇이냐?)

13) What type of extracurricular activity are you supposed to participate if you were admitted to our school? (만약 너가 우리학교에 입학된다면 학교 특별활동으로 무엇을 하고 싶으냐?)

14) Can you tell me any extracurricular activities that you pursue? (너가 추구하는 과외활동에 대해서 말해줄 수 있니?)

15) Can you tell me any community service activities in which you have been involved? (너가 관여했던 어떤 지역사회 봉사활동에 대해서 얘기해줄 수 있니?)

16) What do you usually do during the weekends? (주말에는 대체로 무엇을 하느냐?)

17) Who is one of your best friends and why do you like him/her? (너의 친한 친구는 누구이며 왜 너는 그 친구를

좋아하느냐?)

18) Have you been abroad before? If you have, what impressed you most? (외국에 나가본 적이 있느냐? 있으면 무엇이 너에게 가장 인상 깊었느냐?)

19) Have you received any special education services? If so, please explain when and where? (너는 특별한 교육 서비스를 받은 적이 있느냐? 있으면 언제 그리고 어디서냐?)

20) Do you have any special talents and abilities? (너는 어떤 특별한 재능이나 능력이 있느냐?)

21) Can you discuss a book you read recently which you particularly liked? (최근에 너가 흥미롭게 읽은 책에 대해서 이야기할 수 있냐?)

   What is your favorite piece of literature? (너가 좋아하는 문학 분야는 무엇이냐?)

22) What do your friends like best about you? (친구들이 너에게서 가장 좋아하는 것이 무엇이냐?)

23) Do you have an experience in your life that has proved to be valuable to you? (너의 인생에 있어서 너에게 값어치가 있다고 여겨질 만한 어떤 경험이 있느냐?)

24) What teacher has had the most impact on you and why? (어떤 선생님이 너에게 가장 많은 영향을 주었고 그리고 그 이유는?)

25) Have you won any prizes or awards in school within the last few years? (최근 몇 년 사이에 학교에서 상장이나 수상을 받은 적이 있느냐?)

Family

1) Do you live with your parents? (너는 부모와 같이 사느냐?)

2) Please explain about your family (너의 가족에 대해 설명해라)

3) Do you have any brothers and sisters? If you have, do you get along with them? (형제 자매가 있느냐? 있으면 너는 그들과 사이좋게 지내느냐?)

4) Tell me about your father/mother (너의 아버지/어머니에 대해서 이야기 해 보아라)

5) What does your father do? (너의 아버님은 무엇을 하시냐?)

   What is your father's occupation? (너의 아버지의 직업은?)

   What does your father do for living? (너의 아버지의 직업은?)

   Please tell me about your father's business (너의 아버지의 사업에 대해서 얘기해보아라)

6) How frequently do your parents spare some free time to talk to you? (얼마나 자주 너의 부모는 너와 대화를 하기 위해 개인적인 시간을 내느냐?)

7) Do you sometimes help your mother? (가끔 엄마를 도와주느냐?)

8) What does your family do during the weekends (주말에 너의 가족들은 무엇을 하느냐?)

9) Have you ever traveled with your family? If so, where did you go? (너의 가족과 여행한 적이 있느냐? 있으면 어디에 갔었느냐?)

10) Why your parents want to send you to our school? (왜 너의 부모는 너를 우리 학교에 보내려고 하느냐?)

▎Other

1) Please describe one person whom you have known best (너가 가장 잘 알고있는 한 사람에 대해서 언급해라)

2) Why do you think our school might be a good match for you? (왜 우리학교가 너에게 잘 어울릴 거라고 생각하느냐?)

3) Why do you want to study in the United States? (왜 미국에서 공부하려고 하느냐?)

4) Why do you want to study at this school? (왜 우리 학교에서 공부를 하려고 하느냐?)

5) How many schools have you applied? (몇 개 학교에 응시했느냐?)

6) What do you think of this school? (우리 학교를 어떻게 생각하느냐?)

7) Do you have any relatives or friends who completed this school? (이 학교를 졸업한 친척이나 친구는 있느냐?)

8) Who recommended this school? (누가 이 학교를 추천해 주었느냐?)

9) Do you have any particular reason to choose this school? (이 학교를 선택하게 된 특별한 이유가 있느냐?)

10) How did you learn about this school? (이 학교에 대해서 어떻게 알았느냐?)

11) You have good academic records. Why do you want to study in the United States? (너의 학교 성적은 훌륭하다. 왜 너는 미국에서 공부하려고 하느냐?)

12) Who will be financing you during your stay in the United States? (너가 미국에 있는 동안 재정보증은 누가 하느냐?)

    Who will pay all the expenses during your stay at this school? (이 학교에 머무는 동안 누가 재정을 대주느냐?)

13) How long will you be in America? (미국에 얼마나 오래 있을 거냐?)

    How long will you stay in the United States? (미국에 얼마나 오래 있을 거냐?)

    How long are you supposed to stay in the United States? (미국에 얼마나 오래 머물 예정이냐?)

    How long do you plan to study in America? (미국에서 얼마나 오래 공부할 계획이냐?)

14) Will you come back to Korea after finishing your school in the United Stats? (미국에서 공부를 마치고 한국에 돌아올 거냐?)

    Will you be coming back to Korea after completing your study in America? (미국에서 공부를 마치고 한국으로 돌아올 거냐?)

15) Do you have any plan after your study in the United States? (미국에서 공부를 마치고 나서 어떤 계획을 가지고 있냐?)

16) Do you have any relatives in America? (미국에 친지가 있느냐?)

    Do you have any acquaintance in the United States? (미국에 연고가 있느냐?)

    Do you have any relatives who immigrated to the U.S.A.? (미국으로 이민 온 친척이 있느냐?)

17) Do you think your English is good enough to understand lecture? (강의내용을 이해할 만큼 영어실력이 충분하

다고 생각하느냐?)

Are you prepared for the lectures in English in the United States? (너는 미국에서 영어로 실시하는 강의에 대비가 되어 있느냐?)

How will you improve your English? (너는 어떻게 영어를 향상시킬 거냐?)

Do you have any plan to improve your English in Korea? (한국에서 영어를 향상시킬 어떤 계획이 있느냐?)

18) Do you live in apartment or house? (너희는 아파트 혹은 단독주택에 사느냐?)

19) Are you healthy now? (건강하냐?)

Do you have any disease? (어떤 병이 있느냐?)

20) Do you know how many students are attending this school? (이 학교에 얼마나 많은 학생이 재학하는지 아느냐?)

출국 준비

이제 모든 수속에 관한 절차를 마치고 나면 학생은 학교에 입학을 하기 위한 출국을 준비하게 된다. 이 출국 준비에 관한 설명은 이미 해외여행의 경험이 많은 학생들에게 다소 진부한 면도 없잖아 있기에 본 장에서는 가급적 간략히 소개를 하고자 한다.

▎항공권 예약

학생들의 입학 시기가 대부분 특정한 날짜에 집중되어 있으므로 항공 예약은 가급적 빨리 하는 것이 바람직하다. 아울러 항공요금도 어느 항공을 이용하느냐 또는 어느 요일에 출국을 하느냐에 따라 서로 상이하기 때문에 사전에 충분한 시간을 두고 알아보는 것이 좋을 성 싶다. 출국 예정일이 확정되면 가급적 빨리 항공예약을 하는 것이 안전하며 항공권 구입은 출국일로부터 며칠 전에 구입한다. 최근에는 전자티켓(e-ticket)이 많이 보편화되어 있어 학생들이 예전처럼 항공권을 분실하지 않고 잘 보관해야 하는 중압감이 많이 사라졌다.

▎출국준비물

- **필요한 서류** : 여권과 입학 허가서, 항공권, 학교에 제출할 제반 서류, 예방접종 확인서(학교나 지역에 따라 필요하지 않은 경우도 있음), 유학생 보험증서 등.
- **준비물** : 영한한영사전, 문법책, TOEFL책, 카메라, 소형녹음기(수업 중 녹음을 위해), 전자사전, 국제 전화카드, 비상 상비약(감기, 소화제, 물파스, 진통제 등), 세면도구(치약, 칫솔, 샴푸, 비누, 타월, 헤어드라이어, 손톱깎이 등), 각종의류, 신발(단화, 운동화 및 슬리퍼), 잠옷, 우산, 알람시계, 문구류 등. 특히 미국의 사립학교들은 영국이나 기타 여러 나라와 달리 교복을 별도로 입지 않는 경우가 많으므로 반드시 사전에 학교 복장규정에 관한 내용을 숙지하여 기본 정장을 몇 벌 준비해가야 한다(출국 준비 체크리스트 참조).
- **여행용 가방** : 크고 튼튼한 가방을 준비하고, 영문으로 이름, 학교 주소, 학교 전화번호 등을 기재한 명찰을 부착한다. 짐 가방에는 가급적 파손되기 쉬운 물품 또는 현금이나 중요한 물품은 넣지 않는다. 가방에는 뚜렷한 표시(예를 들면 스티커나 리본을 부착)를 해두면 미국에 도착해서 짐을 찾을 때 편리하다. 주의해야 할 점은 대다수의 미국 기숙학교의 경우 고학년 학생을 제외하고는 대다수가 2인1실의 방에서 거주하게 되며 이에 학생들을 위한 기숙공간은 그다지 넓은 편은 아니다. 따라서 가급적 불필요한 내용물을 많이 가져가기보다는 학생 본인에게 꼭 필요한 긴요한 물품만을 준비해 주는 것이 좋다. 그리고 기숙사의 경우에는 여러 학생이 단체로 생활을 하기 때문에 각자의 물건은 학생 스스로가 잘 관리하여야 하며 귀중품의 도난 방지를 위해서는 비밀번호가 부착된 가방 하나 정도는 가져가서 그곳에 중요한 물품을 보관하면 좋으리라는 생각이 든다. 현금의 경우는 가급적 보관을 하지 말고 학교에 맡기는 것이 안전하다. 여권 및 입학허가서는 학교에 도착을 하면 안전상의 이유로 학교에서 일괄적으로 보관을 하는 경우가 많으나 그렇지 않은 경우에는 학생 각자가 스스로 잘 보관을 하여야 한다.

▌ 출국수속

출국수속은 해당 항공사에서 하게 되어 있는데, 보통 항공기 이륙 시간 2~3시간 전에 공항에 위치한 출국 (Departure) 수속장에서 한다. 인천공항은 상대적으로 이전의 김포공항보다는 서울에서 멀리 떨어져 있으므로 충분한 시간을 두고 공항에 도착하도록 한다.

1) 탑승수속(Check-in)

공항 청사 2층에 위치하고 있는 해당 항공사의 데스크에 가서 여권, 항공권을 제시한다. 간혹 항공사 직원이 입학 허가서를 보여 달라고 하는 경우도 있으며 경우에 따라서는 미국 비자를 꼼꼼히 확인하는 경우도 있다. 이는 안전을 위해 사전에 점검을 하는 것이기 때문에 그다지 신경을 쓰지 않아도 된다. 이러한 제반의 절차를 끝내면 부칠 짐을 수하물 대에 올려놓고 탑승권(Boarding Pass)과 수화물 인수증(Claim Tag)을 받는다. 수화물 인수증은 학생이 미국에 도착을 하여 짐을 찾을 때 까지 잘 보관을 하여야 한다. 목적지가 한 번의 여행으로 끝나지 않은 경우 즉, 미국에 도착을 해서 입국수속을 한 뒤 다시 국내선을 타고 다른 도시로 이동할 경우 미국 국내선 탑승권을 한국에서 미리 주는 경우가 대부분이며 이때에는 이 탑승권을 잘 보관하고 있어야 한다. 이로서 학생은 출국을 위한 제반의 절차를 끝내게 되며 이에 출국장에서 학생들은 부모나 친지 그리고 그리운 친구들과 작별을 하게 된다.

2) 세관(Customs)

이곳에서는 여행객들의 보안검사와 휴대품 점검을 받는 곳이다. 간혹 가다가 값비싼 물건을 가지고 외국으로 나가야 할 경우에는 반드시 이곳에서 신고해 해 두어야 나중에 입국할 경우 그 물건에 대한 세금을 물지 않는다. 학생들에게는 그다지 문제가 될 소지가 없으니 그냥 통과해도 된다.

3) 출국심사(Immigration)

여권, 탑승권을 출입국 관리 직원에게 제출하면 이에 심사관은 여행객의 해외여행에 결격사유가 있는지를 조회하고 이상이 없으면 여권에 출국 증명서를 찍어준다. 이곳을 통과하면 대다수의 여행객들이 가장 관심이 있어 하는 면세점(Duty Free Shop)이 기다리고 있으며 어떤 여행객들은 이 공항 면세점을 이용하기 위해 일부러 일찍 입국 수속을 밟는 경우도 있다. 개인적으로 이곳에서 우리 한국을 알릴 수 있는 전통 공예품, 인형 등을 준비하여 학교에 가지고 가서 개인적으로 친분이 있는 선생님이나 교우들에게 하나씩 선물을 해도 나쁘지는 않으리라 생각이 든다. 이러한 쇼핑이 끝난 후 여행객은 최소한 항공기 이륙 약 30분전에는 탑승 게이트(Gate)에 가서 항공 탑승을 위해 대기하는 것이 좋다.

4) 기내(Boarding)

탑승을 위한 안내 방송이 나오면 순서에 맞게 줄을 서서 탑승을 하고 승무원의 지시에 따라 기내에 탑승하여 배정된 좌석에 앉는다. 항공 탑승 순서는 대체적으로 일등석(First Class), 비즈니스석(Business Class)의 승객과 나이가 드신 연장자나 어린아이를 동반한 승객이 먼저 탑승을 하며 이후 일반적인 이코노미석(Economy Class) 승객들이 탑승을 한다. 참고로 미국으로의 여행 소요시간은 비행 당일의 기후여건에 따라 많은 차이가 있으나 동부의 경우 약 14시간, 서부의 경우 약 11시간이 소요가 되기 때문에 주어진 환경에 잘 적응을 하는 여행객의 경우 아무런 지루함 없이 깊은 수면을 취하는 사람들도 간혹 있으나 대다수는 미국에 도착할 때까지 충분히 잠을 못 이루는 경우가 많다. 이럴 경우 억지로 수면을 취하려는 것보다 사전에 기내에서 읽을 가벼운 책을 몇 권 준비하는 것도 바람직하다고 생각된다. 영화를 좋아하는 여행객의 경우 기내에서 방영해주는 최신의 영화를 감상하거나 음악을 듣는 것도 좋을 것이다. 아울러 주의할 사항은 기내에서 나누어주는 미국 입국을 위한 입국 카드(I-94 Form)와 세관 신고서(Customs Form)의 작성으로 이는 사전에 미리 작성을 하는 것이 좋다. 이 양식의 작성은 그다지 어려운 내용이 없으므로 부가의 설명이 필요치 않으나 다만 지적하고자 할 사항이 있다면 미국에 있는 동안에 체류할 주소를 기입하는 난에 기숙사 생활을 할 학생은 학교 이름을 그곳에 기입을 하면 되고 통학 학교에 다닐 학생은 학교 재학 중 본인이 머물 주소를 기입한다. 학부형의 경우에는 학교 주변에 위치한 호텔 이름을 기입한다.

▌입국 수속(Arrival)

항공기가 미국의 첫 기착지에 도착을 하면 모든 승객은 입국을 위한 절차를 밟아야 한다. 간혹 본인의 최종 목적지가 항공기가 이륙한 장소가 아니고 다시 비행기를 타고 가야하는 곳이라고 할지라고 반드시 이곳 도착지에서 입국에 필요한 제반의 절차를 밟아야만 한다. 우선 항공기가 공항 활주로에 안착(Landing)을 하고 터미널로 향하게(Taxi) 되고 이에 승객들은 사전에 본인의 소지품을 점검하고 비행기에서 내릴 준비를 한다. 항공기 문이 열리면 브릿지(Bridge)를 통해 터미널로 향하게 되고 이에 승객들은 도착이라는 사인이 부착된 'Arrival'을 따라 나아가면 된다. 이후 입국에 필요한 입국 심사대가 보이면 순서대로 줄을 서서 차례를 기다리며 본인의 차례가 오면 이민국 직원에게 여권, 입국신고서, 입학 허가서를 제시한다. 그러면 이민국 직원은 학생에게 입학할 학교, 예상 체류기간 등 입국에 관한 간단한 질문을 하는 경우가 있으며 이에 학생은 간단히 그 질문에 대답을 한다. 처음 학생 비자를 받은 학생의 경우에는 입학 허가서가 미 대사관의 직인이 찍힌 봉투에 봉해져 있을 것이며 이에 그 담당 이민국 직원은 그 봉투를 개봉한 뒤 입국 날짜가 명시된 해당 직인을 찍어서 학생에게 되돌려준다. 이 입학 허가서는 학생이 절대로 분실을 하지 않게 잘 간수하여야 하며 나중에 한국을 나오려 할 경우 반드시 학교 관계자에게 입학 허가서 뒷면에 사인을 받아서 귀국을 하여야 다시 미국에 입국을 할 경우에 아무런 문제가 없이 입국 심사대를 통과하게 된다. 참고로, 학생을 입학시키기 위해 학부모가 학생을 동반할 경우에는 학생과 달리 반드시 다시 한국으로 돌아가는 항공권을 보여주길 원하기 때문에 한국에서 미리 왕복 항공권(Return Ticket)을 구입하여 가는 것이 좋다. 아울러 현금이 미화 U$10,000이상일 경우에는 반드시 신고를 하도록 되어 있기 때문에 가급적 지나친 현금보다는 신용 카드(Credit Card)를 2~3개 준비하는 것이 좋다.

1) 수화물 찾기(Baggage Claim)

입국심사가 끝나면 본인이 부친 수화물을 찾기 위해 짐 찾는 곳(Baggage Claim)으로 가서 본인이 타고 온 탑승 항공편이 적혀있는 표시된 턴테이블(Turn Table)에서 짐을 찾는다. 간혹 오랜 시간이 지나도 자신의 짐이 안나오는 경우가 발생하기도 하는데 이럴 경우에는 당황하지 말고 공항직원에게 화물 인수증(Claim Tag)을 제시하고 화물을 확인 받도록 한다. 다행히 각 공항에는 승객의 편리를 위해서 한국에서 출발을 하여 미국에 도착한 항공

시간에 맞추어 미국에 상주하는 한국 직원들이 승객들을 돕기 위해 나와 있기 때문에 이러한 한국 공항 안내원들에게 어려움이 발생시 도움을 청하면 많은 편리를 얻을 수 있다.

2) 세관신고(Customs)

짐을 찾은 후 터미널을 나가고자 할 경우 제일 마지막으로 통과 하여야 하는 곳이 바로 이 세관신고 구역이다. 전 세계 어느 곳에서든 이 세관 절차는 그 나라를 입국하고자 하는 외국인으로서는 상당히 신경이 쓰이는 곳이며 심지어는 자신의 짐을 다 개봉해서 세관원에게 보여줘야만 하는 속상함도 야기되는 곳이기도 하다. 특히, 미국의 경우에는 유럽의 여러 나라들과는 달리 세관절차가 매우 까다로운 나라이며 이에 승객들은 어느 정도의 불편은 감내를 해야만 한다. 우선 짐을 찾은 승객은 가급적 '신고할 품목이 없음'의 의미인 'Nothing to Declare' 지역으로 향하는 것이 좋다. 그러면 세관원은 세관 신고서(Customs Form)를 제출하길 원하고 이에 별반 신고할 내용이 없다고 판단이 되면 통과를 허락한다. 물론 신고할 품목이 있는 경우에는 세관원에게 당연히 알려야 하며 이에 세관원은 그 신고물품을 확인하고 입국에 결격사유가 있는지를 파악한 뒤 그 처분을 내린다. 간혹 전통적인 한국의 많은 먹거리들이 이곳에서 수난(?)을 당하는 경우가 종종 있으므로 여행객들은 가급적 용기에 들어서 완전히 밀봉된 음식물들을 준비해 오거나 미국에 있는 한국 식료품점에서 구입을 하라고 권장을 하고 싶다.

3) 국내선 갈아타는 법

승객 모두가 비행기가 도착한 도시가 본인들이 원하는 최종 목적지는 아닐 것이며 이에 또다시 많은 승객들은 자신들의 최종 목적지를 향하여 육로나 항로를 이용한 여행을 하여야 하며 미국의 지역적인 여건으로 인해 또다시 항공을 이용하는 경우가 다반사라고 생각이 된다. 우선 승객은 자신이 이용할 항공사로 가서 다시 탑승 수속을 하여야 하며 가지고 온 많은 짐도 다시 부쳐야 한다. 특히 뉴욕, LA, 시카고 등의 대다수 거대 공항의 경우 국내와 국제 터미널의 거리가 다소 떨어져 있으며 경우에 따라서는 순환버스(Shuttle Bus)나 트레인(Train)을 이용해 움직여야 하기 때문에 어린 학생들은 이러한 일을 혼자 하기란 그다지 용이한 일이 아니다. 다행히도 국내 항공사를 이용한 경우 첫 도착 도시에서 그곳 항공사 직원들이 대기하고 있다가 항공을 이용하여 다른 도시로 가고자 하는 승객들의 수속을 도와주는 경우가 있으므로 이를 잘 이용하면 학생들이 한결 편리하리라는 생각이 든다. 주의할 점은 이러한 수속 과정에서 예기치 않게 짐이 종종 분실이 되는 경우가 발생이 될 수 가 있으며 특히, 항공기 출발시간이 충분히 남아 있지 않는 경우 이러한 일은 더욱 잘 발생이 된다. 따라서 제일 좋은 방법은 본인이 직접 탑승할 항공사에 가서 탑승 수속을 밟는 것이 사전에 이러한 낭패감을 예방할 수 있는 최선의 방법이다.

▮ 현지 도착과 학교 등록

드디어 학교가 위치하고 있는 가장 근접한 도시에 항공기가 이륙을 하게 되면 학생들은 앞으로의 생활에 대한 가벼운 흥분으로 잔잔한 기대감에 부풀게 된다. 대다수의 학교는 학생들의 입학 날짜에 맞추어 주어진 시간에 학교 버스가 공항으로 학생들을 마중 나오며 이에 학생들은 이 학교 버스를 이용해서 학교로 가면 가장 손쉽게 학교에 도착할 수 있는 교통수단이 될 수 가 있다. 경우에 따라서 부모가 학생들을 데리고 갈 경우에는 대체적으로 시차도 적응을 하고 학교 인근의 주변지역도 답사를 할 겸해서 입학일보다 3~4일 정도 미리 도착하는 경우도 있으며 이런 경우에는 대다수의 학부형들이 차를 렌트하려고 하며 내 개인 생각으로도 이러한 점이 상당히 좋다고 생각이 든다. 미국의 공항은 상당히 체계화되고 편리하게 설계가 되어 있어서 공항에 도착을 해서 차를 렌트하는데 아무런 어려움이 없이 손쉽게 차를 빌릴 수 있다. 다만 이럴 경우 학부형은 반드시 국내에서 국제 운전면허증(International Driver's License)을 준비하여야 하며 국내 운전 면허증도 지참을 하고 가야 한다. 크레딧 카드 (Credit Card)는 차를 빌리는데 있어 필수적이므로 반드시 지참한다. 미국의 도로는 잘 정비가 되어 있고 도로 표지판도 눈에 잘 보이는 곳에 설치가 되어 있기 때문에 운전에 별 어려움이 없으리라 생각된다. 차 렌트비는 한국보다 상대적으로 저렴하고 기름값 역시 한국에 비해 저렴한 편이니 약간은 여유 있게(?) 럭셔리(Luxury)한 링컨 콘티넨탈(Lincoln Continental) 정도를 빌려서 며칠 운전을 해봄직 할만도 하다는 생각이 든다. 참고로 미국의 도로는 한국과 같이 아라비아 숫자로 표시가 되는데 대체적으로 동서로 연결이 되어지는 도로의 숫자는 짝수이며 남북으로 연결이 되어지는 도로의 숫자는 홀수이다.

이윽고 학교에 도착을 하면 기다리고 있던 학교 담당자가 학생을 따뜻하게 맞이하고 학생이 머물 기숙사로 안내를 한다. 이에 학생은 가지고 온 짐을 풀고(Unpack) 방 정리를 한다. 그리고 한 방을 같이 쓰는 학교 동료 (Roommate)가 있으면 서로 인사를 하고 사이좋게 지내자고 한다. 일반적으로 도착 당일에는 학교의 일정이 거의 없기 때문에 학생은 편하게 휴식을 취하고 기존에 와있는 한국 선배들을 찾아서 인사를 하는 것도 좋으리라 생각이 든다. 아울러 빠른 시일에 학생이 학교생활에 적응을 할 수 있도록 학생이 부단한 노력을 하여야 하며 같이 동승한 학부형들도 학교 일정이 시작되면 가급적 빨리 학생 곁을 떠나주는 것이 학생이 학교생활에 빨리 적응을 하는 지름길이지 않나 싶다.

▌출국 준비 체크리스트

확인	품 목	참 고 사 항
	여권	여권 기간이 유효한지, 비자는 이상이 없는지를 확인하고 여권/비자는 별도로 복사본을 해서 따로 보관
	입학허가서 (I-20)	입국 및 학교 등록할 때 필요. 절대분실하지 않도록 철저히 보관해야 함.
	항공권	항공권의 비행 날짜, 일시 등을 확인, 사용조건(유효기간, 편도/왕복) 등도 점검.
	의료보험	미국에서 공부하는 동안 반드시 필요. (본 유학원에 문의)
	현금	미국에 도착해서 학교 입학할 때까지 필요한 최소의 경비. 소액권이 사용하기 좋음.
	신용카드	VISA, Master, American Express 등. 미국에서는 카드사용이 보편화되어 있음
	유학생국제전화신청	장기 체류학생은 유학생 국제전화에 가입하면 비용 절약이 가능(본 유학원에 문의)
	국제 운전 면허증	향후 대학에 진학했을 경우 필요. 국내운전면허증 소지자는 국제운전면허증을 발급받을 수 있으며 유효기간은 1년.
	건강진단서 또는 예방접종확인서	학교에 제출하여야 할 가장 중요한 서류 중 하나. 반드시 사전에 학교로 부치거나 학교 입학시 지참해야함
	입학관련서류	학교에 제출하여야 할 전반적인 서류. 사전에 미리 발송하거나 입학할 때 지참.
	사진 (여권용 사진)	2~4매 정도 준비. 경우에 따라 입학당일 학교에서 찍는 경우도 있음.
	의복	속옷, 양말 등 사전에 준비. 지역에 따라 9월 입학인 경우 날씨가 쌀쌀해지므로 긴소매 옷도 필요. 미국의 경우 별도로 교복이 없으므로 여러 벌의 정장을 준비해야 함. 와이셔츠/넥타이도 여유 있게 준비. 잠옷, 목욕가운, 단화, 목도리/장갑(겨울용) 준비.
	수영복/물안경	미국의 많은 학교에는 실내수영장이 비치되어 있음.
	스포츠 용품	체육활동을 위한 운동복, 운동화, 축구화, 스키, 테니스 라켓 등 지참.
	의약품	소화제, 해열제, 감기약, 외상약, 반창고, 비타민, 개인상비약, 모기약 등
	생리용품, 스타킹	당장 쓸 것만 준비
	손목시계, 알람시계	손목시계는 꼭 필요하며, 알람시계는 규칙적인 생활을 위해 준비
	카메라/전자계산기	학교 생활에 도움이 되기 위해 준비, 필름도 넉넉하게 준비.
	사전	영한/한영/영영 등이 포함된 것이면 좋음. 필요한 경우 전자사전도 지참하면 편리.
	안경/콘택트렌즈	여유로 1~2개 준비해야함. 식염수의 경우 미리 준비하면 편리함
	개인용품	가족사진, 친구연락처, 치약/칫솔, 면도기(건전지용 또는 충전용), 실/바늘, 수건, 비누 헤어드라이어(110/220 겸용), 손톱깎이, 목욕용품 등의 생필품.
	카세트 녹음기	영어 공부를 하거나 음악을 듣거나 강의 녹음할 때 필요
	문구류	노트, 연필, 지우개, 펜 등 수업에 필요한 물품을 넉넉하게 준비
	참고서	영문법, 수학용어해설, 과학참고서류, 세계사 등의 주요과목에 관한 안내 책자
	선물	한국을 알릴 수 있는 전통공예품, 인형 등 자그마한 선물 준비.
	랩탑 컴퓨터	학생들이 원하는 가장 주요한 품목 중 하나로 학교 수업 및 보고서 작성에 긴요함. 사전에 학교에 연락을 취해서 컴퓨터의 사용유무를 미리 확인해야 함.
	기타	워크맨, 카세트 테이프, 사진, 일기장, 액세서리(머리핀, 끈), 포스터 등 개인적으로 본인에게 관심이 있다고 여겨지는 용품 등을 준비.

시험 설명

▌TOEFL

토플(TOEFL)은 Test of English as a Foreign Language 즉, "외국어로서의 영어 테스트"를 의미한다. 매해 약 800,000여만 명의 학생들이 치르는 이 시험은 미국을 비롯한 여타 나라에서 외국 학생들의 영어실력을 가름할 수 있는 중요한 척도로 사용되어지며 국내의 경우 2000년 10월부터 종이와 연필을 이용한 PBT(Paper Based Test) 대신 CBT(Computer Based Test)로 그 시스템이 바뀌면서 시험절차 및 내용이 많이 변화가 되었으며 2005년 9월부터는 컴퓨터를 이용한 시험 즉, IBT(Internet Based Test)로 변경되었다. IBT는 IELTS와 같이 영어의 4개 영역(듣기, 읽기, 말하기, 쓰기)에 걸쳐 진행이 된다.

* ETS 공식 홈페이지 IBT 소개 : www.ets.org/toefl/nextgen/

① IBT 토플

IBT는 CBT와 달리 CAT방식(앞 문제에 따라 뒷 문제의 난이도가 결정되는 방식)이 아니며 읽기 영역에 포함되었던 문법 문제가 사라지고 배점이 문제마다 다르다는 점이 달라진다. 또 말하기 시험이 추가되고 다른 시험의 지문이 길어진 영향으로 시험시간이 4시간으로 꽤 길어진다.

먼저 듣기시험의 한 문제당 지문이 6~8분의 길이로 길어진다. 간단한 대화체 문제가 긴 지문으로 바뀌고 듣는 동안 메모할 수 있다는 점이 특색이다.

읽기시험은 지문이 훨씬 길어지고 더 어려운 수준의 단어들이 나오지만 대신 그런 단어를 클릭하면 영어로 뜻풀이가 나온다는 점이 달라졌다.

이번에 새로이 추가된 말하기시험은 주제에 대하여 간단하게 말하는 문제가 나오지만 듣고 말하거나(강의 듣고 1분 생각하고 1분30초 동안 말하기 녹음), 읽고 말하는(지문 읽고 1분 30초 생각하고 지문에 대해 요약, 분석하여 1분 30초 동안 말하기 녹음) 통합유형 문제가 추가될 예정이다.

쓰기시험도 종래에 출제된 유형과 같이 주제에 대한 에세이를 작성하는 문제가 나오지만 듣고 쓰거나(강의 듣고 나서 쓰기, 질문에서 요구하는 구체적인 내용을 설명, 묘사), 읽고 쓰는(지문 읽고 나서 지문에 대해 요약, 분석하여 쓰기) 통합 유형 문제도 추가될 예정이다.

② IBT 출제방식

구분	문항	CBT와 다른 점	점수
듣기	6지문	· 지문이 길어져 PART A(단문듣기)는 사실상 없어짐 · 메모가능	30
읽기	3지문(33문제)	· 지문이 길어짐 · 어려운 단어에 설명 첨가 · 앞 지문으로 돌아갈 수 없음 · 문법 영역 없어짐	30
말하기	6(통합유형문제포함)	· 듣고 말하거나 읽고 말하기 문제 추가 · 답변 시간이 짧아서 문제 출제시 자신의 생각을 정리해야 함	30
쓰기	2(1문항쓰기, 1문항 통합유형)	· 듣고 쓰거나 읽고 쓰는 문제 추가	30

③ 등록 및 안내

한국에서의 토플은 IBT만 가능하며 신청은 인터넷을 통해서 접수가 가능하다.

인터넷 사이트 http://www.ets.org/bin/getprogram.cgi?test=toefl로 접속해서 신청하면 된다.

SSAT(Secondary School Admission Test)

① 개요

SSATB(Secondary School Admission Test Board)에 의해 주관되어지는 이 테스트의 주된 목적은 미국의 사립 고등학교에 응시를 하고자 하는 학생들의 학업적 자질을 판단하기 위해 학교 입학의 전제조건으로 학생들에게 기본적으로 요구되는 시험이다. 모든 사립학교에서 이러한 시험을 요구하는 것은 아니나 많은 수의 학교에서 이 시험의 결과로 학생의 수학(修學) 능력을 가늠하는 척도로 삼고 있다. 엄밀히 얘기하자면 아직까지 어학실력이 충분치 못한 외국 학생의 경우에는 이러한 SSAT가 상당히 부담이 되며 이에 따라 입학 담당자들은 이러한 외국 학생들이 응시를 하고자 할 경우 다소 융통성 있게 입학시험의 결과를 처리하는 경우가 많다. 그러나 미국 내에서도 상당히 명문이라고 일컬어지는 학교의 경우에는 이러한 시험과 아울러 TOEFL 점수까지도 입학시험의 조건으로 요구하는 것이 오늘날의 현실이니 이에 대한 준비에 만전을 기울여야 한다.

우선, SSAT는 글자 그대로 중등학교(Secondary School)에 입학(Admission)을 하기 위한 테스트(Test)이며 대체로 5학년에서 11학년 사이의 재학 학생들이 치르는 시험이다. 간단한 에세이와 수학문제를 풀 수 있는 능력 측정, 언어 수행 능력, 독해능력 등을 판단하는 이 SSAT를 군이 간단히 설명하자면 '영어, 수학에 걸친 전반적인 수험생의 수학 능력을 테스트하기 위한 시험' 이라고 이해를 하면 된다.

이 시험은 상급(Upper)과 하급(Lower)의 2 레벨로 나뉘어 실시되는데 하급은 현재 재학하고 있는 5~7학년, 상급은 현재 재학하고 있는 8~11학년으로 문제의 난이도를 높이거나 낮게 함으로써 등급을 구분하고 있다. 감점제가 적용되는 시험이므로 자신 없는 문제는 남겨두는 것이 좋다.

② 내용 및 구성

SSAT는 각각 25분간 치러지는 다섯 개의 Section으로 되어 있다. 총 시험 시간은 125분이며 각 Section은 다음 네 개의 부분으로 되어있다.

- Writing Sample
- Quantitative(Math)
- Verbal
- Reading Comprehension

- Writing Sample(작문 보기) : 주어진 하나의 주제에 수험생들은 개인의 경험이나 역사, 문학 또는 현 상황에 입각해서 각자의 의견을 피력하고 주장을 한다. 이 분야는 시험점수로 산정이 되어지지 않으며 응시 학교로 통보되어지지도 않는다.

- Quantitative(수리 분야) : 이 부분은 각각 25문제씩 2개의 Quantitative Section으로 되어있다. 이 문제는 수학적인 개념, 계산능력, 공식적용, 문제 풀이와 사실적 내용의 암기시험을 포함한다. 이 테스트의 수준은 각각

다른 레벨의 실력을 평가할 수 있도록 고안되었다.

각 문제는 다음의 각 영역으로 되어있다.

－기본 계산(덧셈, 뺄셈, 곱셈, 나눗셈)   －퍼센트, 분수, 십진법, 비(比)

－양수, 음수   －기본적인 대수, 기하, 도량

－평균   －문제해결

- Verbal(어휘 분야) : 학생들이 가장 어려워하는 분야가 바로 이 Verbal Section이다. 이 분야는 유의어(Synonym)와 유추어(Analogy)로 구성된 두 개의 형태로 총 60문제이다. 30개의 유의어 문제는 단어 수준을 평가하고, 이 문제들은 명사, 동사와 변형형 문제들로 이루어져 있으며, 다른 30문제는 수험생들이 사고하는 개념간의 논리적 관계를 얼마나 잘 이해하고 있는지를 평가하는 유추문제이다. 이러한 유추문제는 기본적으로 어려운 단어를 묻기 위한 시험이 아니기 때문에 이 문제에 쓰인 단어는 응시자의 평균정도 수준에 맞춘 일반적인 것들이다. 그러나 영어를 모국어로 사용하지 않는 우리나라의 학생들의 경우 상대적으로 이러한 시험은 부담이 될 수밖에 없는 것이 현실이다.

- Reading Comprehension(독해) : 독해 분야는 일반적으로 소설, 콩트, 에세이와 어떤 문제에 대한 명백하고 분명한 관점이 있는 논쟁 등의 지문을 바탕으로 총 40문제가 출제된다. 지문은 대체로 7문항 정도가 출제가 되는데 인문학(예술, 전기, 시 등), 사회학(역사, 경제, 사회 등), 과학(의학, 천문학, 동물학 등) 분야에 관련된 내용들이다. 이 문제들은 특정 학생들에게 유리하지 않도록 다양한 범위에 걸쳐 출제하는 것을 원칙으로 한다. 각 지문은 다양한 길이로 나오지만 기본적으로 100에서 350단어 내외로 출제된다.

이 영역의 문제는 다음을 묻는 형태로 출제된다.

－주제와 뒷받침하는 세부 사항에 대한 이해

－문맥에서 단어의 의미를 추론하는 문제

－글쓴이의 논리와 태도, 어조를 묻는 문제

－원인, 추론과 적용

③ 접수

이 시험을 보기 위해서는 www.ssat.org에 접속을 해서 신청을 할 수 있다. 시험장소는 학생이 시험을 칠 수 있는 어느 곳에든지 예약이 가능하기에 큰 어려움이 없다. 응시료는 매해마다 그리고 시험 장소 및 등록 상태에 따라 서로 상이하기 때문에 싸이트에 나와 있는 안내를 참조하는 것이 좋다.

④ 성적

SSAT 성적은 시험을 치른 후 대략 2주 후에 원하는 학교로 발송을 한다. 그리고 학생에게는 학교로 발송을 한 이후 4일 후에 우편으로 보내진다. 시험 성적을 빨리 받기 위해서는 추가의 경비를 내고 이메일이나 급행서류인 페덱스(FeDex)를 이용해서 결과를 알아볼 수 있다.

▌ IELTS (International English Language Testing System)

(1) 개요

IELTS란 비영어권 국가 학생들을 대상으로 영국문화원(British Council)과 캠브리지 대학(UCLES : University of Cambridge Local Examination System) 그리고 호주대학연합(IDP : International Development Program of Australian Universities and Colleges)에서 공동으로 개발하고 주관하는 영어능력 평가시험으로서 영국, 호주, 뉴질랜드, 캐나다 등 영연방 국가의 고등교육기관(대학, 대학원 등)과 직업교육기관의 입학, 이민 등을 위해 필요한 시험이다. 호주와 뉴질랜드의 경우에는 IDP에서 독자적으로 IELTS 시험을 운영하고 있으며 한국을 비롯한 다른 나라에서는 영국문화원과 공동으로 이 시험을 운영하고 있다. 현재 IELTS는 105개국에 있는 220개의 IELTS 시험센터에서 시행되고 있다.

(2) 내용 및 구성

IELTS는 TOEFL과는 달리 읽기(Reading), 쓰기(Writing), 말하기(Speaking), 듣기(Listening) 등과 같은 영어의 전반적인 능력을 모두 테스트하는 시험이다. 또 응시목적에 따라 학업 부문(Academic Modules)과 일반 연습 부문(General Training Modules)로 나뉘어져있다.

① Reading (3 sections, 40 items, 60 minutes)

IELTS의 Reading 문제는 각각 1500~2000자 정도의 지문 3개가 출제되는데, Academic Module은 잡지, 저널, 책, 신문 등에서 발췌한 것으로 대학 과정에 응시하는 학생들의 수준에 맞춘 지문으로 구성되었으며, General Training Module은 실생활과 연관된 지문으로 게시판, 광고문안, 사무서류, 시간표 등에서 발췌한 것들이다. 문제의 종류에 따라 지문 전에 문제가 주어지는 경우도 있고 지문 후에 문제가 나오는 경우도 있다.

② Writing (2 tasks—150 & 250 words, 60 minutes)

IELTS의 Writing Part에서는 주어지는 2개의 작문 문제를 완성시켜야 한다. Writing Part에서 주의할 것은 주제 1은 150단어 이상, 주제 2는 최소한 250단어 이상으로 작성해야 하므로 시간 안배를 잘 해야 한다는 점이다 (20분 : 40분 정도)

③ Listening (4 sections, 40 items, 30minutes)

IELTS의 Listening Part는 모두 4개의 section으로 되어 있다. 처음 2개의 section은 일상생활에 관련된 문제들로 앞부분은 두 사람간의 대화형식이고 뒷부분은 한 사람이 설명하는 방식이다. 나머지 2개의 section은 학교나 직업교육을 하는 상황 하에서 일어날 수 있는 내용으로 3~4명의 대화를 들려주고 그 내용을 묻는 문제들이 출제된다. 테이프의 내용이 끝난 후에는 10분간 답안을 옮겨 적을 수 있는 시간을 준다. 문항은 사지선다형, 단답형, 문장의 빈칸 채우기, 메모, 요약, 그림, 도표, 차트 채우기, 그림을 순서대로 분류하기, 등급 분류, 서로 연결하기 등의 유형들로 이루어진다.

SAT(Scholastic Assessment Test)

(1) SAT란?

SAT시험은 고교과정을 이수한 학생들이 미국의 대학에 입학 원서를 제출할 때 대학 입학시험 심사원들이 학생들의 학업적 기준을 판가름 할 수 있게 한 표준화된 척도로 이 시험을 요구한다. 실제 입학 사정에는 여러 요인들을 복합적으로 평가하게 되지만, 입학조건에서 가장 중요한 것은 고등학교 성적 다음으로 SAT I와 SAT II 점수이다. 미국의 대학들은 학생들이 대학에서 얼마나 잘 해낼 수 있을지를 평가하는데 있어서, 학점(GPA)만으로는 좋은 지표가 되지 않을 수도 있기 때문에, 어떤 표준화된 시험을 통하여 학생들을 평가하게 된다. 예를 들어 미국 중부나 남부에 위치하고 있는 주립 고등학교에서 4.0 학점을 받은 학생들은 학업능력에 있어서 미국 최고의 명문사학 중의 하나로 일컬어지는 필립스 엑시터 (Philips Exeter)에서 4.0학점을 받은 학생과는 차이가 있을 것이다. 즉, SAT는 학점 부풀리기와 교수의 질과 같은 학교간의 차이를 극복하고 GPA의 신뢰할 수 없는 부분을 보충해주는 역할을 한다.

SAT는 뉴욕에 본부를 둔 컬리지 보드(The College Board)의 의뢰를 받아 뉴저지(New Jersey)주의 프린스턴(Princeton)에 자리잡고 있는 ETS(Educational Testing Service)에서 SAT 프로그램의 시험문제를 준비하고 있다. SAT I과 SAT II로 나누어지는 이 시험에서 SAT I은 추리력 시험(Reasoning Test)이며 SAT II는 과목별 시험(Subject Tests)이다. 원래 이 시험은 언어(verbal)영역과 수학영역으로 나누어 시행하였으나, 2005년부터 시험영역이 바뀌었다. 즉, 기존의 시험에 글쓰기 능력을 평가하는 에세이 시험이 추가되고, 비판적 독해(Critical Reading)와 고등수학인 대수학(Algebra)이 포함되었다. 따라서 현행 시험은 비판적 독해·수학·작문 3개의 영역으로 나누어 치러진다. 이전의 SAT에 비해 난이도가 상향 조정되었으며 수학의 범위도 Algebra II까지 포함된다.

(2) SAT구성

Section	Time	Contents	Type	Score
Critical Reading	70분 1) 25-min section 2) 25-min. section 3) 20 min. section	Critical reading Sentence-level reading	· 19 sentence completions · 48 reading-based questions	200~800점
Writing	60분 1) 25min. essay 2) 25min. section 3) 10min. section	Grammar, usage, Word choice	· student written essay · 49 multiple-choice questions	200~800점
Mathmatics	70분 1) 25 min. section 2) 25 min. section 3) 20 min. section	Number and operations; algebra and functions; geometry; statistics, probability, and data analysis	· 44 multiple-choice questions · 10 student-produced responses	200~800점
Unscored Section	25분		Writing, Math, Reading 어느 섹션이 될 수도 있음.	
총	3시간45분			2400 점

(3) SAT II - Subject Tests

SAT II Subject Tests는 SAT시험이 현재 시행되는 SAT I/II 형태로 바뀌기 이전까지 College Board Achievement Test(CBAT or AT)라고 불리던 대입 수능시험 시험의 일종으로, 수험생들에게는 그다지 생소한 것은 아니다. SAT I 시험과 달리 학교에서 배우는 학과목 중에서 특정 과목을 선정하여 그 과목에 관한 지식 또는 기술을 측정하고 또한 배운 내용들을 어떻게 실제로 적용하는가 하는 능력을 측정하는 시험이다.

시험시간은 60분으로 구성은 필수시험인 영작문과 2과목의 선택 과목으로 이루어진다. 연 5회 실시되는 작문 시험은 1회~4회는 85~90개의 선다형 문제로만 이루어지며, 12월의 시험에는 70개의 선다형 문제와 함께 주제 에 대해 20분간 기술하는 Essay문제로 구성된다.

SAT II의 과목별 시험 선택 영역은 다음과 같다.

SAT II 시험은 다섯 가지의 주제 군으로 구성되어 있으며 총 15과목이 치러진다. 대부분의 명문대학(UC계열 포함)에서 3개의 과목을 기본적으로 요구하며, 영어의 작문과 수학 과목을 요구하고, 추가로 한 과목을 요구한다. 이 추가 과목은 학생이 선택할 수도 있으며, 대학 측에서 지정할 수도 있다. 주의할 것은 영어의 작문 과목이 Literature 과목과 대체되지 않는다는 점이다.

■ **주제별 과목**

- Literature(문학)

- Writing(작문)

- United States History(미국 역사)

- World History(세계사)

- Mathematics Level I (C) (수학 레벨 I)
　　　　　　 Level II (C) (수학 레벨 II)

※ C:계산기 사용이 가능한 시험

- Biology(생물)

- Chemistry(화학)

- Physics(물리)

- Languages (Reading Only) (외국어 (읽기만))

　　　　　French(불어)

　　　　　German(독일어)

　　　　　Modern Hebrew(현데 히브류어)

　　　　　Italian(이태리어)

　　　　　Latin(라틴어)

　　　　　Spanish(스페인어)

- Languages (Reading and Listening) (외국어 (읽기, 듣기))

　　　　　Chinese(중국어)

　　　　　French(불어)

German(독일어)

Japanese(일본어)

Korean(한국어)

Spanish(스페인어)

－ELPT(The English Language Proficiency Test) (영어 능력시험)

(4) SAT시험신청방법

SAT는 1년에 7번(한국은 6번) 볼 기회가 있다. 학생들은 보통 11학년 봄학기나 11학년 가을학기에 많이 보게 된다. 보통 원서는 시험일로부터 5주전까지가 마감일이며, College Board의 Web Site를 이용하는 방법이 가장 간편하다.

• 온라인등록

http://www.collegeboard.com 사이트에서 인터넷접수 가능

• 우편등록

한미교육위원단(02-3211-1233)에서 교부하는 SAT Program Registration Bulletin을 이용하여 SAT College Board로 우편 발송한다.

주소 : SAT College Board 45 Columbus Avenue New York, NY 10023

College Board/ATP P.O. Box 6200 Princeton, NJ 08541-6200

• 전화등록

001-1-609-771-7600에서 전화 등록 가능

• 팩스등록

AT Program Registration Bulletin을 이용하여 SAT College Board로 팩스 전송

(5) 응시료

시험응시료는 SAT I의 경우 $41.50이며, SAT II응시료는 시험 종류에 따라 다르다. 예를 들어 Language test의 경우 듣기(listening) 섹션에는 $19이 추가가 되고, 모든 SAT II 시험에는 $18의 금액이 추가된다. 이 금액은 4개의 학교나 기관에 성적을 보내는 비용까지 포함된 금액이다. 시험 응시료는 어떤 경우에도 환불이 되지 않으나 Score Report를 위해 지불한 돈은 환불이 가능하며, 모든 비용은 미국 달러로 지불되어야 한다.

Test	응시료
SAT Reasoning Test (SAT I)	$41.50
SAT Subject Tests (SAT II) Basic Registration fee Language Tests with Listening All other Subject Tests	$18.00 추가 $19.00추가 $ 8.00
Registration Services (add to total test fees)	
Late Registration Fee	$21.00

Re—Registration by Telephone	$10.00
International Processing Fee (미국과 Puerto Rico 이외의 지역에서 시험 보는 학생들만 해당됨)	$21.00
Security Surcharge to Test in India and Pakistan	$21.00
Standby Testing Fee	$36.00
Change Test, Test Date, or Test Center Fee	$20.00
Score Reporting Services	
Extra Score Report to a College or Scholarship Program (4개의 학교나 기관에 score report하는 것은 추가 서비스료가 없으나 추가 score report를 하려면 수수료를 지불해야 함.)	$ 9.00
Retrieval fee for Archived Scores	$17.00 (additional fees may apply)
Telephone Rush Reporting Service	$26.00 (plus $9.00 for each report)
Telephone Additional Reports	$10.00 (plus $9.00 for each report)
Scores by Phone	$11.00
Additional Services	
Question—and—Answer Service	$24.00
Student Answer Service	$10.00
Copy of Your Answer Sheet	$10.00
Additional Fees	
Multiple—Choice Score Verification	$50.00
Essay Score Verification	$50.00
Check Returned for Insufficient Funds	$20.00

■환불

시험 응시료는 환불되지 않으나 시험 응시 후 score report를 위해 지불한 비용은 환불이 된다. 환불을 받으시려면 아래 번호로 전화를 하시거나 Admission Ticket의 뒷면에 서명을 하셔서 아래의 주소로 시험 응시 후 2주 이내에 보내시면 환불이 가능하다. 그리고 환불까지는 약 6주의 기간이 소요된다.

-전화: (609) 771-7600

-주소: College Board
　　　　11911 Freedom Drive, Suite 300
　　　　Reston, VA 20190
　　　　Attn: Refund Processing

(6) SAT시험장소

Busan Foreign School, Busan Korea T.051)747-7199

Daewon Foreign Language High School, Seoul, Korea (대원외고) T.02)2204-1500

Hanyoung Foreign Language High School, Seoul, Korea (한영외고)

Indianhead International School, Gyeonggi-do, Korea

Seoul American High School, Seoul, Korea T.738-7328

Seoul Foreign School, Seoul, Korea T.330-3301

Seoul International School, Seoul, Korea 031)T.750-1200

Taejon Christian International School, Taejon, Korea

(7) 점수확인

총점은 각 과목당 200~800점이며, 틀린 문항에 1/3, 혹은 1/4 점의 감점제도가 있다. 결과는 약 4~6주 후에 개별적으로 통보되며, 선택한 대학에 동시에 통보하거나, 본인에게만 통보하도록 한 후 추가로 학교에 성적을 통보할 수 있다. 신속하게 본인의 성적을 확인하고자 할 때에는 인터넷 혹은 전화 서비스를 이용하는 것이 좋다.

CAE(Certificate in Advanced English)

(1) 개요

CAE는 Reading, Writing, Structure of the Language, Listening과 Speaking을 평가하는 시험이다. 이 시험은 직업과 학문을 위해 영어를 사용하는 사람들이 언어에 있어서 높은 수준의 자질을 갖추었음을 보여준다. 또한 CAE는 CPE를 보려는 사람들이 실력을 향상시키고 시험 경험을 할 수 있는 기회가 되기도 하고, 특히 실제 생활에서 필요한 영어를 공부하고자 하는 사람에게 알맞게 만들어졌다. CAE점수는 많은 영국 대학에서 입학을 위한 영어 실력을 측정하는 자료로 사용되고 있다.

(2) 내용 및 구성

시험은 아래의 5개 Paper로 나뉘어져 있다.

Reading(읽기)	: 1 hour 15 minutes
Writing(쓰기)	: 2 hours
English in Use(영어 사용)	: 1 hour 30 minutes
Listening(듣기)	: 45 minutes (대략)
Speaking(말하기)	: 15 minutes

• Paper 1. Reading(읽기)

이 영역은 잡지, 신문, 광고 전단 등에서 발췌한 지문을 읽고 이해하는 능력을 평가하는 것이다. 여기에는 대강의 내용 파악과 추론, 그리고 빈칸을 완성하기 위해 주어진 정보들을 취사선택하는 것 등이 포함된다. 이 시험에는 총 3000단어 정도로 된 4개의 필수 지문이 있다. 질문은 관련 있는 것끼리 연결하기, 객관식, 빈칸 채우기 형태로 나온다.

• Paper 2. Writing(쓰기)

Writing부분은 두 Section으로 되어있는 데 첫 번째 section은 필수로 응시자는 하나 또는 그 이상 보통 서너 개의 짧은 지문들을 읽고 그에 대해 작문을 하는 것이다. 두 번째 section은 편지, 기사, 소개서, 메시지 등으로 된 4개의 선택지 중에서 하나를 선택하여 250단어 정도의 작문을 하는 것이다.

• Paper 3. English in Use(영어 사용)

이 영역에는 3개의 Section으로 되어있다. 이 Section은 빈칸 채우기, Proof-Reading연습, 지문 완성하기, 메모나 전보 등으로 된 지문 이어 쓰기 형식이었는데 1999년 12월부터 지문 이어 쓰기는 단어 넣기로 바뀌었다.

• Paper 4. Listening(듣기)

Listening은 4개의 Section으로 되어있다. 약 45분 동안 총 30~40문제를 풀게 된다. 처음 두 Section은 두 개의 짧은 모노로그로 되어있고, 3번째 Section은 짧은 대화나 인터뷰로 되어있으며, 마지막 section은 짧은 대화나 인터뷰로 되어있으며, 마지막 section은 이보다 더 긴 대화를 발췌한 것이다.

• Paper 5. Speaking(말하기)

한 명 또는 두 명의 응시자가 두 명의 시험관과 함께 시험을 보는 형태이다. 응시자는 우선 자신을 소개하고 자신의 관심사에 관한 질문에 대답하게 된다. 그리고 나서 각 응시자는 주어진 자료를 보고 좀더 길게 말하는 시간을 가진다.

(3) 성적

CAE의 전체 성적은 5개의 Paper에서 얻은 점수에 근거해서 나온다. CAE를 패스하기 위해서 반드시 5개의 Paper 모두를 패스해야만 하는 것은 아니다. Passing Grade는 A 또는 B,C이고, D와 E는 Failing Grade이다. CAE를 패스하기 위해서는 통상 최소한 전체의 약 60%에 해당하는 Grade C이상을 받아야 한다.

(4) CAE 신청 및 일정

우리나라에서는 영국 문화원에서 CAE를 볼 수 있다. 매년 6월과 12월에 시험이 있는데 6월의 시험의 경우 대개 2월 하순에서 3월 중순까지이며, 12월 시험의 경우는 9월 초에서부터 10월 초 사이에 한다.

▎ FCE(First Certificate in English)

(1) 개요

이 시험은 영어를 모국어로 하지 않는 사람들을 위해 만들어졌으며, Cambridge Examinations중에서 가장 널리 치러지는 시험이다. FCE는 중급 단계의 시험으로 산업 현장에서 뿐 아니라 많은 대학이나 교육 기관에서 영어 실력을 증명하는 자료로 인정되는 시험이다. 이 시험은 Cambridge Level 3에 해당한다.

(2) 내용 및 구성

시험은 아래의 5개 Paper로 나누어져 있다.

Reading(읽기)	: 1 hour 15 minutes
Writing(쓰기)	: 1 hour 30 minutes
English in Use(영어 사용)	: 1 hour 15 minutes
Listening(듣기)	: 40 minutes (대략)
Speaking(말하기)	: 14 minutes

• Paper 1. Reading(읽기)

응시자는 다양한 종류의 지문을 읽고 대강의 의미파악, 상세한 정보 파악, 그리고 문장 구조와 의미 추론을 하게 된다. 이 Paper는 35개의 문제로 되어있는데 각 파트는 지문과 그에 대한 이해를 묻는 질문으로 되어있다. 한 파트는 두 개 혹은 그 이상의 짧은 관련 지문으로 되어있다.

• Paper 2. Writing(쓰기)

이 영역에는 필수 영역인 Part 1과, 네 개중에서 선택하게 되는 영역인 Part 2가 있다. 이 영역은 편지나 기사, 보고서 같은 일반적인 형태의 글과 다양한 주제에 대하여 주어진 목적과 대상 독자에 알맞은 글을 작문할 수 있는가를 평가한다. 각 문제 당 120~180단어 정도를 요구한다.

• Paper 3. Use of English(영어 사용)

이 Paper는 5개 파트, 65문제로 되어있다. 문제 형식은 객관적 빈칸 채우기, 주관식 빈칸 채우기, 중요 단어(Key Word) 변형문제, 잘못 된 것 고치기, 단어 완성하기 문제들로 되어있다.

• Paper 4. Listening(듣기)

이 영역의 문제는 짧은 인용구와 좀 더 긴 모노로그, 안내방송, 라디오 프로그램과 뉴스, 영화에서 발췌한 중급 영어 정도의 내용들로 되어있다. 문항 수는 30문제, 4개 파트로 되어있으며 응시자는 녹음된 내용을 듣고 그에 대한 문제를 풀게된다.

• Paper 5. Speaking(말하기)

이 영역의 시험은 두 명의 응시자가 두 명의 시험관과 함께 치른다. 응시자는 시험관이 이끄는 대로 질문에 대답하고 시험관과 영어로 대화를 하게 된다. 이 Paper는 4개 파트로 되어있는데, 각각의 응시자가 상대편 응시자의 시험관과 바꾸어서 대화를 하는 부분도 있고, 각 응시자가 약 1분에 걸쳐서 자신의 의견을 길게 말하는 부분도 있다.

(3) 성적

FCE의 전체 성적은 5개의 Paper에서 얻은 점수에 근거해서 나온다. FCE를 패스하기 위해서 반드시 5개 Paper 모두를 패스해야만 하는 것은 아니다. Passing Grade는 A 또는 B,C이고, D와 E는 Failing Grade, U는 Unclassified이다. FCE를 패스하기 위해서는 통상 최소한 전체의 약 60%에 해당하는 Grade C이상을 받아야 한다.

성적통지는 시험일로부터 약 2달 후에 Statement of Results가 발행되며, 그로부터 6주정도 지나면 Certificate가 발부된다. 성적에 관한 문의는 Statement of Results가 나온 때부터 한달 이내에 할 수 있다.

(4) FCE 신청 및 일정

우리나라에서는 영국 문화원에서 FCE를 볼 수 있다. 매년 6월과 12월에 시험이 있는데 접수는 위에 언급한 CAE와 동일하다.

SLEP Test(Secondary Level English Proficiency Test)

(1) 개요

SLEP 테스트란 영어를 모국어로 사용하지 않는 외국학생을 주 대상으로 하는 듣기와 읽기 두 영역에 대한 이해력을 측정하는 시험으로써, 미국 내 사립 중.고등학교에 입학할 때 영어 능력을 평가하기 위하여 요구하는 표준 테스트이다. 이 SLEP 테스트는 중.고등학교 학생이 학과 수업을 통해 지식을 습득하고, 영어로 된 교과서나 교재들을 충분히 이해할 수 있는지를 가름하는 결정적 요소인 언어 능력판단의 파악에 그 기본 목적을 두고 있다. 아울러 이 SLEP 테스트는 미국 중.고등학교 뿐 아니라 전 세계 영어 교육기관에서 입학 예정자와 지원자를 대상으로 기본 영어 능력을 판가름하는 기준으로 사용되어지고 있으며, 미 국무성에서 지원하는 미국 공립학교 교환학생 프로그램의 선발기준으로 적용되어지기도 한다. TOEFL이나 기타 영어 검증시험들이 일반 성인을 대상으로 출제되는 반면 SLEP Test는 중.고생을 대상으로 고안된 시험으로 미국 중.고등 학생들에게 실제 일어날 수 있는 상황, 사건을 바탕으로 구성 되어 있다.

SLEP 테스트는 TOEFL 주관처인 프리스턴(Princeton)에 본부를 두고 있는 ETS(Educational Testing Service)에서 실시하기 때문에 SLEP Test 성적을 고려하여 학생이 어떻게 TOEFL 시험을 준비하여야 하는가 하는 일반적인 정보를 제공받을 수 있으며 이 SLEP Test 점수를 기준으로 TOEFL 점수 추측이 가능하도록 되어 있다.

(2) 목적

위에 언급했다시피 SLEP 테스트의 주된 목적은 미국 사립중, 고등학교에 입학하는데 있어서 중요한 조건 중 하나는 영어능력을 파악하는 것이라 할 수 있겠다. 학생들은 교사나 급우들이 말하는 것을 듣고 이해할 수 있어야 하며, 또한 영어로 되어 있는 문서를 읽고 이해할 수 있어야 한다. SLEP시험은 단순 적성 검사가 아니며, 또한 전체적인 학문능력을 측정하는 시험도 아니다. 그럼에도 불구하고 이 시험이 중요시되는 이유는 어학이 부족한 외국 학생이 수강해야 할 ESL(English as a Second Language) 프로그램을 안들을 수 있으며 미국 사립중, 고등학교 입학 및 능력에 따른 반 배정에 매우 유용하게 쓰인다는 것이다.

(3) 구성

이 SLEP 시험은 여러 형태의 문제 유형이 있으며 이전에는 Form 1, Form 2 그리고 Form 3의 문제를 다루었으나 현재에는 Form 4, Form 5 그리고 Form 6을 본다. 문제의 구성은 듣기(Listening) 74문제, 독해(Reading) 71문제에 걸쳐 총 145문항으로 구성되어 있는데 Section 1인 듣기는 40분에 걸쳐서 그리고 Section 2인 독해는 45분에 걸쳐서 보게 된다.

• Section 1

4 부분으로 나뉘어져 있는데 이는 사진을 보고 그 사진을 가장 잘 묘사한 설명을 고르는 유형, 문장을 듣고 그 문장과 똑같은 문장을 고르는 문제, 학교 내에서 학생사이의 대화나 교직원들에 의한 공고 등을 듣고 푸는 문제 마지막으로 미국 고등학교 학생들의 대화를 듣고 푸는 문제로 되어있다.

• Section 2

문법, 어휘 그리고 독해 등으로 구성되어 있는데 역시 4부분으로 나뉘어져 있으며 이는 만화를 보고 푸는 문제, 주어진 문장을 보고 그 문장과 일치하는 그림을 고르는 문제, 문장의 맥락에 가장 알맞은 단어 고르는 문제 그리고 주어진 지문을 읽고 푸는 문제로 구성되어 있다.

한국유학(본 유학원)에서는 유학을 희망하는 학생들을 위한 SLEP 테스트를 주관하고 있으며 시험을 희망하는 학생은 사전에 본 유학원에 연락을 해서 편리한 시간에 시험을 볼 수 있다.

▌CPE(Certificate of Proficiency in English)

(1) 개요

CPE는 가장 높은 Level의 능력을 테스트하는 시험으로 영국의 대학과 영어를 사용하는 전 세계의 많은 대학들에 들어가기 위한 입학 조건으로 쓰인다. 많은 나라에서 CPE는 완벽한 영어능력이 요구되는 학과 과정과 일터에 들어가기 위해 갖추어야만 하는 요건이 된다. CPE는 대학, 그 밖의 기타 고등 교육기관, 산업체에서 매우 높은 수준의 영어 능력을 나타내는 지표로 널리 인정받고 있다.

(2) 내용 및 구성

CPE는 다음 5개 부분으로 되어있다.

Reading Comprehension(독해)	: 1 hour
Composition(작문)	: 2 hours
Use of English(영어 사용)	: 2 hours
Listening Comprehension(듣기 이해)	: 40 minutes(대략)
Interview(인터뷰)	: 15 minutes(대략)

• Paper 1. Reading Comprehension(독해)

이 영역은 글의 요점과 세부 사항, 그리고 어조에 대한 이해를 평가하는 것이다. 또한 어휘와 문법을 광범위하게 평가하게 된다. Reading Comprehension은 두 Section으로 되어있는데 첫 번째 Section은 25개의 객관적 문제로 되어있고, 두 번째 Section은 각각 350~550단어로 된 3개의 지문과 총 15개의 문제로 되어있다.

• Paper 2. Composition(작문)

응시자는 5개의 토픽 중에서 2개를 선택하여 묘사적, 설명적, 논쟁적인 특성을 가진 다양한 주제를 다루는 글(Text)을 작성해야 한다.

• Paper 3. Use of English(영어 사용)

Paper 3의 첫 번째 Section은 응시자가 구와 절, 문장에서 영어를 사용하는 패턴을 얼마나 이해하고 있는가하는 것을 평가한다. 두 번째 Section은 정보를 이끌어내고 의미를 추론하는 것과 관련된 독해력(Reading Comprehension)을 평가하는 것이다. 이 영역은 단답형과 요점 정리(Summary-Writing)를 해야 하는 문제로 되어있다.

• Paper 4. Listening Comprehension(듣기 이해)

이 Paper에서는 다양한 사실적인 맥락, 예를 들면 라디오, 타입, 시퀀스 뉴스, 영화, 고지(Announcement), 상황대화(Situation Dialogue)등에서 사용되는 공식적인 영어에 대한 응시자의 이해 능력을 평가한다.

• Paper 5. Interview(인터뷰)

사진이나, 짧은 문장(Passage), 문제해결 능력 등을 이용하여 대화가 이루어진다. 대화는 응시자의 능력을 광범위하게 평가하기 위해 단일한 주제에서 복합적인 주제까지 다루게 된다.

(3) 성적

CPE의 전체 성적은 5개의 Paper에서 얻은 점수에 근거해서 나온다. CPE를 패스하기 위해서 반드시 5개 Paper 모두를 패스해야만 하는 것은 아니다. Passing Grade는 A 또는 B, C이고, D와 E는 Failing Grade이다. CPE를 패스하기 위해서는 통상 최소한 전체의 약 60%에 해당하는 Grade C 이상을 받아야 한다. 성적통지는 시험 당일로부터 약 2달 후에 시험 결과서(Statements of Results)가 발행되며, 그로부터 6주정도 지나면 Certificate가 발부된다. 성적에 관한 문의는 Statements of Results가 나온 때부터 한달 이내에 할 수 있다.

(4) 신청 및 일정

우리나라에서는 영국문화원에서 CPE를 볼 수 있다. 매년 6월과 12월에 시험이 있는데 접수는 위에 언급한 CAE와 동일하다.

▌ACT(American College Test)

(1) 개요

SAT와 함께 미국의 많은 대학들이 요구하는 대학입학 전형에 쓰이는 양대 대입 평가고사 중의 하나이다. 미국의 중, 서부 및 남부의 많은 대학들이 요구하는 경향이 많다. 예를 들면, 중부의 캔자스(Kansas), 아이오와(Iowa), 네브래스카(Nebraska), 루이지애나(Louisiana), 웨스트버지니아(West Virginia) 같은 주립대학들은 ACT 성적만 원하거나 ACT 성적을 SAT 성적보다 중요시한다. 최근 들어 UCLA나 UC Berkeley, 육군사관학교, 시카고, 텍사스, 포모나 칼리지뿐 만 아니라 Harvard, MIT, Stanford등 동부의 전통적인 명문대학들도 SAT대신 ACT점수도 받아 주고 있다.

(2) 내용 및 구성

영어, 수학, 사회과학(역사, 경제, 사회, 심리, 정부), 자연과학(생물, 화학, 물리, 지질, 천문학)의 4개 분야로 나눠 시험을 치르게 된다. 각 분야는 36점 만점으로 4개의 평균점수(Composite Score)가 ACT점수가 되며 최저 점수는 1점이고 최고 점수는 35점이 될 수 있다. 감점제도가 없어 답안용지를 채우는 편이 나으며, 시험시간은 3시간 정도 걸리는 데 시험을 치른 후 점수가 별로 좋게 나올 것 같지 않으면 시험장을 떠나기 전에 시험관에게 채점하지 말도록 요청하면 된다.

(3) 신청 및 일정

아이오와(Iowa)주의 아이오와(Iowa)시에 위치한 ACT기관에서 관할, 운영하고 있으며, 보통 연 5회(2, 4, 6, 10, 12월)실시되는데, 늦어도 한 달 전까지 시험등록을 마쳐야 하지만, 별도의 비용을 부담하여 시험일자 2주일 전까지 등록할 수도 있다.

▎ISEE(Independence School Entrance Examination)

(1) 개요

SSAT와 다소 유사한 시험의 형태로 미국의 여러 사립학교에서 입학의 조건으로 요구하는 시험 중의 하나가 바로 이 ISEE 이다. 미국 뉴욕에 본부를 두고 있는 이 시험을 관장하는 ERB(Educational Records Bureau)는 컬럼비아 대학에서 1927년에 설립된 오래되고 체계적인 학교 테스트이다. 이 Bureau에서 Independence School Entrance Examination을 실시한다. 약 3시간에 걸쳐 치러지는 이 시험은 크게 다음과 같이 3종류의 Level로 나뉘어져 있는데 Lower Level은 현재 재학하고 있는 4, 5학년들을 위한 테스트이며, Middle Level은 현재 재학을 하고 있는 6, 7학년들을 위한 것이며 마지막으로 Upper Level은 현재 재학을 하고 있는 8에서 11학년들을 위한 테스트이다. 이 시험에 관한 각각의 설명내용은 SSAT의 그것과 크게 다를 것이 없으므로 이에 관한 자세한 설명은 언급을 안기로 하겠다.

(2) 내용 및 구성

• Lower Level

테스트	문항수	시간
Verbal Reasoning	40	25min.
Quantitative Reasoning	35	35min.
Reading Comprehension	36	40min.
Mathematics Achievement	35	40min.
Essay		30min.

• Middle Level

테스트	문항수	시간
Verbal Reasoning	40	20min.
Quantitative Reasoning	35	35min.
Reading Comprehension	40	40min.
Mathematics Achievement	45	40min.
Essay		30min.

• Upper Level

테스트	문항수	시간
Verbal Reasoning	40	20min.
Quantitative Reasoning	35	35min.
Reading Comprehension	40	40min.
Mathematics Achievement	45	40min.
Essay		30min.

(3) 성적

응시 학생의 테스트 결과는 학교와 학부형에게 보내어지고 이 결과에 따라서 학업적인 면에서 학생에게 적합한 프로그램을 준비할 수 있는 발판을 마련해 준다. 또한 이 결과를 통해서 학생의 언어적, 수학적 수행능력을 평가할 수 있는 중요한 지침도구가 되기도 한다.

영 · 미 중요 어구 비교

정치관계 (Politics)

Korean	English(영)	American(미)
정부	Government	Administration
연립 내각	Coalition Government	Fusion administration
장관	Minister	Secretary
각료	Cabinet minister; Member of the cabinet	Cabinet officer; Cabinet member
국무성(英) 외무성	Foreign Office	State Department
의회	Parliament	Congress
의원 휴게실	lobby	cloakroom
의안의 통과	passing of a bill	passage of a bill
출신 국회의원	member for...	representative from...; the gentleman from...
공천 후보자 명단	list of candidates	ticket
입후보; 출마	candidature	candidacy
국회의원에 출마하다	stand for Parliament	run for Congress
보궐 선거	by-election	special election
절대 다수	clear majority	majority
선거 운동	canvass	campaign
투표수 점검자	scrutineer	canvasser
정당 강령	party programme	party platform
정당 연합	party coalition	party fusion
공무원	civil servant	office-holder
지방세	local rates	local taxes

재판 · 경찰 · 범죄 · 소방 관계 (Police, etc.)

Korean	English(영)	American(미)
사법권	judicature	judiciary
검사	public prosecutor	district attorney
배심원	juryman	venireman
변호사	advocate	trial lawyer
변호사의 면허를(英) (자격을(美)) 얻다	be called to the bar	be admitted to the bar
(법정의) 속기사	shorthand writer	stenographer
증인을 서다	enter the witness box	take the(witness)stand jail

교도소	gaol	jail
교도관, 간수	warder; prison officer	prison guard
교도소장	the governor of the prison	the warden of the prison
경찰서	police station	station house
경찰서장	chief constable	chief of police
형사	detective	investigator
경관; 순경	constable	patrolman
경찰봉	policeman's truncheon	policeman's billy
유치장	lock—up	calaboose
소방서	fore(—brigade) station	fire department
양로원	workhouse	almshouse
노상강도 (사람)	highwayman	holdup man
좀도둑	cat burglar	porch climber

교통 관계 (Transportation)

Korean	English(영)	America(미)
철도	raillway	railroad
고가 철도	overhead railway	elevated raillroad
지하철	tube; underground	subway
레일	lines; metals	track; tracks
탈선하다	run off the line; jump the metals	jump the track
보통 열차; 완행열차	slow train	accommodation train
정거장; 역	railway station	railroad depot
플랫폼	platform	track
종착역	terminus	terminal
역장	station master	station agent
기관차	engine	locomotive
기관사	engine—driver; driver	engineer
화물열차	goods train	freight train
객차	passenger coach	passenger car
식당차	dining carriage	diner
열차 차장; 여객 전무	guard	conductor
건널목지기	date—keeper	gate tender
정지 신호	red light	stop light
편도표 (片道票)	single ticket	one—way ticket
왕복표	return ticket	round—trip ticket
회수권; 정기권	season—ticket	commutation ticket

Korean	English(영)	America(미)
매표소	booking-office	ticket office
매표계(원)	booking-clerk	ticket agent
안내소	inquiry office	bureau of information; information bureau
휴대품 보관소	cloak-room	baggage-room; checkroom
수화물	luggage	baggage
수화물을 맡기다	register a luggage	check a baggage
포터	station-porter	redcap
신문&잡지 판매소	bookstall	news stand
시간표	time-table	schedule
기차 시간에 대다	be in time for a train	catch a train
갈아타다	change cars	transfer
비행기	aeroplane	airplane
비행장	aerodrome	airdrome
자동차	motor-car; car	automobile; auto
가솔린	petrol	gasoline
화물자동차	lorry	truck
관광버스	char-a-banc (F)	sightseeing bus
주차장	car-park	parking-place
시내 전차	tram-car	streetcar
보도; 인도	footpath; pavement	sidewalk
큰거리; 큰길	high street	main street
차도; 포장도로	roadway	pavement
지하도	subway	underpass

우정(郵政) 관계 (Postal Services)

Korean	English(영)	America(미)
우편(으로)	(by) post	(by) mail
국내 우편물	inland mail	domestic mail
관제 엽서	post-card	postal card
등기 우편료	registration fee	registry fee
속달편	express delivery	special delivery
우체국 사무원	postal clerk	mail clerk
우편 집배원	postman	mail carrier; mailman
포스트; 우체통	pillar-box; letter-box	mailbox
소포	parcel	package
전신기사	telegraphist	telegrapher
전화 번호부	telephone directory	telephone book
전화 교환국	exchange	central office

공중 전화	public telephone-box	telephone booth
장거리 전화	trunk call	long distance call
(전화에서) 통화가 끝났습니까?	Have you finished?	Are you through?
(전화에서) 나왔습니다. 말씀하세요.	You are through.	You are connected./ Go ahead
(전화에서) 통화중입니다	Number's engaged!	Line's busy!
전보용지	Telegram form	telegram blank
라디오	wireless	radio
진공관	valve	tube

저널리즘 관계 (Journalism)

Korean	English(영)	America(미)
인쇄소	printing office	printery
논문; 사설	leader; leading article	editorial
신문 기자	pressman; journalish	newspaperman
논설 기자	leader-writer	editorial writer
(신문, 잡지 따위의) 부주필	sub-editor	copyreader
탐방 기자	paragraphist	paragrapher
특종 기사	scoop	beat
신문(잡지) 판매원	newsdealer	news agent
연좌 데모; 농성 데모	stay-in strike	sit-down strike

음식물 관계 (Food, etc.)

Korean	English(영)	America(미)
과자 가게	sweet-shop	candy store
사탕	sweets	candy
비스킷	biscuit	cracker
제과점(빵, 생과자 따위)	baker's shop	bakery
아이스크림	ice	ice cream
담배 가게	tobacconist's (shop)	cigar store
과일 가게	fruiterer	fruit seller(dealer)
디저트	sweet course; sweets	dessert; desserts
식료품점	grocer's (shop)	grocer shop; grocery
곡물	corn	grain
오트밀	porridge	cereal
옥수수	maize; indian corn	corn
땅콩	monkey-nuts; earth-nuts	peanuts
생선 가게	fishmonger	fish dealer

학교 관계 (School)

Korean	English(영)	America(미)
(대학의) 교직원	college staff	faculty
대학생	undergraduate	college student
대학 1년생	first-year man	freshman
대학 2년생	second-year man	sophomore
대학 3년생	third-year man	junior
대학 4년생	forth-year man	senior
...을 전공하다	specialize in...	major in...
시험에 떨어지다	fail in an examination	flunk in an examination
졸업생	graduate; old boys	alumnus
동창회	graduates' association	alumni association
졸업식	speech-day	commencement
졸업증서	diploma	sheepskin
졸업하다	graduate at	graduate from
(남녀 공학의) 여학생	woman student	co-ed
초등학교 교사	elementary school teacher	grade teacher
공립학교	council school	public school
사립학교	public school	private school
필수과목 선택과목	compulsory subject optional subject	required subject elective subject
교실	class-room	recitation room
강당	assembly hall; hall	auditorium
기숙사	hall of residence; hostel	dormitory
휴게시간	break	intermission

가정용품 · 가구 · 의복 관계 (Furniture, etc.)

Korean	English(영)	America(미)
지갑	purse	pocketbook
회중전등	electric torch	flashlight
도시락	lunch-box	dinner pail
깡통	tin	can
주전자	tea-kettle	kettle
스튜남비	stewpan	kettle
철물상	ironmonger's	hardware store
펜촉	nib	pen point
단화 (短靴)	shoes	low shoes; oxfords
덧신	galoshes	rubbers

편상화 (編上靴)	boots	shoes
유모차	perambulator; pram	baby carriage
휴지통	wastepaper basket	wastebasket
쓰레기; 쓰레기통	rubbish	trash
정원; 뜰	garden	yard
정원사	landscape gardener	landscape architect
셋집	house to let	house for rent
하녀; 식모	parlourmaid; housemaid	waitress; chambermaid
가구	upholstery	furnishings
화장대	dressing table	bureau; dresser
긴의자	settee	davenport
베란다	verandah	porch; piazza
계단	staircase	stairway
거실	sitting-room	living room
응접실	drawing-room	parlor
세면소	lavatory; closet	washroom; toilet
세면기	wash-hand basin	washbowl
중산모	bowler (hat)	derby (hat)
신사복	lounge suit	business suit
턱시도	dinner jacket	tuxedo (coat)
조끼	waistcoat	vest
넥타이 핀	breastpin	stickpin
바지 멜빵	braces	suspenders
양말 대님	suspenders	garters
브로치	brooch	breastpin
레인코트	mackintosh; water-proof	raincoat
나들이 옷	dress togs; Sunday clothes	glad gags
포목점	draper's (shop)	dry goods store
양복점	tailor's (shop)	tailor shop
기성복	ready-made clothes	store clothes
내의	vest; singlet	undershirt
창문의 차양(遮陽)	(window) blinds	window shades

백화점 · 호텔 · 회사 관계 (Business)

Korean	English(영)	America(미)
백화점	the stores	department store
판매 감독	shopwalker	floorwalker
월부 판매	hire-purchase (system)	installment plan

연쇄점	multiple shop	chain store
상점; 가게	shop	store
상점에 근무하다	be serving behind the counter	be clerking in a store
점원	shop-assistant	clerk
상점주인	shopkeeper	storekeeper
1층	ground floor	first floor
2층	first floor	second floor
재고품 총 정리 판매	clearance sale	unloading sale
흑자; 이익	profit	black
적자; 결손; 부채	loss	red
판매원	shop-assistant	salesclerk
외무 판매원; 외판사원	commercial traveller	traveling salesman
수금원	debt-collector	bill collector
사무원	black	white-collar worker
승급	rise in salary	boost(raise) in pay
직업소개소	registry office	employment bureau
게시판	hoarding	billboard
인부	navvy	laborer
구두닦이	shoeblack	bootblack
상업회의소	chamber of commerce	board of trade
경영하다	run (a factory)	operate (a factory)
주(株)	share	stock
주주(株主)	shareholder	stockholder
(주식)회사	(business) company	(business) corporation
증권 거래소	stock exchange	stock market
사장	chairman of a company	president of a corporation
중역; 이사	member of the directorate	member of the directory
지폐; 어음	note	bill
휴일	bank holiday	legal (public) holiday
엘리베이터	lift	elevator
(호텔의) 보이	hotel page	bellboy
문지기	porter	janitor
화장실; 변소	lavatory	toilet
아파트	flat	apartment
관리인	caretaker	janitor
잡역부; 여자 허드렛일꾼	charwoman	scrubwoman

운동·사교·오락 관계 (Sports. etc.)

Korean	English(영)	America(미)
운동기구	sports requisites	sporting goods
권투가	bruiser	boxer
배우; 스타	star; top–liner	headliner
댄스홀	dancing saloon	dance hall
원유회(園遊會)	garden party	lawn fete
회전목마	merry–go–round	carrousel
썰매	sledge	sled

시간 표현법 (Time)

Korean	English(영)	America(미)
몇 시입니까?	Can you tell me the time? What time do you make it? What is the time by you?	Do you have the time? What time do you have?
8시 15분전	a quarter to eight	a quarter of eight
8시 30분	half past eight	half after eight; eight–thirty
반시간 후	half an hour later	a half hour later
2주간	a fortnight	two weeks
수 주간	for weeks	in weeks
신년; 새해	New Year's Day; New Year	New Year's
주초(週初)	early in the week	the first of the week
주말경에 돌아옵니다.	I shall return about the end of the week.	I shall return around the last of the week.
내주 화요일	Tuesday week	a week from Tuesday
4개월 이내	within four months	inside of four months

기 타 (Others)

Korean	English(영)	America(미)
기상대	meteorological office	weather bureau
가을	autumn	fall
서머타임	summer time	daylight–saving time
병	illness	sickness
약제사	chemist	druggist
약국	chemist's (shop)	drugstore
장의사	undertaker	funeral director
이발소	barber's (shop)	barber shop

마구간	stable	barn
양계장	fowl-run	chicken yard
돼지우리	piggery; pigsty	hog pen
수탉	cock	rooster
곤충	insect	bug
성(姓)	surname	family name; last name
명함	visiting card	calling card
백년잔치: 백년제 (祭)	centenary	centennial
1 조 (兆) 10억 (億)	a billion a thousand millions	a billion
재목	timber	lumber
권총	pistol; revolver	rod; gun
반반의	half-and-half	fifty-fifty
좋아	all right	O.K

같은 사물에 대한 다른 표현 [영·미]

Korean	English(영)	American(미)
숙박시설	lodging, hotel	accommodations
비행기	aeroplane	airplane
동창회	old boy's association	alumni association
아파트	flat	apartment
쓰레기통	dust can	ash can
강당	assembly hall	auditorium
자동차	motorcar	automobile
수화물	luggage	baggage
이발소	barber's (shop)	barber shop
계산서	account	bill
지폐	bank note	bill
광고게시판	hoarding	billboard
(지폐용)지갑	wallet	billfold
서점	bookshop	bookstore
게시판	notice board	bulletin board
신사복	lounge suit; business suit	business suit
깡통	tin, can	can
사탕	sweet	candy
통조림	tinned goods	canned goods
대포	gun	cannon
서점	bookshop	bookstore
게시판	notice board	bulletin board
신사복	lounge suit; business suit	business suit
깡통	tin, can	can
사탕	sweet	candy
통조림	tinned goods	canned goods
대포	gun	cannon
점원	shop assistant	clerk
졸업식	graduation	commencement; graduation
정기승차권	season ticket	commutation ticket
의회	parliament	congress
옥수수	maize	corn
중산모	bowler	derby
삼류소설	penny dreadful	dime novel

Korean	English(영)	American(미)
행주	tea towel	dish towel
약사	chemist	druggist
사설	leading article	editorial
선택과목	optional subject	elective subject
엘리베이터	lift	elevator
가을	autumn	fall
1층	ground floor	first floor
손전등	torch	flashlight
화물열차	goods train	freight train
대학 1년 생	first—year student	freshman
가솔린	petrol	gasoline
곡물류	corn	grain
반기	half—mast	half—staff
수공예	handicraft	handcraft
철물점	ironmonger ('s)	hardware store
할부제도	installment plan system	installment plan
무릎덮개	rug	lap robe
거실	sitting room	living room
우편	post	mail
우체통	letter box, pillar box	mail box
우편집배원	postman	mailman, mail carrier
(담배 등의)한 곽	packet	pack
바지	trousers	pants
응접실	drawing room	parlor
가르마	parting	part
차도	roadway	pavement
주전자	jug	pitcher
공립학교	state school	public school
임금인상	rise	raise
노 젓는 배	rowing—boat	rowboat
왕복승차권	return ticket	round—trip ticket
돛단배	sailing boat	sailboat
시간표	timetable	schedule
2층	first floor	second floor
학기	half—year	semester
구레나룻	side boards, whiskers	sideburns
보도, 인도	pavement	sidewalk
전문, 본업, 특제품	speciality	specialty

주주	shareholder	stockholder, shareholder
Korean	English(영)	American(미)
상점	shop	store
전차	tram	streetcar
지하철	underground (railway); tube	subway
해돋이	sunrise	sun-up, sunrise
금전출납원	cashier	teller
압핀	drawing-pin	thumbtack
매표소	booking office; box office	ticket office, box office
플랫폼	platform	track
로터리	(traffic) roundabout	traffic circle, rotary
트레일러	(motor) caravan	trailer
턱시도	dinner jacket	tuxedo
지하도	subway	underpass
조끼	waistcoat	vest
수의사	veterinary surgeon	vet, veterinarian
차양	(roller) blinds	window shadow
스패너	spanner	wrench
마당	garden	yard
휴대품 보관소	cloakroom	checkroom

영어의 주요 기호·부호

;	semicolon		%	percent
:	colon		@	at
—	dash, em dash		ⓒ	copyright(ed)
-	dash, en dash		&	ampersand, and
~	swung dash		Co.	Company
!	exclamation mark		&c.	et cetera, and so forth
( )	parentheses		a/c	account (current)
〈 〉	angle brackets		c/o	care of
【 】	braces		Σ	sum
' or '	apostrophe		√	radical sign
= or "	double hyphen		∞	infinity
	acute accent		∫	integral
~	tilde		∠	angle
^	circumflex		△	triangle
¨	diaeresis		⊥	perpendicular
¸	Cedilla		‖	parallels
' ' or ' '	single quotation marks		♂	male
"" or " "	(double)quotation marks		♀	female
" or "	ditto mark(s)		○	female individual
/	virgule, Slant: and/or		□	male individual
···or *** or—	ellipsis		♠	spade
···	suspension points		♥	heart
*	asterisk		◇	diamond
§	section		♣	club
¶	paragraph		∂	differential
☞	index, first		♭	flat
∵	asterism		#	(숫자앞)number (숫자뒤)pound
×	by			

영문 게시판 (간판)

가시오 Walk.
가동 중 In operation.
갈고리 사용금지 No hooks.
갈아타지 못함 No transfer.
갑판에 실을 것 On deck.
갓길 지반 약함 Soft shoulder.
잡상인사절 No peddlers(pedlars) or salesman. / No solicitors. / No hawkers.
개인교수 Private lessons given.
개인용 Private.
개조심 Beware of the dog.
거꾸로 하지 마시오 No upside down. / Doturn over. / This side up.
건널목 Railroad(Railway) crossing.
건조한 곳에 보관 Keep dry. / Must be kept dry.
경고, 접근금지 Warning, Keep off.
경적을 울리세요 Sound horn.
경적금지 No horn.
경품증정 Premiums offered.
고장 Out of order.
공사중 Under construction.
공사현장 헬멧착용 All Personnel are required to wear hats on the building site.
공중전화 Public Telephone. / Call box.
관계자 외 출입금지 No admittance except on business.
광고를 붙이지 마시오 Post(Stick) no bills.
근무(영업)시간 오전9시~오후5시 Office(Business) hours, 9 A.M. ~ 5 P.M.
금연 No smoking. / Kindly refrain from
금일 매진 All sold out today.
급커브 Sharp curve.
깨지는 물건 취급주의 Fragile, Handle with
꽁초통 Cigarette butts.
낙서금지 Don't scribble. / No graffiti.
낙석주의 Watch for falling rock. / Fallenahead.
낚시금지 No fishing.
노약자, 장애인 보호석 Priority seat for senior citizens and handicapped persons.
당기세요 Pull
도자기 취급주의 Porcelain, With great care.
라디오를 켜지 마시오 No radios to be played.
마시지 못함 Unfit for drinking.

마실 수 있음 Fit for drinking.
막다른 길 Dead end.
만원 House full. / Full house.
만원사례 Sold out.
매물 For sale.
매표소 Ticket office(window)
맹견주의 Beware of savage dog.
도서관 내 음식물 반입금지 Do not bringor beverages into the library.
먹이를 주지 마세요 Do not feed the animals.
면회사절 No visitors allowed. / Interview declined.
무단출입 금지 Unauthorized entry isen. / No trespassing.
무료배달 Free delivery. (F.D.)
문을 닫으세요 Shut the door after you. / Not to be left open.
문을 열어두지 마시오 Please keep door closed.
미시오 Push.
민박, 아침식사 제공 Bed&Breakfast (B&B)
바닥조심, 미끄럽습니다. Caution, Slippery.
바닥조심, 젖어있습니다. Caution, Wet Floor.
발 밑 조심 Watch your step.
배회하지 말 것 No loitering.
보행자용 지하도 Pedestrian subway.
보행자 통행금지 Close to pedestrian.
부패하기 쉬움, 더운 곳에 보관하지 말 것 Perishable, Keep from heat.
불조심 Beware of fire. / Prevent fires.
비매품 Not for sale.
비상구 Emergency exit. / Fire escape.
빈방 있음 Vacancy.
빈차 For hire.
사용금지 Not in use.
사용중 Occupied.
사용하지 않을 시에는 전등을 꺼주세요 Please turn off lights when not in use.
사유지, 캠핑금지 Private property, No
상자대금 무료 Case(Packaging) free. / NoCharge for case.
상중 In mourning.
서시오 Don't walk.
선로횡단 금지 Do not crosstracks.

성인에 한함 Adult only.
세관 수속필 Examined. / Cleared.
세워 두세요 To be kept upright.
셋집 House to let.
소매치기 조심 Beware of pickpockets.
소변금지 No nuisance.
소화전 Fire hydrant.
속도제한 시속50km Speed limit, 50km
손대지 마시오 Hand off. / Please don't touch.
수리중 Under repairs.
수영금지 Swimming prohibited.
수화물 보관소 parcel room. / Cloakroom.
습기조심 Guard against damp.
승무원 이외 출입금지 Crew only.
신을 벗으세요 Shoes off.
쓰레기는 여기에 버리세요 Pitch waste here.
쓰레기를 남기지 마세요 Do not leave litter.
쓰레기를 버리지 마시오 No dumping.
안내 Inquiry.
안내소 Information.
안전지대 Safety zone.(area, island)
야간 영업함 Open Evenings. / To stay open (till eleven).
야생동물 보호구역 Wildlife sanctuary.
양보하세요 Yield.
어린이 입장불가 No entrance to children.
어린이의 손이 닿지 않도록 주의 Keep away from children.
어린이 무료입장 Admission free for children.
엔진을 끄세요 Stop engines.
연말 대매출 Year-end sale.
연중무휴 Always open. / Open all year.
열람환영 Inspection (is) cordially invited.
영어교습 Instruction given in English.
영업종료 Closed.
영업중 Open. / In operation.
옆문을 이용하세요 Side entrance.
예약석 Reserved.
오늘개점 Opened today.
오늘휴업 Closed today.
오늘휴진 No consultation today. / Office closed.
요금선불 Fare forward.
우천불문 Rain or shine.
우체통 Mailbox. / Pillar box.[영]
우측통행 Keep to the right.
우편함 Mail box. / Letter box.[영]
우회로 Detour

우회전 금지 No right turn
운임무료 Freight free.
운임선불 Freight forward.
운임 지불필 Freight paid.
운전석 출입금지 Keep out from driver's
위쪽(아래쪽) Top(Bottom).
위험 Danger.
위험, 고압전류 Danger, High voltage.
위험물 반입엄금 Dangerous articles.
육교 Pedestrian overpass(bridge)./ Flyover.
음료수 Drinking water.
이쪽이 위로 가도록 This side up.
인화물, 50피트 이내 금연 Flammable, No smoking within 50ft.
일방통행 One way. / One side only.
일시정지 Stop.
임시휴업 Closed temporarily.
입구 Entrance.
입실사절(수면중) Do not disturb.
입장무료 Admission free. / Open to public.
자전거 전용도로 Bicycle only. / Bicycle/ Bike route. / Bikeway.
자전거 통행금지 No bicycle.
작업 중 Men at work. / Men working.
잔디밭에 들어가지 마시오 Keep off the
재고정리 세일 Clearance sale.
전람회 무료공개 The gallery is open free.
전방도로 공사중 Road construction ahead.
전상품 40%세일 40% off all merchandise.
점포임대 Store for rent.
접근금지 Keep off.
접수 Reception.
정숙 Quiet.
정지선 Stop line.
정찰제, 에누리없음 Prices clearly marked, and no overcharge. / No reduction allowed.
전차량 통행금지 Closed to vehicles. / No (all) vehicles. / Closed to traffic.
제한구역 Restricted area.
종업원전용 Employees(Staff) only.
좌석에서는 안전벨트를 착용하세요 Fasten seat belt while seated.
좌석 없음(입석만 있음) Standing room only. (SRO) / Room for standing only.
주의 Caution
주차금지 No parking
주차장 Parking lot. / Parking area.

중량제한 Load Limit.
직사광선을 피할 것 Keep out of the sun.
진열품에 손대지 마시오 Do not touch the exhibits.
진입금지 Do not enter.
차가운 곳에 둘 것 Stow in a cool place. / Keep cool.
참가자유 Open to public.
책, 습기주의 Books, To be kept perfectly dry.
서행 Slow. / Go Slow.
철야영업 Open all night.
촬영금지 No picture(photographs)
추월금지 No passing.
출구전용 Exit only.
출입금지 Off-limits. / Keep off. / Keep out. / Out of
   bounds.[영]
출입자유 On limits.
취급주의 Handle with care.
취소시까지 유효 Good till canceled.(G.T.C.)
침을 뱉지 마시오 No spitting.
카탈로그 무료증정 Catalog(ue) offered free.
크리스마스 특매 X-mas sale.

모자를 벗으시오 Hats off. / Remove our hats.
택시 타는 곳 Taxis.
톨게이트 Toll gate.
통행금지 No thoroughfare. / Street closed.
트럭 통행금지 No trucks.
파업 중 On strike.
팔렸음 Sold.
창 밖으로 팔을 내지 마시오 Keep arm in.
칠 주의 Wet(Fresh) Paint.
피아노 개인교습 Piano lesson given.
학교 앞 서행 School, go slow.
화기엄금 Flammable(s). / No open fire(s). / Keep
   away from fire.
화장실 Toilet. / Lavatory. / Rest room. /W.C.
화재경보기 Fire alarm.
회원에 한함 Members only.
회의중 Now in session. / In conference.
회전금지 No turn. / No U turn.
횡단금지 No crossing.
횡단보도 Pedestrian crossing. / Crosswalk

수학 용어(가나다 순서)

1	가감법	(the method of Addition and subtraction)연립방정식의 해법으로서 두 방정식의 양변에 적당한 수를 곱해서 두 식의 양변을 변변이 더하거나 빼어 한 개의 미지수를 소거한 다음 방정식을 푸는 방법이다.
2	가정	어떤 명제에서 조건을 의미한다
3	가평균	어떤 자료의 평균을 임시로 어림잡은 값을 가평균이라 한다. 이 가평균과 원자료 와의 편차를 고려하여 평균을 구하는 데 사용한다.
4	각	(angle): 한 점에서 두 사선에 의해 만들어진 도형. 종류로는 평각, 직각, 예각, 둔각, 동위각, 맞꼭지각, 엇각, 내각, 외각, 대각, 내대각, 중심각, 원주각 등이 있음.
5	각뿔	(pyramid) 뿔체 중에서 밑면이 다각형인 것
6	각뿔대	(frustum of pyramid): 각뿔을 밑면에 평행이고 꼭지점을 지나지 않는 평면으로 잘라 꼭 지점의 부분을 없앤 입체
7	각의 꼭지점	(vertex of angle):각의 두 변의 교점
8	각의 변	(side of angle): 각을 만드는 두 개의 사선
9	각의 이등분선	(bisection of angle): 임의의 각을 2등분한 사선
10	거듭제곱	(power, repeated square) : 어떤 수나 문자를 거듭하여 곱한 것
11	결론	명제 'p 이면 q이다.'에서 q를 의미하며 종결부분을 말한다.
12	결합법칙	(associative law)결합률이라고도 하며 덧셈 곱셈에 대하여 $x + (y + z) = (x + y) + z x(yz) = (xy)z$ 이 성립하는 것을 말함
13	계급	(class): 도수분포표에서 자료의 측정 내용을 구간별로 나눈 것
14	계급값	(class value): 도수분포표에서 각 계급의 자료값
15	계급의 크기	(class interval): 도수 분포표에서 계급의 구간 폭을 의미함
16	계수	(coefficient): 어떤 식에서 한 문자에 착안할 경우 그 문자의 이외의 수
17	공배수	(common multiple): 두 개 이상의 수에 공통된 배수를 말하고 이들 중 최소인 수를 최소공배수라 한다.
18	공약수	(common divisor): 두 개 이상의 수에 공통된 약수를 말하고 이들 중 최대인 수를 최대공약수라 한다. 공인수라고도 함.
19	공역	(codomain): X에서 Y에로의 함수에서 Y의 값이 취할 수 있는 값의 영역
20	공집합	(empty set, null set) :원소가 하나도 없는 집합. 기호로는 { }, ◆를 사용함
21	공통내접선	두 개의 원에 공통인 접선 중에서 그들의 두 개의 원이 이 접선의 양쪽에 있는 것을 말한다.
22	공통외접선	두 개의 원에 공통인 접선 중에서 그들의 두 개의 원이 이 접선의 같은 쪽에 있는 것을 말한다.
23	공통인수	(a common factor): 공통인자라고도 하며 다항식에 있어서 두 개 이상의 항에 공통인 인수
24	공통접선	두 개의 원에 공통인 접선을 말한다.
25	공통접선의 길이	두 개의 원의 공통접선에서 두 접점간의 거리를 말한다.
26	공통현	두 개의 원에 공통인 현을 말한다.
27	교각	(angle of intersection) : 두 직선 또는 두 곡선의 교각
28	교선	(line of intersection) : 두 평면이 오직 한 직선을 공유할 때에 만난다라고 하며 그 직선을 두 평면의 교선이라고 한다.

29	교점	(point of intersection): 두 직선이 만나는 한 점
30	교집합	(intersection set): 집합 A와 집합 B의 어느 쪽에도 포함되는 원소 전체의 공통부분의 집합
31	교환법칙	(commutative law): 두 수 a, b에 대하여 a + b = b + a 가 성립하는 것.
32	구	(sphere): 한 점으로부터 일정한 거리에 있는 공간의 점의 자취(공)이다.
33	근	(root): 방정식의 해 또는 해집합을 말한다.
34	근사값	(an approximate value; an approximation): 참값을 반올림, 버림을 하여 얻거나, 어떤 측정에 의하여 얻은 측정값과 같이 참값대신 사용하는 참값에 가까운 값을 말한다.
35	근의 공식	방정식의 계수를 써서 그 근을 계산하기 위한 공식으로 2차 방정식의 근의 공식이 있다.
36	근호	근의 기호, 루트(root)라고도 하며 수의 거듭제곱근을 표시하는데 사용한다.
37	기대값	(expected value; expectation): 불확실한 현상에 대한 기대되는 값으로, 어떤 변량에 그 변량의 확률을 곱하여 더한 값을 말한다.
38	기울기	경사라고도 하며 x 의 증가에 대한 y의 증가의 비율을 말한다.
39	꼬인 위치	공간에서 두 직선이 만나지도 평행하지도 않은 위치
40	꼭지점	(an apex; a vertex; the angular point): 두 선분의 교점이나 3개 이상의 모서리의 공통된 끝점을 말함
41	내각	(internal angle): 다각형의 꼭지점에서 두 변이 만드는 각 중 도형의 내부에 있는 각
42	내대각	다각형에서 한 꼭지점에서의 외각과 접하고 있지 않은 내각들을 그의 내대각이라고 한다.
43	내심	(the inner center): 삼각형의 내접원의 중심을 말한다.
44	내접다각형	(an inscribed polygon; an inpolygon): 모든 꼭지점이 원주 위에 있는 다각형을 말한다.
45	내접원	(an inscribed circle): 어떤 도형에 내접하는 원을 말한다.
46	누적도수	(cumulative frequency): 도수분포표에서 각 계급의 도수를 더하여 누적해 가는 도수
47	다각형	(polygon): 한 평면 위에서 3개 이상의 선분으로 닫힌 도형
48	다면체	(polyhedron): 몇 개의 평면으로 둘러싸인 입체
49	다항식	(polynomial): 두 개 이상의 단항식들이 대수적으로 합해져 있는 식
50	단일폐곡선	(simple closed curve): 단일 연속곡선의 양끝이 일치하고 있는 곡선
51	단항식	(monomial): 숫자와 몇 개의 문자의 곱만으로 구성되어 있는 식
52	닮음	(resemblance; similarity): 두 도형을 이동하거나 확대 축소하여 서로 겹치게 할 수 있을 때 닮았다고 한다.
53	닮음의 위치	두 개의 도형 위의 점들이 1:1 대응이 만들어지고 그 대응하는 점을 잇는 직선이 모두 한 점 O에서 만나 그것이 O에 의하여 모두 같은 비로 내분되거나 외분되어 있을 때 이를 닮음의 위치에 있다라고 한다.
54	닮음의 중심	두 도형이 닮음의 위치에 있을 때 이 중심 O를 말한다.
55	대각선	(diagonal): 다각형에서 이웃하지 않는 꼭지점을 잇는 선분
56	대변	(opposite side): 삼각형의 한 꼭지점에서 이웃하지 않는 변 혹은 사각형의 한 변에서 이웃하지 않는 변을 의미함
57	대응	(correspondence): 한 집합의 임의의 원소에 대하여 다른 집합의 임의의 원소를 생각하는 하나의 규칙을 의미함
58	대입	(substitution): 식 또는 함수에 있어서 그 안에 포함되는 문자나 변수를 그것과 같은 다른 것으로 바꾸어 놓는 것
59	대입법	연립방정식을 풀 경우, 한 식에서 한 미지수를 다른 미지수로 정돈 표현하여 그것을 다른 식에 대입하여 하나의, 미지수를 소거하는 방법을 말한다.

60	대표값	자료의 특징이나 경향을 가리키는 하나의 수의 값을 말하며, 종류로는 평균, 중위수, 최빈값 등이 있다.
61	도수	(frequency): 도수분포표에서 각 계급에 나타나는 자료의 개수
62	도수분포다각형	(frequency polygon): 도수분포표를 히스토그램으로 옮겼을 경우 이 기둥 의 각 정 점을 이은 도수 꺾은선을 말한다.
63	도수분포표	(frequency table): 각 계급에 각각의 도수를 기록한 표
64	동류항	(like term, similar terms): 수계수 이외의 문자인수가 모두 같은 단항식.
65	동심원	(a concentric circle): 같은 중심을 가지고 반지름의 크기가 다른 원
66	동위각	(corresponding angle): 두 직선에 다른 한 직선이 만나서 이루는 같은 위치의 각을 말함
67	둔각	(obtuse angle): 직각보다 크고 180도보다 작은 각을 말한다.
68	등식	(an equality): 양변에 각 항들을 등호로 연결한 식
69	맞꼭지각	(vertically opposite angle): 두 직선이 한 점에서 만날 때 서로 이웃하지 않는 각을 말한 다.
70	명제	거짓과 참을 구분할 수 있는 문장이나 식을 말한다.
71	모선	(generator): 기둥면을 이루는 하나의 모서리의 직선을 말한다.
72	뫼비우스띠	(Mobius band): 긴 직사각형을 한 번 비꼬아서 대변을 서로 맞붙인 도형으로 안과 밖을 구분할 수 없는 도형이다.
734	무게중심	(the center): 삼각형에서 세 중선의 교점을 말한다.
74	무리수	(irrational number): 실수 중에서 유리수가 아닌 수를 무리수라고 하며 이는 순환하지 않는 무한소수이다.
75	무한소수	소수점아래 한없이 유효숫자가 계속되는 소수를 말한다.
76	무한집합	(infinite set): 한 집합에 속한 원소의 개수가 무한개인 집합
77	미지수	(an unknown quantity; the unknown): 아직 결정되지 않은 수 혹은 아직 구체적인 값이 안 알려진 수
78	밑	거듭 제곱수에서 지수 밑에 쓰여진 수
79	반직선	(half line): 한 직선을 한 점에 의해 두 개로 나눌 때 그 점을 포함하지 않는 양쪽부분을 각각 반직선이라고 한다.
80	방심	삼각형의 한 내각의 2등분 선과 두 외각의 2등분 선이 만나는 점
81	방정식	(equation): 등식에서 한 문자에 어떤 특정한 값을 대입할 때에 한하여 등식이 성립하는 식
82	배수	(multiple): 어떤 수의 정수배를 배수라 한다.
83	부등식	(inequality): 수학의 식이 등호가 아닌 부등호로 연결되어 있는 식
84	분모유리화	분모에 근호를 포함하고 있는 식이나 수를 분모에 근호가 없는 식으로 변환하는 것
85	분산	(variance): 각 변량이 평균으로부터 떨어져 있는 거리의 제곱의 합을 총 도수로 나눈 값
86	사건	(event): 확률실험에서 한 시행의 결과에 의해 발생하는 일
87	사인	(Sine): 삼각함수와 삼각비의 하나로 직각삼각형에서의 높이/빗변을 의미한다.
88	산포도	자료가 흩어져 있는 정도를 말한다
89	삼각비	직각삼각형에서 두 변의 비를 각각 말하는 것으로 사인은 높이/빗변, 코사인은 밑변/빗변, 탄젠트는 높이/밑변의 비의 값을 의미한다.
90	상관관계	(correlation): 두 변수사이에 관계를 말하는 것으로 한 쪽이 증가할 때 다른 쪽도 증가하면 양의 상관 관계, 한 쪽이 증가할 때 다른 쪽도 감소하면 음의 상관관계가 있다고 한다.
91	상관도	두 변수 사이의 관계를 그림으로 나타낸 것
92	상관표	두 변수를 수평축과 수직축을 기준으로 구분하여 각 개체를 나타낸 표

93	상대도수	(relative frequency): 각 계급의 도수를 전체도수로 나눈 비율을 말한다.
94	상수항	(constant term): 미지수를 포함하고 있지 않는 항
95	서로소	(relatively prime): 두 정수 사이에 1 이외의 공약수가 없을 때 서로소라 함
96	선분	(segment): 직선위에서 그 위의 두 점 사이에 한정된 직선의 한 부분
97	소거	(elimination): 연립방정식에서 어떤 문자를 다른 미지수로 표현하여 그 문자를 없애는 방법이다.
98	소수	(prime number): 1이 아닌 자연수 중에서 1과 그 수 자신만을 약수로 갖는 자연수
99	소인수	(prime factor): 어떤 자연수의 약수를 인수라 하며 이 인수 중에서 소수인 수
100	소인수분해	(factorization in prime factors): 합성수를 그의 소수들의 곱으로 나타내는 것
101	수선	(perpendicular): 어떤 일정한 직선 또는 평면에 수직인 직선
102	수선의 발	(foot of perpendicular): 직선 또는 평면에 수직인 직선이 직선 도는 평면과 만나는 점
103	수심	(an orthocenter): 삼각형의 각 꼭지점에서 대변에 내린 수선의 교점을 말한다.
104	수직	(perpendicularity): 두 도형의 위치관계를 나타내는 용어로서 두 도형이 서로 직교하는 경우를 말하며 여기에는 직선과 직선, 직선과 평면, 평면과 평면의 직교함을 말한다.
105	수직이등분선	(perpendicular at midpoint): 주어진 선분의 중점에서 그 선분에 수직인 선
106	순서쌍	(ordered pair): 순서가 정해진 두 원소의 쌍 (a,b) 을 말함
107	순환마디	순환소수에서 반복되는 숫자의 열을 순환마디라 한다.
108	순환소수	(recurring[circulating/repeating] decimals; a circulator): 무한소수로서 소수점이하의 일정한 숫자열이 계속 반복되는 소수를 말한다.
109	식의 값	(numerical value of expression): 일정한 식의 문자에 수치를 대입하여 얻은 값
110	실수	(a real number[quantity]; a multiplicand): 유리수와 무리수를 합하여 실수.
111	십진법	(decimal system): 10개씩을 모아 한 자리씩을 윗자리로 올라가게 하는 수의 표기법
112	쌍곡선	(hyperbola): 두 정점으로부터의 거리의 차가 일정한 점의 자취
113	약수	(divisor): 어떤 수를 나누었을 때 나누어 떨어지게 하는 수
114	양변	(both sides): 등식 또는 부등식에 있어서 왼쪽 변과 오른쪽 변을 모두 일컫는 말
115	양수	(positive number): 0 보다 큰 수를 의미한다.
116	양의 상관관계	두 변수사이에 관계에서 한 쪽이 증가할 때 다른 쪽도 증가하는 경우
117	양의 유리수	(positive rational number): 유리수 중에서 양수인 집합
118	양의 정수	(positive integer): 정수 중에서 양수인 집합
119	엇각	(alternate interior angles): 어떤 두 직선에 한 직선이 만날 때 두 직선에 의한 내부각 중에 서로 엇갈려 있는 두각을 엇각이라 한다.
120	여집합	(complement): 전체집합과 그 부분집합이 있을 때 이 부분집합에 속하지 않는 원소들로 구성된 집합
121	역	(converse): 조건문 'p 이면 q이다'에서 가정과 결론을 바꾸어 'q이면 p이다' 라고 할 때 이를 역이라 한다.
122	역수	(inversenumber): 1을 어떤 수 a로 나누어 얻은 수, 즉 1/a
123	연립방정식	(simultaneous equations): 몇 개의 등식을 짝으로 한 방정식
124	연립부등식	(simultaneous inequalities): 몇 개의 부등식으로 짝을 이룬 부등식
125	연립일차방정식	연립방정식에서 그 속의 방정식의 차수가 가장 높은 것이 1차인 것.
126	예각	(acute angle): 0도와 90도 사이의 각의 크기를 말한다.
127	오진법	(quinary): 수 0,1,2,3,4를 사용하여 5씩 정리하여 한자리씩 윗자리로 올리는 표시 방법

128	오차의 한계	오차의 범위를 말하는 것으로 참값으로부터의 측정값이 얻어지는 범위를 정한 것
129	오차	(an (accidental) error; an aberration); 측정값과 참값의 차이를 말한다.
130	완전제곱식	어떤 식이 다른 식의 제곱꼴로 완전히 표시 될 때 이를 완전제곱식이라 함
131	외각	(external angle): 다각형에서 하나의 변과 그것에 이웃하는 변의 연장과 이루는 다각형의 외부의 각
132	외심	(a circumcenter): 삼각형의 외접원의 중심을 말한다.
133	외접다각형	(a circumscribed polygon): 각 변이 한 원에 접하고 있는 다각형
134	외접	(circumscription): 다각형의 모든 꼭지점이 하나의 원 주위에 있을 때 이를 원이 외접한다 함
135	외접원	(a circumscribed circle; a circumcircle): 다각형의 모든 꼭지점이 한 원 주위에 있을 때 이 원을 외접원이라고 한다.
136	우변	(right side): 등식 또는 부등식에서 등호나 부등호의 오른쪽에 있는 변
137	원	(circle): 평면 위에서 한 점으로부터 일정한 거리에 있는 점들의 모임
138	원뿔	(circular cone): 평면 위의 한 곡선 a를 택하여 평면 위에 없는 한 점 b와 곡선 a위의 모든 점을 이은 직선에 의해 만들어지는 곡면을 뿔면이라고 하고 특히 평면 위의 곡선이 원이면 원뿔이라고 한다.
139	원뿔대	(circular truncated cone): 원뿔을 밑면에 평행인 평면으로 자르고 꼭지점을 포함하는 부분을 없앤 공간도형을 말한다.
140	원소	(element): 요소라고도 하며, 집합을 구성하고 있는 각각의 사물들
141	원소나열법	집합을 표시하는데 원소를 일일이 나열하여 표시하는 방법
142	원점	(origin): 직선상에서 좌표를 정하는 기준이 되는 점
143	원주	(circumference): 원의 둘레를 의미함
144	원주각	(the angle at the circumference): 원주상의 한점을 꼭지점이라고 하고 그 원의 두 개의 현을 변으로 하는 각
145	유리수	(rational number): 두 개의 정수a, 0이 아닌 b를 취하여 분수 a/b의 꼴로 나타내어지는 수
146	유한소수	(a finite number[decimal]): 무한소수에 대해 소수점이하에 유한개의 수가 있는 소수
147	유한집합	(finite set): 원소의 수가 유한개로 이루어지는 집합
148	유효숫자	(a significant figure): 근사값이나 측정값의 윗자리에서 의미가 있는 숫자를 말한다.
149	음수	(negative number): 0보다 작은 수
150	음의 상관관계	두 변수사이에 관계에서 한 쪽이 증가할 때 다른 쪽은 감소하는 경우
151	음의 유리수	(negative rational number): 유리수 중에서 음수인 수
152	음의 정수	(negative integer): 음의 정수 -1, -2, -3, ...을 말하는 정수 중에 음수를 말함
153	이진법	(binary notation): 숫자 0, 1만을 사용하여 2개씩을 묶어서 윗자리로 올리는 표기법이다.
154	이차방정식	(a quadratic equation): 방정식에서 차수가 2차인 식을 말한다.
155	이차함수	(a quadratic function): 2차식으로 표현되는 함수를 말한다. $y=ax^2 + bx + c$ 꼴임
156	이항	(transposition of terms): 등식이나 부등식에서 항의 부호를 바꾸면서 이동시키는 것
157	인수분해	(factorization; resolution into factors): 수를 소수의 곱으로 표시하면 이는 유일하게 표시되고 이를 소인수분해라고 한다. 또한 정식에서는 한 식이 두 개 이상의 식의 곱으로 나타낼 경우 이를 인수분해라고 하는데 더 이상 인수로 분해할 수 없을 때까지의 곱의 형태를 취한다.
158	인수	(a factor): 어떤 수나 식이 다른 수나 식들의 곱으로 표시 될 때 이들을 인수라 한다.

159	일차방정식	(linear equation): 정리하여 미지수에 대한 1차식만을 포함하는 방정식.
160	일차부등식	(quadratic inequality): 최고 차수의 항이 1차인 부등식을 말한다.
161	일차식	(linear expression): 차수가 1차인 항을 말한다.
162	일차함수	(a linear function): 차수가 1차인 함수를 말하며 y=ax +b형태를 취한다.
163	작도	(construction): 일반적으로 어떤 조건에 맞는 도형을 그리는 일을 말하며, 기하학에서는 자와 컴퍼스만을 사용하여 도형을 그리는 일을 말한다.
164	전개	(expansion): 다항식과 단항식들의 곱의 형태로 되어있는 식을 모두 곱하여 단항식의 대수적 합의 형태를 취하도록 하는 행동
165	전개식	(an expansion): 다항식과 단항식들의 곱의 형태로 되어있는 식을 모두 곱하여 단항식의 대수적 합의 형태로 만든 식
166	전체집합	(universal set): 하나의 집합을 정하고 이 집합의 부분집합을 고찰하는 대상으로 할 경우 이 원래의 집합을 전체집합이라고 한다.
167	절대값	(absolute value): 양, 음의 수의 부호를 없앤 수로 양수와 0은 그 수 자신이며 음수는 부호를 없앤 수이다.
168	절편	(an intercept): 한 직선이 좌표축과 만나서 축을 자르게 되는 점을 절편이라고 한다. 예로 x절편, y절편
169	접선	(tangent line): 원과 직선이 두 점에서 만나면 할선, 한 점에서 만나면 이 직선을 접선이라 한다.
170	접선의 길이	원 밖의 한 점에서 접선을 그은 경우 한 점에서 접점까지의 길이를 말한다.
171	접점	(point of contact): 곡선 또는 곡면의 접선 또는 접평면이 그 곡선 또는 곡면과 접하는 점 을 말한다.
172	정다각형	(regular polygon): 변의 길이가 모두 같고 각의 크기도 모두 같은 다각형.
173	정다면체	(regular polyhedron): 다면체중에서 면이 모두 합동인 정다각형으로 되어 있고 어느 꼭지점에서도 모이는 면의 수가 같고 입체각도 같은 것을 말함
174	정리	(theorem): 수학적 논증의 결과 옳다는 것이 증명된 사항 중 중요한 것을 말한다.
175	정수	(integer): 자연수, 0, 음의 정수를 합쳐서 정수라 한다.
176	정의	(definition): 수학에서 사용하는 용어의 뜻을 정확히 규정한 문장이나 식.
177	정의역	(domain of definition): 함수가 X에서 Y에로의 함수 일 때 X의 영역
178	제곱근	(square root): 제곱하여 a 가 되는 수를 a의 제곱근이라 한다.
179	조건제시법	집합을 표시할 때 원소의 조건을 제시하는 방법
180	좌변	(left side): 등식 또는 부등식에서 등호나 부등호의 왼쪽에 있는 변
181	좌표	(coordinates): 수직선상의 원점을 기준으로 단위길이를 정한다음 임의 점 p에 대하여 그 매겨진 수를 점 P의 좌표라고 한다.
182	좌표축	(coordinates axis): 직교좌표계 또는 사교좌표계 O−xy에서 수직선 Ox와Oy를 각각 x 축, y축이라 하고 이 둘을 합쳐 좌표축이라고 한다.
183	좌표평면	(coordinate plane): 공간의 직교좌표계 O−xyz 에 대하여 x축과 y축을 포함하는 평면을 xy평면, y축과 z축을 포함하는 평면을 yz평면 , z축과 x축을 포함하는 평면을 zx평면이라고 하고 이들을 총칭하여 좌표평면이라고 한다.
184	중근	(multiple root): 2차 방정식에서 판별식 D=0일 때 갖게되는 두 근이 중복된 경우의 근
185	중선	삼각형의 꼭지점과 그 대변의 중점을 연결하는 선분이 그 삼각형의 중선.
186	중심각	(central angle): 중심이 O인 원의 호 AB에 대하여 각 AOB를 호 AB에 대한 중심각이라고 한다. 중심각은 같은 호에 대한 원주각의 두 배이다.
187	중심거리	두 원의 중심사이의 거리를 말한다.

188	중심선	(the center line): 두 원의 중심을 연결한 직선을 말한다.
189	중점	(middle point): 2등분점이라고 하며, 선분 위의 양 끝점에서 같은 거리에 있는 점을 말한다.
190	중점연결의 정리	삼각형의 두 변의 중점을 잇는 선분은 제 3의 변에 평행이고 길이는 그 절반과 같다.
191	증명	논증이라고도 하며 참이라고 인정되는 몇 개의 명제로부터 유효한 추론에 의해 다른 명제가 참임을 보이는 것을 말한다.
192	지수	(index number): 물가나 임금 등과 같이 해마다 변하는 것의 변화를 알아보기 쉽도록, 어느 해의 수량을 기준으로 잡아 이것을 100으로 잡아 그것에 대한 다른 해의 수량의 비율을 나타낸다. 다른 하나는 거듭제곱에서 밑에 대하여 제곱하게 되는 수를 말한다.
193	직각	(right angle): 각의 크기가 90도 인 각
194	직교	두 직선이나 평면이 교차하는 경우 그 교각이 90도인 경우 직교한다고 함
195	직선의 방정식	평면 위에서 직선의 모양을 식으로 표현한 것으로 $y=ax+b$꼴로 나타낸다
196	집합	(set): 집합은 식별이 분명한 원소들로 구성된 모임을 말한다.
197	짝수점	(even point): 한붓 그리기 문제에서 길이 짝수 개만 있는 점을 말한다.
198	차집합	(difference of two sets): 집합 A에는 속하고 집합 B에는 속하지 않는 원소로 구성된 집합을 말하며 A−B로 표기한다.
199	참값	일정한 측정에 의하여 알려고 하는 양의 정확한 값을 말한다.
200	최대값	실수값을 취하는 함수가 그 정의역 안에서 취하는 값 중 가장 큰 값
201	최대공약수	(greatest common measure): 두 개 이상의 공약수중에서 최대인 것을 말함
202	최소값	실수값을 취하는 함수가 그 정의역 안에서 취하는 값 중 가장 작은 값
203	최소공배수	(least common multiple): 두 개 이상의 공배수 중에서 최소인 것을 말함
204	축	(axis): 좌표평면에서 기준이 되는 선을 말하며 평면에서는 x축, y축이 있다.
205	측정값	어떤 계측기를 사용하여 관측을 한 값으로 이는 항상 오차를 포함하고 있다.
206	치역	(range): X에서 Y에로의 함수에서 Y의 값이 취하는 범위
207	코사인	(cosine): 직각삼각형에서 삼각비를 나타내는데 밑변/빗변의 비의 값이다.
208	탄젠트	(tangent): 직각삼각형에서 삼각비를 나타내는데 높이/밑변의 비의 값이다.
209	편차	(a deviation): 어떤 변량이 평균으로부터 떨어져 있는 차이를 말한다.
210	평각	(straight angle): 각의 두 변이 꼭지점의 양쪽에 있고, 한 직선을 이룰 때 이 각을 평각이라고 하고 180도를 의미한다.
211	평균	(the mean): 변량들의 값을 총 도수로 나눈 값
212	평행	(parallel): 두 도형의 위치관계를 말하는 것으로 동일한 평면 위에서 서로 다른 직선이 만나지 않는 경우 이를 두 직선이 평행한다고 한다.
213	평행사변형	(a parallelogram): 두 쌍의 대변이 각각 평행인 4변형을 말한다.
214	평행선	(parallel curve): 평면 위의 하나의 곡선을 따라서 그 곡선과 공통의 법선을 갖는 곡선을 원래의 곡선과 평행이라고 한다.
215	평행이동	평면 위에서 점이나 도형을 일정한 방향, 일정한 거리만큼 이동시킨 것
216	포물선	(a parabola): 정해진 한 점과 한 직선으로부터 같은 거리에 있는 점들의 자취를 말한다.
217	표준편차	편차의 제곱합을 총 도수로 나눈 다음 제곱근을 취한 것으로 자료의 흩어짐 정도를 재는 척도이다.
218	피타고라스의 정리	직각삼각형에서 빗변의 제곱은 다른 두 변의 각각의 제곱의 합과 같다.
219	한붓그리기	평면 위에 어떤 도형을 그릴 경우 한 번 붓을 댄 이후에는 떼지 말고 그리고 같은 선을 다시 지나는 일이 없도록 그리는 방법

220	할선	(secant line): 원 밖의 한 점으로부터 그은 직선이 원 위의 두 점을 지나 원을 자르는 경우. 이 때의 선을 할선이라 한다.
221	함수값	어떤 함수에서 정의역 x의 값을 대입하면 치역 y값이 결정되는데 이 값을 함수값이라 한다.
222	함수	(function): 두 개의 변수 사이에 어떤 대응관계가 있어 x값이 정해지면 y의 값이 오직 한 개가 대응하는 관계를 함수라 한다.
223	함수의 그래프	X 에서 Y에로의 함수를 좌표평면 위의 (x,y)좌표로서 그래프로 표현한 것
224	합동	(congruent): 두 개의 도형이 운동에 의해 완전히 포개지는 경우
225	합성수	(composite number): 1과 자신의 수 이외의 약수를 갖는 수를 말한다. 즉 소수가 아닌 1보다 큰 수를 일컫는다.
226	합집합	(union set): 두 개의 집합A, B에 대하여 A에 속하거나 B에 속하거나, 혹은 두 집합 모두에 속한 모든 원소의 집합을 말함
227	항	(term): 수나 문자들의 곱(상)이나 합(차)으로 이루어진 식
228	항등식	(identity): 등식에서 그 속의 문자에 어떤 값을 대입하여도 언제나 성립하는 식
229	해	(solution): 근이라고도 하며 어떤 방정식을 만족하는 미지수의 값을 의미
230	현	(chord): 원주 위의 두 점을 맺는 선분을 말한다.
231	호	(arc): 원주의 일부분을 말한다.
232	홀수점	한붓그리기 문제에서 길이 홀수개만 있는 점을 말한다.
233	확률	(probability): 하나의 사건이 일어날 수 있는 가능성을 수로 나타낸 것으로 수학적 확률과 경험적 확률이 있다.
234	활꼴	(segment): 원의 호와 그 양끝을 잇는 현에 의해서 형성되는 도형
235	회전체	(solid of revolution): 평면도형을 그 평면 위에서 한 직선을 축으로하여 1회전 시켰을 때 생기는 입체를 회전체라고 한다.
236	히스토그램	(histogram): 도수분포표를 나타내는 일종의 그래프이다. 수평축에 계급구간을, 수직 축에 도수나 도수밀도(상대도수밀도)를 표시한 그래프이다.

주별 학교 리스트

학교명	도시명	학생 수/ 기숙학생수	학년/ 기숙학년	학비-$ (통학/기숙)	ESL	Summer
앨라배마 Alabama						
Indian Springs School	인디언 스프링스 Indian Springs	289/78	8-12/8	14,825/27,500		
아리조나 Arizona						
The Fenster School of Southern Arizona	투손 Tucson	120/105	9-12/9	15,750/31,500	○	○
The Orme School	메이어 Mayer	193/174	7-12/8	17,500/31,880	○	○
Subiaco Academy	수비아코 Subiaco	165/42	9-12/9	5,365/20,290		
Verde Valley School	세도나 Sedona	118/91	9-12/9	19,700/36,400	○	○
캘리포니아 California						
Athenian School	댄빌 Danville	450/63	6-12/9	25,960/40,950	○	○
Cate School	카핀테리아 Carpinteria	265/220	9-12/9	27,700/36,350		
Dunn School	로스 오리보스 Los Olivos	247/143	6-12/9	16,400/36,750		
Besant Hill School of Happy Valley	오하이 Ojai	95/76	9-12/9	18,750/35,500	○	
Idyllwild Arts Academy	아이딜와일드 Idyllwid	255/230	8-12/8	27,500/42,500	○	○
Montclair College Preparatory School	밴누이스 Van Nuys	500/25	6-12/9	15,000/27,700	○	○
Monte Vista Christian School	왓슨빌 Watsonville	806/137	6-12/9	7,975/33,400	○	○
Ojai Valley School	오하이 Ojai	399/244	K-12/3	16,330/35,500	○	
San Domenico School	산 안젤모 San Anselmo	572/212	PK-12/9	26,000/38,800	○	○
Santa Catalina School	몬터레이 Monterey	552/304	9-12/9	22,650/36,000		
Southwestern Academy	산 마리노 San Marino	115/83	6-12/6	14,400/35,400	○	○
Stevenson School	페블 비치 Pebble Beach	754/369	9-12/9	24,400/40,200		○
Thacher School	오하이 Ojai	245/221	9-12/9	24,350/36,750		
Villanova Preparatory School	오하이 Ojai	290/95	9-12/9	12,300/36,200	○	
The Webb Schools	클레어몽트 Claremont	378/246	9-12/9	29,530/41,520		○
Woodside Priory School	포토라 밸리 Portola Valley	350/25	6-12/9	27,100/37,500		
콜로라도 Colorado						
The Colorado Rocky Mt. School	카본데일 Carbondale	154/92	9-12/9	22,200/35,500	○	
Fountain Valley School of Colorado	콜로라도스프링스 Colorado Springs	225/140	9-12/9	18,225/33,600	○	○
The Lowell Whiteman School	스팀보트 스프링스 Steamboat Springs	107/48	9-12/9	16,350/30,650		
코네티컷 Connecticut						
Avon Old Farms School	에이번 Avon	396/293	9-12/9	26,800/36,700		
Canterbury School	뉴밀포드 New Milford	382/229	9-12/9	27,400/36,200		○
Cheshire Academy	체셔 Cheshire	385/216	6-12/9	26,895/37,850	○	○
Choate Rosemary Hall	월링포드 Wallingford	851/604	9-12/9	29,260/39,360		○

학교명	도시명	학생 수/ 기숙학생수	학년/ 기숙학년	학비-$ (통학/기숙)	ESL	Summer
The Ethel Walker School	심스버리 Simsbury	260/130	7–12/9	24,900/39,500		
The Gunnery	와싱턴 Washington	295/207	9–12/9	27,700/37,300	○	
The Hotchkiss School	레이크빌 Lakeville	554/499	9–12/9	30,900/36,225		○
Indian Mountain School	레이크빌 Lakeville	248/124	5–9/6	18,780/35,170	○	
Kent School	켄트 Kent	564/508	9–12/9	31,300/39,900	○	○
The Loomis Chaffee School	윈저 Windsor	723/434	9–12/9	29,500/39,100		
Marianapolis Preparatory School	톰슨 Thompson	300/114	9–12/9	29,700/34,040	○	○
Marvelwood School	켄트 Kent	142/133	9–12/9	23,600/39,000	○	
Miss Porter's School	파밍턴 Farmington	326/215	9–12/9	29,360/38,520	○	
Pomfret School	폼프렛 Pomfret	345/276	9–12/9	25,375/40,700		○
The Rectory School	폼프렛 Pomfret	201/127	K–9/5,7	16,800/33,500	○	○
Rumsey Hall School	워싱턴 디폿 Washington Depot	305/153	K–9/5	16,450/34,450	○	○
Saint Thomas More School	오크데일 Oakdale	210/210	8–12/8	34,500	○	○
Salisbury School	솔스버리 Salisbury	285/262	9–12/9	29,700/39,700		○
South Kent School	사우스 켄트 South Kent	142/125	9–12/9	22,600/34,500	○	
Suffield Academy	셔필드 Suffield	405/263	9–12/9	26,200/37,500	○	○
The Taft School	워터타운 Watertown	568/454	9–12/9	27,300/36,800		○
Westminster School	심스버리 Simsbury	372/257	9–12/9	29,300/39,700		○
Westover School	미들버리 Middlebury	204/118	9–12/9	24,700/35,700	○	
델라웨어 Delaware						
St. Andrew's School	미들타운 Middletown	285/285	9–12/9	35,500		
플로리다 Florida						
Admiral Farragut Academy	세인트 피터스버그 St. Petersburg	393/138	K–12/6	14,150/30,300	○	
The Bolles School	잭슨빌 Jacksonville	1,725/155	K–12/7	16,500/34,250	○	
Florida Air Academy	멜번 Melbourne	472/330	7–12/7	9,500/29,000	○	○
Montverde Academy	몬트버드 Montverde	431/182	K–12/7	9,775/27,500	○	○
Saint Andrew's School	보카 래톤 Boca Raton	1,155/196	K–12/9	20,880/37,120		○
조지아 Georgia						
Brenau Academy	게인스빌 Gainesville	80/64	9–12/9	9,825/22,575		
Darlington School	롬 Rome	936/346	PK–12/9	15,000/34,000	○	○
Rabun Gap–Nacoochee School	래번 갭 Rabun Gap	337.212	6–12/7	14,500/235,500	○	
Tallulah Falls School	애틀란타 Atlanta	145/123	6–12/6	8,500/21,000		○
하와이 Hawaii						
Hawaii Preraratory Academy	카무에라 Kamuela	585/275	K–12/6	17,200/39,000	○	○
일리노이 Illinois						
Fox River Country Day School	엘진 Elgin	180/92	K–8/2	11,000/28,500	○	○
Lake Forest Academy	레이크 포리스트 Lake Forest	388/198	9–12/9	26,500/37,900	○	○

학교명	도시명	학생 수/ 기숙학생수	학년/ 기숙학년	학비-$ (통학/기숙)	ESL	Summer
Woodlands Academy of the sacred Heart	레이크 포리스트 Lake Forest	174/52	9-12/9	17,710/35,310	○	
인디아나 Indiana						
The Culver Academies	컬버 Culver	774/697	9-12/9	23,500/32,500	○	○
La Lumiere School	라 포르테 La Porte	150/68	9-12/9	7,990/30,475	○	
캔사스 Kansas						
Maur Hill-Mt. Academyl	애치슨 Atchison	238/95	9-12/9	4,635/18,000	○	○
Thomas More Prep-Marian	헤이스 Hays	279/155	9-12/9	5,000/17,000	○	
메인 Maine						
Bridgton Academy	노스 브릿튼 North Bridgton	180/176	PG 과정만	23,500/36,900		
Fryeburg Academy	프라이어버그 Fryeburg	680/137	9-12/9	26,500/33,800	○	
Gould Academy	베델 Bethel	244/173	9-12/9	23,000/39,500	○	
Hebron Academy	히브론 Herbron	256/154	K-12/9	21,900/39,600	○	
Hyde School	바스 Bath	220/198	9-12/9	20,500/36,750		○
Kents Hill School	켄트 힐 Kents Hill	235/169	9-12/9	22,300/38,400	○	
Maine Central Institute	피츠필드 Pittsfield	496/99	9-12/9	10,000/32,000	○	○
메릴랜드 Maryland						
Garrison Forest School	오윙스 밀스 Owings Mills	699/161	PK-12/8	23,500/36,900	○	○
Georgetown Prepartory School	노스 베데스다 North Bethesda	447/103	9-12/9	22,650/39,650	○	○
Oldfields School	그렌코 Glencoe	185/130	8-12/8	24,100/39,100		
Sandy Spring Friends School	샌디 스프링 Sandy Spring	548/99	PK-12/9	22,900/39,750	○	
Saint James School	세인트 제임스 St. James	222/167	7-12/7	20,000/30,500		
St. Timothy's School	스티븐슨 Stevenson	145/80	9-12/9	21,600/36,750	○	○
West Nottingham Academy	코로라 Colora	190/116	6-12/9	18,100/.34,900	○	
메사추세츠 Massachusetts						
Bement School	디어필드 Deerfield	224/52	K-9/3	16,185/35,670	○	○
Berkshire School	쉐필드 Sheffield	372/324	9-12/9	30,500/39,750	○	
Brooks School	노스 앤도버 North Andover	354/241	9-12/9	26,970/35,580		○
Buxton School	윌리암스타운 Williamstown	89/83	9-12	24,000/37,000	○	
The Cambridge School of Weston	웨스톤 Weston	324/75	9-12/9	30,450/40,450	○	○
Chapel Hill - Chauncy Hall School	월덤 Waltham	171/80	9-12/9	28,900/38,500	○	
Concord Academy	콩코드 Concord	366/161	9-12/9	32,425/40,100		
Cushing Academy	에쉬번엄 Ashburnham	445/383	9-12/9	28,100/39,950	○	○
Dana Hall School	웰리스리 Wellesley	459/184	6-12/9	31,,907/42,163		
Deerfield Academy	디어필드 Deerfield	603/525	9-12/9	27,642/37,750		
Eaglebrook School	디어필드 Deerfield	278/209	6-9	23,500/36,925	○	○
Fay School	사우스보로 Southborough	387/163	1-9/6	22,600/43,450		○
The Fessenden School	웨스트 뉴튼 West Newton	479/235	K-9/5	25,700/33,700	○	○

학교명	도시명	학생 수/ 기숙학생수	학년/ 기숙학년	학비-$ (통학/기숙)	ESL	Summer
Governor's Academy	비필드 Byfiled	376/244	9–12/9	27,950/35,350	○	○
Groton School	그로톤 Groton	352/317	8–12/8	29,850/39,850		
Lawrence Academy	그로톤 Groton	394/197	9–12/9	31,800/41,630	○	○
The MacDuffie School	스프링필드 Springfield	227/39	6–12/8	18,995/32,900	○	○
Middlesex School	콩코드 Concord	358/269	9–12/9	31,075/38,840		○
Milton Academy	밀튼 Milton	980/320	K–12/9	31,175/38,275		○
Miss Hall's School	피츠필드 Pittsfield	182/137	9–12/9	23,500/39,800	○	
Northfield Mount Hermon School	노스필드 Northfield	635/495	9–12/9	29,125/38,675	○	○
Phillips Academy	앤도버 Andover	1,088/794	9–12/9	27,450/35,250		○
St. Mark's School	사우스보로 Southborough	355/251	9–12/9	28,800/37,100		
Stoneleigh–Burnham School	그린필드 Greenfield	150/95	9–12/9	23,100/36,755	○	○
Tabor Academy	마리온 Marion	494/351	9–12/9	27,700/39,900	○	
Walnut Hill School of the Arts	내틱 Natick	279/209	9–12/9	31,350/39,750	○	○
Wilbraham & Monson Academy	윌브라엄 Wilbraham	319/156	6–12/9	25,00/38,500	○	○
The Williston Northampton School	이스쨈튼 Easthampton	552/331	7–12/9	26,500/37,500	○	○
The Winchendon School	윈첸든 Winchendon	212/191	8–12/8	21,250/35,500	○	○
Worcester Academy	워스터 Worcester	658/206	6–12/9	22,,560/39,900	○	
미시간 Michigan						
Cranbrook Schools	브룸필드 힐스 Bloomfield Hills	1,620/539	PK–12/9	23,900/32,900	○	○
Interlochen Arts Academy	인터라켄 Interlochen	455/405	9–12/9	23,110/37,450		○
The Leelanau School	글렌 아버 Glen Arbor	56/52	9–12/9	16,590/45,320	○	○
미네소타 Minnesota						
Cotter High School	위노나 Wonona	398/75	7–12	5,474/23,000	○	
Saint John's Preparatory School	컬리지빌 Collegeville	328/128	7–12/9	12,024/31,729	○	○
Shattuck–St. Mary's School	페어볼트 Faribault	387/271	6–12/9	22,400/36,300	○	○
미시시피 Mississippi						
All Saint's Episcopal School	빅스버그 Vicksburg	84/57	8–12/8	7,142/24,972	○	
St. Stanislaus College Prep	베이 세인트루이스 Bay St. Louis	550/247	6–12/6	3,950/14,850	○	○
미주리 Missouri						
Chaminade College Preparatory School	세인트루이스 St. Louis	890/45	6–12/6	13,735/29,285	○	
Thomas Jefferson School	세인트루이스 St. Louis	80/46	7–12/7	19,300/32,250	○	
뉴햄프셔 New Hampshire						
Brewster Academy	올페보로 Wolfeboro	364/291	9–12/9	20,720/34,980	○	○
Cardigan Mountain School	가나안 Canaan	184/165	6–9	21,000/36,450	○	○
Dublin School	더블린 Dublin	130/94	9–12/9	22,250/36,900	○	
Holderness School	프리머스 Plymouth	270/215	9–12/9	22,000/37,000		
Kimball Union Academy	메리든 Meriden	328/216	9–12/9	24,500/37,750		○

학교명	도시명	학생 수/ 기숙학생수	학년/ 기숙학년	학비-$ (통학/기숙)	ESL	Summer
New Hampton School	뉴 햄튼 New Hampton	323/242	9–12/9	22,500/38,500	○	○
Phillips Exeter Academy	엑시터 Exeter	1,030/824	9–12/9	28,200/36,500		○
Proctor Academy	앤도버 Andover	345/275	9–12/9	23,800/37,800		
St. Paul's School	콩코드 Concord	524/524	9–12/9	37,250		○
Tilton School	틸튼 Tilton	230/179	9–12/9	22,500/38,850	○	
The White Mountain School	베들레헴 Bethlehem	90/77	9–12/9	16,000/37,100	○	○
뉴저지 New Jersey						
Blair Academy	블래어스타운 Blairstown	435/326	9–12/9	27,300/36,900		
The Hun School of Princeton	프린스턴 Princeton	586/193	6–12/9	25,450/36,995	○	○
Lawrenceville School	로렌스빌 Lawrenceville	800/576	9–12/9	30,535/37,660		
The Peddie School	하이츠타운 Hightstown	528/333	8–12/8	28,250/37,275		○
The Pennington School	페닝턴 Pennington	472/123	6–12/7	25,200/37,600	○	○
The Purnell School	포터스빌 Pottersville	123/113	9–12/9	31,950/37,950	○	
뉴욕 New York						
Darrow School	뉴 레바논 New Lebannon	123/105	9–12	20,300/35,600	○	
Emma Willard School	트로이 Troy	318/204	9–12/9	21,990/34,800	○	
Hackley School	테리타운 Tarrytown	835/158	K–12/9	27,700/36,200		○
The Harvey School	카토나 Katonah	344/35	6–12/7	27,000/34,000		
Hoosac School	후식 Hoosick	125/110	8–12/8	14,500/27,800	○	
Knox School	세인트제임스 St. James	120/73	6–12/7	19,475/34,650	○	
The Masters School	돕스 페리 Dobbs Ferry	552/199	5–12/9	28,000/38,450	○	
Mlillbrook School	밀브룩 Millbrook	255/204	9–12/9	28,525/39,,250	○	
Oakwood Friends School	푸킵시 Poughkeepsie	177/81	6–12/9	20,186/34,991	○	
Stony Brook School	스토니 브룩 Stony Brook	340/228	7–12/7	20,500/33,950	○	○
Storm King School	콘월 허드슨 Cornwall–on–Hudson	122/73	9–12/9	19,850/34,700	○	
Trinity–Pawling School	파우링 Pawling	315/252	7–PG/9	25,800/43,800	○	
노스 캐롤라이나 North Carolina						
Oak Ridge Military Academy	오크 리지 Oak Ridge	146/123	7–12/7	8,990/19,990	○	○
The Asheville School	애셔빌 Asheville	232/174	9–12/9	19,585/33,825		○
Christ School	아든 Arden	192/155	8–12/8	17,760/34,990	○	○
St. Mary's School	랠리 Raleigh	282/127	9–12/9	17,988/34,948		○
Salem Academy	윈스턴 사렘 Winston–Salem	184/92	9–12/9	16,000/31,600	○	
오하이오 Ohio						
Andrews Osborne Academy	윌루히 Willoughby	136/63	7–12/9	16,050/23,100	○	○
Gilmour Academy	게이트 밀스 Gates Mills	742/82	PK–12/7	18,450/32,750	○	○
The Grand River Academy	어스틴버그 Austinburg	110/110	9–12/9	30,500	○	○
Western Reserve Academy	허드슨 Hudson	406/264	9–12/9	25,500/35,800		

학교명	도시명	학생 수/ 기숙학생수	학년/ 기숙학년	학비-$ (통학/기숙)	ESL	Summer
오레건 Oregon						
The Delphian School	쉐리든 Sheridan	266/213	PK–12/9	17,795/32,620	○	
Oregon Episcopal School	포틀랜드 Portland	829/158	PK–12/9	20,300/36,870	○	○
펜실베니아 Pennsylvania						
CFS, The School at Church Farm	파오리, Paoli	180/32	7–12/7	12,500/40,000		
George School	뉴타운 Newtown	528/290	9–12/9	26,200/35,350	○	
The Grier School	타이론 Tyrone	200/200	7–12/7	37,900	○	○
The Hill School	포츠타운 Pottstown	487/390	9–12/9	25,250/36,750		
The Kiski School	솔스버그 Saltsburg	205/195	9–12/9	19,500/36,000	○	○
Linden Hall School for Girls	리티츠 Lititz	125/86	6–12/6	16,450/36,800	○	
Mercersburg Academy	머서스버그 Mercersburg	439/369	9–12/9	30,200/39,100	○	○
Perkiomen School	펜스버그 Pennsburg	265/159	5–12/7	20,100/36,000	○	
The Phelps School	마번 Malvern	142/114	7–12/7	18,250/29,850	○	○
Shady Side School	피츠버그 Pittsburgh	949/95	K–12/9	20,800/29,300		○
Solebury School	뉴 호프 New Hope	220/64	7–12/9	23,650/32,500	○	○
Valley Forge Military Academy and College	웨인 Wayne	315/315	7–12/7	32,476		○
Westtown School	웨스트타운 Westtown	795/401	PK–12/9	23,650/37,990	○	
Wyoming Seminary	킹스톤 Kingston	725/333	PK–12/9	18,525/36,675	○	○
로드 아일랜드 Rohde Island						
Portsmouth Abbey School	포츠머스 Portsmouth	358/236	9–12/9	25,300/36,300		○
St. Andrew's School	베링턴 Barrington	210/74	6–12/9	22,400/35,300	○	○
Saint George's School	미들타운 Middletown	350/308	9–12/9	24,550/36,550	○	
사우스 캐롤라이나 South Carolina						
Ben Lippen Schools	콜롬비아 Columbia	878/66	K–12/9	11,390/25,960	○	○
Camden Military Academy	캄든 Camden	305/305	7–12/7	25,325		○
테네시 Tennessee						
Baylor School	차타누가 Chattanooga	1068/320	6–12/9	17,623/34,887		○
St. Andrew's–Sewanee School	스와니 Sewanee	255/117	7–12/9	14,100/33,850	○	○
The Webb School	벨 버클 Bell Buckle	292/96	6–12/7	13,400/32,000	ESL	○
텍사스 Texas						
The Hockaday School	달라스 Dallas	1,028/123	PK–12/8	20,770/40,670	○	○
Saint Mary's Hall	산안토니오 San Antonio	970/0	PK–12/8	17,265	○	○
St. Stephen's Episcopal School	오스틴 Austin	656/223	6–12/8	18,600/32,300	○	○
San Marcos Baptist Academy	산 마커스 San Marcos	241/193	6–12/ 6(남) 8(여)	7,045/25,814	○	
유타 Utah						
Wasatch Academy	마운트 프레즌트 Mt. Pleasant	154/146	9–12/9	20,000/39,000	○	○

학교명	도시명	학생 수/ 기숙학생수	학년/ 기숙학년	학비-$ (통학/기숙)	ESL	Summer
버몬트 Vermont						
The Putney School	퍼트니 Putney	226/167	9-12/9	25,100/38,600	○	○
St. Johnsbury Academy	세인트 존스버리 St. Johnsbury	958/192	9-12/9	11,415/33,500	○	○
Vermont Academy	섹스톤스 리버 Saxtons River	266/197	9-12/9	23,200/40,150	○	
Lyndon Institute	린든 센터 Lyndon Center		9-12/9	33,265		
버지니아 Virginia						
Blue Ridge School	세인트 조지 St. George	189/189	9-12/9	31,900	○	○
Chatham Hall	채덤 Chatham	143/118	9-12/9	13,200/36,000	○	
Christchurch School	크라이스처치 Christchurch	218/122	8-12/8	15,500/36,600	○	○
Episcopal High School	알렉산드리아 Alexandria	444/444	9-12/9	35,650		
Foxcroft School	미들버그 Middleburg	190/133	9-12/9	29,531/39,375		
The Madeira School	맥린 Mclean	300/153	9-12/9	31,000/40,830	○	○
Randolph-Macon Academy	프론트 로얄 Front Royal	407/346	5-12/6	12,557/30,932	○	○
St. Annes-Belfield School	샤롯스빌 Charlottesville	831/125	PK-12/8	18,150/39,900	○	○
St. Catherine's School	리치몬드 Richmond	833/0	K-12/9	16,610		
St. Margaret's School	타파하녹 Tappahannock	150/117	8-12/8	13,950/36,000	○	
Stuart Hall School	스톤튼 Staunton	152/68	6-12/8	10,950/34,800	○	
Virginia Episcopal School	리치먼드 Lynchburg	269/175	9-12/9	16,950/33,500	○	
Woodberry Forest School	우드베리 포리스트 Woodberry Forest	395/395	9-12/9	33,700		○
워싱턴 Washington						
Annie Wright School	타코마 Tacoma	464/241	PS-12/9 (여)	17,955/35,360	○	○
웨스트 버지니아 West Virginia						
The Linsly School	윌링 Wheeling	433/139	5-12/7	11,260/22,840		○
위스콘신 Wisconsin						
St. John's Northwestern Military Academy	델라필드 Delafield	360/349	7-12/7	11,500/29,750	○	○
Wayland Academy	비버 댐 Beaver Dam	222/158	9-12	14,100/34,000	○	
스위스 Switzerland						
Institut auf dem Rosenberg	생갈랭 St. Gallen	260/230	9-12/9	CHF 60,000	○	○
Institut Le Rosey	그스타드 Gstaad	340/340	K-12/9	CHF 81,000	○	○
Leysin American School	레잔 Leysin	345/345	9-13/9	CHF34,500	○	
TASIS The American School in Switzerland	루가노 Lugano	435/348	7-12/7	CHF 38,600/63,000	○	
영국 England						
TASIS England	써리 Surrey	725/334	PK-12/9	£15,950/24,550	○	○

용어 설명

A

Academic Year   신학기가 시작되는 9월부터 그 다음해의 5월 말이나 6월 초까지의 약 9개월 간을 말하며, School Year라고도 함.   참고로 Calendar Year 라는 용어도 있는데 이는 1월부터 12월까지를 일컫는다.

Accelerated Program   학교에서 주어지는 정규 수업보다 빠른 수업과정.

Accreditation   신뢰, 신임이 의미로 학교의 경우에는 그 학교에 자격을 부여함으로서 그 인정을 하는 것이다. 미국의 여러 학교의 안내 책자를 살펴보면 우리 학교는 어느어느 협회에 의해 Accreditation을 받았다는 등의 언급 내용을 많이 볼 수 가 있다.

Achievement Test   수학, 과학, 언어능력 등 다양한 분야에서 학생들의 수학적 능력을 측정하는 테스트. SAT 점수와 함께 요구되는 SAT II과목 중 세 개 정도의 점수를 일컬음. 과목당 800점임.

Acre   면적이나 크기를 나타내는 단위.   1에이커는 약 4,000 평방미터 또는 1/2헥타가 조금 넘는 면적임.

ACT   미국 대학 수능시험의 일종. SAT I 과 비슷하나 과학과목이 추가로 덧붙여진다. 미국의 동부보다 서부 지역의 대학에서 학생들이 입학을 희망할 때 더 많이 활용되고 있으나 점차 미국 전역으로 확대되고 경향이 있다.

Advanced Placement(AP)   많은 학생들과 부모들이 관심을 갖는 분야이기도한 이 내용은 간략히 설명하면 고등학교에 재학을 하고 있는 학생들이 대학과정의 수업내용을 미리 이수하고 그 시험을 봄으로서 향후 대학에 입학을 하여 학점을 미리 획득할 수 있는 매력있는 제도이다. 현재 전 세계 1,300여 개의 학교에서 제공하는 이 과정은 19과목에 걸쳐 33개 과정의 AP를 가지고 있으며 해마다 수십만 명의 학생들이 이 과정을 이수한 뒤 시험을 치루고 있다. 이 시험의 주관은 미국 뉴욕(New York)에 본부를 두고 있는 The College Board에서 관장한다. 얼마나 많은 AP과목을 학생들에게 제공하느냐에 따라 결정적으로 학교의 입학을 결정하는 바로미터(Barometer)로 사용되기도 할 만큼 이 AP는 학생 및 학부모에게 많은 관심사이기도 하다.

Alumni   졸업생 또는 동창생. 학생이 학교에 입학을 하게 되면 통상적으로 그 학교를 졸업한 동창들의 모임인 Alumni Association에서 편지나 우편물이 오곤 한다.

Application fee   원서를 입학 원서를 제출할 때 내는 응시료로 학교에 따라 다르며 합격, 불합격에 관계없이 반환되지 않는다. 참고로, 미국 중고등학교의 응시료의 경우 통상 $50 -$100 정도이다.

Art, Design and Technology   시각적, 창의적 예술과 컴퓨터 등을 이용한 작업의 총칭을 일컫는다.

Assembly   조회.   일반적으로 전교 학생들과 교직원들이 한자리에 모여 학교에 관한 전반적인 사항을 알리거나 중요 사항들을 서로 논의하기도 한다.

Assignment   특정의 학습과제를 학급이나 개인에게 개별적으로 책정하여 부과한 할당량 또는 할당표.   이를 이용한 학습은 19세기 말부터 미국에서 일부 초등학교의 고학년과 중학교 학생을 대상으로 실시되었는데, 1920년 미국의 여류 교육가인 H. 파크허스트에 의해 시도된 돌턴플랜(Dalton Plan)이 학습지도법의 효시이다. 1920년 메사추세츠주(州) 돌턴시(市)에 있는 고등학교에서 처음으로 실시되었다. 이 계획안에서는 국어·역사·지리·수학·이과·외국어 등을 제1종 교과(敎科), 미술·음악·체조·가사 등을 제2종 교과라 하여 모든 교과를 2종으로 분류하고, 1종에 속하는 교과는 오전에, 2종에 속하는 교과는 오후에 학습하는 것으로 되어 있다. 이 중 1종 교과의 교육법이 돌턴플랜에 의한 것으로, 학생은 월초에 부과되는 1개월분의 과제를 독자적인 학습계획에 따라 다음 달 과제가 할당되기 전까지 학습한다. 그리고 학교의 교과담당교사학급담임교사는 조언자로서 필요에 따라 학습상의 지도·조언을 할 뿐, 학습은 학생이 자율적으로 한다. 2종 교과의 학습은 그룹으로 행하여져, 그룹에 의한 교육활동도 소홀히 다룰 수 없는 구조로 되어 있다. 이 지도 법은 능력별학습 또는 개별학습의 초기적인 형태로 인정된다. 학습 수행수단으로서 학습법의 기본 설명이 할당표에 미리 제시되어 있기 때문에 학습자가 혼자 학습할 수 있으며, 교사는 필요에 따라 개별적인 조언을 해줄 뿐이다. 학생 상호간의 학습수행 능력의 차가 크게 문제되는 교과의 지도에서 어사인먼트의 적절한 사용은 학습에 효과적이다.

B

Bachelor's 학사의 라는 용어로 Bachelor's Degree라고 하면 4년제 대학을 이수하면 취득하는 학사 학위의 의미이다. 참고로, Bachelor라는 단어는 독신의 남자를 의미한다.

Bank Check 은행에서 발행해주는 수표로 국내에서 해외로 송금할 때 주로 사용된다.

Bedsits 미국에서보다는 영국에서 많이 쓰이는 용어로 침대와 책상이 딸린 기숙사를 일컫는다. 1인 1실 또는 2인 1실이 보편화되어져 있다.

Boarding School 기숙사시설을 가지고 있는 사립학교 통상적으로 칭하는 말이며 학생과 선생님이 교내에 부속되어져 있는 같은 기숙사내에서 거주를 한다. 이와 대조적으로 기숙사시설을 가지고 있지 않은 학교들을 Day School 이라고 부른다.

Break 이 용어는 다양하게 쓰이는데, 보통 휴식시간이나 학기 기간중의 짧은 방학을 일컫는다. 참고로 영국에서는 Half term 이라는 용어를 사용한다.

Brochure 학교의 홍보를 목적으로 학교에서 발행하는 안내 책자. Booklet은 소책자의 의미로 보통 팜플렛으로 이해하면 된다. 참고로 영연방 국가에서는 이러한 안내책자를 Prospectus라고 한다.

Bursar 학교업무 중 중요한 부서의 하나로 대개 학교의 수입, 지출 그리고 수업료 등을 총괄한다. 영국에서 보편적으로 사용하는 용어이며 미국에서는 Business Office 또는 Business Department에서 이러한 일을 관장한다.

Bursary 학비를 지불할 능력이 부족한 학생들을 위한 일종의 장학금 또는 학교와 특별히 연계가 되어져 있는 학생들(예를 들면 선교사의 자녀들)을 위한 학자금 보조 등으로 쓰이는 용어. 영국의 학교에서 보편적으로 많이 쓰이는 용어이다.

C

Cadet 생도의 의미로 사관학교의 경우 학생 개개인을 cadet으로 칭한다.

CAI (Computer Assisted Instruction) 컴퓨터를 응용한 자동교육 시스템. 즉, 컴퓨터를 이용하여 많은 사람을 가르치면서, 동시에 개인의 적성(適性)이나 이해력에 적합한 개별교육까지 실시하는 프로그램 학습. 교사는 학생에게 교재나 문제를 제시하여 그에 대한 학생의 반응을 살피고 이를 평가해서 다음 교육 활동을 하게 되는데, 이와 같은 교사의 전반적인 활동을 컴퓨터가 가지고 있는 대량정보 처리능력을 이용하여 대행시키는 것이다.

Careers Night Program 학생들의 과목선택에 도움이 될 수 있도록 선생님과 학부모들이 각자의 직업에 대해서 설명해 주는 프로그램.

Chapel 예배 또는 그 출석. 종교와 연계되어져있는 학교에서 흔히 볼 수 있는 용어이다.

Choir School 일반적으로 성당, 교회, 예배당과 연계가 되어지는 학교.

CLEP (The College Level Examination Program) 대학 입학자격 시험제도로, 대학과정 검정시험이라는 의미로 해석을 할 수 있다. 이 제도는 대학 위원회에서 주관하는 것으로 비정규 과정으로 입시를 준비한 대학 신청자들을 위해서 마련한 시험과목들이며 매달 시험을 볼 수 있다.

Coeducational 줄여서 Co-ed라고 하며 남녀공학을 뜻한다. 미국의 경우 공립학교의 경우는 Co-ed가 원칙이고, 사립학교의 경우는 반수이상이 공학이다. 참고로 남자 또는 여자 학교의 경우에는 학교 이름에 Boys' , Girls' 등을 사용한다.

College Day Program 대학입학을 준비하는 고 2학년 학생들의 대학에 관한 정보를 주 기 위한 학교 행사의 하나.

College Fair 각 대학의 입학정보와 일반정보를 설명하는 설명회. 여러 대학의 입학 담당자들이 학교를 방문하며 소속 대학에 관한 정보를 학생들에게 제공한다.

College Preparatory Diploma 대학에 가기 위해 필요한 과목을 이수했다는 증명서.

Commencement 대학의 학사 학위 수여일 또는 졸업의 의미이며 Commencement Day는 졸업일을 의미한다.

Community College 지역사회의 교육의 환경을 제공하기 위한 목적으로 설립된 대학. 우리나라의 전문대학으로 해석을 하는 것이 이해를 하는 데에 도움이 될 듯하다. 대체로 단기의 수료과정에서 2년 과정의 준 학사 학위(Associate's Degree)를 가지고 있으며 학생이 원할시 상급기관으로 진학이 가능하다.

Community Service   학교가 속해있는 지역사회의 봉사활동을 일컫는 말. 학생들은 이러한 활동들을 통해서 지체부자유, 노약자, 장애인 등을 돕고 고아들을 가르치기도 함.

Complementary School   고등학교 정규 과목 외에 예술 및 특수 과학 분야를 가르치는 계열의 학교.

Corequisite   '공동'이라는 의미의 접두사 co와 '필수적인', '없어서는 안 되는'의 의미인 requisite가 결합이 되어 생긴 단어로 학교에서는 수강을 신청할 때 그 수업내용과 연계가 되는 과목을 병행해서 수강을 하여야 한다는 의미. 즉, 이론 과목을 신청했으면 상대적으로 실습도 병행이 되어야 하며 이러한 경우 이 용어를 사용한다.

Course Description   교과과정의 간략한 요약의 의미로 수강신청 전에 하나의 교과과정에 관해 간단히 언급한 이 Course Description을 읽어봄으로서 그 과목에 대한 이해를 돕는다.

Credit   학점. 학교에 따라서는 Unit 이라고도 한다.

Cum Laude Society   우수학생과 교사들을 선정하고 선정된 자들이 자동적으로 회원으로 가입되는 모임.

Curriculum   학사 일정표에 맞춰 학생들에게 제공되는 교과 과목들과 교내에서의 활동 등을 뜻함.

D

Day School   기숙사가 아닌 집에서 통학하는 통학제 학교. 이와 반대되는 용어는 Boarding School 이다.

Dean   이 용어는 실로 다양하게 쓰이나 대체로 대학의 경우는 학장 또는 학생 과장, 중고등 학교의 경우에는 학생감 또는 학생 주임으로 해석을 한다. 일반적으로 학생의 성적, 학교 생활 등의 전반적인 사항을 관리하고 학부형과도 긴밀한 유대를 형성한다.

Dean's List   학기말 또는 학년말의 우등학생 명단.

Denominational Schools   특정한 종교나 종파에 속해 있는 학교들을 지칭하는 말로 교육이념이나 방침에서 종교적인 색채를 띨 수 있다.

Deposit   입학이 결정된 후에 학교에 지불하는 보증금 혹은 예치금. 이 보증금은 수업료의 일부로 충당하는

경우도 있고, 수업료와는 상관없이 졸업시까지 맡아 놓는 경우도 있다. 입학이 하지 않을 경우에도 지정 기간 내에 문서로 통보하면 전액 반환되는 경우도 있지만 반환되지 않는 경우도 있다.

Diploma   미국의 학교에서는 졸업장의 의미로 쓰이며 상급 교육 기관에서는 학위 과정이 아닌 소정 이상의 교육 과정을 이수한 학생에게 수여되는 수료증명서.

Distance Learning   통신, 라디오, TV 또는 정보기술 등의 매개를 통한 원격 교육을 의미하며 대학의 경우 학생들이 굳이 학교에 나와서 강의를 받지 않고 교육 과정을 이수하는 제도로 우리나라의 방송통신교육과 동일하다.

Donation   자녀를 유학 보내신 부모님들에게 가끔 가다가 긴장을 하게끔 만드는(?) 용어 중의 하나로, 일반적으로 학교 발전이나 운영에 재정적인 도움을 구하기 위해 학부형이나 졸업생 또는 학교와 관계된 기관에 요청하는 기부금.

Dormitory   기숙사. 줄여서 Dorm 이라고도 한다. 참고로, 영국은 Residence Hall 또는 Hall of Residence로 흔히 쓰고 호주나 뉴질랜드는 Hostel로 쓰는 경우가 다반사이다.

Dorm Parents   학교 기숙사에 거주하고 있는 선생님으로 기숙사 학생들의 생활을 책임지고 관리한다.

Due   회계 분야에서 쉽게 접할 수 있는 단어로 '언제까지 지불되어야 할', 또는 '응당 치러져야 할' 등의 의미이다. 자녀를 유학 보내고 난 뒤 재정을 담당하는 Business Office에서의 자녀에 대한 제반적인 경비내역을 검토하게 되면 언제까지 지급해 달라는 이 단어가 매번(?) 눈에 띈다.

E

Early Admission   조기 입학제. 이는 대학에 입학을 하고자 하는 학생이 대학입학 사무실에 입학 원서를 제출하였을 경우 학교 당국에서 그 학생이 우수한 학업적 자질을 고려하여 사전에 우선적으로 학생의 입학을 허가해주는 제도. 일반적으로 미국의 여러 대학에서 이러한 제도를 시행하고 있다.

Educational Testing Service   TOEFL을 비롯한 각종 시험을 관장하는 뉴저지(New Jersey) 주의 프린스턴(Princeton)에 있는 기관.

Electives   선택과목. 학생이 이수하여야 할 필수과목 외

로 개개인이 관심이 있는 과목을 선정하여 수업을 듣는다.

English as a Second Language   '제2언어로서의 영어' 라는 의미로 영어를 모국어로 사용하지 않는 학생들을 위한 영어 프로그램으로 줄여서 ESL이라고 한다. 미국의 모든 학교가 이러한 과정을 가지고 있지는 않으므로 어학이 부족한 학생들이 학교를 선정할 경우 반드시 이러한 ESL 과정을 가지고 있는 학교를 선정하여야 한다. 참고로 영국의 경우는 미국과 대별하여 '외국어로서의 영어' 라는 의미의 EFL (English as a Foreign Language)이라는 용어를 사용한다.

Enrollment   입학허가를 받은 뒤 실제로 입학한 학생 수 또는 총 재학생 수.

Essay   이 용어의 의미는 다양하나 일반적으로 학교에 입학원서를 제출할 경우 원서의 일부분으로 학생이 쓰는 일종의 작문으로 설명할 수 있다. 학교에서는 대개 학생이 써야하는 주제를 정해주는 경우도 있고 때에 따라서는 본인 스스로 자기 자신이나 가족 그리고 교우관계 등의 소개내용을 쓰는 경우가 많다.

Exeat   주말을 이용한 외박의 의미로 영국에서 보편적으로 사용하는 용어이다. 미국의 경우 Weekend Leave라는 용어로 널리 사용되고 있다.

Expulsion   퇴학. 학교의 규칙을 어긴 경우 학교 이사회 및 관계자들이 학생의 문제를 결정하여 퇴학이 결정된다. 참고로 학생 개인의 사정으로 인한 자발적인 퇴학은 Withdrawal이라고 한다.

External Degree Program   학교 내에서가 아닌 학교 외에서 주어지는 학위 프로그램.

Extracurricular Activities   정규 학교과정 외에의 학생들의 과외 활동을 가리킴. 학교에서 주어지는 정규 수업이외에 자신의 재능이나 경험을 계발시키기 위한 과정. 예를 들면, 음악 악기연주, 스포츠, 수예, 공예, 방송활동, 승마나 학교신문 제작 등.

F

F1 Visa   학생비자. 미국에 유학을 목적으로 입국할 경우 학교측으로부터 미리 입학허가서(I-20)를 발행 받아 비자발급에 필요한 서류와 함께 미대사관에 제출하면 F-1 Visa를 발급 받을 수 있다. 참고로 관광/상용 비자의 경우에는 B1/B2 Visa를 받는다.

Faculty   집합 명사의 용어로 교사진 또는 교직원 등을 일컫는다. He is on the faculty of our school 의 경우 '그는 우리 학교 교직원의 한사람이다' 라고 해석한다.

Fees   학비를 포함한 제반비용으로 미국에서는 학비를 Tuition이라고 하는데, 그럴 경우에는 Fee란 학비 이외의 전반적인 제반비용을 말한다.

Field Trip   학교수업 이외의 견학여행으로 소풍을 비롯한 미술관·박물관 견학 등을 말한다.

Final Examination   학기말 시험으로 중간시험(Mid-Term Exam)보다 성적에 대한 비중이 크다.

Financial Aid   재정 보조 또는 융자의 의미로 미국에 거주하는 학생들의 학부모들은 이러한 제도를 이용하여 학비를 융자받아서 학비 및 생활비를 지불하고 일정 기간이 지난 후 에 그 금액과 이자를 갚는다. 이 외에도 Loan 이나 Scholarship이라는 형식으로 장학금을 지급한다.

Financial Statement   재정증명서를 말하며 보통 유학을 하고자하는 학생들의 부모나 보호자가 그 학생의 학비 및 생활비를 지불할 여력이 있다는 재정 증명서를 학교에 제출하는 경우가 있으며 이는 통상 은행잔고 증명으로 증명을 한다. 금액은 대게 1년 간의 학비 및 생활비를 충당할 수 있는 금액 이상을 증명해주는 것이 일반적인 경향이다.

Fixture   학교 상호간에 대항하는 운동시합.

Flexi-boarding   기숙 학교에서 통학학생들이 학교의 기숙사에서 지낼 수 있도록 하는 제도로 이는 통상 학생의 가정에 긴급한 상황이 발생하였을 경우 이용이 되어진다.

Freshman   미국의 중등학교는 대게 우리나라의 중3부터 고3까지의 과정을 두고 있는 학교들이 상당수가 있으며 이러한 경우 중3을 Freshman 이라고 부른다. 대학의 경우는 대학 1학년을 말한다. 2학년 이후로는 순차적으로 Sophomore, Junior, Senior라고 한다.

G

Gap Year   우리나라에서는 전혀 찾아볼 수 없는 제도로 보통 고등학교를 졸업한 학생이 대학 등의 상급과정에 진학하기 전 사회경험 및 여행을 통해서 자신을 개발하는 기간으로 약 1년 간 학생들은 이러한 기회를 가지게 된다.

GED   General Education Development의 용어로 고등학교 정규 과정을 이수하지 못한 사람들이 이러한 졸업장이나 자격증을 얻기 위해 치르는 시험으로 우리나라의 검정고시로 이해를 하는 것이 좋다. 많은 대학에서는 고등학교 졸업장 대신 이러한 G.E.D를 거의 인정해 주고있다.

Governors 학교조직을 운영하는 구성원들로 자선 재단의 경우 재단의 이사들이 이러한 멤버가 된다. 이들은 학교의 재정 전반에 책임을 지며 교장이나 재무담당과 같은 주요 직원들을 선출하는 권한도 갖는다.

Grade 학년 또는 성적의 의미. 미국의 경우 초등학교 1학년인 First grade부터 고등학교 3학년인 Twelfth grade(12학년)까지 있다.

GPA 'Grade Point Average'의 줄임말로 평균 학점을 뜻한다. 미국은 4.0이 만점이며 대학을 진학하기 위해서는 GPA가 최소 2.0이상이 되어야하고 대학원에 진학하고자 할 때에는 보통 3.0이상을 유지하여야 한다.

Grading System 미국에서 공부를 하는 학생들은 한 학기 동안에 통상 중간고사와 학기말 고사를 치르며 이를 토대로 점수를 합산하여 A부터 F가 담당 교수들에 의해 학생들에게 부과된다. 가장 보편적인 점수환산은 다음과 같다. A=4, B=3, C=2, D=1, F=0. 여기서 눈여겨 보아야할 점수가 바로 낙제인 F 즉, Failing Mark이다. 이 점수를 취득한 학생은 점수가 부과가 되지 않으며 결국 그 과목을 다시 재수강하여야 하는 경우가 다반사이다.

Graduate 졸업하다라는 동사의 의미 이외에 졸업생이라는 명사의 뜻도 있다. 즉, High School Graduate는 고등학교 졸업생의 의미이다.

Graduate Requirement 졸업을 위해 필요한 이수과목의 취득 조건으로, 필수과목이나 졸업학점에 관한 것을 말한다. 미국의 경우 고등학교 과정을 이수하기 위해서는 각 해당학교마다 졸업을 위한 기본적인 이수과목의 사항을 학교 책자에 상세히 소개해놓기 때문에 유학을 준비하는 학생이나 학부형께서는 반드시 이 대목을 눈여겨보아야 한다. 특히나, 영어, 수학, 과학 그리고 미국 역사 등의 과목은 모든 학교에서 많은 비중을 두고 있는 중요한 과목들이다.

Grammar School 이 의미는 미국과 영국이 서로 쓰임을 달리하니 주의하여야 한다. 미국의 경우에는 일반적으로 초등 또는 중학교의 의미로 쓰이는데 반해 영국은 대학입시 준비교육을 주로 하는 영국의 인문계 중등학교를 뜻한다. 즉, 일반적으로 5년 간의 중등과정(GCSE)을 이수하고, 다시 2년 간의 대학 준비과정(GCE A)과정을 밟는 교과과정의 학교를 Grammar School로 부른다. 17세기 말엽 교회의 성가대 학교(Choir School)가 음악·신학·라틴어 문법 등을 가르치던 것을 각각 독립시켜 라틴어 문법을 주로 가르치는 학교에서 출발한 것이 그래머 스쿨의 전신이다.

Guardian 법적 보호자, 신원보증인 또는 후견인을 말한다. 외국학생의 경우 기숙사를 가지고 있지 않은 Day School을 입학하고자 할 경우에는 반드시 학교 담당자가 방과 후 학생을 보살펴줄 수 있는 법적 보호자를 요구하며 Boarding School의 경우에는 국가 공휴일 또는 짧은 방학 등으로 학교가 문을 닫을 경우 이러한 학생들을 보살펴줄 수 있는 사람을 학교에 알려줌으로서 사전에 예기치 못한 상황을 대비하게끔 한다. 영국의 기숙학교의 경우에는 만 16세 미만의 외국 학생에게는 반드시 법적 보호자인 가디언이 필요로 되어진다. 참고로 캐나다의 경우에는 보호자의 의미로 Custodian이라는 단어를 사용한다.

Gymnasium 체육관의 의미로 줄여서 Gym이라고 한다.

H

Headmaster 교장. 경우에 따라 Principal 또는 President 라고도 한다.

Health Certificate 건강진단증명서.

High School Transcript 고교성적증명서. 대학진학을 희망할 경우 고등학교에서 해당 대학으로 직접 송부해 받는다.

Honors Diploma 우수 학생에게 주어지는 상장.

Honor Program 우수한 인재들을 선발하고 양성하기 위한 수재특별교육 프로그램으로 특수과정이나 세미나 등이 있다.

Housing 집합명사로 주거, 주택을 의미한다. 학교에서는 학생들의 주거를 일컫는 경우가 대다수이며 Housing Office는 이러한 학생들을 위한 기숙사, 아파트, 민박 등의 전반적인 숙소를 담당하는 사무실이며 학생들은 이곳에서 주거와 관련된 각종 정보를 입수한다.

I

I-20 미 이민국에서 발행하는 양식중의 하나로 미국에 수학을 목적으로 입국 하고자 하는 학생들을 위해 발

행한다. 흔히 입학 허가서를 우리는 I-20이라고 일컫는다. 이 양식이 와야 학생비자 즉, F1비자를 신청할 수 있다.

IAP-66　교환방문 비자(J-1)를 받기 위해 발행이 되는 미 이민국의 양식.　J-1 비자의 경우 통상 1년 또는 2년 간 유효한 비자를 발급하는 추세이다. 이 비자로 입국을 한 사람은 반드시 주어진 기간을 마치고 귀국을 하여야 한다.

I-94　입/출국 기록 카드로 미국 입국시, 여권에 붙여주는 종이로 비자의 종류와 미국의 체재허가 기한을 입국심사관이 기입해준다. 학생비자의 경우에는 날짜가 아니라 D/S라고 기입해주는데, 이는 'Duration of Status'의 약자로 학업이 종료될 때까지 학생신분으로서의 체재를 허가한다는 의미이다. 이는 I-20에 쓰여져 있는 기한을 가리키며 비자의 기한은 아니다.

ID Card　Identification Card. 신분증명서로 학생증이나 운전면허증이 해당된다. 주(State)에 따라 다르지만 반드시 연령이 기입되어져 있어야 한다.

Immunization Record　예방접종 기록서로 학교에 입학하기 전에 학교에서는 학생이 예전에 받았던 각종 예방기록을 파악하기 위해서 소정의 양식을 보내주고 이에 학생이나 부모는 그 양식에 필요한 내용을 기입한 뒤 학교에 반드시 제출해야 한다. 기본적으로 디프테리아·파상풍·백일해·볼거리·홍역· 풍진·유행성 소아마비 등이 기록되어 있다.

Independent School　사립학교의 총칭으로 미국에서는 Private School이라고도 한다.

Independent Study　정규수업 외의 교사와 학생의 개별적인 수업.

Insurance　학교로부터 입학허가를 받고 비자까지 취득을 하게 되면 입학 일정에 맞추어 출국을 준비하게 되고 이때 가장 신경을 써야하는 부분이 바로 이 보험이다. 학교측에서는 대부분이 학생보험을 위한 안내서를 기타의 여러 서류와 함께 보내주는 경우가 다반사이기 때문에 사전에 부모님은 학생의 보험가입을 위해 별도로 신청을 하거나 국내에 들어와 있는 미국계열의 보험에 가입을 하는 것이 사용하기도 편리하고 예기치 못하게 야기되는 불의의 사고로부터 미연에 방지할 수 있는 첫걸음이라 생각이 든다.

International Baccalaureate(IB)　1968년 스위스 (Switzerland)의 제네바(Geneva)에 본부를 둔 IBO (International Baccalaureate Organization)에 의해 전 세계의 대학에 진학을 하기 위한 공통의 교과과정을 제공함을 그 근본 취지로 설립된 과정이다. 흔히 '국제 고교 졸업 자격증'으로 일컬어지는 이 과정은 전 세계적으로 인정이 되어지는 고교이수과정으로, 많은 우수한 대학에서 이 IB를 대학입학에 아무런 편견이 없이 받아주고 있다. 현재, 미국을 비롯한 영국, 캐나다, 호주, 뉴질랜드, 스위스 등 101개 나라의 1,182개 학교에서 이러한 프로그램을 제공하고 있다. 프로그램은 크게 3가지로 나뉘는데, 3~12세를 위한 Primary Years Programme, 11~16세를 위한 Middle Years Programme 그리고 고교과정의 마지막 2년간인 Diploma Programme으로 분류가 되며, 아미 이 글을 읽는 독자분들은 이 Diploma programme에 많은 관심이 있으리라 생각이 든다. 이 프로그램에 관한 설명은 상당한 시간이 요하는 관계로 개인적으로 문의를 하시는 것이 바람직하리라 생각된다.

International Money Order　은행이나 우체국에서 발행하는 환으로 해외에 송금할 때 사용한다.

International Study Center(ISC)　일반적으로 정규 기숙학교에 부속되어져 어학 및 수학에 어려움이 있는 외국 학생들을 위해 1학기 또는 1년 간의 기간으로 정규학교에서 수업을 할 수 있는 학업적 수행능력을 향상시켜주는 기관.　미국에 비해 영국의 학교에서 이러한 과정들을 체계적으로 가리키는 프로그램이 잘 발달되어져 있다.

IQ (Intelligence Quotient)　지능검사 결과로 지능의 정도를 총괄하여 나타내는 수치. 지능지수(知能指數)라고 하며, 다음 식(式)에 의하여 산출된다.

IQ ＝(정신연령 ÷생활연령)×100

지능검사 창시자 중의 한 사람인 프랑스의 A. 비네는 검사의 결과를 정신연령(지능의 발달 정도가 일반 생활연령으로 몇 살, 몇 개월 되는 사람의 평균지능에 상당하는가를 표시하는 것)으로 나타내었는데, 이 방법으로는 피검사자의 생활연령과의 관계 여하에 따라 지능의 양부(良否)에 대한 평가가 달라지게 된다. 그 후 독일의 O. 슈테른과 미국의 L. M. 터먼 등은, 정신연령의 생활연령에 대한 비(比)를 구하는 IQ를 고안하게 되었다. 이에 의하면, 평균지능이 100점이 되어 지능의 우열을 따지는 데에 이해하기 쉽다는 이점이 있으나, 수리통계학적으로 반드시 엄밀한 의미를 전제로 하는 숫자라고는 할 수 없기 때문에 현재는 지능편차치(知能偏差値)를 아울러 사용하는 경우가 많다.

ISEE　일부 사립고등학교 입학시험. 시험용어 참조.

IT　정보 통신이라는 의미이며 Information Technology이 원래의 용어이다. 한국을 비롯한 미국 그리고 전 세계에서 가장 관심을 가지고 있는 분야이며 미국의 학교에서도 이러한 분야의 과목에 많은 노력을 기울인다.

Ivy League　미국 동부에 위치한 명문 사립 8개 대학을 칭하는 용어로 이는 Brown University, Columbia University, Cornell University, Dartmouth College, Harvard University, University of Pennsylvania, Princeton University, Yale University이다.

J

J-1 Visa　미국정부가 발행하는 교환방문 비자이며 교환학생도 J-1으로 출국한다. 비자의 기간은 대게 1~2년이며 교환유학 후 정식 학생비자를 원하면 귀국 후 F-1비자를 다시 신청해야 한다.

Junior ROTC　고등학교의 학도 군사 훈련단. 정확한 영문 명칭은 Junior Reserve Officers' Training Corps이라고 한다. 미국의 많은 사관학교나 일부 사립학교에서 이러한 프로그램을 가지고 있으며 학생들은 심신의 발달을 위하여 이러한 프로그램에 많은 관심을 갖는다.

L

La Crosse　미국의 대학을 비롯한 중고등학교 특히, 동부지역에서 인기가 있는 이 스포츠는 그 기원을 16세기의 미국 인디언시대로 거슬러 올라간다. 각 부족간에 상호 친선의 의미로 벌어지던 이 경기는 17세기에 들어서 프랑스 선교사와 영국 탐험가들에 의해 유럽 등 외부세계로 전파가 되었다. 15분씩 4쿼터로 진행이 되는 이 경기는 가로 100m와 세로 55m인 경기장에 각 팀이 10명씩 팀을 이루어 서로 경기를 한다. 축구와 아이스 하키를 혼합한 것과 흡사한 이 경기는 수시로 선수를 교체할 수 있고 격렬한 보디 첵이 허용이 되며 골대 뒤에서도 플레이를 할 수 있다. 경기는 잠자리채처럼 생긴 스틱의 주머니 안에 공을 넣고 달리며 또 공을 빼앗기 위해 공을 잡은 선수의 팔 부위 등을 상대 수비수들이 스틱으로 치는 것이 허용이 되기 때문에 선수들은 모두 헬멧과 보호장갑, 어깨보호대, 팔보호대 등을 착용하여야 한다.

League Table　이 용어는 국가에서 치루어지는 시험결과를 기준으로 학교의 순위를 기록해 놓은 평가자료. 중요한 점은 이러한 league table에 기록된 학교의 랭킹이 학생의 입학학교 선정에 참조로 주어져야지 절대적으로 중요한 변수로 작용이 되어서는 안 된다는 점이다.

Learning Center　개인지도를 하거나 공부하는 방법을 가르치는 곳.

Learning Support　특별한 교육을 필요로 하는 학생들에게 그 분야의 전문가들이 정규 수업 이외에 별도로 도움을 주는 것을 칭함.

Letter of Recommendation　추천장

Liberal Arts　이는 인문학, 사회과학, 자연과학, 어학 등의 모든 학과를 의미하는 교양과목을 의미한다. 미국에는 많은 Liberal Arts College가 많이 있으며 이러한 대학에서는 일반적인 지식 습득을 목적으로 수업의 진행이 이루어진다.

M

Master's　석사의 의미이고 대학원을 졸업하면 Master's Degree 즉, 석사학위를 이수 받는다.

Matron　기숙생활을 하는 학생들의 건강과 위생을 돌봐주며 기숙사에서 일하는 다른 직원들을 관리함. 각각의 기숙사에는 통상적으로 matron이 있음.

Medical Statement　건강진단서. 다른 말로 'Health Statement'로도 쓰여진다.

Merit　교내에서의 선행 등으로 학교로부터 부여받는 득점. 점수가 가산되어 일정이상 쌓이면 주말특별 외출 등 여러 가지 특전이 주어진다.

Multiple Choice　대표적인 시험방법의 하나로서 몇 개의 선택문항 중에서 올바른 답을 고른다. 우리가 흔히 알고 있는 4지 선다형으로 이해하면 쉽다.

N

National Honor Society　공립학교에서 우수학생을 선발하는 연합회.

National Merit Commended Scholars　전국 최우수 차석 장학생.

New England Area　미국 동부에 있는 6개 주(State)를

일컫는 말로 미국내의 새로운 영국이라는 의미로 Maine, New Hampshire, Vermont, Massachusetts, Connecticut 그리고 Rhode Island 주이다.

Non-Resident   대학에서 흔히 쓰는 용어로 미국의 주립대학에 응시할 경우 그 주에 거주하느냐(in state) 아니면 다른 주에 거주하느냐(out of state)에 따라 학비가 차이가 나며 결국 그 주에 거주하지 않는(non resident) 학생은 그 주에 거주하는 학생보다 학비를 더 지불한다. 유학생도 이에 포함된다.

O

On-campus   교내의 의미. Off-campus는 상대적으로 교외를 의미.

Open Admission   고등학교 졸업자들에게 입학에 필요한 여러 조건을 붙이지 않고 입학을 허가하는 것.

Open Day   학부형들이 자녀의 학교를 결정하기 전 최종적으로 학교를 공식적으로 방문할 수 있는 날.

Oral Presentation   여러 사람이 모인 장소나 수업 진행 중에 대표가 나와서 한 주제를 여러 사람에게 발표하는 것. 미국의 학교에서는 이러한 수업진행을 쉽게 볼 수 있다.

P

Parent's Weekend   School Visiting Day로도 불리우며 매 학기 또는 1년에 한 번 부모님이 학교를 방문해 학생과 함께 다양한 행사에 참여한다. 이 기간 중에 학교측에서는 바자회, 연극 등의 다양한 행사를 개최한다.

Parochial School   종교학교의 의미. 즉, 학교의 운영과 체계가 종교와 연계가 되어 있는 학교. 예를 들면, St. Croix Lutheran High School(루터교), Hyde Park Baptist School(침례교), Notre Dame Preparatory School (천주교) 등.

Personal Data Sheet   신상 명세서의 용어로 학생 및 가족의 상황을 작성하여 학교에 제출한다.

Physical Education   체육을 의미하며 대개는 줄여서 'PE' 라고 칭한다.

PG   Post Graduate의 약어로 보통은 대학 졸업 후라는 의미로 대학원을 뜻하지만 고등학교의 경우에는 고교 졸업 후 학생이 학교에 남아서 1년간 대학 진학을 준비(재수) 한다는 의미이다. 한국 학생의 경우에는 다소 생소한 제도이지만 미국의 여러 학교에서는 이러한 제도를 가지고 있으며 아울러 이러한 과정을 이수하고자하는 학생들도 어렵지 않게 볼 수 있다. 위에 언급한 Gap Year와는 다른 의미이므로 참조하기 바란다.

Placement Test   반 배정시험으로 이해를 하면 쉽다. 예를 들면, 외국 학생이 처음 학교에 도착을 하면 학교에서는 그 학생의 수학적인 자질을 판단하기 위해 이러한 Placement Test를 하고 그 결과를 토대로 그 학생의 향후 수업계획을 학교 담당자들이 결정한다.

Portfolio   음악, 미술, 사진 등 예체능 과정을 입학하고자 할 경우 해당 학교에서는 학생이 전공하고자 하는 분야의 예능적인 자질을 가름할 수 있는 작품을 제출하기를 원하는데 이를 통상 포트폴리오라고 한다. 참고로, 미대생의 경우 슬라이드(slide)의 형태로 제출을 하나 경우에 따라서는 작품을 직접 보내기를 원하며 음대생의 경우는 테이프(tape) 또는 비디오(Video)로 제출하거나 직접 오디션(Audition)에 참가하여야 한다.

Preliminary Application Form   미국내 우수한 고등학교나 대학에서는 응시하고자 하는 학생들의 자질을 미리 검토하여 그 입학여부를 사전에 검증을 한 뒤 입학자격이 있다고 판단이 되어지면 본 원서를 학생들에게 보내는데 바로 이러한 사전 응시원서를 Preliminary Application Form라고 한다. 이러한 예비 응시원서를 제출하기를 희망하는 학교의 경우는 원서 마감이 상대적으로 빠를 수 있으므로 사전에 미리 이러한 마감일을 잘 숙지해서서 응시에 차질이 없도록 하여야 한다.

Preparation   예습의 의미로 학습할 사항에 대하여 미리 조사관찰하여 문제의식을 가지고 학습에 대한 준비를 갖추는 과정. 즉, 학생 자신이 교재나 단원을 개관(槪觀)한다거나, 문제의 해결을 위한 자료를 수집하고 고안하는 것 등을 말함. 예습은 학생의 자주적인 학습활동이어야 하며, 의무적으로 시키는 숙제와는 구별되어야 함. 예습은 학교의 학습활동에서 학생의 학습의욕이 얼마나 높아지느냐에 따라 그 효과를 나타내게 된다.

Prep School   Preparatory School의 약자로 이는 다음의 2가지 뜻이 있다.
미국 - 대학진학을 목적으로 한 사립고교로 정규고교 수업 외에 대학진학에 필요한 준비 과정을 두고 학생들을 지도한다. 한국의 학생들이 유학을 가는 대다수의 학교들을 Prep School로 이해해도 무리가 없다. 영국 - '준비학교'의 의미로 우리나라의 초등학교로 이해를 하면 된다. 학생들의 연령은 대개 7~13세 정도이다. 참고로 Pre-Prep 이라는 용어도 있는데 이는 유치원/유아원을 의미한다.

Probation   검정, 수습, 유예, 보호관찰 등의 의미로 쓰이는 이 단어는 학교에서 일종의 경고의 의미로 받아들여진다. 다시 말하면, 성적이 불량해서 졸업을 못할 학생이 성적을 개선시킬 수 있도록 사전에 기회를 주는 것. 즉, 이전 학기에 비해 지금의 학기성적 결과가 그다지 개선의 결과로 나타나지지 않을 경우 학교측에서는 이러한 Probation을 학생에게 내리고 이에 학생은 학업에 더욱 분발을 하게 된다.

Proctor   학생들 중에서 타의 모범이 될만하고 우수한 학업적 소질을 가진 학생을 선발하여 학교행사에 참여하기도 하고, 교직원들과 학생들 사이에서 가교의 역할을 할 뿐만 아니라 후배 학생들을 보살펴주기도 하는 일종의 선임 또는 선도학생.

Prospective Parents   특정 학교에 관심이 있는 학생들의 부모를 칭하는 말로 아직 최종적으로 학교를 선정한 경우는 아님. Prospective student도 이와 동일한 의미로 해석하면 아무 이상이 없다.

PSAT   'Preliminary Scholastic Aptitude Test'의 약자로. 예비 SAT. 전국 최우수 장학생 선정 및 SAT I을 준비하기 위한 고 2학년들이 사전에 미리 치르는 테스트.

Public School   이 용어 역시 위에 언급한 Grammar School과 마찬가지로 영연방 국가와 미국에서 서로 상이한 의미로 쓰이는데, 미국에서는 공립학교의 의미인 반면 영국은 사립학교로 쓰인다. 즉, 이는 유럽의 중세 라틴 문법학교를 기원으로 하는 영국의 사립 중등학교를 일컬으며 원칙적으로는 교장협의회 및 이사회협회에 가입되어진 학교를 말한다. 대부분이 기숙사제도를 취하고 있으며, 공적(公的)인 통제로부터 독립되어 있다. 지역이나 출신계층의 특별한 제한이 없이 누구나 평등하게 입학을 시켰기 때문에 퍼블릭 스쿨이라는 명칭이 붙었으나, 차차 상류층의 자제를 위한 학교로 바뀌어 많은 졸업생들이 영국의 지배층을 형성하게 되었다.

Q
Quaker   퀘이커 교도의 의미. 이 용어의 창시자는 17세기 영국인 George Fox가 'to quake at the word of the Lord' (주님의 말씀에 떨다)라고 한 데서 그 당시의 판사가 붙인 호칭이다. 프렌즈 교회(the Society of Friends)의 신도의 속칭이며 절대적 평화주의를 준수한다. 교도 자신은 이 단어를 쓰지 않고 Friend란 단어를 더 선호한다. 참고로 이 단어의 여성형은 Quakeress 이다.

Quarter   1/4을 의미하며 교육 제도로는 4학기 제를 뜻한다. 참고로 미국의 동전 중 25센트 짜리를 Quarter라고 한다.

R
Recommendation   추천서. 학교 선생님이나 직장 상사로부터 자신의 경력이나 활동 등에 관한 내용을 써받아 원서와 함께 제출한다. 미국의 명문 사립 중고등학교의 경우에는 원서작성의 난이도 면에서 미국의 대학원 응시원서 작성과 버금이 갈 정도로 복잡한 경우가 다반사이므로 학생이나 학부형께서는 이러한 작성에 많은 노력을 기울여야 한다.

Registration   입학이 허가된 후 클래스를 결정하고 수업료를 제출하는 등 입학 수속을 하는 것.

Religious Education   종교와 관련된 교육을 의미. 종교학교의 경우 이러한 교육에 많은 비중을 둔다.

Reports   학생들의 성적, 학습 발달 태도, 생활태도 등을 기록한 것. 각 과정에 책임이 있는 학과 선생님이나 담당자들이 작성을 하며 이러한 보고서들은 정기적으로 부모님 앞으로 보내진다.

Required Subjects   필수과목을 뜻하며 Compulsory라고도 한다.

Retardation   성적이 나쁘거나 출석일수가 부족하여 상급학년으로 진학하지 못하는 것. 즉 낙제의 의미이다.

Rolling Admission   수시로 입학을 모집하는 경우로 입학원서의 마감일(Deadline)이 따로 정해져 있지 않은 수시 접수를 말한다.

Room & Board   숙식의 의미로 기숙학교에서 일반적으로 쓰이는 용어이다.

Rotary International   1905년 미국의 시카고(Chicago)에서 창립된 실업가, 지식인의 국제적 사교단체. 사회봉사와 국제 친선을 그 모토로 하고 있다. 우리가 많이 쓰는 Rotary Club은 이 Rotary International의 각지의 클럽을 의미한다.

S

Sanatorium   우리나라의 양호실에 해당이 되며 학생들은 다른 학생들과 격리가 되어 학교 간호사에 의해 기본적인 치료를 받을 수 있음.

Semester   미국 학교에서 가장 보편적으로 사용하는 학기의 구분으로 9월에서 그 다음해 5월까지의 Academic Year를 2학기로 나누고, 각 학기를 약 16주로 구성하는 제도이다.

SAT   SAT I은 영어 어휘 및 이해력과 수학 사고능력 테스트인테 반해, SAT II는 논술, 문법, 과학, 외국어 등 교과 과정에 해당하는 테스트이다.

Secondary School   일반적으로 중고등학교를 말한다.

School Trip   수학 여행. 학생이 실제 경험을 통하여 지식을 넓히도록 교사의 인솔 및 감독 하에 행하는 여행. 수학여행을 통해 얻을 수 있는 교육적 효과는 여러 가지가 있으나 이를 요약하면 다음과 같다.
① 현장 견학 - 국내의 정치·경제·사회·문화 등의 주요 현장을 직접 견학함으로써 교과 외의 분야에 대한 학습을 향상시킬 수 있고, 넓은 식견과 풍부한 정서를 육성시킴.
② 단체 행동 - 학교 밖에서의 집단적 행동을 통해서 질서 유지·안전·집단생활의 수칙이나 공중도덕 등에 대한 바람직한 체험 습득.
③ 학교 추억 - 미지의 세계를 견문하며 사제(師弟)와 학우(學友)가 함께 생활함으로써 즐거운 추억을 갖게 되고, 학교생활의 낭만적인 인상을 풍부하게 함.

Scholarship   특정한 과목이나 분야에서 두드러진 재능, 능력을 보인 학생들에게 수여하는 재정적인 상 (장학금).

School Year Abroad   본인이 재학을 하고있는 학교와 연관이 있는 외국의 자매학교에서 공부하고 학점을 인정받는 제도. 대개의 경우 1년을 기간으로 공부를 하나 경우에 따라서는 1학기만 하는 경우도 있다.

Sets   특정한 과목에서 비슷한 학업 능력을 갖고 있다고 생각되는 학생들의 그룹으로 이들은 보통 함께 수업을 받는다.

Siblings   형제나 자매를 일컫는 말. 몇 몇 학교들은 동생이 입학을 하게되면 학비감면 등의 재정적인 도움을 주기도 한다.

SLEP test   'Secondary Level English Proficiency Test'의 약자. 시험 용어 참조.

Sponsor   후견인 또는 보증인을 의미하나 학교에서 사용하는 일반적인 용어로는 재정 및 신원 보증을 의미한다.

Sophomore   4년제 대학의 2학년을 말하며 고등학교에서는 10학년(우리나라의 고1)을 뜻한다.

SSAT   사립고등학교에서 요구하는 수능시험. 시험용어 참조.

Study Hall   학교에 따라 차이가 있지만 보통 자습실을 뜻한다.

SSS(School Student Service)   학생들의 장학금 신청과 관련서류를 수집하고 평가해 주는 뉴저지(New Jersey) 주의 프린스턴(Princeton)에 있는 기관.

Summer School   여름 방학 중에 개강하는 코스로, 졸업 단위로 인정되는 과목의 학습과 보충하는 학습, 또는 유학생을 위한 영어, ESL과정 등 다양한 과정이 있다.

Suspension   정학. 학교 규칙을 위반하였을 때의 학교에서 행하는 체벌의 한 종류.

Standardized Test   같은 연령층 학생들의 사고 및 일반 능력을 측정하기 위한 테스트.

Syllabus   한 학기간의 수업에 대한 개요, 일정, 숙제, 성적평가 요령 등을 작성한 강의계획표로 대개 학기시작을 하는 첫 시간에 담당과목 선생이 학생들에게 나누어준다.

T

Term   학기. Semester(2학기 제), Trimester(3학기 제), Quarter(4학기 제)가 있다.

Term Paper   한 학기를 마감하면서 학생들이 학과 담당 선생님에게 제출하는 과제물.

Transfer Student   전학 학생. 3학년 1학기에 다른 학기로 전학할 경우에는 그동안 공부한 학점 전체를 인정받을 수 있다.

Truancy   무단결석. 미국은 중고등 학교의 출석을 엄격하게 관리하기 때문에 수업에 빠질 경우에는 결석계 혹은 사유서를 반드시 제출해야 한다.

Tuition   기본적인 수업료를 뜻하며 보통 미국에서는 '학비'의 의미로, 영국에서는 '수업'의 의미로 사용된다.

Tutor   개별지도. 학생의 필요에 따라 부진한 과목의 보강 수업이나 대학수업 준비를 위한 폭넓은 주제 습득 등 다양한 지도를 받을 수 있다.

Two-Tear College　한국의 2년제 전문대학에 해당하며 졸업을 하면 Associate's Degree(준 학사 학위)를 취득할 수 있다.

U

Undergraduate　학부 학생의 의미.

Upper Class　상류 사회 또는 상급 학생을 의미하며 대학의 경우 3학년, 4학년을 의미하고 고등학교에서는 11학년 12 학년을 의미한다.

V

Varsity　학교에서 발간한 책자나 미국 학교를 방문해서 체육관에 가보면 이 단어를 쉽게 볼 수 가 있는데 이는 이 학교가 가지고 있는 스포츠 팀을 의미한다. 미국의 여러 사립학교들은 미식 축구, 라크로스, 아이스하키, 축구 등의 학생들로 구성된 운동팀을 구성하여 다른 학교들과 시합도 벌인다. 이러한 팀을 우리는 Varsity 라고 한다.

Virtual Learning　가상학습. 컴퓨터를 이용해 시간과 공간에 구애받지 않고 교사와 학생, 학생과 학생이 쌍방향으로 대화할 수 있는 첨단의 교육환경. 가상학습은 비단 학교뿐만 아니라 일반기업 등에서도 적용되고 있으며, 차세대 교육방식으로 각광을 받고 있다. 유럽에서는 1988년부터 독일과 영국의 주도로 '델타프로젝트'(Delta Project)라는 범유럽 사회 재교육 체제의 구축을 진행하고 있다. 이것은 멀티미디어 텔레스쿨(Multimedia Teleschool)을 통한 것으로 교사가 방송국에서 강의를 하고 학생이 원격지의 PC를 통해 강의를 듣는 방식인데, 쌍방이 대화를 하면서 진행된다. 아직은 보편화가 되지는 않았지만 우리나라에서도 초고속 정보고속도로산업이 본궤도에 오르면 가상학습을 위한 사회적 여건이 크게 개선될 전망이라는 관측이 나오고 있다.

Vocational Education　대학으로의 진학을 희망하지 않는 학생들을 위해 졸업반 학생들을 위한 사회생활에 필요한 직업교육을 실시한다. 교육 내용은 다양하나 보통 부기, 컴퓨터, OA과정, 일반사무 등 다양한 교육을 실시한다.

W

Weekend Leave　기숙 학교에서 많이 쓰이는 말로 주말을 이용한 외박의 의미이다. 경우에 따라서는 금요일 오후에 학교를 떠나 일요일 오후에 들어오거나 월요일 아침에 일찍 들어오는 경우도 있다. 참고로 기숙 학교의 경우 매주 주말에 집에서 머물 학생들의 경우에는 학교응시원서에 5-day boarding으로 신청을 하면 되고 이러한 경우에는 7-day boarding의 경우보다 학비가 저렴하다. 대체로 외국학생들의 경우에는 주7일 기숙사를 신청한다.

Weekly Boarding　월요일부터 금요일까지의 주중에는 학교에서 머물고 주말에는 집으로 가는 기숙의 형태.

Withdrawal　집안사정이나 학생 개인의 사유로 인한 퇴학. 학교의 명령에 의해 퇴학하는 경우는 Expulsion이라고 한다.

Y

Year Group　교과과정을 지도하기 위한 주된 조직 구성. 나이와 예상되어지는 학업 성취수준에 따라 그룹이 편성이 됨.

조기유학 따라잡기

2007년 11월 20일 1판 1쇄 인쇄
2007년 11월 30일 1판 1쇄 발행

지 은 이   한국유학
발 행 인   강 찬 석
펴 낸 곳   도서출판 **나노미디어**
주   소   120-866 서울시 마포구 신수동 448-6 출판협동조합 내
전   화   02)703-7507   팩   스   02)703-7508
등   록   제8-257호

ISBN   978-89-89292-30-2   13370

정가 18,000원

미국 중서부 학교 목록

Kansas
Maur Hill – Mount Academy
Thomas More Prep–Marian School

Illinois
Fox River Country Day School
Lake Forest Academy
Woodlands Academy of The Sacred Heart

Minnesota
Cotter High School
Saint Johns Preparatory School
Shattuck–Saint Marys School
International Academy of Minnesota

Washington
Annie Wright School

Michigan
Cranbrook Schools
Interlochen Arts Academy
The Leelanau School

Oregon
The Delphian School
Oregon Episcopal School

Utah
Wasatch Academy

Wisconsin
St. Johns Northwestern Military Academy
Wayland Academy

Indiana
The Culver Academies
La Lumiere School

California
Athenian School
Cate School
Dunn School
Besant Hill School of Happy Valley
Idyllwild Arts Academy
Monte Vista Christian School
Ojai Valley School
San Domenico School
Santa Catalina School
Southwestern Academy
Stevenson School
Thacher School
Villanova Preparatory School
The Webb Schools
Woodside Priory School
Montclair College Prep. Aratory

Ohio
Gilmoour Academy
The Grand River Academy
Western Reserve Academy
Adrews Osborne Academy

Colorado
The Colorado Rocky Mt. School
Fountain Valley School of Colorado
The Lowell Whiteman School

Tennessee
Baylor School
St. Andrews–Sewanee School
The Webb School

Georgia
Brenau Academy
Darlington School
Rabun Gap–Nacoochee School
Tallulah Falls School

Hawaii
Hawaii Preparatory Academy
Mid Pacific Institute

Missouri
Chaminade College Preparatory School
Thomas Jefferson School

Arkansas
Subiaco Academy

Texas
The Hockaday School
Saint Marys Hall
St. Stephens Episcopal School
San Marcos Baptist Academy

Florida
Admiral Farragut Academy
The Bolles School
Florida Air Academy
Montverde Academy
Saint Andrews School

Mississippi
All Saints Episcopal School
St. Stanislaus College Prep

Arizona
The Fenster School of Southern Arizona
The Orme School
Verde Valley School
Subiaco Academy

Alabama
Indian Springs School

미국 동부 학교 목록

Maine
- Bridgton Academy
- Fryeburg Academy
- Gould Academy
- Hebron Academy
- Hyde School
- Kents Hill School
- Maine Central Institute

Connecticut
- Avon Old Farms School
- Cheshire Academy
- The Ethel Walker School
- The Hotchkiss School
- Kent School
- Marianapolis Preparatory School
- Marvelwood School
- Pomfret School
- Rumsey Hall School
- Salisbury School
- Suffield Academy
- Westminster School
- Canterbury School
- Choate Rosemary Hall
- The Gunnery
- Indian Mountain School
- The Loomis Chaffee School
- Miss Porters School
- The Rectory School
- Saint Thomas More School
- South Kent School
- The Taft School
- Westover School

New Hampshire
- Brewster Academy
- Cardigan Mountain School
- Dublin School
- Holderness School
- Kimball Union Academy
- New Hampton School
- Philips Exeter Academy
- Proctor Academy
- St. Pauls School
- Tilton School
- The White Mountain School

Vermont
- Lyndon Institute
- The Putney School
- St. Johnsbury Academy
- Vermont Academy

Rohde Island
- Portsmouth Abbey School
- St. Andrews School
- Saint Georges School

Massachusetts
- The Bement School
- Berkshire School
- Brooks School
- Buxton School
- The Cambridge School of Weston
- Chapel Hill–Chauncy Hall School
- Concord Academy
- Cushing Academy
- Dana Hall School
- Deerfield Academy
- Eaglebrook School
- Fay School
- The Fessenden School
- Governor's Academy
- Groton School
- Lawrence Academy
- The MacDuffie School
- Middlesex School
- Milton Academy
- Miss Halls School
- Northfield Mount Hermon School
- Philips Academy
- St. Marks School
- Stoneleigh–Burnham School
- Tabor Academy
- Walnut Hill School of the Arts
- Wilbraham & Monson Academy
- The Williston Northampton School
- The Winchendon School
- Worcester Academy

New York
- Darrow School
- Emma Willard School
- Hackley School
- The Harvey School
- Hoosac School
- The Knox School
- The Masters School
- Millbrook School
- Oakwood Friends School
- Stony Brook School
- Storm King School
- Trinity–Pawling School

New Jersey
- Blair Academy
- The Hun School of Princeton
- Lawrenceville School
- The Peddie School
- The Pennington School
- The Purnell School

Maryland
- Garrison Forest School
- Georgetown Preparatory School
- Oldfields School
- Sandy Spring Friends School
- Saint James School
- St. Timothys School
- West Nottingham Academy

Delaware
- St. Andrews School

West Virginia
- The Linsly School

Pennsylvania
- CFS, The School at Church Farm
- George School
- The Grier School
- The Hill School
- The Kiski School
- Linden Hall School for Girls
- Mercersburg Academy
- Perkiomen School
- The Phelps School
- Shady Side School
- Solebury School
- Valley Forge Military Academy and College
- Westtown School
- Wyoming Seminary

North Carolina
- The Asheville School
- Christ School
- Oak Ridge Military Academy
- St. Marys School
- Salem Academy

South Carolina
- Ben Lippen Schools
- Camden Military Academy

Virginia
- Chatham Hall
- Christchurch School
- Episcopal High School
- Foxcroft School
- The Madeira School
- Randolph–Macon Academy
- St. Annes–Belfield School
- St. Catherines School
- St. Margarets School
- Stuart Hall
- Virginia Episcopal School
- Woodberry Forest School

N.H. Maine
Vermont
New York Mass.
R.I.
Conn.
Pennsylvania
New Jersey
West Virginia M.D.
Virginia Washington DC
North Carolina Delaware
South Carolina
Georgia
Florida